金融法

JINRONGFA

主　编◎马　亮　方　元
撰稿人◎（以撰写章节先后为序）
　　　　朱　琳　　廖原菲　　齐婉婉　　朱春凤
　　　　商铧文　　张镇涛　　陈绮雯　　谢　咏
　　　　黄之奇　　罗　敏　　马　亮　　张　雪
　　　　汤　霞　　方　元

中国政法大学出版社

2020·北京

图书在版编目（CIP）数据

金融法/马亮，方元主编. —北京：中国政法大学出版社，2020.9
ISBN 978-7-5620-9606-1

Ⅰ.①金…　Ⅱ.①马…②方…　Ⅲ.①金融法－研究－中国　Ⅳ.①D922.280.4

中国版本图书馆CIP数据核字(2020)第154571号

出 版 者　　中国政法大学出版社
地　　址　　北京市海淀区西土城路25号
邮寄地址　　北京100088 信箱8034 分箱　邮编100088
网　　址　　http://www.cuplpress.com (网络实名：中国政法大学出版社)
电　　话　　010-58908435(第一编辑部) 58908334(邮购部)
承　　印　　保定市中画美凯印刷有限公司
开　　本　　720mm×960mm　1/16
印　　张　　29.25
字　　数　　607 千字
版　　次　　2020 年 9 月第 1 版
印　　次　　2020 年 9 月第 1 次印刷
印　　数　　1～5000 册
定　　价　　79.00 元

主编简介　EDITOR IN CHIEF

马　亮　男，河南信阳人，讲师，武汉大学环境法研究所博士研究生/马斯特里赫特大学法学院联合培养博士生，广东外语外贸大学广州绿色发展法治研究中心兼职研究员。主要研究环境法学、绿色金融。曾在美国阿肯色中央州立大学访问交流，任广东省环境与资源法研究会理事。已出版《法律英语（美国法律制度）》（武汉大学出版社 2017 年版），发表论文（译文）多篇。

方　元　男，广东湛江人，广州大学松田学院法政系讲师，华南师范大学兼职硕士生导师，广州大学访问学者，北京德和衡（广州）律师事务所律师。主要研究领域为中国刑法学、刑事政策学。主编、参编《刑事法律事务》《刑法学》等多本书籍，发表论文多篇。

　　金融法是调整金融关系的法律总称，是中国特色社会主义法律体系的重要组成部分。随着社会主义市场经济的确立，尤其是我国加入 WTO 后，国内金融市场发生了翻天覆地的变化。2017 年 10 月 18 日，中国共产党第十九次全国代表大会召开，十九大报告中指出我们必须"深化金融体制改革，增强金融服务实体经济能力，提高直接融资比重，促进多层次资本市场健康发展；健全金融监管体系，守住不发生系统性金融风险的底线。"在党和国家的正确引导下，我国金融市场蓬勃发展；为了营造一个健康良好的发展环境，进一步促进我国金融市场健康稳步发展，金融监管体系的建立被提上议程，这为金融法赋予广阔的发展空间。

　　英国著名法学家奥斯汀曾说："对于制定者来说，法是自己所发布的命念；对于遵守者来说，法是需要恪守的义务，而就法本身而言则是命念、义务和制裁的统一。"金融法作为一门相对独立的法学学科，有其独立的法律框架以及法学体系，是一门法学与金融学相结合的课程。金融法主要包括金融市场、金融主体和金融监管的法律制度等内容。其中最为主要的是金融市场方面，金融市场有经济功能和社会功能两大功能，经济功能主要是调节和促进社会经济的发展，社会功能则是调节财富分配和收入差距。金融法作为一门促进金融市场健康发展的法学学科，必须充分发挥金融市场的经济功能和社会功能。

　　在金融主体和金融监管方面，我国传统的金融法理论将金融法主体分为银行、证券以及保险等，随后出台了银行法、证券法、保险法等相应的法律体系。改革开放以来，我国社会主义经济体制逐渐由计划经济过渡为市场经济，为金融行业的创新发展提供了良好的时代背景，随着改革开放的不断深入，各种各样的金融机构如雨后春笋般陆续出现，经过数十年的发展，各种金融机构由互不相融的独立个体逐渐朝着分工细腻，相互融合的方向发展；以传统的监管模式对金融主体进行监管已不符合时代发展的趋势，因为在传统的金融发展模式下，每个金融主体都是互不相融的独立个体，其相应的监管机构和其范围领域都有所不同，尚无从整体上对金融主体的活动进行监管的必要；而随着社会主义市场经济的不断发展，许多大型的金融机构通过对业务的不断拓展，形成了多元化的金融集团，这些金融集团的业务能同时涵盖银行、保险、证券、期货和基金等行业；对于这些多元化的金融集团，传统的金融监管模式将不可避免地出现不足，从而需要一个从整体上对金融主体的活动进行宏观方面监管的监管模式。为此，我们需对传统的金融法理论加以突破创新，从宏观的层面对金融主体予以监管，进而消除金融监管盲区，防范金融风险，为中国特色社会主义金融市场创造一个健康良好的发展环境。

本书以习近平新时代中国特色社会主义思想为指导，充分吸收了国内外金融法学者的最新研究成果，且融入了国内最新的金融法律法规，既重视知识的体系性又不缺乏实务案例的引入，内容涵盖了中央银行法、商业银行法律制度、政策性银行法律制度、金融监管法律制度、金融担保法律制度、支付结算法律制度、票据法律制度、证券法律制度、期货法律制度、金融信托法律制度、保险法律制度、国际金融管理法律制度、金融违法犯罪等；同时在每章都配有相应的"学习目标"、"案例导入""案例分析""本章小结"以及"本章练习"等栏目，以便读者正确掌握金额法律体系，增进读者的金融法学理论功底，努力做到理论与实务相统一。

本书共十六章，第一章金融法总论，第二章中央银行法，第三章金融监管法，第四章商业银行法，第五章借款合同法律制度，第六章金融担保法律制度，第七章政策性银行法，第八章支付结算法，第九章票据法，第十章证券法，第十一章期货法律制度，第十二章金融信托法，第十三章融资租赁法，第十四章保险法，第十五章国际货币金融管理法律制度，第十六章金融犯罪。

本书由马亮、方元主编及统稿，编写组成员分工如下（以撰写章节先后为序）：

朱　琳（开封市公安局、原河南大学法学院经济法学硕士研究生）：第一章；

廖原菲（广州大学松田学院法政系讲师）：第二章；

齐婉婉（武汉大学环境法研究所环境法学博士研究生）：第三章、第十三章；

朱春凤（广州大学松田学院法政系教师）：第四章、第六章；

商铧文（长春工业大学人文信息学院法学系讲师）：第五章、第十章；

张镇涛（澳门科技大学民商法硕士研究生）：第七章；

陈绮雯（广西师范大学法学院法律硕士研究生）：第八章；

谢　咏（广西师范大学法学院经济法学硕士研究生）、黄之奇（广东外语外贸大学法学院环境法学硕士研究生）：第九章；

罗　敏（武汉大学法学院经济法学博士研究生）：第十一章；

马　亮（武汉大学环境法研究所环境法学博士研究生）：第十二章；

张　雪（广州大学松田学院法政系讲师）：第十四章；

汤　霞（华南师范大学法学院特聘副研究员）：第十五章；

方　元（广州大学松田学院法政系讲师、华南师范大学法学院兼职硕士研究生导师）：第十六章。

由于时间的仓促和水平的限制，本书瑕疵和纰漏在所难免，诚请广大专家、读者批评指正。

编　者

2020 年 3 月

目 录 CONTENTS

-------- 第一章 --------

金融法总论

学习目标

知识目标：

了解金融和金融市场的形成和发展，熟悉金融法的一般知识，熟悉世界各国和我国金融法的发展历程；掌握金融法的概念、调整对象、法律体系和基本原则；掌握金融法律关系的概念、特征、构成要素，了解金融法律关系的产生、变更、终止等。

能力目标：

通过掌握我国金融法的基本知识，对金融法案例以及金融热点问题进行讨论，培养发现、解决问题的能力。本书拟对中央银行法、金融监管法、商业银行法、借款合同法律制度、金融担保法律制度、政策性银行法、支付结算法、票据法、证券法、期货法律制度、信托法、融资租赁法、保险法、国际货币金融管理法律制度、金融犯罪等方面的内容进行较为系统的介绍。第一章主要对金融法的一般基本理论问题做概要的介绍，使学生能够在本章学习中对我国金融法有一定的认识，为下面章节的学习奠定基础。

第一节　金融和金融市场

★ 案例导入

我国股票交易所的成立

1990 年 12 月 19 日，随着一声锣响，改革开放之后中国内地开办的第一家证券交易所——上海证券交易所正式挂牌营业，这标志着中国资本市场发展史翻开了崭新的一页。

中共十一届三中全会以后，一些地方开始进行股份制探索。1984 年 11 月，上海飞乐音响公司改制为股份有限公司，向公众发行 50 万元股票，成为试行股份制经营的股份有限公司。

随着股份制企业的出现和不断增加，我国开始出现股票。随后，股票发行数量快速增加，对股票进行交易的需求由此产生。于是，在沈阳、上海等地出现了股票柜台交易。1986 年 8 月，沈阳信托投资公司代客买卖证券，开展股票柜台交易业务。同年 9 月，中国工商银行上海市分行静安区营业部也开始进行柜台交易。

1988 年 11 月，国务院和中央财经领导小组召开会议，对在中国成立证券交易所等问题进行了细致研究，决定由国家体改委牵头，国家计委、财政部、中国人民银行等有关部门以及金融界有关人士参加，组成国家证券管理领导小组。

由国务院授权、中国人民银行批准，1990 年 11 月 26 日，上海证券交易所成立大会召开。12 月 19 日，上海证券交易所正式举行了挂牌营业典礼。1990 年 12 月 1 日，深圳证券交易所也开始试营业，并于 1991 年 7 月 3 日正式挂牌营业。

沪深两个交易所的运营实现了股票的集中交易，有力地推动了股份制的发展。这是中国进一步推进改革开放政策的一项重大举措。此后，中国资本市场不断壮大，并逐渐走上国际舞台。[1]

一、金融

（一）金融的概念

金融最早的定义，来源于 1915 年出版的《词源》，意为金钱之融，通曰金融，旧称银根。有学者认为，金融是货币资金融通的简称。在人类社会这个大系统中，相对于政治和文化而言，经济是基础，它是物质资料的生产、分配、交换和消费的总和。在商品货币经济条件下，根据商品具有使用价值和价值的二重性原理，从动态的角度来看，这些纷繁复杂的经济活动即两大流通体系：一是物质资料的生产、分配、销售和消费，构成物质资料流通体系；二是货币的发行、流通、存款、贷款、投资及汇转结算，构成货币资金流通体系。在现代市场经济条件下，金融有广义和狭义之分。广义的金融是指货币资金流通体系，即指全社会的货币资金的筹集、分配、借贷、使用和管理活动的总和。根据资金流通的条件和方式的不同，广义的金融分为无偿融通与有偿融通，即资金的财政融通和信用融通两种。财政融通是指国家以其政治权力为基础，将部分社会资源以税费的名义征收上来用于社会公共需要。资金的财政分配具有无偿性、强制性和固定性的特点。信用融通则是指社会经济活动的各类主体以市场为基础，以信用为条件，将部分社会资源以货币资金为载体在其相互间流转，以调剂余缺，满足私人物品和服务的生产经营需要。资金的信用分配具有有偿性、自愿性和任意性的特点。狭义的金融即指货币资金的信用融通活动

---

〔1〕"中国内地开办的第一家证券交易所"，载广西日报，https://baijiahao.baidu.com/s? id = 1648146878291961396&wfr=spider&for=pc，最后访问时间：2019 年 11 月 23 日。

的总和。它是以银行等金融机构为中心的各种形式的信用活动以及在信用基础上组织起来的货币流通。从参加主体上看，包括企业、银行、个人以及国家；从其行为上看，包括货币的发行、流通和回笼；存款的吸收和提取；贷款的发放与收回；银行的转账结算；国内外的汇兑往来；票据的承兑与贴现；有价证券的发行、交易及管理；信托投资；融资租赁；保险；金融期货、期权的交易及管理；外汇、外债的管理以及其他国际金融活动的开展；等等。可见，狭义的金融具有丰富的内容。金融学和金融法学意义上的金融就是指狭义的金融。

（二）金融形态

按照《新帕尔格雷夫货币金融大辞典》的解释，金融基本的中心点是资本市场的运营、资本资产的供给和定价。其方法论是使用相近的替代物给金融契约和工具定价。当债务首次交易时，资本市场和金融学科便产生了。它们对那些有时间连续特点和收益取决于解决不确定性的价值工具来说都是适用的。金融活动的内容是货币资金的买卖交易，目的是实现资金的融通。这是由于生产经营活动的季节性和周期性，基于经济活动主体的个人、单位、政府之间的货币盈余和赤字而产生的经济现象。金融的基础是信用，融通的条件是市场，融通的中介是金融机构，从而形成不同的金融形态。金融形态可划分为三对范畴。从资金融通有无中介来看，金融有"直接金融"与"间接金融"之分。融资供求双方当事人，即筹资人和投资人之间直接（或通过金融机构代理）进行货币资金有偿借贷或投资，产生法律上的债权债务关系或投资收益关系，称为直接金融。融资双方当事人通过银行机构作为媒介而发生资金借贷行为，产生法律上的两个债权债务关系，即投资人将资金以偿还本金并支付利息为条件存储于银行，形成存款人与银行之间的债权债务关系；银行则以资金所有者的身份，将筹集起来的存款资金以还本付息为条件放贷给借款人，形成银行与借款人之间的债权债务关系，这称为"间接金融"。在发达的市场经济国家，直接金融占有很大的比重，而在发展中国家和经济落后国家，金融一般以间接金融为主。从金融资产交易的方式来看，有信贷融通和证券融通之分。信贷融通是指供求双方以借贷形式进行的面对面货币买卖交易，证券融通则是指供求双方以发行股票、债券的形式进行货币资金交易。从筹资主体的资产形式来看，有债务融资和股本融资之分。债务融资多以信贷形式取得，筹资者必须承担还本付息的义务和责任；股本融资则多以证券形式进行，投资者自己承担融资风险。

（三）金融的产生条件

金融本身是一种经济活动，它是在商品经济条件下，参与社会再生产的社会组织和个人在生产、分配、交换、消费过程中，相互调节资金余缺的信用活动的总称。金融是在商品生产和商品交换的基础上产生和发展起来的，是商品经济高度发展与完善的产物，是现代经济的核心。金融的出现有其产生的条件：

1. 货币从商品交换过程中自发地分离出来，起一般等价物的特殊商品作用。这是金融产生的前提，而这只有在商品经济已有相当程度的发展时才能达到。

2. 信用日益发展，多种信用形式的出现。信用，也称信贷，是指货币资金借贷活动的总称。商品经济是信用存在和发展的客观经济基础，商品要出卖，而购买者有时又缺少货币，这就不可避免地会发生赊欠和借贷。在赊欠和借贷的过程中，赊出方、贷出方往往要收取一定的利息（收益）。这种信用是商业信用的初级形式，之后逐步发展出银行信用、国家信用、消费信用等多种信用。

3. 银行等专门金融机构的出现。随着商品经济的日益发展，商品交换越来越频繁，交换地域也越来越广大。于是，货币兑换商出现了，这解决了不同地区、不同国家货币不一的难题。此后，兑换商的经营范围不断扩大，从最初办理兑换业务，到货币保管业务、代为异地支付，再到发放贷款等。这样，一种专门从事货币经营、授受信用的机构——银行（或称银楼、钱庄）就出现了。它大大地改变了商业信用的局限性，使资金融通得以迅速地进行。

（四）货币与金融

货币是沟通整个社会经济生活的媒介和命脉，是经济社会不可或缺的基本要素，因此，货币也是金融运作的基础工具，金融与货币密不可分，相辅相成。

1. 货币的本质与职能。在金融范畴的形成中，最早出现的是货币。货币是从商品交换发展中分离出来的，充当一般等价物的特殊商品。

货币作为一般等价物的基本职能与作用，表现在两个方面：其一，货币是表现一切商品价值的手段；其二，货币是可以直接与任何商品相交换的手段。普通商品的所有者，只有在他将其所有的商品换得货币后，才能用货币去购买他所需要的商品。这就是货币的价值尺度和流通手段职能。在此基本职能的基础上，货币还派生出了支付手段、贮藏手段和世界货币等职能。货币的出现和广泛使用使商品交换进入了一个全新的阶段，大大提高了商品交易的效率。

2. 货币形式。纵观人类社会，货币的产生与发展经历了实物货币、金属货币、代用货币、信用货币和电子货币五种形式的更替。历史上，龟壳、海贝、蚌珠、皮革、齿角、米粟、布帛、农具等均充当过货币，属于实物货币。随着商品经济的发展和冶炼技术的提高，在第三次社会大分工时期，金属货币以其体积小、价值大、便于携带、易于流通等特点取代实物货币占据统治地位。铜币是世界上最早的金属铸币。而金银作为货币材料则是金属货币的鼎盛时期。由于金属货币在流通中会发生磨损、不足值等现象，再加上国家人为地实行铸币变质政策，以及随着商品交换规模的不断扩大，黄金、白银等贵重金属已难以满足交换的需要，金属货币逐渐被纸币和信用货币所取代。纸币，亦称代用货币，是国家发行和强制流通的价值符号，故有其自身的流通规律，即纸币发行量必须和流通中对金属货币的需要量相一致。所谓信用货币，是指在流通中充当支付手段和流通手段，以存款、银行券、债券、票据等形式存在的货币。信用货币以票据流通为基础，直接源于货币的支付手段和流通手段职能。随着当今社会经济的发展和电子通信的高度发达，电子货币应运而生。所谓电子货币，是指用电子计算机系统储存和转移的资金。在现代社会经济生活中，信用货币的构成已发生显著变化，即存款货币在整个货币供应量中的比重越来越大，而现钞的比重越来越小。因此，以各种信用卡为介质、通过银行的电子划拨系统记录和转移存款，即电子货币较之现钞和存款货币来完成大规模的商品交换，显得更加节约、方便、准确和安全。电子货币的出现，是货币作为支付手段的又一次革命。

（五）信用与金融

现代金融就是资金的信用融通，因为财政分配只占社会分配的较小部分，信用是现代金融运作的基础条件和形式。金融与信用相伴相随，相辅相成。没有信用，金融就会失去动力和活力。没有金融，信用也就会失去基本的活动舞台。信用促进了金融活跃、持续的发展，金融也丰富和提高了信用的内涵。

1. 信用的本质与职能。信用一词有多种涵义。汉语词义上，其有相信、信任、遵守诺言、实践成约以及由此而生的声誉等意思；"人言为信"即是此意。经济学上的信用是指商品货币经济条件下的借贷行为，是以偿还为条件的价值暂时的让渡，即所有者以一定的财物或货币为客体，以偿还本金及支付利息为条件贷给借者，借者承诺如期还本付息。信用是商品货币经济的产物。最初，货币作为流通手段媒介，代表着钱货两清的商品买卖关系。在商品交换发展中，由于生产经营活动的季节性和周期性，商品的买卖和货币的支付在时间上发生了不一致，即出现赊购赊销现象。这时货币开始执行支付手段的职能，买卖关系也因此转化为债权债务关系，于是就产生了信用。可见，货币充当支付手段职能的出现是信用存在的基础。信用从本质上反映着以还本付息为条件的让渡财务或货币经济利益关系。

信用具有三要素：①债权债务关系。任何信用均涉及债权债务（即授受信用）的两方当事人，债权人（即授信人）将一定的财物或货币交付给债务人，换取债务人（即受信者）将来还本付息的承诺。债权是将来收回价值的权利，债务是将来偿还价值的义务。②时间间隔。信用关系是一方提供一定的价值，另一方则只能在规定的时间内偿还价值并加付一定的利息。信用是价值在不同时间内的相向运动。③信用工具。信用工具是债权债务关系的书面证明。口头确立的信用关系灵活、简便，但不便于纠纷确认和督促债务人履行义务。签发书面的信用工具是建立或转让信用关系的基本要素。

在现代商品货币经济条件下，信用具有两项基本职能：一是资金再分配职能，二是提供和创造货币的职能。信用属于社会再生产中的分配范畴。它把社会各方面的闲置货币资金动员与集中起来，并通过一定方式供给国民经济各部门、各企业，以满足经济发展的需要。信用分配是在企业财务初次分配和国家财政再分配的基础上进行的，具有短期性、调剂性和偿还性的特点。在社会扩大再生产中，现有流通中货币数量不足时，企业就会要求银行提供追加贷款；银行扩大信贷规模，就是把追加的货币投入流通，从而创造出新的流通手段和支付手段，促进经济增长。

现代商品货币经济就是信用经济。信用通过资金再分配、供给和创造货币两大职能，对社会经济发挥着筹集和分配资金、加速资本周转、节约流通费用、调整经济结构、调节市场货币流通量，从而促进国民经济的顺利发展的积极作用。

2. 信用形式。按照不同的标准，信用可以划分为不同的形式。以信用主体为标准，可分为公共信用和私人信用；以信用的对象为标准，可分为对物信用和对人信用；以信用的用途为标准，可分为生产信用与消费信用；以时间长短为标准，可分为长期信用、中期信用和短期信用；等等。

在现代市场经济条件下，信用形式不断发展，并出现多样化和组合化的趋势。当前，各国的信用形式主要有商业信用、银行信用、国家信用、消费信用、股份信用、租赁信用、信托信用、民间信用等。这些不同的信用形式构成了统一的信用体系。

（1）商业信用。商业信用是指企业之间在商品交易过程中，直接以商品形式由卖方提供给买方的信用。商业信用是整个信用制度的基础，商业信用可分为口头商业信用、挂账商业信用、票据商业信用。它包括商品赊销、预付货款、分期付款、延期付款、经销、代销以及补偿交易等。其中，商业票据是商业信用的主要工具。

（2）银行信用。银行信用是指银行和非银行金融机构以货币形态向社会和个人提供的信用。银行信用是间接融资，是资金供给者和资金需求者之间的中介。银行信用的客体是单一的货币资本。银行把分散在社会中的闲散货币资金和未用的积累资金以存款的形式集中起来，然后用贷款的方式分配出去，满足社会各部门、各方面对资金的需求，起到融通资金的作用，从而促进社会经济的发展。银行信用克服了商业信用在数量上和方向上的局限性，它是信用的基本形式。

（3）国家信用。国家信用是指国家作为债务人向国内外的货币持有者借贷资金的信用。国家信用的债务主体是政府，故又称政府信用。国家信用包括国内信用和国际信用两种，即内债和外债。其基本形式是发行国家公债、国库券、专项债券、银行透支或借款。国家信用是政府弥补财政赤字的一种手段，筹措所得资金主要用于发展经济。在现代市场经济条件下，国家信用工具通过发行市场和交易市场发行与流通转让。

国际信用是指国家之间相互提供的信用，是国际经济发展过程中货币及物资运动的形式之一。国际信用包括国际商业信用、国际银行信用、国际资本信用和政府间信用、在国际金融市场上发行债券和股票等筹集资金。基本方式有银行信贷、出口信贷、项目贷款、政府贷款、国际债券发行等货币资本形态的信用和来料加工、补偿贸易、国际租赁等商品资本形态的信用。

（4）消费信用。消费信用是企业银行和非银行金融机构以商品形态或货币形态为消费者提供的信用。消费信用主要用于满足消费者提前购买消费品（主要是耐用消费品）、支付劳务费用和购买住宅的需要。消费信用的形式主要有四种：①赊销。其是指零售商对消费者提供的短期消费信用，即延期付款方式的销售；②分期付款。购买消费品或取得劳务时，消费者只付一部分货款，其余货款则按合同约定分期加息支付；③信用卡。持卡人可通过信用卡向发卡机构或其代理机构透支小额现金消费，发卡机构定期收息结算；④消费贷款。消费贷款按借款人不同可分为买方信贷和卖方信贷两种。买方信贷是指对购买消费品的消费者直接发放贷款。卖方信贷是指以分期付款单作抵押，对销售消费品的企业发放贷款。住房抵押贷款是很重要的消费贷款形式。消费信用的存在和发展，可以在一定程度上缓解消费者有限的购买力与不断提高的生活需求之间的矛盾，同时也能开拓销售市场，促进商品生产和流通的快速发展。

（5）股份信用。股份信用是指以通过组建股份有限公司和有限责任公司来筹集资金而创造的一种信用形式。在资本市场上，股份有限公司和有限责任公司通过发行股票、股权证等形式募集资金，也是以其信用的方式进行的。

（6）租赁信用。租赁信用是指租赁公司将其租赁物的使用权出租给承租人，在有限租期内收取租金并到期收回租赁物的信用。现代租赁信用有融资性租赁和经营性租赁两种形式。这里是指融资性租赁。融资租赁也称金融租赁，一般是指当企业公司需要更新或添置设备时，由租赁公司按照企业选定的机器设备，出资购买并出租给该企业收取租金，从而以融物的形式为企业融通资金。这种信用方式使各方当事人均能受益，且有了可靠的保障。

（7）信托信用。信托信用是指委托人基于信任，将财产权转移给银行、信托公司等受托人，使受托人以自己的名义为委托人的利益或特定目的，管理或处分信托财产的信用关系。随着生产社会化、专业化程度的提高，拥有财产的单位、个人为了获得更多的收益，往往委托银行、信托公司等机构代为运营、管理和处分其财产。投资证券、期货、外汇、黄金及其组合就是典型表现。现代经济社会中信托信用将越来越发达。

（8）民间信用。民间信用，亦称"私人信用"或"民间借贷"。在西方国家是指相对于国家信用之外的一切信用，包括商业信用、银行信用和消费信用等。在我国，民间信用则是指自然人之间以货币或实物的形式所提供的直接信贷。

民间信用是为了适应民间个人之间为解决生活或生产等方面费用的临时需要而产生的。随着市场经济的发展，我国民间信用的范围和规模正日益扩大，民间信用对城乡居民个人生活水平的提高和生产的发展均起着重要作用。

此外，随着一个国家市场经济的发展，保险、典当等信用形式也日益发达。

（六）金融关系的概念及其含义

金融关系是在金融活动中发生的社会关系，是指银行和其他非银行金融机构在从事金融业务活动和金融监督管理活动过程中，同其他金融主体之间发生的、与信用活动和货币流通相关联的各种经济关系。金融关系的概念具有以下三层含义：

1. 金融关系是一种经济关系，而不是其他关系（如纯粹的行政管理关系、一般民事关系等），是有货币经济内容的金融监督管理关系和金融业务关系。

2. 金融关系是以银行等金融机构为中心的经济关系。这种经济关系发生在金融监督管理活动和金融业务活动过程中，是与银行等金融机构的活动分不开的（即使在直接金融中，也离不开金融机构的参与和协助），是一种与银行信用和货币流通密切相关的经济关系。据此，财政收支关系、民间借贷关系，虽然也在融通资金中，但不属于此处所称的金融关系。

3. 金融关系的参与者，除了银行、非银行金融机构外，还有其他金融主体，包括国家、一般工商企业、个人等。但金融机构是金融关系的当然主体，而工商企业、个人等则是非必然主体，只有当他们参与到金融活动中，与金融机构发生资金融通关系时，才成为金融关系的主体。

二、金融市场

（一）金融市场的概念

金融市场是资金融通的场所，是金融资产进行买卖交易而形成的资金供求的总和。狭义的金融市场是指货币资金融通以及证券、外汇和黄金买卖的场所。广义的金融市场是指货币资金借贷关系的总和，它不仅包括有特定场所的有形市场的资金交易活动，也包括没有特定场所的无形市场的资金交易活动；既包括金融机构之间的资金融通活动，也包括金融机构之外的资金融通活动。

金融市场是社会经济中与商品市场、劳务市场和技术市场并列的资金融通市场，是一国市场体系中处于主导和枢纽地位的市场。金融市场具有自身的特点：其一，交易的商品不是一般的商品而是特殊的商品货币；其二，交易者之间不单是金融工具的买卖关系，更主要的是在此背后形成的资金借贷关系和投资收益关系。

（二）金融市场的要素

1. 金融市场要素概述。金融市场一般应具备市场主体、交易对象、交易工具及交易价格四个要素。金融市场主体是指金融交易及其相关活动的参加者，包括交易主体、中介主体和监管主体。交易主体是指资金交易的双方即筹资者和投资者，包括个人、家庭、企业、政府和其他经济组织。中介主体是指为资金供求双方提供服务的金融机构。监管主体则是指处于金融市场核心的、制定和监督实施金融交易规则、维持金融秩序的机构。监管主体一般由国家专门金融监管机关和金融行业自律组织构成。金融市场的交易对象是货币资金。无论是银行的存贷款，还是证券市场上的证券买卖，最终要达到的目标都是货币资金的转移。现代市场经济条件下，作为交易对象，货币资金一般通过筹资者或金融机构发行的信用工具（即金融交易工具）来实现融通。金融工具对投资者而言，构成其与实物资产并列的金融资产。金融市场的交易"价格"是利率。各种金融市场均有自己的利率，如银行存贷款市场利率、贴现市场利率、国库券市场利率、银行同业拆借市场利率等。不同的利率之间有密切联系。一般情况下，各种利率呈同方向的变化趋势。

2. 金融工具。

（1）概念及特征。金融工具，又称金融交易工具、信用工具，是指在信用活动中以书面形式发行和流通的，记载金融交易的金额、期限、价格等要素，借以证明债权债务关系的凭证。金融工具作为一种书面凭证，本身并无价值，但因有信用作为基础，可以兑换为现实的货币，还可以代替货币充当资金交易的媒介，执行流通手段和支付手段的职能。

金融工具具有期限性、流动性、收益性、风险性等特征。期限性，即偿还期限，是指债务人必须全部归还本金之前所经历的时间。金融工具的偿还期限可以有零和无限期这两个极端。如活期存款的偿还期可以看作是零，而股票或永久性债券的偿还期则是无限期。流动性，又称变现性，是指金融工具迅速变为货币而不致遭受损失的能力。风险性，是指购买金融工具的本金是否有遭受损失的风险。本金受损的风险有信用风险和市场风险两种。信用风险，是指债务人不履行合约，不按期归还本金的风险。这类风险与债务人的信誉、经营状况有关。市场风险，是指由于金融工具市场价格下跌所带来的风险。收益性是指金融工具必须给其所有者带来收益，一般以收益率表示。收益率是指持有金融工具所取得的收益与本金的比率。收益率有三种计算方法：名义收益率、即期收益率与平均收益率。名义收益率，是指金融工具票面收益与票面额的比率。即期收益率，是指年收益额对该金融工具当期市场价格的比率。平均收益率，是指将即期收益与资金损益共同考虑的收益率。金融工具这四个特征往往相互制约，一般来说，流动性强的金融工具，风险小，安全性大，但收益率较低；而流动性差的金融工具，风险大，但收益率较高。

（2）种类。随着金融创新的发展，金融工具的种类亦日益增多。金融工具可按不同的标准划分为不同的类别。

以接受性程度为标准，金融工具可分为两类：其一，在本国具备广泛或一般接受性的工具，这主要是指中央银行发行的钞票（即法定货币）和银行体系的活期存款；其二，在本国具备有限接受性的信用工具，包括各类可转让的存款凭证、汇票、本票、支票、债券、股票等有价证券，这类工具有一定程度上的流动性，但不能充当一般等价物作为交易媒介。

按融资的时间长短的不同，金融工具可分为短期工具、长期工具和不定期工具。短期工具一般是指期限在1年以内的金融工具，主要有票据、可转让大额定期存单、国库券、公司债券（短期）等。短期金融工具用来满足生产经营者流动资金的需要。长期金融工具一般是指期限在1年以上的金融工具，主要有股票、公债、银行的中长期贷款等。长期金融工具用来满足生产经营者对固定资金的需求和对资本增值和收益的需要。不定期信用工具是指银行券和纸币。银行券（bank note）是由银行（尤指中央银行）发行的、用以代替商业票据的银行票据的一种表征货币，产生于货币执行支付手段的职能，以商业票据流通为基础。早期的银行券是由私人银行发行的。19世纪中叶以后，资本主义国家的银行券发行逐渐由私人银行改由中央银行或其指定的银行发行。银行券和纸币的区别主要体现在以下方面：①纸币是从货币作为流通媒介的职能中产生的；而银行券则产生于信用关系，是在货币作为支付手段职能的基础上产生的；②纸币是由政府发行、依靠国家权力强制流通的；而银行券则是由银行通过短期商业票据贴现方式发行的；③纸币不能兑现，而银行券可以兑现；④纸币如超量发行就会贬值，而银行券不会贬值。

按发行者的地位不同，金融工具可分为直接信用工具和间接信用工具。直接信用工具是指由政府、公司个人所发行的实现资金转移的凭证，主要有股票、公司债券、商业票据、国家债券等，主要是为自己获取资金。间接信用工具是指由金融机构发行的银行券、存单、人寿保险单、各种借据和银行票据等，目的在于筹集可用于贷放的资金。

以投资人享有的权利性质为标准，金融工具可分为债务凭证与所有权凭证两类。所有权凭证只有股票这一种，其他所有金融工具都是债务凭证。

按创新程度不同，金融工具可分为原生工具和衍生工具。原生工具一般是指股票、债券、存单、货币等。衍生工具，是指其价值依赖于原生金融工具的一类金融产品，其往往根据原生金融工具预期价格的变化定值，例如，由诸如权益性证券、固定收益证券、外汇或商品等一种或多种资产的价格衍生出其价值的金融工具。衍生工具的基本功能是充当管理与标的资产相关的风险暴露的工具。衍生工具最普遍的类型包括期货、远期合约、期权等。期货是指双方约定在将来有效的时间内，以商定的价格买入或卖出一定数量标的的资产。期货交易的合约一般对标的的资产质量、交易单位等方面实施标准化。远期合约是要求在某个特定日期合同一方按照特定价格购买，同时合同另一方按照该价格出售某些资产的工具。远期合约使得资产的买卖双方消除了未来资产交易价格的不确定性。买入期权是给予其持有者在某个特定到期日当日或之前按照特定价格购买某种资产的权利的金融工具。卖出期权是给予其持有者在某个特定到期日当日或之前按照特定价格出售某种资产的权利的金融工具。当一项资产的所有者购买了针对该资产的卖出期权时，他正在有效地为该资产提供保险，以防价格下降至低于卖出期权合同中所指定的价格。期权是指买方支付给卖方一笔期权费后，卖方赋予买方将来某日前的任何时间，按约定的执行价格或协定价格买进或卖出某种特定资产的选择权。其主要特点是：卖方单方面给合约持有人以权利而不附加义务，合约持有人有放弃合约的权利，但不论期权是否执行，买方都必须向卖方支付期权费。对期权的买方而言，可以通过承担期权费成本的代价，而获得可能较大盈利的机会；对卖方而言，则希望期权到期后买方不执行期权而获得期权费。期权和期货的区别主要体现在以下方面：①权利和义务不同，期权是单向合约，期货合约是双向的；②期权只需卖方缴纳保证金，且保证金非比例调整，而期货双方都需要缴纳保证金；③合约价值不同，期权合约本身具有一定的价值，而期货本身并没有实际价值；④期权买方的收益受市场价格的影响，亏损仅包括购买期权的权利金，期货的盈亏只受制于期货价格的变化。

（3）金融工具与金融资产。金融工具的称谓是从金融市场交易的角度来讲的。它们在交易中是对象、手段和工具。从金融工具的持有者角度来看，这些金融工具则是其资产。金融资产是指一切可以在有组织的金融市场上进行交易、具有现实价格和未来估价的金融工具的总称。金融资产的最大特征是能够在市场交易中为其所有者提供即期或远期的货币收入流量。金融资产主要包括货币黄金和特别提款权；通货和存款；股票以外的证券（包括衍生金融工具）；贷款；股票和其他权益；保险专门准备金；其他应收/应付账款。

3. 金融机构。金融机构又称信用机构，是指专门从事货币流通和信用业务活动的机构。金融机构是随着商品经济和信用制度的发展而产生、发展起来的。按照金融机构创造货币、创造交换媒介和支付手段的能力，一般将金融机构分为银行和非银行金融机构两大类。银行是专门经营货币信用业务的经济组织，包括中央银行、商业银行和各类专业银行。非银行金融机构是随着经济多元化的发展而提供各类专门金融服务的机构，主要包括证券机构（包括证券公司、证券登记公司、证券投资咨询公司、证券交易所等）、保险机构（包括保险人、保险代理人、保险经纪人）、信托投资机构、融资租赁机构、投资基金管理机构、信用合作机构、风险投资机构、财务顾问机构等。

（三）金融市场的类型

在金融市场中，资金从拥有闲置货币的人手中转移到资金短缺的人手中，从而提高了经济效率。事实上，运转良好的金融市场是经济高速增长的一个关键要素，而世界上许多国家仍然贫困的一个重要原因就在于金融市场不健全。金融市场中的活动对于个人财富、企业和消费者以及经济周期都有着直接影响。金融市场按不同的标准可划分为不同的类型：

1. 按范围和区域划分，金融市场包括国内金融市场、国际金融市场和区域性金融市场。

2. 按资金借贷期限划分，金融市场包括长期资金借贷市场和短期资金借贷市场。

3. 按金融交易的交割期限划分，金融市场包括现货市场和期货市场。现货市场一般是指在金融交易成交后须在若干个交易日办理交割的金融市场；期货市场是指按照达成的协议交易并按预定日期交割的交易场所或领域。

4. 按交易的对象划分，金融市场包括货币市场、资本市场、外汇市场、黄金市场和保险市场。

货币市场，即指短期债务市场（低于1年），其功能在于满足交易者的资金流动性需求。这一领域包括短期存贷市场、银行同业拆借市场、贴现市场、短期债券市场以及大额存单等短期融资工具市场。

资本市场是指交易期限在1年以上的长期金融交易市场，主要满足工商企业的中长期投资需求和政府弥补财政赤字的资金需要。这一领域包括银行中长期存贷市场和证券市场，证券市场又可分为债券市场和股票市场。

外汇市场是指从事外汇买卖的交易场所，或者说是各种不同货币彼此进行交换的场所。在外汇市场上，外汇的买卖有两种类型：一是本币与外币之间的相互买卖，即需要外汇者按汇率用本币购买外汇，持有外汇者按汇率卖出外汇换回本币；二是不同币种的外汇之间的相互买卖。外汇市场的交易一般分为三个层次：一是银行与顾客之间的交易；二是银行同业间的外汇交易；三是银行与中央银行之间的外汇交易。

黄金市场，即黄金买卖交易和金币兑换市场。在信用货币（纸币）流通的条件下，虽然黄金不再作为货币来使用，但由于黄金本身的稀缺性和历史原因，黄金目前仍然是世界上最重要的保值手段和最后的清偿手段，绝大多数国家都把黄金作为其国际储备的重要组成部分，用于平衡国际收支的顺、逆差。

保险市场是投保人和保险人进行保险业务交易的场所。保险市场分为直接保险市场和间接保险市场。直接保险市场是投保人和保险人直接进行保险业务交易的保险市场，如保险公司直接为投保人办理保险业务。间接保险市场是投保人与保险人通过保险经纪人间接洽谈保险业务的保险市场。保险业是一个极具特色和独立性的系统，这一系统之所以被列入金融体系，是由于经办保险业务的大量保费收入按照世界各国的通例用于各项金融投资，而运用保险资金进行金融投资的收益又可积累成为雄厚的保险基金，促进保险事业的发展。

★ 扩展阅读

我国金融业的兴起和发展

中国早期的金融在世界上处于领先地位。早在西周时期，就存在专门办理财政征税、商业贸易、铸币、稳定物价及贷款收息的政府机构——泉府。秦朝有统一的货币。南北朝时期，已有一些大的寺院经营典当业务。汉朝有发达的商业信用。隋唐时期，作为我国旧式银行的典当业已经比较普遍。到了唐朝中期，长安商铺兼营货币兑换、存放款业务，并出现了专业金融机构——"柜坊"，从事银钱保管及当时称为"飞钱"和"帖"的汇兑业务。宋朝发明了世界上最早的纸币——交子，比欧洲早了400-500年。北宋时期，已有专门经营货币的钱铺。元、明时期高利贷盛行，典当业相当发达。明朝中期以后，中国封建社会内部产生了资本主义经济的萌芽，出现了经营钱币兑换的"钱庄"，兼做存款、放款、汇兑、贴现、发行庄票、买卖生金银的业务。清代还出现了办理汇兑业务的"票号"，也办理存放款业务。及至清朝乾隆、嘉庆年间，钱庄已多达106家，发展成为具有相当规模的独立经营金融业务的行业。鸦片战争后，近代金融业在中国发展起来。1845-1948年间，英国人办的丽如银行先后在香港、广州、上海设立机构。接着，法、德、日、俄、美、荷、比等国也相继在中国设立银行。外国资本和银行的入侵，加速了中国封建经济的解体，也刺激了旧中国银行的兴起。

我国早期发达的货币金融体系与我国"中央集权的帝国制度"和"官山海"的国有经济体制密切相连。秦始皇时期建立的高度中央集权的帝国，在全国形成了统一的市场和货币体系，货币金融体系得以发展。汉武帝时期的"官山海"政策，筹集到大量经费，加强了中央集权的控制，也控制了地方势力的膨胀。这种国营经济的控制方式，是能够加强中央财政力量的金融举措，成为我国一项重要的金融制度。整体而言，我国的金融体系围绕着中央财政，是自上而下的一个货币经济体系，这种"中央货币财政体系"，也是我国金融市场的制度根源。这种体系，在早期社会生产力低下、资金聚集能力很低的情况下，具有强大的动员能力。到明清以后，这种制度的弊端开始显露。整个货币金融体系里面，只有官家的、皇家的信用，没有民间的信用。例如，山西的票号在明清年代已经发展壮大，但是随着时代的变迁，外资洋行的进入，山西票号逐渐衰落。其最重要的原因就是山西票号是民间的金融机构，筹资能力较弱，民间信用薄弱。

我国第一家民族资本银行是 1897 年 5 月 27 日在上海成立的中国通商银行，这家银行采取官商合办的形式，由清末督办铁路事务大臣盛宣怀提议并创办，该银行的创立标志着我国银行现代信用事业的开始。1905 年，根据清朝户部奏准的《试行银行章程》，清政府正式成立了官办的户部银行（1908 年 2 月该银行依《大清银行则例》改名为大清银行，1912 年改组为中国银行）。1907 年清政府邮传部奏请设立了交通银行。辛亥革命后，特别是第一次世界大战期间，帝国主义无暇东顾，中国的民族金融业得到较大发展，1921-1927 年间新成立的银行达到 168 家。1927 年以后，国民党政府力图控制全国的金融业，于 1928 年 11 月 1 日成立了中央银行，同年 10 月改组中国银行，11 月改组交通银行。之后又相继于 1930 年 3 月成立邮政储金汇业局，1933 年 6 月成立农民银行，1935 年 10 月成立中央信托局，1946 年 11 月设立中央合作金库，从而形成了以官僚资本"四行二局一库"为核心的金融垄断体系。到 1946 年底，全国银行总数已达 754 家，拥有分支行 2996 所。

第二节　金融法的历史沿革

★ 案例导入

金融危机和《多德—弗兰克华尔街改革和消费者保护法案》

金融危机是以资产价格急剧下跌与企业破产为特征的金融市场的大动荡。从 2007 年 8 月开始，次级抵押贷款市场（在这一市场上，借款人的信用记录较差）上的违约事件造成了金融市场的剧烈震荡，引爆了美国自大萧条以来最为严重的金融危机。在国会听证会上，美联储前任主席艾伦·格林斯潘（Alan Greenspan）认为次贷危机是一场"百年不遇的金融海啸"。华尔街的公司和商业银行遭受了数千亿美元的损失。居民和企业发现借款利率迅速提高，并且很难申请到贷款。世界各地的股票市场都出现了剧烈震荡，美国股票市场自峰值下跌了 50% 以上。包括商业银行、投资银行和保险公司在内的许多金融企业陷入破产泥潭。2007 年 12 月开始出现了经济衰退，到 2008 年秋天经济已然失控。经济衰退结束于 2009 年 6 月，是第二次世界大战以来最为严重的经济衰退，现在被称为"大衰退"。

虽然问题出现在美国，但欧洲最先响起了金融危机的警报。这也说明了金融市场全球化的发展程度。2008 年 8 月 7 日，在惠誉与标准普尔宣布调低总额超过 100 亿美元的抵押支持证券与担保债务凭证（CDO）的信用评级之后，法国投资公司巴黎银行宣布暂停赎回旗下几个货币市场基金，这几个基金都出现了巨额损失。对影子银行体系的挤提开始后，情况变得更糟。虽然欧洲中央银行与美联储向金融体系注入大量流动性，银行依然追逐现金，而不愿意相互发放贷款，信贷市场枯竭，导致不依赖存款而主要在回购市场上借入短期资金的英国北岩银行于 2008 年 9 月破产，这是 100 多年来英国的主要银行首次出现的破产事件。其他一些欧洲金融也相继破产。希腊、爱尔兰、葡萄牙、西班牙受到的冲击尤为严重。

全球金融危机的发生对监管结构改革提出了迫切的需求，以减少危机重复发生的可能性。2010 年 7 月《多德—弗兰克法案》正式通过，这是美国大萧条以来最为全面的金融改革法案。美国此次金融监管改革的总体原则是强化监管。针对在危机中美国金融体系和监管所暴露的问题，奥巴马政府借此法案进行了极富针对性的、"大刀阔斧"的改革。《多德—弗兰克法案》的核心理念主要体现在以下两个方面：一是改变目前超级金融机构"大而不倒"的局面，有效防范系统性风险；二是保护金融市场中的弱势群体，避免金融消费者受到欺诈。围绕系统性风险和消费者金融保护两大核心问题，法案从系统性风险、消费者金融保护、重构原有监管机构和监管职能、提高对"系统重要性"金融机构的监管标准、填补对对冲基金等金融行业的监管空白、对证券化及场外衍生品金融市场进行规范和约束、严格银行资本金监管和业务监管、华尔街高管薪酬监管等几个方面对现有监管规则进行了调整和改革。[1]

一、世界主要国家的金融立法

世界主要国家的金融立法多表现为在民商法之外的特别立法，如银行法、票据法、证券法、信托法、保险法等。自 19 世纪末以来，世界各国不断加快金融立法，逐步完善了金融立法体系。

（一）银行法

银行法是金融法的基本组成部分。现行世界各国银行立法主要体现为两种形式：一种是合并立法，即中央银行和普通银行合并立法，统称银行法；另一种是分别立法，即单独制定中央银行法和普通银行法。目前，绝大多数国家采用分别立法的方式。

---

〔1〕 宋丽智、胡宏兵："美国《多德—弗兰克法案》解读——兼论对我国金融监管的借鉴与启示"，载《宏观经济研究》2011 年第 1 期。

1. 中央银行法。世界上第一部中央银行法是 1844 年英国颁布的《英格兰银行条例》（即《比尔条例》）。该条例规定了英格兰银行作为发行银行，享有英镑的垄断发行权；作为银行的银行，统一保管各普通银行的存款准备金，充当各金融机构的票据清算中心，并行使"最后贷款者"的职能。同时，其接受政府存款经理国库，充当政府的银行。《英格兰银行条例》对其后各国中央银行的建立和中央银行法的制定产生了重大影响。1914 年 8 月 6 日，英国制定了《通货与钞票法案》，1946 年 2 月 14 日，国会又通过了《英格兰银行国有化法案》，并于 1971 年 9 月公布了《竞争与信用控制法》，不断完善了英国中央银行立法。

继英国之后，西方各发达国家先后设立了中央银行，并制定颁布了中央银行法。随着世界经济格局的发展变化，各发展中国家亦相继效仿西方市场经济体制，建立中央银行，并颁布中央银行法，规定中央银行的性质、法律地位、组织体系、权利义务及其与政府和经济管理部门的关系等。这些法律法规规范了中央银行的组织和行为，对各国稳定货币、融通资金、调控经济起到了极大的作用。

当前，世界各主要国家，如美国、德国、法国、日本、瑞典、澳大利亚等都制定了中央银行法，主要有：1913 年《美国联邦储备法》、1934 年《德意志联邦银行法》、1934 年《瑞士联邦银行法》、1973 年《法兰西银行法》以及《澳大利亚联邦储备法》等。以上法律随着时代的发展多有修订。

2. 普通银行法。在经济社会中，普通银行是各国金融体系的主体，肩负着社会经济发展中资金供给和调节的重要职责。世界各国十分重视普通银行的管理，对其性质、地位、设立、变更、终止、业务范围、组织机构、经营管理、人事财务及法律责任均立法予以规范。由于普通银行主要是指商业银行，故而大多数国家立法中将规范普通银行的立法称为银行法或商业银行法。目前，世界上普通银行立法主要有美国 1863 年《国民通货法》，1864 年《国民银行法》，1919 年《爱治公司法》，1933 年《银行法》（《格拉斯·斯蒂格尔法》），1956 年《银行持股公司法》，1960 年《银行吞并法》，1980 年《存款机构放松管制和货币管制法》，1989 年《金融机构改革、复兴与实施法》，1990 年《联邦信贷改革法》，1994 年《里格尔—尼尔银行跨州竞业和设立分行效率法》，1999 年《金融服务现代化法》等；加拿大 1871 年颁布、1980 年修订的《加拿大银行法》；德国 1962 年修订的《德国银行法》（《信用制度法》）；英国 1979 年 4 月公布、1987 修订的《英国银行法》；日本 1981 年公布、1998 年修改的《日本普通银行法》；法国 1941 年创制、1984 年 1 月修订公布的《法国银行法》和 1996 年颁布的《金融活动现代化法令》等。

（二）票据法

票据立法最早源于法国。法国路易十四时期的《陆上商事条例》中就有票据的相关规定。1807 年《法国商法典》第一编第八章规定了汇票和本票，1865 年，法国制定《支票法》。1935 年，法国对其商法中票据的内容进行修订。

德国统一前各邦均有自己的票据法。1871 年 4 月，德国将《普鲁士票据条例》

稍加修改，颁行全国。1908 年制定了《票据法》（规定汇票和本票）和《支票法》，现行的是 1933 年制定颁布的《票据法》和《支票法》。日本最初在 1882 年制定了《汇票本票条例》，现行的是 1932 年公布的《票据法》和 1933 年公布的《支票法》。英国于 1882 年制定颁布《汇票法》，规定汇票、本票和支票，1959 年又制定《支票法》，对支票作了一些补充规定。美国于 1896 年制定《统一流通证券法》，1952 年制订颁布《统一商法典》（该法典 1962 年作了修订），其中第三编 "商业证券" 规定了汇票、本票、支票，取代了《统一流通证券法》。法国、德国、英国票据立法各有特点，形成近代世界三大票据法系。

（三）证券法

证券法是调整直接融资关系的主要法律，随着直接融资比重的增长，证券法的重要性也逐渐显现。

世界上最早进行证券立法的国家是美国。1933 年 5 月美国国会通过了《证券法》，1934 年又制定颁布了《证券交易法》，这两部法律奠定了美国证券法的基础，也为后来各国制定证券法提供了范本。此后美国又相继颁布了一系列证券法规，调整了证券融资关系，主要有 1935 年《公用事业控股公司法》、1939 年《信托契约法》、1940 年《投资公司法》、1940 年《投资咨询法》、1956 年《统一证券法》、1970 年《证券投资者保护法》、1984 年《内幕交易制裁法》、2002 年《公众公司会计改革和投资者保护法案》等。

英国没有统一的证券法，国家对证券关系调整的主要规范包含在 1939 年《防止欺诈（投资）法》、1948 年《公司法》、1973 年《公平交易法》、1984 年《公司证券法》（即《内幕人士交易法》）及 1986 年《金融服务法》等法律中。

日本于 1947 年制定《证券交易法》，共 9 章 210 条，1948 年颁布实施。1986 年新加坡制定颁布新的《新加坡证券业法》，1962 年韩国颁布实施《韩国证券和交易法》。德国、法国等西欧国家没有制订专门的证券立法，其内容包含在各自的公司法和投资法中。

（四）信托法

信托制度是现代社会衡量经济发展的重要杠杆，对于信托法律制度的起源，人们有着不同的看法，有人认为它起源于罗马法，其来源或者和罗马法上的遗产信托（*fideicommissum*）有继承关系，或者和罗马法中的使用权（*usus*）或用益权（*usus-fructus*）制度有关联，但这是一种表面化的分析。现在公认信托法律制度是英国本土的设计，它起源于英国中世纪的用益制，英国 1536 年制定和颁布的《用益法》是现代信托法的起点，奠定了近现代信托法律制度发展的基础。[1]

英国在信托方面的立法主要包括：1893 年《受托者条例》（规定了个人受托者的权利和义务），1896 年《司法受托人法》、1906 年《公共受托人法》和 1925 年

---

[1] 余辉："信托法发展中的一个重要阶段"，载《华东政法大学学报》2004 年第 1 期。

《受托人法》。日本于 1922 年制订了《信托法》和《信托业法》，1952 年公布《贷款信托法》，1957 年公布《证券投资信托法》，前述法律随着时代的发展多有修正。

（五）保险法

保险是一种用集中起来的保险费建立保险基金，用于弥补特定危险事故或人身约定事件的出现所造成的损失的经济补偿制度。保险（Insurance 或缩写为 insur），本意是稳妥可靠保障；后延伸为一种保障机制，是用来规划人生财务的一种工具，是市场经济条件下风险管理的基本手段，是金融体系和社会保障体系的重要支柱。在市场经济条件下，在发达资本主义国家中，保险尤其是人寿保险发挥着非常重要的作用，故各国对保险业、保险合同等都有比较完备的立法规范。

日本最早于 1901 年颁布实施《保险业法》，1940 年予以修订；新加坡于 1963 年公布、1986 年修订了《保险业法》。美国于 1974 年公布了《保险公司法》，美国各州制定有保险法规，以 1939 年公布的《纽约州保险法》最为完备，这是一部综合性的保险法，其中有关于保险业和保险合同的立法内容。此后，德国、法国、英国也都制定了保险方面的法律。

★ 扩展阅读

"安然事件"与萨班斯法案

安然事件是发生在 2001 年的美国安然公司破产案件及相继爆发的一系列丑闻。这家成立于 1930 年的公司在宣告破产之前，拥有约 21 000 雇员，曾是世界上最大的电力、天然气以及电讯公司之一，连续 6 年被财富杂志评选为"美国最具创新精神公司"，然而这个拥有上千亿资产的公司在几周内破产，持续多年精心策划，乃至制度化、系统化的财务造假丑闻相继爆出。2002 年 1 月 15 日，纽约证券交易所正式宣布其破产，股票从道·琼斯工业平均指数成分股中除名，在震惊全美的同时引发了人们对此事件的反思和启示。而为其提供审计服务多年的安达信公司也为其提供了大量的非审计业务服务，收取高额服务费，销毁账务资料，并最终导致其破产。安然的崩盘并不仅仅是因为假账和高层的腐败，更深层次的原因是急功近利，过度膨胀的快速发展，脱离主业的投资，使其无法应对经济环境的逆转，而不惜一切代价追逐利润的冒险精神，背离原有的企业文化，也是最终导致其失败的主因。

安然事件引发了美国主流社会深刻的反思，也引发了另一电信巨头美国世界通信公司的丑闻和倒闭，彻底摧毁了美国投资者对资本市场的信心。对管理者的质疑，最终导致《萨班斯法案》的产生，（又称为《萨班斯—奥克斯利法案》），该法案被视为自 20 世纪 30 年代以来美国证券法领域最重要的修改。

2002 年 7 月发布的《萨班斯法案》标志着美国证券法律根本思想的转变：从披露转向实质性管制，并加大公司高管及会计从业人员的法律责任，限定公司高管行为，改善公司治理结构，要求管理层及时评估内部控制，及时进行财务报告，等等。

它带给人们多方面的启示：改进公司治理结构，强化内部控制，强化审计师的独立性及监督，如何加强政府对市场的适度监管，如何使法律制度得到强有力的执行，如何使企业建立合理稳定的经济预期，对风险的预知和承受力，保证企业战略得以实现，企业文化管理是企业战略管理的最终表现形式，如何使企业文化、企业发展与社会利益相一致，等等。[1]

二、中国金融立法概览

(一) 旧中国的金融立法

伴随着中国金融业的发展，我国金融立法也发展了起来。中国第一部金融法是1908年清王朝颁布的《大清银行则例》，该则例规定大清银行享有代表国家发行纸币、代理国库和调剂金融的权利。1908年清政府又颁布《银行通行则例》，规定了银行的九项业务，即票据贴现、短期拆款、存款、放款、买卖生金银、兑换、代收票据、发行票据、发行银钱票。凡经营这九种业务的机构均称为银行，受该则例的约束。北洋政府在1913颁布了《中国银行则例》，1914年颁布了《交通银行则例》，当时由于尚未设立中央银行，而中国银行、交通银行均为国家银行，故履行部分中央银行职能。1927年国民党政府制定《中央银行法》，据此于1928年11月1日成立中央银行。1928年10月，国民党政府财政部修订《中国银行条例》，改组了中国银行，特许其成为"国际汇兑银行"。11月又颁布《交通银行条例》，改组了交通银行，特许其成为"发展全国实业的银行"。1931年3月28日，国民党政府公布《银行法》50条。1935年5月9日，国民党立法院通过并公布了《中央银行法》，共7章36条。1947年4月20日，国民党政府颁布《新银行法》，共10章119条，对商业银行、实业银行、储蓄银行、信托银行、钱庄、外国银行及银行的登记、业务许可、法律责任等均作了规定。

货币立法方面也有发展，1910年清政府颁布《铸币则例》规定银元为本位币，并将铸币权收归中央，第一次在中国确立了银本位制，但仍是银元与银两并用。1933年4月6日，国民党政府颁布《银本位铸造条例》，实行废两改元，由中央造币厂统一铸造，从此在我国正式确立了银本位制。1935年11月4日，国民党政府颁布紧急法令，实行"法币改革"，即废止银本位制，实行纸币制；规定即日起以中央、中国、交通三银行（1936年2月增加中国农民银行）发行的钞票为法定货币，所有完粮纳税及一切公私款项之收付，均以法币为限；禁止白银流通使用，并将白银收归国有，作为外汇准备金。这次改革使中国进入了不兑换纸币本位时期。

票据立法方面，清末变法时，清政府的宪政编纂馆于光绪三十三年（1907年）聘请日法学家志田钾太郎起草票据法。1922年北洋政府修订法律馆，起草了6稿票

---

[1] 赵健翔："内部控制理论的推进历程——从'安然事件'到萨班斯法案的出台"，载《环球市场信息导报》2015年第4期。

据法，但均未公布施行。1929 年 10 月国民党政府公布施行《中华民国票据法》，共
139 条。1930 年 7 月又颁布《票据法施行法》，共 20 条。

证券立法方面，1914 年北洋政府颁布了我国历史上第一部证券法——《证券交
易所法》。1929 年 10 月，国民党政府颁布《中华民国交易所法》；1930 年 4 月又颁
布了新的《中华民国交易所法》。

此外，中国近代在信托、保险方面也有些立法。

（二）新中国的金融立法

1978 年，我国开始了改革开放"走自己的道路，建设有中国特色的社会主义"
的探索，先提出"计划经济为主、市场调节为辅"的方针，采用"摸着石头过河"
的慎重步骤，开始金融体制的改革与开放。对于暂时争论不清的问题，采取了"不
争论，发展是硬道理"的做法，将认识统一到发展上面来。采用"白猫黑猫，能抓
住老鼠就是好猫"的重实效的方法，鼓励进取，积极探索，促进发展。在此期间，
我国颁布了《中华人民共和国中外合资经营企业法》（以下简称《中外合资经营企业
法》，2016 年第三次修正，现已失效）和《中华人民共和国民事诉讼法》（以下简称
《民事诉讼法》，2017 年第三次修正）等，为外资金融机构及分支机构的设立和金融
机构诉讼提供了法律依据。

1982 年《中华人民共和国宪法》（以下简称《宪法》）全面修订，肯定"生产
资料公有制是社会主义经济制度的基础"，规定社会主义经济制度的基础是生产资料
的社会主义公有制，即全民所有制和劳动群众集体所有制；社会主义公有制消灭人
剥削人的制度，实行各尽所能、按劳分配的原则；社会主义全民所有制是国民经济
中的主导力量；在法律规定范围内的城乡劳动者个体经济，是社会主义公有制经济
的补充。这些提法，不仅充分体现了我们传统的实事求是精神，而且还有"渐进式"
稳步操作的发展。不偏左，也不偏右，选择适合中国国情和符合人民利益的适中路
径摸索前行。1982 年《宪法》还明确规定，国家在社会主义公有制基础上实行计划
经济；国家通过计划经济的综合平衡和市场调节的辅助作用，保证国民经济按比例
地协调发展；允许外国的企业和其他经济组织或者个人在中国投资，同中国的企业
或者其他经济组织进行各种形式的经济合作，等等。我国政府还提出为了发展社会
主义民主，必须加强社会主义法制，使民主制度化、法律化，以及"有法可依、有
法必依、执法必严、违法必究"的社会主义法制方针。这体现了当时经济改革政策
设计者的远见和广大基层劳动者智慧的结合。

此后不久，我国又提出社会主义经济必须自觉依据和运用价值规律，其是建立
在公有制基础上的"有计划的商品经济"。与此相适应，我国于 1986 年颁布了《民
法通则》（2009 年修正），对企业法人制度和法人的权利义务进行了规定。在 1988 年
的《宪法修正案》中，明确规定"私营经济是社会主义公有制经济的补充""土地
的使用权可以依照法律的规定转让"。这些法律规定和基本原则，为保障公民、法人
的合法权益，正确调整民事关系，特别是为后来商业银行从信用贷款向抵押贷款的

转变提供了制度发展的宪法依据。经过 1989 年后一段时期的外商投资与贸易低潮之后，邓小平同志发表了"南方谈话"，在思想理论上明确了社会主义市场经济的方向。我国政府从根本上破除了"计划经济"和"市场经济"附属于社会政治制度的思想束缚，确立了建立社会主义市场经济体制的改革目标。"计划经济不等于社会主义，资本主义也有计划；市场经济不等于资本主义，社会主义也有市场；计划和市场都是经济手段。"在此期间，中国共产党在第十四届三中全会通过了《中共中央关于建立社会主义市场经济体制若干问题的决定》，将新的实践经验上升到了理论层面。

1993 年我国确立了建立社会主义市场经济体制的目标，金融体制的总体目标得以确立，金融改革进一步深化，金融立法也步入了一个崭新的时期。1993 年我国制定了《中华人民共和国公司法》（以下简称《公司法》，2018 年第四次修正）、《中华人民共和国反不正当竞争法》（以下简称《反不正当竞争法》，2019 年修正）。1995 年我国制定并颁布了四部金融基本法律及一个决定，包括 1995 年 3 月 18 日第八届全国人大第三次会议通过的《中华人民共和国中国人民银行法》（以下简称《中国人民银行法》，2003 年修正），1995 年 5 月 10 日第八届全国人大常委会第十三次会议通过的《中华人民共和国商业银行法》（以下简称《商业银行法》，2015 年第二次修正）和《中华人民共和国票据法》（以下简称《票据法》，2004 年修正），1995 年 6 月 30 日第八届全国人大常委会第十四次会议通过的《中华人民共和国保险法》（以下简称《保险法》，2015 年第三次修正）及《全国人民代表大会常务委员会关于惩治破坏金融秩序犯罪的决定》，从根本上改变了我国金融领域欠缺基本法律规范的局面，初步形成了我国金融法体系的基本框架。1997 年 3 月 14 日修订、同年 10 月 1 日实施的《中华人民共和国刑法》（以下简称《刑法》）中有两节关于金融方面的犯罪，1998 年 12 月 29 日第九届全国人大常委会第六次会议通过的《中华人民共和国证券法》（以下简称《证券法》，2019 年第二次修订），对证券市场的管理作了比较全面的规定，1999 年又出台了《中华人民共和国合同法》（以下简称《合同法》）。特别值得一提的是，1993 年的《宪法修正案》中明确了"我国正处于社会主义初级阶段""国家实行社会主义市场经济"。在 1999 年《宪法修正案》中进一步明确了社会主义市场经济条件下我国的基本经济制度和分配制度，规定"国家在社会主义初级阶段，坚持公有制为主体、多种所有制经济共同发展的基本经济制度，坚持按劳分配为主体、多种分配方式并存的分配制度"。这些规定为我国社会主义市场经济体制的建立和发展指明了道路，提供了坚实的宪法基础和法律保障。

2001 年我国正式加入世界贸易组织，这标志着我国社会主义市场经济迈上了一个新台阶。为适应我国社会主义市场经济体制的建立和发展，我国政府提出了"依法治国""建立社会主义法治国家"的基本治国方略。2001 年 4 月 28 日第九届全国人大常委会第二十一次会议通过的《中华人民共和国信托法》（以下简称《信托法》）、2003 年 10 月党的第十六届三中全会通过的《中共中央关于完善社会主义市场经济体制若干问题的决定》，成为我国经济体制改革的一个新标志。2003 年 10 月 28 日第十届全国人大常委会第五次会议通过了《中华人民共和国证券投资基金法》（以下简称《证券投资基金法》，2015 年修正），2003 年 12 月 27 日第十届全国人大常委会第六次会议通过了《中华人民共和国银行业监督管理法》（以下简称《银行业监督管理法》，2006 年修正），2004 年颁布了《中华人民共和国电子签名法》（以下简称《电子签名法》，2019 年第二次修正）、修正了《中华人民共和国拍卖法》《中华人民共和国票据法》和《中华人民共和国土地管理法》、并修订了《中华人民共和国对外贸易法》。

2005 年全国人大常委会颁布了《中华人民共和国外国中央银行财产司法强制措施豁免法》《中华人民共和国公证法》（2017 年第二次修正），修订了《公司法》《证券法》，修正了《中华人民共和国个人所得税法》（以下简称《个人所得税法》，2018 年第七次修正）。此外，全国人大常委会颁布了《刑法修正案（五）》，增加了有关信用卡犯罪的解释。

2006 年全国人大常委会颁布了《中华人民共和国反洗钱法》《中华人民共和国企业破产法》，修正了《中华人民共和国审计法》《中华人民共和国银行业监督管理法》，修订了《中华人民共和国合伙企业法》等。此外，全国人大常委会颁布了《刑法修正案（六）》，增加了上市公司高管违反诚信义务的刑事责任，扩充了洗钱犯罪的范围，修订了操纵市场和信息披露不当的性质、责任规范。

2007 年，全国人大颁布了《中华人民共和国物权法》，全国人大常委会颁布了《中华人民共和国劳动合同法》（2012 年修正），系统修正了《个人所得税法》。

2008 年，全国人大常委会颁布了《中华人民共和国企业国有资产法》《中华人民共和国循环经济促进法》（2018 年修正）。

2009 年全国人大常委会颁布了《中华人民共和国侵权责任法》，修订了《中华人民共和国统计法》《保险法》。此外，全国人大常委会还颁布了《刑法修正案（七）》，增加了对内幕交易行为的规范内容。

2010 年 10 月 28 日第十一届全国人大常委会第十七次会议通过《中华人民共和国社会保险法》（2018 年修正）。

2012 年 4 月 27 日第十一届全国人大常委会第二十六次会议通过《中华人民共和国军人保险法》等系列金融专门法律。

上述重要金融法律制度对我国金融体制的改革和业务发展，都发挥了重要的指引和保障作用，更使得我国金融法体系进一步完善，使我国的金融事业逐渐走上法治化轨道。

★ *扩展阅读*

《证券法》的修订

2019 年 12 月 28 日上午，第十三届全国人大常委会第十五次会议高票通过《证券法修订草案》，新法将于 2020 年 3 月 1 日起施行。新修订的《证券法》共计 14 章 226 条，与现行法律相比，新修订的《证券法》对证券发行注册制作出了比较系统、完备的规定，精简优化了证券发行条件，调整了证券发行程序，强化了证券发行中的信息披露，为实践中注册制的分步实施留出了制度空间。比如，将现行法律规定的公开发行股票应当"具有持续盈利能力"的要求改为"具有持续经营能力"，取消发行审核委员会制度，增加"信息披露""投资者保护"两个专章，授权国务院规定证券公开发行注册的具体办法，等等。

我国证券市场于 1990 年恢复交易经营，1998 年《证券法》颁布，此前 8 年时间的证券市场监管，先是依靠中国人民银行总行及上海和深圳分行的有关规章，其后在 1993 年成立中国证券监督管理委员会（以下简称证监会）后，由证监会颁布的行政规章监管。作为我国资本市场的基础性法律之一，《证券法》自 1999 年 7 月起实施，期间经历 3 次修正 1 次修订。伴随着社会主义市场经济的不断发展和金融体制改革的不断深化，第五次修改从 2014 年列入立法工作计划到 2019 年底表决通过，历经十二届、十三届两届全国人大共计 4 次审议。

三、国际金融法

随着国际金融全球化、一体化进程的加快，国际金融立法日益成为突出的法律问题。由于国际社会并无一个超国家的立法机构，国际金融立法多表现为国际的条约、协定及惯例。最早的国际金融立法应是 1944 年 7 月形成的"布雷顿森林体系"。1944 年 7 月，英、美、法、苏、中等 44 国在美国新罕布什尔州布雷顿森林召开的国际货币金融会议通过了《联合国货币金融会议最后决议书》《国际货币基金协定》与《国际复兴开发银行协定》。《国际货币基金协定》确立了战后国际货币制度，《国际复兴开发银行协定》则规范了成员国政府间货币资金融通关系。国际商业借贷、国际证券发行和交易及民间跨国资金融通关系则长期处于无统一法律秩序状态。市场风险及法律风险经常威胁着国际金融市场秩序。1988 年 7 月 15 日，国际清算银行巴塞尔委员会成员国于瑞士的巴塞尔签订了《统一国际银行资本衡量和资本标准》协议，又称《巴塞尔协议》。该协议对其成员国属于国际协议，而对于非成员则属于约束性建议。它要求各成员国银行监督机构以注释本或官方声明在国内公布，使之成为国内法，以监管本国跨国银行活动；对于非成员国可自愿适用该协议。《巴塞尔协议》是将民间跨国货币资金融通纳入国际法律秩序的一个开端。此外，国际支付结算领域则适用大量的任意性惯例。当事人在合同中规定适用，即对当事人有约束力。

如国际商会《统一托收规则》（第332号出版物）和《跟单信用证统一惯例》（第500号出版物）。20世纪90年代以来，由于国际金融风险和危机频繁出现，国际社会更加意识到加强统一金融立法的重要性，并逐渐加强金融监管的合作。

★ 扩展阅读

布雷顿森林体系

第二次世界大战后，战胜国建立的固定汇率体系被称为布雷顿森林体系（Bretton Woods system），其这样命名是为了纪念1944年在新罕布什尔州达成的协定。布雷顿森林体系一直持续到了1971年。

《布雷顿森林协定》创立了总部位于华盛顿特区的国际货币基金组织（International Monetary Fund，IMF），1945年该组织已有30个创始成员国，目前成员国超过180个。IMF被赋予了以下职责：通过制定维系固定汇率的规则，以及向遭受国际收支困难的国家提供贷款的方式，促进国际贸易的增长。除了监督成员国遵守其规则外，IMF还承担了收集和处理国际经济数据的工作。

《布雷顿森林协定》还创立了国际复兴开发银行，通常被称为世界银行（World Bank）。它的总部也在华盛顿特区，主要职责是提供长期贷款，帮助发展中国家修建水利、公路和其他能促进经济发展的实物资本。这些贷款的资金主要来源于世界银行在发达国家的资本市场上发行的债券。此外，还成立了关税及贸易总协定（GATT），它的总部位于瑞士日内瓦，负责管理国家间的贸易规则（关税与配额）。后来，关税及贸易总协定演变成为世界贸易组织（World Trade Organization，WTO）。

由于美国在第二次世界大战后成为国际上最大的经济实体，拥有国际超过一半的制造能力和绝大部分的黄金储备，所以，固定汇率的布雷顿森林体系是建立在美元可以以35美元/盎司的比价自由兑换成黄金（仅对外国政府和中央银行而言）的基础上的。包括美国在内的各国中央银行在外汇市场上进行干预来维持固定汇率。这些国家购买和出售它们持有的当作国际储备的美元资产。美元被称作储备货币（reserve currency），其他国家所持有的作为国际储备的资产都是用美元计价的。于是，布雷顿森林体系的一个重要特征是——美国被确立为储备货币国。即使在布雷顿森林体系瓦解后，美元仍然保持了它的储备货币地位，大部分国际金融交易仍以美元进行。作为布雷顿森林体系特征的固定汇率制度于1973年被最终废除。1979-1990年间，欧洲联盟在成员国间建立了自己的固定汇率体系，即欧洲货币体系（European Monetary System，EMS）。理论上，在这个体系的汇率机制（exchange rate mechanism，ERM）下，任何两个成员国之间的货币汇率浮动不得超过一个很窄的范围，这被称为"蛇形浮动"。在实践中，欧洲货币体系中的所有国家都将自己的货币钉住德国马克。

第三节　金融法的一般理论

★案例导入

违反禁止性规定订立的涉境外理财平台委托理财合同无效
——甲某诉乙某委托理财合同纠纷案[1]

【基本案情】

2014年10月，甲某在某境外理财平台公司代理人乙某的推荐下，成为该平台网站的注册用户。该理财平台系由注册在境外的公司运营，未获得国内监管机构批准即在境内开展外汇交易。甲某向其账户投入资金5600余美元进行外汇保证金交易，杠杆比例为1∶500。2014年10月13日，甲某与乙某通过往来邮件订立《共同投资协议》，约定甲某为账户资金出资人，乙某负责实盘操作，投资账户产生盈利的分配比例为甲某占70%，乙某占30%，乙某承担交易带来的账户亏损责任。同时，甲某向乙某告知了其账户交易密码。10月至11月间，甲某账户频繁操作，本金发生了5100余美元的损失。甲某为账户亏损之事至乙某公司交涉，乙某自认其从甲某的交易中累计获得约900美元佣金。甲某向法院起诉要求乙某赔偿其投资损失5100余美元（折合人民币31 000余元），并承担相应利息及费用。

【裁判结果】

上海市虹口区人民法院于2016年5月20日作出（2015）虹民五（商）初字第2565号民事判决：乙某应承担甲某本金损失人民币19 000余元；驳回甲某其余诉讼请求。乙某不服一审判决提起上诉。上海市第二中级人民法院于2016年8月24日作出（2016）沪02民终5427号终审判决：驳回上诉，维持原判。

【裁判意义】

随着互联网技术的不断进步，居民理财手段从传统的基金、证券等拓展至复杂的金融衍生品交易，理财渠道从银行、券商等线下交易发展到互联网、手机等线上交易。由于境外理财、境外金融衍生品交易等投资行为触及国家外汇管理制度，为防范金融风险、依法保护投资者利益，金融监管部门对此类业务采取了较为严格的监管态度，《商业银行开办境外代客理财业务管理暂行办法》对开办此类业务的准入门槛、流程等事项均有明确规定。但一些未获得国内监管部门批准的境外理财平台通过网络交易手段，推出包括外汇保证金交易等在内的高杠杆、高风险产品，意图逃避金融监管。同时，这些境外理财平台所谓的"代理人"违规接受客户的委托理财，通过频繁交易获取高额佣金，最终损害投资者的利益。本案判决否定了违反外

---

[1]　上海市高级人民法院：《2016年度上海法院金融商事判例十大案例》，2017年7月5日施行。

汇管理法律禁止性规定的委托理财合同的法律效力，同时对亏损后果承担作出了界定，有利于遏制此类违法行为，依法维护金融监管秩序。

一、金融法的概念和调整对象

（一）金融法的概念

金融法是调整金融关系的法律规范的总称。具体地讲，金融法就是由国家制定或认可的，确立金融机构的设立、组织、性质、地位和职能，并调整在金融活动中形成的金融监督管理关系和金融业务关系的法律规范的总称，即国家金融主管机关在组织、管理金融事业和调控、监管金融市场过程中所形成的金融调控与监管关系的法律规范，以及调整银行及其他金融机构从事金融业务活动中发生的经济交易关系的法律规范的总称。

金融法是一个集合概念，在我国现行法律体系中，并不存在一部以"金融法"命名的法律或者法规，但它自成一类规范或"一个法群"（a body of law），被公认为我国市场经济法律体系中的一个重要组成部分。从不同法律规范的调整对象来看，金融法也有广义和狭义之分。狭义的金融法专指银行法，这是因为银行是金融体系的核心，银行法是金融法的基本法；广义的金融法则除包括银行法外，还包括货币法、票据法、证券法、信托法、基金法、保险法等。一般所称的金融法，是指广义上的金融法。

（二）金融法的调整对象

金融法的调整对象是在金融活动中产生的金融关系，包括金融监督管理关系和金融业务关系两大类：

1. 金融监督管理关系。金融监督管理关系是指国家金融监管部门（包括中国人民银行、国家外汇管理局、中国证券监督管理委员会、中国银行保险监督管理委员会）在组织和管理全国的金融事业和对金融市场的监督管理过程中形成的经济监督管理关系。具体包括：

（1）中央银行货币发行和货币流通中同各类金融机构和非金融机构之间所形成的货币发行关系、现金与转账结算等货币流通管理关系；

（2）金融监管部门因各类银行、非银行金融机构的设立、变更、接管和终止而产生的主体资格监管关系；

（3）金融监管部门对各类金融机构的业务活动进行的监管关系，包括因存贷款管理、结算管理、信托管理、保险管理、融资租赁管理、证券发行交易管理、期货期权交易管理等而发生的监管关系；

（4）金融监管部门对金融机构、非金融机构和个人非法从事金融活动进行查处而产生的金融处罚关系。

★ *扩展阅读*
___

金融监管

金融监管是政府通过特定的机构，如中央银行、证券交易委员会等对金融交易行为主体作出的某种限制或规定，其本质上是一种具有特定内涵和特征的政府规制行为。金融监管可以分成金融监督与金融管理。金融监督是指金融主管当局对金融机构实施的全面性、经常性的检查和督促，并以此促进金融机构依法稳健地经营和发展；金融管理指金融主管当局依法对金融机构及其经营活动实施的领导、组织、协调和控制等一系列的活动。

金融监管可以分为以下八种基本类型：对资产持有的限制、资本金要求、即时整改行动、注册与检查、风险管理评估、信息披露要求、消费者保护和对竞争的限制。这些类型的监管旨在缓解信息不对称问题和限制金融体系过度冒险。

2. 金融业务关系。金融业务关系是指银行和其他非银行金融机构在法律、法规允许的范围内从事相应业务活动而与其他金融主体之间发生的平等主体间的经济关系。具体包括：

（1）因间接融资业务的开展而发生在银行等金融机构与存贷款主体之间的资金融通关系，如存款关系、贷款关系、拆借关系等；

（2）因直接融资业务的开展而发生在证券、信托等非银行金融机构和投资、融资主体之间的发行、交易关系，如证券发行买卖关系、承销关系、证券交易买卖关系、行纪关系、证券发行服务与交易服务关系等；

（3）因金融中介服务业务的开展而发生在银行等金融机构和非金融机构的法人、非法人组织和自然人之间的金融中介服务关系，如结算、汇兑、咨询、信托、租赁、代理等关系；

（4）因开展特殊融资业务而产生的特殊融资关系，如外汇买卖、期货期权交易而产生的关系。

★ *扩展阅读*
___

金融中介

金融中介，即主要业务是向客户提供金融产品和服务的企业，这些金融产品和服务无法通过在证券市场上直接交易而更有效地获取。金融中介的主要类型是银行、投资公司和保险公司。它们的产品包括支票账户、贷款、抵押、共同基金以及各种各样的保险合同。

金融中介的一项最简单例证是共同基金。共同基金将众多小额储蓄者的金融资源归集在一起，同时将他们的资金投资于证券。共同基金在记录保存和实施买卖证券方面有巨大的规模经济，并因此为客户提供了一个比在市场上直接买卖证券更有效率的证券投资途径。

二、金融法的体系

（一）金融法体系的含义

金融法是调整金融关系的法律规范的总称。金融法律规范的表现形式，按制定机关和法律效力的不同，可分为金融法律、金融法规、金融规章、地方性金融法规、金融条约和自律性规章等。

金融法的体系是指在金融法的基本原则指导下，调整金融关系不同侧面的金融法律、法规、规章等金融法律规范，分类组合为不同的金融法律制度，为共同实现金融法的任务，而形成的相互连结、和谐统一、层次分明的统一整体。它是一个多层次的结构体。

（二）金融法体系的主要内容

金融法体系的内容相当庞杂，各国金融立法也因经济、金融发展阶段不同和管理重点各异，内容不尽相同，体系也各有特点。为适应社会主义市场经济发展的要求，我国金融法大致可以划分为六个部分，即金融组织法（主体法）、金融调控与监管法、间接融资法、直接融资法、期货期权与外汇法（特殊融资法）、金融中介业务法。

1. 金融组织法。或称金融主体法、金融机构组织法，是用以确定银行和其他金融机构的性质、法律地位、职责权限、机构设置、业务范围及规则的法律规范的总称。按照业务性质的不同，金融组织法又可进一步分为中国人民银行法（中央银行法）、普通银行法（商业银行法）、合作银行法、政策性银行法、非银行金融机构管理法、涉外金融机构管理法。

目前，我国金融组织法的法律规范主要有《中国人民银行法》《银行业监督管理法》《商业银行法》《证券公司监督管理条例》《外资银行管理条例》《外资保险公司管理条例》《信托公司管理办法》等。

2. 金融调控与监管法。金融调控与监管法是指调整国家实施金融调控和金融监管活动中所发生的社会关系的法律规范的总称。其任务是要明确金融调控与监管的目标、原则，确定调控、监管机构的地位与职权，规范调控和监管的措施、方法，惩处破坏货币金融秩序的行为。

金融调控与监管法的法律规范主要有《中国人民银行法》《银行业监督管理法》《保险法》《证券法》《反洗钱法》《刑法》及其修正案、《金融机构撤销条例》《人民币管理条例》《现金管理暂行条例》《国家货币出入境管理办法》等。

3. 间接融资法。间接融资法是指调整间接融资关系的法律规范的总称。所谓间接融资，是指借款方与贷款方通过金融中介机构来实现资金有偿使用的一种资金融通方式。间接融资法的任务就是规范货币借贷行为，保障借贷双方及与之有关的金融机构、非金融机构和个人的合法权益，促进资金的有序、健康、快速流转。在我国，由于间接融资比重很大，间接融资法是金融法最基本的内容之一。间接融资法的法律规范主要有《商业银行法》《合同法》《储蓄管理条例》《人民币单位存款管理办法》《人民币利率管理规定》《贷款通则》《固定资产贷款管理暂行办法》《流动资金贷款管理暂行办法》《个人贷款管理暂行办法》等。

4. 直接融资法。直接融资法是指调整直接融资关系的法律规范的总称。所谓直接融资，是指筹资方不经过中介环节，而是直接经由金融市场从投资方吸收资金的一种资金融通方式。直接融资虽然不必经过中介环节，但它的健康运作还需要投资银行、证券公司等的参与和协助，需要金融主管机构的有效监督、调控和管理。因此，直接融资也与金融机构的活动密切相关。我国直接融资起步较晚，有关直接融资的立法仍然有待进一步加强。

目前，我国直接融资法的法律规范主要有《公司法》《证券法》《证券投资基金法》《企业债券管理条例》《股票发行与交易管理暂行条例》《证券交易所管理办法》等。

5. 期货、期权与外汇法（特殊融资法）。特殊融资是指发生在期货市场、期权市场和外汇市场的融资行为，该类行为具有不同于一般直接融资和间接融资的特点。调整期货、期权和外汇融资行为的法律规范即为特殊融资法。它包括期货法、期权法和外汇法，这些法律规范是我国金融法体系中新的内容。

目前，我国在期货、期权与外汇管理方面还未制定出基本法律，由国务院或国家金融主管机关颁布的规范性文件主要有《期货交易管理条例》《外汇管理条例》《外商投资期货公司管理办法》《期货交易所管理办法》《期货公司风险监管指标管理办法》《期货公司分类监管规定》等法规、规章。

6. 金融中介业务法。金融中介业务法是指调整金融机构与客户之间中介业务关系的法律规范的总称。金融中介业务是指金融机构以中间人身份，不运用其自有资金和借入资金，为客户提供服务并收取相应费用的金融经营活动。

目前，我国金融中介业务法律规范散见于《商业银行法》《票据法》《担保法》《支付结算办法》《国内信用证结算办法》等法律、法规、规章之中。

三、金融法的基本原则

金融法在本质上属于经济法的范畴。尽管在金融法调整的对象和范围中也包含民商法、行政法的因素，但其最基本的因素是经济法。金融活动是连接生产、交换、分配和消费等各个经济环节的纽带，是国民经济的重要组成部分；金融法是调整各类金融关系的法律规范的总和，是经济法的重要组成部分。金融法是国家在宏观上调控和监管整个金融产业，在微观上规范经济主体金融活动，促进金融业健康持续发展的重要法律手段之一。

金融法之所以是经济法的组成部分，而不是其他部门法的组成部分，其主要原因在于：其一，作为金融法调整对象的金融及金融关系具有强烈的经济属性，是国家调控经济、监管市场过程中发生的核心经济关系；其二，金融法具有经济法律部门的一般特征，如金融法的主要功能是确认和规范国家调控金融和监管市场的职责权限，维护社会整体利益；其三，金融法确立国家调控和监管金融业的法律原则，金融主管机关据此依法调控金融业和监管金融市场，体现出金融法规范和约束政府权力的经济法性质的作用。

金融法的基本原则是金融立法、执法和司法所应遵守的指导思想，是集中体现金融法的本质和精神、主导金融法体系、调整金融关系的根本准则。由于经济发展水平、金融政策目标的不同，金融法的基本原则在不同性质的国家之间或者同一国家的不同发展阶段亦有所不同。

（一）实行统一管理金融，管理和经营分离的原则

国家对金融业实行统一的政策和法律、法令管理，由人民银行统管全局，制定统一的货币金融政策，对各商业银行、政策性银行、外资银行和其他非银行金融机构的设置、审批、业务开展以及金融市场实行严格的监管，不受其他政府机关、经济组织和个人的非法干涉。

加强和完善国家金融宏观调控，明确人民银行的法律地位，增强其权威性，同时，改善人民银行货币调控手段，尽量少用或不用行政办法，而用间接的、经济的、法律的方法（如存款准备金率、再贴现率等）来调控金融，以实现宏观管理的目的。

管理和经营分离的原则，是政企职责分离在金融领域内的具体化。其内容是指人民银行不再一身兼有管理金融和从事一般金融业务（商业性金融业务）的双重职能，而改由人民银行制定统一的货币政策、方针和金融规章，执行金融监管的国家机关的职能。商业银行、政策性银行和其他金融机构在法律、法规和统一的金融方针政策允许范围内开展金融业务活动，享有经营自主权，而不再行使金融管理方面的职能。

（二）在稳定币值的前提下，促进经济发展的原则

经济增长、币值稳定是市场经济协调发展的重要标志，是一国货币政策的主要目标。我国中央银行法（即《中国人民银行法》）也把"保持货币币值的稳定，并以此促进经济增长"确定为我国的货币政策目标，从而使其成为我国金融法的重要原则。

金融对国民经济的调节作用，一方面体现在通过调节货币供应量和信贷规模，来调节社会总需求使之与供给相适应，实现总量控制。另一方面，通过运用利率杠杆和信贷资金投向，调节产业结构乃至整个经济结构，实现结构合理和优化。金融对国民经济的总量控制和结构调整是灵敏而有效的。因此，建立和完善以中央银行为中心的金融宏观调控体系至关重要。

金融宏观调控的基本任务是坚持稳定货币，抑制通货膨胀，优化经济结构，加快经济发展。要稳定币值，就必须贯彻货币制度独立、统一的方针，执行经济发行

的原则。货币制度的独立是指货币政策的制定和实施要与其他政策相对独立，货币的发行必须与财政发行、政府信用分开。货币制度的统一是指货币的发行与管理要统一由人民银行负责，其他银行非依法律规定或特别批准不得发行任何形式的银行券。稳定货币是与经济发行相联系的，是指货币的发行只能是满足生产和流通的正常需要，使货币的总供给与总需求保持平衡，从而保证货币币值的稳定，防止通货膨胀。金融法应遵循该原则，制定和实施一系列稳健的货币政策来保障经济持续、稳定、协调地发展。

（三）政策性金融业务与商业性金融业务相分离的原则

银行是经营货币业务的特种企业，它也以盈利为目的，按照效益性、安全性、流动性的经营原则进行商业化经营，这样才能做到自主经营、自担风险、自负盈亏、自我约束。但我国的国有专业银行长期以来肩负着政策性银行和商业性银行的双重任务，而且业务分工严密，缺少竞争机制，致使货币资金使用效益低下，政策性业务和商业性业务的经营目标都很难真正实现。虽然在改革开放的过程中，四大专业银行的业务范围分工有所突破及存在交叉之处，但专业银行运营机制并未彻底改观。因此，我国的金融立法要完善财政投融资体制，创建和完善政策性银行及其他政策性金融机构，专营政策性金融业务。各国有专业银行在政策性银行业务分离出去之后，要明晰产权、业务交叉、综合发展、开展适度的金融业务竞争，以实现商业化经营的目标。

（四）实行分业经营、分业管理的原则

金融具有广阔的活动领域，涉及银行、信托、保险、证券等。分业经营和分业管理一方面可以加强专业分工，提高经营管理水平和经营效益；另一方面，打破了大一统的经营及管理模式，保护了竞争。但是，也应该看到，近年来随着金融创新的不断发展，发达国家对金融业的分业经营、分业管理原则有所放宽。这对于分散经营风险，扩大经营规模，提高效益具有一定的意义。

（五）保护债权人、投资者利益，防范和化解金融风险的原则

金融业是从事货币资金融通的特种行业，是时刻面临多种类型风险威胁的高风险行业。这些风险包括信用风险、国家风险、市场风险、利率风险、流动性风险、操作风险、法律风险、声誉风险等。金融风险的存在，严重影响着金融业的安全运营，并有可能影响到整个社会的经济生活和国家安定，只有通过金融立法建立起规范有序的金融市场，使货币的收付、汇兑、结算、信贷等活动能够迅速、及时、准确地进行，才能加速资金的横向流动和循环，提高融资的可选择性和有效性，同时公开信息披露，防止内幕交易欺诈等不法行为，债权人、投资者的利益才能得到切实的保障。

防范和化解金融风险的原则，必须贯穿于金融立法、执法、守法和对外交往过程的始终。从立法上而言，必须科学、合理地建立、健全各种金融法律、法规和规章制度，为防范和化解金融风险创造良好的法律环境；从执法上而言，必须强化金

融监管部门的地位和职权，改进监管的方式方法，完善有关资本充足率、贷款损失准备金、资产集中度、流动性管理、风险管理和内部控制等方面的监管程序，切实加强非现场检查、现场检查和聘用外部审计、综合并表监管等措施；从守法上而言，各金融机构必须健全内部控制和各项具体业务制度，实行合法、合规和审慎经营。在金融对外开放方面，必须积极稳妥，立足于国家主权和安全，切实做好涉外金融业务的经营和监管工作，防范国际金融风险的渗透和转移。

四、金融法律关系

（一）金融法律关系的概念及特征

在社会生活中，人们通过一定的行为，结成具有不同内容与表现形式的各种社会关系。各种关系的总和构成庞大的社会关系系统，法律关系是其中重要的一种。具体来讲，所谓法律关系，是指根据法律所确定的主体之间具体行为的法律相关性。由此可以看出，法律关系是为法律所调整的社会关系内容的法律形式，是主体之间根据法律所结成的一种规范性关系。

1. 金融法律关系的概念。金融法律关系是指由金融法律规范调整的在金融监管活动和金融业务活动过程中形成的具有权利义务内容的社会关系。

银行等金融机构、企事业单位、社会组织和个人在进行金融监管活动和金融业务活动时，必然会形成各种各样的金融关系。国家出于维护统治者利益和整个社会经济秩序的考虑，必然要制定各种各样的金融法律规范。当这些金融关系受到相应的金融法律规范的调整时，就会在金融主体之间产生现实的、受国家强制力保护的权利义务，亦即形成了金融法律关系。因此，金融法律关系的形成和存在有两个条件：一是要有反映国家意志的金融法律规范的存在；二是要有某种具体的金融监管活动或金融业务活动的存在。

2. 金融法律关系的特征。作为法律关系的一种，金融法律关系除了具有一般法律关系的特征外，还具有以下的特征：

（1）金融法律关系是在金融监管活动和金融业务活动过程中形成的权利义务关系，而金融监管活动或金融业务活动是以银行等金融机构为中心开展起来的。因此，在金融法律关系主体当中，一般应有一方当事人是金融机构，否则，难以形成金融法律关系。

（2）金融法律关系具有纵向金融管理和横向金融协作的双重性，是比较典型的经济法律关系。一方面，国家金融监管部门要对金融机构的组织和金融活动的开展实施宏观的管理和监督，另一方面，各金融主体之间又要按照价值规律、金融市场运行机制开展金融业务活动。因此金融法律规范所调整的金融关系既有纵向的金融监管关系，又有横向的金融业务关系，由此产生的金融法律关系是纵向金融管理法律关系和横向金融协作法律关系的统一，属于经济法律关系的范畴。

（3）金融法律关系具有广泛性、多样性的特征。金融活动源于商品货币关系，有商品货币关系存在的地方，就必然存在金融活动。在当代社会生活中，金融活动已经渗透到社会生活的各个方面和领域，成为现代社会生产、交换、分配和消费顺利进行的必要条件，成为现代经济的核心。随着金融竞争的加剧与金融创新的不断出现，金融法律关系变得越来越复杂多样，这也决定了金融法律关系的广泛性、多样性的特征。

（4）金融法律关系的确立、变更和终止多采用书面形式，而且其格式往往标准化，当事人不能随意加以更改，有着较为严格的准则性、程序性要求。现代经济社会中，金融活动丰富多样，采用书面形式能够将合同内容予以明确和固定，权利义务关系清楚，有利于维护交易的安全和稳定，便于履行和监督。当履行过程中双方出现争议时，也有利于保护当事人的权益。

（二）金融法律关系的构成要素

法律关系的构成要素，是指构成法律关系必须具备的内容和因素。根据法律关系的一般原理，任何法律关系都必须具备三个要素才能构成，即主体、内容和客体。金融法律关系的构成要素是指构成金融法律关系不可缺少的组成部分。和其他法律关系的构成要素一样，金融法律关系的构成要素也是由主体、客体和内容三个要素构成。

1. 金融法律关系的主体。法律关系的主体是指法律关系的参与者。它是构成法律关系的最根本的要素，没有一定主体的意志与行为，便无从构成任何法律关系。

能够成为法律关系的主体及其种类，都被规定在一国的法律中。在不同的历史时期和不同的民族与国家的法律中，法律关系的主体及其种类有一个具体的演变过程。到了现代社会，法律关系的主体及其种类更为多种多样，这个过程体现了人类社会与法律的发展和进步。

金融法律关系的主体是指参加金融法律关系，依法享有权利、承担义务的当事人。国家机关、企事业单位、社会组织和个人依法可以成为金融法律关系的主体，而金融机构则是金融法律关系的当然主体。

金融法律关系的主体可作以下分类：

（1）特殊主体。包括中国人民银行、国家外汇管理局、中国银行保险监督管理委员会、中国证券监督管理委员会。它们作为法定的国家金融监督管理部门，代表国家组织管理金融机构及其活动，代表国家监管、调控金融市场，在金融法律关系主体中居于特殊、重要的地位。

（2）各类银行和非银行金融机构。各类银行是指政策性银行、商业银行、合作银行、外资银行、外国银行分行、中外合资银行以及其他经营存款、放款、汇兑结算等业务的金融企业。非银行金融机构是指未冠以"银行"字样的经营信托、投资、租赁、债券、保险等金融业务的金融机构，也称其他金融机构。

（3）各经济组织、事业单位、社会团体。这些主体可以是法人组织，也可以是非法人的合伙组织、联营组织。

（4）自然人。包括中国公民、外国公民、无国籍人。他们参与金融活动就可以成为金融法律关系的主体。自然人一般应具有权利能力和行为能力才能成为金融法律关系主体，但在特殊情况下，无行为能力人或限制行为能力人也能成为金融法律关系的主体。

（5）国家。国家是一个特殊的整体，它也是构成某些重要法律关系的主体。具体来说，国家在特定的情况下，也能以主体资格参加金融活动，成为金融法律关系的主体。如发行货币、发行国家公债、缔结国际条约等就是国家的特权。

2. 金融法律关系的客体。法律关系客体是法律主体之间建立的一定法律关系所指向的具体目标，是人们通过自己的意志和行为欲影响和改变的对象，是连接权利与义务等法律概念并使其具有实际内容的现实载体。可见，法律关系的客体是具体将法律关系主体之间的权利与义务等内容联系在一起的客观基础与中介，是构成法律关系的又一必备要素，没有它便不能构成具体的法律关系。

总体来讲，能成为法律关系客体的对象一定是以某种形式存在的利益与资源，具体表现为：它是能满足人们相关的物质或精神需要的东西，并且是可以被人们具体控制和测度的。而且，在不同的国家与不同的历史时期，法律关系客体的具体内容及范围也在不断地发生着变化，决定这种状况的根本原因和动力是相应的历史条件和生产力发展水平。

金融法律关系的客体是指参加金融法律关系的主体的权利义务所共同指向的对象。没有金融法律关系的客体，金融法律关系也就不可能产生，权利和义务就会落空。能够成为金融法律关系的客体的有货币、有价证券和行为，其中，货币和有价证券是主要的客体。

3. 金融法律关系的内容。法律关系的内容是构成法律关系的又一必备要素。有关其具体内容及相互间的关系的理论历来主要为一些分析法学派的法学家们所构筑。

在现代理论体系中，主要通过权利、特权、权能、豁免、义务、无权利、责任、无权能等八个法律概念来界定法律关系的具体内容。权利（狭义），意味着主体可以针对客体要求他人作出某一特定行为；特权，又称自由权，意味着主体可以针对某一客体采取其想采取的行为；权能（power，中文通常译为权力），意味着主体可以单方改变既有法律关系的内容，或者可以单方创设新的法律关系；豁免，意味着主体不受他人单方对既有法律关系内容的改变，不受他人单方创设的法律关系的约束；义务，意味着主体必须响应他人的要求，针对客体作出某一特定的行为；无权利，意味着主体针对某一客体不能作出任何干预他人的行为；责任，意味着主体对他人改变既有法律关系的内容或者创设新的法律关系的结果必须承受；无权能，意味着主体不能单方改变既有的法律关系，或者单方创设新的法律关系。权利、特权、权能、豁免四个概念，均表达了主体行为的积极状态，即"主体可以……能……"义务、无权利、责任、无权能四个概念，均表达了主体行为的消极状态，即"主体必须……应该……不得……"我们通常说"法律关系就是主体之间的权利义务关系"，其中的"权利""义务"概念实际上就是在广义上对主体行为的积极状态和消极状态的表述。[1]

金融法律关系的内容是指金融法律关系的主体依法所享有的权利和承担的义务。权利即指主体有权依据金融法律、法规的规定为一定行为、不为一定行为和要求他人为一定行为的可能性。义务即指主体依据金融法律法规的规定必须为一定行为或不得为一定行为的必要性。在不同的金融法律关系中，金融法主体享有不同的权利、承担不同的义务。

（三）金融法律关系的产生、变更和终止

社会本身就是处于不断发展的过程之中，人们之间所结成的各种社会关系也在发生变革，这决定了法律关系也会不断地发生变化和革新。法律关系的产生是指主体之间依据法律规范而结成一定的权利义务关系；法律关系的变更是指由于符合法律规定的一定法律事实的出现而引起法律关系诸要素发生了变动；法律关系的终止是指主体之间权利义务关系的完结。法律关系处于不断地产生、变更和终止的运动状态，对人们的生产生活和社会的发展有着十分重要的意义。

金融法律关系的产生是指由于一定的法律事实的存在或变化，使金融法律关系主体之间形成一定的权利义务关系。

金融法律关系的变更是指由于一定的法律事实的出现或变化，使业已存在的金融法律关系的某些要素发生了改变，从而引起金融法律关系的变更。包括主体的变更、客体的变更和内容的变更三种情况。

金融法律关系的终止是指由于一定的法律事实的出现，使金融法律关系主体间的权利义务关系归于消灭。

1. 法律关系产生、变更和终止的前提：法律规范。法律关系是主体之间依据一定的法律规范而结成的，因此法律关系受到法律规范的直接影响与制约。在理解法律规范与法律关系之间的关系时必须注意两点：一是法律规范是法律关系具体产生、变更、终止的前提，没有相关的法律规范便无所谓在相应主体之间建立法律上的关系；二是在现实生活中，法律关系能够实现变革主要是经由符合法律规定的一定的事实与行为的推动来实现的。

2. 法律关系产生、变更和终止的条件：法律事实。法律关系的产生、变更和终止的过程是需要相关的条件来推动其实现的，这些条件主要是发生在社会中的一些事件与行为。当然，具体情况要经由法律的确认并成为法律中规定的法律事实，才能发挥相应的功能。所以，凡是在社会生活中能实际发生的，并且为法律所规定，能够引起法律关系的产生、变更、终止的事件与行为，即为法律事实。它是具体推动法律关系产生、变更和终止的直接条件，也是法律规则和法律关系的中间环节。

法律事实的存在或变化，是金融法律关系产生的条件。所谓法律事实，是指符合金融法律规范规定的能够引起金融法律关系产生、变更和终止的事实。法律事实

---

〔1〕 刘作翔主编:《法理学》，社会科学文献出版社 2005 年版。

的内容与表现形式非常丰富，根据其是否以人的主观意志为转移，可以将法律事实分为法律事件和法律行为两类。前者是指法律规则所规定的，不以人的主观意志为转移的，能够引起法律关系的产生、变更和终止的事实或现象，如不可抗力造成的自然灾害及战争等社会现象；后者是指由金融法律规范规定的，在一定主体意志支配之下而作出的，能够引起金融法律关系产生、变更或终止的行为，包括合法行为和不合法行为。

★ 本章小结

　　本章主要内容包括金融和金融市场的基础知识，金融法的发展历程，金融法的概念、特征、调整对象、法律体系和基本原则，金融法律关系的概念、特征和内容，金融法律关系的构成要素，金融法律关系的产生、变更、终止，等等。通过本章的学习，学生应当了解并掌握基本的法律概念；了解我国金融法的发展历史，对金融法律关系有基本了解，对我国金融法有一定的认识。

★ 本章练习

1. 简述金融法的概念。
2. 简述金融法的调整对象。
3. 简述金融法的体系。
4. 简述金融法律关系的概念。
5. 金融法律关系的特征是什么？
6. 金融法律关系的内容有哪些？

★ 参考文献

1. ［美］兹维·博迪、罗伯特·C. 默顿、戴维·L. 克利顿：《金融学》，曹辉、曹音译，中国人民大学出版社 2018 年版。

2. ［美］弗雷德里克·S. 米什金：《货币金融学》，中国人民大学出版社 2019 年版。

3. ［美］彼得·纽曼、默里·米尔盖特、［英］约翰·伊特韦尔：《新帕尔格雷夫货币金融大辞典（全三卷）》，经济科学出版社 2000 年版。

4. 朱大旗：《金融法》，中国人民大学出版社 2016 年版。

5. 徐孟洲、谭立：《金融法》，高等教育出版社 2019 年版。

6. 朱崇实、刘志云主编：《金融法教程》，法律出版社 2017 年版。

7. 岳彩申、盛学军主编：《金融法学》，中国人民大学出版社 2015 年版。

8. 强力主编：《长安金融法学研究（第 3 卷）》，法律出版社 2012 年版。

9. 席月民主编：《金融法学的新发展》，中国社会科学出版社 2013 年版。

10. 北京大学金融法研究中心主办：《金融法苑（2019 总第九十九辑）》，中国金融出版社 2019 年版。

11. "中国内地开办的第一家证券交易所",载广西时间,https://baijiahao. baidu. com/s? id=1648146878291961396&wfr=spider&for=pc,最后访问时间:2019 年 10 月 23 日。

12. 赵健翔:"内部控制理论的推进历程——从'安然事件'到萨班斯法案的出台",载《环球市场信息导报》2015 年第 4 期。

13. 余辉:"信托法发展中的一个重要阶段",载《华东政法大学学报》2004 年第 1 期。

14. 宋丽智、胡宏兵:"美国《多德—弗兰克法案》解读——兼论对我国金融监管的借鉴与启示",载《宏观经济研究》2011 年第 1 期。

15. 上海市高级人民法院:《2016 年度上海法院金融商事判例十大案例》,2017 年 7 月 5 日施行。

16. 刘作翔主编:《法理学》,社会科学文献出版社 2005 年版。

-------- 第二章 --------

中央银行法

学习目标

知识目标：

了解中央银行的概念、性质与法律地位，理解中央银行的组织机构、基本职能与职责，理解中央银行货币政策目标及操作，了解人民币的法律地位及发行原则、程序，了解中央银行的金融监管及法律责任。

能力目标：

能够运用中央银行法的原理和知识，分析和解决现实中与中央银行相关的法律问题。

第一节 中央银行概述

★ 案例导入

中国人民银行某市支行能否作为担保人对外承担担保责任?

2011年4月，某市甲公司在市政府的牵线搭桥下，与美国乙公司达成合资协议，共同组建丙公司。根据合资协议规定，甲公司需投入价值1000万美元的基本生产设备一套。因为甲公司资金周转困难，故其希望向丁公司分期付款购买该设备。在协商过程中，丁公司提出必须取得银行担保的要求。为此，甲公司向市政府求助，市政府遂指令中国人民银行某市支行予以担保。在市政府的干预下，中国人民银行该市支行作为担保人于2011年6月向丁公司出具了《不可撤销的经济担保书》。该担保书载明："……担保人不可撤销地、无条件地担保甲公司买卖合同的规定准时足额支付设备价款。若甲公司没有依合同约定履行给付义务，在接到贵公司书面通知后，担保人将无条件地承担履行合同义务的连带责任。"结果在该生产设备买卖合同履行过程中，甲公司仅于2011年7月支付了到期货款40万美元，其余款项再无力支付。

中国人民银行作为国家机关，不得向任何单位和个人提供担保。可见，中国人民银行某市支行不能作为担保人对外承担担保责任。这同时也符合《担保法》的规定。

地方政府、各级政府部门、社会团体和个人强令中国人民银行及其工作人员提供贷款或者担保的，对负有直接责任的主管人员和其他责任人员，依法给予行政处分；构成犯罪的，依法追究刑事责任；造成损失的，应当承担部分或者全部赔偿责任。

一、中央银行、中央银行法的概念

中央银行，简称央行，是指按照货币政策目标，依法制定和执行货币政策，调控金融市场上的货币流通，实施金融监管，以及确保金融体系稳定的特殊金融机构，居于一国金融体系的核心位置。中央银行一般具有发行的银行、银行的银行、政府的银行、金融调控与监管的银行等重要职能。

中央银行的历史可以追溯到 1656 年成立的瑞典银行。1694 年伦敦成立的英格兰银行被认为是现代中央银行的鼻祖。目前世界各国基本上都设有中央银行。我国的中央银行是中国人民银行。1983 年颁布的《国务院关于中国人民银行专门行使中央银行职能的决定》，规定中国人民银行从 1984 年 1 月 1 日起，专门行使中央银行职能，不再对企业和个人办理金融业务。

中央银行法是确立中央银行的性质、地位与职责权限，规范中央银行的组织及活动开展的法律规范的总称。中央银行法的内容主要包括中央银行的法律地位、中央银行的职能作用、中央银行的组织机构设置、中央银行对货币政策的决策与执行、中央银行的金融监督管理、中央银行的财务会计等规定。我国的中央银行法是 1995年 3 月 18 日通过的《中国人民银行法》，2003 年 12 月 27 日第十届全国人民代表大会常务委员会第六次会议对该法进行了修正。

中央银行法是金融调控法、金融监管法与金融服务法的统一，是公法与私法的融合，具有社会法的属性，这是由中央银行本身的性质、地位和职能所决定的。中央银行作为特殊的金融机构，一方面，它是一国的金融调控与监督机关，以调控信用、监管金融、稳定社会为己任；另一方面，中央银行也要以银行的身份从事金融业务，是发行的银行、银行的银行、政府的银行，但它的服务对象是国家、政府部门、银行等机构，间接服务于整个社会。中央银行的活动既有纵向的金融调控与监管，又有横向的金融协作与服务，既要从国家角度出发，也要从"金融个体"的利益和需要出发，进而追求稳定整个金融业、服务整个社会经济活动和人民大众生活的公共目标。

二、中央银行的性质与法律地位

中国人民银行是中华人民共和国的中央银行，其全部资本由国家出资，属国家所有。在性质上，中国人民银行是国务院组成部门，是特殊的国家机关，但同时接受国家权力机关的指导与监督。《中国人民银行法》第 2 条及第 6 条规定，中国人民银行在国务院领导下，制定和执行货币政策，防范和化解金融风险，维护金融稳定；中国人民银行应当向全国人民代表大会常务委员会提出有关货币政策情况和金融业运行情况的工作报告。

中央银行的法律地位是指人民银行在国家机构体系中的地位。人民银行的性质以及我国现行的政治体制结构，决定了人民银行的法律地位是在国务院领导下具有相对独立性的国家金融调控与监督机关。人民银行虽然隶属于国务院，但它作为中央银行，负有制定货币政策、调控宏观经济、维护金融稳定的重大职能，因而决定了它和其他政府部门相比，具有较大的独立性。

实践证明，随着我国经济体制改革的深入，人民银行在国家宏观经济调控、经济管理中所起到的作用将越来越重要。它通过制定和执行货币政策，调节货币供应量，创造良好的货币金融环境，促进国民经济稳定、健康发展。明确人民银行的性质与地位，可以保障人民银行制定和执行货币政策的科学性、权威性，保障金融体系稳健运行，以适应社会主义市场经济的需要。

三、中央银行的组织机构

人民银行的组织机构是实现其职能、职责的根本保障。《中国人民银行法》就人民银行的领导机构、外部分支机构和咨询机构的设置作出了原则性规定，但对总行所在地、内部职能机构、驻外机构等则未作规定。

（一）领导机构

人民银行的领导机构是其决策机构和执行机构。中国人民银行实行行长负责制。行长领导中国人民银行的工作，副行长协助行长工作。中国人民银行设行长 1 人，副行长若干人。中国人民银行行长的人选，根据国务院总理的提名，由全国人民代表大会决定；全国人民代表大会闭会期间，由全国人民代表大会常务委员会决定，中华人民共和国主席任免。中国人民银行副行长由国务院总理任免。

（二）总、分支机构

1. 总行。《中国人民银行法》对人民银行总行的设立地点没有明文规定，依历史沿革设在北京。为进一步完善中央银行决策和操作体系，发挥金融市场一线的优势，提高中央银行宏观调控的水平和效率，经中央有关部门批准，2005 年 8 月人民银行设立了上海总部。上海总部作为总行的有机组成部分，在总行的领导和授权下开展工作，主要承担部分中央银行业务的具体操作职责，同时履行一定的管理职能。上海总部承担的管理职能包括对现有上海分行辖区内人民银行分支机构的管理，以及人民银行部分驻沪企事业单位的管理和协调。直接管理的单位包括中国外汇交易中心、中国反洗钱监测分析中心、人民银行数据处理中心、人民银行征信服务中心等；协调管理的单位是中国银联和上海黄金交易所。

2. 国内分支机构。人民银行根据履行职责的需要设置分支机构，作为人民银行的派出机构，人民银行对分支机构实行统一管理。按照国务院的决定，我国在 1998

年下半年对人民银行的管理体制进行了重大改革，新的分支机构自1999年1月1日起开始履行中央银行的职能，从而大大增强了中央银行制定和执行货币政策、进行金融监管的能力。目前，人民银行根据履行职责的需要设有天津、沈阳、上海、南京、济南、武汉、广州、成都、西安9个分行和中国人民银行营业管理部、中国人民银行重庆营业管理部等。这些分支机构作为人民银行的派出机构，根据总行授权，依法维护本辖区的金融稳定，承办相关业务。

（三）内设机构

《中国人民银行法》对人民银行的内设机构未予以规定。根据中国人民银行于2019年发布的《中国人民银行职能配置、内设机构和人员编制规定》，中国人民银行的内设机构有：①办公厅（党委办公室）；②条法司；③研究局；④货币政策司；⑤宏观审慎管理局；⑥金融市场司；⑦金融稳定局；⑧调查统计司；⑨支付结算司；⑩科技司；⑪货币金银局（保卫局）；⑫国库局；⑬国际司（港澳台办公室）；⑭征信管理局；⑮反洗钱局；⑯金融消费权益保护局；⑰会计财务司；⑱内审司（党委巡视工作领导小组办公室）；⑲人事司（党委组织部）；⑳党委宣传部（党委群工部）；㉑参事室。

（四）咨询机构

根据《中国人民银行法》第12条和1997年国务院发布的《中国人民银行货币政策委员会条例》的相关规定，人民银行还设有货币政策委员会，作为制定货币政策的咨询议事机构。其基本职责是：综合分析宏观经济形势的基础上，依据国家宏观经济调控目标，讨论货币政策的制定和调整、一定时期内的货币政策控制目标、货币政策工具的运用、有关货币政策的重要措施、货币政策与其他宏观经济政策的协调等涉及货币政策的重大事项，并提出建议。

货币政策委员会设主席1人，副主席1人。主席由中国人民银行行长担任，副主席由主席指定。货币政策委员会实行例会制度，在每季度的第一个月份中旬召开例会。货币政策委员会主席或者1/3以上委员联名，可以提议召开临时会议。

★ 扩展阅读

我国货币政策委员会的立法有待完善

虽然2003年修改后的《中国人民银行法》第12条第2款规定："中国人民银行货币政策委员会应当在国家宏观调控、货币政策制定和调整中，发挥重要作用。"但如何发挥重要作用，却缺乏进一步的制度安排和保障。因为该条第1款仍然沿用了1995年《中国人民银行法》的规定："中国人民银行设立货币政策委员会。货币政策委员会的职责、组成和工作程序，由国务院规定，报全国人民代表大会常务委员会备案。"而国务院自身的规定，在实践中并未严格执行，且其组成人员基本为政府官员，因此在运行过程中会有不少的职责与程序问题。对比国外，鉴于货币政策委员会的重要性，其职责、组成、表决程序等往往在高层次的法律（如中央银行法）中加以明确，借以排除政府干预，确保货币政策的独立性，确保货币币值的稳定。因此，在这方面，我国的立法仍有待完善。

第二节　中央银行的职能与职责

中国人民银行的职能是中国人民银行应有的作用，具体体现在中国人民银行的职责中。

一、中国人民银行的职能

按照《中国人民银行法》第2条第2款的规定，中国人民银行的基本职能是在国务院领导下，制定和执行货币政策，防范和化解金融风险，维护金融稳定。该法的第4条又规定了人民银行的13项职责，职责是职能的具体化内容。根据这两条的规定，人民银行具有中央银行应当具备的一切职能，即具有发行的银行、银行的银行、政府的银行、金融调控和监管的银行等职能。

发行的银行是指国家赋予中国人民银行集中与垄断货币发行权，由中国人民银行来统一管理全国的货币发行、流通，维持币值稳定。银行的银行是指中国人民银行对商业银行和其他金融机构开展各种银行业务，集中管理存款准备金，并对他们发放贷款，充当"最后贷款人"的角色，以及主持全国金融机构之间的资金清算，等等。政府的银行是指中国人民银行代表政府贯彻执行货币政策，代理政府管理金融事务，以及为政府提供各种金融服务。金融调控和监管的银行是指中国人民银行为了实施货币政策和维护金融稳定而承担和执行有关监管职责，如监管银行间同业拆借市场和银行间债券市场、监管外汇市场、监管黄金市场等。

二、中国人民银行的职责

根据《中国人民银行法》第4条的规定，中国人民银行履行下列13项职责：①发布与履行其职责有关的命令和规章；②依法制定和执行货币政策；③发行人民币，管理人民币流通；④监督管理银行间同业拆借市场和银行间债券市场；⑤实施外汇管理，监督管理银行间外汇市场；⑥监督管理黄金市场；⑦持有、管理、经营国家外汇储备、黄金储备；⑧经理国库；⑨维护支付、清算系统的正常运行；⑩指导、部署金融业反洗钱工作，负责反洗钱的资金监测；⑪负责金融业的统计、调查、分析和预测；⑫作为国家的中央银行，从事有关的国际金融活动；⑬国务院规定的其他职责。中国人民银行为执行货币政策，可以依照《中国人民银行法》第四章的有关规定从事金融业务活动。

在上述规定中，第②③⑦项职责是人民银行调控职能、发行的银行的具体体现；第①④⑤⑥⑩项职责是金融监管职能的体现；第⑧⑪⑫项职责是政府的银行的职能体现；第⑨项职责则反映了银行的银行的职能。

三、中国人民银行的业务

中国人民银行作为我国的中央银行和国家金融调控、监管机关，为履行其宏观调控和金融监管的基本职能，必然要开展业务活动。人民银行的业务活动本质上是公共服务，是按照市场经济规律的要求、通过法定业务提供公共产品和服务。

（一）法定业务

根据《中国人民银行法》第三章和第四章的规定，中国人民银行的法定业务主要包括以下内容：①统一印制、发行人民币；②要求银行业金融机构按照规定的比例交存存款准备金；③确定中央银行基准利率；④为在中国人民银行开立账户的银行业金融机构办理再贴现；⑤向商业银行提供贷款；⑥在公开市场上买卖国债、其他政府债券和金融债券及外汇；⑦依照法律、行政法规规定经理国库；⑧代理国务院财政部门向各金融机构组织发行、兑付国债和其他政府债券；⑨组织或者协调组织银行业金融机构相互间的清算系统，协调清算事项，提供清算服务。

（二）禁止性业务

为确保人民银行金融调控职能的实现，《中国人民银行法》对人民银行的业务行为作出了禁止性的规定，主要包括：①对商业银行贷款的期限不得超过1年；②不得对政府财政透支，不得直接认购、包销国债和其他政府债券；③不得向地方政府、各级政府部门提供贷款；④不得向非银行金融机构以及其他单位和个人提供贷款，但国务院决定人民银行可以向特定的非银行金融机构提供贷款的除外；⑤不得向任何单位和个人提供担保。

★扩展阅读

中国人民银行的信贷征信职责

中国人民银行承担管理信贷征信业的职责。为了更好地管理信贷征信业，推动社会信用体系的建立与完善，中国人民银行先后制定了一系列征信管理的规章制度。2013年3月15日，首部征信业法规《征信业管理条例》正式实施，明确企业与个人征信系统为国家金融信用信息基础数据库。此外，中国人民银行于2003年成立了征信管理局，具体承办信贷征信管理工作，其职责包括：承办征信业管理工作；组织推动社会信用体系建设；组织拟定征信业发展规划、规章制度及行业标准；拟定征信机构、征信业务管理办法及有关信用风险评价；承办征信及有关金融知识的宣传教育培训工作；受理征信业务投诉；等等。2008年5月9日，中国人民银行征信中心在上海举行揭牌仪式。

第三节　中央银行的货币政策

在宏观经济学中，货币并不是只包括现钞与铸币，还包括银行存款等。我国现行的货币供应量统计共有三个层次：第一层次为流通中的现金（M_0）；第二层次为狭义货币（M_1），即为流通中的现金加商业银行活期存款；第三个层次为广义货币（M_2），即狭义货币（M_1）加商业银行定期存款的总和。因此，中央银行与商业银行都扮演着货币供应者的角色。为了实现中央银行对货币供应量的调控，就需要运用货币政策工具，引导商业银行信贷资金流向，维持货币币值稳定，促进经济发展。

一、货币政策目标

货币政策是国家经济政策的一部分，都是为了发展经济服务的，货币政策仅由中国人民银行一家实施，是国家从宏观上调整经济的基本手段之一，其作用重大、责任重大。《中国人民银行法》第3条规定："货币政策目标是保持货币币值的稳定，并以此促进经济增长。"此条规定虽然简单，但其中包括的内容却涵盖了整个金融市场和交易市场，近年来中央银行对宏观经济形势的调控和充实措施，其出发点都是为了保持人民币币值稳定，从而有利于金融市场的稳定。

货币政策是为整个国家经济服务的，它不是单为某个银行或为某个系统服务的，所以货币政策的制定和实施总是根据金融市场和交易市场货币流通量的多少来制定和实施的，目的只有一个：保障经济稳定增长。通常来说，货币政策主要包括四项内容：其一，通过干预货币投放量稳定物价，抑制通货膨胀，保持物价的基本稳定。其二，为充分就业提供资金支持。其三，促进经济增长。一个国家的经济适度增长，是满足人民生活水平不断提高的需要，是增加社会福利的基本条件之一。其四，保持国际收支平衡，即保持本国对其他国家的全部货币收入和货币支出相抵后略有顺差或略有逆差。

二、货币政策工具

所谓货币政策工具，是指中央银行为达到预定的货币政策目标而采取的措施或手段。一般来说，货币政策的工具可以分为一般性货币政策工具、选择性货币政策工具以及补充性货币政策工具。一般性货币政策工具多属于间接调控工具，主要包括：存款准备金制度、再贴现政策以及公开市场业务；选择性货币政策工具多属于直接调控工具，主要包括证券信用控制、消费信用控制、不动产信用控制等。此外中央银行有时还运用一些补充性货币政策工具，对信用进行直接控制和间接控制。

（一）一般性货币政策工具

中央银行的一般性货币政策工具包括"存款准备金制度""再贴现政策"以及"公开市场业务"等，主要用于全社会货币供应量和信贷规模的调节和控制。

1. 存款准备金制度。存款准备金是指商业银行根据《中国人民银行法》《商业银行法》等法律法规的规定，将吸收存款按法定比例交存于中国人民银行的资金。

根据《中国人民银行法》的规定，中国人民银行在法律授予的权限内，通过规定和调整商业银行和其他金融机构交存给中央银行的存款准备金比率，控制商业银行和其他金融机构的信用创造能力，从而间接地控制社会货币供应量以适应市场的需求。目前，该制度的具体内容主要有：

（1）规定存款准备金制度的实施对象。我国所有吸收一般存款（相对于财政存款而言）的银行业金融机构，都有按规定比例交存存款准备金的义务。

（2）规定和调整存款准备金率。存款准备金率由中国人民银行规定、调整、公布，并组织其分支机构具体实施。

（3）存款准备金的考核与计提。我国对各商业银行、中国农业发展银行、非银行金融机构的法定存款准备金按旬考核。

（4）存款准备金违规行为的处罚。对于存款准备金率不足规定比率的金融机构，中国人民银行对其不足部分按每日万分之六的利率予以罚息；金融机构分支机构在中国人民银行的准备金存款账户出现透支，人民银行按有关规定处罚；金融机构不按时报送一般存款余额表和按月报送月末日计表的，按《商业银行法》第80条规定处罚。前述处罚可以并处。

★ 扩展阅读

自2015年以来，中国人民银行通过多次普降，同时辅以定向降准的方式逐步下调银行类金融机构人民币存款准备金率。截至2015年10月24日，先后4次普降金融机构存款准备金率累计2.5个百分点，大型和中小型金融机构的存款准备金率分别下调至15.50%和17.50%。同时，为加强金融机构支持经济结构调整的能力，加大金融机构支持"三农"和小微企业的正向激励，先后5次对符合相关条件的金融机构进行了定向降准。

2. 再贷款与再贴现政策。再贷款是指中央银行对商业银行的贷款。中央银行再贷款主要以发行货币、财政性存款、存款准备金为资金来源。在我国，中国人民银行通过再贷款控制和调节商业银行的信贷活动，从而控制和调节货币供应量和信用总量。《中国人民银行法》第28条规定："中国人民银行根据执行货币政策的需要，可以决定对商业银行贷款的数额、期限、利率和方式，但贷款的期限不得超过1年。"

再贴现政策是指中央银行通过调整其对银行业金融机构办理票据贴现的再贴现率，来扩大或缩小金融机构的信贷量，从而促使信用扩张或收缩的政策措施。各国关于再贴现业务的规定主要包括：规定再贴现票据的种类、规定再贴现业务的对象、规定再贴现率的制定与调整等。

我国中央银行运用再贷款和再贴现政策来调控信用的主要机制是：通过调整再贷款利率和再贴现利率，提高或降低商业银行自中央银行借款和贴现票据的成本，并间接带动金融市场利率的升降，进而达到对货币供应量调控之目的。

3. 公开市场业务。公开市场业务是指中央银行通过买进或卖出有价证券，吞吐基础货币，调节货币供应量的活动，以此影响货币供应量和市场利率的行为。与存款准备金等影响力极强的货币政策工具相比，公开市场业务具有主动性、灵活性和时效性等特点，而且属于一种比较温和的调节方式，充分体现出经济性、间接性的特征。由此，公开市场业务成为西方发达国家中央银行用来吞吐基础货币、调节市场流动性的主要货币政策工具，通过中央银行与指定交易商进行有价证券和外汇的交易，实现货币政策目标。

★ 扩展阅读

我国公开市场业务的演进

我国的公开市场业务由中国人民银行公开市场业务操作室具体负责，包括人民币操作和外汇操作。其中，外汇公开市场业务于1994年3月启动，人民币公开市场业务从1996年4月开始操作。当时的交易对象只有14家商业银行，交易工具限于财政部当年发行的短期国债，交易品种、交易方式也比较单一，公开市场业务作用不大，曾一度停止。1998年恢复了债券交易，并选择了一批能够承担大额债券交易的商业银行作为公开市场业务的交易对象，正式建立公开市场业务一级交易商制度。1998年12月，一级交易商数量由恢复交易时的25家增至29家，交易工具增加了中央银行融资券、政策性金融债券，交易品种、交易方式等也逐渐丰富。自1999年以来，公开市场业务已成为中国人民银行货币政策日常操作的重要工具，对调控货币供应量、调节金融机构流动性水平、引导货币市场利率走势发挥了积极的作用。

（二）选择性货币政策工具

所谓选择性货币政策工具，是指中央银行为实现对某些特殊的信贷或某些特殊的经济领域的信用控制而采用的货币政策工具。常见的工具包括证券市场信用控制工具、消费信用控制工具、不动产信用控制工具等。

证券市场信用控制工具是指为了稳定证券市场有价证券的实际交易价格，控制和调节流向证券市场的资金，防止证券市场上的投机行为，中央银行可以通过规定和调节信用交易、期货交易中必须支付现款的比例，即法定保证金比例，以刺激或抑制证券交易活动的货币政策手段。

消费信用控制工具是指中央银行对不动产以外的各种耐用消费品的销售融资予以控制，从而影响消费者对耐用消费品的支付能力。中央银行进行消费者信用控制是经济运行的客观需求，适时适当地抑制消费者信用的过度使用和膨胀，对维持经济的稳定发展、减轻经济周期的浮动具有重要作用。

不动产信用控制工具是指中央银行对金融机构办理不动产抵押贷款的限制措施。

为了抑制房地产投机，降低金融机构的金融风险，中央银行可以对金融机构的房地产融资予以限制。

（三）补充性货币政策工具

所谓补充性货币政策工具，是指中央银行可以依法对商业银行创造信用的业务进行直接干预而采取各种措施，如信用分配、利率限制，也可以凭借其在金融体制中的特殊地位，通过与金融机构之间的磋商、宣传等指导其信用活动，如窗口指导、道义劝告。

第四节　中央银行的人民币管理制度

★ 案例导入

"谢绝现金"和"拒收人民币"能否划等号？

2017年8月，珠海一家面馆因只接受手机支付而"谢绝现金"，被中国人民银行珠海支行认定为"拒收人民币"的违法行为。到目前为止，中国人民银行珠海支行并未对此作出行政处罚。媒体的报道是"拒收现金为新生现象，尚未有具体的法规进行惩处"。移动支付创造了一种十分便利的新生货币形态，网络经济的发展使得电子货币支付让纸质货币支付相形见绌。"谢绝现金"被控"拒收人民币"这一事件，让我们对人民币的货币形态创新研究有了更加惹眼的案例。

"谢绝现金"与"拒收人民币"之间并不能划等号。人民币的法定基础形态是纸质货币和硬币构成的钱币。到目前为止，支票、汇票、债票等票币形态，信用卡、支付卡、交通卡等卡币形态和支付宝、微信支付、翼支付等第三方支付的网币形态，都是人民币钱币的衍生形态。移动支付和卡币支付等人民币衍生货币结算也是使用和接受人民币的一种方式。

当然，只接受移动支付并"谢绝现金"的服务行为，有可能会把一部分不会使用移动支付的客户拒之门外。从店家服务的角度来说，为客户提供优良服务是把生意做好的不二法门，为客户提供各种付款结算便利也是提高服务质量的一个重要元素。哪怕不能进行移动支付的客户只是很少数，也不宜用"谢绝现金"的方式将他们拒之门外。

人民币（缩写：RMB；货币代码：CNY；货币符号：￥）是中华人民共和国的法定货币，由中国人民银行发行。人民币于1948年12月1日首次发行，至1999年10月1日启用新版为止共发行五套，形成了包括纸币、硬币和塑料钞、普通纪念币与贵金属纪念币等多品种、多系列的货币体系。2016年1月20日，中国人民银行在此间举行的会议上透露信息：将争取早日推出央行发行的数字货币，会议认为，在中国当前经济新常态下，探索央行发行数字货币具有积极的现实意义和深远的历史意义。

一、人民币的法律地位

人民币与其他货币一样，具有价值尺度、流通手段、贮藏手段、支付手段和世界货币这五种职能。

根据《中国人民银行法》的规定，人民币的法律地位应包括以下几层含义：①人民币是我国的法定货币，即国家以法律形式赋予强制性通用的货币；②人民币具有偿还能力，即以人民币支付我国境内的一切公共和私人债务，任何单位和个人不得拒收；③人民币是我国唯一合法货币。在我国境内禁止外币流通，并且不得以外币计价结算，但国家另有规定的除外。

二、人民币的发行管理

人民币的发行是指中国人民银行向流通领域投放人民币现金的行为，其管理内容包括发行机关、发行原则和发行程序。

（一）发行机关

中国人民银行是我国唯一的人民币发行机关，其根据法律的授权负责统一印制、发行人民币。中国人民银行发行新版人民币，应当将发行时间、面额、图案、式样、规格予以公告。

（二）发行原则

人民币的发行应当坚持以下原则：①集中统一发行。中国人民银行享有垄断的货币发行权，无论是纸币还是硬币，主币还是辅币，其发行权都集中于中国人民银行，其他金融机构及单位和个人均无权发行人民币或变相发行人民币。②计划发行。人民币发行要从国民经济的需要出发，有计划地印制、发行人民币，以保证人民币币值的稳定。具体由中国人民银行提出货币发行计划，由国务院批准后实施。③经济发行。中国人民银行根据市场上流通手段和支付手段的需要发行人民币，使市场上的货币流通量与商品流通量相适应。

（三）发行程序

人民币的发行主要有以下四个步骤：①提出人民币发行计划，确定年度货币供应量。中国人民银行根据国家经济发展的需要，提出货币发行和回笼计划，报经国务院批准后执行。②核定各地货币的投放和回笼计划。中国人民银行根据国务院批准的货币发行计划，逐级分配指标。中国人民银行分支行应根据下达的指标，掌握自己管辖范围内的地区现金收支计划的投放和回笼。③进行发行基金的调拨。中国人民银行设立人民币发行库，在其分支机构设立分支库，负责保管人民币发行基金。分支库调拨人民币发行基金，应按照上级库的调拨命令办理。任何单位和个人不得违反规定动用人民币发行基金，不得干扰、阻碍人民币发行基金的调拨。④普通银行业务库日常现金收付。各商业银行结合日常现金的周转情况，将中国人民银行发行库的发行基金调入业务库后，再从业务库通过现金出纳支付给各单位和个人，即"现金投放"。同时，各商业银行每日都要从市场回收一定的现金，当业务库的库存货币超过规定的限额时，超出的部分要送交发行库保管，即为"现金归行"。

三、人民币的流通管理

对于人民币的流通管理，根据《中国人民银行法》和《人民币管理条例》，中国人民银行制定了《中国人民银行残缺污损人民币兑换办法》，于2004年2月1日起施行。根据上述办法，残缺、污损人民币是指票面撕裂、损缺，或因自然磨损、侵蚀，外观、质地受损，颜色变化，图案不清晰，防伪特征受损，不宜再继续流通使用的人民币。

金融机构应按照中国人民银行的有关规定，将兑换的残缺、污损人民币交存当地中国人民银行分支机构。残损人民币销毁权属于中国人民银行。中国人民银行总行根据《中国人民银行残损人民币销毁管理办法》的规定，授权特定的分行，销毁残损的人民币。

第五节 中央银行的金融监督管理权

★ 案例导入

中国人民银行某大区分行的行为是否合法？

中国人民银行某大区分行在履行其职责过程中，发现当地甲商业银行分行存在违规贷款的问题，当即要求当地银监局对该商业银行进行现场检查和罚款，并要求当地银监局在15天内给人民银行书面报告具体处理情况。后来鉴于当地银监局期限届满仍没有报告，该大区分行立即对甲商业银行进行全面监督检查。

中国人民银行某大区分行的行为不合法。根据《中国人民银行法》的规定，该大区分行发现当地甲商业银行分行存在违规贷款问题，只能建议当地银监局进行检查，而不能缩短银监局回复期限。同时，大区分行必须证明甲银行出现支付困难，可能引发金融风险，而且还要经国务院批准后，才能行使全面监督检查权。

金融监督管理，是法律赋予中国人民银行的重要职能和职责。金融监督管理与中央银行制度的发展密切相关。金融业作为经营货币这种特殊商品的特殊企业，其业务经营涉及千家万户，经营结果对社会经济发展和人民生活稳定具有重大影响。因此，必须加强对金融业的监督管理，以保护存款人的利益，保障金融业的公平竞争，维护金融秩序，保障金融体系的安全、稳健运行。

中国人民银行、中国银行保险监督管理委员会、中国证券监督管理委员会（简称"一行两会"），这三家金融监督和管理部门是我国金融调控与监督体系的主要组成部分，构成了中国金融业"分业监管"的格局。其中，中国人民银行在我国金融监管体系中的职能定位于宏观调控和维护金融稳定方面。具体而言，中国人民银行享有的金融监督管理权包括：

一、对金融市场的监测、调控权

《中国人民银行法》第 31 条规定，人民银行有权依法监测金融市场的运行情况，对金融市场实施宏观调控，以促进其协调发展。

二、检查监督权

《中国人民银行法》第 32 条第 1 款规定，人民银行有权对金融机构以及其他单位和个人的下列行为进行检查监督：①执行有关存款准备金管理规定的行为；②与中国人民银行特种贷款有关的行为；③执行有关人民币管理规定的行为；④执行有关银行间同业拆借市场、银行间债券市场管理规定的行为；⑤执行有关外汇管理规定的行为；⑥执行有关黄金管理规定的行为；⑦代理中国人民银行经理国库的行为；⑧执行有关清算管理规定的行为；⑨执行有关反洗钱规定的行为。

三、建议检查权

《中国人民银行法》第 33 条规定，中国人民银行根据执行货币政策和维护金融稳定的需要，可以建议国务院银行业监督管理机构对银行业金融机构进行检查监督。国务院银行业监督管理机构应当自收到建议之日起 30 日内予以回复。此规定旨在避免监管重复，减轻银行业金融机构负担，提高监管效率。

四、特定情况下的全面检查监督权

《中国人民银行法》第 34 条规定，当银行业金融机构出现支付困难，可能引发金融风险时，为了维护金融稳定，中国人民银行经国务院批准，有权对银行业金融机构进行检查监督。此项检查监督权不受《中国人民银行法》第 32 条规定范围的限制。

五、获取有关报表、资料权及相关处罚权

《中国人民银行法》第 35 条第 1 款规定，中国人民银行根据履行职责的需要，有权要求银行业金融机构报送必要的资产负债表、利润表以及其他财务会计、统计报表和资料。《商业银行法》第 55 条和第 61 条对此有相应的规定，并且《商业银行法》第 77 条和第 80 条规定中国人民银行对于银行业金融机构的虚假财务行为，不按规定报送资料、文件行为，可以依法行使处罚权。

六、编制和公布金融统计数据

《中国人民银行法》第 36 条规定，中国人民银行负责统一编制全国金融统计数据、报表，并按照国家有关规定予以公布。

人民银行依法享有的金融监督管理权多与货币政策实施相关，与维护整个金融体系稳定相关。人民银行作为银保监会、证监会两家监督机构以外的金融宏观调控部门，其监管的对象多是跨产品、跨机构、跨市场的，是对整个金融市场的监测，对囊括三类金融机构在内的反洗钱工作的管理，对跨行业金融创新与金融工具运用的监督管理。

为保障人民银行能够切实履行金融监管职责，协调与其他监管机构的关系，避免监管真空和重复监管，《中国人民银行法》明确规定，中国人民银行应当建立、健

全本系统的稽核、检查制度，加强内部的监督管理；中国人民银行应当和国务院银行业监督管理机构、国务院其他金融监督管理机构建立监督管理信息共享机制；国务院建立金融监督管理协调机制。

第六节　违反中央银行法的法律责任

违反中央银行法应当承担的法律责任包括民事责任、行政责任和刑事责任，具体包括以下规定：

一、违反人民币发行及流通管理规定行为人的法律责任

（一）对伪造或变造人民币等违法行为人员的处罚

伪造、变造人民币，出售伪造、变造的人民币，或者明知是伪造、变造的人民币而运输，构成犯罪的，依法追究刑事责任；尚不构成犯罪的，由公安机关处 15 日以下拘留、1 万元以下罚款。购买伪造、变造的人民币或者明知是伪造、变造的人民币而持有、使用，构成犯罪的，依法追究刑事责任；尚不构成犯罪的，由公安机关处 15 日以下拘留、1 万元以下罚款。

（二）对非法使用人民币图样人员的处罚

在宣传品、出版物或者其他商品上非法使用人民币图样的，中国人民银行应当责令改正，并销毁非法使用的人民币图样，没收违法所得，并处 5 万元以下罚款。

（三）对印制、发售代币票券代替人民币人员的处罚

印制、发售代币票券，以代替人民币在市场上流通的，中国人民银行应当责令停止违法行为，并处 20 万元以下罚款。

二、违反金融监督管理规定行为人的法律责任

《中国人民银行法》第 32 条所列行为违反有关规定，有关法律、行政法规有处罚规定的，依照其规定给予处罚；有关法律、行政法规未作处罚规定的，由中国人民银行区别不同情形给予警告，没收违法所得，违法所得 50 万元以上的，并处违法所得 1 倍以上 5 倍以下罚款；没有违法所得或者违法所得不足 50 万元的，处 50 万元以上 200 万元以下罚款；对负有直接责任的董事、高级管理人员和其他直接责任人员给予警告，处 5 万元以上 50 万元以下罚款；构成犯罪的，依法追究刑事责任。

当事人对行政处罚不服的，可以依照《中华人民共和国行政诉讼法》的规定提起行政诉讼。

三、人民银行及其工作人员违法行为的法律责任

中国人民银行有下列行为之一的，对负有直接责任的主管人员和其他直接责任人员，依法给予行政处分；构成犯罪的，依法追究刑事责任：①违反《中国人民银行法》第 30 条第 1 款的规定提供贷款的；②对单位和个人提供担保的；③擅自动用发行基金的。有前述所列行为之一，造成损失的，负有直接责任的主管人员和其他直接责任人员应当承担部分或者全部赔偿责任。

中国人民银行的工作人员泄露国家秘密或者所知悉的商业秘密，构成犯罪的，依法追究刑事责任；尚不构成犯罪的，依法给予行政处分。

中国人民银行的工作人员贪污受贿、徇私舞弊、滥用职权、玩忽职守，构成犯罪的，依法追究刑事责任；尚不构成犯罪的，依法给予行政处分。

四、其他组织和个人违法行为的法律责任

地方政府、各级政府部门、社会团体和个人强令中国人民银行及其工作人员违反《中国人民银行法》第30条的规定提供贷款或者担保的，对负有直接责任的主管人员和其他直接责任人员，依法给予行政处分；构成犯罪的，依法追究刑事责任；造成损失的，应当承担部分或者全部赔偿责任。

此外，1998年7月国务院发布的《非法金融机构和非法金融业务活动取缔办法》（2011年修订），1999年1月国务院通过的《金融违法行为处罚办法》，2001年2月中国人民银行发布的《中国人民银行行政处罚程序规定》和《中国人民银行行政复议办法》等，对有关法律责任及行政救济等问题作了进一步的明确规定。

⭐ **本章小结**

本章是学习金融法课程的基础章节，主要介绍中央银行法的相关知识，包括中央银行、中央银行法的概念在法律上如何理解，中央银行的性质和法律地位，中国人民银行的组织机构有哪些，中国人民银行承担哪些职能与职责，它的法定业务和禁止性业务又有哪些，如何理解中国人民银行的货币政策目标及具体的操作，中国人民银行对人民币如何发行和管理、如何发挥中国人民银行的监督管理权，等等。希望学生们通过本章的学习，能够做到理论联系实际，多去思考身边与中央银行相关的法律现象，在应用中学习，在学习中提高，把握本章的重点内容，构建起自己的知识框架，并能够根据中央银行法的基础知识理解乃至解决实践中的金融法律问题。

⭐ **本章练习**

1. 简述中央银行的概念、性质和法律地位。
2. 为什么说中央银行法具有社会法的性质？
3. 中国人民银行的组织机构有哪些？
4. 简述中国人民银行的职能与职责。
5. 中国人民银行的法定业务有哪些？禁止性业务有哪些？为什么要作这些禁止性规定？
6. 简述中央银行的货币政策工具及其调控原理。
7. 简述中国人民银行的公开市场业务及其操作原理。
8. 从法律的视角思考，中央银行的货币政策在实践中可能会碰到哪些问题？
9. 简述人民币的发行原则。

10. 中国人民银行的金融监管内容有哪些? 为什么要保留一定的金融监督管理权?

11. 中国人民银行的金融监管职能如何与银行业监督管理机构协调?

★ 参考文献

1. 黎四奇:《金融监管法律问题研究——以银行法中心的分析》,法律出版社2007年版。

2. 常健主编:《金融法教程》,对外经济贸易大学出版社2007年版。

3. 王卫国主编:《银行法学》,法律出版社2011年版。

4. 刘志云主编:《银行法学》,厦门大学出版社2013年版。

5. 李良雄、王琳雯主编:《金融法》,人民邮电出版社2013年版。

6. 朱大旗:《金融法》,中国人民大学出版社2016年版。

7. 叶文庆:《金融业宏观审慎监管法律问题研究》,法律出版社2015年版。

8. 李晗:《银行法判例与制度研究》,法律出版社2015年版。

9. 傅穹兰主编:《经济法》,华中科技大学出版社2014年版。

10. 朱崇实、刘志云主编:《金融法教程》,法律出版社2017年版。

11. 郭夏:"'谢绝现金'和'拒收人民币'能否划等号",载中国经济网,ht-tp://money.163.com/17/0804/06/CQVOBA2A002580S6.html,最后访问时间:2017年8月4日。

-------- 第三章 --------

金融监管法

███ ██ ██ **学习目标** ⚬─────────────────────────⚬

知识目标：

　　本章主要讲述我国的金融监管制度，通过本章的学习，学生应当了解并掌握金融监管的概念与目标，金融监管的基本原则和方法，金融监管体制，银行业监督管理、保险业监督管理以及证券业监督管理等知识点。

能力目标：

　　运用所学的金融监管法相关知识，对金融监管案例和金融监管热点问题进行讨论，培养学生发现问题和解决问题的能力，能够处理常见的金融监管实践问题。

第一节　金融监管法概述

★ **案例导入**

　　1998 年 6 月 21 日，中国人民银行发表公告，关闭刚刚诞生 2 年 10 个月的海南发展银行。这是新中国金融史上第一次由于支付危机而关闭一家有省政府背景的商业银行。海南发展银行成立于 1995 年 8 月，是海南省唯一一家具有独立法人地位的股份制商业银行，其总行设在海南省海口市，并在其他省市设有少量分支机构。它是在先后合并原海南省 5 家信托投资公司和 28 家信用社的基础上建立和壮大的。海南发展银行成立时的总股本是 16.77 亿元，海南省政府以出资 3.2 亿元成为其最大股东。其关闭前有员工 2800 余人，资产规模达 160 多亿元。

　　1997 年底，按照省政府意图，海南发展银行兼并 28 家有问题的信用社之后，公众逐渐意识到问题的严重性，开始出现挤兑行为。随后几个月的挤兑行为耗尽了海南发展银行的准备金，而其贷款又无法收回。为保护海南发展银行，国家曾紧急调了 34 亿元资金救助，但只是杯水车薪。为控制局面，防止风险蔓延，国务院和中国人民银行当机立断，宣布1998年6月21日关闭海南发展银行，同时宣布从关闭之日起至正式解散之日前，由中国工商银行托管海南发展银行的全部资产负债，其中包括：接收并行使原海南发展银行的行政领导权、业务管理权及财务收支审批权；承接原海南发展银行的全部资产负债，停止海南发展银行新的经营活动；配合有关部门实施清理清偿计划。对于海南发展银行的存款，则采取自然人和法人分别对待的办法，自然人存款即居民储蓄一律由工行兑付，而法人债权进行登记，将海南发展银行全部资产负债清算完毕以后，按折扣率进行兑付。1998年6月30日，在原海南发展银行各网点开始原海南发展银行存款的兑付业务，由于公众对中国工商银行的信用，兑付业务开始后并没有造成大量挤兑，大部分储户只是把存款转存工商银行，现金提取量不多，没有造成过大的社会震动。

一、金融监督管理的概念与目标

金融监督管理是指金融监督管理主体对金融市场、金融机构以及金融活动进行的一种有意识的主动干预与控制活动。金融监督管理依监管的自治性与强制性效力不同可分为两个层级，第一层级的金融监督管理是指金融组织体的内部监督管理以及相关行业协会、市场中介组织的自律性监管。第二层级的金融监督管理是指国家机关以及具有国家机关职能的特殊法人对金融市场主体进行的外部强制性监管。

金融监管的目的主要有三，其必要性也大体围绕以下三项目进行展开：

第一，监管金融机构，防患系统性金融风险的发生。现代金融业在国民经济中已占据举足轻重的地位，金融体系的稳健发展是社会整体稳定的基石，然而现代金融业同时具有专业性、庞杂性以及迅捷性等特点，金融风险也具有连带性、传染性的特征，任何微小的错误都有可能被放大化，造成连锁反应，从而导致金融危机的发生。这就需要金融监管法规对金融活动的法律规制与金融监管机构防微杜渐，主动对市场主体进行监管。

第二，通过对金融市场主体及其金融活动进行监管以达到保护投资人及金融消费者的目的。随着现代金融业的发展，金融活动已经日益融入千家万户，以往专业的金融投资业门槛不断降低，每一个普通人都无法远离现代金融的浪潮，大量非专业投资者的涌入也不断冲击着传统金融交易信息对称、投资者适当、监管正当的必要前提。专业性的金融投资者越来越具有消费者属性，故对于金融消费者的保护已经成为当代金融监管的重要领域之一。

第三，维护金融秩序、保护公平竞争。在金融法领域，传统民商法意义上的意思自治、诚实信用，需要完善的金融法律规范以及适当的金融监管才能具有实质效果。首先，从外部环境上看，良好的金融秩序是保障市场特定主体实现公平交易的前提条件。其次，在具体交易过程中，由于金融市场的专业性与信息的不对称性，需要金融监管这只看得见的手去纠正市场这只看不见的手的固有弊端，以达到金融交易过程中的实质公平。最后，通过金融监管营造开放、公平的市场竞争环境有助于塑造现代民商事主体充分的商业意识与法治意识。

二、金融监管的基本原则

（一）依法监管原则

金融监管行为作为一种具体行政行为，必须按照行政法治原则依法进行监管。具体来说，依法监管主要包含以下内容：其一，金融监管机关的设立及其职权的取得必须有法律依据。例如《银行业监督管理法》第 2 条第 1 款明确规定："国务院银行业监督管理机构负责对全国银行业金融机构及其业务活动监督管理的工作。"其二，金融监管权的行使必须依法进行。金融监管权的依法行使意味着金融监管机关必须在法律授权的范围内行使权力，不得有悖法律，不得超越权限。其三，合理配置金融监管机构的自由裁量权。为了应对社会经济和技术变革所带来的挑战，保障金融监管主体能够适应新情况而灵活做出反应的能力，金融监管主体行使一定的自由裁量权是十分有必要的。但自由裁量权的行使必须受到限制，即不得损害国家、社会及公民、法人及其他经济组织的合法权益。

（二）公开、公正监管原则

金融监管行为本质上属于一种经济行政行为，金融监管权是一种公权。因此，为维护公权和私权之间的平衡和协调，避免公权的滥用对私权造成不当干预，必须对公权的取得、行使进行监督，而依法公开就是最好的监督方式。我国的金融监管法自始至终都体现了这一原则，如《银行业监督管理法》第 4 条规定："银行业监督管理机构对银行业实施监督管理，应当遵循依法、公开、公正和效率的原则。"《证券法》第 174 条规定："国务院证券监督管理机构制定的规章、规则和监督管理工作制度应当依法公开。国务院证券监督管理机构依据调查结果，对证券违法行为作出的处罚决定，应当公开。"

（三）适度监管原则

适度监管是指金融监管主体的监管行为必须以保证金融市场调节的基本自然生态为前提，不得损害金融市场调节整体的自然性，不得通过监管而压制了金融机构竞争和发展的活动。坚持适度监管原则，必须做到：首先，金融监管必须以金融市场的自发性调节为基础，尊重市场规律和市场"自然生态平衡"。监管者应保证金融机构经营自主权的充分行使，尽量避免直接微观管制金融机构；同时，监管者也应充分利用金融业自律机制，发挥社会中介机构的作用。其次，适度监管必须做到金融安全和金融效益并重。金融监管应在保证金融安全的前提下促进金融效益的提高，努力实现安全和效益之间的平衡与兼容。如果过分强调金融安全，则必然会造成金融压抑，进而导致经济发展的停滞不前；如果过分强调金融效益，则可能滋生金融风险，导致金融市场混乱甚至崩溃。[1]

---

〔1〕　朱志权、李国献："论金融监管法的基本原则"，载《东华理工学院学报（社会科学版）》2007年第 3 期。

三、金融监管的基本方法

（一）实地检查

实地检查是指直接派员或会同有关机构派员进行实地检查。主要包括一般检查与专案检查。一般检查是指对财务、业务及整体运营情形进行以风险导向为重心的检查；专案检查则是指应金融市场状况或监管需要，对特定金融机构、特定业务或项目进行检查。进行实地检查的内容主要包括：检查金融机构对法律、规章的遵守情况，评价其经营状况和管理质量，指出不当行为，并对资本质量、经营管理能力、收益和盈利能力、流动性水平进行评级。实地检查是金融监管最重要的手段，有助于掌握金融机构经营状况、预警风险并及早发现其存在问题。[1]目前主要依靠实地检查的国家有美国、法国、意大利等。

（二）报表检查

报表检查是指监管机关对金融机构依法公开或报送的业务报表、财务报表、统计资料、董事会决议进行检查，并依据相关数据进行分析，了解金融机构运作情况，发现问题，督导改正。目前主要采取报表检查的国家有英国、新西兰、澳大利亚等。

（三）业务座谈

业务座谈是指要求金融机构负责人就特定问题提交报告或意见。实践中，金融主管部门会采取邀请金融机构负责人进行会谈，或者直接派员进入金融机构，以听取相关负责人意见，并就相关问题进行沟通。

四、金融监管体制

（一）金融监管体制的概念及类型

金融监管体制是指一国有关金融监管机构的设置、各自职责、权限划分以及协作配合的一种制度安排，核心问题在于法定监管权的配置。目前世界上主要国家的金融监管体制主要包括以下几种：

1. 高度统一的金融监管体制，即由单一的监管机构负责金融监督管理。这种金融监管体制主要是应金融混业、金融全能化发展而形成的。早在20世纪80年代后期，北欧的挪威、丹麦和瑞典即已开始将分散的监管机构合并，成立综合性的金融监管机构，实行统一监管。1996年以后，日本和韩国也转向此种模式。而1997年英国的统一金融监管体制改革最为出名，其统一金融监管体制也最为彻底。目前世界上越来越多的国家采用此种体制，包括德国、日本、韩国、新加坡、比利时、瑞士、挪威、冰岛、瑞典、丹麦等国政府均设立专门机构或由中央银行统一负责金融监管。

以英国为例，英国于1997年成立了金融服务管理局（Financial Services Authority，以下简称FSA），统一行使银行、证券、保险等金融监管职责，英格兰银行转为专司货币政策的机构。大体而言，FSA的主要任务涵盖核准金融机构的设立、金融监理、强制纠正不正当行为以及消费者保护四大领域。与FSA统一监管模式相对应，

---

[1] 王志诚：《现代金融法》，新学林出版股份有限公司2013年版，第14页。

2000 年英国还制定了统一的《金融服务与市场法》（Financial Services and Markets Act）。该法对所有金融服务商品进行了整合性的统一规范，并实现了金融业的横向规制。例如其中的"投资商品"概念包含了存款、保险合同、集合投资计划份额、期权、期货以及预付款合同等，从而使该法的调整对象涵盖了证券市场、期货市场、货币市场和外汇市场。

值得一提的是，2008 年国际金融危机发生后，英国于 2009 年开始进行金融监管体制改革，放弃了原有的高度统一的金融监管体制。2009 年，英国财政部部长提出由英格兰银行负责实施全面的审慎监管，成立消费者保护机构专门负责行为监管。2013 年，依据英国女王批准的《2012 年金融服务法案》，"准双峰"型金融监管模式正式在英国实施。英国的"准双峰"金融监管改革以英格兰银行为主导，并赋予其在维护金融系统稳定中的核心地位。撤销 FSA，在英格兰银行下设审慎监管局（Financial Prudential Authority，以下简称 FPA），并单独成立金融行为监管局（Financial Conduct Authority，以下简称 FCA），直接向英国财政部和议会负责。其中，审慎监管局归属英格兰银行（英国中央银行），专门负责对存款机构、保险公司和系统重要性投资公司等机构实施微观审慎监管，并由英格兰银行的内设机构金融政策委员会（Financial Policy Committee，以下简称 FPC）负责宏观审慎监管，以确保金融系统稳健发展。此外，FCA 为独立于英格兰银行之外的金融机构，负责对整个金融行业的服务行为进行监管，对 FPA 监管范围之外的所有金融机构进行微观审慎监管，以达到监管市场主体的行为，保护投资者和金融市场交易参与者的目的。由此在英国确立了英格兰银行（英国中央银行）以审慎监管（prudential regulation）为监管目标，独立于英格兰银行之外的金融行为监管局以行为监管（conduct regulation）为监管目标的"准双峰"的金融监管体制。

2. 多头分业的金融监管体制。这种监管模式是针对银行、证券和保险不同的行业特点，分别在三个业务领域内设立专门监管机构，负责各行业的审慎监管和业务监管，可分为双层多头的金融监管体制和单层多头的金融监管体制。所谓双层多头的金融监管体制，是指在中央和地方两级设立多家监督管理机构共同负责金融监管工作。这种体制多存在于联邦制国家，以美国为代表。美国在联邦一级就有财政部下设的金融稳定监督委员会、金融研究办公室、联邦保险事务办公室、货币监理局，及美国联邦储备体系、联邦存款保险公司、消费者金融保护署、证券交易委员会、联邦住宅贷款银行局、全国信用社管理局等监管机构；在州一级，各州均设有银行管理委员会等金融监管机构，分工协作，共同管理。所谓单层多头的金融监管体制，是指只在中央一级设立几家管理机构分别进行金融监管。法国、波兰、中国等国家是这种监管模式的典型代表。如法国设有信贷机构委员会、银行委员会、银行规章委员会、法兰西银行、金融市场管理局等机构，共同负责监管工作；我国设有中国人民银行、银保监会、证监会等机构来负责金融监督管理工作。

3. 混合金融监管体制，或称"不完全统一监管体制"，这种监管模式是适应金融混业经营发展的需要，是对高度统一监管体制和多头分业监管体制的一种改造模式，可分为牵头监管模式和"双峰式"监管模式。所谓牵头监管，是指在多头监管主体之间建立及时磋商和协调机制，为防止混业中的监管真空和监管机构相互扯皮，特别确定某一监管机构为主或作为牵头监管机构，负责不同监管主体之间的协调工作。巴西属于较为典型的牵头监管模式，其国家货币委员会是牵头监管者，负责协调中央银行、证券和外汇管理委员会、私营保险监理署和补充养老金秘书局，分别对商业银行、证券公司和保险公司进行监管。所谓"双峰监管"，是指根据监管目标确立两类金融监管主体，一类监管机构负责对所有金融机构进行审慎监管，控制金融体系的系统风险，以确保金融安全；另一类机构则对不同金融业务行为的规范运作进行监管，以提高金融服务质量，保护消费者利益。澳大利亚、荷兰、加拿大、奥地利等国家均采取此种模式。例如，澳大利亚历史上由中央银行负责银行业的审慎监管，自 1998 年 7 月开始实施不完全统一监管模式的改革，新成立了两个跨部门监管机构。其中，澳大利亚审慎监管局（Australian Prudential Regulation Authority，APRA）主要负责如何保持金融体系稳定，证券与投资委员会（Australian Securities and Investment Commission，ASIC）负责对证券业、银行业和保险业的业务经营监管。荷兰则由中央银行和金融市场管理局（Authority for Financial Markets，AFM）分别扮演"双峰"的角色。荷兰历史上实行分业监管体制，2002 年起，荷兰将对金融机构的审慎监管同对金融业务行为规范监管分开，由不同部门负责，该种改革最终于 2004 年定型。目前，荷兰中央银行对整个金融部门——银行、保险、证券等进行审慎监管，而金融市场管理局负责整个金融部门的金融业务行为规范监管。

从历史来看，金融监管是伴随近代银行的产生而开始的。在中央银行制度建立以前，金融监管主要体现在商业银行自我的内部管理上，而在中央银行制度建立以后，金融监管成为中央银行的重要职责之一。由于银行业在金融业中的特殊重要地位及与保险业、证券业相对独立的发展，故在相当长的时期内，对金融业的监管是由或主要是由中央银行进行的，从而形成中央银行统一监管或者以中央银行监管为主的分业监管体制，而且这种监管是以政府高度管制为特色的。自 20 世纪 70、80 年代特别是 90 年代以来，由于金融混业和全球化的发展，金融创新加快和金融危机频发，世界各国在放宽金融管制的同时，都在不同程度上改革了金融监管体制，总的趋势是金融与财政分家及金融监管机构一元化，加强金融监管，建立一个外在于中央银行的权威、独立的监管机构。德国、澳大利亚的银行、证券、保险的监管机构是直接对总理负责的独立政府部门，日韩两国的金融监管机构也已经独立于财政机构而存在，并逐步向一元化金融监管模式发展，这些变革都在适应金融机构与金融市场的整合趋势。但客观全面地看，目前世界各国中，多头分业监管仍然是主流，而真正综合统一监管的国家只有十多个，并且即使在设立综合监管机构统一监管的国家，中央银行都在法律上或者在事实上直接或间接地拥有一定的金融监管权力。尤其重要的是，2008 年国际金融危机爆发以后，各国都注重加强对整个金融体系的宏观审慎监管体制的建设。在此背景之下，无论各国是否设置专门的宏观审慎监管机构，中央银行在金融监管方面，尤其是宏观审慎监管方面的职能都有进一步回归和加强的趋势，如在美国、英国的金融监管体制改革中，美联储、英格兰银行的监管职能都得到了显著的提升。总之，由于各国经济特征的不同、金融系统的复杂多样性，各国金融监管的体制也有很大的差异，并不存在世界普适的最佳监管模式，关键在于如何按照有效金融监管的要求，根据自身国情选择适合本国的监管体制。

（二）我国的金融监管体制

1949 年以来，我国的金融监管体制不断发生着变革。主要可分为以下四个阶段：

第一阶段：1949-1978 年，金融计划经济阶段。改革开放以前，我国全面实行高度集中的计划经济，在计划经济体制下，中国人民银行是我国唯一的金融机构，既承担制定货币政策以及维护金融稳定的中央银行职能，又从事银行以及保险等金融业务。在此背景下，中国人民银行既是金融监管机关又是金融企业，此时我国并不存在真正意义上的金融监管。

第二阶段：1978-1992 年，单一监管阶段。1978 年改革开放之后，中国的市场经济与金融市场得到初步发展，金融领域的改革也成为推动金融行业发展的重要因素，一系列金融机构相继设立。1979 年 2 月，我国恢复办理农村金融的中国农业银行；1979 年 3 月，在探索行政与商业分离的进程中，国家外汇管理总局成立，接管中国银行的国家外汇管理职能，中国银行成为专门办理国际外汇结算和外贸信贷业务的金融机构。1983 年 5 月，中国建设银行从财政部分离，成为独立管理大型基础建设项目投资的国家专业银行；1983 年 9 月，国务院发布《国务院关于中国人民银行专门行使中央银行职能的决定》，中国人民银行专门行使中央银行职能的制度初步建立。[1] 1984 年 1 月，中国工商银行成立，接管中国人民银行的城镇工商存贷款等金融业务；1984 年还设立了中国人民保险公司。随后，以证券公司为代表的非金融机构也得到了极大发展。1986 年《中华人民共和国银行管理暂行条例》（已失效）颁布，中国人民银行作为中央银行的法律地位得以确立，自此中国人民银行开始行使中央银行职能，同时也肩负着对银行、证券、保险、信托在内的整个中国金融业的监管职责。这一阶段中国人民银行一家独揽监管大权，是银行业、证券业、保险业的监管机关，同时还承担了中央银行的职能。[2] 在此基础之上，我国的金融监管制度开始逐渐形成，但由于我国金融监管的基本法律制度尚未建立，严格来讲不能称为现代法律意义上的金融监管。

---

〔1〕《国务院关于中国人民银行专门行使中央银行职能的决定》第 1 条规定："中国人民银行是国务院领导和管理全国金融事业的国家机关，不对企业和个人办理信贷业务，集中力量研究和做好全国金融的宏观决策，加强信贷资金管理，保持货币稳定……"

〔2〕《中华人民共和国银行管理暂行条例》（已失效）第 5 条第 1 款规定："中国人民银行是国务院领导和管理全国金融事业的国家机关，是国家的中央银行……"第 6 条规定："中国人民银行按照国家法律、行政法规的规定，管理全国的保险企业。"

第三阶段：1992-2018 年，分业监管阶段。20 世纪 90 年代以来，我国经济体制改革的步伐加快，金融行业分工更加细致，分业监管的金融监管体制逐步形成。1992 年 10 月，国务院证券委员会（以下简称国务院证券委）和证监会成立，中国证券市场统一监管体制开始形成，中国人民银行对证券市场的监管职责开始被剥离。1995 年，国务院正式批准《中国证券监督管理委员会机构编制方案》，中国人民银行对证券公司的监管职责交由证监会行使。[1] 1995 年，《中国人民银行法》颁布，我国中国人民银行作为我国中央银行的法律地位正式得以确立。[2]

1998 年，我国金融监管体制改革进入深化阶段，分业监管体制进一步完善。亚洲金融危机之后，防范和化解金融风险的重要性日益凸显，中央召开首次全国金融工作会议，决定对金融业实行分业监管，并对金融监管体制进行一系列变革。1998 年 4 月，国务院证券委撤销，其全部职能划归证监会，同时，中国人民银行对证券经营机构的监管职能也一并归入证监会。1998 年 11 月，中国保险监督管理委员会（以下简称"保监会"）成立，中国人民银行不再肩负保险业的监管职责，我国开始实施中国人民银行与证监会、保监会分业监管的金融监管体制。1998 年颁布的《证券法》为分业监管提供了法律依据。[3] 2003 年，第十届全国人民代表大会批准《国务院机构改革方案》以及《国务院关于机构设置的通知》（已失效），将中国人民银行对银行、金融资产管理公司、信托投资公司及其他存款类金融机构的监管职能分离，和中央金融工委的相关职能进行整合，成立了中国银行业监督管理委员会（以下简称"银监会"），银行业金融监管职能交由银监会行使，中国人民银行仅保留了部分金融监管职责，如对货币流通、银行间外汇市场、黄金市场等领域的监管，作为中央银行主要履行维护金融稳定以及制定和执行货币政策两大职责。2003 年 12 月，《银行业监督管理法》出台，[4] 我国银行业监督管理机构统一行使全国银行业金融机构及其业务监督管理职能的法律制度基本建立。自此，我国正式形成了由中国人民银行作为中央银行，承担货币政策和金融稳定等职能，中国证监会主要负责证券业监管，中国保监会主要负责保险业监管，中国银监会主要负责银行业监管的分业监管格局，我国开启金融分业监管的新阶段。

自 2003 年分业监管格局形成以来，我国混业经营与分业监管间的矛盾时有发生，国家金融监管体制的改革仍在不断推进。2003 年国家成立金融稳定局，隶属中国人

---

〔1〕《中国证券监督管理委员会机构编制方案》规定，中国证券监督管理委员会为国务院直属事业单位，是国务院证券委员会的监管执行机构，依照法律、法规的规定对证券市场、期货市场进行监督和管理。

〔2〕《中国人民银行法》（1995）第 2 条规定："中国人民银行是中华人民共和国的中央银行。中国人民银行在国务院领导下，制定和实施货币政策，对金融业实施监督管理。"

〔3〕《证券法》（1998）第 6 条规定："证券业和银行业、信托业、保险业分业经营、分业管理……"

〔4〕《银行业监督管理法》（2003）第 2 条第 1 款规定："国务院银行业监督管理机构负责对全国银行业金融机构及其业务活动监督管理的工作。"

民银行，承担中央银行综合分析和评估系统性金融风险，提出防范和化解系统性金融风险政策建议的职能，下设科室负责银行业、证券业、保险业的风险监测与评估；2013年我国开始探索由人民银行牵头的金融监管协调部际联席会议制度[1]，负责一行三会间监管政策的协调；2016年初，国务院办公厅在其经济局六处的基础上设立金融事务局，专门负责一行三会间行政事务的协调。2017年7月，全国金融工作会议宣布在国务院设立国家金融稳定发展委员会，在金融领域改革、发展、稳定等重大事项上处于统筹和协调地位，在防范和化解金融领域的系统性风险等方面发挥着重要作用。

第四阶段：2018年至今，银行业和保险业混业监管阶段。继国务院金融稳定发展委员会填补金融监管空白后，我国对金融监管缺陷的修正拉开帷幕。2018年3月，第十三届全国人民代表大会审议通过了《国务院机构改革方案》，决定组建中国银行保险监督管理委员会（以下简称"银保监会"），整合银监会和保监会的职责。同时，将银监会和保监会拟订银行业、保险业重要法律法规草案和审慎监管基本制度的职责划归中国人民银行。[2] 将银监会、保监会拟订法律法规草案及审慎监管基本制度等职责划归中国人民银行，实现政策制定和执行的适度分离，有利于保持我国监管政策的一致性，减少同一领域重复监管或多头监管。这意味着中国人民银行在金融监管方面的责任将更加重要，银行业和保险业再度重启混业监管模式。

客观来看，虽然现阶段我国将拟订银行业、保险业重要法律法规草案和审慎监管基本制度的职责划归中国人民银行的改革与英国2008年全球金融危机之后的监管改革相似，都在强化中央银行在维护金融系统稳定性方面的职责与权力，但是目前我国银行业和保险业的微观审慎监管职能总体上仍然保留在中央银行体系之外。自2003年中国人民银行对银行、金融资产管理公司、信托投资公司及其他存款类金融机构的监管职能分离之后，中国人民银行承担微观审慎监管职能的能力一度弱化，至于何为"重要的"法律法规草案以及"基本的"审慎监管制度，在实际操作层面仍留待具体规则的制定。目前，我国银保监会与证监会仍然会对金融市场进行分业监管，这种金融监管体制滞后于金融发展的混业化、集团化、全球化，我国金融监管体制需要进一步变革的共识已经达成，建立应对金融混业经营的金融监管体制应当是我国今后一段时间内金融监督管理体制的改革目标。事实上，无论是以金融危机之前英国的金融监管局以及日本金融厅为代表的统一金融监管体制，还是以荷兰、

<hr />

[1] 《金融监管协调部际联席会议制度》第2部分规定："联席会议由人民银行牵头，成员单位包括银监会、证监会、保监会、外汇局，必要时可邀请发展改革委、财政部等有关部门参加……"

[2] 《国务院机构改革方案》（2018）第2部分规定："组建中国银行保险监督管理委员会。将中国银行业监督管理委员会和中国保险监督管理委员会的职责整合，组建中国银行保险监督管理委员会，作为国务院直属事业单位。将中国银行业监督管理委员会和中国保险监督管理委员会拟订银行业、保险业重要法律法规草案和审慎监管基本制度的职责划入中国人民银行。不再保留中国银行业监督管理委员会、中国保险监督管理委员会。"

澳大利亚、加拿大和金融危机之后的英国为代表的混合金融监管体制，各国均依据自身金融市场的实际需要建立金融监管体制。我国仍需依据中国国情谨慎选择金融监管模式，进一步探索符合我国金融发展实际的金融监管体制。

第二节　银行业及保险业监督管理法

一、银行业监督管理法

（一）银行业监督管理法规

所谓银行业监督管理，是指国家银行业监督管理机构按照国务院规定的职权，依照银行业监督管理法规的相关规定对银行业金融市场进行监督管理的活动，监管的目的是维护社会经济秩序和社会公共利益，促进银行业金融市场的健康发展。

2003 年，第十届全国人民代表大会审议通过《国务院机构改革方案》，将中国人民银行对银行、金融资产管理公司、信托投资公司及其他存款类金融机构的监管职能分离，和中央金融工委的相关职能进行整合，成立银监会，自此银行业金融监管职能交由银监会行使。

银监会（现为银保监会）成立以来，我国银行业金融监管的法律制度建设工作也提上日程。2003 年 12 月，《银行业监督管理法》出台，[1] 同时第十届全国人大常委会修正了《中国人民银行法》以及《商业银行法》，我国银行业监督管理机构统一行使全国银行业金融机构及其业务监督管理职能的法律制度基本建立。随后，在全面清理银监会（现为银保监会）成立之前较为杂乱的 2000 余部银行业监管法律文件，吸收借鉴国际银行业监管最佳实践经验的基础上，以"管法人、管风险、管内控和提高透明度"的监管新理念为指导，银监会（现为银保监会）先后制定出台了一系列银行业审慎监管的部门规章。这些审慎监管的部门规章主要围绕风险管理、资本监管和内部控制等内容展开，具体包括：针对风险管理的《商业银行集团客户授信业务风险管理指引》，针对商业银行资本监管的《商业银行资本充足率管理办法》（已失效）以及针对关联交易的《商业银行授信工作尽职指引》《商业银行不良资产监测和考核暂行办法》《商业银行与内部人和股东关联交易管理办法》，并针对衍生产品和房地产贷款业务分别发布了《金融机构衍生产品交易业务管理暂行办法》和《商业银行房地产贷款风险管理指引》。银监会（现为银保监会）成立之后制定的前述有关审慎监管的规范性文件与其成立之前中国人民银行颁布实施的《商业银行内部控制指引》（已失效）《贷款风险分类指导原则》（已失效）《银行贷款损失准备计提指引》等规范性文件互为补充，为完善我国银行业监督管理的法律制度、提高银行业监督管理的有效性奠定了较好的基础。在此基础上，我国初步形成了以资本

---

〔1〕《银行业监督管理法》（2003）第 2 条第 1 款规定："国务院银行业监督管理机构负责对全国银行业金融机构及其业务活动监督管理的工作。"

监管、风险管理和内部控制为主线的银行业审慎监管法律体系。

　　随着我国市场经济的不断推进，银行业金融市场得到了较快发展，相关的法律及规范性文件也经历了多次修改。2006 年全国人大常委会对《银行业监督管理法》作出修正，增加了有关银行业监督管理机构对银行业金融机构进行检查时依法能够采取的措施以及相关主体违反规定的法律责任等内容。[1] 2007 年，银监会（现为银保监会）对其 2003 年颁布的《商业银行集团客户授信业务风险管理指引》作出修改，增加对该规章法律渊源的规定，并对该规章所涉及的法律概念等内容进行进一步规范；2010 年，银监会（现为银保监会）再次对《商业银行集团客户授信业务风险管理指引》作出修改，进一步完善了该规章的调整范围等内容。2007 年，银监会（现为银保监会）对中国人民银行 2002 年颁布的《商业银行内部控制指引》（已失效）作出第一次修订，并于 2014 年再次作出修订，进一步规范了有关商业银行内部控制的目标、原则等内容。2007 年，银监会（现为银保监会）对其 2004 年颁布的《金融机构衍生产品交易业务管理暂行办法》作出修正，并于 2011 年作出修订，对该规章的调整范围等诸多内容进行了完善，并将调整修改之后的《银行业金融机构衍生产品交易业务管理暂行办法》重新公布。2012 年，银监会（现为银保监会）发布《商业银行资本管理办法（试行）》，宣布废止其 2007 年修正的《商业银行资本充足率管理办法》。2015 年，全国人大常委会再次对《商业银行法》作出修正，删去有关存贷款余额比例以及存贷比例的规定，并将修改之后的《商业银行法》重新公布。以上法律文件的修改既是适应我国银行业金融市场变化实践而做出的调整，也反映了我国银行业金融市场的发展趋势，为进一步促进我国银行业监督管理的发展奠定了法律基础。

　　2018 年 3 月，第十三届全国人民代表大会审议通过了《国务院机构改革方案》，决定组建银保监会，整合银监会和保监会的职责。同时，将银监会和保监会拟订银

---

〔1〕《银行业监督管理法》（2006）第 42 条规定："银行业监督管理机构依法对银行业金融机构进行检查时，经设区的市一级以上银行业监督管理机构负责人批准，可以对与涉嫌违法事项有关的单位和个人采取下列措施……银行业监督管理机构采取前款规定措施，调查人员不得少于 2 人，并应当出示合法证件和调查通知书；调查人员少于 2 人或者未出示合法证件和调查通知书的，有关单位或者个人有权拒绝。对依法采取的措施，有关单位和个人应当配合，如实说明有关情况并提供有关文件、资料，不得拒绝、阻碍和隐瞒。"第 43 条第 1 款第 6 项规定："违反本法第 42 条规定对有关单位或者个人进行调查的。"第 43 条第 2 款规定："银行业监督管理机构从事监督管理工作的人员贪污受贿，泄露国家秘密、商业秘密和个人隐私，构成犯罪的，依法追究刑事责任；尚不构成犯罪的，依法给予行政处分。"第 49 条规定："阻碍银行业监督管理机构工作人员依法执行检查、调查职务的，由公安机关依法给予治安管理处罚；构成犯罪的，依法追究刑事责任。"

行业、保险业重要法律法规草案和审慎监管基本制度的职责划归中国人民银行。[1]根据依法监管原则，我国金融监管职能的移转需要法律的明确授权，但我国现行有关金融监管机构职能分配的基本金融法律并未根据此次改革作出修改，主要原因在于根据 2006 年颁布的《银行业监督管理法》第 2 条的授权，国务院银行业监督管理机构负责对全国银行业金融机构及其业务活动监督管理的工作，此处的"国务院银行业监督管理机构"可以完全涵盖改革之后的"银保监会"。此外，《银行业监督管理法》并未在条文层面明确地将银行业监管职能排他性地授予国务院银行业监督管理机构，且《中国人民银行法》第 4 条关于中央银行职能范围的表述包括了"（十三）国务院规定的其他职责"这一兜底条款，这就为国务院授权中国人民银行行使某些银行业监管职能提供了最为基本的法律依据。2018 年 8 月，《中国银行保险监督管理委员会职能配置、内设机构和人员编制规定》颁布实施，对银保监会的职能配置、内设机构以及人员编制等内容进行了规定，为我国银保监会依法履行其对银行业的监管职能提供了法律依据。

目前，我国有关银行业金融监督管理的事项仍由《中国人民银行法》《银行业监督管理法》《商业银行法》《中国银行保险监督管理委员会职能配置、内设机构和人员编制规定》等法律及规范性文件进行调整。本节仍按照 2003 年第十届全国人民代表大会常务委员会修正的《中国人民银行法》、2006 年第十届全国人民代表大会常务委员会修正的《银行业监督管理法》、2015 年第十二届全国人民代表大会常务委员会修正的《商业银行法》以及 2018 年中共中央办公厅、国务院办公厅发布的《中国银行保险监督管理委员会职能配置、内设机构和人员编制规定》等法律及规范性文件对银行业监督管理等内容的规定进行介绍。

（二）银行业监督管理的目标

根据我国《银行业监督管理法》的规定，目前我国银行业监督管理的目标主要包括以下几个方面：

1. 促进银行业稳健发展，维护金融秩序安全。银行业的安全稳定发展对整个国民经济具有重要影响，单独一家银行或金融机构出现问题极易引发连锁反应，导致一系列银行和金融机构经营困难。因此银行金融监管的首要目标就是促进银行业稳健发展，维护国内金融体系的安全和稳定。

2. 保护存款人等金融消费者权益。银行是一种信用中介，它们一方面是借者的集中，另一方面是贷者的集合，集中了社会各阶层、各部门暂时闲置的资本，与社会公众具有广泛而密切的联系。如果银行在经营中出现问题，会直接影响千千万万

---

[1]《国务院机构改革方案》（2018）"二、关于国务院其他机构调整"部分规定："（三）组建中国银行保险监督管理委员会。将中国银行业监督管理委员会和中国保险监督管理委员会的职责整合，组建中国银行保险监督管理委员会，作为国务院直属事业单位。将中国银行业监督管理委员会和中国保险监督管理委员会拟订银行业、保险业重要法律法规草案和审慎监管基本制度的职责划入中国人民银行。不再保留中国银行业监督管理委员会、中国保险监督管理委员会。"

存款人等金融消费者的权益，关涉社会公众利益。因此，我国银行业监督管理机构要把保护存款人等金融消费者的权益作为金融监管的一个重要目标。

3. 维护和促进银行业公平有效竞争。竞争是市场经济条件下的一种基本现象，也是保护先进、淘汰落后的一种有效机制。各国银行业监督管理机构无不追求一个适度的竞争环境，这种适度的竞争环境既可以保持银行的经营活力，从而使公众与企业获取廉价资本和优质服务，同时又不至于引起银行业破产倒闭，导致经济震动。因此，银行业监督管理机构应创造一个公平、高效、有序竞争的环境，促进银行业公平有效竞争。

（三）银行业监督管理的对象与职责

银行业金融监督管理的对象主要有三类：其一，对在中华人民共和国境内设立的商业银行、城市信用合作社、农村信用合作社等吸收公众存款的金融机构、政策性银行及其业务活动进行监督管理。其二，对在中华人民共和国境内设立的金融资产管理公司、信托投资公司、财务公司、金融租赁公司以及经国务院银行业监督管理机构批准设立的其他金融机构进行监督管理。其三，依法对经国务院银行业监督管理机构批准在境外设立的金融机构以及境内银行业金融机构在境外的业务活动实施监督管理。[1]

根据《银行业监督管理法》以及《中国银行保险监督管理委员会职能配置、内设机构和人员编制规定》的规定，银行业金融监督管理部门的主要职责包括：

1. 依法依规对全国银行业和保险业实行统一监督管理，维护银行业和保险业合法、稳健运行，对派出机构实行垂直领导。

2. 对银行业和保险业改革开放和监管有效性开展系统性研究。参与拟订金融业改革发展战略规划，参与起草银行业和保险业重要法律法规草案以及审慎监管和金融消费者保护基本制度。起草银行业和保险业其他法律法规草案，提出制定和修改建议。

3. 依据审慎监管和金融消费者保护基本制度，制定银行业和保险业审慎监管与行为监管规则。制定小额贷款公司、融资性担保公司、典当行、融资租赁公司、商业保理公司、地方资产管理公司等其他类型机构的经营规则和监管规则。制定网络借贷信息中介机构业务活动的监管制度。

4. 依法依规对银行业和保险业机构及其业务范围实行准入管理，审查高级管理人员任职资格。制定银行业和保险业从业人员行为管理规范。

---

〔1〕《银行业监督管理法》第2条第2-4款规定："本法所称银行业金融机构，是指在中华人民共和国境内设立的商业银行、城市信用合作社、农村信用合作社等吸收公众存款的金融机构以及政策性银行。对在中华人民共和国境内设立的金融资产管理公司、信托投资公司、财务公司、金融租赁公司以及经国务院银行业监督管理机构批准设立的其他金融机构的监督管理，适用本法对银行业金融机构监督管理的规定。国务院银行业监督管理机构依照本法有关规定，对经其批准在境外设立的金融机构以及前二款金融机构在境外的业务活动实施监督管理。"

5. 对银行业和保险业机构的公司治理、风险管理、内部控制、资本充足状况、偿付能力、经营行为和信息披露等实施监管。

6. 对银行业和保险业机构实行现场检查与非现场监管，开展风险与合规评估，保护金融消费者合法权益，依法查处违法违规行为。

7. 负责统一编制全国银行业和保险业监管数据报表，按照国家有关规定予以发布，履行金融业综合统计相关工作职责。

8. 建立银行业和保险业风险监控、评价和预警体系，跟踪分析、监测、预测银行业和保险业运行状况。

9. 会同有关部门提出存款类金融机构和保险业机构紧急风险处置的意见和建议并组织实施。

10. 依法依规打击非法金融活动，负责非法集资的认定、查处和取缔以及相关组织协调工作。

11. 根据职责分工，负责指导和监督地方金融监管部门相关业务工作。

12. 参加银行业和保险业国际组织与国际监管规则制定，开展银行业和保险业的对外交流与国际合作事务。

13. 负责国有重点银行业金融机构监事会的日常管理工作。

14. 完成党中央、国务院交办的其他任务。

15. 职能转变。围绕国家金融工作的指导方针和任务，进一步明确职能定位，强化监管职责，加强微观审慎监管、行为监管与金融消费者保护，守住不发生系统性金融风险的底线。按照简政放权要求，逐步减少并依法规范事前审批，加强事中事后监管，优化金融服务，向派出机构适当转移监管和服务职能，推动银行业和保险业机构业务和服务下沉，更好地发挥金融服务实体经济功能。

（四）银行业监督管理的内容与方式

1. 监管内容。目前最为普遍的分类是将银行业监督管理分为市场准入监管、市场运营监管、市场退出监管等几个方面。

（1）市场准入监管。市场准入监管是指银行业监督管理机构根据法律的规定，对金融机构进入市场的行为进行管制。按照经济学的含义，一个行业机构数量的变化对行业的发展有着重要的影响。市场准入监管主要有以下几个方面：对金融机构及其业务范围的准入管理，对高级管理人员任职资格的审查以及对银行业从业人员行为管理规范的制定。银行业具有社会公共性和高风险性，世界上大多数国家对其市场准入要求非常严格，在我国，金融机构进入市场则需要先由银行业监督管理机构审批发放金融许可证，然后经工商登记后方可营业。《银行业监督管理法》《商业银行法》《中国银保监会中资商业银行行政许可事项实施办法》等法律及部门规章对银行业金融机构及银行业监督管理机构监管的其他金融机构行政许可的事项、条件、具体操作流程、审查决定期限等作出了非常详细的规定，例如，我国《商业银行法》第11条规定，设立商业银行，应当经国务院银行业监督管理机构审查批准。未经国务院银行业监督管理机构批准，任何单位和个人不得从事吸收公众存款等商业银行业务，任何单位不得在名称中使用"银行"字样。此外，《商业银行法》第二章还对商业银行及其分支机构的设立条件、程序、高级管理人员资格管理等问题作了规定。

（2）市场运营监管。市场运营的监管是指对银行机构日常经营进行监督管理的活动。目前，银行业监督管理机构的市场运营监管任务相对较重，监管责任也相对较大。概括来讲，市场运营监管的内容主要包括：银行机构资本适度和资本构成、资产质量状况、支付能力和盈利状况等。

（3）市场退出监管。对有问题的银行进行兼并重组、救助或者进行倒闭清算，对存在经营管理问题的银行、发生支付危机、倒闭或破产的银行机构，监管机构就要采取一定的措施。对于存在严重违法经营、经营管理不善等问题的银行业金融机构，按照《银行业监督管理法》《金融机构撤销条例》等法律法规予以撤销，使其退出银行业经营。

2. 监管方式。我国银行业监督管理的主要方式有：资本约束监管、法人公司治理监管、激励相容监管。

资本约束监管就是指银行业监督管理机构规定银行持有的最低资本，包括核心资本和附属资本两部分。银行业监督管理机构以资本充足率为核心制定并采取的一系列监管标准、方法和行动称为资本监管。资本监管是当今对银行业实施审慎监管的核心内容之一。商业银行风险管理是指通过运用风险预测、风险分析、风险控制等方法，预防、回避、排除或者转移经营中的风险，从而减少或避免经济损失，保证经营资金的安全。它有两方面涵义：一是在收益一定的条件下使风险最小；二是在风险一定的条件下使收益最大。商业银行风险管理的这两个目标（收益目标和安全目标）与经营目标是一致的。

法人公司治理监管就是董事会和高管层为领导和管理银行运作而设定的科学架构和制度。广义的公司治理内容还包括：银行内部各个组织机构清晰的职责边界，独立有效的内部控制体系，风险调整后的回报率基础上的考核机制，科学的激励和约束机制以及先进的管理信息系统等五个方面，这也是良好银行公司治理的五个特征。2013年银监会（现为银保监会）发布了《商业银行公司治理指引》等规范性文件，加强了其对公司治理改革的指导和监督，致力于引导商业银行以国际先进银行为榜样，对公司治理、经营管理体制和内部流程进行改造。

激励相容监管，就是指参照银行机构的经营目标，将银行机构的内部管理和市场约束纳入监管的范畴，引导这两种力量来支持监管目标的实现，强调的是银行监管不能仅仅从监管的目标出发设置监管措施。激励相容监管是激励理论在经济学中的应用。在实际监管工作中，银行业监督管理机构希望获得真实的信息，银行机构作为行为主体的另一方，往往出于各方面的原因，想方设法提供虚假信息或隐瞒不利的信息，以致监管结论偏差或失效。银行业监督管理机构要想获取银行的真实信息，就必须设计和建立一个有效的信息激励机制。正是由于认识到了这一点，激励相容这一概念才被用以概括银行监管的发展方向。

（五）银行业监督管理的措施

根据《银行业监督管理法》第四章的规定，监督管理措施可以分为以下两类：一般监管措施以及接管、重组和撤销。

1. 一般监管措施。

（1）要求报送报表及相关材料。银行业监督管理机构根据履行职责的需要，有权要求银行业金融机构按照规定报送资产负债表、利润表和其他财务会计、统计报表、经营管理资料以及注册会计师出具的审计报告。（第33条）

（2）现场检查。银行业监督管理机构根据审慎监管的要求，可以采取下列措施进行现场检查：进入银行业金融机构进行检查；询问银行业金融机构的工作人员，要求其对有关检查事项作出说明；查阅、复制银行业金融机构与检查事项有关的文件、资料，对可能被转移、隐匿或者毁损的文件、资料予以封存；检查银行业金融机构运用电子计算机管理业务数据的系统。进行现场检查，应当经银行业监督管理机构负责人批准。现场检查时，检查人员不得少于2人，并应当出示合法证件和检查通知书；检查人员少于2人或者未出示合法证件和检查通知书的，银行业金融机构有权拒绝检查。（第34条）

（3）监督管理约谈。银行业监督管理机构根据履行职责的需要，可以与银行业金融机构董事、高级管理人员进行监督管理谈话，要求银行业金融机构董事、高级管理人员就银行业金融机构的业务活动和风险管理的重大事项作出说明。（第35条）

（4）责令依法披露信息。银行业监督管理机构应当责令银行业金融机构按照规定，如实向社会公众披露财务会计报告、风险管理状况、董事和高级管理人员变更以及其他重大事项等信息。（第36条）

（5）对违规行为进行处理处罚。银行业金融机构违反审慎经营规则的，国务院银行业监督管理机构或者其省一级派出机构应当责令限期改正；逾期未改正的，或者其行为严重危及该银行业金融机构的稳健运行、损害存款人和其他客户合法权益的，经国务院银行业监督管理机构或者其省一级派出机构负责人批准，可以区别情形，采取下列措施：①责令暂停部分业务、停止批准开办新业务；②限制分配红利和其他收入；③限制资产转让；④责令控股股东转让股权或者限制有关股东的权利；⑤责令调整董事、高级管理人员或者限制其权利；⑥停止批准增设分支机构。银行业金融机构整改后，应当向国务院银行业监督管理机构或者其省一级派出机构提交报告。国务院银行业监督管理机构或者其省一级派出机构经验收，符合有关审慎经营规则的，应当自验收完毕之日起3日内解除对其采取的上述有关措施。（第37条）

（6）非现场检查监管。银行业监督管理机构应当对银行业金融机构的业务活动及其风险状况进行非现场监管，建立银行业金融机构监督管理信息系统，分析、评价银行业金融机构的风险状况。所谓非现场检查监管，是指银行业监督管理机构对银行业金融机构报送的各种统计数据、报表和报告运用现代化手段进行分析，评估银行业金融机构的风险状况。非现场检查监管者应具有在单一和并表的基础上收集、检查、分析审慎报告的手段。非现场检查的内容主要包括审查和分析各种报告和统计报表。这类资料应包括基本的财务报表和辅助资料，详细说明银行的各种风险和财务状况。银行监管者应充分利用公开发布的信息分析资料。

（7）并表监督管理。国务院银行业监督管理机构应当对银行业金融机构实行并表监督管理。跨国银行监管的一个重要原则是综合并表监管。1998年中国人民银行印发的《有效银行监管的核心原则》规定，银行监管者必须实施全球性并表监管，对银行在世界各地的所有业务，特别其外国分行、附属机构和合资机构的各项业务，进行充分的监测，并要求其遵守审慎经营的各项原则。

2. 接管、重组和撤销。

（1）对危机机构实行接管或重组。银行业金融机构已经或者可能发生信用危机，严重影响存款人和其他客户合法权益的，国务院银行业监督管理机构可以依法对该银行业金融机构实行接管或者促成机构重组，接管和机构重组依照有关法律和国务院的规定执行。（第38条）

可见，银行业金融机构被接管，或者被指令与其他银行业金融机构合并，有两种理由：一是银行业金融机构由于经营管理不善，已经发生信用危机，严重影响债权人利益的；二是银行业金融机构由于经营管理不善，或者其他原因，可能发生信用危机，将会严重影响债权人利益的。

经营管理不善或其他原因是指诸如管理混乱、决策失误、风险集中，或者违法经营、出现重大经济刑事案件等，这些事由都可能引发银行业金融机构信用危机。信用危机，意味着银行业金融机构不能清偿到期债务即存款人的存款，将陷入经济困境。如果信用危机不能被有效制止，银行业金融机构就会破产。银行业金融机构破产与一般生产经营性企业破产相比，社会危害性更大。所以，世界各国都制定了相关法律，尽量避免银行业金融机构破产。严格监管的目的是保障银行业金融机构的稳健运行，从而保障存款人权益，实现社会的稳定和繁荣。

接管应由国务院银行业监督管理机构决定，并组织实施。自接管开始之日起，由接管组织行使被接管银行的经营管理权力，但被接管银行的债权债务关系不因接管而变化。接管期限届满，国务院银行业监督管理机构可以决定延期，但接管期限最长不得超过2年，有下列情形之一的，接管中止：一是接管决定规定的期限届满或者国务院银行业监督管理机构决定的接管延期届满；二是接管期限届满前，该被接管银行已经恢复正常经营能力；三是接管期限届满前，该被接管银行被合并或者被依法宣告破产。

（2）对问题机构予以撤销。银行业金融机构有违法经营、经营管理不善等情形，不予撤销将严重危害金融秩序、损害公众利益的，国务院银行业监督管理机构有权予以撤销。（第39条）

银行业金融机构的撤销是一种非常严厉的行政处罚措施，必须依法进行。2001

年 11 月 23 日，国务院发布《金融机构撤销条例》，自 2001 年 12 月 15 日起施行。该条例共有 7 章，规定了金融机构撤销的决定、清算、债务清偿、注销登记、法律责任等内容，是国务院银行业监督管理机构撤销金融机构的具体操作的法律依据。根据该条例的规定，银行业金融机构被撤销的，国务院银行业监督管理机构应当及时组成清算组进行清算。清算期间，清算组行使被撤销的金融机构的管理职权，清算组组长行使被撤销的金融机构的法定代表人职权。被撤销的金融机构的清算财产，应当先支付个人储蓄存款的本金和合法利息，然后清偿法人和其他组织的债务；清偿完债务后的剩余财产，按照股东的出资比例或持有的股份比例进行分配。

（3）要求有关人员履行职责，必要时对有关人员设定权利限制。银行业金融机构被接管、重组或者被撤销的，国务院银行业监督管理机构有权要求该银行业金融机构的董事、高级管理人员和其他工作人员，按照国务院银行业监督管理机构的要求履行职责。（第 40 条第 1 款）

在接管、机构重组或者撤销清算期间，经国务院银行业监督管理机构负责人批准，对直接负责的董事、高级管理人员和其他直接责任人员，可以采取下列措施：①直接负责的董事、高级管理人员和其他直接责任人员出境将对国家利益造成重大损失的，通知出境管理机关依法阻止其出境；②申请司法机关禁止其转移、转让财产或者对其财产设定其他权利。（第 40 条第 2 款）

（4）查询、申请冻结有关账户。经国务院银行业监督管理机构或者其省一级派出机构负责人批准，银行业监督管理机构有权查询涉嫌金融违法的银行业金融机构及其工作人员以及关联行为人的账户；对涉嫌转移或者隐匿违法资金的，经银行业监督管理机构负责人批准，可以申请司法机关予以冻结。（第 41 条）

（5）对与涉嫌违法事项有关的单位或个人之执行权。银行业监督管理机构依法对银行业金融机构进行检查时，经设区的市一级以上银行业监督管理机构负责人批准，可以对与涉嫌违法事项有关的单位和个人采取下列措施：①询问有关单位或者个人，要求其对有关情况作出说明；②查阅、复制有关财务会计、财产权登记等文件、资料；③对可能被转移、隐匿、毁损或者伪造的文件、资料，予以先行登记保存。银行业监督管理机构采取上述措施，调查人员不得少于 2 人，并应当出示合法证件和调查通知书；调查人员少于 2 人或者未出示合法证件和调查通知书的，有关单位或者个人有权拒绝。对依法采取的措施，有关单位和个人应当配合，如实说明有关情况并提供有关文件、资料，不得拒绝、阻碍和隐瞒。（第 42 条）

对违规经营的银行业金融机构及其负有责任的工作人员，银行业监督管理机构除可以追究其行政责任之外，对于情节严重构成犯罪的，应当移送司法机关依法追究有关机构、人员刑事责任。

阻碍银行业监督管理机构工作人员依法执行检查、调查职务的，由公安机关依法给予治安管理处罚；构成犯罪的，依法追究刑事责任。（第 49 条）

二、保险业监督管理法

（一）保险业监督管理法规

所谓保险业的监督管理，是指国家保险业监督管理机构按照国务院规定的职权，依照《保险法》等保险业监督管理法规的规定对保险企业的设立、经营活动以及保险市场等进行监督管理的活动，监管的目的是维护社会经济秩序和社会公共利益，促进保险事业的健康发展。

在过去相当长的一段时间内，我国保险业的监督管理机构是中国人民银行。1998年，我国金融监管体制改革进入深化阶段，分业监管体制进一步完善。在亚洲金融危机之后，防范和化解金融风险的重要性日益凸显，中央召开首次全国金融工作会议，对金融监管体系进行了一系列的变革，决定对金融业实行分业监管。在此背景之下，保监会（现为银保监会）成立，中国人民银行不再肩负保险业的监管职责。自保监会（现为银保监会）成立以来，我国保险业监督管理的法制化进程显著加快，保监会（现为银保监会）先后发布施行了一系列有关保险业监管的法律、法规规范。

1995年，第八届全国人民代表大会常务委员会审议通过了《保险法》，从保险合同、保险公司、保险经营规则、保险业的监督管理、保险代理人和保险经纪人以及法律责任等方面初步构建起我国保险业监督管理的法律制度；2002年，第九届全国人民代表大会常务委员会对《保险法》作出第一次修正，将我国保险业监督管理机构由金融监督管理部门修改为保险监督管理机构，从法律上确认了保监会（现为银保监会）对保险业的监督管理权限，并对保险合同、保险公司以及相关主体的法律责任等内容作出修改；2009年，实施十余年的《保险法》进行了修订，对保险公司等内容作出较大改动，顺应了国内外保险市场的最新变化；2014年，第十二届全国人民代表大会常务委员会对《保险法》作出第二次修正，此次修改的重点在于保险公司条款的变化；2015年，第十二届全国人民代表大会常务委员会再次对《保险法》作出修正，进一步完善了有关保险公司、保险代理人和保险经纪人以及相关主体的法律责任等内容，为我国保险业监督管理的与时俱进创造了良好的法治环境。

2000年，保监会（现为银保监会）颁布《保险公司管理规定》，对保险机构、保险经营以及保险条款和保险费率等事项作出规定，对规范我国的保险业市场发挥了重要作用；2002年，保监会（现为银保监会）对《保险公司管理规定》中有关保险公司筹建及其审批等条文作出修改，并于2004年再次对其作出修改后重新颁布；2009年，保监会（现为银保监会）颁布新的《保险公司管理规定》，宣布废止2004年保监会（现为银保监会）颁布的《保险公司管理规定》；2015年，保监会（现为银保监会）发布《中国保险监督管理委员会关于修改〈保险公司设立境外保险类机构管理办法〉等八部规章的决定》，再次对《保险公司管理规定》作出修订，进一步完善了保险公司在境外设立子公司以及分支机构等规定。2007年，保监会（现为银保监会）颁布《保险公司合规管理指引》，对保险公司应当履行的合规职责及其合规的管理监督作出规定；2016 年，保监会（现为银保监会）发布《保险公司合规管理办法》，宣布废止《保险公司合规管理指引》，为保险公司的合规职责及其合规的管理监督提供了更加有力的法律支撑。

在保险中介监管方面，2006 年，保监会（现为银保监会）颁布《保险营销员管理规定》，对保险员的资格管理、展业登记管理以及展业行为管理等事项进行规范，并规定保险公司的管理责任以及相关主体的法律责任以保障该规定的实施；2013 年，保监会（现为银保监会）颁布《保险销售从业人员监管办法》，宣布废止《保险营销员管理规定》，进一步规范了保险销售从业人员的行为。2009 年，保监会（现为银保监会）颁布《保险专业代理机构监管规定》，对保险专业代理机构的市场准入规则、经营规则以及市场退出规则等进行规定，并进一步规定了监督检查以及相关主体的法律责任。2013 年，保监会（现为银保监会）对《保险专业代理机构监管规定》作出第一次修订，调整了设立保险专业代理公司最低注册资本数额以及缴纳方式等内容；2015 年，保监会（现为银保监会）再次对《保险专业代理机构监管规定》作出修订，进一步完善了保险专业代理机构的市场准入规则、经营规则、市场退出规则以及法律责任等内容。2009 年，保监会（现为银保监会）颁布《保险经纪机构监管规定》，从保险经纪机构的市场准入规则、经营规则、监督检查以及法律责任等方面初步构建起我国保险经纪机构监督管理的法律制度；2013 年保监会（现为银保监会）对《保险经纪机构监管规定》作出第一次修订，提高了保险经纪公司注册资本的最低限额，并删除了对保险经纪公司设立分支机构增加注册资本的规定；2015 年保监会（现为银保监会）再次对《保险经纪机构监管规定》作出修订，进一步规范了保险经纪机构的机构设立以及人员任职资格等市场准入规则、经营规则以及法律责任等事项；2018 年保监会（现为银保监会）颁布《保险经纪人监管规定》，宣布废止《保险经纪机构监管规定》，整合保险经纪机构、保险经纪从业人员等主体的监督管理规则，从市场准入规则、经营规则、市场退出规则、行业自律、监督检查以及法律责任等方面对保险经纪人进行统一监督管理。2009 年，保监会（现为银保监会）颁布《保险公估机构监管规定》，从保险公估机构的市场准入规则、经营规则、监督检查以及法律责任等方面初步构建起我国保险公估机构监督管理的法律制度；2013 年，保监会（现为银保监会）对《保险公估机构监管规定》作出第一次修订，对保险公估机构的市场准入规则、经营规则以及监督检查等内容作出调整；2015 年保监会（现为银保监会）再次从市场准入规则、市场退出规则、监督检查以及法律责任等方面对《保险公估机构监管规定》作出修订；2018 年，保监会（现为银保监会）颁布《保险公估人监管规定》，宣布废止《保险公估机构监管规定》，进一步规范了对保险公估人的监督管理。

在保险保障基金监管方面，2004 年，保监会（现为银保监会）颁布《保险保障基金管理办法》，从保险保障金的缴纳、管理和监督、使用以及相关主体的法律责任等方面初步构建了我国保险保障金管理的法律制度；2008 年，保监会（现为银保监会）、中华人民共和国财政部、中国人民银行共同制定《保险保障基金管理办法》，并由保监会（现为银保监会）重新颁布实施，宣布废止保监会（现为银保监会）2004 年颁布的《保险保障基金管理办法》，从保险保障基金公司、保险保障基金的筹集、保险保障基金的使用、管理和监督以及法律责任等方面重新构建起我国保险保障基金管理的法律制度。

在保险偿付能力监管方面，2003 年，保监会（现为银保监会）颁布《保险公司偿付能力额度及监管指标管理规定》，从偿付能力额度、财产保险公司监管指标、人寿保险公司监管指标以及偿付能力额度和监管指标的管理等方面规范了我国对保险公司保险偿付能力的监管；2008 年，保监会（现为银保监会）颁布《保险公司偿付能力管理规定》，宣布废止《保险公司偿付能力额度及监管指标管理规定》，从偿付能力评估、偿付能力报告、偿付能力管理以及偿付能力监督等方面进一步完善了我国保险公司保险偿付能力的监管制度。

在保险资金运用监管方面，2004 年，保监会（现为银保监会）颁布《保险资金运用风险控制指引（试行）》，从风险控制的基本原则、组织环境控制、风险控制的主要内容以及检查、监督与评价等方面对我国保险资金的运用风险进行规范；2015 年，保监会（现为银保监会）印发《保险资金运用内部控制指引》及《保险资金运用内部控制应用指引》（第 1 号-第 3 号），宣布废止《保险资金运用风险控制指引（试行）》，从控制环境、风险评估控制活动、信息与沟通以及内部监督等方面初步构建起我国保险资金运用内部控制的指引规则，并从银行存款、固定收益投资和股票及股票型基金等方面进一步构建了我国保险公司保险资金运用内部控制的应用指引规则。2010 年，保监会（现为银保监会）颁布《保险资金运用管理暂行办法》，从资金运用形式、决策运行机制、风险管控以及监督管理等方面规范了我国保险公司保险资金的运用以及管理；2014 年，保监会（现为银保监会）对《保险资金运用管理暂行办法》作出修订，取消对保险集团（控股）公司、保险公司从事保险资金运用比例的列举性要求，赋予国务院保险业监督管理机构制定和调整具体比例的自由裁量权；2018 年，保监会（现为银保监会）颁布《保险资金运用管理办法》，宣布废止《保险资金运用管理暂行办法》，为规范我国保险资金的运用以及管理提供了更加有力的法律保障。

2018 年 3 月，第十三届全国人民代表大会审议通过了《国务院机构改革方案》（2018），决定组建银保监会，整合银监会和保监会的职责。同时，将银监会和保监会拟订银行业、保险业重要法律法规草案和审慎监管基本制度的职责划入中国人民银行。[1] 根据依法监管原则，这一职能的移转需要法律的明确授权，但我国现行保险业监督管理基本法律并未根据此次国务院机构改革方案所涉及的监管机构的职能调整作出修改，原因在于《保险法》第9条规定国务院保险监督管理机构依法对保险业实施监督管理，其中国务院保险监督管理机构可以涵盖"银保监会"。此外，《保险法》并未在条文层面明确地将保险业监管职能排他性地授予原保监会，且《中国人民银行法》第4条关于中央银行职能范围的表述包括了"（十三）国务院规定的其他职责"这一兜底条款，这就为国务院授权中国人民银行行使某些保险业监管职能提供了最为基本的法律依据。事实上，在1995年《保险法》出台之时，承担我国保险行业监管职能的机构还是中国人民银行，尽管此后保险业监管职能在不同的机构间发生了移转，但既有法律的适用仍然可以延续。

因此，目前我国有关保险业金融监督管理的事项仍由《保险法》《保险公司管理规定》以及《中国银行保险监督管理委员会职能配置、内设机构和人员编制规定》等法律文件进行调整。本节仍按照2015年第十二届全国人民代表大会常务委员会修正的《保险法》、2015年保监会（现为银保监会）修订的《保险公司管理规定》以及2018年中共中央办公厅、国务院办公厅发布的《中国银行保险监督管理委员会职能配置、内设机构和人员编制规定》等规范性文件等对保险业监督管理的事项等内容进行介绍。

（二）保险业监督管理的目标

保险业监督管理是保险市场发展到一定阶段的产物。保险业监管体系的建设，首先须从确立有效合理的保险业监管目标着手。从内涵上看，监管目标即通过监管所要达到的预期效果。[2] 由于保险行业是经营风险的特殊行业，所以保险业监管的目标与一般行业监管的目标相比较，还存在很多特殊之处。主要表现在：

1. 保证保险人的偿付能力，防止保险经营的失败。保险人的偿付能力是指保险人对其责任范围内的赔偿或给付所具有的经济偿付能力。企业或个人购买保险最主要的目的就是在保险事故发生并且造成损失时，能够得到经济上的补偿。若保险人不具备这种能力，保险就失去了其存在的真正意义。因此，许多国家都把对偿付能力的监管列为第一目标。许多监管措施，如资本金、最低偿付能力、法定再保险、各种准备金、承保限额等方面的规定、财务报告与检查制度等，都是为了实现这一目标而制定的。

2. 保证保险交易的公平性和公正性，防止利用保险进行欺诈。保险是以风险为

---

[1] 《国务院机构改革方案》（2018）的规定："……二、关于国务院其他机构调整……（三）组建中国银行保险监督管理委员会。将中国银行业监督管理委员会和中国保险监督管理委员会的职责整合，组建中国银行保险监督管理委员会，作为国务院直属事业单位。将中国银行业监督管理委员会和中国保险监督管理委员会拟订银行业、保险业重要法律法规草案和审慎监管基本制度的职责划入中国人民银行。不再保留中国银行业监督管理委员会、中国保险监督管理委员会。……"

[2] 江生忠："论我国保险监管的几个问题"，载《保险研究》1999年第3期。

经营对象，投保人自愿交纳保险费，保险人对保险风险损失进行赔偿或给付等行为都是在遵循最大诚信原则的前提下进行的，保证保险交易的公正性和公平性对交易各方来讲尤其重要。现实生活中，利用保险进行欺诈以获得不当利益的情况相当普遍，主要包括保险人方面的欺诈、投保人（被保险人）方面的欺诈以及社会各方面的欺诈。这些道德风险阻碍了保险人、投保人、被保险人、受益人和第三方索赔者、债权人、股东和所有其他与保险交易有关的当事人平等地参与市场交易。因此，多数国家都利用监管手段来规范和约束保险交易的各方行为，并对保险欺诈等行为进行处罚。

3. 保证保险经营的效率性，提高被保险人的利益。商业保险自然以盈利性为经营目标，作为保险公司，为了追求价值最大化，不断扩大经营规模，保险人之间自然也存在着恶性竞争的可能，从而很容易导致保险资源的不合理配置。保险监管部门通过干预、管理和协调等监管方式，在全行业内合理引导保险资源流向和保险资源的配置，促使保险人以适度的规模经营，以保证保险经营的效率性。只有保险人的经营效率得到了提高，投保人才有可能得到合理而优惠的保险费率，其利益才能得到提高。

（三）保险业监督管理的职责

依据《保险法》《中国银行保险监督管理委员会职能配置、内设机构和人员编制规定》以及相关法律法规的有关规定，银保监会在对银行保险市场实施监督管理中履行下列职责：

1. 依法依规对全国银行业和保险业实行统一监督管理，维护银行业和保险业合法、稳健运行，对派出机构实行垂直领导。

2. 对银行业和保险业改革开放和监管有效性开展系统性研究。参与拟订金融业改革发展战略规划，参与起草银行业和保险业重要法律法规草案以及审慎监管和金融消费者保护基本制度。起草银行业和保险业其他法律法规草案，提出制定和修改建议。

3. 依据审慎监管和金融消费者保护基本制度，制定银行业和保险业审慎监管与行为监管规则。制定小额贷款公司、融资性担保公司、典当行、融资租赁公司、商业保理公司、地方资产管理公司等其他类型机构的经营规则和监管规则。制定网络借贷信息中介机构业务活动的监管制度。

4. 依法依规对银行业和保险业机构及其业务范围实行准入管理，审查高级管理人员任职资格。制定银行业和保险业从业人员行为管理规范。

5. 对银行业和保险业机构的公司治理、风险管理、内部控制、资本充足状况、偿付能力、经营行为和信息披露等实施监管。

6. 对银行业和保险业机构实行现场检查与非现场监管，开展风险与合规评估，保护金融消费者合法权益，依法查处违法违规行为。

7. 负责统一编制全国银行业和保险业监管数据报表，按照国家有关规定予以发布，履行金融业综合统计相关工作职责。

8. 建立银行业和保险业风险监控、评价和预警体系，跟踪分析、监测、预测银行业和保险业运行状况。

9. 会同有关部门提出存款类金融机构和保险业机构紧急风险处置的意见和建议并组织实施。

10. 依法依规打击非法金融活动，负责非法集资的认定、查处和取缔以及相关组织协调工作。

11. 根据职责分工，负责指导和监督地方金融监管部门相关业务工作。

12. 参加银行业和保险业国际组织与国际监管规则制定，开展银行业和保险业的对外交流与国际合作事务。

13. 负责国有重点银行业金融机构监事会的日常管理工作。

14. 完成党中央、国务院交办的其他任务。

15. 职能转变。围绕国家金融工作的指导方针和任务，进一步明确职能定位，强化监管职责，加强微观审慎监管、行为监管与金融消费者保护，守住不发生系统性金融风险的底线。按照简政放权要求，逐步减少并依法规范事前审批，加强事中事后监管，优化金融服务，向派出机构适当转移监管和服务职能，推动银行业和保险业机构业务和服务下沉，更好地发挥金融服务实体经济功能。

（四）保险业监督管理的措施与程序

有效的保险监管必须有一系列持续的监管措施予以支持。从监管的程序上看，监管措施主要包括市场分析——非现场监管——现场检查——市场退出等一系列连续的监管措施。

1. 市场分析。市场分析是指监管机构对保险市场的因素进行监测和分析得出结论并采取相应的监管措施。[1] 市场分析处于监管流程的前端环节，是监管措施有效发挥作用的前提。

保险公司定期报送的财务报告、审计报告和精算报告等的数据和其他信息资源是市场分析的依据。国务院保险业监督管理机构一直致力于市场分析研究，在保险市场的分析方面做了大量有效的工作。国务院保险业监督管理机构通过制定工作报告、业务报告、分析报告等形式对保险公司的运行状况和财务结构进行分析。通过有效的市场分析手段，对保险公司存在的问题及时发出提示或警告，从而确保了保险市场的稳定。此外，《中国保险年鉴》《中国保险发展蓝皮书》《人身保险发展报告》等构成了多样化的市场分析方式。

2. 非现场监管。非现场监管是指监管部门在采集、分析、处理保险公司经营信息的基础上，对保险公司风险状况进行监测、评估，从而采取异动预警和分类监管

---

〔1〕 李扬、陈文辉主编：《国际保险监管核心原则：理念、规则及中国实践》，经济管理出版社 2006 年版，第 180 页。

的过程。非现场监管是偿付能力监管的内在要求，是以偿付能力监管为核心的保险监管的主要手段。偿付能力监管的实质是防范和化解风险，它能在第一时间内发现保险公司存在的风险，以便及时采取有效措施，事先预防公司实际偿付能力不足的情况发生。通过非现场监管手段所建立的风险预警和评估体系以及持续跟踪制度，能够及时发现公司的经营问题，从而实现对偿付能力风险及时发现、事先防范、有效化解的目的。对偿付能力不足的保险公司，国务院保险监督管理机构应当将其列为重点监管对象，并可以根据具体情况采取下列措施：①责令增加资本金、办理再保险；②限制业务范围；③限制向股东分红；④限制固定资产购置或者经营费用规模；⑤限制资金运用的形式、比例；⑥限制增设分支机构；⑦责令拍卖不良资产、转让保险业务；⑧限制董事、监事、高级管理人员的薪酬水平；⑨限制商业性广告；⑩责令停止接受新业务。

《保险法》对非现场监管手段有原则性规定，它同《中国银行保险监督管理委员会职能配置、内设机构和人员编制规定》《保险公司管理规定》《寿险公司非现场监管规程（试行）》等规范性文件构成了我国对保险公司的非现场监管体系。这些法规明确了国务院保险业监督管理机构非现场监管的职权，规范了非现场监管工作流程，设立了非现场监管操作标准，从而建立了我国的非现场监管制度。

3. 现场检查。现场检查是指国务院保险业监督管理机构通过派出监管人员进驻保险机构，对其经营和风险情况按照一定程序实施全面或重点的检查。现场检查是监管的重要组成部分，它与非现场检查密切相关。非现场检查是现场检查的基础，现场检查是非现场检查的重要补充。通过现场检查，监管机构可以证实或者获得可靠的数据和信息，来分析和评估一个保险公司现在和将来的偿付能力。

国务院保险业监督管理机构历来高度重视现场检查，并且借助其强大的行政职能不断探索、改善现场检查监管。2005 年 12 月，保监会（现为银保监会）将现场检查的实践在《现场检查手册》中作出了详细总结，并对现场检查及其规程、内部控制检查、财务检查、业务检查、资金运用检查、精算及责任准备金检查、偿付能力检查等作了详细总结和规定。

4. 市场退出。市场退出也是保险监管的重要手段，当使用其他监管手段不能有效解决保险公司持续恶化的经营状况时，使保险公司按法定程序解散、退出市场，是对保险消费者利益进行保护、维护保险市场稳定的重要屏障。[1]《保险法》第149条明确规定了保险公司市场退出标准，大体分为两种情形：① 因违法经营被依法吊销经营保险业务许可证的；②偿付能力低于国务院保险监督管理机构规定标准，不予撤销将严重危害保险市场秩序、损害公共利益的。关于公司的市场退出机制，《公司法》已经作了一般性的规定，由于保险公司经营的特殊性，保险公司的市场退出

---

〔1〕 李扬、陈文辉主编：《国际保险监管核心原则：理念、规则及中国实践》，经济管理出版社 2006年版，第 199 页。

必须要首先保护保单持有人的利益。所以,《保险法》对保险公司的市场退出作出了特殊规定,国务院保险监督管理机构根据公司的偿付能力状况,对保险公司采取整顿和接管措施,然后才进入清算阶段。

(1)保险公司的整顿。保险公司的整顿,是指保险公司不能在限期内执行保险监督管理机构纠正其不法行为的措施,保险监督管理机构成立整顿组织,监督保险公司清理整治其业务、财务或资金运用状况以及经营管理状况的措施。整顿目的在于监管保险公司,使其纠正违法行为,恢复合法经营状态。

根据我国《保险法》的规定,整顿保险公司的原因,是其在指定的期限内不能改正责令其改正的违法行为,包括:①未能在限期内依法提取或结转各项责任准备金;②未能在限期内依法办理再保险;③未能在限期内改正违法运用资金的行为;④未能在限期内调整负责人及有关管理人员。

对保险公司进行整顿的目的是使其改正违法经营行为,保障其偿付能力。因此,对保险公司进行整顿,不能终止其原有业务,应当保证其原有业务的连续性。在整顿过程中,被整顿保险公司的原有业务继续进行。但是,国务院保险监督管理机构可以责令被整顿公司停止部分原有业务、停止接受新业务,调整资金运用。被整顿保险公司经整顿已纠正其违反《保险法》规定的行为,恢复正常经营状况的,由整顿组提出报告,经国务院保险监督管理机构批准,结束整顿,并由国务院保险监督管理机构予以公告。

(2)保险公司接管。保险公司接管,是指当保险公司偿付能力严重不足或者其行为违反《保险法》的有关规定,可能危及或已经危害到保险公司的偿付能力时,保险监管机构对其采取一定的措施,防止危害被保险人的利益,直到恢复保险公司的正常营业。对保险公司的接管是比对其进行整顿更为严格的政府监管措施,在整顿过程中,保险监管机构直接介入公司的经营活动。根据我国《保险法》的规定,保险公司接管必须具备一定的条件,只有当保险公司存在下述情形的,监管机构才可以对其实行接管:①公司的偿付能力严重不足的;②违反《保险法》规定,损害社会公共利益,可能严重危及或者已经严重危及公司的偿付能力的。保险公司被接管后,其债权债务关系并不因接管而发生变化,原有债权债务仍然有效。保险公司作为商事主体,被接管后只是管理工作的变化,其商事主体的资格并未改变。

(3)保险公司的解散与清算。保险公司的解散,是指已经成立的保险公司因其章程或法律规定的解散事由发生而停止营业,并处理未了结业务,逐渐终止其法人资格的行为。这是保险公司主体资格消灭的必经程序。保险公司的市场退出必须设立清算组,进行清算。依照市场退出的原因不同,清算组的产生分为三种情况:其一,因自愿解散而产生的清算组。自愿解散是指根据保险公司章程规定的解散事由或股东大会决议而解散。经保监会(现为银保监会)批准解散的保险公司应当依法成立清算组,进行清算。这种情况的解散,按照《公司法》第183条的规定成立清算组:"有限责任公司的清算组由股东组成,股份有限公司的清算组由董事或者股东大会确定的人员组成。逾期不成立清算组进行清算的，债权人可以申请人民法院指定有关人员组成清算组进行清算。人民法院应当受理该申请，并及时组织清算组进行清算。"其二，因破产所致解散产生的清算组。当保险公司不能支付到期债务，经保险监督管理机构同意，由法院依法宣告破产。国有独资保险公司破产的，由国有资产监督管理机构决定。其中，我国国务院规定，确定的重要国有独资保险公司的破产，须经国有资产监督管理机构审核后，报本级人民政府批准并形成清算组织。保险公司被宣告破产的，清算组由人民法院组织保险监管机构等有关部门和有关人员成立。其三，因保险公司被撤销而产生的清算组。当保险公司违反法律、行政法规，保险监管机构有权吊销其经营保险业务许可证，并依法撤销。这种情况下清算组由保险监管机构组织并进行清算。

第三节　证券业监督管理法

一、证券业监督管理法规

1992 年 10 月，国务院证券委和证监会成立，中国证券市场统一监管体制开始形成，中国人民银行对证券市场的监管职责开始被剥离。1995 年，国务院正式批准《中国证券监督管理委员会机构编制方案》，中国人民银行对证券公司的监管职责交由证监会行使。[1]

证监会成立以后，我国有关证券监管的法律进程进一步加快。1998 年，第九届全国人大常委会颁布《证券法》，对证券发行、证券交易、证券上市、证券公司及其监督管理机构等内容进行规范，为我国证券市场的发展提供了良好的法治保障；2004 年，《全国人民代表大会常务委员会关于修改〈中华人民共和国证券法〉的决定》通过，修改了证券发行以及证券上市等内容，并将修正之后的《证券法》重新公布实施；2005 年，为适应不断发展的证券市场，全国人民代表大会常务委员会对《证券法》作出修订，进一步规范了该法的调整对象、证券发行以及证券上市等内容；2013 年，全国人大常委会发布《关于修改〈中华人民共和国文物保护法〉等十二部法律的决定》，再次对《证券法》作出修正，对须经国务院证券监督管理机构批准的证券公司业务事项等内容作出修改；2014 年，全国人大常委会对《证券法》作出第三次修正，进一步完善了上市公司的收购以及法律责任等规定。2019 年，全国人大常委会对《证券法》作出第二次修订，对信息披露和投资者保护等内容进一步予以优化。前述《证券法》的数次修改不仅反映了我国证券市场的发展趋势，也为进一步促进我国证券市场以及证券业监管的实践奠定了法律基础。

---

〔1〕《中国证券监督管理委员会机构编制方案》规定，中国证券监督管理委员会为国务院直属事业单位，是国务院证券委员会的监管执行机构，依照法律、法规的规定对证券市场、期货市场进行监督和管理。

2003 年，第十届全国人民代表大会常务委员会颁布《证券投资基金法》，从基金管理人、基金托管人、基金的募集、基金的运作及其监督和管理等方面对证券投资基金进行规范；2012 年，全国人大常委会对《证券投资基金法》作出修订，进一步规范了公开募集基金的基金管理人等基金从业人员的行为及其违反相应规定的监督管理措施等内容；2015 年，全国人民代表大会常务委员会发布《关于修改〈中华人民共和国港口法〉等七部法律的决定》，再次对《证券投资基金法》作出修正，删去对公开募集基金的基金管理人的法定代表人、经营管理主要负责人和从事合规监管的负责人的选任或改任应当报经国务院证券监督管理机构审核的规定，赋予公开募集基金的基金管理人的法定代表人等人员选任或改任以更大的自主权。

2007 年，国务院颁布《期货交易管理条例》，对期货交易所、期货公司、期货交易基本规则、期货业协会及其监督管理等内容作出规定；2012 年，国务院对《期货交易管理条例》作出第一次修订，进一步明确了期货交易等法律概念，并对期货交易所、期货公司以及期货交易基本规则等内容进行了完善；2013 年，国务院第二次对《期货交易管理条例》作出修订，删去国务院商务主管部门对境内单位或者个人从事境外商品期货交易的品种进行核准等规定，赋予期货交易基本规则更多的市场自主权；2016 年，国务院第三次对《期货交易管理条例》作出修订，进一步完善了期货公司的设立规则及其监督管理等内容；2017 年，国务院对《期货交易管理条例》作出第四次修订，增加了该条例对其他期货经营机构从事期货投资咨询业务的规定。

2008 年，国务院颁布《证券公司监督管理条例》，对证券公司的设立与变更、组织机构、业务规则与风险控制、客户资产的保护及其监督管理措施与法律责任等内容进行规范；2014 年，国务院对《证券公司监督管理条例》作出修订，进一步完善了证券公司的变更规则以及业务规则与风险控制等内容，为促进我国证券公司的有效监管提供了法律保障。

我国现行的证券监管法律制度主要由《证券法》《证券投资基金法》《期货交易管理条例》《证券公司监督管理条例》等法律文件予以规定，以 2019 年第十三届全国人大常委会修订的《证券法》的 14 章 226 条内容为核心，以《证券投资基金法》《期货交易管理条例》《证券公司监督管理条例》等法律文件为基础的证券监管法律制度的施行，对于规范证券发行和交易行为，保护投资者的合法权益以及证券市场长期健康有序的发展有着十分重要的意义。此外，散见于其他法律中有关证券市场及其监管的规定也在适应证券市场的发展而不断完善，对促进社会主义市场经济的发展起到了重要的作用。例如 1993 年颁布实施的《公司法》，截至目前已历经 5 次修改，其中涉及证券监管的法律制度也能为促进证券市场的有序发展提供法律依据。

二、证券业监督管理目标

证券监管作为一种具有特定内涵和特征的政府规制行为，其不仅须符合证券市场的客观情况和监管本身的规律，而且须体现一定的价值目标。[1] 证券监管可谓合规律性与合目的性的统一。纵观中外证券市场的监管法制，基于不同的国情和证券市场发展的不同阶段，不同国家的法律均对证券监督管理的目标作出了不同规定。为确保证券监管目标的稳定性和权威性，尽管存在不同的表达方式，世界上大多数国家的证券法律法规都较为明确具体地规定了证券监管目标。如美国《1934 年证券交易法》第 2 条规定，该法的立法目的在于对证券交易所及证券市场进行广泛的管理，并防止和杜绝此类市场中之不公平现象的发生。日本《证券交易法》第 1 条规定，该法是为使有价证券的发行、买卖及其他交易能够公正进行，使有价证券顺利流通、国民经济正常运行及保护投资者利益。韩国《证券交易法》第 1 条规定，该法旨在通过维护证券广泛的和有条不紊的流通，通过保护投资者进行公平的购买、销售或其他证券交易，促进国民经济的发展。我国《证券法》第 1 条则规定："为了规范证券发行和交易行为，保护投资者的合法权益，维护社会经济秩序和社会公共利益，促进社会主义市场经济的发展，制定本法。"国际证监会组织（IOSCO）则提出了三项监管目标：保护投资者；保证市场的公平、有效、透明；减少系统性风险（Systemic Risk）。

三、证券业监督管理的职责

依据《证券法》《证券投资基金法》《期货交易管理条例》《证券公司监督管理条例》等法律文件，证券监督管理机构在对证券市场实施监督管理中的基本职能和主要职责包括以下几个方面：

1. 基本职能，包括：

（1）建立统一的证券期货监管体系，按规定对证券期货监管机构实行垂直管理。

（2）加强对证券期货业的监管，强化对证券期货交易所、上市公司、证券期货经营机构、证券投资基金管理公司、证券期货投资咨询机构和从事证券期货中介业务的其他机构的监管，提高信息披露质量。

（3）加强对证券期货市场金融风险的防范和化解工作。

（4）负责组织拟定有关证券市场的法律、法规草案，研究制定有关证券市场的方针、政策和规章；制定证券市场发展规划和年度计划；指导、协调、监督和检查各地区、各有关部门与证券市场有关的事项；对期货市场试点工作进行指导、规划和协调。

（5）统一监管证券业。

2. 主要职责，包括：

（1）依法制定有关证券市场监督管理的规章、规则，并依法进行审批、核准、注册，办理备案。

（2）依法对证券的发行、上市、交易、登记、存管、结算等行为，进行监督

---

〔1〕 王文宇主编：《金融法》，元照出版公司 2010 年版，第 125 页。

管理。

（3）依法对证券发行人、证券公司、证券服务机构、证券交易场所、证券登记结算机构的证券业务活动，进行监督管理。

（4）依法制定从事证券业务人员的行为准则，并监督实施。

（5）依法监督检查证券发行、上市、交易的信息披露。

（6）依法对证券业协会的自律管理活动进行指导和监督。

（7）依法监测并防范、处置证券市场风险。

（8）依法开展投资者教育。

（9）依法对证券违法行为进行查处；依法制定有关证券市场监督管理的规章、规则，并依法行使审批或者核准权。

（10）对证券发行人、证券公司、证券服务机构、证券交易场所、证券登记结算机构进行现场检查。

（11）进入涉嫌违法行为发生场所调查取证。

（12）询问当事人和与被调查事件有关的单位和个人，要求其对与被调查事件有关的事项作出说明；或者要求其按照指定的方式报送与被调查事件有关的文件和资料。

（13）查阅、复制与被调查事件有关的财产权登记、通讯记录等文件和资料。

（14）查阅、复制当事人和与被调查事件有关的单位和个人的证券交易记录、登记过户记录、财务会计资料及其他相关文件和资料；对可能被转移、隐匿或者毁损的文件和资料，可以予以封存、扣押。

（15）查询当事人和与被调查事件有关的单位和个人的资金账户、证券账户、银行账户以及其他具有支付、托管、结算等功能的账户信息，可以对有关文件和资料进行复制；对有证据证明已经或者可能转移或者隐匿违法资金、证券等涉案财产或者隐匿、伪造、毁损重要证据的，经国务院证券监督管理机构主要负责人或者其授权的其他负责人批准，可以冻结或者查封，期限为6个月；因特殊原因需要延长的，每次延长期限不得超过3个月，冻结、查封期限最长不得超过2年。

（16）在调查操纵证券市场、内幕交易等重大证券违法行为时，经国务院证券监督管理机构主要负责人或者其授权的其他负责人批准，可以限制被调查的当事人的证券买卖，但限制的期限不得超过3个月；案情复杂的，可以延长3个月。

（17）通知出境入境管理机关依法阻止涉嫌违法人员、涉嫌违法单位的主管人员和其他直接责任人员出境。

为防范证券市场风险，维护市场秩序，国务院证券监督管理机构可以采取责令改正、监管谈话、出具警示函等措施。对证券发行人、上市公司、证券公司、证券投资基金管理公司、证券服务机构、证券交易所、证券登记结算机构进行现场检查。

（18）法律、行政法规规定的其他职责。

四、证券业监督管理的措施

在我国现行有效的法律规定中，有关证券监管措施的法律主要包括《证券法》和《证券投资基金法》两部，行政法规主要包括《期货交易管理条例》和《证券公司监督管理条例》两部，此外，《上市公司收购管理办法》等43部中国证监会规章对证券监管措施进行了规定。2008-2012年期间，中国证监会制定或者修改了多部规章，新增了大量证券监管措施。根据对我国现行设定证券监管措施的法律、行政法规和部门规章的不完全统计，目前我国证券监管措施多达一百余种。以2019年颁布实施的《上海证券交易所纪律处分和监管措施实施办法》为例，该规范性文件规定，针对上海证券交易所可以采取不同的监管措施，上海证券交易所上市或转让证券的发行人及相关主体、上海证券交易所会员、其他交易参与人及相关主体以及其他监管对象等不同的主体行为，上海证券交易所可以采取口头警示等十余种监管措施。

根据这些监管措施对监管对象权利、资格或者行为的限制或者影响进行分类，可将其划分为申诫类监管措施、限制财产权类监管措施、限制行为类监管措施、限制资格类监管措施等。

（一）申诫类监管措施

申诫类监管措施，是指证券监管机构对监管对象发出警戒，通过对其名誉、荣誉、信誉等施加影响，从而引起其精神上的警惕的措施。这类措施包括：监管谈话；谈话提醒；谈话；出具警示函；出具监管关注函；提示；予以重点关注；要求证券交易所对发行人证券的交易实施特别提示；记入信用记录；记入诚信档案并公布；通报批评等。

（二）限制财产权类监管措施

限制财产权类的监管措施，是指证券监管机构对监管对象的财产或某种财产权利进行限制或者剥夺的措施。这类措施包括：限制向董事、监事、高级管理人员支付报酬、提供福利；限制分配红利；限制转让财产或者在财产上设定其他权利；限制期货公司自有资金或者风险准备金的调拨和使用；限制有关股东行使股东权利；限制股东权利；责令转让股权；不具有表决权、分红权等。

（三）限制行为类监管措施

限制行为类监管措施，是指证券监管机构限制或者剥夺监管对象特定行为能力的措施。这类措施最为常见，包括：接管；限制业务活动，责令暂停部分业务；责令暂停收购；限制交易行为；责令暂停履行职务；暂停相关人员职务；限制出境；暂不受理其客户资产管理业务资格申请、集合资产管理计划设立备案或者申请；不受理由其出具的评级报告；不再受理公开发行证券申请；不受理申报文件；不受理其文件，并将处理结果予以公布；不受理该推荐人的推荐意见和签署意见的年检登记表；不受理保荐推荐；不再受理保荐机构推荐的保荐代表人注册登记申请；不接受证券发行专项文件；不受理任职资格申请；每月报告接受保荐机构督导的情况；定期不定期检查；要求说明对公司净资本等风险控制指标的影响；披露月度财务报告、相关资料；建议暂停或者免除职务；责令改正；责令限期改正；责令整顿；责令整改；责令限期整改；责令限期补报；限期纠正；要求予以改进或更换；责令增加内部合规检查的次数；公开作出解释并道歉；公开谴责；责令处分有关人员；责令停止职权或者解除职务；责令更换董事、监事、高级管理人员或者有关业务部门、分支机构的负责人员，或者限制其权利；要求其交易所更换首席代表；责令公司限期另行决定代为履行职务的人员；责令原代为履行职务人员停止履行职务；责令公司更换代为履行职责的人员；责令增加内部合规检查的频率；停止批准新业务；停止批准增设、收购营业性分支机构；不得参与证券承销；撤销有关业务许可；取消证券承销业务许可；撤销证券评级业务许可；吊销网上委托业务许可；撤销其部分或者全部期货业务许可；暂停或撤销其相关证券业务许可；责令终止基金代销业务；不得作为特定对象认购证券；吊销期货业务许可证；责令停止收购；责令停止交易品种的交易；关闭分支机构；撤销代表处；不得行使表决权；责令进行业务学习；责令更换保荐代表人、内核负责人；从名单中除去；要求期货公司更换会计事务所；要求期货公司聘请中介服务机构进行专项审计、评估或者出具法律意见；要求提前报送专门报告；责令履行相关业务；责令定期报告；暂停或者限制证券期货经营业务活动；限制证券买卖等。

（四）限制资格类监管措施

限制资格类监管措施，是指证券监管机构剥夺或者限制监管对象从事特定行为的资格的措施。共有14种：暂停基金托管资格；暂停任职资格；认定为不适当人选；不得再次申请基金托管资格；资格年检；撤销任职资格；取消任职资格；吊销任职资格；取消客户资产管理业务资格；取消从事证券交易结算资金存管业务资格；取消基金管理资格；吊销基金托管资格；取消基金托管资格；取消托管人资格。

上述证券监管措施涵盖了市场准入、运行监管、风险控制、稽查执法以及企业教育等方面，其中，监管谈话、出具警示函，责令公开说明、责令定期报告、暂不受理与行政许可有关的文件、责令改正、责令限期整改、认定为不适当人选等几种是实践中运用最多的监管措施。[1]

五、证券业监督管理的程序

证券业监管程序会因证券业监管体制立足于核准制还是注册制有很大差异。所谓核准制，是指证券的发行不仅要以真实状况的充分公开为条件，而且必须符合证券管理机构制定的若干适用于发行的实质条件。而注册制则是指证券发行申请人依法将与证券发行有关的一切信息和资料公开，制成法律文件，送交主管机构审查，主管机构只负责审查发行申请人提供的信息和资料是否履行了信息披露义务的一种制度。在注册制下，证券发行审核机构只对注册文件进行形式审查，不进行实质判断。目前我国的证券业监管程序正在逐步由核准制向注册制转变。

---

〔1〕 张红："证券监管措施：挑战与应对"，载《政法论坛》2015年第7期。

从历史上来看，行政力量主导的证券核准制为我国证券市场的迅速建构与规范运作起到了重要的作用，但随着证券市场的深入发展，核准制的弊端日益暴露。因此，证券业监管程序转向更加市场化的注册制是我国证券监管市场发展的必由之路。鉴于目前的监管程序还属于核准制向注册制转变的过渡期，因此下图通过图表将两种监管程序一并做出了介绍。

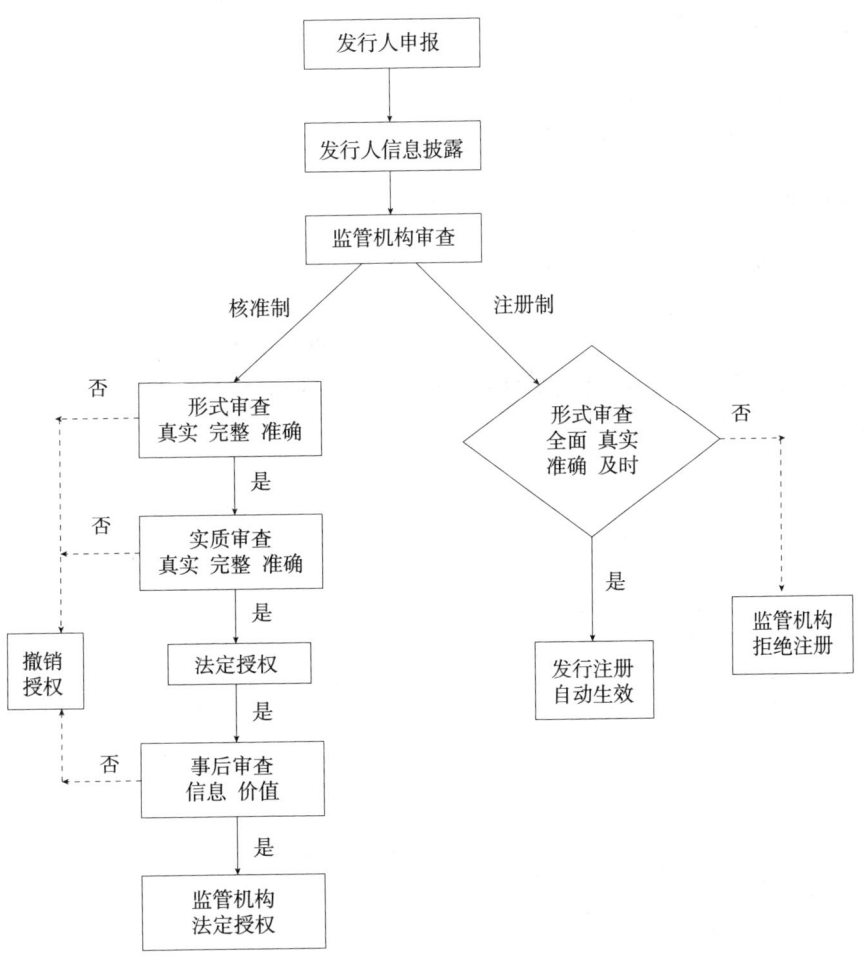

★ **本章小结**

本章是学习金融法课程的重要章节，主要介绍我国金融监管法的相关知识，包括金融监管的概念与目标，金融监管的基本原则和方法，金融监管体制，银行业监督管理、保险业监督管理以及证券业监督管理等。希望通过本章的学习，学生能够构建起自己的知识体系，并运用所学的金融监管法相关知识，对金融监管案例和金融监管热点问题进行讨论，能够处理常见的金融监管实践问题。

★ **本章练习**

1. 简述影响金融监管变迁的主要动因。
2. 简述导致各国逐步放松金融管制的原因。
3. 简述金融监管体制的概念和类型。
4. 简述银行业监督管理的对象与职责。
5. 简述保险业监督管理的措施。
6. 简述证券业监督管理的程序。

★ **参考文献**

1. 徐孟洲：《金融法》，高等教育出版社 2012 年版。
2. 朱大旗：《金融法》，中国人民大学出版社 2016 年版。
3. 王志诚：《现代金融法》，新学林出版股份有限公司 2013 年版。
4. 李扬、陈文辉主编：《国际保险监管核心原则：理念、规则及中国实践》，经济管理出版社 2006 年版。

商业银行法

学习目标

知识目标：

了解商业银行法的概念，熟悉商业银行的法律地位与法律特征，掌握商业银行的业务范围和业务规划，了解商业银行的组织形式，掌握商业银行的设立、变更、接管和终止，掌握商业银行业务的一般规定及其监督管理，了解违反《商业银行法》的法律责任。

能力目标：

学会运用本章所学知识对涉及商业银行的案例进行分析。结合经济法、民商法、刑法等其他法律部门相关知识，对《商业银行法》中的法律规定进行全面分析与研究，从而认识到目前《商业银行法》在运行中所存在的问题，并提出建设性意见。

第一节　商业银行和商业银行法概述

★ 案例导入

2012年4月20日，中国工商银行股份有限公司宣城龙首支行（以下简称工行宣城龙首支行）与宣城柏冠贸易有限公司（以下简称柏冠公司）签订《小企业借款合同》，约定柏冠公司向工行宣城龙首支行借款300万元，借款期限为7个月，自实际提款日起算，2012年11月1日还100万元，2012年11月17日还200万元。涉案合同还对借款利率、保证金等作了约定。2012年4月24日，工行宣城龙首支行向柏冠公司发放了前述借款。

2012年10月16日，江苏凯盛置业有限公司（以下简称凯盛公司）股东会决议决定，同意将该公司位于江苏省宿迁市宿豫区江山大道118号—宿迁红星凯盛国际家居广场（房号：B-201、产权证号：宿豫字第201104767）房产，抵押于工行宣城龙首支行，用于亿荣达公司商户柏冠公司、闽航公司、航嘉公司、金亿达公司四户企业在工行宣城龙首支行办理融资抵押，因此产生的一切经济纠纷均由凯盛公司承担。2012年10月23日，凯盛公司向工行宣城龙首支行出具一份房产抵押担保的承诺函，同意以前述房产为所涉及的四户企业在工行宣城龙首支行融资提供抵押担保，并作出承诺：如该四户企业不能按期履行工行宣城龙首支行的债务，上述抵押物在处置后的价值又不足以偿还全部债务，凯盛公司同意用其他财产偿还剩余债务。该承诺函及上述股东会决议均经凯盛公司全体股东签名及加盖凯盛公司公章。2012年10月24日，工行宣城龙首支行与凯盛公司签订《最高额抵押合同》，约定凯盛公司以宿房权证宿豫字第201104767号房地产权证项下的商铺，为自2012年10月19日至2015年10月19日期间，在4000万元的最高余额内，工行宣城龙首支行依据与柏冠公司、闽航公司、航嘉公司、金亿达公司签订的借款合同等主合同而享有对债务人的债权，无论该债权在此约定期间届满时是否已到期，也无论该债权是否在最高额抵押权设立之前已经产生，提供抵押担保，担保的范围包括主债权本金、利息、实现债权的费用等。2012年10月24日，双方对该抵押房产依法办理了抵押登记，工行宣城龙首支行取得宿房他证宿豫字第201204387号房地产他项权证。2012年11月3日，凯盛公司再次经过股东会决议，并同时向工行宣城龙首支行出具房产抵押承诺函，股东会决议与承诺函的内容及签名盖章均与前述相同。当日，凯盛公司与工行宣城龙首支行签订《补充协议》，明确双方签订的《最高额抵押合同》担保范围包括2012年4月20日工行宣城龙首支行与柏冠公司、闽航公司、航嘉公司和金亿达公司签订的四份贷款合同项下的债权。

柏冠公司未按期偿还涉案借款，工行宣城龙首支行诉至宣城市中级人民法院，请求判令柏冠公司偿还借款本息及实现债权的费用，并要求凯盛公司以其抵押的宿房权证宿豫字第201104767号房地产权证项下的房地产承担抵押担保责任。

宣城市中级人民法院于2013年11月10日作出（2013）宣中民二初字第00080号民事判决：一、柏冠公司于判决生效之日起5日内给付工行宣城龙首支行借款本金300万元及利息。……四、如柏冠公司未在判决确定的期限内履行上述第一项给付义务，工行宣城龙首支行以凯盛公司提供的宿房权证宿豫字第201104767号房地产权证项下的房产折价或者以拍卖、变卖该房产所得的价款优先受偿……宣判后，凯盛公司以涉案《补充协议》约定的事项未办理最高额抵押权变更登记为由，向安徽省高级人民法院提起上诉。该院于2014年10月21日作出（2014）皖民二终字第00395号民事判决：驳回上诉，维持原判。

一、商业银行的概念和性质

商业银行（Commercial Bank）是指主要经营对象为资产和负债，主要经营原则为效益性、安全性和流动性的信用机构。《商业银行法》第2条规定："本法所称的商业银行是指依照本法和《中华人民共和国公司法》设立的吸收公众存款、发放贷款、办理结算等业务的企业法人。"

商业银行是商品经济的产物。自16世纪以来，英国初现金匠，已具商业银行的雏形；1580年威尼斯银行被认为是最早成立的银行，为商业银行的产生开创了先河；直到1694年英格兰银行成立，作为全球首家股份制银行标志着世界商业银行史正式上演。商业银行随着商品经济的发展和信用的出现而日趋完善。

与西方相比，我国南北朝时期的寺庙典当是古代中国的银钱业鼻祖，直到19世纪中叶，外国资本主义银行的入侵才催生了中国商业银行的发展。1897年，总部设在上海的中国通商银行是我国第一家商业银行。

改革开放后，新中国的商业银行初创于20世纪80年代中后期，成长于90年代中期，并于90年代后期初步走向成熟和完善。1984年，商品经济的发展对传统的工、农、中、建四大专业银行提出了全新的挑战，我国提出要建立新型全国性银行。1986年7月24日，国务院批复重新组建交通银行，并将其定性为社会主义的股份制综合型银行。1987年2月，中信实业银行成立，其性质仍为综合型银行。从1987年秋到1988年上半年，全国批准组建了广东发展银行、福建兴业银行、深圳发展银行和蛇口招商银行等区域性综合型银行。1988年3月12日，交通银行第二次董事会首次提出要把交通银行办成一个富有改革精神的社会主义商业银行。到了1992年11月6日，国务院在京召开"全国加快第三产业发展工作会议"，提出了我国金融业改革和发展的方向，批准成立了光大银行、浦东发展银行和华夏银行。1993年12月，国务院提出我国应当建立以国有商业银行为主体的金融体系。1995年5月10日，《商业银行法》颁布，以法律的形式确立了"商业银行"的名称，并规定了商业银行的组织体制和行为规则，最终确立了我国的商业银行法律制度。

目前，我国商业银行主要分为四大类：第一类是国有独资商业银行，包括中国工商银行、中国农业银行、中国建设银行和中国银行；第二类是股份制商业银行，如交通银行、招商银行、中国光大银行、华夏银行、中国民生银行、中信实业银行、深圳发展银行、兴业银行（原福建兴业银行）、上海浦东发展银行等；第三类是城市商业银行和农村商业银行；第四类是外资银行、中外合资银行和外国银行分行。

商业银行首先是企业，具备一般工商企业的盈利目的及一般企业法人的基本特点；但其金融企业的特性决定了其与一般公司企业法人有如下几个方面的区别：

第一，商业银行的设立不仅要符合《公司法》，还需要符合《商业银行法》所规定的条件和程序，并经过国务院银行业监督管理机构审查批准。而在法律适用上，应当先适用《商业银行法》的规定，只有在其尚未规定的情况下才适用《公司法》。

第二，商业银行经营的不是一般商品，而是充当一般等价物的货币。

第三，商业银行经营货币只转让货币的使用权。

商业银行的法律特征如下：①资金来源——吸收的各种存款——存款银行；②业务范围十分广泛，基本上不受专业分工限制——百货公司式的银行；③经营目标：利润最大化；④业务发展国际化；⑤受主管机关严格监管。

二、商业银行法的概念和性质

商业银行法，是指调整商业银行的设立、变更、终止及其相关金融业务活动所发生的经济关系的法律规范的总称，有广义与狭义之分，其性质属于企业法。

商业银行法所规范的对象是特殊的金融企业，即商业银行。各国商业银行法的立法模式不尽相同。英国、法国、加拿大、瑞典、匈牙利等国将商业银行和中央银行一同立法；而德、日、韩等国家则将二者分别立法，如德国有德意志联邦共和国信用业法（银行法）和德意志联邦银行法（中央银行法），日本有银行法和日本银行法（中央银行法）；韩国有银行法和韩国银行法，新加坡有新加坡银行法（负责审批银行执照和规定银行业务）和新加坡金融管理局法。这其中，日、韩、新加坡的银行法调整范围较窄，称得上是商业银行的专门立法；而德国银行法的范围则较为广泛，既包括商业银行法，还包括专业银行、信托投资公司等金融机构方面的法律规范。

在我国，1986 年 1 月 7 日，国务院颁布《中华人民共和国银行管理暂行条例》（已失效），将中央银行、专业银行、信托投资公司、城乡信用合作社以及其他非银行金融机构规定在一起。随着计划经济被市场经济取代，货币资金融通度大幅爆发，1994 年我国开始金融体制全面改革，银行业、保险业、证券业和信托业推行"分业管理、分业经营"，我国将中央银行、政策性银行和商业银行分别立法。1995 年 5 月10 日，第八届全国人民代表大会常务委员会第十三次会议通过《商业银行法》，将其用以规范商业银行的组织及其活动的开展，同时将政策性银行、非银行金融机构等另行立法。

我国《商业银行法》于 2015 年进行第二次修正，共计 9 章 95 条，是我国调整商业银行的组织及其业务经营的基本法律。其内容涵盖立法目的，商业银行的法律地位，业务范围和经营原则，商业银行的设立、变更、接管与终止、清算和解散的条件、程序，银行业务和财务会计的监督管理及商业银行的法律责任等，是狭义的商业银行法。

广义的商业银行法是指一切关于商业银行的组织及其业务经营的法律、法规、行政规章的总称，除《商业银行法》外，还包括其他法律、法规、规章中涉及商业银行的组织及其业务经营的规定，如《中国人民银行法》《外汇管理条例》等。

三、商业银行法的指导思想、立法目的和调整范围

商业银行法在制定过程中遵循的指导思想是：根据建立社会主义市场经济体制的要求，结合我国金融体制改革的现状及其发展方向，借鉴国际上的通行做法，制定真正适应我国国情的《商业银行法》。制定《商业银行法》的原则是：既要符合党中央、国务院关于金融体制改革决定提出的目标和要求，同时兼顾到新旧体制转换时期，特别是专业银行向商业银行转变过程中的实际情况；又要借鉴、吸收国际上的成功经验和做法，同时又要立足于中国国情。

　　商业银行法的立法目的是关于制定商业银行法所要达成的基本目标、基本任务，与世界上大多数国家的规定类似。我国《商业银行法》第1条明确规定："为了保护商业银行、存款人和其他客户的合法权益，规范商业银行的行为，提高信贷资产质量，加强监督管理，保障商业银行的稳健运行，维护金融秩序，促进社会主义市场经济的发展，制定本法。"这表明我国商业银行法有四个立法目的：其一，保护商业银行、存款人和其他客户的合法权益；其二，规范商业银行的行为，提高信贷资产质量；其三，加强监督管理，保障商业银行的稳健运行，维护金融秩序；其四，促进社会主义市场经济的发展。

　　我国商业银行法是在借鉴国外立法经验的同时，以上述四个方面为基本目的，结合我国现实的金融状况，针对我国银行缺乏经营自主权、银行任意占用客户款项、任意压单、压票、违规退票以及信贷资产质量不高等现实问题而制定的，能够保护商业银行和其他客户合法权益的法律。

　　我国商业银行法的调整对象是商业银行参加的金融关系，包括国有商业银行、合作银行、外资商业银行、中外合资商业银行、外国商业银行分行和其他商业银行等参加的金融关系。另外，虽然城市信用合作社、农村信用合作社并非完全意义上的银行，但其从事的大部分是银行业务，因而《商业银行法》第93条规定："城市信用合作社、农村信用合作社办理存款、贷款和结算等业务，适用本法有关规定。"此外，《商业银行法》第94条规定："邮政企业办理商业银行的有关业务，适用本法有关规定。"

　　信托投资公司、融资租赁公司、财务公司等非银行金融机构，虽然也从事某些融资业务，但其性质、组织形式等与银行有很大区别；而政策性银行具有开发性、专业性和非营利性等特定政策目标，故都不在《商业银行法》的调整范围内。

第二节　商业银行组织法

一、概述

　　商业银行组织法是指规范和调整商业银行组织关系的法律规范。商业银行组织法的任务，就是确定商业银行的组织形式、法律地位、职责权限和机构内容设置等。组织法是确定社会组织的法定形式，明确其性质和任务，调整其内外部组织关系的法律规范系统。

　　在我国，金融机构或金融组织大体上和企业一样，尚未制定专门调整金融组织关系的单行法律，有关金融机构组织方面的内容规定在《中国人民银行法》《商业银行法》《保险法》《中华人民共和国外资银行管理条例》等法律、行政法规中。

　　金融机构的组织形式一般分为两种类型：一是中央银行的组织形式；二是与普通企业相同，采用公司、法人、合伙等组织形式。金融组织法主要规定金融机构的职责权限及其与其他金融机构或政府部门间的关系，以及规定金融机构的组织机构、内部领导体制等问题。

按照法律组织形式的不同特点，金融机构的组织形式可以分为法人型中央银行模式、官方型中央银行模式、混合型中央银行模式三种。这三种类型可以称为中央银行法定组织形式。

按照金融机构的出资方式和承担责任方式的不同，金融机构还可以划分为五种普通的法定组织形式，即独资企业型金融机构、合伙企业型金融机构、法人型金融机构、公司型金融机构和联营企业型金融机构。

独资企业型金融机构：企业由一人投资、归一人所有，企业主对企业的生产经营独立决策，所得利益全部归自己享有，企业主对企业负债承担无限责任。

企业型金融机构：全体合伙人共同出资、共同经营、共担风险，合伙人共同投资的财产和在合伙经营中积累的财产属于全体合伙人共有而非合伙组织独立所有，合伙人之间承担无限连带责任。由于其创设简单、以信任为基础，故能够灵活适应市场需求。

法人型金融机构：依照法定的程序成立，有必要的财产或经费，有自己的名称、组织机构和场所，能够独立承担民事责任，是国内外大部分中小型金融机构的组织形式。

公司型金融机构：按照公司法及相关规定设立的、以盈利为目的的金融机构，这是大众型金融机构采用的主要组织形式。

联营企业型金融机构：2 个或 2 个以上的金融机构在平等自愿的基础上，为追求一定的经济目的而组建的法定组织形式，一般有紧密型、半紧密型、松散型三种形式。

二、商业银行的组织形式

《商业银行法》第 17 条规定："商业银行的组织形式、组织机构适用《中华人民共和国公司法》的规定。本法施行前设立的商业银行，其组织形式、组织机构不完全符合《中华人民共和国公司法》规定的，可以继续沿用原有的规定，适用前款规定的日期由国务院规定。"因此，我国商业银行的组织形式有：有限责任公司形式的商业银行、国有独资公司形式的商业银行和股份有限公司形式的商业银行。

（一）有限责任公司形式的商业银行

有限责任公司形式的商业银行是指 2 个以上 50 个以下股东共同出资设立，经营银行业务，股东以其出资额为限对银行承担责任，银行以其全部资产对外承担责任的商业银行，此种形式的商业银行兼具人合性和资合性。

（二）国有独资公司形式的商业银行

国有独资公司形式的商业银行，是有限责任公司形式的商业银行的特殊表现形式，其唯一投资主体是国家，不设股东会，由国家授权投资机构或者国家授权部门授权董事会行使股东会部分职权，决定银行重大事项，但有关银行合并、分立、解散、增减资本和发行公司债券等事项，则必须由国家授权投资的机构或国家授权部门决定。包括：中国工商银行、中国建设银行、中国农业银行和中国银行。

（三）股份有限公司形式的商业银行

股份有限公司形式的商业银行是指银行的全部资本为等额股份，采取发起设立或公开发行股票来设立的商业银行，股东以其所持股份为限对银行承担责任，银行以其全部资产对银行的债务承担责任。主要包括：中国交通银行、招商银行、中信实业银行、深圳发展银行、兴业银行、广东发展银行、中国光大银行、华夏银行、上海浦东发展银行、海南发展银行、中国民生银行等。

（四）其他形式

我国还有城市商业银行和农村商业银行，自 1993 年我国发布《国务院关于金融体制改革的决定》，提出"积极稳妥地发展合作银行体系"，截至 2003 年 6 月底，全国已组建城市商业银行 112 家。

三、商业银行的组织结构

商业银行按照其产权构成形式，可以分为独资商业银行、合伙制商业银行和股份制商业银行。我国国有独资商业银行是指由国家（财政部、中央汇金公司）直接管控，并在境内外均设有分支机构的从事综合性商业银行业务的国有独资银行，其特点体现在，所有的资本都是由国家投资的。具体包括：中国工商银行、中国农业银行、中国银行、中国建设银行。国有独资商业银行是中国金融业的主体，维系着国民经济的命脉和经济安全，在中国经济和社会发展中具有举足轻重的地位，多年来为支持经济体制改革、促进国民经济发展、维护社会稳定作出了重要贡献。

健全的适应社会主义市场经济要求的金融体系，是金融机构结构完善的重要举措，其主体应该多元化。但四大国有独资商业银行一直牢牢占有着 70% 左右的市场份额，新兴商业银行很难动摇其在国内银行业中的稳固垄断地位，更无法在大规模范围内同其展开公平竞争。由此引发的为扩大市场份额的不规范甚至恶性竞争，不仅造成了金融资源的巨大浪费，而且积累了经济运行中大量的金融风险，给经济的持续、稳定、健康发展埋下隐患。

按《巴塞尔协议》的规定，商业银行的资本充足率不得低于 8%，其中核心资本充足率不得低于 4%。我国国有独资商业银行普遍未能达到这一标准。从国际大银行的情况来看，2000 年，世界前 20 家大银行（不包括中国的银行）平均资本充足率为 11.52%，中国国有独资商业银行资本充足率与国际大银行相比还存在着较大差距（一般认为不足 8%），从而制约了商业银行的抗风险能力和扩张能力。从不良资产比率来看，世界前 20 家大银行，其平均不良资产率仅为 3.27%，其中花旗银行和美洲银行的不良资产率分别为 1.4% 和 0.85%，而中国四大国有独资商业银行的不良资产率高达 20% 左右。国有独资商业银行的资本不足严重削弱了银行消化贷款损失的能力，而且有可能危及整个金融体系的安全，加大整个金融系统的风险。

在传统的经济体制下，单一的国有产权形式内在地决定了我国国有独资商业银行政企合一的制度特征。在原有体制下，国有独资商业银行承担了过多的政策性业务，导致大量不良资产的产生。我国加入WTO，意味着我国市场向世界全方位开放，我国经济将全面融入经济全球化的大潮，因而对国有四大独资商业银行的股份制改造是金融发展的必经阶段。

2003年10月，中共十六届三中全会确立了国有商业银行进行股份制改造的方向，经过一系列的试点、调整、改造，我国四大国有独资商业银行已全面完成股份制改造。

商业银行的外部组织形式主要包括单元制、分支行制、集团制等三种形式。单元制即商业银行的独家银行，其主要特点是依法不设分支机构，此种组织形式主要被美国采用。这种组织形式具备很多的优点，主要包括：各普通银行间相互独立；银行多的情况下可以避免垄断集团形成，有利于适度竞争等等。当然也存在一些弊端，主要包括：此种组织形式的银行往往规模小、经营成本高，不利于分散风险和对资金使用的调节，不利于银行机构自身建立广泛、系统的信用网络和体系。

分支行制也称总分行制度，是指银行机构除总行外，还在国内各地设立分支机构，总行一般设在大城市，所有分支行由总行统一领导指挥。目前，世界上大多数国家主要采用这种制度，尤其以英国、日本、德国、法国为代表。我国商业银行主要采取的外部组织形式也是分支行制。分支行制的优点是：经营范围广、规模大、成本相对较低，银行规模可以按业务发展需要而扩展，实现规模效益；利用众多的分支机构与社会发生广泛的信用联系；可建立系统、完备的信息网络和体系；分支行之间能够相互调度资金，可以提高资金的运用程度；放款分散于各分支行，便于分散风险。其缺点是：会使银行业过分集中，形成银行垄断集团；不利于银行业的合理、适度竞争；且分支机构太多会给管理工作带来困难；若某一机构经营不善，易引起整个银行倒闭。尽管就其优劣依然有不同的见解，但分支行制已经成为一种基本趋势，为世界各国所普遍采用，并且未采取这种制度的国家也在向这个方向发展。

集团制又称控股公司制，是指银行控股公司控制或收购若干普通银行股权的体制。各普通银行法律地位上独立，但被控股，业务与经营政策受同一控股公司操纵，美国常采用此种制度。这种体制是为收购或控制普通银行而专门设股权公司，规避法律对设立分支机构的限制。

四、商业银行的组织机构

商业银行的内部组织形式、组织机构与现代公司制度的规定相似，设股东会（决策机构）、董事会（执行机构）、监事会（监督机构）和专门委员会。商业银行的分支机构不具备法人资格，根据总行授权开展业务，民事责任由总行承担。

（一）股东会

股东会，又称股东大会或股东会议，是有限责任公司形式的商业银行和股份有限公司形式的商业银行的权力机构。

商业银行的股东会分为定期会议和临时会议。定期会议召开的期限由章程规定，临时会议是在代表 1/4 以上表决权的股东或 1/3 以上董事或监事提议时召开。当出现下列情形时，则应在 2 个月内召开临时股东会：董事人数不足公司法规定的人数或章程所定人数 2/3 时；商业银行为弥补的亏损达股本总额的 1/3 时；持有商业银行股份 10% 以上的股东请求时；董事会认为必要时；监事会提议召开时。

（二）董事会

董事会是商业银行股东会的执行机构，是银行的常设性机构，一般设董事长 1 人，董事长是商业银行的法定代表人。

董事会享有以下职权：负责召开股东会，并向股东会报告工作，提出建议方案；执行股东会决议；决定银行的经营计划；决定银行的年度财务预算方案、决算方案；制定银行的利润分配方案和弥补亏损方案；制定银行注册资本变更方案；拟定银行合并、分离、变更银行形式、解散的方案；决定银行内部管理机构的设置；聘任或解聘银行的行长，根据行长提名，聘任或解聘商业银行经理、财务负责人，决定其报酬事项；制定商业银行的基本管理制度；行使银行章程规定的其他职权。

（三）监事会

监事会是对商业银行的业务活动进行监督和检查的常设机构，成员一般不少于 3 人，由股东代表和适当比例的职工代表组成，具体比例由章程规定。

监事会行使下列职权：检查银行财务；对董事、经理执行银行职务时违反纪律、法规或者银行章程的行为进行监督；当董事、经理的行为损害公司利益时，要求董事、经理予以纠正；提议召开临时股东会；银行章程规定的其他职权。

国有独资商业银行监事会的职权是：对信贷资产质量、资产负债比例、国有资产保值增值等情况及高级管理人员违反法律、行政法规或章程的行为和损害银行利益的行为进行监督。

（四）经理（行长）

经理（行长）是负责银行具体业务和行政工作的高级职员，是辅助董事会登记官进行工作的银行行政总负责人。

经理（行长）行使下列职权：主持商业银行的经营管理工作，组织实施董事会决议；组织实施商业银行年度经营计划和投资方案；拟定商业银行内部管理机构设置方案；拟定商业银行的基本管理制度；制定商业银行的具体章程；提请聘任或解聘副行长或副总经理和财务负责人；聘任或解聘应由董事长以外的负责管理的人员；商业银行章程或董事会授予的其他职权。

商业银行的分支机构是商业银行的组成部分，不具备法人资格，在总行授权范围内依法开展业务，其民事责任由总行承担。商业银行对其分支机构实行全国统一核算、统一调度资金、分级管理的财务制度。商业银行在中华人民共和国境内设立分支机构，应当按照规定拨付与其经营规模相适应的营运资金额，拨付各分支机构的营运资金额的总和，不得超过总行资本总额的 60%。

第三节　商业银行的设立、变更和终止

一、商业银行的设立

商业银行的设立，是指商业银行的发起人依照法律规定的程序和条件，通过筹建商业银行并使商业银行取得法定的主体资格的法律行为。按照《商业银行法》的相关规定，设立商业银行，应当经国务院银行业监督管理机构审查批准。未经国务院银行业监督管理机构批准，任何单位和个人不得从事吸收公众存款等商业银行业务，任何单位不得在名称中使用"银行"字样。

（一）商业银行设立的条件

我国设立商业银行，应当具备以下法定条件：

1. 应当有符合《商业银行法》和《公司法》规定的章程。商业银行的章程是商业银行按照法定程序制定的，规范商业银行行为基本准则的书面文件，主要内容包括商业银行的宗旨、名称、资金数额、经营范围、内部管理制度以及利润分配等。

2. 须有符合《商业银行法》规定的注册资本最低限额。设立全国性商业银行的注册资本最低限额为 10 亿元人民币，城市商业银行的注册资本最低限额为 1 亿元人民币，农村商业银行的注册资本最低限额为 5000 万元人民币。注册资本应当是实缴资本。

3. 有具备任职专业知识和业务工作经验的董事、高级管理人员。中国银监会（现为银保监会）发布的《银行业金融机构董事（理事）和高级管理人员任职资格管理办法》规定了金融机构拟任、现任董事（理事）和高级管理人员的任职资格基本条件（积极条件）。《商业银行法》第 27 条也规定了不得担任商业银行董事、高级管理人员的禁止性条件（或称消极条件）。

4. 有健全的组织机构和管理制度。健全的组织机构应当包括决策机构、执行机构和监督机构，即公司法所规定的股东会（国有独资银行因只设董事会除外）、董事会和监事会；健全的管理制度包括人事管理制度、贷款存款管理制度、结算管理制度、财务管理制度等。

5. 有符合要求的营业场所、安全防范措施和与业务相关的其他设施，如防盗、报警、通讯、消防等设施。

6. 设立商业银行还应当符合其他审慎性条件。

（二）商业银行设立的程序

商业银行的设立，除须符合上述实质性条件外，还必须履行法定的程序。

1. 设立申请。设立商业银行，申请人应当向国务院银行业监督管理机构提交下列文件、资料：申请书、可行性研究报告、国务院银行业监督管理机构规定提交的其他文件、资料。

2. 审批。应当经国务院银行业监督管理机构审查批准，经批准设立的商业银行，

由国务院银行业监督管理机构颁发经营许可证。

3. 登记。商业银行领取经营许可证之后，凭该许可证向工商行政管理部门办理登记，领取营业执照。登记程序适用《公司法》和《公司登记管理条例》的规定。

4. 公告。经批准设立的商业银行及其分支机构，由国务院银行业监督管理机构予以公告。

二、商业银行的变更

商业银行的变更，是指商业银行设立后，在经营过程中因发生某些特殊原因而发生变更。商业银行的变更，包括商业银行主体的变更，即分立、合并，以及其他重大事项的变更。

（一）商业银行重大事项的变更

《商业银行法》第24条规定："商业银行有下列变更事项之一的，应当经国务院银行业监督管理机构批准：①变更名称；②变更注册资本；③变更总行或者分支行所在地；④调整业务范围；⑤变更持有资本总额或者股份总额5%以上的股东；⑥修改章程；⑦国务院银行业监督管理机构规定的其他变更事项。更换董事、高级管理人员时，应当报经国务院银行业监督管理机构审查其任职资格。"

（二）商业银行主体的变更

商业银行主体的变更，就是商业银行的分立、合并。商业银行的分立，是指商业银行依照有关法律规定，分成2个或者2个以上的商业银行的行为。商业银行的合并，是指2个或者2个以上的商业银行通过订立合并协议，按照有关法律规定组成一个新的商业银行的行为。

商业银行的分立、合并，适用《公司法》的规定，并应当经国务院银行业监督管理机构审查批准。

三、商业银行的接管

商业银行的接管，是指国务院银行业监督管理机构在商业银行已经或者可能发生信用危机，严重影响存款人的利益时，对该银行采取的整顿和改组措施。《商业银行法》第64条规定："商业银行已经或者可能发生信用危机，严重影响存款人的利益时，国务院银行业监督管理机构可以对该银行实行接管。接管的目的是对被接管的商业银行采取必要措施，以保护存款人的利益，恢复商业银行的正常经营能力。被接管的商业银行的债权债务关系不因接管而变化。"

商业银行的接管由国务院银行业监督管理机构决定，并组织实施。国务院银行业监督管理机构的接管决定应当载明下列内容：①被接管的商业银行名称；②接管理由；③接管组织；④接管期限。接管决定由国务院监督管理机构予以公告。

被接管的商业银行的债权债务关系不因接管而发生改变。自接管决定实施之日开始，期限由国务院银行业监督管理机构决定，期满后可延期，但整个接管期限不得超过2年。

《商业银行法》第68条规定："有下列情形之一的，接管终止：①接管决定规定的期限届满或者国务院银行业监督管理机构决定的接管延期届满；②接管期限届满前，该商业银行已恢复正常经营能力；③接管期限届满前，该商业银行被合并或者被依法宣告破产。"

1995年10月，中国人民银行宣布对中银信托公司实施接管，这是我国首例商业银行接管案。1996年10月由深圳发展银行全部接收而结束接管。

四、商业银行的终止

商业银行的终止，是指商业银行因解散、被撤销或者被宣告破产而消灭其主体资格的法律行为和法律事实。

（一）商业银行的解散

商业银行的解散，是指商业银行因出现章程规定的或者法律规定的事由，致使商业银行法人资格消灭的法律行为和法律事实。解散事由如下：①合并，包括吸收合并和新设合并；②分立，分立为2个或2个以上的新的商业银行；③章程规定的解散或清算事由出现。

（二）商业银行的破产和破产清算

《商业银行法》第71条规定："商业银行不能支付到期债务，经国务院银行业监督管理机构同意，由人民法院依法宣告其破产。商业银行被宣告破产的，由人民法院组织国务院银行业监督管理机构等有关部门和有关人员成立清算组，进行清算。商业银行破产清算时，在支付清算费用、所欠职工工资和劳动保险费用后，应当优先支付个人储蓄存款的本金和利息。"

《商业银行法》并未规定商业银行的破产实施程序，应当依照《民事诉讼法》和《企业破产法》的有关规定实行破产清算。商业银行破产债权清偿的顺序，应当依据《企业破产法》的规定依次为：互负债务的抵销；担保债权；破产费用；所欠职工工资、保险、补偿金等费用；个人储蓄存款的本金和利息；普通破产债权。

第四节 商业银行的经营原则和业务范围

一、商业银行的经营原则

商业银行的经营原则是商业银行开展金融业务所必须遵循的指导思想，同时也是保障商业银行规范、稳健运作的行为准则。

（一）安全性、流动性、效益性原则

安全性、流动性、效益性原则，是各国商业银行开展业务活动应当普遍遵循的经营原则，同时也是我国《商业银行法》规定的首要、基本经营原则。这是《商业银行法》第4条所明确规定的。

安全性原则：主要针对商业银行的资产业务而言，是指商业银行在进行业务活动时，应当充分考虑按期收回资本本息的可靠程度，确保资产的安全。商业银行的自有资本在银行资产中的比例很小，其发放贷款、进行投资的资金主要是其吸收的存款或者其他负债，而吸收存款必须保证客户随时提取，其他负债到期也要归还本息。因此商业银行必须保证资金的安全、贷款和其他投资能够按时、足额的收回。为了防范和控制各种风险，保证银行资产的安全，必须重点关注借款者的信用状态、资产负债的规模和结构、利率汇率变动及政治、经济形势。

效益性原则：也称盈利性原则。商业银行的企业性质，决定了商业银行在从事资产负债等业务过程中，必须以盈利为目标，并追求最佳的经济效益。商业银行作为一种特殊的企业，其经营目标就是最大限度地创造利润，实现盈利的最大化。

流动性原则：包括资产的流动性和负债的流动性两个方面。资产的流动性是指商业银行的资金运用可以随时变为现金，以便及时、充分地满足存款者提取存款和发放正常贷款的需求。这要求商业银行持有一定比例的现金资产及变现能力强的资产，如短期票据和短期债券等。负债的流动性是指商业银行能够以较低的成本随时获得所需的资金。这就要求银行发展主动型负债，向中央银行、同业或国际金融市场借款，发行金融证券、大额可转让定期存单等，以保持负债的流动性。

（二）自主经营、自担风险、自负盈亏、自我约束的原则

《商业银行法》第4条规定："商业银行以安全性、流动性、效益性为经营原则，实行自主经营，自担风险，自负盈亏，自我约束。商业银行依法开展业务，不受任何单位和个人的干涉。商业银行以其全部法人财产独立承担民事责任。"

（三）业务往来遵循平等、自愿、公平和诚实信用的原则

《商业银行法》第5条规定："商业银行与客户的业务往来，应当遵循平等、自愿、公平和诚实信用的原则。"该原则要求银行与客户的法律地位平等、业务开展自主而非强迫、业务往来公平合理对价、重信誉守合同不搞欺诈。

（四）保障存款人的合法权益不受侵犯的原则

《商业银行法》第6条规定："商业银行应当保障存款人的合法权益不受任何单位和个人的侵犯。"这同时也是宪法精神的体现，商业银行有义务保护公民个人合法储蓄存款的所有权不受侵犯。这一原则要求商业银行在办理个人储蓄存款业务时，应当遵循存款自愿、取款自由、存款有息、为存款人保密的原则；对个人和单位的存款，有权拒绝任何其他单位或者个人查询、冻结、扣划，法律另有规定的除外；按照中国人民银行的规定，缴存存款准备金、留足备付金；按照中国人民银行规定的存款利率的上下限确定存款利率，并予以公告；保证存款本金和利息的支付，不拖延、拒绝支付存款本金和利息；商业银行破产清算时，在支付清算费用、所欠职工工资和劳动保险费后，应当优先支付个人储蓄存款的本金和利息。

（五）严格贷款的资信担保、依法按期收回贷款本息的原则

《商业银行法》第7条规定："商业银行开展信贷业务，应当严格审查借款人的资信，实行担保，保障按期收回贷款。商业银行依法向借款人收回到期贷款的本金和利息，受法律保护。"商业银行在发放贷款时，应当对借款人的借款用途、偿还能力、还款方式等资信情况进行严格的审查，除经审查、评估、确认借款人资信良好

确能偿还贷款，可以不提供担保者外，一般都要求借款人提供担保，即要以保证、抵押、质押等形式对贷款设定担保。

（六）依法营业，不得损害社会公益的原则

《商业银行法》第 8 条规定："商业银行开展业务，应当遵守法律、行政法规的有关规定，不得损害国家利益、社会公共利益。"商业银行作为金融企业，其开展业务活动，不仅关系到银行本身的盈利和存续，更关系到其客户——人民大众和工商企业的生活、生产能否顺利进行，进而关系到整个社会、国家的经济秩序和社会秩序的稳定。

（七）公平竞争原则

《商业银行法》第 9 条规定："商业银行开展业务，应当遵守公平竞争的原则，不得从事不正当竞争。"金融行业的竞争必须是有序竞争、正当竞争，商业银行开展业务须遵循公平竞争的原则，应当在国家法律、行政法规和金融主管机关监管规定许可的范围内开展业务，不得违反规定提高或者降低利率以及采取其他不正当手段吸收存款、发放贷款，损害其他银行的正当合法权益。

（八）依法接受国务院银行业监督管理机构等监管监督管理的原则

《商业银行法》第 10 条规定："商业银行依法接受国务院银行业监督管理机构的监督管理，但法律规定其有关业务接受其他监督管理部门或者机构监督管理的，依照其规定。"商业银行依法接受国务院银行业监督管理机构和其他有权部门的监督管理，遵守各种监管规定，其设立、变更、终止及业务范围改变需经国务院银行业监督管理机构审批，其存款、贷款、结算、代账等情况需随时接受国务院银行业监督管理机构的稽核、检查和监督，并按照规定向国务院银行业监督管理机构、中国人民银行报送资产负债表、利润表及其他财务会计、统计报表和资料。国务院银行业监督管理机构有权依法随时对商业银行的存款、贷款、结算、代账等情况进行检查监督，商业银行应当按照国务院银行业监督管理机构的要求，提供财务会计资料、业务合同和有关经营管理方面的其他信息。此外，商业银行还应当依法接受审计机关的审计监督。

二、商业银行的业务范围

《商业银行法》第 3 条规定："商业银行可以经营下列部分或者全部业务：①吸收公众存款；②发放短期、中期和长期贷款；③办理国内外结算；④办理票据承兑与贴现；⑤发行金融债券；⑥代理发行、代理兑付、承销政府债券；⑦买卖政府债券、金融债券；⑧从事同业拆借；⑨买卖、代理买卖外汇；⑩从事银行卡业务；⑪提供信用证服务及担保；⑫代理收付款项及代理保险业务；⑬提供保管箱服务；⑭经国务院银行业监督管理机构批准的其他业务。经营范围由商业银行章程规定，报国务院银行业监督管理机构批准。商业银行经中国人民银行批准，可以经营结汇、售汇业务。"

随着商业银行的产生和发展，商业银行的业务可以根据其资金的来源和用途，归纳为三类：负债业务、资产业务和中间业务。

（一）商业银行的负债业务

商业银行的负债业务是商业银行形成资金来源的业务。商业银行资金主要由自有资本、存款和借款组成。其中，自有资本仅占商业银行负债的很少部分。借款包括同业拆借、向中央银行借款、向国外金融市场借款等，也只占银行负债的小部分。银行负债的70-80%是吸收存款，吸收存款包括活期存款、定期存款、储蓄存款、大额可转让定期存单、委托存款、保证金存款、通知存款、协定存款、协定透支存款等。在负债业务中，商业银行是债务人，存款人或借款人是债权人。

（二）商业银行的资产业务

商业银行的资产业务，是指商业银行运用其积聚的货币资金从事各种信用活动的业务，该业务是商业银行取得收益的主要途径，包括发放贷款、进行投资（证券投资、现金资产投资、固定资产投资）、租赁业务、买卖外汇、票据贴现等，其中，商业银行最主要的资产业务是贷款业务和投资业务。商业银行贷款业务的质量好坏，不仅关系到银行盈利与否，而且关系到银行存款人的存款安全和其他客户的经济利益。在资产业务中，银行是债权人，借款人是债务人。

（三）商业银行的中间业务

商业银行的中间业务是指商业银行不运用自己的资金，依托业务、技术、机构、信誉和人才等优势，仅以中间人的身份代理客户承办收付和其他委托事项，提供各种金融服务并据以收取手续费的业务。主要包括信托业务、办理国内外结算、代理发行、代理兑付、承销政府债券、代理买卖外汇、提供信用证服务及担保、代理收付款及保险业务等。由于商业银行分业管理、分业经营，其并不运用自有资金或借入资金，因而中间业务的开展不影响商业银行资产负债比。

商业银行中间业务包括两大类：一类是不形成或有资产或有负债的业务，即一般意义上的金融服务类业务；另一类是形成或有资产或有负债的中间业务，即一般意义上的表外业务。

金融服务类业务是指商业银行以代理人的身份为客户办理的各种业务，以获取手续费收入，其主要包括银行卡业务、支付结算类业务、代理类中间业务、基金托管类业务和咨询顾问类业务。

表外业务是指那些未列入资产负债表，但是与表内业务和负债业务联系密切，并在一定条件下可转化为表内资产业务和负债业务的经营活动，其主要包括担保或类似的或有负债、承诺类业务和金融衍生产品业务三大类。以下主要介绍银行卡业务和金融衍生产品业务。

1. 银行卡业务。1999年3月1日起施行的《银行卡业务管理办法》对加强银行卡业务的管理，防范银行卡业务风险，维护商业银行、持卡人、特约单位及其他当事人的合法权益起到了积极的指导意义。《银行卡业务管理办法》共有9章，计67条。

商业银行须经中国人民银行批准方可发行银行卡，这里的银行卡是由商业银行（含邮政金融机构，下同）向社会发行的具有消费信用、转账结算、存取现金等全部或部分功能的信用支付工具。

商业银行对银行卡的分类、开办、管理，卡内财产的计息和收费，发卡行的权利、义务，以及持卡人的权利和义务都要遵守《银行卡业务管理办法》的相关规定。

2. 金融衍生产品业务。金融衍生产品是从货币、外汇、股票、债权等传统金融品种衍生出来的，包括远期、期货、掉期（互换）和期权在内的一种金融合约，既可以用于市场风险的规避，又可以作为直接投资产品。

金融衍生工具是指一种根据事先约定的事项进行支付的双边合约，其合约价格取决于或派生于原生金融工具的价格及其变化。这个概念是相对于原生金融工具而言的，这些相关的或者原生的金融工具一般是指股票、债权、存单、货币等。

金融衍生工具的基本特征包括以下几个方面：其一，金融衍生工具的价格取决于原生金融工具的价格；其二，金融衍生工具的产生以合约为基础，合约双方的权利和义务在签订合约之日起便基本确定，不需要或只需要少量初始净投资；其三，金融衍生工具的交易过程是在现在完成，而交割却要在将来某一时刻才能履行或完成；其四，金融衍生工具的收益具有较高的不确定性；其五，强有力的财务杠杆作用和高度的金融风险相对应。

金融衍生产品按照其交易形式（即合约类型），可以分为远期、期货、期权和掉期四大类。

（1）远期合约，是一种在确定的将来时间按照确定的价格购买或者出售某项资产的协议。远期合约规定合约双方交易的资产、交换日期、交换价格等主要内容，具体条款一般由交易双方协商确定。这是20世纪80年代初期兴起的一种保值工具，不在规范的交易所内进行交易。从技术上说，它是各种金融衍生工具产生的基础。

根据基础资产划分，常见的金融远期合约主要包括股权类资产的远期合约、债券类资产的远期合约、远期利率协议、远期汇率协议这四个大类。远期利率协议是指合约买卖双方商定将来一定时间内的协议利率，并规定以何种利率为参照利率，待将来清算日，按规定期限和金额，由一方或另一方支付协议利率和参照利率利息差额的贴现金额。到期时，如果市场参照利率高于协议利率，则合同的卖方向买方支付利息差额的贴现额；如果市场参照利率低于协议利率，则合同的买方向卖方支付利息差额的贴现额。远期利率协议一般用于固定未来一段时间内的资金借贷成本，从而确保收益。所以在市场利率稳定的情况下，商业银行会积极参与远期利率协议。

（2）期货，是一种买卖双方在交易时确定买卖条件，同意在将来某一时间按约定的条件进行买卖的交易方式。期货交易所为方便人们的交易，事先制定了统一的、标准化的合同。这种合同称为期货合约，也就是人们买卖的对象。

期货合约是期货交易所为期货交易而制定发行的一种交易双方就在约定的将来时间按照当前确定的价格买卖一定数量的某种商品或指标的标准化合同。期货合约具有如下特点：期货合约具有强制性，期货合约具有标准性，期货合约的标的物具有限制性。

（3）期权，是在约定的期限内，以商定的交易对象、价格和数量，进行"购买权"或"出手权"的买卖交易的一种行为。期权交易最早始于股票期权，此后又出现了利率期权、外汇期权和股票指数期权等交易品种。20世纪80年代，由于国际金融市场的剧烈波动而使得一些投资者纷纷采用期权交易战略进行保值，以降低投资组合的风险，而另一些投机者则利用期权作为投机工具，希望通过短线操作赚钱，这都促使期权交易迅速发展。

期权分为买权和卖权。买权是期权的买方与卖方约定，在期权合约有效期内或在到期日，买方有权按期权合约的规定价格，向卖方要求购入特定交易商品；而卖权是期权的买方与卖方约定，在期权合约的有效期内或在到期日，买方有权按期权合约规定的价格，向期权合约的卖方要求卖出特定交易商品。

在期权交易中，期权的买方，无论是买入一份买入合约还是买入一份卖出合约，都得向期权合约的卖方支付一定的费用，这个费用叫做期权费。

（4）掉期，掉期交易（Swap Transaction）是指交易双方约定在未来某一时期相互交换某种资产的交易形式，更为准确地说，掉期交易是当事人之间约定在未来某一时期内相互交换他们认为具有等价经济价值的现金流（Cash Flow）的交易。

掉期中较为常见的是货币掉期交易和利率掉期交易。货币掉期交易是指两种货币之间的交换交易，在一般情况下，是指两种货币资金的本金交换；利率掉期交易是指同种货币资金的不同类型利率之间的交换交易，一般不伴随本金的交换。

1981年，IBM公司和世界银行进行了一笔瑞士法郎和德国马克与美元之间的货币掉期交易。当时，世界银行在欧洲美元市场上能够以较为有利的条件筹集到美元资金，但是实际需要的却是瑞士法郎和德国马克。此时持有瑞士法郎和德国马克资金的IBM公司，正好希望将这两种货币形式的资金换成美元资金，以回避利率风险。在所罗门兄弟公司的中介下，世界银行将以低息筹集到的美元资金提供给IBM公司，IBM公司将自己持有的瑞士法郎和德国马克资金提供给世界银行。通过这种掉期交易，世界银行以比自己筹集资金更为有利的条件筹集到了所需的瑞士法郎和德国马克资金，IBM公司则回避了汇率风险，低成本筹集到了美元资金。

这是迄今为止正式公布的世界上第一笔货币掉期交易。通过这项掉期交易，世界银行和IBM公司在没有改变与原来的债权人之间的法律关系的情况下，以低成本筹集到了自身所需的资金。

第五节　商业银行的管理

一、商业银行财务会计制度的基本准则
《商业银行法》第54条规定："商业银行应当依照法律和国家统一的会计制度以

及国务院银行业监督管理机构的有关规定，建立、健全本行的财务、会计制度。"这是商业银行日常运营所须遵循的行为规范，我国商业银行应当以《会计法》《企业会计准则——基本准则》《金融企业财务规则》等法律、法规、规章的规定，以及中国人民银行对全国结算、联行等业务确定的统一制度和办法为依据，建立、健全各商业银行的会计制度、财务制度及实施细则，从而保证商业银行财务会计活动的正确组织，保证商业银行财务会计资料的完整统一。

《商业银行法》第22条规定："商业银行对其分支机构实行全行统一核算，统一调度资金，分级管理的财务制度。商业银行分支机构不具有法人资格，在总行授权范围内依法开展业务，其民事责任由总行承担。"该条规定了总行对分支机构的管理权限。

二、商业银行会计报表

商业银行的会计报表是银行各项业务活动和财务收支情况的综合反映，是考核商业银行贯彻金融方针、政策，检查银行业务和财务成果的重要依据。

《商业银行法》第61条规定："商业银行应当按照规定向国务院银行业监督管理机构、中国人民银行报送资产负债表、利润表以及其他财务会计、统计报表和资料。"商业银行应当按照《金融企业财务规则》的规定，编制资产负债表、损益表、财务状况变动表及其他为特定目的的需要而编制的报表及财务分析资料等。

《商业银行法》第55条规定："商业银行应当按照国家有关规定，真实记录并全面反映其业务活动和财务状况，编制年度财务会计报告，及时向国务院银行业监督管理机构、中国人民银行和国务院财政部门报送。商业银行不得在法定的会计账册外另立会计账册。"编制、报送会计报表的基本要求是真实可靠、全面完整、及时准确。

三、呆账、年审及其他规定

《商业银行法》第57条规定："商业银行应当按照国家有关规定，提取呆账准备金，冲销呆账。"我国的呆账准备金制度始建于1988年，呆账准备金是商业银行按年初贷款余额的一定比例提取的专项补偿基金，用于弥补银行贷款的呆账损失。呆账准备金的提取、核销、审批需要按照财政部1994年发布的《关于调整银行贷款呆账核销审批权限问题的通知》来执行。

《商业银行法》第56条规定："商业银行应当于每一会计年度终了3个月内，按照国务院银行业监督管理机构的规定，公布其上一年度的经营业绩和审计报告。"第58条规定："商业银行的会计年度自公历1月1日起至12月31日止。"会计年度与国家预算年度相一致，按照会计年度提交经营业绩和审计报告有利于督促商业银行结算账目、编制会计报表，及时提供银行经营的财务状况，便于审计监督，有利于银行的经营管理。

四、商业银行业务的其他规定

商业银行在进行日常运营时，需要遵守一些特别规定。

《商业银行法》第 47 条规定："商业银行不得违反规定提高或者降低利率以及采用其他不正当手段，吸收存款，发放贷款。"这是商业银行存贷款利率的禁止性规定，旨在稳定利率，防治资金过度流动，创造良好的金融环境；同时避免同业恶性竞争，维持商业银行业务的健康发展。

《商业银行法》第 48 条规定："企业事业单位可以自主选择一家商业银行的营业场所开立一个办理日常转账结算和现金收付的基本账户，不得开立两个以上基本账户。任何单位和个人不得将单位的资金以个人名义开立账户存储。"这是商业银行管理账户和禁止"公款私存"的规定，是加强信贷、结算监督和现金管理的重要措施。

《商业银行法》第 49 条规定："商业银行的营业时间应当方便客户，并予以公告。商业银行应当在公告的营业时间内营业，不得擅自停止营业或者缩短营业时间。"这是商业银行经营发展的基本保证。

《商业银行法》第 50 条规定："商业银行办理业务，提供服务，按照规定收取手续费。收费项目和标准由国务院银行业监督管理机构、中国人民银行根据职责分工，分别会同国务院价格主管部门制定。"这是商业银行提供服务不得擅自提高收费标准，扩大收费范围的要求。

《商业银行法》第 51 条规定："商业银行应当按照国家有关规定保存财务会计报表、业务合同以及其他资料。"这是商业银行接受监督的基础，同时也是商业银行维护自己权益的保证，商业银行应当按照《中华人民共和国档案法》及其他法律规定的要求对本行的各种业务资料定期收集、分类整理、装订成册和妥善保管。

《商业银行法》第 52 条规定："商业银行的工作人员应当遵守法律、行政法规和其他各项业务管理的规定，不得有下列行为：①利用职务上的便利，索取、收受贿赂或者违反国家规定收受各种名义的回扣、手续费；②利用职务上的便利，贪污、挪用、侵占本行或者客户的资金；③违反规定徇私向亲属、朋友发放贷款或者提供担保；④在其他经济组织兼职；⑤违反法律、行政法规和业务管理规定的其他行为。"这是商业银行工作人员的行为指南。

《商业银行法》第 53 条规定："商业银行的工作人员不得泄露其在任职期间知悉的国家秘密、商业秘密。"这是商业银行工作人员负有保密义务的规定。

第六节　商业银行的法律责任及监督

一、商业银行的法律责任

商业银行与一般的企业主体一样，需要具备承担责任的能力。我国商业银行的法律责任包括民事责任、行政责任和刑事责任，其责任主体又分商业银行本身和商业银行工作人员责任以及其他单位和个人的责任。

《商业银行法》第八章专章规定了商业银行的法律责任、商业银行工作人员的法律责任、其他单位和个人的责任。商业银行承担法律责任的方式包括民事赔偿、责令改正、没收违法所得、罚款、责令停业整顿、吊销经营许可证及依法承担刑事责任等。商业银行工作人员的法律责任包括纪律处分、承担经济损失及赔偿责任、禁止一定期限至终身从事银行业工作、罚款、依法承担刑事责任等。其他单位和个人的责任承担包括赔偿责任、没收违法所得、罚款、依法承担刑事责任等。

商业银行及其工作人员对国务院银行业监督管理机构、中国人民银行的处罚决定不服的，可以依照《中华人民共和国行政诉讼法》的规定向人民法院提起诉讼。

此外，商业银行还有协助执行的义务。商业银行依法协助司法机关和行政机关对被执行人（含单位和个人）的存款进行查询、冻结或强制扣划。可见，商业银行履行协助执行义务主要有如下三种方式：

1. 协助查询：商业银行依照法律的规定以及有权机关查询的要求，将单位或个人存款的金额、币种以及其他存款信息告知有权机关的行为。

2. 协助冻结：商业银行依照法律的规定以及有权机关冻结的要求，在一定时期内禁止单位或个人提取其存款账户内的全部或部分存款的行为。

3. 协助扣划：商业银行依照法律的规定以及有权机关的扣划要求，将单位或个人存款账户内的全部或部分存款资金划拨到指定账号上的行为。

二、商业银行的监督

商业银行的监督管理包括商业银行的内部监督管理和商业银行的外部监督管理。

（一）商业银行的内部监督管理

商业银行应当按照中国人民银行的规定，制定该行的业务规则，建立、健全该行的业务管理、现金管理和安全防范制度。

商业银行应当建立、健全该行对存款、贷款、结算、呆账等各项情况的集合、监察制度；对分支机构应当进行经常性的集合和检查监督。

（二）商业银行的外部监督管理

国务院银行业监督管理机构有权依照《商业银行法》第三章、第四章、第五章的规定，随时对商业银行的存款、贷款、结算、呆账等情况进行检查监督。检查监督时，检查监督人员应当出示合法的证件。商业银行应当按照国务院银行业监督管理机构的要求，提供财务会计资料、业务合同和有关经营管理方面的其他信息。

中国人民银行有权依照《中国人民银行法》第32条、第34条的规定对商业银行进行检查监督，即存款准备金和备付金的管理及进行国家产业政策指导。

商业银行应当依法接受审计机关的审计监督。

★ **本章小结**

1. 商业银行（Commercial Bank）是主要经营对象为资产和负债，主要经营原则为效益性、安全性和流动性的信用机构。《商业银行法》第2条规定："本法所称的商业银行是指依照本法和《中华人民共和国公司法》设立的吸收公众存款、发放贷款、办理结算等业务的企业法人。"商业银行的性质体现为：①商业银行是企业。

②商业银行是金融企业。③商业银行是一种特殊的金融企业。

2. 商业银行法，是指调整商业银行的设立、变更、终止及其相关金融业务活动所发生的经济关系的法律规范的总称，有广义和狭义之分，其性质属于企业法。商业银行法所规范的对象是特殊的金融企业，即商业银行。广义的商业银行法是指一切关于商业银行的组织及其业务经营的法律、法规、行政规章的总称，除《商业银行法》外，还包括其他法律、法规、规章中涉及商业银行的组织及其业务经营的规定，如《中国人民银行法》《外汇管理条例》等。狭义的商业银行法仅指冠以"商业银行法"名称的专门性法律。

3. 商业银行组织法是指规范和调整商业银行组织关系的法律规范。商业银行组织法的任务，就是确定商业银行的组织形式、法律地位、职责权限、机构内容设置等。

4. 本章主要囊括我国商业银行法中的下列内容：商业银行的组织形式和组织机构、商业银行的设立、变更和终止、商业银行业务法和特别管理、商业银行的管理、商业银行的法律责任及监督等。

★ 本章练习

1. 何谓商业银行？其性质包括哪些内容？
2. 商业银行的组织形式包括哪些？该如何评价？
3. 我国商业银行设立的条件和程序是什么？
4. 商业银行"三性"经营原则之间的关系是什么？
5. 审慎性条件对于商业银行的设立有何意义？
6. 商业银行接管的条件和实质是什么？
7. 我国商业银行资本充足率存在哪些问题？如何完善？
8. 简述商业银行的发展趋势。
9. 如何评价我国对银行业的监管模式？如何看待现行的监管法规？
10. 试述我国商业银行面临的困难。

★ 参考文献

1. 朱崇实、刘志云主编：《金融法教程》，法律出版社2017年版。
2. 刘少军：《金融法学》，中国政法大学出版社2016年版。
3. 吴志攀：《金融法概论》，北京大学出版社2011年版。
4. 唐波主编：《新编金融法学》，北京大学出版社2012年版。
5. 朱大旗：《金融法》，中国人民大学出版社2016年版。
6. 张斌主编：《金融案件法律适用关键词与典型案例指导》，法律出版社2015年版。
7. 孙亚楠：《商业银行法律实务及风险控制》，人民法院出版社2014年版。
8. 岳彩申、盛学军主编：《金融法学》，中国人民大学出版社2015年版。

---------- 第五章 ----------

借款合同法律制度

学习目标

知识目标：

　　了解借款合同的概念与特点

　　了解自然人间借款合同的特点

　　了解金融机构借款合同的特点

能力目标：

　　能够掌握借款合同的性质

　　能够掌握金融机构借款合同的效力

　　能够正确区分金融机构借款合同与自然人间借款合同的区别

第一节　借款合同的概念和特点

★ 案例导入

储某与刘某民间借贷纠纷一案

　　被告刘某因做生意需要资金，2012 年 12 月 26 日向原告储某借款 6000 元。2013 年 6 月 23 日，刘某再次向储某借款，储某没有现金，在刘某一再要求下，储某在安徽岳西农村商业银行股份有限公司下属主簿支行（原安徽岳西农村合作银行主簿支行）贷款 48 000 元转借给刘某，刘某承诺利息由其支付。借款到期后，刘某没有如约偿还本金和利息，储某于 2015 年 4 月 1 日还清该贷款的全部本息。储某现依法提起诉讼，请求：①被告刘某立即偿还原告储某的借款本金 54 000 元和储某已经给付银行的利息 5590.05 元；②本金为 6000 元借款的利息自 2014 年 12 月 24 日起按中国人民银行同期贷款利率计算利息至款清之日止；③被告刘某自 2015 年 4 月 1 日起按中国人民银行同期贷款利率计算利息给付 53 590.05 元的利息至款清之日止；④由被告刘某承担本案诉讼费和公告费。

为证明其主张，储某向法院提交了相关证据。被告刘某未答辩，亦未质证和举证。

法院认为：公民之间合法的借贷关系受法律保护。本案中，被告刘某向原告储某借款，有其出具的借条为证，且没有证据证明该借贷关系违反法律规定，该借贷合法有效，理应偿还；其中的 6000 元借款，没有约定归还时间和利息，原告储某要求自起诉之日开始按银行同期贷款利率计算利息至款清日止的诉求，不违反法律规定，法院予以支持；另一笔 48 000 元的借款，原告储某能够证明其在银行借款后转借给被告刘某，且没有加收利息，本着公平合理的原则，被告刘某理应承担在此期间产生的银行利息。原告储某为减少损失，在借款展期到期后如约付清本息 53 590.05 元，其中的银行利息 5590.05 元为储某实际付出现金，因此，原告储某要求被告刘某自 2015 年 4 月 1 日起按银行同期贷款利率给付 53 590.05 元借款利息的诉求，法院亦应支持。

原告储某主张权利，没有超过诉讼时效的期限，被告刘某经法院合法传唤，无正当理由拒不到庭，视为对其质辩等诉讼权利的放弃，不影响案件的审理。

最终判决如下：被告刘某在本判决生效后 15 日内给付原告储某借款本金 59 590.05 元及相应利息（其中 6000 元借款自 2014 年 12 月 24 日起按中国人民银行同期贷款基准利率计付利息；53 590.05 元借款自 2015 年 4 月 1 日起按中国人民银行同期贷款基准利率计付利息，息随本清）。

如果未按本判决指定的期间履行给付金钱义务，应当依照《中华人民共和国民事诉讼法》第 253 条之规定，加倍支付迟延履行期间的债务利息。

案件受理费 1150 元，公告费 260 元，合计 1410 元，由被告刘某负担。

如不服本判决，可在判决书送达之日起 15 日内向本院递交上诉状。

一、借款合同的概念和特征

我国《民法典·合同编》第 667 条规定："借款合同是借款人向贷款人借款，到期返还借款并支付利息的合同。"在借款合同中，向贷款人提出借款的一方称为借款人，拿出货币出借的一方称为贷款人。

借款合同的主要特点在于：借款合同的标的物为货币，是转移标的钱款所有权的合同。借款合同的标的物为货币，货币是特殊种类物，转移占有即转移所有权，在双方当事人没有特别约定时，即发生货币所有权的转移。货币在发生占有移转以后，货币的所有人只能请求对方返还一定数额的钱款，而不能够根据物权请求权要求占有人返还原物或返还对原物的占有，也不能要求恢复原状。因此，借款合同也属于转移财产所有权的合同。买卖合同中关于财产所有权转移的相关规定，可以对借款合同发生参照适用的效力。在借款合同中，在合同约定的或法律规定的还款期限届至时，借款人无须返还原物，仅返还同样数量的货币即可。

借款合同具有以下特征：

（一）借款合同的标的物为金钱

借款合同的标的物不是一般的财产，而是作为特殊种类物的货币。货币这种特殊的种类物可以产生孳息即利息，借款人在合同到期后，既要返还同等数额的货币本金，也要支付事前约定的货币利息。而在实物借贷合同中，借用人所取得的只是实物的使用、收益等权利，而非实物的所有权，其所有权仍然归出借人所有。

（二）借款合同是转移货币所有权的合同

货币相较于其他的种类物而言，有其特殊之处。货币具有交付后移转所有权的特性，而无须究其原因为何。因此，当贷款人将货币交给借款人后，货币的所有权移转给了借款人，借款人对所得货币具有处分权。这是由借款合同的目的决定的，也是货币这种特殊种类物作为其标的物的必然结果。

（三）借款合同可以是要式合同，也可以是不要式合同

我国《民法典·合同编》第 668 条第 1 款规定："借款合同应当采用书面形式，但自然人之间借款另有约定的除外。"从维护金融交易安全的考虑出发，对于银行或者其他金融机构为贷款人的借款合同，法律规定应当采用书面形式，即银行贷款合同属于要式合同。对于自然人之间的借款合同，法律并没有强制性的要求采用书面形式，因此既可以采用书面形式，也可以采用口头合同形式订立，即自然人之间的民间借款合同是不要式合同。

（四）借款合同可以是有偿合同，也可以是无偿合同

除公民之间借款约定无利息之外，公民之间借款对是否支付利息约定不明而视为不支付利息，借款到期时，借款人应当向贷款人返还借款并支付利息，所以说借款合同是有偿合同。在我国，国家对借款的利率实行管理规定，办理贷款业务的金融机构贷款的利率，应当按照中国人民银行规定的上下限确定；公民之间借款的利率，不得违反国家有关限制借款利率的规定。

二、借款合同的种类

根据传统借贷合同与现行借款合同的不同，可将借款合同分为传统民法上的借贷合同与我国合同法上的借款合同。传统民法上的借贷合同又分为借用合同和消费借贷合同。借用合同是指借用方从出借方处无偿取得财物的使用权，使用后按双方约定再返还给出借人的合同。消费借贷合同是指借用方将金钱或者财物从出借方处取得使用权，约定在一定期限内将相同品质、类型、数量的金钱或者财物返还给出借方的合同。根据贷款人的不同，可将借款合同分为金融机构借款合同和自然人间的借款合同。金融借款合同的出借方一般是指金融机构。如果自然人向金融机构借款，也属于金融机构借款合同。民间借款合同是指自然人与自然人之间的借款合同。

金融机构借款合同和民间借款合同的主要区别在于：

第一，贷款人不同。金融机构借款合同中的金融机构是依照国家法律规定而设立的银行，对其金融机构的设立和监管都严格按照法律规定审查。民间借款合同，又称为自然人间的借款合同，借用方和出借方均是自然人。

第二，权利义务内容不同。在金融机构借款合同中，对于借款人的要求会严格些，需要按照相关规定提供担保，接受金融机构对借款使用情况的检查和监督。而银行作为金融机构，其放贷行为也应受到相应规则的严格限制。民间借款合同并没有这些严格的规定，双方达成合意即可。

第三，有偿性的适用不同。依据我国《民法典·合同编》的规定，金融机构借款合同较为典型，具有有偿性。民间借款合同则普遍适用于无偿合同，另有约定需要支付相应利息的除外。

第四，单务性的适用不同。金融机构借款合同是双务的。而在自然人借款合同中，仅约定了借款方的义务，出借方提供借款并非是出借方的给付义务，而是合同成立的要件。

三、借款合同的订立

金融机构为出借方的借款合同为诺成合同。在订立借款合同时，借款人只要如实告知借款用途等真实的意思表示，双方达成一致，合同便可成立。《民法典·合同编》第669条规定："订立借款合同，借款人应当按照贷款人的要求提供与借款有关的业务活动和财务状况的真实情况。"借款人负有先合同义务，即缔约时依据诚信原则如实告知真实情况的义务。一方面，先合同义务的确定，有利于出借方保护自身利益，既能获得借款方的真实情况，又能对其进行监督，确保借款人按期偿还本息，防止欺诈行为。另一方面，借款方向出借方告知业务活动和财务的真实状况，可以使出借方对借款方进行偿还能力的判断，进而决定是否对其进行借贷。如果借款人违反此项义务，则可能构成欺诈，或者应承担缔约过失责任。

为了确保借款方到期偿还借款，偿还出借方的债权，《民法典·合同编》第387条第1款规定："债权人在借贷、买卖等民事活动中，为保障实现其债权，需要担保的，可以依照本法和其他法律的规定设立担保物权。"此处所说的"可以"，包括可以要求提供担保，也包括不要求提供担保。从立法目的的视角分析，可认为法律对于商业贷款所设置的一般原则是应当提供担保。换言之，一般借款方都需要提供担保，但经商业银行审查、评估，确认借款人资信良好，能偿还贷款、可以不提供担保的情况除外。自然人之间进行借贷，可以遵循意思自治原则不提供担保。

★ 案例分析

未约定还款期限的借款纠纷案

沈先生、韩女士系夫妻关系，共同于2012年6月2日向韦女士借款人民币250万元，写下《欠条》，约定利息按照月息2分计算，但未约定还款期限。2013年6月27日，沈先生、韩女士共同与韦女士签订《借钱协议书》，约定沈先生和韩女士在无法偿还欠款时，韩女士的表姐于女士以其合法持有的凯丰公司的股权为前述借款提供担保，但该股权未经工商登记。后经多次催要，沈先生、韩女士均以各种理由推辞，至今未能还款。

为维护自身合法权益，韦女士现依法提起诉讼，请求判令：①沈先生、韩女士偿还欠款人民币250万元及利息（自2012年6月2日起按月息2分计算）；②请求于女士承担担保责任。韦女士向法院提交的证据材料有：①2012年6月2日签订的《欠条》1份；②2013年6月27日签订的《借钱协议书》1份；③还款计划1份。

【争议焦点】

1. 未约定还款期限的借款合同还款时间如何确定？

2. 关于利息部分，韦女士提出的利息以月息2分计算是否合法？

3. 于女士以其合法持有的凯丰公司的股权为上述借款提供担保，但该股权未进行工商登记，其效力如何？于女士是否应当承担担保责任？

【法院判决】

一审法院经审理查明后，判决如下：①沈先生、韩女士返还韦女士借款250万元并支付相应利息（利息计算方法：自2012年6月2日起至本判决确定的履行期限届满之日止按月息2分计算利息）；②驳回韦女士要求于女士承担担保责任的诉讼请求。

⭐ 案例分析

一、未约定还款期限的借款合同的还款时间应如何确定？

依据1999年《合同法》第206条之规定："借款人应当按照约定的期限返还借款。对借款期限没有约定或者约定不明确，依照本法第61条的规定仍不能确定的，借款人可以随时返还；贷款人可以催告借款人在合理期限内返还。"由此可知，沈先生、韩女士向韦女士借款人民币250万元，有《欠条》原件为证，事实清楚，证据充分。而《欠条》对借款期限没有约定，韦女士可以催告借款人沈先生、韩女士在合理期限内返还，即韦女士可以随时要求借款人返还借款，但必须给予合理期限。如果沈先生和韩女士经催告未按约定返还，应当按照约定或者国家有关规定支付逾期利息，故一审法院对韦女士要求沈先生返还250万元借款的诉讼请求予以支持的判决合法、合理。

二、关于利息部分，韦女士提出的利息以月息2分计算是否合法？

民间习惯性表述的月息2分，即月利率2%，折合年利率就是24%。而我国现行法律中，对民间借贷利息约定有关规定是2015年9月1日起最新施行的《最高人民法院关于审理民间借贷案件适用法律若干问题的规定》。其中第26条作出了明确规定，借贷双方约定的利率未超过年利率24%，出借人请求借款人按照约定的利率支付利息，人民法院应予支持。借贷双方约定的利率超过年利率36%，超过部分的利息约定无效。本案中，韦女士要求沈先生、韩女士按《借钱协议书》约定的月息2分，即年利率为24%的标准支付借款利息，未超过36%的禁止性利率要求，故并不违反国家有关限制借款利率的规定。因此，一审法院对此诉讼请求予以支持的判决合法。

三、于女士以合法持有的凯丰公司的股权为上述借款提供担保，但未进行工商登记，其质权效力问题以及于女士是否应当承担担保责任的问题。

《借钱协议书》是沈先生、韩女士、于女士和韦女士四方依照1999年《合同法》自愿订立的，是意思自治原则的体现，且该合同未违反法律禁止性规定，具有法律效力。但是于女士以其合法持有的凯丰公司的股权提供担保，该股权是否设立质权，与《借钱协议书》的生效与否无关。其法律依据在于，2007年《物权法》第226条第1款规定："以基金份额、股权出质的，当事人应当订立书面合同。以基金份额、证券登记结算机构登记的股权出质的，质权自证券登记结算机构办理出质登记时设立；以其他股权出质的，质权自工商行政管理部门办理出质登记时设立。"本案中，于女士的出质行为未依照法律规定到工商行政管理部门办理相关的登记手续，故质权并未设立，不发生物权变动的效果。因此，韦女士要求于女士承担担保责任的诉求不应予以支持。

第二节　金融机构借款合同

★ 案例导入

上海某银行金融借款合同纠纷案

2012年，某银行因金融借款合同纠纷委托律师以上海Z公司（以下简称"Z公司"）、甲、乙、丙、丁为被告向法院起诉。原告与被告Z公司于2011年签订了《授信合同》《借款合同》，约定原告给予Z公司借款人民币440万元，借款期限为12个月，并约定了利息、罚息计算方式、还款方式等。同日，原告与被告甲、乙、丙、丁分别签订了两份《最高额抵押合同》，约定以甲、乙、丙、丁共有的两套房屋为前述借款提供最高额抵押担保，最高抵押额合计528万元。原告还与被告甲、乙、丙签订了《最高额保证合同》，约定三人为上述借款提供金额为528万元的最高额保证担保。抵押和保证的范围为借款本金528万元及利息（包括利息和罚息）、违约金、赔偿金和实现债权而发生的费用。原告按约放款，但被告Z公司未按约定向原告支付到期利息，原告多次催款未果，故请求法院判令被告Z公司归还本金440万元，并支付相应的利息、罚息，如被告不能清偿上述款项，原告有权处置抵押物，所得价款优先受偿，被告甲、乙、丙对上述还款义务承担连带清偿责任。一审法院判决支持了原告的全部诉讼请求。

【判决结果】

一审法院认为，原告与被告Z公司签订的《授信合同》《借款合同》系当事人真实意思表示，依法有效。原告已按约履行了放款义务，被告Z公司在借款期间未按约履行付息义务，原告主张按照合同约定要求被告 Z 公司归还全部本金和承担支付逾期还款利息，符合法律规定，法院予以支持。

原告与被告甲、乙、丙、丁签订的抵押合同系当事人的真实意思表示，依法有效。由于抵押物办理了抵押登记，在被告 Z 公司不能履行债务时，原告对抵押物可以与被告甲、乙、丙、丁协议折价，或以拍卖、变卖所得款项优先受偿，故原告主张就抵押物优先受偿的请求，法院予以支持。

由于被告甲、乙、丙与原告签订的保证合同，系当事人的真实意思表示，依法有效。被告甲、乙、丙为被告 Z 公司的连带责任保证人，在被告 Z 公司不能履行债务时，原告主张由被告甲、乙、丙承担连带担保责任的请求，法院予以支持。被告甲、乙、丙在承担保证责任后，有权向被告 Z 公司追偿。一审法院支持了原告的全部诉讼请求。

★ 案例分析

本案的基本事实清楚、法律关系明晰。

银行作为出借人，与借款人、抵押人、保证人分别签订了有效的合同，并留存了当事人的相关身份证明、婚姻登记证明。合同约定系当事人的真实意思表示，均合法有效。根据我国的相关法律规定，一旦借款人逾期不能清偿借款即构成违约，银行有权追究借款人的违约责任，要求其清偿本金、利息等相关费用。银行作为抵押权人，有权就抵押物拍卖所得款项优先受偿。同时，银行有权要求保证人在保证合同约定的保证范围内承担连带清偿责任。

由于被告既未到庭亦未提供证据，法院只能根据原告银行提供的证据材料审理案件争议，由此，法院对于原告提供证据的真实性、合法性、关联性甚至完整性的审查要求较高。银行提供的证据能否充分证明合同有效，被告债务人违约及债务人、担保人如何承担法律责任就尤为关键。本案中，银行能够提供与借款人、抵押人、保证人签订的一系列合同，以及放款凭证、对账单、婚姻登记证等清晰、完整的证据，形成前后连贯的证据链。作为证据的合同中，借款合同、抵押合同及保证合同均明确约定了该类合同中的重要条款，并能确保不产生歧义。此外，银行作为抵押权人及时取得了抵押登记证明，还对相关的合同文本进行了公证。因此，在被告缺席的情况下，这些证据材料为法院审理提供了较为清晰的依据。

一、金融机构借款合同的概念及特点

金融机构借款合同是指金融借贷，即以金融机构为出借方的借贷合同，办理贷款业务的金融机构作为出借方向借款方提供贷款，约定借款方在一定期限内返还借款本金并支付相应利息的合同。金融机构借款合同是借款合同的一种，具有如下特点：

1. 诺成性合同。金融借款合同为诺成合同，只要当事人达成合意即可成立，而无需以款项的交付为合同的生效条件。

2. 要式性合同。金融借款合同为要式合同，法律、行政法规规定其必须采取书面形式。

3. 有偿性合同。金融借款合同为有偿合同。当事人在金融借款合同中没有约定利息的，推定为有息借款，利息标准按照中国人民银行规定的利率标准偿还。

二、金融机构借款合同的内容

根据我国《民法典·合同编》第 668 条的规定，金融机构借款合同主要包括以下内容：

1. 借款种类。借款种类主要是指金融机构作为出借方时，针对不同种类的贷款实行不同的政策，如基本建设贷款、农业贷款、企事业流动资金贷款等。贷款种类不同，利率也不同。因此，在合同中应当对贷款的种类作出明确的约定。

2. 借款币种。合同中应明确约定借款合同的标的物是人民币还是外币。

3. 借款用途。根据我国现行的金融政策，从金融机构获得的贷款应当专款专用，必须明确规定贷款的用途，并符合国家批准下达的贷款计划文件规定，在银行对贷款的使用监督下，保证贷款能够在金融机构的监督下及时收回。因此，合同应对贷款的用途作出明确约定。

4. 借款金额。借款金额即借款合同的标的数额，主要是指根据借款方的申请，经银行核准的借款数额，应当包括贷款的总金额以及在分批支付贷款时每一次支付的金额。借款方增加贷款金额的，必须另行申请核准手续，重新签订借款合同。

5. 借款利率。贷款利率是借款方与出借方约定的应收利息的数额与贷款数额的比率。贷款利率必须在借款合同中明确规定。

6. 借款期限。借款期限是借款人能够使用借款的期限。当事人一般根据借款方的生产经营周期、还款能力和出借方的资金供给能力等，约定借款期限。借款到期时，借款方应将本金和利息如数还清，如遇客观原因到期不能偿还的，借款方应提出申请，经出借方同意后可以延期偿还。没有正当理由或者申请延期未获批准而逾期不还的，借款方应承担相应违约责任。出借方有权依法向借款方了解借款使用情况及经营管理、财务管理、货物库存等情况，监督贷款的使用，在贷款到期后，有权采取必要措施收回贷款及利息。

7. 还款方式。还款方式可按照出借方和借款方约定的结算方式偿还借款。

8. 违约责任。借款合同中的违约责任可按照合同的规定履行各自义务，必须明确具体。

9. 保证条件。借款合同的保证，主要采取物资保证的原则，由借款方提供生产经营或建设范围内一定的物资、商品或其他财产作为担保。借款方不能提供物资担保的，也可采用保证人保证的方式。

10. 争议的解决方法。借款双方当事人出现借款合同争议，可在合同中事先约定仲裁条款，向各级工商行政管理部门经济合同仲裁委员会申请仲裁；当事人未订立仲裁条款的，可向人民法院起诉。

三、金融机构借款合同的订立

（一）金融机构不得向关系人发放信用贷款

金融机构借款合同的订立，应当遵守合同订立的一般规则，下列情形除外：根据《商业银行法》第40条的规定"商业银行不得向关系人发放信用贷款；向关系人发放担保贷款的条件不得优于其他借款人同类贷款的条件。前款所称关系人是指：①商业银行的董事、监事、管理人员、信贷业务人员及其近亲属；②前项所列人员投资或者担任高级管理职务的公司、企业和其他经济组织。"

（二）借款人应在订立合同时承担如实申报义务

《民法典·合同编》第669条规定，订立借款合同，借款人应当按照贷款人的要求提供与借款有关的业务活动和财务状况的真实情况。贷款人提供的情况主要有两方面：一是与借款人资格有关的基本情况。比如，作为法人、其他组织或个体工商户的借款人是否经工商行政管理机关核准登记；借款人是自然人的，是否具有完全民事行为能力。金融机构作为贷款人时，还需要借款人提供有关产品和生产经营方面的材料，以便于贷款人确定借款人生产的产品是否具有市场、生产经营是否具有效益，能否做到不挪用所借资金。二是借款人财务状况的真实情况。借款人可以按照贷款人的要求，如实提供所有的开户行、账号及存贷款余额情况，使贷款人全面充分地了解借款人实际账面资金的运作情况，以便贷款人能够判断借款人偿还借款的能力。借款人还应当提供财政部门或会计师事务所核准的上年度财务报告，使贷款人了解借款人的财务情况，继而在总体上把握借款人的经营和资信状况，保障借款的安全。

（三）贷款人应对借款人进行严格审查

根据《商业银行法》第35条第1款的规定，贷款人应当对借款人的借款用途、偿还能力、还款方式等情况进行严格审查。

（四）借款人在订立合同时应依约提供担保

根据《民法典·合同编》第387条的规定理解，借款人应依据金融机构的要求提供担保。在借款合同中，贷款人可以要求借款人提供保证、抵押、质押等担保方式。

根据《商业银行法》第36条的规定理解，贷款人应当对保证人的偿还能力，抵押物、质物的权属和价值以及实现抵押权、质权的可行性进行严格审查。经贷款人审查、评估，确认借款人资信良好，确能偿还贷款的，可以不要求提供担保。

四、金融机构借款合同的效力

金融机构借款合同的效力系指生效的金融机构借款合同所具有的法律约束力，主要体现为合同双方当事人的权利和义务。

（一）出借方的义务

根据我国《民法典·合同编》的相关规定，贷款人负有以下主要义务：

1. 按期、足额提供贷款的义务。出借方应当按照约定的日期，足额向借款方提供贷款，这是出借方的主合同义务。未按照约定的日期提供借款，造成借款方损失的，出借方应当赔偿损失。出借方还应当按照合同约定的数额足额提供借款，《民法典·合同编》第670条规定，借款的利息不得预先在本金中扣除。利息预先在本金中扣除的，应当按照实际借款数额返还借款并计算利息。

2. 保密义务。在合同订立和履行阶段，出借方对掌握借款方的各类商业秘密，有保密义务，不得进行不正当的使用或者泄露。保密义务是出借方的附随义务。

（二）借款方的义务

根据我国《民法典·合同编》的相关规定，借款人负有如下主要义务：

1. 按照约定的日期和数额收取借款。一方面，借款方依照借款合同约定的期限和数额来收取借款，出借方如约履行贷款义务即可；另一方面，出借方的出借行为主要是以收取利息为营利目的，如果借款方未能如约履行还款义务，则会对出借方的资金周转造成损失。因此，我国《民法典·合同编》第671条规定，贷款人未按照约定的日期、数额提供借款，造成借款人损失的，应当赔偿损失。借款人未按照约定的日期、数额收取借款的，应当按照约定的日期、数额支付利息。

2. 按照约定用途使用借款。出借方提供借款的目的是回收本金后能够收取利息，其中看似与借款用途并无关联，实则不然。借款用途能够使出借方评估借款方的经营风险，出借方可以对预期的收益有所考量，从而确定借款方的偿还能力后同意贷款，如果借款方擅自改变借款用途，可能会导致出借方到期不能收回贷款。借款合同中之所以规定借款用途法定条款，主要是促使借款人按计划使用贷款，将有限的贷款用到急需的、有较好经济效益的地方去，同时也保证收回贷款的安全性。借款方擅自改变借款用途，会增加出借方的经营风险，也会使当事人最初共同预期的收益产生变化。因此，我国《民法典·合同编》第673条规定，借款人未按照约定的借款用途使用借款的，贷款人可以停止发放借款、提前收回借款或者解除合同。

五、金融机构借款合同范本

合同编号：_____
贷款方：_____
地址：_____
电话：_____

借款方：_____
法定代表人：_____
职务：_____
地址：_____
电话：_____

【风险提示：借款、还款都必须注意保存好相关的书面证据。一般而言，欠条或者借条在债务人之手时，可能将被推定为该债务已经清偿。原告主张债权时，如无法提供书面借据的，应提供必要的事实根据或与自己无利害关系的两人以上的证人证言，来支持自己的主张。】借款方因生产经营需要，向贷款方借款。双方本着互惠互利的目的，友好协商，特制订本合同。

第一条　借款金额

借款金额＿＿＿＿＿＿＿＿＿美元（大写：＿＿＿＿＿＿＿＿＿美元）。

【风险提示：借款数额肯定要写的，大家也都会写，只是要注意数额应该用大写，并标上币种。在大写的旁边再附注小写，并写上小数点。这样做主要是防止数额被更改。写清楚了，如果你是借款人，你不用担心数额被修改。如果你是出借人，不用担心借款人说数额被你改过。】

贷款方在签订本书面合同之前，已向借款方提供＿＿＿＿＿＿＿＿美元贷款。借款方在此确认已经收到贷款方通过银行转账方式提供的＿＿＿＿＿＿＿＿美元贷款。

第二条　借款用途

本合同所约定的贷款仅用于借款方＿＿＿＿＿＿＿＿业务，不得挪作他用。

第三条　利率及还款期

1. 如果借款方在合同约定的还款期限内还清借款，贷款方则不收取借款利息。

【风险提示：利息可以由双方自行约定，但如最终引发纠纷，对于未支付的部分利息，只要未超过年利率24%，人民法院会给予保护；约定的利率超过年利率36%，超过部分的利息约定无效。但如果约定的年利率为24%-36%，借款人已经支付的部分利息，出借人可不予以返还。】

2. 借款方应按照以下还款期向贷款方偿还借款：

在本合同签订之日起十二个月内偿还借款＿＿＿＿＿＿＿＿美元；

在本合同签订之日起二十四个月内偿还借款＿＿＿＿＿＿＿＿美元；

在本合同签订之日起三十六个月内偿还借款＿＿＿＿＿＿＿＿美元。

3. 借款方应根据贷款方合理要求的时间、场所和方式还款。

第四条　管理费用

1. 借款方同意在借款期内，向贷款方支付管理费用，管理费用的金额为借款方业务销售总额＿＿＿＿＿＿＿＿%。

2. 本合同签订之日起的首个季度管理费用自＿＿＿＿＿＿年＿＿＿＿＿＿月＿＿＿＿＿＿日起正式开始计算。

3. 如果借款方在本合同签订之日起两年内提前还清借款＿＿＿＿＿＿＿＿美元，借款方支付管理费用的义务自合同签订之日起两年后终止。

第五条　浮动抵押

1. 借款方以其现有的和将来拥有的生产设备、原材料、成品和半成品向贷款方提供抵押。

2. 《抵押物清单》对抵押物价值的约定，并不作为贷款方依本合同对抵押物进行处分的估价依据，也不构成贷款方行使抵押权的任何限制。

3. 抵押物的相关有效证明和资料由当事人确认封存后，由借款方交与贷款方保管，但法律法规另有规定的除外。

4. 浮动抵押担保的范围为本金、利息、管理费、违约金、赔偿金以及实现债权所发生的一切费用，包括但不限于诉讼费、公证费、仲裁费、律师费、财产保全费、差旅费、执行费、评估费、拍卖费等。

5. 借款方应自本合同签订之日起三十日内向有关部门办理本合同的审批、备案和登记等事宜，所产生的费用由借款方承担。

6. 借款方应当合理使用和妥善保管抵押物，如抵押物的价值比本合同签订时的评估价减少＿＿＿＿＿＿＿＿％以上的，借款方应当在三日内通知贷款方。贷款方有权要求借款方继续提供相应担保或者提前还款。

7. 贷款方在借款方发生以下情形之一时，可以行使抵押权：

（1）借款方违反本合同所约定的义务；

（2）借款方经营情况严重恶化、减少注册资本；

（3）借款方分立、合并；

（4）借款方涉及重大纠纷诉讼，涉案标的30万元人民币以上；

（5）借款方破产、歇业、解散、被停业整顿、被吊销营业执照；

（6）借款方住所或法定代表人发生变更；

（7）其他因借款方原因可能导致贷款方拥有抵押权无法实现的情形。

借款方发生或很可能发生以上情形之一的，贷款方书面通知借款方之日为浮动抵押财产确定之日。若借款方不签收通知回执的，贷款方有权通知到达即生效，视为乙方已经收到。

第六条　陈述与保证

借款方在此陈述并保证以下事项属实，否则承担欺诈的法律责任：

1. 借款方是本合同项下抵押财产完全的、有效的、合法的所有者；该抵押财产不存在权属方面的争议。

2. 本合同项下抵押财产不存在瑕疵。

3. 本合同项下的抵押财产依法可以设定抵押，设立本合同的抵押不会受到任何限制。

4. 本合同项下的抵押财产未被依法查封、扣押。

5. 借款方在此保证在合同存续期间，未经贷款方书面同意，不得从事以下行为：

（1）对公司的利润进行分红；

（2）在一个财务季度内购买价值合计 25 000 美元以上的生产设备；

（3）对抵押财产再次设立抵押、质押或者出租、赠予抵押财产。

第七条 监督检查

贷款方和保证人有权检查贷款使用情况。检查时，借款方对调阅有关文件、账册、记账凭证、查核物资库存、生产情况以及其他与借款人的清偿能力有关的信息，应当给予方便。

第八条 违约责任

1. 借款方不按合同规定的用途使用借款，贷款方有权提前收回全部贷款，对违约使用的部分，收取 12%/年的利息。

2. 借款方如逾期不还借款，贷款方有权追回借款，并按 0.05%每天加收罚息。

【风险提示：除违约金的约定外，为了保障款项的回收，还可以就借款设置抵押。需要注意，借款的抵押如果涉及不动产，要到相关部门办理登记手续，才能对抗第三人。】

第九条 法律适用

本借款合同的效力、履行、变更、终止和解释均适用有关法律法规。

第十条 争议解决

对本合同的效力、履行、变更、终止或解释发生争议，由当事人双方协商解决。协商不成，双方可以向有管辖权的人民法院提起诉讼。

【风险提示：借款合同纠纷的诉讼时效为 3 年。如约定还款期限的，诉讼时效从借款到期次日开始计算。到期有催讨的，从催讨次日重新计算，但须保存催讨的证据；没有约定还款期限的，债权人可以随时提出还款主张，不受 3 年诉讼时效的限制，但提出还款主张后 3 年内没有继续主张的，视为超过诉讼时效，法律不予支持。】

第十一条 合同生效与解释

1. 本合同一式五份，借贷双方各执一份，另外三份送有关部门审批、登记或备案，具有同等法律效力。

【风险提示：为了确保签名的真实性，应要求当事人提供身份证复印件，而且复印件上还应当让债务人签字。最好有借款人按手印，因为身份证也有假的，如果有盖手印会更好。尤其是在签名潦草的情况下更是如此。】

2. 本合同自借贷双方代表签字之日起生效。

贷款方：

　　　年　　月　　日

借款方：

法定代表人：

　　　年　　月　　日

⭐ **案例分析**

借款合同纠纷案

此案原告为中国工商银行天津市河东支行，被告为天津市隆昌洋服有限公司（以下简称隆昌公司）和天津市华业集团有限公司（以下简称华业公司）。1999年12月17日，原告与被告签订借款合同，借款金额为120万元，利率为月息4.65‰，上浮10%，即月息5.115‰，期限至2000年4月10日止，被告天津市华业集团有限公司承担连带保证。合同签订后，原告履行了合同义务，但被告未按照约定还款，于是原告诉至天津市河东区人民法院，要求被告偿还借款及利息，并承担诉讼费用。

而被告天津市隆昌洋服有限公司辩称：1999年12月17日隆昌公司与原告签订了借款合同属实，合同约定借款用于购买原材料，但在合同签订当日，原告用隆昌公司预留支票将部分借款用于还款，造成隆昌公司不能将全部资金投入生产后按期还款，故隆昌公司同意还款，但要缓期分批偿还。

被告天津华业集团有限公司则辩称：原被告订立合同事实属实，但原告与被告隆昌公司在合同履行中没有严格按照合同约定使用贷款，双方都应承担一定的责任，应协商解决。

经法院调查证明，1999年12月17日，原告与被告隆昌公司签订借款合同一份，被告隆昌公司为借款方，原告为贷款方。合同约定，被告隆昌公司向原告借款人民币120万元用于购买原材料，借款期限为4个月，即自1999年12月17日起至2000年4月10日止，借款利率为月息4.65‰并上浮10%，按季结息，每季末月的20日为结息日；被告到期不能偿还借款本金及利息，对逾期借款按日计收万分之二点一的利息，并对未付利息计收复利等。1999年12月17日，原告与被告华业公司签订保证合同，原告为债权人，被告华业公司为保证人。合同约定，被告华业公司为被告隆昌公司向原告借款提供连带责任保证。合同签订后，原告于1999年12月21日将贷款划付被告隆昌公司账号内，而二被告未履行还付原告借款本金和利息的义务，至2000年3月20日尚欠原告贷款本金120万元及利息18 000元。

【判决结果】

一、被告隆昌公司返还原告中国工商银行天津市东支行借款本金120万元。

二、被告隆昌公司支付原告借款利息（自1999年12月21日起至2000年4月14

日止，按 120 万元的月息 5.115‰计）。

三、被告隆昌公司偿还原告逾期还贷违约金（自 2000 年 4 月 15 日起至本判决生效之日止，按 120 万元的日万分之二点一计）。

四、上述第一、二、三项，被告天津华业集团有限公司承担连带责任。

五、上述第一、二、三、四项，应于本判决生效之次日起 10 日内一次性付清，如逾期执行，按中国人民银行同期贷款最高利率加倍支付迟延履行期间的债务利息。

案件受理费 16 100 元，财产保全费 6615 元，实际支出费用 2000 元，共计 24 715 元，由二被告连带负担。

⭐ **案例分析**

从上述事实可以看出，原告与被告隆昌公司签订的借款合同，意思表示真实，内容合法，属于有效合同，应当受到法律保护。但原告实际发放贷款的时间，比合同约定发放贷款时间晚 4 天，从事实出发，贷款期限应顺延 4 天。原告发放贷款后，被告隆昌公司未履行还款义务，故原告的诉讼请求应得到支持。被告隆昌公司未按合同约定的返还借款本息时间还付原告贷款本息，应承担违约责任。原告与被告华业公司签订的保证合同，除该合同第 10 条第 2 款关于"本（保证）合同独立于主合同，不因主合同无效而无效"的约定，违反 1995 年《中华人民共和国担保法》的规定，属无效条款外，均为有效，受法律保护。被告华业公司未履行保证义务属于违约行为，依照合同约定，应承担与被告隆昌公司连带返还原告贷款本息的民事责任。

关于二被告辩称贷款用途违反合同约定，原告对被告隆昌公司使用贷款监督负责，本案应调解，因为被告隆昌公司未按合同约定的用途使用贷款，已构成违约行为，原告对此并未要求其依照合同约定承担相应的违约责任。而案件调解解决，应双方当事人自愿，被告隆昌公司自己违反合同约定使用贷款，与原告是否愿意调解，二者之间没有法律上的联系，故二被告的辩称意见，于法无据，不予支持。

第三节　民间借款合同

⭐ **案例导入**

支付款项应保留相应凭证

2013 年 3 月 24 日，赵某与曾某某、重庆某某建筑劳务有限公司签订《个人借款担保合同》，合同约定：曾某某向赵某借款 260 万元，借款期限从 2013 年 3 月 24 日起至 2014 年 3 月 23 日止；重庆某某建筑劳务有限公司承担连带保证责任。同日，曾某某向赵某出具收条，载明收到赵某现金 260 万元。

2013 年 3 月 22 日，赵某向曾某某的银行账户存款 50 万元。2013 年 3 月 31 日，赵某委托案外人向曾某某转账 50 万元。

2014 年 8 月 28 日，赵某起诉至法院，请求判决曾某某偿还借款本金 260 万元并支付违约金。庭审中，赵某陈述，借款 260 万元中有 100 万元是以转账方式支付，另外 160 万元均为现金支付。现金支付的款项中，有 100 万元系向其岳父蒋某某借的，另外 60 万元的实际交付情况记不清了。曾某某陈述，实际借款本金只有 2013 年 3 月 22 日和 2013 年 3 月 31 日通过银行支付的 100 万元，之所以出具 260 万元的收条，是因为其向赵某承诺了 160 万元的工程利润。证人蒋某某陈述，2013 年初赵某向其陆续借款 100 万元，其中 2013 年 3 月 4 日取款 67 万元，并从保险柜中取出 3 万元，凑成 70 万元交给曾某某，事后听赵某说该款系借给曾某某的。曾某某不认可证人蒋某某的陈述。

【判决结果】

重庆市九龙坡区人民法院认为，虽然曾某某在 2013 年 3 月 24 日向赵某出具收条载明其收到赵某现金 260 万元，但在庭审中已查明曾某某出具收条时，《个人借款担保合同》约定的借款本金 260 万元，赵某并未全部实际交付，赵某还应进一步举证证明其除了通过银行支付的 100 万元外的其余借款款项已实际交付。而赵某在庭审中出示的证据不足以证明其已经履行了另外 160 万元借款款项的出借义务，故对赵某要求曾某某偿还该部分借款的诉讼请求，因证据不足，法院不予支持。

★ 案例分析

出借或偿还借款应当保存支付证据，尤其是大额款项，最好通过银行转账等方式支付，若涉及大额现金出借或偿还的，应当保留现金来源、现金交付的相关证据，以避免事后就实际支付金额产生争议。

一、民间借款合同的概念与特征

民间借款合同，是指出借方为非金融机构而向借款方出借一定数额的货币，借款方承诺到期归还相应数额货币的合同。需要注意的是，《民法典·合同编》第 679 条规定，自然人之间的借款合同，自贷款人提供借款时成立。这里将民间借款合同的主体限定于自然人之间。但《最高人民法院关于审理民间借贷案件适用法律若干问题的规定》（2020 年修正，以下简称《民间借贷司法解释》）将民间借款合同的范围扩大了，其第 1 条规定："本规定所称的民间借贷，是指自然人、法人和非法人组织之间进行资金融通的行为。经金融监管部门批准设立的从事贷款业务的金融机构及其分支机构，因发放贷款等相关金融业务引发的纠纷，不适用本规定。"

只要出借方一方不是经金融监管部门批准设立的从事贷款业务的金融机构及其分支机构，则当事人所订立的借款合同就属于民间借款合同。《民间借贷司法解释》将民间借款合同区分为自然人之间的民间借款合同与非自然人之间的民间借款合同，与以金融机构为出借方的借款合同相比，民间借款合同的主要特点在于：

第一，出借方为非金融机构。对于民间借贷合同的主体是否包含自然人、法人、其他组织，理论界一直有着不同的看法。有的学者认为，民间借贷以自然人之间的借贷为主，但不仅限于自然人之间的借贷。有的学者则认为，我国法律禁止企业之间的借贷，因此在我国，法人之间、企业之间的借贷都是不合法的。司法实践大多赞同第一种观点，以维护金融秩序为目的不允许企业之间相互借贷，那么企业与自然人之间的借贷也应该不被允许，否则也会与企业之间的借贷一样扰乱金融秩序。这也是民间借款合同与一般借款合同的主要区别。

第二，自然人之间的民间借款合同一般为实践合同。关于民间借贷合同为诺成性合同还是实践性合同，我国学者意见不一。一部分学者认为，银行借款合同为诺成性合同，民间借款合同一般为实践性合同。另一部分学者认为，无偿的民间借款合同应该是实践性合同，其理由是：在无偿民间借款合同中，出借方并不获利，只因承诺便应负有合同义务有些严苛；而有偿的民间借款合同，应是诺成性合同，以加重获取收益的出借人的义务，稳定社会经济生活。目前司法实践中民间借款多发生在自然人之间，且大多发生在亲朋好友之间互帮互助，信赖感很强，由于借款金额一般较小，不收取利息的情况居多，借贷形式简单。因此有必要将自然人之间的借款合同定为实践合同。《民法典·合同编》第679条对此予以了确认。当事人之间仅达成借款的合意，借款合同并不能生效，必须出借方实际提供金额，借款合同才能生效。

第三，民间借款合同为非要式性。民间借款合同当事人之间互助性、信任感较强，无论是有偿的民间借款还是无偿的民间借款，法律没有强制要求采用书面形式或其他特殊形式。从体系解释来看，该条针对借款合同规定必须采用书面形式，但同时规定，"但自然人之间借款另有约定的除外"。只要双方具有充分的信任关系，当事人并未提出订立书面合同的，就应当尊重当事人的自愿，允许自然人之间以非书面形式订立。

第四，民间借款合同具有单务性。《民间借贷司法解释》第25条规定："借贷双方没有约定利息，出借人主张支付利息的，人民法院不予支持。自然人之间借贷对利息约定不明，出借人主张支付利息的，人民法院不予支持。除自然人之间借贷的外，借贷双方对借贷利息约定不明，出借人主张利息的，人民法院应当结合民间借贷合同的内容，并根据当地或者当事人的交易方式、交易习惯、市场报价利率等因素确定利息。"自然人之间的民间借款合同以无利息情况居多，若为有偿合同的，则应属诺成及双务合同；若为无偿合同，则应属实践及单务合同。只有在当事人特别约定了利息条款的情形下，该借款合同才属于有偿的民间借贷合同。因此民间借贷合同主要是单务合同。

二、民间借款合同的借款利息

（一）借款利息的约定

1. 自然人之间的借款合同原则上是无偿的，除非当事人约定不明确，又不能达成补充协议的，才应当支付利息。1999年《合同法》第211条规定："自然人之间的借款合同对支付利息没有约定或者约定不明确的，视为不支付利息。自然人之间的借款合同约定支付利息的，借款的利率不得违反国家有关限制借款利率的规定。"《民间借贷司法解释》第25条规定："借贷双方没有约定利息，出借人主张支付利息的，人民法院不予支持。自然人之间借贷对利息约定不明，出借人主张支付利息的，人民法院不予支持……"

《民法典·合同编》第680条规定："禁止高利放贷，借款的利率不得违反国家有关规定。借款合同对支付利息没有约定的，视为没有利息。借款合同对支付利息约定不明确，当事人不能达成补充协议的，按照当地或者当事人的交易方式、交易习惯、市场利率等因素确定利息；自然人之间借款的，视为没有利息。"

2. 非自然人之间的借款合同原则上是有偿的。《民间借贷司法解释》第25条第2款规定："……除自然人之间借贷的外，借贷双方对借贷利息约定不明，出借人主张利息的，人民法院应当结合民间借贷合同的内容，并根据当地或者当事人的交易方式、交易习惯、市场报价利率等因素确定利息。"

（二）民间借贷的借款利率

民间借贷的借款利率不仅是当事人意思自治与国家干预的重要边界，也是民间借贷合同中的核心要素。最高人民法院在认真听取社会各界意见并征求金融监管部门意见建议的基础上，经院审判委员会讨论后决定：以中国人民银行授权全国银行间同业拆借中心每月20日发布的一年期贷款市场报价利率（LPR）的4倍为标准确定民间借贷利率的司法保护上限，取代了2015年《民间借贷司法解释》第26条的规定："借贷双方约定的利率未超过年利率24%，出借人请求借款人按照约定的利率支付利息的，人民法院应予支持。借贷双方约定的利率超过年利率36%，超过部分的利息约定无效。借款人请求出借人返还已支付的超过年利率36%部分的利息的，人民法院应予支持。"

可以看出，取代"以24%和36%为基准的两线三区"的规定后，大幅度降低民间借贷利率的司法保护上限，促进了民间借贷利率逐步与我国经济社会发展的实际水平相适应。大幅度降低民间借贷利率的司法保护上限，主要有以下几个方面的原因：一是规范民间借贷活动的客观需要。借贷双方要不要约定利息、约定的利息应是多少，都要秉持着双方自愿的原则进行，这也充分体现了当事人的意思自治。在不违反国家有关规定，不违背公序良俗的前提下，借贷双方在借款合同中约定的利息，应当得到法律保护。反之，借贷双方在借款合同中约定的利息过高，不仅造成债务人还款困难，还会引发一系列的社会问题，所以世界上的许多国家为了降低民间借贷利率、规范民间借贷行为，都设置了利率保护的上限。二是确保民间借贷平稳健康发展的需要。近几年出现了以金融创新为名规避金融监管、进行制度套利，有的甚至与网络借贷、资管计划、场外配资、资产证券化、股权众筹等金融现象交织在一起，违反了法律，违背了公序良俗。为了保障民间借贷的稳定发展，大幅度降低民间借贷利率的司法保护上限尤为重要。三是统一司法裁判标准的现实需求。

人民法院在处理民间借贷案件，要顺应经济发展的势头，专门规范民间借贷利率标准，从而提供更为具体明确的裁判标准。

（三）复利的计算

所谓复利，是指一笔资金除本金产生利息外，在下一个计息周期内，加上先前周期内产生的利息来计算利息的计息方法，也就是实践中所说的"利滚利"。我国立法和司法实践为了控制高利贷问题，一直禁止计算复利。《民间借贷司法解释》对于关于民间借款的复利问题，在第 28 条的规定中，并没有完全表示禁止复利，原因是法律上想要禁止的是高利贷的复利，而不是复利本身。法律对复利的最高标准有界定，只要复利本身没有超出最高标准，则应当认定其有效。同时也应该对复利本身予以限制性的规定。

（四）利息的扣除规则

我国司法实践中"抽头""贴水贷款"的叫法，是指从本金中预先扣除一部分利息的做法。针对"抽头""贴水贷款"的情形，《民法典·合同编》在第 670 条的规定中特别强调了此类规则，《民间借贷司法解释》也在第 27 条规定："借据、收据、欠条等债权凭证载明的借款金额，一般认定为本金。预先在本金中扣除利息的，人民法院应当将实际出借的金额认定为本金。"依据该条规定可知，若出借方预先将本金扣除，应按照出借方实际交付的借款数额来认定本金数额，预先扣除利息的部分，出借方不再纳入本金数额；若出借方预先将利息从本金中扣除，则无权请求借款方按照约定的本金数额还本付息。

（五）逾期的利息计算

所谓逾期利息，是指由逾期贷款造成的罚利息，具体是指借款人不按照合同的约定归还借款的超期罚息。逾期利息和逾期贷款息息相关，关系到用户的信用问题。《民法典·合同编》第 676 条规定："借款人未按照约定的期限返还借款的，应当按照约定或者国家有关规定支付逾期利息。"《民间借贷司法解释》第 29、30 条确立了关于民间借贷合同逾期利息的计算规则：

1. 双方约定逾期利息。《民间借贷司法解释》第 29 条第 1 款规定："借贷双方对逾期利率有约定的，从其约定，但是以不超过合同成立时一年期贷款市场报价利率 4 倍为限。"民事主体之间的活动，始终遵循"有约从约"的基本原则，如果借贷双方之间对逾期利息一并作了明确约定，只要不超过合同成立时一年期贷款市场报价利率四倍，依据约定计算即可。

2. 双方没有约定逾期利息。《民间借贷司法解释》第 29 条第 2 款规定："未约定逾期利率或者约定不明的，人民法院可以区分不同情况处理：①既未约定借期内利率，也未约定逾期利率，出借人主张借款人自逾期还款之日起承担逾期还款违约责任的，人民法院应予支持；②约定了借期内利率但是未约定逾期利率，出借人主张借款人自逾期还款之日起按照借期内利率支付资金占用期间利息的，人民法院应予支持。"

双方未约定，即借期内与逾期均未约定，法院基本支持承担逾期还款违约责任；单方未约定，即只约定借期内利率，这也是很常见的民间借贷方式。此时，完全可以比照借期内利率主张逾期利率。

3. 逾期利息与违约金或其他费用的适用关系。当事人在约定逾期利息的同时，也可能同时约定了违约金责任，在此情形下，《民间借贷司法解释》第30条规定："出借人与借款人既约定了逾期利率，又约定了违约金或者其他费用，出借人可以选择主张逾期利息、违约金或者其他费用，也可以一并主张，但是总计超过合同成立时一年期贷款市场报价利率4倍的部分，人民法院不予支持。"

三、民间借款合同范本

合同编号：＿＿＿＿＿＿＿＿＿

贷款方：＿＿＿＿＿＿＿＿＿

地址：＿＿＿＿＿＿＿＿＿

电话：＿＿＿＿＿＿＿＿＿

借款方：＿＿＿＿＿＿＿＿＿

地址：＿＿＿＿＿＿＿＿＿

电话：＿＿＿＿＿＿＿＿＿

应借款方＿＿＿＿＿＿＿年＿＿＿＿＿＿＿月＿＿＿＿＿＿＿日提出的借款申请，贷款方愿意向借款方提供固定资产贷款。借贷双方根据《中华人民共和国民法典》以及其他有关规定，经过平等协商，现达成以下条款，以资共同遵照执行。

第一条 贷款种类

本合同项下的贷款为固定资产贷款，贷款的具体用途必须是借、贷双方确认的并经国家有关主管部门正式批准的项目。此贷款项下的资金不得挪作他用。

第二条 贷款币种及金额

币种：＿＿＿＿＿，金额：＿＿＿＿＿（小写），＿＿＿＿＿（大写）

第三条 贷款用途

此笔贷款用于借款方经＿＿＿＿＿＿＿（批准单位）＿＿＿＿＿＿＿号文批准的＿＿＿＿＿＿＿项目。上述的有关批准文件应作为此贷款合同的附属文件交贷款方存档备查。此笔贷款的用途是唯一的，借款方不得在此贷款合同规定之外的任何项目上使用。

第四条 贷款期限

自贷款方第一笔拨款之日起至借款方全部还清本息之日止，共计_____个月（_____年）

第五条 起息日与到期日

起息日：本贷款合同项下全部或部分资金自贷款方账户划出之日为该笔资金的起息日，自该日起对划出的资金开始计息。

到期日：本贷款合同项下的到期日为借款方将偿付资金汇至贷款方账户之日。如借款方在规定的到期日未能将规定偿付的金额划至贷款方账户，则按逾期处理，借款方应按规定支付逾期利息。

第六条 利率与计息结算

1. 贷款利率：本贷款利率为月息_____‰。在本合同有效期间，如遇_____银行调整利率或变更计息办法，自其公布或生效之日起，本贷款上述利率或计息办法亦作相应调整，并以贷款方通知为准。

2. 计息结算：利息按贷款实际发生额每_____个月结算一次。上半年三月二十日、六月二十日，下半年九月二十日、十二月二十日为固定结算日。借款方在结算日应偿付的本息如未能如期划至贷款方账户，则贷款方自将未偿部分金额转入本金复利计算。

第七条 费用

1. 手续费：本合同规定贷款方将向借款方收取贷款手续费。手续费率为本合同贷款总额的_____%；贷款手续费借款方应于第_____个计息结算日一次性支付，支付形式与该期支付的本息支付方式相同。

2. 承诺费：贷款方有权在提款期内向借款方收取承诺费。承诺费费率为年率_____；承诺费起算日为_____，并在_____日计收。计费方法：以三百六十天为一年，按未提金额和实际未提天数计收承诺费。承诺费由贷款方主动从借款方存款账户中扣收。

3. 管理费：借款方应在第一次提款时按合同借款金额的_____%向贷款方一次性支付管理费，管理费以人民币支付（以支付当日国家外汇管理局公布的外汇中间价折算）。

4. 凡因签订与履行本合同及其附属文件而发生的其他费用均由借款方承担。

第八条 计息宽限期

本合同规定该笔贷款每笔发生额自起息日起有_____个月的计息宽限期，即自起息日起有_____个月不支付利息。宽限期内利率不变，但遇结息日时不复利计算。宽限期结束后自第_____个月开始正常计息，如该月有固定结算日，则自起息日起至该固定结算日止的全部利息在该日支付；如该月无固定结算日，则该月的_____日定为宽限期后的第一个结算日，结算方法与固定结算日相同。

第九条 固定资产保险

该固定资产贷款项下形成的固定资产由借款方负责向保险公司办理财产保险。无论是人为或自然等任何原因引起的固定资产灭失或损坏，均不影响本合同的法律效力，借款方不得以任何理由拒绝向贷款方支付贷款本息和有关费用。

第十条 贷款的拨付和作用

贷款方在本合同规定的用途和金额内，按照借款方提供的、经借贷双方协商同意的用款计划，逐笔核贷，供给资金。借款方须于每次用款日前_____天以电报（加注双方确定的编码）或信函（信托放款支付凭条）方式通知贷款方用款的具体日期、金额。贷款方接到上述通知后，即按要求用款日期、金额将款项以电汇方式划拨至借款方_____在_____行开立的人民币第_____号账户内。借款方须在发出上述用款通知的同时将签字、盖章的贷款借据寄予贷款方。

借款方须按用款计划用款。如延迟用款，除须于该次计划用款日前_____天书面通知贷款方外，借款方将对延迟用款金额部分自延迟之日起，按实际延迟天数，收取本贷款利率之50%的承担费。如延迟天数超过_____天，贷款方有权终止贷款，并保留立即对已贷款部分本息的追索权。

如提前用款，借款方须于该次提前用款日前二个月书面通知贷款方，经贷款方同意后生效，否则贷款方因资金不便、不能适时供应资金之责任，由借款方自负。如因国家计划或政策变化等因素使贷款方不能按原用款计划供应资金，贷款方不承担违约责任。

第十一条 贷款管理

借款方须按时向贷款方提供每月、季、半年及年度财务报表，并每半年向贷款方提供本贷款使用和效益情况报告。贷款方有权在其认为必要的时候检查本贷款的使用情况以及借款方的生产经营活动和财务状况，借款方有义务向贷款方提供一切必要的资料，并给予协助和提供方便。借款方如发生任何影响本贷款按期还本付息的固定资产或其他债务之增加，须事先经贷款方同意。

第十二条 还款

1. 借款方应严格按还款计划或本合同的规定偿还贷款本息及有关费用。

2. 按_____贷款惯例，此合同项下的贷款不能提前偿还，如借款方因故需提前还款时，应在预计偿还日前十五天书面通知贷款方并获得贷款方的许可。对不经贷款方许可而提前归还的贷款部分，贷款方将向借款方一次性收取实际提前偿付金额总额_____%的承担费。

3. 借款方确因正当理由而无法按期还款时，应于规定还款日前一个月向贷款方提出延期付款的申请，并准备必要的材料以便办理有关展期的手续，经贷款方批准同意展期的贷款部分，贷款方将不予罚息。贷款展期只限一次，展期到期后贷款将按逾期处理。

第十三条 保证

1. 借款方保证向贷款方提交的所有材料或文件都是合法、真实、有效的。

2. 借款方保证本合同项下的贷款专款专用，不挪作他用。

3. 借款方保证按时向贷款方提交使用贷款的有关材料（包括技改项目或工程建设进度的材料、设备进口或购置方面的材料、设备投入运行或工程完工后企业的财务状况和经营情况资料等），接受贷款方的监督和检查。

4. 借款方由于变更、改制、承包或经主管部门批准实行关、停、并、转时，借款方保证最迟于上述事件发生之前一个月以前通知贷款方，并立即清偿与贷款方之间的所有债务。经贷款方同意，借款方可将债务转移给接收单位或新设单位（在债务转移的过程中，借款方应向贷款方出示并送交其主管部门或发包方的发文或有关文件），但接收债务的单位必须与贷款方重新签订贷款合同，合同签字以前，贷款方随时有向借款方或借款方接收人追偿债务的权利。

5. 贷款方保证按照合同的有关条款或用款计划及时向借款方提供贷款。

第十四条 违约责任

1. 如借款方不按本合同规定的用途用款，贷款方有权停止贷款，部分或全部收回已发放的贷款，并对其挪用金额部分自挪用之日起，在本合同利率基础上加收100%的罚息；

2. 如借款方不按本合同（包括用款计划书）的规定按期偿还贷款本息，贷款方有权对逾期偿还金额部分，自逾期之日起，在本合同利率基础上加收30%的罚息；

3. 在发生下列情况之一时，贷款方有权停止发放贷款，并立即或限期提前收回已发放的贷款：

（1）借款方向贷款方提供的情况、报表、资料不真实或拒绝贷款方对本贷款的上述合理管理或检查；

（2）借款方与第三者发生诉讼，经法院判决败诉，从而影响了其还款能力；

（3）借款方的资产总额不足以抵偿其负债总额；

（4）借款方的担保人违反或失去担保书中的条件；

（5）借款方或其担保人在本合同履行期内濒临破产。

4. 凡借款方对除本贷款之外的其他债务有违约行为，或其他债务已经（或可以）加速到期；或借款方经司法程序宣告破产或借款方承认无力清偿已到期债务；

或将其财产让与给其他债权人，则均被视为对本合同同时违约，本贷款亦须同时（以同等比例）加速到期受偿或同时（以同等比例）分配借款方的让与及清偿财产。

第十五条 还款担保

本合同项下的贷款本息由_____作为借款方的担保人，并由担保人向贷款方出具担保函，作为本合同不可分割的组成部分，一旦借款方不能按期偿还贷款本息，经贷款方发出书面通知，由担保单位承担还本付息责任。

第十六条 合同的变更和解除

订立合同所依据的国家计划及有关的概算预算经计划下达机关批准修改或取消的，允许变更或解除合同。

第十七条 声明及保证

（一）借款方：

1. 借款方为一家依法设立并合法存续的企业，有权签署并有能力履行本合同。

2. 借款方签署和履行本合同所需的一切手续_____均已办妥并合法有效。

3. 在签署本合同时，任何法院、仲裁机构、行政机关或监管机构均未作出任何足以对借款方履行本合同产生重大不利影响的判决、裁定、裁决或具体行政行为。

4. 借款方为签署本合同所需的内部授权程序均已完成，本合同的签署人是借款方的法定代表人或授权代表人。本合同生效后即对合同双方具有法律约束力。

（二）贷款方：

1. 贷款方为一家依法设立并合法存续的企业，有权签署并有能力履行本合同。

2. 贷款方签署和履行本合同所需的一切手续_____均已办妥并合法有效。

3. 在签署本合同时，任何法院、仲裁机构、行政机关或监管机构均未作出任何足以对贷款方履行本合同产生重大不利影响的判决、裁定、裁决或具体行政行为。

4. 贷款方为签署本合同所需的内部授权程序均已完成，本合同的签署人是贷款方的法定代表人或授权代表人。本合同生效后即对合同双方具有法律约束力。

第十八条 保密

双方保证对从另一方取得且无法自公开渠道获得的商业秘密（技术信息、经营信息及其他商业秘密）予以保密。未经该商业秘密的原提供方同意，一方不得向任何第三方泄露该商业秘密的全部或部分内容。但法律、法规另有规定或双方另有约定的除外。保密期限为_____年。一方违反上述保密义务的，应承担相应的违约责任并赔偿由此造成的损失。

第十九条 不可抗力

本合同所称不可抗力是指不能预见、不能克服、不能避免，并对一方当事人造成重大影响的客观事件，包括但不限于自然灾害（如洪水、地震、火灾和风暴等）以及社会事件（如战争、动乱、政府行为等）。

如因不可抗力事件的发生导致合同无法履行时，遇不可抗力的一方应立即将事故情况书面告知另一方，并应在_____天内，提供事故详情及合同不能履行或者需要延期履行的书面资料，双方认可后协商终止合同或暂时延迟合同的履行。

第二十条 通知

1. 根据本合同需要发出的全部通知以及双方的文件往来及与本合同有关的通知和要求等，必须用书面形式，可采用_____（书信、传真、电报、当面送交等）方式传递。以上方式无法送达的，方可采取公告送达的方式。

2. 各方通讯地址如下：_____。

3. 一方变更通知或通讯地址，应自变更之日起_____日内，以书面形式通知对方；否则，由未通知方承担由此而引起的相应责任。

第二十一条 争议的处理

（一）本合同受_____国法律管辖并按其进行解释。

（二）本合同在履行过程中发生的争议，由双方当事人协商解决，也可由有关部门调解；协商或调解不成的，按下列第_____种方式解决：

1. 提交_____仲裁委员会仲裁；

2. 依法向人民法院起诉。

第二十二条 解释

本合同的理解与解释应依据合同目的和文本原义进行，本合同的标题仅是为了阅读方便而设，不应影响本合同的解释。

第二十三条 补充与附件

本合同未尽事宜，依照有关法律、法规执行，法律、法规未作规定的，双方可以达成书面补充协议。本合同的附件和补充协议均为本合同不可分割的组成部分，与本合同具有同等的法律效力。

第二十四条 合同效力

本合同自双方或双方法定代表人或其授权代表人签字并加盖公章之日起生效。有效期为_____年，自_____年_____月_____日至_____年_____月_____日。本合同正本一式_____份，双方各执_____份，具有同等法律效力；合同副本＿＿＿＿＿＿份，送＿＿＿＿＿＿留存一份。

借款方（公章）＿＿＿＿＿＿　　　　贷款方（公章）＿＿＿＿＿＿

　　代表人（签字）＿＿＿＿＿＿　　　　　代表人（签字）＿＿＿＿＿＿

　　经办人（签字）＿＿＿＿＿＿　　　　　经办人（签字）＿＿＿＿＿＿

　　＿＿＿＿年＿＿＿＿月＿＿＿＿日　　　　＿＿＿＿年＿＿＿＿月＿＿＿＿日

　　签订地点：＿＿＿＿＿＿　　　　　　签订地点：＿＿＿＿＿＿

★ 案例分析

违法高息不受保护

2014 年 3 月 18 日，杨某某与重庆某某建材有限公司签订《借款合同》，约定重庆某某建材有限公司向杨某某借款 1000 万元，每月按借款金额的 2% 支付借款利息，同时每月按借款金额的 2% 支付综合服务费；借款到期未偿还则按借款金额的每日 5% 支付违约金；王某某和张某某为借款提供保证担保。签订合同当日，杨某某向王某某账户转账支付借款 500 万元。同日，张某某向案外人陈某莉账户转账支付 20 万元。2014 年 4 月 10 日和 4 月 17 日，杨某某与重庆某某建材有限公司、王某某和张某某再次签订两份《借款合同》，金额分别为 200 万元和 300 万元，合同其他条款内容与 2014 年 3 月 18 日《借款合同》相同。杨某某分别于合同签订当日向王某某账户转账支付借款 200 万元和 300 万元。同日，张某某向案外人陈某某账户转账支付 8 万元和 20 万元。2014 年 4 月 18 日至 7 月 17 日，张某某、王某某又陆续向案外人陈某某账户转账支付共计 132 万元。庭审中，杨某某认可陈某某账户收到王某某和张某某支付的所有款项为利息。2014 年 12 月 29 日，杨某某起诉至法院要求判决重庆某某建材有限公司、王某某、张某某连带偿还借款本金 1000 万元及相应利息、综合服务费等。

【判决结果】

重庆市第二中级人民法院认为，合同中既约定 2% 的月利率，又约定每月 2% 的综合服务费，其目的是规避法律规定收取高息，法院对此不予保护。借款人已经支付的利息超出法律规定的部分应充抵本金。另外，杨某某向借款人提供借款的当日，即通过案外人陈某某的账户收取了共计 48 万元的利息，属于预扣利息的行为。该 48 万元应从借款本金中扣除。

★ 案例分析

民间借贷约定的利率应当符合法律的规定。2008 年实施的《最高人民法院关于人民法院审理借贷案件的若干意见》第 6 条规定，民间借贷利率最高不得超过银行同类贷款利率的 4 倍。2015 年《民间借贷司法解释》第 26 条对利率规定进行了调整，即借贷双方约定的利率未超过年利率 24% 的，人民法院予以保护；超过年利率 24% 但未超过 36% 的部分，人民法院不予干预；超过年利率 36% 的部分无效，即使支付了也可以请求法院判决返还。此外，出借人在出借款项时预先在本金中扣除的利息不能计入借款本金，可以要求借款人返还。

★ 本章小结

本章是学习合同法课程的基础章节，主要介绍借款合同的相关规定。学生需要掌握借款合同的概念、法律特征、借款合同的基本内容；借款合同当事人的权利义务及借款合同的担保方式。注意本章内容和《商业银行法》的关系。理解借款合同的形式和内容，理解金融机构签订的借款合同与自然人签订的借款合同的区别和联系。掌握借款合同的效力及借款合同的终止，借款方和贷款方的权利和义务。掌握借款人和贷款人的违约责任。通过本章的学习，学生能够运用所学，初步草拟出借款合同。

【技能训练】

正确认识借款合同

目的：使学生在实务过程中获得法律知识的积累。通过对比分析，将抽象的法律概念融入直观的法律现象、法律事务进行探讨，深化对法律概念的理解。

要求一：通过书籍、学术文章、网络课程等方式的辅助学习，进一步了解借款合同的规范书写格式。

要求二：参加学生小组讨论研究。

【实践活动】

草拟借款合同

目的：使学生掌握我国借款合同的规范书写格式，培养学生的撰写能力，加强学生的实务操作经验。

内容：草拟借款合同。

撰写要求一：

（1）先确定借款合同的种类；

（2）具备借款合同的主要条款；

（3）表明还款期限；

（4）附有证明文件；

（5）盖章及签字。

撰写要求二：掌握合同撰写的主要条款；了解借款合同的使用目的。能够运用所学法律知识，正确指导实践。

【实务拓展】

运用所学知识分析问题

　　北京上阳公司与某信用社签订了一份借款合同。双方在合同中约定：北京上阳公司向该信用社贷款人民币 500 万元，借款期限为 3 年，借款用途为技术改造。北京上阳公司同时按照信用社的要求提供了担保。而作为担保人的是当地的一家政府职能部门。该信用社为了控制风险，在未把该款项交与北京上阳公司之前，就预先将利息 75 万元从本金中扣除。事后，由于种种问题的出现，导致双方产生了纠纷。结合案例回答下列问题：

　　1. 借款合同没有采用书面形式是否合法？

　　2. 合同的担保是否合法？理由是什么？

　　3. 某信用社将利息从本金中扣除是否合法？如何处理？

★ 本章练习

　　1. 简述借款合同的特征。

　　2. 简述借款合同的种类。

　　3. 简述金融机构借款合同的内容。

　　4. 简述金融机构借款方的义务。

　　5. 简述民间借贷的借款利率计算方式。

★ 参考文献

　　1. 崔建远主编：《合同法》，法律出版社 2016 年版。

　　2. 崔建远：《合同法》，北京大学出版社 2016 年版。

　　3. 王利明：《合同法》，中国人民大学出版社 2015 年版。

　　4. 王利明、房绍坤、王轶：《合同法》，中国人民大学出版社 2013 年版。

　　5. 王利明：《合同法研究（第四卷）》，中国人民大学出版社 2017 年版。

　　6. 杨立新：《合同法》，北京大学出版社 2013 年版。

　　7. 朱广新：《合同法总则研究（上下册）》，中国人民大学出版社 2018 年版。

　　8. 吴光侠、杨治、袁玮玮："《温州银行股份有限公司宁波分行诉浙江创菱电器有限公司等金融借款合同纠纷案》的理解与参照——未列入借款合同中的最高额保证责任"，载《人民司法（案例）》2017 年第 14 期。

　　9. 吴光侠："《福建海峡银行股份有限公司福州五一支行诉长乐亚新污水处理有限公司、福州市政工程有限公司金融借款合同纠纷案》的理解与参照——特许经营的收益权可以质押"，载《人民司法（案例）》2017 年第 11 期。

　　10. 许中缘、夏沁："民法体系视角下《民间借贷规定》第 24 条的释意——兼论买卖合同担保入民法典"，载《中南大学学报（社会科学版）》2018 年第 6 期。

-------- 第六章

金融担保法律制度

■■■■ ■■ **学习目标**

知识目标：

　　熟悉和运用《民法典》物权编中有关担保物权的规定，掌握担保债权的概念和特征，了解保证责任的承担方式，熟悉抵押担保、质押担保、留置与定金条款的含义和应用。

能力目标：

　　通过本章内容学习，帮助学生掌握金融担保法律知识，提高学生对这部分知识的应用能力，并通过案例分析提高学生解决问题的能力。帮助学生运用《民法典》总则编、物权编、合同编等，对金融领域中的担保法律问题进行全面分析与研究。通过分析与研究，探讨我国金融担保法律制度存在的问题以及如何改进。

第一节　　金融担保法律制度概述

★ **案例导入**

　　2010 年 8 月 12 日，某实业公司向农业银行借款 7 万元，借款期限从 2010 年 8 月 13 日至 2011 年 8 月 13 日。某农机公司作为担保单位，在担保协议上签字。该担保协议书第 8 条约定："借款到期日后一个月，如借款方不按期归还本息，由担保单位负责为借款方偿还本息和逾期还贷罚息。"

　　某实业公司于 2011 年 10 月和 12 月两次向该农业银行偿还贷款共 2 万元。2011 年 12 月底，某实业公司电话告知农业银行，准备用货物抵偿尚欠的贷款，农业银行答复表示同意。但至 2012 年 1 月上旬，农业银行口头告知实业公司，要求由担保人偿还公司尚欠的贷款。因农机公司法定代表人暂不在单位，农业银行向农机公司表示待春节后再协商还贷问题。

但到 2012 年 2 月上旬，农业银行未与某实业公司和农机公司商量，即直接从农机公司存款中扣划 54 217.20 元。

在现代市场经济中，金融担保应用日趋广泛，虽然各国尚未对此作出单独的立法规定，但由于金融业务的特点，金融担保往往会形成特殊的法律关系。因此，研究金融担保法律制度十分重要。在金融担保中，主要适用保证、抵押、质押三种担保形式。

金融担保法律制度是指在金融活动中，法律为确保特定的债权人实现债权，以债务人或第三人的特定财产，或者第三人的信用来督促债务人履行债务、保障债权人权利实现的制度。

银行的资产大多表现为债权而非实物资产，银行的债权多数是担保债权。

一、金融担保基本知识

金融担保债权与一般担保债权类似，具有从属性、补充性和保障性的特征。担保之债从属于主债务，被担保之债是主债，主债无效或消灭，从债也随之无效或消灭。担保权利人行使担保权利，以主债务未得到履行为前提，即保障所担保的合同能够得到履行，实际上是担保权利人人权利的实现，这是担保的最根本的特征。

我国关于担保的法律规定主要体现在《民法典》的物权编和合同编中。

在我国《民法典》物权编和合同编中，担保的种类由法律规定，不能由当事人自行创设，分为人保和物保。

人保即保证、人的担保、信用担保，其实质是保证人以自己的偿债能力对主债务承担保证责任，效力及于保证人的全部财产，甚至将来的财产，即信用的全部。

物保即物的担保，是指债务人或第三人以特定的财产来担保债权实现。担保的效力只及于特定的财产，当债务人到期不履行债务时，债权人可以以担保财产的价值实现自己的债权。

根据《民法典》中有关担保的规定，在借贷、买卖、货物运输、加工承揽等经济活动中，债权人需要以担保方式保障其债权实现的，可以依照《民法典》中有关担保的规定设定担保。实际上，《民法典》中有关担保的规定的适用范围不仅仅限于前述合同，一般来说，只要是有偿合同，都可以适用担保，如租赁合同、建设工程施工合同等。

二、担保的目的

（一）立法目的

《民法典》中有关担保的规定适用于在借贷、买卖、货物运输、加工承揽等经济活动中，债权人需要以担保方式保障其债权实现的交易情形。在银行和其他金融机构信贷领域，《民法典》中有关担保的规定主要是保障债权的实现。

《民法典》第 1 条规定："为了保护民事主体的合法权益，调整民事关系，维护社会和经济秩序，适应中国特色社会主义发展要求，弘扬社会主义核心价值观，根据宪法，制定本法。"《民法典》第387条第1款规定："债权人在借贷、买卖等民事活动中，为保障实现其债权，需要担保的，可以依照本法和其他法律的规定设立担保物权。"根据上述两个法条，可以发现在信贷领域，设定担保的主要目的有两个：一是促进资金融通；二是保障债权的实现。举一个例子来解释，假如某商业银行将100万元贷款给甲企业，贷款期限为1年，年利率为12%。1年后银行收回贷款时，收112万元本息。那么，结果可以有两种：第一种结果是，如果甲企业不能按借款合同约定的期限还贷，延期1年后才还清贷款，此时银行不但可以收回本金，还可以收回2年的利息24万元，罚息4万元，利息总计为28万元；第二种结果是，如果甲企业按期还贷，银行将收到12万元的利息。银行再将收回的100万元贷给乙企业使用1年，年利率12%，到期乙企业按期还贷。此时，甲乙企业交给银行的利息总计24万元。

分析上面假设的例子，如果从收益方面计算，从第一种结果来看，银行可以获得的利息更多，银行并没有吃亏。但是，第一种结果最大的缺点是风险大于第二种结果。银行如果按第一种结果的情况来贷款，设有保证，或设定抵押或质押的话，就不会受到风险的威胁，通过处理抵押物又可以间接保证资金流动性。只有保证了资金流动性，债权的实现才能不受阻碍。因此，从银行和其他金融机构来看，保障资金流动性是考虑资金的时间价值的最主要的目的；从法律上看，保障债权是金融机构确保其民事权利的根本目的。

（二）担保的原则与性质

担保的法定原则是平等、公平、自愿、诚实信用。所谓平等，是指当事人在信贷担保活动中的地位平等。所谓公平，是指信贷担保的内容公平。所谓自愿，是指信贷担保不能违反当事人的意思，更不能强迫、欺骗或胁迫当事人提供保证和抵押等。所谓诚实信用，是指信贷担保的当事人，特别是保证人必须诚实信用，人的保证完全靠保证人的信誉，信誉不好，保证就不能起到真正的作用。

同时，《民法典》第388条第1款规定："设立担保物权，应当依照本法和其他法律的规定订立担保合同。担保合同包括抵押合同、质押合同和其他具有担保功能的合同。担保合同是主债权债务合同的从合同。主债权债务合同无效的，担保合同无效，但是法律另有规定的除外。"因此，在信贷担保业务中，借款合同是主合同，保证合同或抵押合同是从属合同，当借款合同无效时，保证合同或抵押合同也无效。担保合同被确认无效后，债务人、担保人、债权人有过错的，应当根据其过错各自承担相应的民事责任。但是，我们也要看到，保证合同或抵押合同在实务中是借款合同的前提和基础，因为没有担保作为前提和基础，银行可能就不会提供贷款。

三、金融担保的效力

（一）担保合同产生法律效力的条件

主要有以下两个方面：

1. 符合《民法典》合同编规定的合同生效的条件，如主体条件、主观方面的条件（即意思表示真实）等。

2. 所担保的主合同有效。担保合同是主合同的从合同，主合同无效，担保合同无效。担保合同另有约定的，按照约定。如果主合同违法，如城镇居民购买农村村民房屋的合同、高利贷合同（属于借款合同）、非法集资所签订的合同、非法的储蓄合同等，此类主合同不合法，如果这些合同有担保合同，则担保合同也不合法。

（二）担保合同的无效

主要有以下四种情形：

1. 所担保的主合同无效。如两个企业之间的借贷合同（属于非法借贷合同）、买卖文物的合同等。

2. 担保人不符合法律规定的条件。如担保人为无民事行为能力人、担保人不是担保财产的合法权利人、保证人为国家机关等。

3. 担保物是法律禁止担保的财产。如法律禁止流通的财产：枪支、文物、珍稀动植物等。

4. 其他情形。如：国有企业没有经过批准，将企业财产用于担保；董事、经理违反《公司法》的规定，以公司资产为本公司的股东或者其他个人债务提供担保的——但如果是董事长以公司名义提供担保的，可以有效，债权人知道或者应当知道其没有权限的除外。

（三）担保合同无效的责任

1. 主合同有效而担保合同无效：①债权人无过错的，担保人与债务人对主合同债权人的经济损失承担连带赔偿责任。如：担保人以保管（租赁、借用等）的他人财产进行担保。②债权人、担保人有过错的，担保人承担民事责任的部分，不应超过债务人不能清偿部分的1/2。如：企业内部的职能部门提供的担保；国家机关作为保证人等等。

2. 主合同无效而导致担保合同无效：如果主合同无效。则担保合同必然无效。①担保人无过错，则不承担民事责任。如担保人不知道其担保的借款合同实际上是非法集资。②担保人有过错的，应承担的民事责任不超过债务人不能清偿部分的1/3。

3. 担保人因无效担保合同向债权人承担赔偿责任后，可以向债务人追偿。

第二节　保证

一、保证概述

（一）保证的概念

《民法典》第681条规定："保证合同是为保障债权的实现，保证人和债权人约定，当债务人不履行到期债务或者发生当事人约定的情形时，保证人履行债务或者承担责任的合同。"可见，保证是指保证人和债权人约定，当债务人不履行债务时，保证人按照约定履行债务或者承担责任的行为。

保证属于"人的担保"，是指以担保人的全部财产作为合同履行的担保。在保证关系中，存在三方当事人：债权人、债务人（被保证人）和保证人。保证人一般由债务人自己寻找，但必须经债权人同意。这种保证的效力全靠保证人的信用，保证人有信用时，保证就可以起到担保的作用；反之，保证人没有信用，保证的担保作用就会减弱甚至没有了。

保证之债是从属于主债务而存在的，主债务消失或改变，保证之债也因此发生变化；但保证之债同时有其相对独立的地位，不受主债务的效力影响，按照国际惯例，见索即付的保证不因主债务的无效而无效。

保证责任是一种补充责任，其合同通常为无偿合同，但随着市场经济的发展，我国市场中逐渐出现了多类型的保证公司，为他人提供担保并收取对价。

（二）保证人

具有代为清偿债务能力的法人、其他组织或者公民，可以作为保证人。由于保证人是以其信誉为借款人担保的，所以保证人的资格非常重要。

法律亦规定了不得作为保证人的单位：

（1）国家机关不得为保证人，但经国务院批准为使用外国政府或者国际经济组织贷款进行转贷的除外。

（2）学校、幼儿园、医院等以公益为目的的事业单位、社会团体不得为保证人。

（3）企业法人的分支机构、职能部门不得为保证人。企业法人的分支机构有法人书面授权的，可以在授权范围内提供保证。

（三）共同保证

共同保证是指两个或者两个以上的保证人对同一债权债务关系提供担保。同一债务有两个或两个以上保证人的，保证人应当按照保证合同约定的保证份额，承担保证责任。没有约定保证份额的，保证人承担连带责任，债权人可以要求任何一个保证人承担保证责任，保证人都负有担保全部债权实现的义务。已经承担保证责任的保证人，有权向债务人追偿，或者要求承担连带责任的其他保证人清偿其应当承担的份额。

保证人之间既可以是承担连带保证责任，也可以是按份保证责任，具体根据保证合同的约定。如果合同对此没有约定，则认为各保证人之间为连带保证责任。

二、保证合同和保证方式

（一）保证合同的形式

保证合同应当采取书面形式，具体有以下几种：①单独订立的保证合同；②主合同中的保证条款；③保证人的保证承诺：第三人单方以书面形式向债权人出具担保书，债权人接受且未提出异议的，保证合同成立；④以保证人的名义签章：主合同中虽然没有保证条款，但是，保证人在主合同上以保证人的身份签字或者盖章的，保证合同成立。

（二）保证合同的内容

保证合同应当包括以下内容：被保证的主债权种类、数额；债务人履行债务的期限；保证的方式；保证担保的范围；保证的期间；双方认为需要约定的其他事项。

（三）保证方式

1. 一般保证。《民法典》第 687 条第 1 款规定："当事人在保证合同中约定，债务人不能履行债务时，由保证人承担保证责任的，为一般保证。"一般保证是保证人承担补充责任的一种保证。即只有当债务人确实无力偿还自己所欠的债务，保证人才需要承担责任。

一般保证的确定有两种方式，一是根据保证合同的约定，即在合同中直接规定保证人承担"一般保证责任"；二是根据法律规定，即如果当事人在保证合同中约定"债务人不能履行债务时，由保证人承担保证责任"，则属于一般保证。

一般保证中，保证人承担补充责任，因此在主合同纠纷未经审判或者仲裁，并就债务人财产依法强制执行仍不能履行债务前，对债权人可以拒绝承担保证责任。这就是保证人的"先诉抗辩权"。

但先诉抗辩权的行使受到一定的限制，有下列情形之一的，保证人不得行使先诉抗辩权：①债务人住所变更，致使债权人要求其履行债务发生重大困难的；②人民法院受理债务人破产案件，中止执行程序的；③保证人以书面形式放弃前款规定的权利的。

2. 连带责任保证。《民法典》第 688 条规定："当事人在保证合同中约定保证人和债务人对债务承担连带责任的，为连带责任保证。连带责任保证的债务人不履行到期债务或者发生当事人约定的情形时，债权人可以请求债务人履行债务，也可以请求保证人在其保证范围内承担保证责任。"

连带责任保证是指保证人和债务人对主债务承担连带责任。保证人和债务人之间在承担债务方面，没有时间方面的先后顺序之分。连带责任保证的债务人不履行到期债务或者发生当事人约定的情形时，债权人可以请求债务人履行债务，也可以请求保证人在其保证范围内承担保证责任。

连带责任保证的确定有如下两种方式：一是根据合同的约定，保证合同中明确约定为"连带责任保证"；二是根据法律规定，保证合同中对保证方式没有约定或者约定不明时，为连带责任保证。

（四）保证人的抗辩权

除一般保证人有先诉抗辩权外，在主债务履行期间届满后，保证人向债权人提供了债务人可供执行财产的真实情况，债权人放弃或者怠于行使该权利致使该财产不能被执行的，保证人可以请求人民法院在其提供可供执行财产的实际价值范围内免除保证责任。

此外，保证人根据法律规定或者合同约定享有拒绝承担保证责任的权利。如保证期间已经届满；保证合同无效且保证人无过错；等等。

三、保证责任和保证期间

（一）保证责任的范围

《民法典》第 389 条规定："保证担保的范围包括主债权及利息、违约金、损害赔偿金和实现债权的费用。当事人另有约定的，按照其约定。"

保证责任的范围有两种确定途径：一是根据保证合同的约定，二是根据法律的规定。如果当事人对保证责任的范围没有约定或者约定不明的，则保证人应当对全部债务承担责任，包括主债权及利息、违约金、损害赔偿金和实现债权的费用。

在保证期间，债权人转让全部或者部分债权，未通知保证人的，该转让对保证人不发生效力。

保证人与债权人约定禁止债权转让，债权人未经保证人书面同意转让债权的，保证人对受让人不再承担保证责任。

债权人未经保证人书面同意，允许债务人转移全部或者部分债务，保证人对未经其同意转移的债务不再承担保证责任，但是债权人和保证人另有约定的除外。

第三人加入债务的，保证人的保证责任不受影响。

在保证期间，债权人和债务人未经保证人书面同意，协商变更主债权债务合同内容，减轻债务的，保证人仍对变更后的债务承担保证责任；加重债务的，保证人对加重的部分不承担保证责任。

债权人和债务人变更主债权债务合同的履行期限，未经保证人书面同意的，保证期间不受影响。

同一债权既有物的担保（例如设定了抵押担保），又有人的保证（例如连带责任保证）的，保证人只对物的担保以外的债权承担保证责任。换句话说，对于同一债权，以物的担保为主，以人的担保为辅。如果债权人放弃物的担保的，保证人在债权人放弃权利的范围内也免除保证责任。

（二）保证期间

《民法典》第 692 条规定："保证期间是确定保证人承担保证责任的期间，不发生中止、中断和延长。债权人与保证人可以约定保证期间，但是约定的保证期间早于主债务履行期限或者与主债务履行期限同时届满的，视为没有约定；没有约定或者约定不明确的，保证期间为主债务履行期限届满之日起 6 个月。债权人与债务人对主债务履行期限没有约定或者约定不明确的，保证期间自债权人请求债务人履行债务的宽限期届满之日起计算。"

《民法典》第 693 条规定："一般保证的债权人未在保证期间对债务人提起诉讼或者申请仲裁的，保证人不再承担保证责任。连带责任保证的债权人未在保证期间请求保证人承担保证责任的，保证人不再承担保证责任。"

《民法典》第 694 条规定："一般保证的债权人在保证期间届满前对债务人提起诉讼或者申请仲裁的，从保证人拒绝承担保证责任的权利消灭之日起，开始计算保证债务的诉讼时效。连带责任保证的债权人在保证期间届满前请求保证人承担保责任的，从债权人请求保证人承担保证责任之日起，开始计算保证债务的诉讼时效。"

（三）保证责任的免除

有下列情形之一的，保证人不承担民事责任：①主合同当事人双方串通，骗取保证人提供保证的；②主合同债权人采取欺诈、胁迫等手段，使保证人在违背真实意思的情况下提供保证的。

这两种特殊情况出现时，保证人可以免责。在我国，主合同债权人采取欺诈、胁迫等手段，使保证人提供保证的案例比较多，但证据往往是一对一的，法院质证时难以决定。

此外，还有以下几种情形：

1. 未经保证人同意，当事人转让主合同的债务。

2. 未经保证人同意，当事人变更主合同的内容，并且加重了保证人的责任。

3. 因为主合同当事人的原因，导致担保合同无效的。

四、保证人的追偿权

《民法典》第700条规定："保证人承担保证责任后，除当事人另有约定外，有权在其承担保证责任的范围内向债务人追偿，享有债权人对债务人的权利，但是不得损害债权人的利益。"因此，保证人为被保证人偿还债务后，有权向被保证人追偿。

保证人有两项特殊补偿权利：一是追偿权，保证人承担保证后，有权向债务人追偿；二是代位追偿权，债权人在法院受理债务人破产案件后未申报债权的，保证人可以参加破产财产的分配，预先行使追偿权。

第三节 抵押

★ 案例导入

王某为解决其经营的印刷厂资金不足的问题，于2009年10月18日同刘某订立借款合同一份，约定刘某借给王某50万元，无利息，期限自2009年10月18日至2010年10月18日，王某以其所有的房屋一栋（价值60万元）作担保（仍由王某继续居住）。同时约定，在债务履行期届满刘某未受清偿时，该房屋归刘某所有。合同签订当日，双方向房产部门办理登记后，刘某即将50万元转至王某账户上。刘某到期未收回欠款，遂以王某为被告提起诉讼。

上述王某将自己的房屋作为自己借款的担保，但该房屋仍然由自己实际控制，就属于抵押担保。

问题是，刘某是否可以根据合同的约定，直接得到王某的房屋？

《民法典》第394条规定："为担保债务的履行，债务人或者第三人不转移财产的占有,将该财产抵押给债权人的,债务人不履行到期债务或者发生当事人约定的实现抵押权的情形,债权人有权就该财产优先受偿。前款规定的债务人或者第三人为抵押人,债权人为抵押权人,提供担保的财产为抵押财产。"

抵押是用特定的财产担保债权,这种担保,与质押担保、留置担保共同构成了"物的担保",债权人对担保物享有的权利,称为"担保物权"。

一、抵押担保概述

抵押担保是指债务人或者第三人不转移对自己财产的占有,将该财产作为债权的担保。债务人不履行债务时,债权人有权依照法律规定以该财产折价或者以拍卖、变卖该财产的价款优先受偿。抵押担保的主体包括抵押人和被抵押人,其中抵押人是债务人或者第三人;抵押权人是债权人。

抵押物是指债务人(抵押人)为担保某项义务的履行而移转给债权人(抵押权人)的担保物。可以是有形财产,也可为无形财产,如地上权、政府公债、人寿保险等。抵押物在一些国家分为动产抵押物和不动产抵押物。前者为可移动之物,包括流通票据和所有权凭证。后者如土地、建筑物。

《民法典》第 395 条规定:"债务人或者第三人有权处分的下列财产可以抵押:①建筑物和其他土地附着物;②建设用地使用权;③海域使用权;④生产设备、原材料、半成品、产品;⑤正在建造的建筑物、船舶、航空器;⑥交通运输工具;⑦法律、行政法规未禁止抵押的其他财产。抵押人可以将前款所列财产一并抵押。"

因而,根据《民法典》规定,可抵押物主要包括不动产和动产。不动产抵押物包括:①建筑物和其他地上附着物;②建设用地使用权;③海域使用权;④正在建造的建筑物。动产抵押物包括:①生产设备、原材料、半成品、产品;②船舶、航空器;③交通运输工具。除此之外,法律、行政法规未禁止抵押的其他财产也可以设立抵押权。抵押人可以将上述所列财产一并抵押。抵押物基本上都是抵押人生产、生活必需的财产,因此不能或者不宜移交给债权人占有。

然而,并非所有的财产都可以作为抵押物。《民法典》第 399 条规定:"下列财产不得抵押:①土地所有权;②宅基地、自留地、自留山等集体所有土地的使用权,但是法律规定可以抵押的除外;③学校、幼儿园、医院机构等为公益目的成立的非营利法人的教育设施、医疗卫生设施和其他公益设施;④所有权、使用权不明或者有争议的财产;⑤依法被查封、扣押、监管的财产;⑥法律、行政法规规定不得抵押的其他财产。"

由于房屋与房屋所占有的土地不可分,所以《民法典》第 397 条规定:"以建筑物抵押的,该建筑物占用范围内的建设用地使用权一并抵押。以建设用地使用权抵押的,该土地上的建筑物一并抵押。抵押人未依据前款规定一并抵押的,未抵押的财产视为一并抵押。"《民法典》第 398 条规定:"乡镇、村企业的建设用地使用权不得单独抵押。以乡镇、村企业的厂房等建筑物抵押的,其占用范围内的建设用地使用权一并抵押。"在操作上,计算房屋的价值时,就已经计算了该土地的价值,所以实际上抵押房屋就连同土地一起抵押了。

二、抵押合同和抵押物登记

（一）抵押合同概述

《民法典》第400条第1款规定："设立抵押权，当事人应当采用书面形式订立抵押合同。"因而双方订立抵押合同须为书面形式。

《民法典》第400条第2款规定："抵押合同一般包括下列条款：①被担保债权的种类和数额；②债务人履行债务的期限；③抵押财产的名称、数量等情况；④担保的范围。"总体而言，抵押合同的内容主要为两个方面：抵押物的具体情况；抵押担保的债权的情况。

上述内容是法定的抵押合同的内容，当抵押合同不完全具备上述所列规定内容的，当事人可以补正。

《民法典》未出台前，我国法律规定债权人与债务人商议抵押合同条款时，禁止约定典当性质的条款。典当条款的特点是：贷款到期不还时，债权人取得抵押物的所有权。然而，《民法典》第401条规定："抵押权人在债务履行期限届满前，与抵押人约定债务人不履行到期债务时抵押财产归债权人所有的，只能依法就抵押财产优先受偿。"因此，若抵押权人与抵押人在抵押合同约定了典当条款，该条款获得法律认可，但是抵押权人只能就抵押财产优先受偿。

（二）抵押权的设立时间

1. 办理抵押物登记后设立。抵押登记即把用于抵押的财产，向有关部门办理登记手续，表明该财产已经被用于抵押担保。

抵押合同签订后，债权人还不能享有抵押权，必须在办理抵押登记之后，抵押合同才能生效，债权人才能享有抵押权。根据《民法典》第402条规定，以建筑物和其他土地附着物、建设用地使用权、海域使用权或者正在建造的建筑物抵押的，应当办理抵押登记。抵押权自登记时设立。

2. 自抵押合同生效之日起设立

以动产抵押时，签订抵押合同并且抵押合同生效后，抵押权成立。但是，如果没有办理抵押登记，则该抵押权不能对抗善意的第三人。

综上，订立抵押合同，在动产抵押场合，固然往往意味着抵押权已经设立（但在批准生效场合，抵押合同成立也不意味着就当然生效），但就不动产或不动产权利抵押而言，仅签订抵押合同未办理登记时，抵押权尚未设立。

（三）抵押登记

不动产抵押登记机构即发放不动产权属证书的机构；动产抵押登记机构即抵押人住所地的市场监督管理部门。

抵押物登记根据不同的种类，在下列不同部门办理登记手续：①以无地上定着物的土地使用权抵押的，为核发土地使用权证书的土地管理部门；②以城市房地产或者乡（镇）、村企业的厂房等建筑物抵押的，为县级以上地方人民政府规定的部门；③以林木抵押的，为县级以上林木主管部门；④以航空器、船舶、车辆抵押的，为运输工具的登记部门；⑤以企业的设备和其他动产抵押的，为财产所在地的工商行政管理部门；⑥当事人以其他财产抵押的，可以自愿办理抵押物登记，抵押合同自签订之日起生效。当事人办理其他种类物品的抵押物登记时，登记部门为抵押人所在地的公证部门。

办理抵押物登记手续，应当向当地登记部门提供下列文件或者其复印件：①主合同和抵押合同；②抵押物的所有权或者使用权证书。抵押登记办理完毕后，该登记的资料就具有证明的作用，可以供其他人前来查询。所以，登记部门登记的抵押资料，应当允许其他人查阅、抄录或者复印。

三、抵押的效力

抵押的效力体现在以下四个方面：

（一）抵押担保的范围

《民法典》第 389 条规定："担保物权的担保范围包括主债权及其利息、违约金、损害赔偿金、保管担保财产和实现担保物权的费用。当事人另有约定的，按照其约定。"该规定适用于抵押担保、质押担保和留置担保。

抵押物可能产生一定的孳息，孳息是指在抵押后，抵押物法定或天然产生的物质利益，如利息、红利、租金、使用费等。孳息的所有权归属问题如何解决呢？《民法典》第 412 条对此作了明确的规定：①债务履行期届满，债务人不履行债务致使抵押物被人民法院依法扣押的，自扣押之日起抵押权人有权收取由抵押物分离的天然孳息以及法定孳息。②如果抵押权人未将扣押抵押物的事实通知应当清偿法定孳息的义务人，抵押权的效力不及于该孳息。抵押权人收取孳息时，应当先用孳息充抵收取孳息的费用。

（二）抵押物的出租

《民法典》第 405 条规定："抵押权设立前，抵押财产已经出租并转移占有的，原租赁关系不受该抵押权的影响。"该条文在坚持"抵押不破租赁"原则的基础上，明确了抵押对抗租赁权时，须抵押权已经设立，而并非仅仅"订立抵押合同"。实际上，抵押合同的订立并不意味着抵押权的设立。另外，该条文将租赁关系限定在已经将标的物转移占有的基础上，未转移占有的租赁关系不得对抗后设立的抵押权。所谓"抵押不破租赁"，指的是出租人将财产出租并转移占有后，又用该财产设定抵押权时，原租赁关系不受抵押权的影响。准确理解该规则，需要注意以下几点：

第一，承租人须已经占有租赁物。租赁权性质上尽管属于债权，但却具有对抗所有权、抵押权等物权的效力。也就是说，尽管其性质属于债权，但却具有优于物权的效力。而之所以要对承租人进行如此强度的保护，主要在于保护其使用状态的稳定，而使用的前提则是占有，加之占有也具有一定的公示功能，为此，不论是上述法条的"抵押不破租赁"规则还是《民法典》合同编规定的"买卖不破租赁"，都增加规定了能够对抗所有权或者抵押权的只能是已经转移占有的租赁物。换言之，如签订租赁合同尚未占有租赁物的承租人，仅为一般债权人，不能对抗后设立的抵押权。

第二，在后的抵押权须已设立。"买卖不破租赁"也好，"抵押不破租赁"也罢，本质上均为在后设立的所有权、抵押权等物权不得对抗在先设立的已经转移占有的租赁权。故在"买卖不破租赁"场合，要求所有权已经发生变动；在"抵押不破租赁"场合，也要求抵押权已经设立。而订立抵押合同，在动产抵押场合，固然往往意味着抵押权已经设立（但在批准生效场合，抵押合同成立也不意味着就当然生效），但就不动产或不动产权利抵押而言，仅签订抵押合同未办理登记时，抵押权尚未设立，当事人只能依据抵押合同享有债权性质的权利，此种权利效力上要弱于物权，更不用说弱于可以对抗物权的租赁权了。尤其是抵押合同何时订立难以判断，在当事人之间恶意串通倒签抵押合同而法院又缺乏手段认定的情况下，租赁权的保护将会面临极大挑战。就此而言，本条将在后的抵押权限于已经设立的抵押权，而非仅仅签订抵押合同，不仅逻辑上更为周延，操作上也更为便捷。

第三，如何理解"原租赁关系不受该抵押权的影响"。所谓原租赁关系不受该抵押权的影响，一方面，是指抵押权的设立不影响原租赁关系的存续，承租人仍可基于租赁合同继续占有使用租赁物；另一方面，是指抵押权实现时，只要租赁合同还在合同有效期内，租赁合同对抵押物（同时也是租赁物）受让人继续有效，受让人取得的是有租赁权负担的抵押物。此时，抵押权人或者受让人能否向抵押人主张损害赔偿？对此，存在不同观点。有一种观点认为，承租人占有租赁物本身就具有一定的公示功能，对此，抵押权人在设立抵押权时是明知的，受让人受让抵押权时更是明知的，因此，不能向抵押人主张损害赔偿。另一种观点则认为，承租人占有租赁物不一定就是租赁物变动的公示方法，抵押人在设立抵押时应当将已经设立租赁权的事实告知抵押权人，因抵押人未尽告知义务而导致的抵押物价值贬损的损失，抵押权人可以向抵押人主张。但在抵押物拍卖、变卖时，其上有权利负担这一事实受让人往往是明知的，受让人明知物上有权利瑕疵仍然从事交易，应当自担风险，不得请求承担权利瑕疵担保责任。况且物上存在权利瑕疵也会影响抵押物的价值，受让人可能会以较低的价格受让抵押物，因而价格的贬损对其来说不能算是损失，故其不能向抵押人主张损失。我们赞同后一种观点。

第四，关于"抵押不破租赁"的适用范围。关于"买卖不破租赁"或者"抵押不破租赁"是仅适用于不动产租赁，还是适用于一切租赁，一直存在争议。有观点认为，应当将其限于不动产租赁。我们认为，从立法论的角度看，该说确有一定道理。但从《民法典》相关条文的表述看，并未对适用范围作出限制，故应当理解为该规则适用于包括动产在内的租赁。总之，在先租赁后抵押场合，权利顺序为：已转移占有的租赁权 > 已设立的抵押权 > 未转移占有的租赁权。

"抵押不破租赁"针对的是租赁权设立在先的情形，而在租赁权设立在后，在先的不动产抵押权已经设立或者动产抵押已经办理登记的情况下，抵押权均可以对抗租赁权。值得探讨是，动产抵押设立后又将财产出租的，该租赁关系能否对抗未经登记的动产抵押权？

我们认为，租赁权不是担保物权，因而不能简单参照《民法典》第415条有关登记对抗的规定，确定抵押权人能否对抗后设立的租赁权，具体来说：承租人未实际占有租赁物的，其享有的仅为一般债权，依照《民法典》403条之规定，不得对抗物权性质的动产抵押权。如果承租人已经实际占有租赁物，则要看其是否为恶意当事人来确定能否对抗：其为恶意承租人的，不能对抗抵押权；反之，其为善意承租人的，可以对抗抵押权。从举证责任的角度看，应当推定承租人为善意当事人，由抵押权人举证推翻有关善意的推定。实践中，除非承租人与抵押关系当事人之间具有某种密切的关系，否则，将很难推翻有关善意的推定，毕竟该抵押权未办理登记手续。

（三）抵押物的转让

《民法典》第406条规定："抵押期间，抵押人可以转让抵押财产。当事人另有约定的，按照其约定。抵押财产转让的，抵押权不受影响。抵押人转让抵押财产的，应当及时通知抵押权人。抵押权人能够证明抵押财产转让可能损害抵押权的，可以请求抵押人将转让所得的价款向抵押权人提前清偿债务或者提存。转让的价款超过债权数额的部分归抵押人所有，不足部分由债务人清偿。"该条在未区分动产与不动产、登记与未登记的情况下，明确规定抵押人可以转让抵押财产，并且抵押权不受影响，其充分贯彻了意思自治原则以及抵押权的追及效力。以往对抵押物转让的限制性规定，使当事人被迫提前还款、解押等，极大增加了交易成本、降低了交易效率。放开对抵押物转让的限制，减少了这些环节，节约了交易成本，提高了融资便利度。

但是，当事人另有约定的，按照其约定。例如，当事人约定抵押期间不得转让抵押财产的，尽管与法律规定不同，但是，当事人约定优先，应当尊重当事人的约定。这较为充分地体现了民商事领域意思表示自由的特点。抵押权人和抵押人之间可就抵押财产的流通性作出例外约定，既可约定禁止抵押财产的转让，也可约定限制抵押财产的转让，如抵押财产的转让以抵押权人同意为前提。

抵押期间，抵押人将抵押财产转让的，抵押权不受影响，即抵押财产是设有抵押权负担的财产，抵押财产进行转让时，抵押权随着所有权的转让而移转，取得抵押财产的受让人在取得所有权的同时，也成为抵押人，负有抵押人所负担的义务，受到抵押权的约束。

对于抵押人在抵押期间转让抵押财产的，并不加以严格限制，而是允许其为转让之行为，只是在转让时应当通知抵押权人。

抵押权人能够证明抵押财产转让可能损害抵押权的，可以请求抵押人将转让所得的价款向抵押权人提前清偿债务或者提存。转让的价款超过债权数额的部分，归抵押人所有，不足部分由债务人清偿。抵押人将转让所得价款提前清偿或者提存的，抵押权消灭，抵押财产的买受人不再负担抵押人的义务。如果抵押权人不能证明抵押财产的转让可能损害抵押权，或者证明不足的，不得请求提前清偿债务或者提存。

此外，根据我国《民法典》第407条规定，抵押权不得与债权分离而单独转让或者作为其他债权的担保。债权转让的，担保该债权的抵押权一并转让，但是法律另有规定或者当事人另有约定的除外。举例来说，银行接受了借款人的抵押物，在贷款期限未到期前，银行也需要周转资金时，银行是否可以将该抵押权再次抵押给另一家银行取得周转资金呢？抵押权的再抵押，在海外市场经济国家和地区是可以的，只是再抵押的期限不得超过原来第一次抵押的期限。但是我国不允许抵押权再抵押，除非法律另有规定或者当事人另有约定。

（四）抵押物价值的减少

在抵押期间，抵押人有义务保证抵押财产的价值不减少，对此，抵押权人享有以下权利：

1. 抵押人的行为足以使抵押财产价值减少的，抵押权人有权要求抵押人停止其行为。

2. 抵押财产价值减少的，抵押权人有权要求恢复抵押财产的价值，或者提供与减少的价值相应的担保。

3. 抵押人不恢复抵押财产的价值也不提供担保的，抵押权人有权要求债务人提前清偿债务。

因此，抵押人实施的行为如果足以使抵押物价值减少，抵押权人有权要求抵押人停止其行为。由于这样的原因使抵押物价值减少时，抵押权人有权要求抵押人恢复抵押物的价值，或者提供与减少的价值相当的担保。如果抵押人对抵押物价值的减少无过错，抵押权人只能在抵押人因损害而得到赔偿的范围内要求提供担保，抵押物价值未减少的部分，仍作为债权的担保。这里所谓的损害赔偿，对购买了保险的抵押物来说，是指保险公司的赔偿。

四、抵押权的实现

《民法典》第410条规定："债务人不履行到期债务或者发生当事人约定的实现抵押权的情形，抵押权人可以与抵押人协议以抵押财产折价或者以拍卖、变卖该抵押财产所得的价款优先受偿。协议损害其他债权人利益的，其他债权人可以请求人民法院撤销该协议。抵押权人与抵押人未就抵押权实现方式达成协议的，抵押权人可以请求人民法院拍卖、变卖抵押财产。抵押财产折价或者变卖的，应当参照市场价格。"

根据《民法典》第414条规定，同一财产向两个以上债权人抵押的，拍卖、变卖抵押财产所得的价款依照下列规定清偿：①抵押权已经登记的，按照登记的时间先后确定清偿顺序；②抵押权已经登记的先于未登记的受偿；③抵押权未登记的，按照债权比例清偿。其他可以登记的担保物权，清偿顺序参照适用前款规定。

（一）实现的方式

1. 根据当事人的约定。债务人不履行到期债务或者发生当事人约定的实现抵押权的情形，抵押权人可以与抵押人协议以抵押财产折价或者以拍卖、变卖该抵押财产所得的价款优先受偿。

协议损害其他债权人（如与抵押人订立买卖合同的人）利益的，其他债权人可以请求人民法院撤销该协议。

2. 申请法院强制执行。抵押权人与抵押人未就抵押权实现方式达成协议的，抵押权人可以请求人民法院拍卖、变卖抵押财产。抵押财产折价或者变卖的，应当参照市场价格。

所谓折价，是指债权人与债务人之间协商抵押物的价值后，折抵债权的款额。所谓拍卖，是指在公开的拍卖市场上以公开竞价的方式，与出价最高的买者成交的买卖活动。所谓变卖，是指由第三方有权利的部门（如法院），将抵押物卖给一个或多个特定的买者的活动。

抵押物折价或者拍卖、变卖后，其价款超过债权数额的部分归抵押人所有，不足部分由债务人清偿。处理抵押物所得的价款多于债务的本金利息的部分，应该归还给抵押人。

（二）清偿的范围

处置抵押物所得的价款，应当按照抵押合同的约定或者法律的规定，确定清偿债务的范围。如果抵押合同没有约定，则清偿范围包括主债权及其利息、违约金、损害赔偿金、保管担保财产和实现担保物权的费用。

《民法典》第417条规定："建设用地使用权抵押后，该土地上新增的建筑物不属于抵押财产。该建设用地使用权实现抵押权时，应当将该土地上新增的建筑物与建设用地使用权一并处分。但是，新增建筑物所得的价款，抵押权人无权优先受偿。"《民法典》第418条规定："以集体所有土地的使用权依法抵押的，实现抵押权后，未经法定程序，不得改变土地所有权的性质和土地用途。"

（三）抵押权实现的顺序

1. 存在多个抵押权时的清偿顺序。

（1）已经登记的抵押权优于没有登记的抵押权；

（2）登记在先的抵押权优于登记在后的抵押权；

（3）抵押权未登记的，按照债权比例清偿。

2. 抵押权与其他担保形式的顺序。《民法典》第415条规定："同一财产既设立抵押权又设立质权的，拍卖、变卖该财产所得的价款按照登记、交付的时间先后确定清偿顺序。"抵押权可以在不动产和动产上设立，而质权只能在动产和权利上设立，因此，在其上既能设立抵押权又能设立质权的"同一财产"，应为同一动产。因此，根据《民法典》的规定，在同一动产上，抵押权与质权竞存时的清偿顺序应按照权利公示的时间先后来决定。《民法典》第416条规定："动产抵押担保的主债权是抵押物的价款，标的物交付后 10 日内办理抵押登记的，该抵押权人优先于抵押物买受人的其他担保物权人受偿，但是留置权人除外。"《民法典》第 456 条规定："同一动产上已经设立抵押权或者质权，该动产又被留置的，留置权人优先受偿。"

当事人未办理抵押物登记手续的，不得对抗善意第三人。

另外，抵押权人拍卖划拨的国有土地使用权所得的价款，应当依法缴纳相当于应缴纳的土地使用权出让金的款额后，抵押权人才有优先受偿权。抵押权人的优先权只是优先于其他债权人，不得在补偿地价之前获得受偿。

（四）保证与物的担保之间的顺序

被担保的债权既有物的担保又有人的担保的，债务人不履行到期债务或者发生当事人约定的实现担保物权的情形，实现债权的方式、顺序如下：

1. 按照合同的约定实现债权。

2. 没有约定或者约定不明确的：①债务人自己提供物的担保的，债权人应当先就该物的担保实现债权；②第三人提供物的担保的，债权人可以就物的担保实现债权，也可以要求保证人承担保证责任。提供担保的第三人承担担保责任后，有权向债务人追偿。

（五）存在多个抵押人的情形

该情形指同一债权有两个或者两个以上的抵押人提供财产予以担保。《民法典》第 409 条规定："抵押权人可以放弃抵押权或者抵押权的顺位。抵押权人与抵押人可以协议变更抵押权顺位以及被担保的债权数额等内容。但是，抵押权的变更未经其他抵押权人书面同意的，不得对其他抵押权人产生不利影响。债务人以自己的财产设定抵押，抵押权人放弃该抵押权、抵押权顺位或者变更抵押权的，其他担保人在抵押权人丧失优先受偿权益的范围内免除担保责任，但是其他担保人承诺仍然提供担保的除外。"

五、最高额抵押

最高额抵押是指抵押人与抵押权人签订协议，在最高债权额限度内，以抵押物对一定期间内连续发生的债权作担保，即债务人或者第三人对一定期间内将要连续发生的债权提供抵押担保，债务人不履行到期债务或者发生当事人约定的实现抵押权的情形时，抵押权人有权在最高债权额限度内就该担保财产优先受偿。

商品批发业经常需要大批量的资金迅速周转，批发商业贷款与还款的周期较短，可能是几天就周转一次。因此，如果每次都签订抵押合同，而且合同在短时间内迅速完成，就显得比较麻烦，这时如果批发商同银行签订最高额抵押合同，就可以解决问题。

最高额抵押权设立前已经存在的债权，经当事人同意，可以转入最高额抵押担保的债权范围。

最高额抵押还有一个特点，因为最高额抵押担保的数额与实际发生的数额可能不同，如果最高额抵押担保的数额高于实际发生的债权数额，只能就实际发生的数额担保；反之，如果最高额抵押的数额少于实际发生的数额，则高于最高额抵押担保的那部分数额没有担保。

★ 案例分析

2010年10月20日，某商业银行与某设备公司、某房地产公司签订了一份借款保证合同，约定由商业银行向设备公司提供100万元人民币贷款，用于购买设备，借款期限为1年。由房地产公司作保证，担保合同约定，若设备公司到期不能偿还借款，由房地产公司负责偿还全部本金及利息。

2010年11月20日，银行为确保到期能够收回借款的本息，又要求设定抵押权。于是设备公司又找到某物业公司，请求物业公司为其作抵押担保。随后，物业公司与银行签订抵押合同，约定物业公司将一辆进口车（价值60万元）抵押给银行，为设备公司担保50万元债务。该抵押合同已经登记。

2011年10月20日，借款期限届满，银行多次催设备公司还款，但设备公司因效益差而无力偿还。问：

（1）银行是否可以直接要求物业公司承担责任（即行使抵押权），为什么？

（2）银行是否可以直接要求房地产公司承担还款责任，为什么？

第四节 质押

★ 案例导入

甲某系一家私营企业的业主。为提高生产效率，欲购进一台价值5万元的机器，但一时资金周转不开，于是向乙某借款2万元，并提出以自己价值3万元的玉雕船作担保。甲某与乙某签订了借款协议书，并明确约定，借款期限为6个月，甲某以此玉雕船作质押担保，乙因即将出国，因此约定玉雕船仍然由甲某保管，并约定不按期还款，乙某可将此玉雕按市场价变卖折抵借款。当日，乙某即给了甲某2万元的借款。

后来，甲某又因购进一批货物仍需借款，于是向丙某借款3万元。甲某将已质押给乙某的玉雕船作担保与丙某签订了质押借款合同，由丙某借给甲某3万元，质押担保方式为甲某的价值约3万元的玉雕船。合同签订之日，甲某即将玉雕船移交给丙某占有，同时丙某将借款支付给了甲某。

乙某的借款到期后，要求甲某偿还，甲某无能力还款。乙某即要求将玉雕船变卖，但丙某不同意。

思考：你认为应当如何处理？

一、概述

（一）质押担保的概念

质押担保，即债务人或者第三人将其动产交给债权人占有，债务人不履行到期债务或者发生当事人约定的实现质押权的情形时，债权人有权就该动产优先受偿的担保措施。

债务人或者第三人为出质人，债权人为质权人，交付的动产为质押财产，又称"质物"，债权人享有的权利为质权。

出质人和质权人应当以书面形式订立质押合同，口头合同无效。质权自出质人交付质押财产时设立。质押合同应当包括以下主要条款：①被担保债权的种类和数额；②债务人履行债务的期限；③质押财产的名称、数量等情况；④担保的范围；⑤质押财产交付的时间、方式。当事人认为需要可以约定其他事项，例如，质物在质权人占有的时间内，质权人是否可以使用质物，使用该质物取得的孳息是否归质权人所有以及质物是否需要买保险，等等，还有许多可以约定的事项，此处不一一列举。

（二）典当条款及质押的范围

基金份额、股权出质后，不得转让，但是出质人与质权人协商同意的除外。出质人转让基金份额、股权所得的价款，应当向质权人提前清偿债务或者提存。因为质押与典当虽然有些类似，但是，处理质物不是以所有权取得为特征，而是处分质物取得原来约定好的本金和利息。

质押担保的范围包括主债权及利息、违约金、损害赔偿金、质物保管费用和实现质权的费用。质押合同另有约定的，按照约定。

质权人有权收取质物所生的孳息，质押合同另有约定的，按照约定。债权人取得该孳息时，孳息应当先充抵收取孳息的费用。

质权人负有妥善保管质物的义务，质权人不能妥善保管质物致使其灭失或者毁损的，质权人应当承担赔偿责任。质权人不能妥善保管质物可能致使其灭失或者毁损的，出质人可以请求质权人将质物提存或者请求提前清偿债务并返还质物。

《民法典》第433条："因不可归责于质权人的事由可能使质押财产毁损或者价值明显减少，足以危害质权人权利的，质权人有权请求出质人提供相应的担保；出质人不提供的，质权人可以拍卖、变卖质押财产，并与出质人协议将拍卖、变卖所得的价款提前清偿债务或者提存。"

（三）质押担保的种类

1. 动产质押。《民法典》第425条规定："为担保债务的履行，债务人或者第三人将其动产出质给债权人占有的，债务人不履行到期债务或者发生当事人约定的实现质权的情形，债权人有权就该动产优先受偿。前款规定的债务人或者第三人为出质人，债权人为质权人，交付的动产为质押财产。"动产质押是指债务人或者第三人将其动产移交债权人占有，将该动产作为债权的担保。债务人不履行债务时，债权人有权依照法律的规定以该动产折价或者以拍卖、变卖该动产的价款优先受偿。设立质权，当事人应当采用书面形式订立质押合同。质权自出质人交付质押财产时设立。

2. 权利质押。《民法典》第 440 条规定："债务人或者第三人有权处分的下列权利可以出质：①汇票、支票、本票；②债券、存款单；③仓单、提单；④可以转让的基金份额、股权；⑤可以转让的商标专用权、专利权、著作权等知识产权中的财产权；⑥现有的以及将有的应收账款；⑦法律、行政法规规定可以出质的其他财产权利。"权利质押是指以所有权之外的财产权为标的物而设定的质押。

权利质押是指用代表金钱或财产的财产性权利作抵押，对债权进行担保的行为。根据法律的规定，可以用于质押的权利包括：汇票、支票、本票；债券、存款单；仓单、提单；可以转让的基金份额、股权；可以转让的注册商标专用权、专利权、著作权等知识产权中的财产权；应收账款；法律、行政法规规定可以出质的其他财产权利。

权利质权的设立时间包括以下几种形式：①交付权利凭证时设立。如以汇票、支票、本票、债券、存款单、仓单、提单出质的。②办理出质登记时设立。如以汇票、本票、支票、债券、存款单、仓单、提单出质且没有权利凭证的；以基金份额、股权出质的；以注册商标专用权、专利权、著作权等知识产权中的财产权出质的。

以载明兑现或者提货日期的汇票、支票、本票、债券、存款单、仓单、提单出质的，汇票、支票、本票、债券、存款单、仓单、提单兑现或者提货日期先于主债权到期的，质权人可以在债务履行期届满前兑现或者提货，并与出质人协议将兑现的价款或者提取的货物用于提前清偿债务或者向与出质人约定的第三人提存。

基金份额、股权出质后，不得转让，但经出质人与质权人协商同意的可以转让。出质人转让基金份额、股权所得的价款应当向质权人提前清偿债务或者向与质权人约定的第三人提存。

无形资产的财产权利出质后，出质人不得转让或者许可他人使用，但经出质人与质权人协商同意的，可以转让或者许可他人使用。出质人所得的转让费、许可费应当向质权人提前清偿债务或者向与质权人约定的第三人提存。

第五节　留置与定金担保

一、留置担保

（一）留置的概念

《民法典》第 447 条规定："债务人不履行到期债务，债权人可以留置已经合法占有的债务人的动产，并有权就该动产优先受偿。前款规定的债权人为留置权人，占有的动产为留置财产。"因此，留置是指债权人按照合同的约定占有债务人的动产，债务人不按照合同约定的期限履行债务的，债权人有权依照法律规定留置财产，以该财产折价或者以拍卖、变卖该财产的价款优先受偿。

（二）留置权的成立条件

1. 债权人已经合法占有债务人的动产。债权人已经合法占有债务人的动产是留置权成立及存续的前提条件。因此，如果债权人没有占有债务人的财产，则无留置权可言；非法占有也不能行使留置权；债权人丧失对债务人财产的占有，则留置权归于消灭。法律规定或者当事人约定不得留置的动产，不得留置。

2. 债权人留置的动产，应当与债权属于同一法律关系，但企业之间留置的除外。

3. 债务人的债务须已到履行期。如果债务人的义务尚未到履行期，则无法判断债务人是否自觉履行债务，若允许成立留置权，就意味着强制债务人提前履行债务，这显然是不公平的。因此，各国民法均将债务人的债务已到履行期作为留置权成立的条件。

4. 须无妨碍留置权成立的情形。在具备上述三个条件时，留置权一般即可成立，因而上述三个条件，被称为留置权成立的积极条件。但如果存在妨碍留置权成立的情形，即使具备了上述三个条件，留置权仍不能成立。这些条件被称为留置权成立的消极条件。

妨碍留置权成立的情形有：①当事人约定排除留置权的适用，留置权是一种财产权，应当允许当事人约定排除其适用；②留置财产违反社会公共利益或社会公德。

（三）留置的财产的范围

留置的财产的范围以债务的数额为限。留置财产为可分物的，留置财产的价值应当相当于债务的金额。

（四）留置权人的权利

1. 留置物孳息的收取权。留置权人有权收取留置财产的孳息。收取的孳息应当先充抵收取孳息的费用。

留置权人只能收取孳息，而不能取得孳息的所有权。留置权人收取孳息后，对于孳息成立孳息留置权，与原物成立的留置权一样，具有担保作用，可以用于优先抵偿债权。

2. 优先受偿权。债务人逾期未履行债务的，留置权人与债务人应当约定留置财产后的债务履行期限；没有约定或者约定不明确的，留置权人应当给债务人六十日以上履行债务的期限，但鲜活易腐等不易保管的动产除外。

债权人逾期未履行的，留置权人可以与债务人协议以留置财产折价，也可以就拍卖、变卖留置财产所得的价款优先受偿。

留置财产折价或者变卖的，应当参照市场价格。

3. 必要费用的偿还请求权。债权人保管留置财产所支出的必要的费用，可以以变卖留置财产的价款支付；如果数额不足，则债务人应当承担。

（五）留置权人的义务

在商务交往活动中，留置权人负有妥善保管留置物的义务。因保管不善致使留置物灭失或者毁损的，留置权人应当承担赔偿责任。当然，留置权人可以将这种风险转移给保险公司分担。

留置权人的义务主要包括：①妥善保管留置财产；②不得擅自使用留置财产；③返还留置财产。

债权人与债务人应当在合同中约定留置财产后的债务履行期限，未约定或约定不明确的，债权人留置债务人财产后，应当给债务人六十日以上履行债务的期限，但是鲜活易腐等不易保管的动产除外。

债务人逾期仍不履行的，债权人可以与债务人协议以留置物折价，也可以依法拍卖、变卖留置物。留置物折价或者拍卖、变卖后价款超过债权数额的部分归债务人所有，不足部分由债务人清偿。

留置权因债权消灭、债权人丧失对留置财产的占有或债务人另行提供保被债权人接受而消灭。

（六）银行业务中的留置

1. 留置的空白。留置在银行中采用的不多，法律目前没有规定银行留置。《票据法》中有关将留置用于金融机构中的问题还是空白，例如没有规定"票据留置"的条款，但是，票据留置在海外结算市场还是存在的。例如，海外银行为客户托收票据，在该票据收妥前，为客户垫付票款，同时，银行对该票据可以有留置权。当银行不能收回该票款时，银行将依照其与客户的约定，从其账户中拨款充抵。

2. 空白的原因。我国银行结算的原则是银行不垫款和票据收妥抵用，所以票据留置的做法在我国不能发展。但是，在我国开设的外国银行可能愿意承担一部分风险，为客户垫款，票据留置就可能出现。中国人民银行1988年发布的《银行结算办法》和其他有关法律对外资银行垫款没有限制。

为了提高结算效率，银行如果承担了垫款的风险，银行的结算业务收费也会相应提高，银行则可以从垫款中得到较高的收益。所以，商业银行的发展趋势，是会朝着结算垫款方面发展的。

二、定金担保

（一）定金概述

定金是在合同订立后、履行之前，为了担保合同的履行，当事人一方向另一方支付的一定数额的金钱。《民法典》第586条第1款规定："当事人可以约定一方向对方给付定金作为债权的担保。定金合同自实际交付定金时成立。"《民法典》第587条规定："债务人履行债务的，定金应当抵作价款或者收回。给付定金的一方不履行债务或者履行债务不符合约定，致使不能实现合同目的的，无权请求返还定金；收受定金的一方不履行债务或者履行债务不符合约定，致使不能实现合同目的的，应当双倍返还定金。"

也就是说，定金是指当事人之间约定，由一方向对方给付定金作为债权的担保，债务人履行债务后，定金应当抵作价款或者收回。给付定金的一方不履行约定债务或者履行债务不符合约定导致合同目的不能实现的，无权要求返还定金。收受定金的一方不履行约定债务或者履行债务不符合约定导致合同目的不能实现的，应双倍返还定金。

定金担保关系的成立条件是订立书面合同，并且实际交付定金。

定金的数额由当事人约定，但是，定金的数额不能超过主合同标的额的20%。超过部分不产生定金的效力。实际交付的定金数额多于或者少于约定数额，视为变更约定的定金数额。

此外，不属于定金的情形包括：当事人交付留置金、担保金、保证金、订约金、押金或者订金等，但没有约定定金性质的，当事人主张定金权利的，人民法院不予支持。

（二）定金的种类

1. 证约定金：是指为证明合同成立而交付的定金。

2. 立约定金：是指为保证正式订立合同而交付的定金。根据我国法律的规定，当事人可以将定金约定为立约定金。

3. 成约定金：是指以定金的交付为合同成立的要件，即定金交付，合同才成立；若不交付定金，则合同不能成立。

4. 违约定金：是指当交付定金一方不履行债务或者履行债务不符合约定，致使不能实现合同目的的，另一方可以没收定金；反之，收受定金的一方不履行债务或者履行债务不符合约定，致使不能实现合同目的的，应当双倍返还定金。一般来说，如果合同对定金的性质没有明确约定，都可以认为是"违约定金"。我国法律规定的定金，也属于这种类型。

5. 解约定金：是以定金作为保留合同解除权的条件，即交付定金的人可以抛弃定金来解除合同，收受定金的人也可以双倍返还定金来解除合同。

（三）定金担保的内容

1. 定金责任的内容：交付定金的一方不履行债务或者履行债务不符合约定，致使不能实现合同目的的，丧失定金；而收受定金的一方不履行债务或者履行债务不符合约定，致使不能实现合同目的的，则应双倍返还定金。合同可以因此而解除，这属于"解约定金"。当然，合同另有约定除外。

2. 承担部分定金责任的情形：当事人一方不完全履行合同的，应当按照未履行部分所占合同约定内容的比例，适用定金罚则。

3. 不承担定金责任的情形：因不可抗力、意外事件致使主合同不能履行的，不承担定金责任。因合同关系以外第三人的过错，致使主合同不能履行的，应当承担定金责任。受定金处罚的一方当事人，可以依法向第三人追偿。

（四）金融业务中的定金担保

在许多金融业务中都可以约定定金，例如，银行为客户开出信用证时，要求客户交给银行一定数额的钱款作为定金，银行垫付另一部分。由于信用证定金数额一般在主合同标的额的 30% 以上，所以不符合《民法典》的规定，只能用银行与客户之间的合同来约定。

在股票和期货交易业务中，证券商也要求客户按照买卖证券与期货数额的比例，交付定金，或称保证金。在客户的支付能力受到一定限制不能继续履行交易规则时，证券商可以将定金平仓。由于证券业中的定金也是浮动的，比例超过 20% 时不适用《民法典》的规定，只能用证券商与客户之间的合同来约定。

⭐ 案例分析

2008 年 3 月 5 日，甲公司与乙银行签订了一份贷款协议和抵押担保协议，约定由乙银行贷款 10 万元给甲公司，期限为 6 个月，由甲公司以其一辆价值约 20 万元的轿车提供抵押担保。合同签订当日，双方向该车辆登记的车辆管理部门办理了登记，乙银行亦将 10 万元贷款支付给了甲公司。

2008 年 8 月 10 日，甲公司因购进一批生产设备急需资金，于是向丙公司借款 15 万元。应丙公司的要求，甲公司以该辆小轿车质押给丙公司，因该车出差在外，因此约定 8 月 20 日将该汽车交给丙公司。8 月 14 日，该车与他车相撞，并且负全责，在修理厂维修，费用 2.3 万元，甲公司认为费用过高，拒绝支付。修理厂因此将车扣留。

2008 年 9 月 5 日，甲公司向乙银行的借款已到期。经多次催促，甲公司因经营不善仍无力偿还借款本息。因此，乙银行将甲公司诉至法院。

问：你认为应当如何处理，并说明理由。

案例 2：甲公司与乙厂订立一份购销合同，约定：乙厂向甲公司提供某种化工原料 100 吨，货款总额为 110 万元，甲公司须预付 4 万元违约定金。合同订立之后，甲公司开出汇票，误将金额写为 40 万元，收款人为乙厂。

乙厂向丙公司购买生产设备，价值 90 万元，乙厂将此汇票背书交给丙厂，作为定金。

后乙厂未能向甲公司交货，同时因为设备的市场价格下降，也不愿意履行与丙公司签订的合同，并且要求丙公司退还 40 万元定金。问：

（1）丙公司是否应当退还 40 万元的定金，为什么？

（2）丙公司是否可以持此汇票要求甲公司付款 40 万元，为什么？

⭐ 本章小结

1. 金融担保法律制度是指在金融活动中，法律为确保特定的债权人实现债权，以债务人或第三人的特定财产，或者第三人的信用来督促债务人履行债务、保障债权人权利实现的制度。

2. 金融担保权与一般担保债权类似，具有从属性、补充性和保障性的特征。担保之债从属于主债务，被担保之债是主债，主债无效或消灭，从债也随之无效或消灭。担保权利人行使担保权利，以主债务未得到履行为前提，即保障所担保的合同能够得到履行，实际上是担保权利人权利的实现，这是担保最根本的特征。

3. 保证是指保证人和债权人约定，当债务人不履行债务时，保证人按照约定履行债务或者承担责任的行为。保证属于"人的担保"，是以担保人的全部财产作为合同履行的担保。保证关系中，存在三方当事人：债权人、债务人（被保证人）和保证人。

4. 抵押担保是指债务人或者第三人不转移对自己财产的占有，将该财产作为债权的担保。债务人不履行债务时，债权人有权依照法律规定以该财产折价或者以拍卖、变卖该财产所得的价款优先受偿。抵押担保的主体包括抵押人和被抵押人，其中抵押人是债务人或者第三人；抵押权人是债权人。

5. 质押担保即债务人或者第三人将其动产交给债权人占有，债务人不履行到期债务或者发生当事人约定的实现质押权的情形时，债权人有权就该动产优先受偿的担保措施。债务人或者第三人为出质人，债权人为质权人，交付的动产为质押财产，又称"质物"，债权人享有的权利为质权。出质人和质权人应当以书面形式订立质押合同，口头合同无效。质押合同自质物移交于质权人占有时生效。

6. 留置是指债权人按照合同约定占有债务人的动产，债务人不按照合同约定期限履行债务的，债权人有权依法留置该财产，以该财产折价或者拍卖、变卖该财产的价款优先受偿。

7. 定金是指当事人之间约定，由一方向对方给付定金作为债权的担保。债务人履行债务后，定金应当抵作价款或者收回，给付定金的一方不履行债务或者履行债务不符合约定致使合同目的不能实现的，无权要求返还定金，收受定金的一方不履行债务或者履行债务不符合约定致使合同目的不能实现的，应双倍返还定金。

★ 本章练习

1. 金融担保的概念和特征是什么？
2. 担保合同无效的情形有哪些？
3. 金融担保的重大现实意义是什么？
4. 如何理解保证期间与诉讼时效之间的关系？
5. 贷款保证担保中存在哪些法律风险？
6. 签订最高额抵押合同应注意什么问题？
7. 在我国，是否应通过立法肯定票据留置？
8. 如何看待现实生活中的骗贷现象？
9. 金融担保方式有哪些？该如何选择？
10. 我国商业银行贷款担保存在的问题有哪些？该如何解决？

★ 参考文献

1. 江丁库主编：《银行贷款担保实务精解与法律风险防范》，中国法制出版社2015年版。

2. 朱崇实、刘志云主编：《金融法教程》，法律出版社2017年版。

3. 郭明瑞、房绍坤、张平华编著：《担保法》，中国人民大学出版社2017年版。

4. 曹士兵：《中国担保制度与担保方法》，中国法制出版社2017年版。

5. 李文力："商业银行担保贷款中的法律问题与对策"，载《法制博览》2019年第26期。

6. 杨宁、周婷："商业银行实现担保物权案件程序法律问题及其适用路径研究"，载《理论界》2019年第5期。

7. 高圣平：《金融担保创新的法律规制研究》，法律出版社2017年版。

8. 马国建：《金融双轨制下融资担保链危机形成与治理研究》，上海三联书店2017年版。

政策性银行法

■■■■■■ **学习目标**

知识目标：

　　本章主要讲述我国政策性银行产生的历史背景、政策性银行在我国的法律地位、政策性银行的法律特征、政策性银行的立法特点以及我国现存的政策性银行的状况以及未来的发展趋势等。本章节是法学本科生必读的章节，政策性银行法是我国商法的重要组成部分。通过对本章节的学习，使学生理解政策性银行法是确立政策性银行的性质、地位、业务活动范围，并规范其组织关系的法律部门。在此基础之上，理清政策性银行法和金融法、经济法、商业银行法之间的区别与联系，全面理解和掌握政策性银行法的基本制度。

能力目标：

　　运用所学的金融法、经济法、商业银行法和民商事法等法律，对我国政策性银行法进行全面的、综合性的分析与研究。通过分析与研究，归纳并得出我国政策性银行存在的问题以及我国政策性银行未来的发展趋势和未来发展所遇到的问题，能够为我国金融领域发展提供法律上的建设性意见。

第一节　政策性银行的概述

★ **案例导入**

利用国家开发银行贷款治理太湖水环境

　　号称"鱼米之乡""太湖明珠"的无锡市如今面临水质型缺水的威胁。一方面，无锡市的饮用水和工农业用水主要取自太湖；另一方面，太湖的污染较为严重，改善太湖水环境成为无锡市必须解决的一个重大课题。太湖水环境综合整治工程是一项长期、复杂、艰巨的系统工程，范围广、难度高、投入大，对五里湖综合整治初步估算需要投入 50 亿元。对于如此大规模的整治和资金投入，国家和省的投入十分有限，地方财力也难以承受。因此，无锡市借助国家环保总局的支持和国家开发银行的帮助，利用环境价值的开发和增值实现良性循环。国家开发银行投入 14.5 亿元对贷款，使无锡市的水环境整治工作取得突破性进展，太湖水污染防治工作获取显著成效。

后由于太湖蓝藻大面积暴发，致使无锡市城市饮用水取水口被污染，自来水出现臭味。江苏省计划在 5 年内总投资 1085 亿元，以期有效控制太湖水体富营养化程度。太湖地区各市、县从新增财力中划出 10%-20%，专项用于水污染治理。国家开发银行江苏省分行近日和无锡市太湖新城建设投资管理有限公司签订协议，由国家开发银行投入 12 亿元中长期开发性金融贷款投入太湖治污。

案例点评：

第一，在涉及外部性问题的时候，企业往往都会逃避责任，不去承担成本，这一类问题靠市场自身和企业是无法解决的，尤其在涉及环境问题这一方面更是难上加难。对环境保护的投入是一笔很大的开销，企业和农民出于对自身利益最大化的考虑常常不会负担也没能力负担这笔资金，所以需要政策性银行对相关领域进行扶持。政策性银行的经营宗旨是贯彻国家的社会经济政策，他们并不是无视效益，而是不去追求盈利或利润最大化，因此可以在某种程度上抵消一部分外部性问题。

第二，国家开发银行投入资金对无锡市环境进行治理，使得水质得以改善并提升了周边环境质量，优化了生态和人居环境，从另一方面使人们对当地土地升值预期提高，土地大幅度增值，环境经济效益初步体现，使当地政府有能力将土地收益金用于偿还国家开发银行贷款本息。

第三，对水域污染问题的改善进行投资后，当地的旅游业得到整体的提升，吸引了更多的游客到当地进行旅游，推动旅游经济的发展。以改善环境的方式带动经济发展，这不仅仅是经济效益的要求，更是我国《民法典》中绿色发展的要求。

第四，政策性银行的产生是社会发展的必然结果，是社会进步的产物，通过政策性银行所提供的支持，可以解决我国绝大多数的社会问题。因此，政策性银行未来的发展方向以及发展问题成为我国金融业的主要问题。

一、政策性银行的历史发展

(一) 政策性银行的产生背景

政策性银行的发展始于市场经济的发展，它产生在 1940 年前后，最早出现于法国的农业领域，二战后，政策性银行经历了一个繁荣的大发展阶段。如：美国进出口银行产生于 1934 年，法国对外贸易银行产生于 1946 年，这段时间恰恰是可以用市场失灵、政府干预经济等经济学理论进行分析的特殊时期。要理解政策性银行产生的必然性，就要从经济学本身寻找原因。资源稀缺是经济学的基本前提。合理配置有限的资源，以满足人类日益增长的需求是经济学永恒的主题。自资本主义世界爆发了有史以来最严重的经济危机以来，生产过剩危机导致大批企业倒闭和信用链条的断裂，由此又引发了严重的信用危机和众多的银行破产，使整个资本主义陷入瘫痪。资本主义时期的主流经济理论受到严重挑战，通过市场自发调节实现经济平稳运行的传统发展模式已被彻底打破。市场体系已经崩溃，危机后经济重建所需的大量资金已无法通过市场获得。在这样的情况下，国家机器，作为最后也是最为有力的手段，其干预经济的职能得到了极大的强化。其中，以美国"罗斯福新政"最具代表性。同时，国家作为一国经济的最高调节者或干预者，不可能直接介入复杂的经济活动，需要借助一定的工具。而政策性银行作为贯彻和实现政府经济政策的工具，在这一时期，自然而然便担负起恢复经济的历史使命，其自身也得到了长足的发展。以美国为例，1933 年建立了由政府出资的合作银行，以及干预农产品销售和生产的商业信贷公司，1934 年创建了联邦政府所属的美国进出口银行，1935 年建立了直属于政府的农民家计局办理农业信贷，农村电气化管理局发展通讯设施，提高农村电气化水平，美国基本上形成了政策性金融体系。从世界范围来看，20 世纪 30 年代政策性银行在各国普遍成立。

（二）政策性银行发展所产生的类别

新兴的政策性银行大致可分为四大类：①开发性银行。世界经济危机使各国经济遭到严重打击，幸存下来的金融机构无法满足长期投融资的需要。为了克服危机，恢复投资活动，各国政府开始建立开发银行，如德国复兴信贷银行、日本开发银行、墨西哥国家金融开发银行等。②农业政策性银行。农业的特点及其重要性决定了它必须成为受市场机制自由摆布程度最小、政府干预、调节程度最大的部门。世界经济大危机后，各国加强了对农业的政策性扶持和干预，纷纷建立农业政策性银行。③进出口银行。工业发达国家由于生产的无限扩大与国内市场有限性之间的矛盾导致了生产过剩的经济危机。为了扩大市场份额，鼓励出口，促进输出，不少国家设立了专门的政策性金融机构提供融资，如 1934 年建立的美国进出口银行，1937 年建立的墨西哥国民外贸银行。④住房政策性银行。经济危机使商业性住房金融面临崩溃的危险，政府通过设立住房政策性银行进行干预、管理，如美国政府建立了联邦住宅贷款银行、联邦住宅抵押贷款管理局等具有较强政策性的金融机构。

（三）我国政策性银行的产生、发展与改革

在我国，新中国成立后，国家对民国时期的银行进行了全面整顿，中国人民银行吸收合并了国内绝大部分银行，将中央银行、商业银行的功能集于一体，成为唯一的银行。当时的政策性业务主要由中国人民银行负责。1978 年改革开放后，国家采取了多项举措，促使国内银行业呈现出多元化发展局面。1978-1994 年，国家的政策性业务主要由工商银行、农业银行、中国银行和建设银行承担。为了适应社会主义市场经济体制建设的需要，1993 年 12 月 25 日，国务院发布《国务院关于金融体制改革的决定》及其他文件，提出深化金融改革，将工、农、中、建四大行建设成国有大型商业银行。为此，从四大行中剥离出政策性业务，组建了专门承担政策性业务的专业银行，即政策性银行。该文件成为政策性银行筹建的主要法律文件，从此，工、农、中、建四大行由专业银行转型为国有商业银行，不再承担政策性金融业务。1994 年 3 月 17 日，国家开发银行在北京成立，注册资本 500 亿元人民币，主要承担国内开发型政策性金融业务。1994 年 7 月 1 日，中国进出口银行在北京成立，注册资本 33 亿元人民币，主要承担大型机电设备进出口融资业务。1994 年 11 月 8 日，中国农业发展银行在北京成立，注册资本 200 亿元人民币，主要承担农业政策性扶持业务。因此，我国政策性银行的设立是金融体制改革的产物，是国民经济发展的内在要求，也是社会主义市场经济改革的必然结果。

（四）归纳与总结

通过学习政策性银行产生的历史背景可以得知，政策性银行的产生是历史的必然，是国家、社会发展到一定阶段的产物，政策性银行的重要性来自它本身的性质。政策性银行在性质上与商业银行存在着较大的区别。二者的区别主要体现在以下几个方面：

1. 设立方面的差异：政策性银行大多由政府直接出资设立，而商业银行多数由自然人或者单位出资设立。政府是政策性银行最大的股东，同时其拥有最大的决策权；商业银行在股权架构以及运营方面除了必须按照法律明文规定的执行外，其他参照《公司法》执行。

2. 政策性银行具有较为浓厚的政府操控色彩，而商业银行相对于政策性银行而言，其决策权的限制相对较少。

3. 商业银行以营利为目的，政策性银行不以营利为目的，而以追求社会整体利益、社会效益为目的。归根结底，政策性银行主要是为了贯彻、配合政府的社会政策、经济政策或意图。

以上关于政策性银行的三个特征就是政策性银行本身较为重要的基本特征，其余特征由后文进行详细的论述。

二、政策性银行的概念与特征

（一）政策性银行的概念

政策性银行（Policy Lender/Non-Commercial Bank），是指由一国政府进行出资并发起设立，为贯彻和配合政府特定的经济政策和经济意图而进行融资和信用活动的机构。政策性银行并不以盈利为目的，其主要在特定领域开展相应的金融业务。在我国金融业中，实行政策性金融与商业性金融相分离，组建政策性银行，并由政策性银行承担严格界定的政策性业务。简而言之，政策性银行既不同于中央银行，也不同于商业银行，其是政府专门设立用于承担政策性目标的银行，它主要着眼于国家的长远利益，为保证实现工业化和经济高速发展、促进欠发达地区发展以及弥补市场失灵、增强政府的宏观调控手段等为政府的政策性目标服务，具有明显的政策性特征。

我国对于政策性银行的立法采取独立立法原则，因此政策性银行法具有广义与狭义之分，广义的政策性银行法是指所有关于政策性银行的法律规范；狭义的政策性银行法是指国家立法机关专门就政策性银行所制定的法律规范。区分广义与狭义的概念有助于深化对政策性银行法的理解，本章节所介绍的有关于政策性银行法的内容大多属于狭义的法律规范。

（二）政策性银行的特征

在市场经济国家中，政策性银行既不同于"政府的银行"——中央银行，也不同于商业银行。政策性银行的重要作用在于弥补商业银行在资金配置上的缺陷，从而健全与优化一国金融体系的整体功能。一般而言，与其他银行相比，它具有以下几个方面的特征：

1. 从资金性质来看，政策性银行一般由政府财政拨款出资或政府参股设立，由政府控股，在注册资本和资信保证等方面与政府有着密切关系。

通常来说，各国政府在政策性银行的资金来源上具有主导性，大多数政策性银行是由政府全额出资成立的。例如，我国的国家开发银行，即使经过改组以后，成为国家开发银行股份有限公司，其股东都是国家股东，一是财政部，二是中央汇金投资有限公司。我国的中国农业发展银行、中国进出口银行也是国家全额出资组建的。德国《复兴开发银行法》规定，复兴开发银行为政府所有，其中联邦政府占80%的股份，各州政府占20%的股份。美国的进出口银行、日本的日本开发银行等各家政策性银行、韩国的开发银行也是由政府直接全额出资成立的。

同时，也有些国家的政策性银行是由政府参与部分股本，联合普通商业银行或其他金融机构共同设立的。例如，法国的对外贸易银行，是由法兰西银行、信托储蓄银行以及几家大型商业银行或其他金融机构等出资组建的，法兰西银行作为法国的中央银行持股24.5%。

另外，随着社会经济的发展，也有一些国家的政策性银行逐渐弱化其政策性融资地位，并逐渐私有化，如美国农业合作银行。

2. 从经营宗旨上来看，政策性银行不以盈利为目标，而以贯彻执行国家的社会经济政策为己任。其主要功能是为国家重点建设和按照国家产业政策重点扶持的行业及区域的发展提供资金融通。一般包括支持农业开发贷款，农副产品收购贷款，交通、能源等基础设施和基础产业贷款，进出口贸易贷款等。但是，不以盈利为目标并不意味着政策性银行都不盈利，或无视效益性，而仅仅是以经营的目标角度来讲，不追求盈利或利润最大化。

因此，我国于2008年10月改组的国家开发银行完全按照现代金融企业制度的要求，全面推行商业化运作，成为自主经营、自担风险、自负盈亏，且主要从事中长期业务的金融机构。

3. 从业务范围上来看，政策性银行不能吸收活期存款和公众存款，主要资金来源是政府提供的资本金、各种借入资金和发行政策性金融债券筹措的资金，其资金运用多为长期贷款和资本贷款。政策性银行收入的存款也不作转账使用，贷款一般为专款专用，不会直接转化为储蓄存款和定期存款。所以，政策性银行与商业银行的最大区别就是不能吸收一般社会公众的存款，不会像商业银行那样具备存款和信用创造职能。这也是政策性银行能够成为金融机构但不能成为商业银行的根本原因。

同时，政策性银行有自己特定的服务领域，不会与商业银行产生竞争。它一般服务于那些对国民经济发展、社会稳定具有重要意义，且投资规模大、周期长、经济效益低、资金回收慢的项目领域，如农业开发、重要基础设施建设、进出口贸易、中小企业、经济技术开发等领域。政策性银行的服务对象一般都是专业性或开发性金融机构。政策性银行与商业银行的关系具有互补性，而不是竞争性。

4. 从融资原则上来看，政策性银行有其特殊的融资原则。在融资条件或资格上，要求其融资对象必须是不易从其他金融机构得到所需的融通资金的条件下，才有从政策性银行获得资金的资格，且提供的全部是中长期信贷资金，贷款利率明显低于商业银行同期同类贷款利率，有的甚至低于筹资成本，但要求按期还本付息。

同时，政策性银行的融资具有引导性，通过给予偿付保证、利息补贴或者再融资，支持、引导、鼓励更多其他金融机构按照国家政策意图开展政策性融资活动。政策性银行的资金融入主要依靠财政拨款和发行政策性金融债券，资金融出则主要或全部为提供贷款利率低于商业银行同期利率的中长期信贷资金，出现偿还困难时由国家财政补贴亏损。

5. 从信用创造能力来看，政策性银行一般不参与信用的创造过程，资金的派生能力较弱。因为政策性银行的资金主要来源不是吸收存款，而往往是由政府提供，而且政策性银行的贷款主要是专款专用，在正常情况下不会增加货币供给。

6. 政策性银行一般实行单独立法。绝大多数国家以单独的法律、条例规定每一个政策性银行的宗旨、经营目标、业务领域与方式、组织体制等。例如，日本的《输出入银行法》是为日本输出入银行提供的专门立法，其他的普通银行法的规定不适用于类似的政策性银行。

三、政策性银行的职能

（一）政策性银行的一般职能

在一般职能方面，政策性银行与商业银行一样，也具有金融中介职能，通过负债业务吸收资金，再通过资产业务将资金投入相关领域或项目中，从而实现资金贷出和资金借入之间的融通过程。即使政策性银行主要负责政策性的信贷业务，但它同样也是作为资金的供应者和资金的需求者之间的中介出现在金融市场中。

（二）政策性银行的特殊职能

1. 倡导性职能。所谓倡导性职能，亦即提倡引导的职能。政策性银行的倡导性职能主要是通过以下途径发挥作用的：①政策性银行通过自身的融资行为，给商业性金融机构指示了国家经济政策的导向和支持重心，从而消除了商业性金融机构对前景模糊的疑虑，带动商业性资金参与；②政策性银行通过提供利息补贴，弥补由于投资利润低而无法保证市场利息收入的不足，从而促使商业性资金参与；③政策性银行通过向商业性融资提供利息和本金的偿还担保，促使商业性资金参与；④政策性银行通过为商业性金融机构提供再融资的方式，促使商业性资金的参与；等等。通过这些方式，引导商业性资金参与特殊事业融资。

2. 补充性职能（亦称弥补性职能）。通过前述政策性银行特征和运行机制的分析可以看出，政策性银行的融资对象，一般限制在那些社会需要发展，而商业性金融机构又不愿意提供融资的事业上。对于那些能够获得商业性资金支持的事业，政策性银行就没有必要把有限的资金投入进去。因此，政策性银行具有在融资对象上为商业性融资拾遗补缺的功能。需要注意的是，政策性银行提供资金支持的具体事业范围不是不变的，而是随着社会、经济、技术等的发展在不断变化的。同时，其具体范围和内容还与具体国情等有关。

3. 特殊领域的金融服务职能。政策性银行以其服务对象的特殊性，决定了其所熟悉和专长的领域的特别性。政策性银行在其服务的领域积累了丰富的实践经验和专业技能，聚集了一大批精通业务的业务技术人员。因此，在这些特殊的领域，从投资论证到投资步骤、投资管理、投资风险防范等方面，政策性银行可以为这些领域的经济发展提供专业化的有效服务，而这些方面恰恰是指商业。

4. 经济调控职能（亦称选择性职能）。政策性银行的经济调控职能，是补充性职能和倡导性职能的必然结果。正是因为前两项职能，国家通过政策性银行业务可以实现区域经济、产业、行业、产品结构、生产力布局、固定资产投资规模和结构等合理化，实现经济的协调发展。

四、政策性银行的立法现状

（一）法律层次

我国目前尚无专门的政策性银行立法，但在相关法律中，有关于政策性银行的零星规定。如：《中国人民银行法》第 35 条规定："中国人民银行根据履行职责的需要，有权要求银行业金融机构报送必要的资产负债表、利润表以及其他财务会计、统计报表和资料。中国人民银行应当和国务院银行业监督管理机构、国务院其他金融监督管理机构建立监督管理信息共享机制。"《银行业监督管理法》第 2 条第 2 款亦有类似规定："本法所称银行业金融机构，是指在中华人民共和国境内设立的商业银行、城市信用合作社、农村信用合作社等吸收公众存款的金融机构以及政策性银行。"即政策性银行与商业银行一样，由银监会（现改为银保监会）统一监督管理。修改后的《中国人民银行法》采取与《银行业监督管理法》相同的态度。

（二）行政法规层次

我国的政策性银行是依据国务院的决定、行政命令而设立和运作的，主要包括：《国务院关于金融体制改革的决定》《国务院关于组建国家开发银行的通知》以及经国务院批准的《国家开发银行组建和运行方案》《国家开发银行章程》等。但是，这些决定、通知是否属于行政法规尚值得商榷。至于《国家开发银行章程》，在效力上，只作为各银行的内部规范，并没有对外的效力，类似于公司章程，是一种自治规则，恐怕不能算作行政法规。

（三）部门规章层次

主要是中国人民银行、财政部、国家审计署等部门制定的涉及政策性银行组织机构、业务运行、人事任职资格、财务制度、审计制度等方面的有关规定。

（四）其他政策性文件

国务院及其有关部门发布的有关政策性文件也涉及政策性银行设立与运行中的一些问题。

五、政策性银行立法建议

（一）单独立法

我国的三大政策性银行各自肩负着不同的历史使命和任务，在各自特定的业务领域内直接或间接地从事着政策性融资活动，有着不同的宗旨、目标、业务范围，因此进行单独立法是必要的，也是符合国际政策性银行立法特点的。应当注意的是，在单独立法时要统筹兼顾，避免相互冲突。将这些单独的政策性银行法以及其他法律法规结合在一起，就形成了内在统一、协调的政策性银行法律体系，它将与商业银行法律体系、证券法律体系等共同为我国金融业的发展保驾护航。

（二）充分考虑政策性银行的特殊性

上文中指出，我国现行立法未充分考虑政策性银行的特殊性，在监管等方面适用与商业银行同样的制度，这是不合理的。在当今政策性银行面临改革的形势下，有学者提出对其进行商业化改革，笔者对此是十分不赞成的。政策性银行作为一类特殊的市场主体，有自己的个性，在组织机构、业务运营等方面理应有一套独特的法律制度来加以规制。以监管为例，因为政策性银行与政府关系密切，可以考虑提高财政部的监管力度，由其进行财务监管，而日常业务仍由银保监会监管，实现财政部与银保监会共同监管的格局。

（三）明确政策性银行的定位，赋予其应有的法人地位

这对政策性银行的下一步改革和发展有着重要意义。作为国家干预金融领域的特殊产物，政策性银行在很大程度上受到国家公权（主要是政府经济政策）的制约。但是，如果想通过政策性金融顺利实现预期的目标，不沦为"二级财政"或"命令性金融"，给予政策性银行独立的法人地位，使其具有相对独立性，就成为重要的前提。政策性银行也要讲效益、讲管理、讲风险，要按市场方式和金融规律运作。

对政策性银行来说，如果政府的干预过多，就会束缚其手脚，不利于政策性银行与时俱进进行必要的改革。时下，按照"产权清晰、权责明确、政企分开、管理科学"的要求，把政策性银行办成"经营目标明确、治理结构科学、资产状况良好、业务管理规范、内控机制健全、管理手段先进、具有较强政策执行能力的政策性银行"已经成为各个政策性银行的办行目标。由此可见，不断推进现代企业制度建设，逐步探索和建立完善的法人治理结构是我国政策性银行的改革方向。

（四）立法中应明确其"政策性，安全性，效益性"的经营目标

作为政策性银行，贯彻国家宏观经济政策是其天生的使命，政策性银行的政策性是其最大的特点。在通过政策性贷款等方式引导社会资金流向、促进资源优化配置的同时，实现"保本经营"，保证资金的安全性，是我国政策性银行实现长期可持续发展的一个重要保证。在确保"政策性、安全性"的前提下，对"效益性"的追求是政策性银行不同于商业银行的最大特点。固然，政策性银行不以追求利润为最终目标。但是，其对效益性的追求并不完全等同于追求盈利性。

国家开发银行一位高层官员曾经明确表示："盈利不过是我们一个低层次的生存标准。正像一个人吃饭是为了活着，但活着却不全是为了吃饭。"政策性银行不是简单地执行政策，为经济振兴和市场经济作"无偿"贡献，它的经营也必须建立在资产安全和自身健康发展的基础上。因此，我国的政策性银行在日常经营活动中一定要坚持贯彻"政策性、安全性、效益性"相统一的经营原则，这一点也应该像《商业银行法》中的"效益性、安全性、流动性"一样明确地写入我们的政策性银行法中去，以便更好地指导政策性银行的经营管理，顺利实现其政策目标。

（五）应加强我国政策性银行法的执法

为政策性银行进行专门立法是为了从法律层面上为政策性银行的发展扫清障碍，但若只是出台了政策性银行法，而没有对之进行有效地实施，在执法上力度不够，那么再完美的法律也只是一纸空文，没有任何意义和作用。在我国，社会整体法律意识和法律水平都有待于进一步地提高，有法不依的现象依然存在。尤其是在经济领域内，执法水平低是客观现实。

所以，在加强政策性银行立法的同时，切实有效地加强政策性银行法的执法力度，提高执法队伍的司法理论水平和经济理论水平，做到执法必严、违法必究，一方面以有效监督政策性银行的经营，使之在法律的框架内进行运作；另一方面以有效防范政策性银行的道德风险，为政策性银行的发展创造良好的社会外部条件。在我国近十几年的实践中，我国政策性银行的发展并不是一帆风顺，法律地位不明确、业务范围界定不清、资产负债结构不合理等困境一直影响着我国政策性银行的生存和发展。通过制定专门立法，在法律上进一步明确其法律性质、地位、业务范围，使它能与其他金融机构一样，各司其职，更好地发挥作用，在其合法的活动领域中得到法律的保障，表现出更积极的一面，在社会主义经济领域发挥更大的作用，为我国社会主义经济建设服务。

六、政策性银行的法律地位

政策性银行的法律地位一般由法律作出明确规定，集中表现为法律对它的性质、职能等的规定，具体体现在它与其他相关主体的相互关系上。这些相关主体主要包括政府部门、中央银行、商业银行及其服务对象等，从政策性银行与这些相关主体的关系上，可以探求政策性银行的法律地位。

（一）政策性银行与政府的关系

政策性银行作为政府出资设立、承担政策性银行业务的银行，与政府之间的关系具体体现在：

1. 政府是政策性银行的出资者，是政策性银行的坚实后盾，并依法对其进行监督管理和行政领导。

2. 政策性银行为政府的经济政策、产业政策、社会政策等服务，是政府发展经济、进行宏观管理、干预经济活动的有力工具。政策性银行因其服务的产业领域、经济领域的不同，要受到政府相应的经济主管部门的管理。如农业政策性银行要受到农业部的管理，开发银行要受发展计划部门的管理。但政策性银行与政府的关系集中表现在它与财政部门的关系上，因为政策性金融实际上是财政的一种特殊形式，政策性银行的业务活动实质上是一种财政投融资活动。当然，政策性银行一旦成立，它又有相对的独立性，不能完全与财政混为一谈。

政策性银行与政府的关系在各方面不尽相同，大约可以分为以下三种：

1. 依附型。这一类政策性银行的资本金由政府全额提供，运营资金也在一定程度上依赖于政府，盈余需缴存国库，银行官员由政府任免，银行自主权极小，政策性色彩相当浓厚。经济落后国家和发展中国家的政策性银行往往如此，我国的政策性银行也属于此类。

2. 相对独立型。在这一类政策性银行中，政府仅提供部分或全部资本金，而营运资金由政策性银行自筹。银行官员由选举或推举产生，盈利不缴存国库，业务经营具有相对独立的自主权。

3. 中间型。这类政策性银行介于依附型与相对独立型之间。政府的控制主要表现在：由政府或议会任命董事长，参加由各方面代表组成的董事会，由董事会决定银行的经营方针与政策，经营活动也有较大的自主权。发达国家的政策性银行多属此类。

（二）政策性银行与中央银行的关系

一般而言，政策性银行作为实现政府特殊财政目的的银行，其财政方面中央银行是不能干预的，所以，中央银行一般不直接管理政策性银行，但是政策性银行的银行业务方面要受到中央银行的管理。中央银行给予其必要的资金支持与业务指导，政策性银行的金融业务开展也要尽量同中央银行的政策目标保持一致。

政策性银行与中央银行的关系主要体现为以下几个方面：

1. 从资金方面来看，中央银行向政策性银行提供再贴现、再贷款或专项基金，构成政策性银行营运资金的来源之一。

2. 从人事管理来看，中央银行和政策性银行实行人事结合。政策性银行的董事会或其他决策机构、监事机构中有中央银行的代表，中央银行的决策机构中也有政策性银行的代表，这样便于二者的协调与配合。

3. 从法定存款准备金的缴纳来看，有些国家的政策性银行仍需向中央银行缴纳存款准备金。

4. 从执行货币政策的情况来看，政策性银行一般也都要执行中央银行的货币政策。

（三）政策性银行与商业银行的关系

第一，政策性银行的创立和存续有其特殊的目的与价值，尤其是对商业银行不愿意涉足的行业、领域或区域的信贷支持，因此，从资源配置的角度分析，双方是一种互补关系，而不是替代关系或竞争关系。既然如此，政策性银行的业务范围必须予以限制，必须坚持不与商业银行竞争的原则，去做商业银行不愿意做的事情。一般而言，凡是商业银行愿意放款的项目，政策性银行要退出；凡商业银行不愿做、但能收回本金的项目，政策性银行必须去做，并努力与商业银行及其他金融机构建立良好的合作关系，实现优势互补，形成整体合力。就国际经验来看，德国复兴信贷银行在 2008 年将出口信贷和项目融资领域的一些贷款，转投资成立一家独立的新银行来从事商业化经营，完全根据商业银行法运作并向德国政府纳税；德国复兴信贷银行不为其提供担保，向其再融资的成本完全按照市场融资成本来确定，也不再享有政府担保优惠。德国的这种经验值得借鉴。当然，政策性银行由于在业务上不与商业银行竞争，因此不能像商业银行一样在金融体系中占主导地位。事实上，某些专门的政策性银行已成为有关专门领域的"最后贷款人"。例如，中国农业发展银行通过利息补贴、再贴现等融资手段，为商业银行从事农业开发性贷款给予资金支持，承担起"最后贷款人"的角色。

第二，政策性银行与商业性银行在法律地位上是平等的，都是独立的法人机构。政策性银行虽享有种种优惠待遇，但不是国家权力的代表，并不凌驾于商业银行之上。

第三，政策性银行与商业性银行之间存在一定的协作关系。政策性银行的设立客观上减少了商业银行的政策性业务，为商业银行推行资产负债比例管理提供了资金自求平衡的前提。同时，政策性银行为了节约交易费用，其分支机构比较缺乏，其业务方式一般又是间接的，采用的是商业银行代理制，即委托商业银行对业务往来对象进行资信调查、发放贷款、检查并收回贷款等活动。另外，政策性银行对商业银行从事的符合政府政策要求的业务活动给予再贷款、利息补贴、偿还担保等鼓励与支持，能够带动商业银行向这些领域融资，并在业务上进行一定的监督，以防政策性资金被商业性活动挪用。一旦能带动商业银行向某些特定对象融资，政策性银行则会悄然退出，转而投向其他领域，再次示范和引导商业银行的融资活动。因此，二者之间存在一定的协作配合关系。

七、政策性银行的发展与改革

（一）外国政策性银行的发展态势

随着市场的逐渐成熟，外国的政策性银行也发生了许多变化。在 20 世纪 50 年代之后的和平年代里，政策性金融机构大规模持续存在的基础已经不复存在。到了 20

世纪 80 年代，各国政策性金融机构纷纷转型，有的业务收缩，有的机构转型，或商业化，或综合开发。而定位于综合性开发的金融机构，开展部分政策性金融和大量商业性金融服务在内的综合性业务，成为国际上政策性金融机构转型和改革的主流。具体表现为：

1. 融资市场化和业务多样化。在资金来源方面，政策性银行的资金来源从原先的完全依靠政府财政，逐渐演变为主要依靠面向市场发行金融债券融资。在业务方面，政策性银行从原先的完全政策性业务逐渐向商业领域扩张，政策性银行往往既从事政策性金融业务又兼营与其相关的商业性金融业务，既从事一般银行的信贷业务又经营投资银行和证券业务。但是，政策性银行无论如何调整其发展战略，仍然都在或多或少地从事一定的政策性业务。

2. 政策性业务总量的下降和商业性业务总量的上升。按照政策性金融的制度设计，在政策性银行的业务总量中，政策性业务应该占有绝对大的比重或向此倾斜，而其他辅助性或延伸的商业业务占比应该比较小。然而，自 20 世纪 70 年代末、80 年代初以来，政府对于政策性金融的整体需求有所降低，使得政策性银行的政策性业务总量也出现同步下降，以致政府对政策性银行的优惠待遇也逐渐减少或逐渐消失。从世界范围来看，政策性银行呈萎缩趋势，1/3 的政策性银行亏损和大量不良资产导致了其业务和经营的不可持续性。政策性银行为了自己的生存和发展，只能挑战原先政策性银行与商业银行的不竞争原则，不断提高其经营商业性业务的比重。当然，政策性金融的整体需求下降并不表示个别行业、个别地区、个别时期和个别类型的政策性金融需求也一定下降，有时候这些金融需求不仅没有下降，反而有上升的趋势。

（二）我国政策性银行的改革与发展

我国政策性银行的设立是金融制度改革的产物，是国民经济发展的内在需求，也是社会主义市场经济改革的必然结果。从多年的实践效果来看，我国的政策性银行在加强经济宏观调控，保护和支持各项产业的发展，稳定国民经济运行中发挥了不可替代的作用。截至 2007 年末，国家开发银行投放"两基一支"贷款 18 676 亿元，农业发展银行支持粮棉油收购、调销等贷款 50 878 亿元，进出口银行支持进出口和实施"走出去"贷款 7918 亿元。

但是，与此同时，由于对政策性银行的法律定位不明，实践中也积累了一定的矛盾和问题。

第一，所有者权益比率及资本充足率过低，筹资方式单一，缺乏稳定的资金来源。政策性银行由政府出资设立，但是，政策性银行的营运资金只能通过定向发行金融债券和向中央银行借款的方式来解决，财政补贴资金一般难以及时足额到位，政策性银行积累资金的能力也比较有限。

第二，缺位和越位并存。由于没有明确的法律规定对政策性银行进行市场定位，政策性银行一方面是越位：首先是商业领域的越位，政策性金融机构大量从事商业性业务，引发商业银行的反感与非议。早在 1998 年，中国银行就曾向有关部门提交报告，指责国家开发银行利用政策优势和资金的低成本优势，与商业银行进行恶意竞争。2001 年，国家开发银行还专门就种种对国家开发银行从事商业银行业务的不利说法与新闻媒体做过沟通。其次是三大政策性银行之间的业务越位，如国家开发银行除了从事支持基础工程建设、基础设施建设、支持西部和边远地区外等"两基一支"业务外，也积极从事海外的金融业务，为"走出去"的企业提供融资服务，而这种"走出去"战略融资的主要供给者本来应该是进出口银行，而进出口银行则将农产品的进出口及农业对外合作项目纳入了进出口银行的业务范畴。政策性银行另一方面是缺位：中小企业、住房、环境保护、社会保障等需要政策性金融发挥作用的领域又缺少相应的融资机制，一定程度上制约了这些行业的发展。

第三，内控机制比较薄弱，某些行业不良贷款比重较高。对政策性银行而言，项目贷款评审和财务评估是直接决定贷款风险和收益高低的主要因素。但政策性金融机构法人治理机制不健全。内部稽审和监督力量薄弱，管理粗放，有的政策性银行不良贷款率相当高，面临很大的信贷风险。如农业发展银行在 1997 年净亏损 25 亿元，1998 年在财政补贴 156 亿元的情况下仅盈利 1 亿元。有学者估计，国家进出口银行的不良贷款规模在百亿元人民币左右，农业发展银行不良贷款的规模更大，约有数千亿元，而国家开发银行的不良贷款率虽然较低，但由于相当部分是 10 年以上的长期贷款，短期内风险才没有显现出来。

第四，我国政策性银行尚无专门、统一的法律予以规范和调整。我国从来就没有过《政策性银行法》，三家政策性银行依据各自的条例和章程来进行经营，政策性金融有时变成了"命令性金融"。由于政策性银行业务活动的特殊性，许多国家都通过立法的形式对政策性银行的资金来源渠道、资金运用方式和与社会各方面的关系作出明确规定。而我国至今连一般性的政策性银行法规都没有，使得政策性银行的经营活动缺乏法律依据。无论是内部经营管理，还是外部关系的协调，都处于一种进退失据的状态。随意干预、变更政策性银行经营活动的事情时有发生，政策性银行自身的"弊端"、逐利等异化行为也屡见不鲜。

随着我国社会主义市场经济建设的不断进步，以及市场机制的日益成熟，政府实力的不断增强，传统意义下的政策性银行的历史性阶段任务也随之完成。具体表现为：

第一，在财政环境方面，经过多年的努力，我国国家财政的规模有了长足的进步。财政支出占比 GDP 比例过高时，国家财政往往无法支持国家的政策。反之财政支出占比 GDP 比例过低时，这时候就借助了政策性银行来做，而现在，由于政府财政实力增强，政府可以通过财政手段直接完成原来需交由政策性银行来办理的业务。另外，提高执政能力，也要求政府角色的转换和改善，特别是财政对产业经济发展的直接投入会受到相当大的限制。因此，国家财政继续直接对政策性金融提供大规模资金的空间缩小。这就必然导致政策性银行的业务和资金缩减甚至衰竭。

第二，在政策性业务方面，对政策性贷款的需求在数量上已经出现了非常大的变化。以进出口银行为例，进出口银行过去对出口机电产品给予补贴，但是，现在我国机电产品出口的竞争力已经很强了，没有必要再补贴了。成套设备出口能力也已经很强了，电厂、水泥厂等成套设备用不着补贴了。因此，要求政策性金融支持的基础行业已不复存在。

第三，在资本利用的手段和技术方面，中长期商业性资金已经能够较容易、较安全地进入过去需要政策性金融大力支持的基础产业、基础设施和机电产品领域。原先商业银行不愿做、不能做而必须由政策性银行来从事的业务，现在商业银行也愿意做、也能够做了，如果政策性银行再去做这些业务，就可能要违背不竞争原则了。

除了上述外部经营环境等的变化外，政策性银行自身多年来累积形成的不良资产，也令其难以再按既有的模式负重前行。因此，我国自2005年前后开始酝酿政策性银行的转型改革，确定的改革思路由传统的政策性银行转变成符合市场经济需要的、财务上可持续的、具有一定竞争性的开发性金融机构。

改革的目标是要实现其政策性目标和商业性目标的有机统一，即在实现政策性银行运作方式的市场化、商业化的基础上，为一定的国家政策和经济发展战略目标服务。为达到这一目标，一是建立现代企业制度，实现各政策性银行自身可持续发展；二是一行一策，针对各行的不同情况，分别制定改革方案，有目的、有步骤地分阶段实施；三是建立开发性金融机构管理模式，实行国家指定项目和自主经营的开发性项目分账管理、专项核算。2008年，国家开发银行在转型改制中拔得头筹，整体改制为国家开发银行股份有限公司，成为商业银行；而另外两家政策性银行的转型改制目前还正在进行当中。

第二节　我国三大政策性银行

一、中国农业发展银行

（一）中国农业发展银行的设立与发展

中国农业发展银行是根据1994年4月19日公布的《国务院关于组建中国农业发展银行的通知》（国发［1994］25号），于1994年11月18日正式成立的国有农业政策性银行，是一家以承担国家粮棉油储备、农副产品收购等方面的政策性贷款为主要业务的政策性银行。其成立的宗旨是完善农村金融服务体系，更好地贯彻落实国家的产业政策和区域发展政策，促进农业和农村经济的健康发展。

中国农业发展银行是我国建立社会主义市场经济体制、深化金融体制改革的产物。党的十一届三中全会以后，我国农业和农村经济得到了迅速发展，1979年恢复建立的中国农业银行及其管理的农村信用社为支持农业和农村经济发展作出了重要贡献。但是，随着城乡经济的迅速发展和社会主义市场经济体制的确立，农业银行同时承担政策性和商业性两种金融业务的弊端日益显现出来。主要表现为难以保证政策性信贷资金的专款专用，农产品收购资金"打白条"现象严重，不利于支持农业和农村经济发展，同时又影响农业银行集中精力向国有商业银行转变。

党的十四届三中全会通过的《中共中央关于建立社会主义市场经济体制若干问题的决定》中，提出要加快金融体制改革步伐、建立政策性银行、实行政策性业务与商业性业务分离的决定。1993 年 12 月，《国务院关于金融体制改革的决定》中提出要组建中国农业发展银行，把中国农业银行尽快转变为国有商业银行的要求。1994 年 4 月 19 日，国务院发布《国务院关于组建中国农业发展银行的通知》，批准了中国农业发展银行章程和组建方案，决定由农业发展银行承办农业政策性金融业务，以保护农民利益，支持国家农村产业政策和区域发展政策的实施，促进农业和农村经济持续、稳定、健康发展。1994 年 8 月，农业发展银行总行的组建工作基本完成，11 月 18 日正式挂牌成立。1996 年 8 月 22 日，国务院发布了《国务院关于农村金融体制改革的决定》，要求"增设中国农业发展银行的分支机构，加强农产品收购资金管理""按照精简、高效原则适当增设中国农业发展银行的分支机构，基本实现业务自营"。并明确指出："中国农业发展银行要坚持商品库存值和贷款挂钩的原则，切实改进和加强粮棉油政策性贷款管理。要创造条件运用商业票据进行收购资金的结算，保证收购资金的封闭运行，防止收购资金被挤占挪用。"到 1997 年 3 月末，农业发展银行基本完成了总行营业部、省级分行营业部和计划单列市分行、各地（市）二级分行及农业政策性金融业务量大的县（市、区）支行的增设工作。从此，农业发展银行形成了以自营为主的，比较完善的业务经营体系。1998 年 3 月，为使农业发展银行集中精力做好粮棉油收购资金供应和管理工作，适应以"三项政策、一项改革"为主要内容的粮食流通体制改革的需要，国务院作出了调整农业发展银行业务范围的决定，将农业开发、扶贫等专项贷款以及粮棉油企业加工和附营业务贷款划转到有关商业银行。至此，农业发展银行开始专司粮棉油收购、调销、储备业务，集中精力加强粮棉油收购资金的封闭管理。

（二）中国农业发展银行的地位和任务

中国农业发展银行是直属国务院领导的政策性金融机构，是独立的法人组织，实行独立核算，自主、保本经营，企业化管理，业务上接受中国人民银行和中国银行保险监督管理委员会的指导和监督。中国农业发展银行的财务决算由财政部审批，经营中出现的政策性亏损由财政部给予弥补。资金头寸出现短缺时，中国人民银行将通过再贷款等方式对其提供资金支持，中国农业发展银行享受税收减免及返还的优惠政策。其主要任务是：按照国家的法律、法规和方针、政策，以国家信用为基础，筹集农业政策性信贷资金，承担国家规定的农业政策性金融业务，代理财政性支农资金的拨付，为农业和农村经济服务。

（三）中国农业发展银行的资金来源和业务范围

1. 注册资本。按照《国务院关于金融体制改革的决定》和《中国农业发展银行章程》的规定，中国农业发展银行的注册资本为 200 亿元人民币，由财政部代表国家拨付，具体是从当时的中国农业银行资本金中拨出部分解决。中国农业发展银行接管原中国农业银行和原中国工商银行的农业政策性贷款（债权），并接受相应的中国人民银行的贷款（债务）。

2. 运营资金来源。主要是中国人民银行再贷款、发行债券、开户范围内的企事业单位存款和财政性存款等。

3. 业务范围。中国农业发展银行的具体业务范围，由国务院根据一个时期国民经济发展和宏观调控的需要，并考虑到农业发展银行的承办能力来界定。中国农业发展银行自成立以来，国务院对其业务范围进行过多次调整。

目前中国农业发展银行的主要业务是：

（1）办理粮食、棉花、油料收购、储备、调销贷款。

（2）办理肉类、食糖、烟叶、羊毛、化肥等专项储备贷款。

（3）办理农、林、牧、副、渔业产业化龙头企业和粮棉油加工企业贷款。

（4）办理粮食、棉花油料种子贷款。

（5）办理粮食仓储设施及棉花企业技术设备改造贷款。

（6）办理农业小企业贷款和农业科技贷款。

（7）办理农村基础设施建设贷款。支持范围包括农村路网、电网、水网（含饮水工程）、信息网（邮政电信）建设，农村能源和环境设施建设。

（8）办理农业综合开发贷款。支持范围包括农田水利基本建设和改造、农业生产基地开发与建设农业生态环境建设、农业技术服务体系和农村流通体系建设。

（9）办理农业生产资料贷款。支持范围包括农业生产资料的流通和销售环节。

（10）在已批准业务范围内开展外汇贷款业务；为已批准业务范围内客户办理资本、贸易和非贸易项下的国际结算业务；以及与国际结算业务相配套的外汇存款、外汇汇款、同业外汇拆借、代客外汇买卖等业务。

（11）办理业务范围内企事业单位的存款及协议存款等业务。

（12）发行金融债券。

（13）代理财政支农资金的拨付。

（14）办理开户企事业单位结算。

（15）办理代理保险、代理资金结算、代收代付等中间业务。

（16）办理同业拆借、票据转贴现、债券回购和现券交易、同业存款等业务。

（17）办理经国务院或中国银行保险监督管理委员会批准的其他业务。

（四）最新改革方案

2014 年 9 月 24 日，国务院第六十三次常务会议审议通过了中国农业发展银行改革实施总体方案。2014 年 12 月 8 日，国务院发布《国务院关于同意中国农业发展银行改革实施总体方案的批复》，指出中国农业发展银行改革要坚持以政策性业务为主体。通过对政策性业务和自营性业务实施分账管理、分类核算，明确责任和风险补偿机制，建立以资本充足率为核心的约束机制，建立规范的治理结构和决策机制，把中国农业发展银行建设成为具备可持续发展能力的农业政策性银行。

主要内容如下：

第一，合理界定业务范围，突出政策性功能定位，坚持以政策性业务为主体，审慎发展自营性业务。对政策性业务和自营性业务实行分账管理、分类核算。

第二，妥善解决政策性财务挂账等历史遗留问题，逐步消化政策性财务挂账。

第三，明确资本补充计划，逐步建立资本充足率约束机制，对两类业务实行差别化资本充足率标准。

第四，完善财税货币支持政策，体现国家对"三农"政策的扶持意图。

第五，建立健全治理结构，成立董事会并强化其功能，维持现行的外派监事会制度，建立市场化的人力资源管理体制与激励约束机制。

第六，修改中国农业发展银行的章程并由国务院发布，作为依法合规经营的重要依据。

第七，深化内部改革，加强风险评估、预警、监测和管理体系建设，严格执行审慎会计制度和信息披露制度，建立市场化的人力资源管理体制与激励约束机制等。

二、中国进出口银行

（一）中国进出口银行的性质、地位和职责

中国进出口银行成立于1994年，是直属国务院领导的、政府全资拥有的国家政策性银行。中国进出口银行依法具有法人资格，自主、保本经营，实行企业化管理，现在的注册资本为人民币50亿元，在业务上接受财政部、商务部、中国人民银行、银保监会的指导和监督，其国际信用评级与国家主权评级一致。

中国进出口银行是我国对外经贸支持体系的重要力量和金融体系的重要组成部分，是我国机电产品成套设备和高新技术产品进出口和对外承包工程及各类境外投资的政策性融资主渠道，是外国政府贷款的主要转贷行和中国政府对外优惠贷款的承贷行，对促进我国开放型经济的发展发挥着越来越重要的作用。中国进出口银行的主要职责是贯彻执行国家产业政策、外经贸政策、金融政策和外交政策，为扩大我国机电产品、成套设备和高新技术产品进出口，推动有比较优势的企业开展对外承包工程和境外投资，促进对外关系发展和国际经贸合作提供政策性金融支持。

（二）中国进出口银行的组织体制

中国进出口银行总行设在北京，总行设办公室、人力资源部监察室、经济研究部、业务开发与创新部、公司业务一部、公司业务二部、交通运输融资部、特别融资账户部、优惠贷款部、转贷部、计划财务部、工会、行政部等部室。

中国进出口银行总行下设战略委员会、审计与监督委员会、项目评审委员会、民服与内控委员会、资产负值管理委员会、业务发展与创新委员会、信息技术委员会。营业性分支机构有北京分行、上海分行、深圳分行、南京分行、大连分行、成都分行、青岛分行、浙江省分行、湖南省分行、重庆分行、陕西省分行、黑龙江省

分行、广东省分行和河北省分行等 14 家分行。在福州设有国内代表处，在南非共和国、法国、俄罗斯分别设有东南非代表处、巴黎代表处和圣彼得堡代表处，代表处负责调查统计、监督代理业务等事宜。此外，中国进出口银行还与 500 多家银行建立了代理行关系。

中国进出口银行设董事会，实行董事会领导下的行长负责制。行长为法定代表人。董事会由董事长 1 人、副董事长 2 人、董事若干人组成，正、副董事长由国务院任命，董事由有关部门提名，报国务院批准。

董事会作为中国进出口银行的最高决策机构，对国务院负责。其主要职责是：

（1）根据国家产业政策和外贸政策，审定本行的中长期发展规划、经营方针和年度计划；

（2）听取和审定行长的工作报告，监督本行的财务会计和国有资产的保值增值工作；

（3）审查通过本行的财务预算、决算方案以及税后利润分配方案；

（4）讨论决定提供出口信贷的国别政策及担保信贷风险等重大决策；

（5）审定银行内部机构的设立、撤销和职能的变动；

（6）审定重要的财务管理等规章制度；

（7）审议重要的人事管理规章制度及其他重大事项。

中国进出口银行董事会应定期召开会议，如遇重大事件时，可临时召开会议。董事会由董事长召集并主持，董事长因故不能出席时，可委托副董事长召集和主持。董事会会议应由全部董事的 2/3 以上出席方可举行；董事会作出决议必须经全体董事的过半数通过。中国进出口银行设行长 1 人，副行长若干人。行长、副行长由国务院任命，其他人事任免按有关规定和程序办理。进出口银行行长负责主持银行全面经营管理工作，副行长按照分工协助行长工作。

（三）中国进出口银行的资金来源和业务范围

1. 资金来源。中国进出口银行 1994 年成立时注册资本为 33.8 亿元，2000 年财政部又追加其资本金至 50 亿元。根据《中国进出口银行章程》等的规定，中国进出口银行主要通过在境内发行金融债券和在境外发行有价证券筹集运营资金。在资金出现临时性不足时，通过银行间市场拆入资金和向中国人民银行申请短期再贷款加以解决。中国进出口银行的财务决算由财政部审批，经营中出现的政策性亏损，由财政部给予弥补。

2. 业务范围。

（1）办理出口信贷和进口信贷；

（2）办理对外承包工程和境外投资贷款；

（3）办理中国政府对外优惠贷款；

（4）提供对外担保；

（5）转贷外国政府和金融机构提供的贷款；

（6）办理本行贷款项下的国际国内结算业务和企业存款业务；

（7）在境内外资本市场、货币市场筹集资金；

（8）办理国际银行间的贷款，组织或参加国际、国内银团贷款；

（9）经批准或受委托的其他业务。

（四）最新改革方案

2015 年 3 月 20 日，国务院印发《国务院关于同意中国进出口银行改革实施总体方案的批复》（国函〔2015〕56 号）指出：中国进出口银行改革要强化政策性职能定位，坚持以政策性业务为主体，合理界定业务范围，明确风险补偿机制，提升资本实力，建立资本充足率约束机制，强化内部管控和外部监管，建立规范的治理结构和决策机制，把中国进出口银行建设成为定位明确、业务清晰、功能突出、资本充足、治理规范、内控严密、运营安全、服务良好、具备可持续发展能力的政策性银行，充分发挥在稳增长、调结构、支持外贸发展、实施"走出去"战略中的功能和作用。

面对错综复杂的国内外形势，中国进出口银行主动服务国家战略，积极稳妥有序推进全行改革发展，全面落实从严治党主体责任，努力打造政策性职能定位的现代金融企业，各项工作取得积极进展。

2016 年是"十三五"时期的起步年，也是推动全行改革发展的攻坚之年。中国进出口银行围绕服务国家战略和实体经济发展，着力供给侧改革，把握好"深化改革、转型发展、提质增效、严控风险"四大重点，实现支持实体经济力度不减、改革任务全面推进、力争利润平稳增长、不良贷款有效控制的目标，推动全行改革发展，不断取得实实在在的成效。

三、国家开发银行

（一）国家开发银行的设立使命与发展状况

国家开发银行成立于 1994 年 3 月 17 日。经国务院批准，国家开发银行于 2008 年 12 月 11 日整体改制为国家开发银行股份有限公司（以下简称"国家开发银行"），改制后的国家开发银行注册资本为 3000 亿元人民币。财政部和中央汇金投资有限责任公司分别持有国家开发银行股份有限公司 51.3% 和 48.7% 的股权，依法行使出资人权利和义务。

国家开发银行股份有限公司承继原国家开发银行全部资产、负债、业务、机构网点和人员，依法承担和履行原国家开发银行在有关具有法律效力的合同或协议中的权利义务以及相应的债权债务关系和法律责任。所以，现在的国家开发银行已经是商业银行，而不是政策性银行，这里主要是从历史及其发展的角度去把握国家开发银行。

国家开发银行主要通过开展中长期信贷与投资等金融业务，为国民经济重大中长期发展战略服务。国家开发银行贯彻国家宏观经济政策，筹集和引导社会资金，缓解经济社会发展的瓶颈制约和薄弱环节，致力于以融资推动市场建设和规划先行；

支持国家基础设施、基础产业、支柱产业以及高新技术等领域的发展和国家重点项目建设；支持城镇化、中小企业、"三农"、教育、医疗卫生以及环境保护等瓶颈领域的发展；支持国家"走出去"战略，积极拓展国际合作业务，以此增强竞争力，改善民生，促进科学发展与社会和谐。国家开发银行坚持以市场化方式服务经济社会发展，努力保持强有力的发展能力、创新能力和先进的市场业绩，提升核心竞争力。

国家开发银行成立二十几年以来，不断探索和深化开发性金融实践，取得了丰硕成果，在我国经济社会发展中的作用日益突出。

国家开发银行的中长期投融资从设立开始，就担当起了基础设施、基础产业和支柱产业领域的中长期投资业务的主力，筹措资金支持国家重大项目建设，弥补经济社会发展的瓶颈制约。1998 年以来，国家开发银行贯彻国家扩大内需投资拉动政策，支持的领域由国家重大项目拓展到城市基础设施。通过融资推动市场建设和规划先行，开始逐渐把城市公共设施领域培育成为成熟的商业领域，并不断从大城市向中小城市、县城延伸，使经济增长由重大项目的单一拉动向城市化的全面拉动转变，配合了国家投资拉动的政策效果，成为我国中长期投融资领域的主力银行。2003 年以来，国家开发银行把基础设施领域的经验，逐渐拓展到社会瓶颈和民生领域，"三农"和新农村建设、中小企业、低收入家庭住房、节能环保教育、医疗卫生等这些与人民生活息息相关的领域，也越来越多的获得国家开发银行的支持。2008 年，面对国际金融危机的扩散和蔓延，国内遭受罕见的自然灾害、经济下行以及自身商业化转型的复杂形势，国家开发银行深入落实国家政策，认真落实中央各项方针政策，积极应对挑战，再次体现了中长期投融资平抑经济周期波动的作用。

（二）国家开发银行的资金来源和业务开展

1. 国家开发银行的资金来源。根据《国务院关于金融体制改革的决定》中的规定，国家开发银行的资金来源主要包括：其一，财政部拨付的资本金和重点建设基金；其二，国家开发银行对社会发行国家担保债券和对金融机构发行金融债券，其发债额度由国家计委和人民银行确定；其三，中国建设银行吸收存款的一部分。

现在，国家开发银行主要是通过发行金融债券来筹集资金。作为中国债券市场仅次于财政部的第二大发行主体，国家开发银行通过不断创新债券发行方式和丰富债券产品，促进了中国债券市场的发展。2008 年，其筹资总量首次突破 1 万亿大关，全年顺利发行人民币金融债券 6200 亿元，其中 12 月份配合扩大内需政策增发人民币 900 亿元。2008 年也是国家开发银行人民币金融债券市场化发行 10 周年，累计债券发行量突破人民币 4 万亿元，为国家开发银行业务发展提供了强有力的资金支持。以商业化改制为契机，国家开发银行还大力发展机构存款业务，截至 2008 年末，存款余额达人民币 3605 亿元，并在新疆、广西等省、自治区开展基本存款账户试点，为今后存款业务的快速发展打下了坚实基础。

2. 国家开发银行的业务开展。

（1）信贷业务。信贷业务是国家开发银行的常规业务。截至 2008 年末，本外币贷款总余额人民币 28 986 亿元，同比增长 28.2%。基础设施、基础产业和支柱产业领域贷款余额人民币 27 803 亿元，中西部地区贷款余额人民币 12 851 亿元，东北老工业基地贷款余额人民币 2673 亿元。

（2）大力支持基础设施、基础产业和支柱产业建设。2008 年，国家开发银行发放贷款人民币 11 696 亿元，其中向煤电油运以及农林水、邮电通讯、公共基础设施等重点领域发放人民币 7679 亿元，占全部贷款发放的 65.65%。

（3）加快开展国际合作业务。国家开发银行认真贯彻国家"走出去"战略，积极开展国际合作业务，国际合作业务得到了快速发展并逐步形成独具特色的发展模式，目前已成为中国最大的对外投融资合作银行。截至 2008 年末，国家开发银行的外汇贷款余额达 645 亿美元，其中用于境外"走出去"项目的贷款余额为 404 亿美元，外汇贷款不良率连续 25 个季度保持为零。

（4）交易与投资。国家开发银行在有效控制风险的前提下，资金交易业稳步发展。人民币利率互换、人民币债券做市、人民币外汇做市业务交易水平进一步提升，其中人民币利率互换做市交易量的市场排名稳居第一。2008 年全年资金交易量达人民币 12.2 万亿元，同比增长 135%，近 5 年年均增长率达 156%。

（5）投资业务与投资银行业务。

基金投资：截至 2008 年末，已投资中非发展基金、中意曼达林基金、东盟国投资基金等 11 支基金和 5 家基金管理公司，基金和管理公司合计总规模人民币 695.2 亿元，承诺出资额人民币 127.8 亿元，已实际出资人民币 104.7 亿元。

股权投资：2008 年完成了对国银金融租赁股份有限公司的重组并注资人民币 70 亿元，形成了国家开发银行开展飞机、船舶和大型设备等的租赁业务平台，对天津生态城项目投资人民币 3 亿元，完成中巴投资公司后续注入 1600 亿美元，帮助中国在巴基斯坦开展基础设施等领域的投资。

（6）金融合作与创新。进一步完善金融合作与创新机制，积极开展与全国社会保障基金理事会、华夏银行、中信证券、中国人民保险集团公司等金融机构的合作，2008 年受托管理信托业务余额达人民币 1048 亿元。金融合作广泛开展，在引导社会资金参与国家开发银行优质项目的同时，极大提升了国家开发银行为重点客户提供支付、结算、担保、代理与理财等系列贷款派生业务和融资顾问业务的能力，提高了综合收益水平；在基层业务方面，积极推进小额信贷公司建设，发起设立内蒙古达拉特国开村镇银行。与此同时，中非发展基金以及国银租赁等子公司逐步与国家开发银行主流业务发挥协同效应，更好地满足了客户的融资需求。

（7）资本管理。国家开发银行资本管理包括资本充足率管理、经济资本管理和账面资本管理三个方面，其中，资本充足率管理是重点。按照银监会（现为银保监会）《商业银行资本充足率管理办法》（已失效）和中国会计准则计算，截至 2008 年末，国家开发银行的资本充足率为 1.31%，核心资本充足率为 10.07%，均满足监管要求。

（三）最新改革方案

2015 年 3 月 20 日，国务院批复国家开发银行深化改革方案，印发《国务院关于同意国家开发银行深化改革方案的批复》（国函［2015］55 号），强调：国家开发银行要坚持开发性金融机构定位，适应市场化、国际化新形势，充分利用服务国家战略、依托信用支持、市场运作、保本微利的优势，进一步完善开发性金融运作模式，积极发挥在稳增长、调结构等方面的重要作用，加大对重点领域和薄弱环节的支持力度。通过深化改革，合理界定业务范围，不断完善组织架构和治理结构，明确资金来源支持政策，合理补充资本金，强化资本约束机制，加强内部管控和外部监管，将国家开发银行建设成为资本充足、治理规范、内控严密、运营安全、服务优质、资产优良的开发性金融机构。

国家开发银行深化改革的主要内容：一是明确国家开发银行的开发性金融机构的功能定位；二是明确国家开发银行主要从事开发性业务，如新型城镇化、保障性安居工程、"两基一支"、支持"走出去"、科技、文化和人文交流等；三是完善组织架构和治理结构；四是明确资金来源的政策支持。国开行所发行的债券，国家继续给予信用支持，风险权重为零；五是提高资本充足率。国家为国家开发银行注资以补充资本金；六是建立以资本充足率为核心的资本约束机制；七是加强内部管控和外部监管，建立与开发性业务相适应的风险管理体系。监管部门研究制订对国家开发银行的审慎性监管规定并实施监管；八是按照突出服务国家战略、侧重风险控制、兼顾利润回报为导向对国家开发银行进行绩效评价；九是修订和完善章程。条件成熟时，考虑制定国家开发银行条例，以此作为内部运营和外部监管的法定依据。

国家开发银行深化改革方案坚持问题导向，从国家开发银行发展实际出发，明确定位方向，使业务发展的重点更加清晰；系统解决制约发展的问题，为可持续发展提供了保障；强化激励约束机制，进一步完善国家开发银行运行的法定依据和政策环境，为稳健经营提供了基础和依据。方案对于提高国家开发银行可持续发展水平、更好地支持国民经济持续健康发展具有重大意义，为国家开发银行长远发展注入了新的动力。

★ 本章小结

1. 政策性银行是由政府发起、出资设立、参股或保证的，不以盈利为目的，专门为贯彻和配合政府特定的政策与意图而进行融资及信用活动的金融机构；其既不同于中央银行也不同于商业银行，一般实行单独立法。

2. 政策性银行法是调整和规范政策性银行法律关系的总称。国外的政策性银行立法体现出了四大特点：其一，在成立政策性银行之前，先制定政策性银行法；其二，对不同的政策性银行进行独立立法，专项规范；其三，一国的政策性银行法构成了一个完整的政策性银行法律体系；其四，政策性银行立法变化较大。

3. 政策性银行是国家干预市场的产物，构成了经济法主体，是独立法人，是"特殊法人"或"特殊的公法人"。由此决定了政策性银行和政府中央银行及商业银行的关系。政策性银行与商业性银行同样具有金融中介职能，同时，其还具有倡导性、选择性、补充性和服务性等特殊职能。

4. 中国农业发展银行是直属国务院领导的国有政策性银行，也是我国唯一的一家农业政策性银行。中国进出口银行是直属国务院领导、政府全资拥有的政策性银行，是国内唯一一家为外国政府贷款业务成立转贷部的银行，其国际信用评级与国家主权评级一致。国家开发银行是我国历史上成立最早、规模最大的政策性金融机构，直属国务院领导，于2015年3月明确定位为开发性金融机构。

★ 本章练习

1. 政策性银行有哪些主要特征和类型？
2. 我国政策性银行的立法现状如何，存在的问题主要是什么？
3. 如何理解政策性银行和商业银行的关系？
4. 如何理解政策性银行和政府及中央银行的关系？
5. 如何理解政策性银行职能的特殊性？
6. 中国农业发展银行的主要业务有哪些？
7. 中国进出口银行的性质与任务是什么？
8. 中国进出口银行的主要业务有哪些？
9. 国家开发银行深化改革的目标和主要内容是什么？
10. 政策性银行未来的改革方向是什么？

★ 参考文献

1. 何立慧：《政策性银行的特点、运作机制及职能分析》，载《社科纵横》2005年第2期。
2. 倪振峰等：《银行法学》，复旦大学出版社2010年版。
3. 夏也婷：《我国政策性银行立法问题研究》，山东大学出版社2010年版。
4. 刘刚、白敦：《我国政策性银行亟待立法》，载《广东金融学院学报》2005年第1期。
5. 郭英、张文辉主编：《金融法》，清华大学出版社2018年版。
6. 黄明欣主编：《金融法》，华中科技大学出版社2011年版。

----------- 第八章 -----------

支付结算法

学习目标

知识目标：

理解国际结算、国际贸易结算、非贸易结算的定义

了解国际结算的发展过程及发展的特点

了解国际结算中依据的法律和国际惯例

熟悉汇款、托收结算方式的基本当事人及其相互关系

了解汇款、托收结算方式的基本流程

理解各种汇款、托收方式的主要区别

了解跟单信用证的结算方式与业务实务

了解信用证的结算风险与防范

能力目标：

掌握支付结算的法律特征

掌握支付结算的法律责任

掌握汇款、托收结算方式的基本定义

掌握汇款、托收的基本当事人

掌握信用证基本定义

掌握信用证基本特点与特征

第一节　支付结算法基本概述

一、国内支付结算法律制度

（一）基本含义

支付结算是指单位、个人在社会经济活动中使用票据、银行卡、汇兑、托收承付、委托收款、信用证等结算方式进行货币给付及其资金清算的行为，是国民经济

活动中资金清算的中介。随着现代信息技术尤其是互联网在金融领域的广泛运用，社会中出现了大量从事网络支付业务的非银行机构。根据我国《非银行支付机构网络支付业务管理办法》第 2 条的规定，非银行金融机构经过批准，获得《支付业务许可证》，办理互联网支付、移动电话支付、固定电话支付、数字电视支付等网络支付业务，常见的还有微信支付、支付宝支付。

在网络支付业务中，收款人或者付款人可以通过计算机、移动终端等电子设备进行支付结算。根据《中国支付清算发展报告（2019）》[1] 数据显示，2018 年全国银行业金融机构共办理非现金支付业务 2203.12 亿笔，金额 3768.67 万亿元，同比分别增长 36.94% 和 0.23%。而与去年《中国支付清算发展报告（2018）》数据相比，2017 年全国共办理非现金支付业务 1600 多亿笔，金额 3750 多万亿元，同比分别增长 28.59% 和 1.97%，笔数增长略有放缓，金额增长放缓较大，非现金支付交易趋于高频小额化。可见新兴支付业务保持快速增长，移动支付业务规模延续高速增长态势。

（二）我国相应的法律法规

为了规范支付结算工作，我国制定了一系列支付结算方面的法律、法规和制度，主要包括：《票据法》《最高人民法院关于审理票据纠纷案件若干问题的规定》《票据管理实施办法》《支付结算办法》《非银行支付机构网络支付业务管理办法》。

（三）法律特征

传统支付体系以票据为主要的支付方式，是证券化了的支付体系。支付结算作为一种法律行为，具有以下法律特征：

1. 支付结算必须通过中国人民银行批准的金融机构进行。银行是支付结算和资金清算的中介机构。未经中国人民银行批准的非银行金融机构和其他单位不得作为中介机构经营支付结算业务。但法律、行政法规另有规定的除外。[2] 可见支付结算业务传统上是由银行进行经营的，由金融机构垄断经营。

2. 支付结算是一种要式行为。所谓要式行为，是指法律规定必须依照一定形式进行的行为。票据和结算凭证是办理支付结算的工具，必须使用按中国人民银行统一规定印制的票据凭证和统一规定的结算凭证。[3]

3. 支付结算的发生取决于委托人真实的意思表示。银行在支付结算中是充当中介机构的角色，因此，银行只要以善意且符合规定的正常操作程序审查，除法律另有规定外，银行不代任何单位或个人冻结、扣款，不得停止单位、个人存款的正常支付。

4. 支付结算实行统一管理和分级管理相结合的管理体制。支付结算是一项政策性强、与当事人利益息息相关的活动，因此，必须对其实行统一的管理。中国人民

---

〔1〕 中国支付清算协会：《中国支付清算行业运行报告（2019）》，载中国支付清算协会官网，http://www.pcac.org.cn/index.php/dongtai/list_details/ids/722/id/55/topicid/4.html，最后访问时间：2019 年 06 月 23 日。

〔2〕《支付结算办法》第 6 条。

〔3〕《支付结算办法》第 9 条第 1 款。

银行总行负责制定统一的支付结算制度，组织、协调、管理、监督全国的支付结算工作，调解、处理银行之间的支付结算纠纷。[1] 中国人民银行省、自治区、直辖市分行根据统一的支付结算制度制定实施细则，由中国人民分、支行负责组织、协调、管理、监督本辖区的支付结算工作。[2]

5. 支付结算必须依法进行。银行、城市信用合作社、农村信用合作社以及单位和个人（含个体工商户），办理支付结算必须遵守国家的法律、行政法规和《支付结算办法》的各项规定，不得损害社会公共利益。[3]

（四）支付结算中的法律责任

为了保证结算制度的贯彻执行，我国制定了相应的法律、法规及部门规章，对单位、个人和银行的结算责任作出了具体规定。[4]

1. 单位和个人办理结算的法律责任。

（1）自行负责。单位和个人办理支付结算时，因错填结算凭证致使银行错投结算凭证或对款项不能解付，影响资金使用的；单位和个人对使用的支票、商业承兑汇票和银行签发的银行汇票、本票、银行承兑汇票以及预留银行印章，因管理不善造成丢失、被盗，发生款项冒领，造成资金损失的；付款人及其代理人以恶意或者重大过失付款的；单位和个人违反规定，银行停止其使用有关支付结算工具，因此造成的后果，由单位和个人自行负责。

（2）连带责任。允许背书转让的票据，由于付款人拒绝付款而退回票据，持票人对出票人、背书人和其他债务人进行追索时，出票人、背书人和其他债务人（如保证人）要负连带责任。具体有以下几种情形：①持票人超过规定期限提示付款的，银行汇票、银行本票的出票人、商业汇票的承兑人，在持票人作出说明后，仍应当继续对持票人承担付款责任；支票的出票人对持票人的追索，仍应当承担清偿责任；②付款人及其代理付款人以恶意或者重大过失付款的，应当自行承担责任；③商业汇票的付款人在到期前付款的，由付款人自行承担所产生的责任；④承兑人或者付款人拒绝承兑或拒绝付款，未按规定出具拒绝证明，或者出具退票理由书的，应当承担由此产生的民事责任；⑤持票人不能出示拒绝证明、退票理由书或者未按规定期限提供其他合法证明而丧失对其前手追索权的，承兑人或者付款人应对持票人承担责任；⑥持票人因不获承兑或不获付款，对其前手行使追索权时，票据的出票人、背书人和保证人对持票人承担连带责任；⑦持票人行使追索权时，持票人及其前手未按《票据法》规定期限将被拒绝事由书面通知其前手的，因延期通知给其前手或者出票人造成损失的，由没有按照规定期限通知的票据当事人，在票据金额内对该

---

〔1〕《支付结算办法》第20条第2款。

〔2〕《支付结算办法》第20条第3款。

〔3〕《支付结算办法》第5条。

〔4〕《支付结算办法》、《票据管理实施办法》和中国人民银行1994年10月9日发布的《违反银行结算制度处罚规定》及其他有关规定。

损失承担赔偿责任；⑧票据债务人在持票人不获付款或不获承兑时，应向持票人清偿《票据法》规定的金额和费用。

2. 银行办理结算的责任。银行办理结算违反规定，除银行承担有关责任[1]，还要根据情节轻重追究有关工作人员的责任。除有关单位、个人、银行及其工作人员的责任外，其他有关单位和人员违反支付结算规定，亦应承担相应的法律责任。

（五）违法处罚

我国立法对于支付结算的惩罚制度主要有经济处罚和行政处罚两种。

经济处罚包括计扣赔偿金或赔款、罚息、罚款、没收非法所得。行政处罚包括警告、通报批评、停止使用有关结算方式、停止办理部分直至全部结算业务、吊销营业执照等。前述处罚既可单独处罚，亦可合并处罚。具体来说：

1. 商业承兑汇票到期，付款人不能支付票款，按票面金额对其处以5%但不低于1000元的罚款；银行承兑汇票到期，承兑申请人未能足额交存票款，对尚未扣回的承兑金额按每天万分之五计收利息。

2. 存款人签发空头支票、签章与预留银行签章不符的支票，使用支付密码地区，支付密码错误的支票，银行应予以退票，由中国人民银行按票面金额处以5%但不低于1000元的罚款，持票人有权要求出票人赔偿支票金额2%的赔偿金。

3. 收款单位对同一付款单位发货托收累计3次收不回货款的，银行应暂停其向该付款单位办理托收；付款单位违反规定无理拒付，对其处以2000元至5000元的罚款，累计3次提出无理拒付，银行应暂停其向外办理托收。

4. 付款单位到期无款支付，逾期不退回托收承付有关单证的，按照应付的结算金额对其处以每天万分之五但不低于50元的罚款，并暂停其向外办理结算业务。付款人对托收承付逾期付款的，按照逾期付款金额每天万分之五计扣赔偿金等。

5. 银行卡的持卡人出租或转借其银行卡及其账户的，发卡银行应当责令其改正，并对其处以1000元人民币以内的罚款。

6. 银行卡的持卡人将单位的现金存入单位卡账户或将单位的款项存入个人卡账户的，中国人民银行应责令改正，并对单位卡所属单位及个人卡持卡人处以1000元人民币以内的罚款。

二、国际支付结算法律制度

（一）基本含义

国际结算是指不同国家之间发生的货币收付行为，即不同国家的当事人，不论是个人间的、单位间的、企业间的，还是政府间的当事人因商品买卖、服务供应、资金调拨、国际借贷，需要通过银行办理的两国间的货币收付业务，被称为国际结算（International Settlement）。简单点来说，国际结算即通过银行进行的跨国货币收付。

实质上，国际结算作为以货币表示的债权债务的清偿行为，主要是用于国际贸

---

[1]　银行的责任包括：工作差错责任；违反结算规定责任。

易结算。国际结算的产生和发展与国际贸易的产生和发展有着密切的关系，它是随着国际贸易的发展而逐渐产生并发展起来的。当今国际结算主要是由于国际贸易、因提供劳务而产生的结算、对外进行投资或者借贷资金的转移、政府间的资金收付、国际旅游需支付的款项、出国留学所支付的学费等所产生的，在经济全球化的背景下，国际结算将更加密集与频繁。随着支付结算方式与网络的深度融合，国际结算出现了更多的新特点，譬如数据电子化、清算网络系统化等。

（二）国际结算的具体分类

产生国际债权债务关系的原因可归结为贸易原因和非贸易原因。国际结算根据引起国际货币收付的起因不同，分为国际贸易结算和国际非贸易结算。

1. 国际贸易结算（Settlement of International Trade）是指国与国之间办理货币的收支、调拨，以结清位于不同国家的当事人因为经济贸易活动而发生的债权债务关系的行为。[1]

2. 国际非贸易结算（Non-trade Settlement）是与国际贸易结算相对而言的。它是位于不同国家的当事人因资本的移动、利润的汇回以及侨民的汇款、捐赠、援助等活动而产生的国际借贷和货币转移的结算。

（三）国际结算的发展演变过程及其特点

从国际结算的历史发展来看，国际结算是随着国际贸易的发展而产生和发展的。可以从中发现以下三大特点：

1. 从现金结算到非现金结算的转变。公元前6世纪以前，随着社会分工、私有制、国家等的出现，已经孕育出原始的国际贸易。但当时的产品交换是以物物交换的易货贸易形式进行的，交易过程本身就完成了贸易结算，因而不存在国际结算这一概念。

从公元前6世纪到公元12世纪，货币已经产生，其作为交易媒介极大地便利了贸易的发展。当时世界各国的对外贸易都是采用黄金、白银、铸造硬币作为国际的现金结算货币。随着国际贸易区域的不断扩大，此时，采用现金结算的缺陷是显而易见的，现金结算不仅运送风险大，费用高，需要清点和鉴别真伪，而且结算费时，容易积压资金。于是，以当事人的信用作担保的票据应运而生。利用这种信用工具，对国际的债务债权，通过转账划拨资金或者互相抵销的办法进行结算，既减少了结算的费用，又节省了时间。尤其是银行的信用保证和融资作用，通过票据的使用得到了进一步的发挥。而票据本身功能的逐渐扩展，汇票、本票、支票的立法不断完善，使票据成为贸易结算的主要工具，相应地，票据结算也成为当代非现金结算最主要的形式。

在现代社会中，一方面，各国政府为了制止非法交易以及伪钞流入市场和逃税等行为，采取了各种法律和经济手段来限制现金结算；另一方面，随着电子信息技

---

〔1〕 譬如贸易从属费用的结算，是指进出口交易中必然产生的运费、保险费、银行服务等劳务费用。

术的发展，金融系统的电算化和电子货币的出现，进一步促使现金退出了流通领域。国际结算今后的发展趋势将是非现金结算和电子化结算。

2. 从直接结算到间接结算的转变。最初的国际贸易多在商人之间以"一手交钱、一手交货"的方式完成，因此商人在交易的同时即完成了款项的交割，属于商人之间的直接结算。买卖双方直接结算的方式不适用于国际贸易，使用不同货币，处在不同的贸易和外汇管理制度之下，不可能办理面对面的买卖双方货款两清的直接结算，只有委托银行办理结算。银行有自己的机构网点，或代理机构网点，设在买方或卖方驻地，它们经营买卖各国外汇或套汇的业务，它们了解各国贸易、外汇管制情况，因此贸易结算自然地分工到银行，从而使买卖双方集中精力开展贸易，货款结算则完全通过银行办理。卖方可将货运单据经银行寄出，索取货款，银行则配合收款。卖方也可自行将货运单据寄给买方，由买方经银行汇回货款。在办理结算业务的同时，银行向当事人提供信用保证，或以单据为抵押向当事人融通资金，从而在更大程度上介入了国际结算的全过程。

银行为了划拨资金的方便和办理其他异地业务，不但在海外设立分支机构，而且广泛地建立了海外代理行关系和账户关系。随着财务电讯系统的不断完善，在全球范围内形成了一个高效率的国际账务清算和资金转移网络[1]。

3. 从按货物结算到按单据结算的转变。当贸易商与运输商有了分工以后，卖方将货物交给运输商承运至买方，运输商将货物收据交给卖方，卖方转寄买方，向运输商取货。海上运输继续扩大，简单的货物收据发展成为比较完善的海运提单，海运提单起着货物收据、运输契约和物权单据的三种作用。由于提单有物权单据的性质，它把货物单据化了，交单等于交货，持单等于持有货物所有权。海运提单因此成为可以流通转让的单据（ Negotiable Documents），便于转让给银行持有，让银行凭此向买方索取货款，或者当作质押品，获得银行资金融通，从而使原始的"现金交

---

〔1〕 目前，被广泛使用的全球性账务清算和资金转移网络有三个：①环球同业银行金融电讯协会（Society for Worldwide Interbank Financial Telecommunication，简称 SWIFT）。这是一个国际性银行资金清算机构，总部设在比利时的布鲁塞尔。该协会为各成员国银行提供专门的通讯和终端设备，形成了一个高速的电讯网络，每天24小时不间断运行，具有自动储存信息、自动加押或核押、以密码处理电文、自动分类文件等多种功能，并规定了电讯的标准化格式和统一的代码（货币、国别）。通过 SWIFT 传送，国际结算更为快捷和安全。SWIFT 是当今影响最大的国际清算网络。②纽约银行同业电子清算系统（ Clearing House Interbank Payment System，简称 CHIPS）。这是一个收付美元的国际电脑网络，是由100多家设在纽约的美国和外国银行分支机构自愿组成的清算系统，其目的是联网办理银行收付业务。1981年，纽约联邦储备银行为 CHIPS 开立了一个特别清算账户。在国际贸易结算中，发送美元收付指标时，国际结算只要注明客户和会员银行的编码，就可以当日完成结算。③伦敦银行同业自动清算系统（ Clearing House Automated Payment System，简称 CHAPS）。这是继 CHIPS 以后，英国于1984年在伦敦设立的电脑收付系统，由12家清算银行通过8条信息通道与信息转换中心相接，CHAPS 采用双重清算体制，所有商业银行通过其开立账户的清算银行进行清算；每天营业结束时，清算银行之间进行双边对账和结算，其差额通过它们在英格兰的账户划拨来结清。

货"方式转变为"凭单付款"方式。

三、国际结算的法律、惯例和规则

由于现代国际结算业务的操作日趋成熟与规范化，从而为各类结算的法律、惯例和规则的产生创造了条件。这些法律、惯例及规则的确立，更加明显地减少了结算业务中的不确定性，使各类结算方式具有普遍认可的明确含义，便于交易当事人做出合理选择，从而推动贸易发展。

（一）国际法

1.《联合国国际货物买卖合同公约》。该公约规范了国际货物贸易合同双方当事人的权利和义务，一般也适用于当事人在结算业务中的行为。

2.《国际汇票和国际本票公约草案》《联合国国际支票公约草案》。两草案至今尚未经联合国成员国签署成为正式的国际公约。

3.《日内瓦统一汇票、本票法公约》和《日内瓦统一支票法公约》。两个公约统称《日内瓦统一法》，有法国、瑞士、德国等大多数欧陆国家，以及日本、巴西等共20余国参加。该公约主要依据大陆法系的学理制定，故英美等国未参加。

（二）国内法律、法规

各国的民法和商法，特别是票据法、银行法等单项法律法规，是调整国际结算当事人关系的主要依据。我国有关国际结算的法律和法规有：《票据法》；《外汇管理条例》，该条例规定了人民币在经常项目下的有条件可兑换，对资本项目则采取严格的管理措施；中国人民银行制定的《结汇、售汇及付汇管理规定》，该规定对出口结汇和进口售汇等有关事项作了具体的管理规定。

（三）国际惯例和规则

1.《托收统一规则》（URC522）及其评论（URC500）；

2.《见索即付保函统一规则》（URDG458）；

3.《跟单信用证统一惯例》（UCP600）和《〈跟单信用证统一惯例〉电子交单补充规则》（EUCP）；

4.《跟单信用证项下银行间偿付统一规则》（Uniform Rules for Bank to Bank Reimbursement under Documentary Credits，URR525）；

5.《跟单信用证项下银行间偿付统一规则》（URR725）[1]；

6.《国际备用信用证惯例》（ISP98）；

7.《关于审核跟单信用证项下单据的国际标准银行实务》（ISBP）；

8.《跟单票据争议解决专家意见规则》（DOCDEX Rules）；

---

〔1〕 该规则由国际商会于 1996 年制定，专门作为处理跟单信用证项下银行偿付业务的统一惯例，后于 2008 年 07 月修订，修订后为 URR725。

9. 独立保函惯例与规则（Customs and Rules for Independent Guarantees）[1]；

10.《国际保付代理惯例规则》（CIFC，1994）。

以上国际惯例均由国际商会制定，并得到了世界各国和有关当事人的普遍承认和采纳，成为国际结算最重要的行为规范和法律基础。同时，上述法律、惯例和规则促进了贸易和结算向规范化和标准化方向迅速发展。

★ 扩展阅读

国际商会是为世界商业服务的非政府间组织，是联合国等政府间组织的咨询机构。国际商会于 1919 年在美国发起，1920 年正式成立，其总部设在法国巴黎。目前，国际商会的会员已扩展到 100 多个国家，由数万个具有国际影响的商业组织和企业组成，已在 59 个国家成立了国家委员会或理事会，组织和协调国家范围内的商业活动。

国际商会的基本目的是为开放的世界经济服务，坚信国际商业交流将促进繁荣和国家之间的和平。国际商会的主要职能有四个：①在国际范围内代表商业界，特别是为联合国和政府专门机构充当商业发言人；②促进建立在自由和公正竞争基础上的世界贸易和投资；③协调统一贸易惯例，并为进出口商制定贸易术语和各种指南；④为商业提供实际服务。服务包括：设立解决国际商事纠纷的仲裁院、协调和管理货物临时免税进口的 ATA 单证册制度的国际局、商业法律和实务学会、反海事诈骗的国际海事局、反假冒商标和假冒产品的反假冒情报局、为世界航运创造市场条件的海事合作中心和经常组织举办各种专业讨论会和出版发行种类广泛的出版物。

国际商会的组织机构包括：理事会、执行局、财政委员会、会长、副会长及前任会长和秘书长、所属各专业委员会和会员、会员大会，此外还设有国家特派员。国际商会现有下属 24 个专业委员会及工作机构。

表 1　国际结算与国内结算的比较

项目	国内结算	国际结算
结算范围	一国国内	跨越国界
使用货币	双方使用同种货币	双方货币不同，需要兑换
结算制度	单一制度	多种类型，如双边结算制度

---

〔1〕　该规则为国际商会为了向国际贸易和国际结算的有关当事人在国际商事中提供适用的信用担保的统一指导规则，该规则为以下规则的统称：《合同保证统一规则》（Uniform Rules For Contract Guarantee，1978 年国际商会 325 号出版物）、《见索即付保函统一规则》（Uniform Rules for Demand Guarantees，1992 年国际商会 458 号出版物）、《合同保函统一规则》（Uniform Rules for Contract Bonds，1993 年国际商会 524 号出版物）、《国际备用证惯例》（International Standby Practice，1998 年国际商会 590 号出版物）等。除前述规则外，国际商会的其他出版物，如各种答疑和意见汇编、案例分析与研究等，都是国际结算可以使用的统一惯例和规则。

续表

项目	国内结算	国际结算
法律规范	同一法律	国际惯例或事先约定的某方法律或第三国法律
结算方式	按国内结算管理办法规定	托收、汇款、信用证等

第二节　以商业信用为基础的结算方式——汇款、托收

★ 案例分析

汇付存在的弊端？

广州 A 出口企业与韩国 B 进口企业之间签订了一份进出口贸易合同，合同中规定：支付条款为装运月份前 15 天电汇付款。但是，在后来的履约过程中 B 进口企业延至装运月份的中旬才从邮局寄来银行汇票一张。为保证按期交货，A 出口企业于收到汇票次日即将货物托运，同时委托 C 银行代收票款。1 个月后，A 出口企业接到 C 银行通知，因该汇票系伪造，已被退票。此时，货物已抵达目的港，并已被进口方凭 A 出口企业自行寄去的单据提走。事后，A 出口企业进行了追偿，但 B 进口企业早已人去楼空，A 出口企业遭受货款两空的重大损失。请分析造成这种情况的原因？

在本案中，造成损失的最主要原因归咎于 A 出口企业本身。B 进口企业随意将支付条件从电汇改为票汇的时候，没有引起 A 出口企业的注意，即使默认这种改变，A 出口企业也应该首先鉴别汇票的真实性，不应贸然将货物托运并自行寄单。

当然，汇款方式本身所固有的弊端也是导致 A 出口企业钱货两空的根本原因。因为汇付所依托的是商业信用，完全依赖于进口商的资信，如果出口商不是很了解进口商，就不能随便使用汇付。

一、汇款概述

汇款（Remittance），又称汇付，是汇出行应汇款人的要求，以一定的方式，通过某国外银行或代理行作为付款行，把一定金额支付给收款人的一种结算方式。汇款是早期国际结算业务中最主要的方式之一，在现代国际结算中，汇款方式仍应用得很广泛，它既适用于贸易结算，也适用于非贸易结算领域。汇款常见的种类还有电汇[1]、

---

〔1〕 电汇（Telegraphic Transfer，T/T）是汇出行应汇款人的申请，通过发送加押电报、电传或 SWIFT 形式通知其国外的分行或者代理行，指示其汇款的付款方式。随着互联网的兴起，网上银行也随之普及，电汇当事人亦可以通过使用网上银行支付相应款项，实现资金的汇兑。

信汇[1]以及票汇[2]。

（一）汇款方式中的基本当事人

汇款结算方式一般涉及四个主要当事人：汇款人（Remitter）、收款人或受益人（Payee/Beneficiary）、汇出行（Remitting Bank）、汇入行或解付行（Paying Bank）。除了这四个主要当事人外，有时还涉及转汇行（Intermediary Bank）。

1. 汇款人。汇款人是委托银行向国外债权人付款的当事人。汇款人在委托银行办理汇款时，要出具汇款申请书，此申请书是汇款人和汇出行之间的一种契约。在国际贸易实务中，汇款人通常是进口商或债务人。其责任是填写汇款申请书，向银行提供将要汇出的款项并承担一定的手续费。

2. 收款人。收款人是接受汇款人所汇款项的当事人。在国际贸易实务中，汇款方式下的收款人通常是出口商或债权人。当收款人接受了解付的汇款后，意味着该笔款项支付的完成或债权债务的清算完成。

3. 汇出行。汇出行是接受汇款人委托，办理款项汇出业务的银行。汇出行通常是汇款人所在地银行，其职责是按汇款人要求将款项汇给收款人。自接受汇款申请书起，汇款人与汇出行之间的契约关系就此成立并生效，汇出行编制支付授权书（Payment Order，P/O）时，应该按照汇款申请书的内容与选定的汇款方式进行准确表达，同时汇出行有义务完全按照汇款申请书办理该笔汇出款，直至该笔汇出款准确无误地交付收款人为止。汇出行汇出的汇款称为汇出汇款（Outward Remittance）。

4. 汇入行。汇入行，又称解付行，是指接受汇出行委托，向收款人解付汇入款项业务的银行。汇入行通常是收款人所在地银行，它必须是汇出的联行或代理行。汇入行的所有解付汇入款必须严格按照汇出行的 P/O[3] 办理。因擅自改变 P/O 内容而引起的任何后果，均由汇入行负责。凡因种种原因不能及时解付的汇入款，应及早通知汇出行并告知原因，等待汇出行进一步指示后视情况办理。汇入行汇入的汇款称为汇入汇款（Inward Remittance）。一般情况下，汇入款都是不附加条件的，只是将汇入款的附言转告收款人；也有一种汇款是加列有条件付款的，例如"在收款人交出＊＊＊号合同项下全套单据后才予付款"，在这种情况下，汇入行负有审单责任，可以考虑向收款人或汇出行收取一定比例的审单费。

5. 转汇行。若汇出行与汇入行之间没有往来账户，汇出行就要找双方的共同账户行转汇，这样的银行就称为转汇行。

6. 汇款当事人之间的相互关系。

（1）汇款人与收款人之间是贸易合同关系确立的债权债务关系；

---

[1] 信汇（Mail Transfer，M/T）是指汇出行应汇款人的申请，用航空邮寄信函的方式指示国外代理行支付一定款项给收款人的汇款方式。

[2] 票汇（Demand Draft，D/D）是汇出行应汇款人的申请，代汇款人开立以其分行或代理行、解付行的银行即期汇票，支付一定金额的付款方式。

[3] 汇出行编制支付授权书。

（2）汇款人与汇出行之间是委托与被委托的关系，它们之间是由汇款人填具的汇款申请书作为契约凭证，汇款申请书明确了双方在该项业务中的权利与义务；

（3）汇出行与汇入行之间既有代理关系又有委托与被委托的关系。通常是代理关系在前，即两行事先签有业务代理合约或账户往来关系，在代理合约规定的业务范围内，各自承担责任。针对一笔汇款业务而言，汇出行通过汇款凭证传递委托信息，汇入行接受委托承担解付汇款的义务；

（4）收款人与汇入行之间表现为账户往来关系，即通常情况下，收款人在汇入行设有存款账户。但也可以没有账户关系，汇入行收妥款项后有责任向收款人解付该笔款项。

（二）汇款业务实务

表2　中国银行境外汇款申请书

二、托收概述及其当事人

（一）托收的定义

托收（Collection）是国际结算中常用的方式，它是指收款人或债权人为了取得因劳务、商品及其他交易引起的应收款项，将有关单据交与本地银行，委托该银行通过国外代理行向付款人或债务人交单取款的业务。

托收分成光票托收和跟单托收两种。在光票托收中，债权人委托银行为金融单据获得付款或承兑。在跟单托收中，债权人委托银行凭债务人的付款或承兑或其他条件向其交单，债权人为得到债务人的付款或承兑或其他行为，所提交的单据是商业单据，可以有金融单据，也可以没有金融单据。

国际贸易结算中，大多是跟单托收，其基本做法是：出口方先行发货，然后备妥包括运输单据在内的有关商业单据，并开出汇票（或不开汇票），把全套单据交出口地银行，委托其通过进口地的分行或代理行，向进口方收取货款，凭进口方的付款或承兑向进口方交付全套单据。

（二）托收的当事人及责任

1. 托收的当事人。托收业务涉及的基本当事人有四个：委托人、托收行、代收行和付款人，此处还可以有提示行和需要时的代理两个当事人。

（1）委托人（Principal）。又称"本人"，是委托银行取得国外付款人的付款或承兑后向其交单的人，通常就是出口方、出票人及托运人。

（2）托收行（Remitting Bank）。它是委托人的代理人，是为委托人转托国外分行或代理行办理托收的银行，通常为出口地银行。

（3）代收行（Collecting Bank）。它是托收行的代理人，是接受托收行的指示，在取得国外付款人的付款或承兑后向其交单，并最终得到付款的银行，通常为进口地银行。

（4）付款人（Drawee）。它是按照托收指示作成提示的被提示人，通常为进口商。

（5）提示行（Presenting Bank）。它是向汇票付款人作成提示的代收行。如果托收行不指定一家特定提示行，多数情况下提示行就是代收行，但有时提示行与代收行是分离的两家银行。

（6）需要时的代理（Representative in Case of Need）。这是委托人指定的在付款地的代理人，其作用是在付款人拒绝付款、拒收货物时，代表委托人接受单据并处理货物。例如为货物办理存仓、投保、转售及运回等事宜。需要时代理可以为委托人对汇票作参加承兑或参加付款以取得单据，除非委托人在托收申请书中明确记载需要时的代理的名称、地址及权限，否则有关银行不接受需要时的代理的任何指示。

2. 托收当事人的法律责任。托收当事人的法律责任具体分析如下：

（1）委托人。跟单托收的委托人，即国际货物买卖合同的出口商，在委托银行办理托收时，需填写托收指示（也称托收申请书），如果银行接受委托，则该托收指示为委托人与托收行之间的契约。委托人有下列义务：

第一，托收指示应表明该托收受《国际商会托收统一规则》（URC522）约束；

第二，委托人填写的托收指示应按情况包含相应的内容：委托人的详情、付款人的详情、发出托收的银行的详情、提示行的详情、托收的金额和币种等；[1]

第三，委托人应负担的费用。委托人不但要向代理人支付手续费，还应该负担代理人在执行委托时支出的各项费用，如电讯费、代办费等。

（2）托收行。

第一，托收行应完全按照委托人的托收指示行事，托收行在向代收行寄单时必须附上和委托人指示严格一致的托收指示。

第二，托收行应按有关惯例的规定和常规行事。《国际商会托收统一规则》（URC522）规定，如委托人未指定代收行，托收行可以自行指定代收，万一托收行发出的指示未被执行，托收行不承担责任。该规则还规定，托收行以通常方式邮寄单据，对传递过程中的延误或灭失所引起的后果概不负责。对于其他需要处理的业务，凡委托人在托收指示中未予规定的，托收行按惯例和常规办事，可不承担风险责任和费用。

第三，托收行应以善意和合理的谨慎行事，托收行应以专业的标准来衡量银行行为是否符合这一要求。比如将代理托收过程中发生的事情及时通知委托人，并及时向代收行发出指示等。如未及时发出，银行应承担过失责任。

第四，托收行对所收单据的免责。托收行对收到的单据，仅负责确定单据表面上系托收指示中列明的单据，即仅审核单据的种类和数目应和托收指示所列一致，如有遗漏或所列不符，应立即通知委托人。银行无须对单据进行审查，可按原样寄单，对交易所载的完整性和真实性及其法律效力不负责任。

第五，毫无延误的付款，收妥的款项（按情况扣除手续费、支出或费用）必须按托收指示的要求毫无延误地交由发出托收指示的一方支配。

（3）代收行。代收行作为代理人，其基本责任与托收行相同，即应严格遵照托收指示行事；按惯例和常规行事；以善意和合理的谨慎行事；代收行对收到的单据内容及其有效性不承担责任。代收行的其他责任为：

第一，保管好单据。跟单托收是通过银行凭单据取得付款人的承兑和付款。因此，当付款人未满足交单条件时，代收行不能把单据交给付款人，并有义务妥善保管好单据。

第二，托收情况的通知。代收行应按托收指示规定的方式毫不延迟地将付款通知、承兑通知或拒付通知送交托收行；付款通知中应详细列明收到的金额、已扣除的费用以及处理款项的方法；一旦发生拒付，代收行应尽力查明拒付原因。

托收行在收到拒付通知后，必须作出处理单据的相应指示，在发出拒付通知的60天内，代收行仍未接到相应指示的，可将单据退回托收行，代收行不再承担任何责任。

---

[1] 内容还包括：随附单据清单及其份数、交单的条件、托收的费用、所托收的利息、付款方式和付款通知的形式、拒付时的指示。

（三）托收业务实务

表 3 中国农业银行跟单托收申请书

中国农业银行
AGRICULTURAL BANK OF CHINA

ABCS（2007）3021

跟 单 托 收 申 请 书

APPLICATION FOR DOCUMENTARY COLLECTION

Date 日期————

To：Agricultural Bank of China Branch 致：中国农业银行股份有限公司 We enclose the following draft（s）□documents as specifiedhereunder which please collect in accordance with the instructions indicated herein. 兹附上汇票和单据如下，谨请贵行依照本申请书的要求为我公司办理托收。 This collection is subject to URC 522. 此托收遵循国际商会第 522 号出版物《托收统一规则》。	Collecting Bank（Full name & address） 代收行（全称和地址）

	Tenor（期限）	
Drawet（Full name & address） 收款人（全称和地址）	Draft/Inv. No. 汇票/发票号码	Currency and Amount 币种及金额
Drawee（Full name & address） 付款人（全称和地址）		

DOCUMENTS 单据

DP AFT	COM. INV.	PACKING LIST	B/L	N/N B/L	AWB.	ORIGIN CERI	INS. POL.	INSP. CERT.	CERT	CABLE COPY		

Special Instructions (See box marked "X") 特殊条款（用"X"在方框中表明）：

□ please deliver documents against □payment at sight /□payment _ _ _ _ after sight /□acceptance.

请办理□即期付款交单/□远期付款交单/□承兑交单。

□ All your charges are to be borne by □the drawee /□us.

你行所有费用由□付款人/□我司承担。

□In case of a time bill, please advise us of acceptance giving maturity date.

如果托收包含远期汇票，请通知我公司承兑到期日。

□ In case of dishonour, please do not protest but advise us of non-payment □non-acceptance giving reasons.

如果发生拒付，无需拒绝证书但应该通知我公司拒绝付款或拒绝承兑的原因。

□ Please instruct the Collecting Bank to deliver documents only upon receipt of all their banking charges.

请指示代收行收妥全部银行费用后再提示单据。

□ We will take on all the results caused by choosing the above bank as the collecting bank.

请选择我司选定的代收行，由此引起的问题和其他后果由我司负责。

Disposal of proceeds upon collection （款项收妥后，请按照以下要求办理）

联系人：　　　　　　　　　　　　电话：

申请人（盖章）

第三节　以银行信用为基础的国际结算方式——信用证

一、信用证概述

（一）信用证的基本含义

信用证是指银行根据进口人（买方）的请求，开给出口人（卖方）的一种保证承担支付货款责任的书面凭证。在信用证内，银行授权出口人在符合信用证所规定的条件下，以该行或其指定的银行为付款人，开具不得超过规定金额的汇票，并按规定随附装运单据，按期在指定地点收取货款。由于信用证作为结算的一种方式，需要提供相符合的单据作为付款的条件，因此也被称为"跟单信用证"（Documentary Credit）。

（二）信用证的基本特点

1. 信用证是一项独立文件（Self-Sufficient Instrument），不受合同限制。信用证不依附于买卖合同，银行在审单时强调的是信用证与基础贸易相分离的书面形式上的认证。

2. 信用证方式是纯单据业务（Pure Documentary Transaction），而非货物买卖。信用证是凭单付款，不以货物为准。只要单据相符，必须要做到单单一致、单证一致、单货一致，开证行就应无条件付款。

3. 开证银行负首要付款责任（Primary Liabilities for Payment）。信用证是一种银行信用[1]，它是银行的一种担保文件，开证银行对支付有首要付款的责任。

（三）信用证的种类

1. 以信用证项下的汇票是否附有货运单据，可将信用证划分为跟单信用证及光票信用证。①跟单信用证（Documentary Credit）是凭跟单汇票或仅凭单据付款的信用证。此处的单据是指代表货物所有权的单据（如海运提单等），或证明货物已交运的单据（如铁路运单、航空运单、邮包收据）。②光票信用证（Clean Credit）是凭不随附货运单据的光票（Clean Draft）付款的信用证。银行凭光票信用证付款，也可要求受益人附交一些非货运单据，如发票、垫款清单等。在国际贸易的货款结算中，绝大部分使用跟单信用证。

2. 以开证行所负的责任为标准，可以将信用证分为不可撤销信用证及可撤销信用证。①不可撤销信用证（Irrevocable L/C）。不可撤销信用证是指信用证一经开出，在有效期内，未经受益人及有关当事人的同意，开证行不能片面修改和撤销，只要受益人提供的单据符合信用证规定，开证行必须履行付款义务。②可撤销信用证（Revocable L/C）。可撤销信用证是指开证行不必征得受益人或有关当事人同意有权随时撤销的信用证，应在信用证上注明"可撤销"字样。但《跟单信用证统一惯例》（UCP500）规定，只要受益人依信用证条款规定已得到了议付、承兑或延期付款保证时，该信用证即不能被撤销或修改。它还规定，如信用证中未注明是否可撤销，应视为不可撤销信用证[2]。

3. 以有无另一银行加以保证兑付为依据，可以将信用证分为保兑信用证及不保兑信用证。①保兑信用证（Confirmed L/C）。保兑信用证是指开证行开出的信用证，由另一银行保证对符合信用证条款规定的单据履行付款义务。对信用证加以保兑的银行，称为保兑行。②不保兑信用证（Unconfirmed L/C）。不保兑信用证是指开证行开出的信用证没有经另一家银行保兑。

4. 根据付款时间的不同，可以将信用证分为即期信用证、远期信用证及假远期信用证。①即期信用证（Sight L/C）。即期信用证是指开证行或付款行收到符合信用证条款的跟单汇票或装运单据后，立即履行付款义务的信用证。②远期信用证（Usance L/C）。远期信用证是指开证行或付款行收到信用证的单据时，在规定期限内履行付款义务的信用证。③假远期信用证（Usance Credit Payable at Sight）。假远期信用

---

〔1〕 银行信用是指银行或其他金融机构以货币形式提供的信用。

〔2〕 最新的《跟单信用证统一惯例》（UCP600）规定银行不可开立可撤销信用证，常用的都是不可撤销信用证。

证规定受益人开立远期汇票,由付款行负责贴现,并规定一切利息和费用由进口人承担。这种信用证对受益人来讲,实际上仍属于即期收款,在信用证中有"假远期"(Usance L/C Payable at Sight)条款。

5. 根据受益人对信用证的权利可否转让,可以将信用证分为可转让信用证及不可转让信用证。①可转让信用证(Transferable L/C)。可转让信用证是指信用证的受益人(第一受益人)可以要求授权付款、承担延期付款责任的承兑或议付的银行(统称"转让行"),或当信用证是自由议付时,可以要求信用证中特别授权的转让银行,将信用证全部或部分转让给一个或数个受益人(第二受益人)使用的信用证。开证行在信用证中要明确注明"可转让"(Transferable),且只能转让一次。②不可转让信用证(Non-Transferable L/C)。不可转让信用证是指受益人不能将信用证的权利转让给他人的信用证。凡信用证中未注明"可转让",即是不可转让信用证。

6. 红条款信用证。此种信用证可让开证行在收到单证之后,向卖家提前预付一部分款项。这种信用证常用于制造业。依信用证作用来划分为:①循环信用证(Revolving L/C),是指信用证被全部或部分使用后,其金额又恢复到原金额,可再次使用,直至达到规定的次数或规定的总金额为止。它通常在分批均匀交货情况下使用。②对开信用证(Reciprocal L/C),是指两张信用证申请人互以对方为受益人而开立的信用证。两张信用证的金额相等或大体相等,可同时互开,也可先后开立。它多用于易货贸易或来料加工和补偿贸易业务。③对背信用证(Back to Back L/C),又称转开信用证,是指受益人要求原证的通知行或其他银行以原证为基础,另开一张内容相似的新信用证,对背信用证的开证行只能根据不可撤销信用证来开立。对背信用证的开立原因通常是中间商转售他人货物,或两国不能直接办理进出口贸易时,通过第三者以此种办法来沟通贸易。原信用证的金额(单价)应高于对背信用证的金额(单价),对背信用证的装运期应早于原信用证的规定。④预支信用证/打包信用证(Anticipatory Credit/Packing Credit),是指开证行授权代付行(通知行)向受益人预付信用证金额的全部或一部分,由开证行保证偿还并负担利息,即开证行付款在前,受益人交单在后,与远期信用证相反。预支信用证凭出口人的光票付款,也有要求受益人附一份负责补交信用证规定单据的说明书,当货运单据交到后,付款行在付给剩余货款时,将扣除预支货款的利息。⑤备用信用证(Standby Credit),又称商业票据信用证(Commercial Paper Credit)、担保信用证,是指开证行根据开证申请人的请求对受益人开立的承诺承担某项义务的凭证。即开证行保证在开证申请人未能履行其义务时,受益人只要凭备用信用证的规定并提交开证人违约证明,即可取得开证行的偿付。它是银行信用,对受益人来说是备用于开证人违约时,取得补偿的一种方式。

(四)信用证的基本当事人

1. 开证申请人。开证申请人是指向银行申请开立信用证的人,在信用证中又称开证人。

（1）义务：根据合同开证；向银行交付比例押金；及时付款赎单。

（2）权利：验、退赎单；验、退货（均以信用证为依据）。

（3）说明：开证申请书有两部分即对开证行的开证申请和对开证行的声明和保证，申明赎单付款前货物所有权归银行；开证行及其代理行只负审查单据表面是否合格之责；开证行对单据传递中的差错不负责；对"不可抗力"不负责；保证到期付款赎单；保证支付各项费用；开证行有权随时追加押金；有权决定货物代办保险和增加保险级别，而费用由开证申请人负担。

2. 受益人。受益人是指信用证上所指定的有权使用该证的人，即出口人或实际供货人。

（1）义务：收到信用证后应及时与合同核对，不符者尽早要求开证行修改或拒绝接受或要求开证申请人指示开证行修改信用证；如接受则发货并通知收货人，备齐单据在规定时间向议付行交单议付；对单据的正确性负责，不符时应执行开证行改单指示并仍在信用证规定期限内交单。

（2）权利：被拒绝修改或修改后仍不符的，有权在通知对方后单方面撤销合同并拒绝信用证；交单后若开证行倒闭或无理拒付，可直接要求开证申请人付款；收款前若开证申请人破产，可停止货物装运并自行处理；若开证行倒闭时信用证还未使用，可要求开证申请人另开信用证。

3. 开证行。开证行是指接受开证申请人的委托开立信用证的银行，它承担保证付款的责任。

（1）义务：正确、及时开证；承担第一性付款责任。

（2）权利：收取手续费和押金；拒绝受益人或议付行的不符单据；付款后如开证申请人无力付款赎单时可处理单、货；货不足款可向开证申请人追索余额。

4. 通知行。通知行是指受开证行的委托，将信用证转交出口人的银行，它只证明信用证的真实性，不承担其他义务，是出口地所在银行。转递行只负责照转。

5. 议付银行。议付银行是指开证行指定的或自由议付信用证项下受益人请示的、对信用证项下的汇票及单据承担议付的银行。即根据信用证开证行的付款保证和受益人的请求，按信用证规定对受益人交付的跟单汇票垫款或贴现，并向信用证规定的付款行索偿的银行（又称购票行、押汇行和贴现行，一般就是通知行，有限定议付和自由议付两种方式）。

（1）义务：严格审单；垫付或贴现跟单汇票；背批信用证。

（2）权利：可议付也可不议付；议付后可处理（货运）单据；议付后开证行倒闭或借口拒付时可向受益人追回垫款。

6. 付款银行。付款银行是指信用证上指定付款的银行，在多数情况下，付款行就是开证行。付款银行是对符合信用证的单据向受益人付款的银行（可以是开证行也可是受其委托的别家银行）。付款银行有权付款或不付款；一经付款，无权向受益人或汇票持有人追索。

7. 保兑行。保兑行是指受开证行委托对信用证以自己名义保证的银行。保兑行的权利及义务：加批"保证兑付"；作出不可撤销的确定承诺；独立对信用证负责，凭单付款；付款后只能向开证行索偿；若开证行拒付或倒闭，则无权向受益人和议付行追索。

8. 承兑行。承兑行是指对受益人提交的汇票进行承兑的银行，亦是付款行。

9. 偿付行。偿付行是指受开证行在信用证上的委托，代开证行向议付行或付款行清偿垫款的银行（又称清算行）。偿付行只付款不审单；只管偿付不管退款；不偿付时开证行偿付。

二、跟单信用证的结算方式与流程

（一）跟单信用证操作的结算流程简述

1. 买卖双方在贸易合同中规定使用跟单信用证支付。

2. 买方通知当地银行（开证行）开立以卖方为受益人的信用证。

3. 开证行请求另一银行通知或保兑信用证。

4. 通知行通知卖方，信用证已开立。

5. 卖方收到信用证，并确保其能履行信用证规定的条件后，即装运货物。

6. 卖方将单据向指定银行提交。该银行可能是开证行，或是信用证内指定的付款行。

7. 该银行按照信用证审核单据。如单据符合信用证规定，银行将按信用证规定进行支付、承兑或议付。

8. 开证行以外的银行将单据寄送开证行。

9. 开证行审核单据无误后，以事先约定的形式，对已按照信用证付款、承兑或议付的银行偿付。

10. 开证行在买方付款后交单，然后买方凭单取货。

表 4　结算方式与流程（简图）

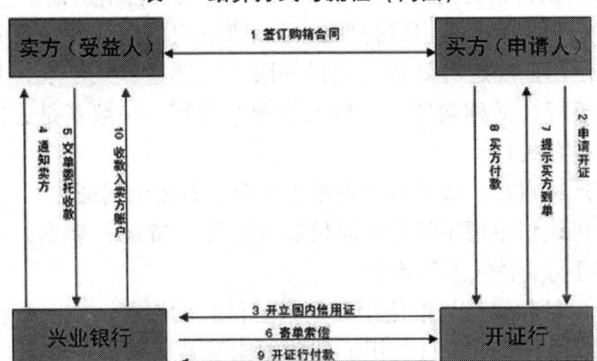

（二）信用证的开立、通知以及审查的流程

1. 信用证的开立。

（1）开证的申请。进出口双方同意用跟单信用证支付后，进口商便有责任开证。第一件事是填写开证申请表，这张表为开证申请人与开证行建立了法律关系，因此，开证申请表是开证的最重要的文件。

（2）开证的要求。信用证申请的要求在《跟单信用证统一惯例》中有明确规定，进口商必须确切地将其告之银行。信用证开立的指示必须完整和明确。申请人必须时刻记住跟单信用证交易是一种单据交易，而不是货物交易。银行家不是商人，因此申请人不能希望银行工作人员能充分了解每一笔交易中的技术术语。即使他将销售合同中的所有条款都写入信用证中，如果受益人真的想欺骗，他也无法得到完全保护。这就需要银行与申请人共同努力，运用常识来避免开列对各方均显累赘的信用证。银行也应该劝阻申请人在开立信用证时，套用过去已开立的信用证（套证）的内容申请开立信用证。

（3）申请人与开证行的义务和责任。

申请人对开证行承担三项主要义务：

第一，申请人必须偿付开证行为取得单据代表代其向受益人支付的货款。在他付款前，作为物权凭证的单据仍属于银行。

第二，如果单据与信用证条款相一致而申请人拒绝"赎单"，则其作为担保的存款或账户上已被冻结的资金将归银行所有。

第三，申请人有向开证行提供开证所需的全部费用的义务。

开证行对申请人所承担的义务：

第一，开证行一旦收到开证的详尽指示，有义务尽快开证。

第二，开证行一旦接受开证申请，就必须严格按照申请人的指示行事。

2. 信用证的通知。

（1）通知行的义务。在大多数情况下，信用证不是由开证行直接通知受益人，而是通过其在受益人国家或地区的代理行，即通知行进行转递的。通知行通知受益人的最大优点就是安全。通知行的义务是应合理谨慎地审核它所通知信用证的表面真实性。

（2）信用证的传递方式。信用证可以通过空邮、电报或电传进行传递。设在布鲁塞尔的 SWIFT 运用出租的线路在许多个国家的银行间传递信息。大多数银行（包括中国的银行）加入了这一组织。

（3）有效信用证的指示。当开证行用任何有效的电讯传递方式指示通知行，通知信用证或信用证的修改，该电讯将被认为是有效信用证文件或有效修改书，并且不需要再发出邮寄证实书。

3. 受益人的审证。受益人在收到信用证以后，应立即作如下的检查：

（1）买卖双方公司的名称和地址写法是不是和发票上打印的公司名称和地址写

法完全一样。

（2）信用证提到的付款保证是否符合受益人的要求？

（3）信用证的款项对吗？信用证的金额总数应与合同相吻并包括该合同的全部应付费用。

（4）付款的条件是否符合要求？除非对某些特定的国家或某些特定的进口商，出口商通常要求即期付款。在远期信用证条件下，汇票的期限应与合同中所规定的一致。有一种信用证要求开立远期汇票，但可即期支付，这种信用证被称为"假远期信用证"，其对受益人所起的作用与即期信用证是一样的。

（5）信用证提到的贸易条款是否符合受益人原先提出的要求？

（6）是否赶得上在有效期和货运单据限期内把各项单据送交银行？

（7）能提供所需的货运单据吗？

三、信用证结算的风险与防范

★ 案例分析

信用证在国际支付中存在的风险有哪些？

在 A 市的中国某进出口 X 公司与澳大利亚某贸易公司 Y 签订了一个贸易合同，由 Y 公司向 X 公司出口一批国内紧俏的物资，货物拟于 1999 年 7 月 15 日运至 A 市。X 公司向 Z 银行申请开出跟单信用证，该信用证未指定具体的议付行。后来，货运期将至，X 公司怀疑 Y 公司有诈，要求银行拒绝同意向议付行议付。Y 公司找了个担保公司，该担保公司承诺，货已经装船并发往目的港。事后，申请人通知开证行授权议付行议付。议付行是 U 国际银行，该银行接到授权后，即按《跟单信用证统一惯例》（UCP500）的要求于次日向受益人 Y 公司放款。

后来，买方 X 公司一直未收到来自 Y 公司的货物，于是以受益人欺诈为由向 A 地法院申请保全令，要求法院冻结 Z 银行开出的信用证项下款项（但事实上，此时开证行已经同意议付行议付，并且议付行已经将有关款项发放给受益人）。A 地法院经审理，作出裁决：Y 公司的欺诈行为成立，Y 公司应按其与 X 公司的协议履行其义务；撤销 Z 银行信用证项下的付款义务。后来，U 国际银行不服判决而提起上诉，上诉法院仍然维持了原判决，于是该银行试图在其所在地的外国法院起诉我国 Z 银行。Z 银行接到 U 国际银行的主张后，才意识到有可能在外国的未来诉讼中被裁决败诉，并可能导致当地分支机构的财产被强制执行。

在本案中，信用证虽便于国际业务的结算，但信用证带来的法律风险也是一个不容忽视的问题，如何防范信用证的法律风险呢？必须通过以下几个方面解决：其一，加强信用风险管理，重视资信调查。其二，努力提高业务人员素质，保持高度的警惕性。其三，信用证单据审查的重要性。其四，开证行应认真审查开证申请人的付款能力，严格控制授信额度，对资信不高的申请人要提高保证金比例，落实有效担保。

（一）信用证方式下贸易双方及开证行面临的风险

信用证业务要求贸易双方严格遵守信用证条款，信用证的当事人必须受《跟单信用证统一惯例》（UCP500）的约束才能起到其应有的作用，买卖双方只要有一方未按条款办事，或利用信用证框架中的缺陷刻意欺诈，则信用证项下的风险就会由此产生。

1. 进口商面临的主要风险。

（1）出口商交货严重违反贸易合同的要求。由于信用证是一项自足的文件，独立于买卖合同，信用证当事人的权利和义务完全以 L/C 条款为依据。银行对于买卖合同履行中出现的问题（如货物品质、数量不符）概不负责。若出口商以次充好，以假冒真，只要出口商提供的单据与 L/C 相符，出口商照样可得到货款，而深受其害的则是进口商。

（2）出口商伪造单据骗取货款。《跟单信用证统一惯例》（UCP500）第 15 条规定，银行对单据下述方面不负责任：形式、完整性、准确性、真伪性、法律效力等。银行对单据所代表的货物在下述方面不负责任：货品、数量、重量、状况、包装、交货、存在与否等。这一规定为不法商人伪造单据骗取货款提供了方便。

（3）卖方勾结承运人出具预借提单或倒签提单，或勾结其他当事人如船长等将货物中途卖掉。

2. 出口商面临的风险。

（1）由于交货期、交货数量、规格等不符点而造成的风险。在具体业务操作过程中，常常发生出口方未按信用证条款规定交货的情况，如品质不符、数量与信用证规定有异、逾期交货等，任何一个不符点都可能使信用证失去其保证作用，导致出口商收不到货款。即使出口方完全按信用证规定出货，但由于疏忽而造成单证不符，也同样会遭遇开证行拒付的情况。

（2）因软条款而导致的风险。有"软条款"的信用证，开证人可以任意、单方面使单据与信用证不符，即使受益人提交了与信用证规定相符的单据，也可解除其付款责任。这种信用证实质上是变相的可撤销的信用证。常见的软条款有以下几种：第一种，船公司、船名、目的港、起运港或收货人、装船日期等须待开证人通知或征得开证人同意，开证行将以修改书的形式另行通知。第二种，货物备妥待运时须经开证人检验。开证人出具的货物检验书上签字应由开证行证实或和开证行存档的签样相符。第三种，货到目的港后须经开证人检验才履行付款责任。第四种，信用证暂不生效：本证暂不生效，待进口许可证签发后或待货样经开证人确认后通知生效。这些软条款，有些是进口商为保护自己的利益而采取的措施，有些则是恶意欺诈的前奏曲，但无论其初衷如何，这些限制性条款都有可能对受益人的安全收汇构成极大威胁。带有软条款的信用证，其支付完全操纵在进口商手中，从而可能使出口商遭受损失。

(3) 进口商利用伪造、变造的信用证绕过通知行直接寄出口商，引诱出口商发货，骗取货物。

(4) 正本提单直接寄进口商。有些目的港如我国香港、日本等地，由于路途较近，货物出运后很快就抵达目的港。如卖方同意接受信用证规定"1/3 正本提单径寄客户，2/3 提单送银行议付"的条款，则为卖方埋下了风险的种子。因为 3 份正本提单中任何一份生效，其他两份自动失效。如果一份正本提单直接寄给客户，等于把物权拱手交给对方。客户可以不经银行议付而直接凭手中的提单提走货物。如果寄送银行的单据有任何不符点而收不到货款，银行将不承担责任。实质上这是将银行信用自动降为商业信用。

(5) 进口商申请开立不合格信用证，并拒绝或拖延修改，或改用其他付款方式支付。此时卖方若贸然发货，将造成单证不符或单货不符的被动局面。

(6) 开证行倒闭或无力偿付信用证款项。此时，出口商只能凭借买卖合同要求进口商付款，须承担商业信用风险。

3. 银行方面的风险。

(1) 进口商无理拒付合格单据或因破产给银行带来风险。信用证是开证行以自己的信用作出的付款保证，即在信用证方式下，开证行承担第一性的付款责任。当进口商破产，无力偿付或因市场情况发生变化，进口商拒绝付款赎单时，只要出口商提交的单据做到单单相符，单证相符，开证行必须承担付款责任。

(2) 信用证打包贷款给银行带来风险。近年来打包贷款盛行，给进出口商带来了许多便利，但如果进出口商串通起来，合谋欺骗银行，则这种融资方式也会给银行带来许多麻烦。如某外商向其在国内投资的中外合资企业购货，开出一张约 50 万美元的即期信用证，中外合资企业凭信用证向议付银行申请打包贷款，用以购买原料后投产。信用证到期时供货方却未出货。原来外商并不要货，只是由于该企业资金紧张，贷款无门，假借信用证内外勾结来获取贷款。像这类进出口商串通一气，骗取银行借款，到期不还的情况也会把银行拖入大量债务纠纷之中。

(3) 进出口双方合谋欺诈给银行带来风险，如勾结海外不法商人利用远期信用证进行融资诈骗。

(二) 信用证风险的防范措施

信用证绝不是一种无懈可击的支付方式，银行信用不可能完全取代商业信用，也不可能完全避免商业风险，必须注意对信用证项下风险的防范。

1. 加强信用风险管理，重视资信调查。外贸企业应建立客户信息档案，定期或不定期客观分析客户资信情况。在交易前，通过一些具有独立性的调查机构仔细审查客户的基本情况，对其注册资本、盈亏情况、业务范围、公司设备、开户银行所在地址、电话和账号、经营作风和过去的历史等，进行必要的调查评议，选择资信良好的客户作为自己的贸易伙伴。在交易中，经常与业务员沟通交流，对业务员在交易过程中产生的疑点、难点问题给予指导帮助。在交易后，以应收未收账作为监控手段，防止坏账的产生，这样，可以最大可能地避免风险，为业务的顺利进行起到推波助澜的作用。

2. 努力提高业务人员素质，保持高度的警惕性。外贸业务人员应认真学习专业知识，不断提高业务水平，这是防止风险发生的关键。随着竞争的日趋激烈，瞬息万变的市场对业务人员提出了更多更高的要求，贸易做法也越来越灵活多变，业务上如果不熟，碰到问题只看表面而不看实质，对风险缺少充分的估计，盲目乐观，很容易造成巨大损失。从以往的应收未收账的案例分析来看，绝大多数风险是由于业务员工作马虎、忽视风险而造成的。

3. 信用证业务的特点决定了单据对整笔业务完成的重要性。"单单相符，单证相符"是信用证的基本要求，正确交单议付则是最后结算的基础。作为进口方，可在信用证中加列自我保护条款，可要求出口商提供由权威机构（如 SGS 等）出具检验证书，也可派人亲自验货并监督装船，以保证获得满意的进口货物。另外，作为受益人，加强催证、审证、改证工作，认真审核信用证，仔细研究信用证条款可否接受，并向客户提出改证要求。在制单过程中，必须严格遵守"单单相符，单证相符"原则，以防产生不符点，影响安全收汇。

4. 开证行、通知行以及议付行应认真审查。开证行应认真审查开证申请人的付款能力，严格控制授信额度，对于资信不高的申请人要提高保证金比例，落实有效担保。通知行应认真核对 L/C 的密押或印签，鉴别其真伪。议付行应认真仔细审核议付单证，确保安全及时收汇。

总之，信用证作为国际结算的主要方式，给了买卖双方更大的安全保障。但在具体信用证业务操作中，要清醒地认识到信用证中可能存在的风险，增强风险防范意识，预防在先，以利于业务的顺利进行，避免不必要的损失。

（三）信用证标准样板（中英文）

跟单信用证——目前采用 SWIFT 格式，依据《跟单信用证统一惯例》（UCP600）规定，例样如下：

FROM：CITIBANK INTERNATIONAL, LOS ANGELES, U. S. A.
开证行：花旗银行 美国洛杉矶
TO：BANK OF CHINA QINGDAO BRANCH, QINGDAO, CHINA
通知行：中国银行青岛分行 中国青岛
27：SEQUENCE OF TOTAL   1/1
27：电文序列   1/1

40A：FORM OF DOCUMENTARY CREDIT   IRREVOCABLE[1]

40A：跟单信用证格式   不可撤销

20：DOCUMENTARY CREDIT NUMBER   CRED1523349

20：跟单信用证号   CRED1523349

31C：DATE OF ISSUE[2]

070906

31C：开证日期   070906

40E：APPLICABLE RULES   UCP LATEST VERSION

40E：适用规则   《UCP》最新版本

31D：DATE AND PLACE OF EXPIRY   071102 U. S. A.

31D：有效期和有效地点   071102 美国

50：APPLICANT   UNITED OVERSEAS TEXTILE CORP.

     220E 8TH STREET A682

     LOS ANGELES U. S. A.

50：开证申请人   美国大华纺织公司，220 栋，8 号街，682 室，洛杉矶，美国

59：BENEFICIARY   QINGDAO QINGHAI CO., LTD.

186 CHONGQIN ROAD

QINGDAO 266002 CHINA

59：受益人   青岛青海有限公司

重庆路 186 号

中国青岛 266002（邮编）

32B：CURRENCY CODE, AMOUNT：   USD58575, 00

32B：货币代码和金额   58575.00 美元

39A：PRECENTAGE CREDIT AMOUNT TOLERANCE   10/10

39A：信用证金额上下浮动百分比   10/10（10%）

41A：AVAILABLE WITH.. BY..   CITIUS33LAX BY DEFERRED PAYMENT

41A：兑付方式   花旗银行洛杉矶分行以延期付款方式兑付

42P：DEFERRED PAYMENT DETAILS   AT 90 DAYS AFTER B/L DATE

---

〔1〕 此处为不可撤销信用证。跟单信用证有六种形式：①IRREVOCABLE（不可撤销跟单信用证）；②REVOCABLE（可撤销跟单信用证）；③IRREVOCABLE TRANSFERABLE（不可撤销可转让跟单信用证）；④REVOCABLE TRANSFERABLE（可撤销可转让跟单信用证）；⑤IRREVOCABLE STANDBY（不可撤销备用信用证）；⑥REVOCABLE STANDBY（可撤销备用信用证）。

〔2〕 信用证有效期和有效地点。

42P：延期付款细节　　　　　　　　　　　　提单签发日后90天

43P：PARTIAL SHIPMENTS　　　　　　　　NOT ALLOWED

43P：分批装运　　　　　　　　　　　　　不允许

43T：TRANSSHIPMENT　　　　　　　　　NOT ALLOWED

43T：转运　　　　　　　　　　　　　　　不允许

44E：PORT OF LOADING/AIRPORT OF DEPARTURE　　　QINGDAO PORT, CHINA

44E：装运港/始发航空站　　　　　　　　　　　　中国 青岛港

44F：PORT OF DISCHARGE/AIRPORT OF DESTINATION　　LOS ANGELES PORT, U. S. A.

44F：卸货港/目的航空站　　　　　　　　　　　美国 洛杉矶港

44C：LATEST DATE OF SHIPMENT　　　　　071017

44C：最晚装运期　　　　　　　　　　　　071017

45A：DESCRIPTION OF GOODS AND/OR SERVICES

　　　　　+TRADE TERMS：CIF LOS ANGELES PORT, U. S. A.　　ORIGIN：CHINA

　　　　　+ 71000M OF 100% POLYESTER WOVEN DYED FABRIC

AT USD0. 75 PER M

WIDTH：150CM, >180G/M2

45A：货物/服务描述

　　　　　+贸易术语：CIF 洛杉矶港，美国　　　原产地：中国

　　　　　+71000 米 100%涤纶染色机织布料

单价为 0. 75 美元/米

幅宽：150 厘米，克重：不小于 180 克/平方米

46A：DOCUMENTS REQUIRED

+SIGNED COMMERCIAL INVOICE IN THREEFOLD

+FULL SET OF CLEAN ON BOARD OCEAN BILL OF LADING MADE OUT TO THE ORDER AND BLANK ENDORSED, NOTIFY：APPLICANT （FULL ADDRESS） MARKED FREIGHT PREPAID

+SIGNED DETAILED PACKING LIST

+CERTIFICATE OF ORIGIN

+HANDSIGNED INSURANCE POLICY/CERTIFICATE COVERING MARINE INSTI-TUTE CARGO CLAUSES A （1. 1. 1982）, INSTITUTE STRIKE CLAUSES CARGO （1. 1. 1982）, INSTITUTE WAR CLAUSES CARGO （1. 1. 1982） FOR 110PCT OF THE INVOICE AMOUNT

46A：单据要求

+签署的商业发票，一式三份

+全套清洁的已装船提单，空白抬头（TO ORDER），空白背书，通知开证申请人（完整地址），注明运费预付

+签署的装箱单

+原产地证书

+手签的保险单或保险凭证，遵照英国伦敦保险协会货物条款，按照发票总金额的 110%投保 ICCA，ICC 罢工险、ICC 战争险

47A：ADDITIONAL CONDITION　　10PCT MORE OR LESS IN AMOUNT AND QUANTITY ALLOWED

47A：附加条款　　　　　　　　金额和数量允许有上下 10%的变动幅度

71B：CHARGES　　　　　　　ALL CHARGES AND COMMISSIONS OUTSIDE U. S. A. ARE FOR　BENEFICIARY'S ACCOUNT

71B：费用　　　　　　　　　发生在美国以外的全部费用和佣金由受益人承担

48：PERIOD FOR PRESENTATION　　WITHIN 15 DAYS AFTER SHIPMENT BUT WITHIN THE VALIDITY OF THIS CREDIT

48：交单期限　　　　　　　　装运期后 15 天，但必须在信用证有效期内

49：CONFIRMATION INSTRUCTIONS　　WITHOUT

49：保兑指示　　　　　　　　没有

78：INSTRUCTIONS TO THE PAYING/ACCEPTING/NEGOTIATING BANK

AT MATURITY DATE, UPON RECEIPT OF COMPLYING DOCUMENTS C/O OUR-SELVES, WE WILL COVER THE REMITTING BANK AS PER THEIR INSTRUCTIONS

78：对付款行/承兑行/议付行的指示

在到期日，我行在收到相符单据后，根据偿付行的指示偿付货物

★ 本章小结

通过本章的学习，从国内支付结算法律制度和国际支付结算法律制度两个方面了解支付结算法律制度，其中较为主要的内容为托收、汇款以及信用证的法律特征，以及具体当事人之间的法律关系。通过本章的学习可以更好地了解支付结算方式的多样化，以及现代兴起的电子支付方式，将会产生更多的法律问题，这些问题尚待研究与讨论。

★ 本章练习

1. 简述国际结算制度的含义。

2. 简述国际结算与国内结算的区别。

3. 列举国际结算中常用的国际惯例和规则。

4. 简述汇款的当事人及其关系。

5. 托收的当事人有哪些？他们之间形成了何种业务关系？

6. 简述托收行的职责。

7. 简述代收行的职责。

8. 信用证的方式有哪些特点？

9. 信用证的基本当事人有哪些？各自承担什么责任？

10. 简述信用证的基本内容。

11. 进口商审单中发现单证不符或单单不符，应该如何处理？

12. 信用证方式下出口商面临哪些风险？应如何防范？

13. 信用证方式下进口商面临哪些风险？应如何防范？

★ 参考文献

1. 邹瑜、顾明主编：《法学大辞典》，中国政法大学出版社 1991 年版。

2. 杨来科、岳华主编：《国际结算：汉、英》，华东师范大学出版社 2012 年版。

3. 高倩倩、顾永才主编：《国际支付与结算》，首都经济贸易大学出版社 2010 年版。

4. 陈红兵、聂钟鸣主编：《国际结算、支付与单证：理论与实务（中英双语教程）》，天津大学出版社 2017 年版。

5. 朱崇实、刘志云主编：《金融法教程》，法律出版社 2017 年版。

6. 杨利华："电子支付对金融法的挑战及应对"，载《兰州财经大学学报》2018 年第 5 期。

-------- 第九章 --------

票据法

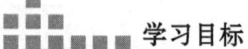 学习目标

知识目标：

了解票据的概念与特点

了解票据的种类与作用

了解票据关系与非票据关系

了解票据法的相关概念

能力目标：

能够熟悉我国票据方面相关法律法规

能够准确区分票据关系与非票据关系

能够掌握分析司法案例的能力

能够运用票据法的相关知识解决实际问题

第 一 节　票 据 与 票 据 法

一、票据

（一）票据的概念与特征

1. 票据的概念。票据是指按照法律的规定所制成的有金钱支付义务的凭证。其含义有广义与狭义之分，广义的票据是指包含汇票、本票、支票、股票、提单和运货单等各种在商业活动中与权利相结合的有价证券和凭证；而狭义的票据是指由出票人按照票据法律规定所签发的，由自己或委托他人无条件向收款人或持票人支付一定金额的，可依法流通转让的有价证券。本章所讲的票据，是指狭义的票据，即汇票、本票和支票。

2. 票据的特征。票据属于有价证券中的金钱证券，具有如下特征：

（1）票据是完全的有价证券。完全的有价证券是指证券权利的产生、行使和转

让都必须以证券的存在为必要。票据中权利的发生（如出票）、权利的行使（如追索权）和权利的转让（如背书），都离不开票据。因此我们又把票据称为提示证券。

（2）票据是文义证券。文义证券是指证券上的权利义务需以证券中所记载的文字来确定的证券。票据中与票据有关的一切事项都要以票据上记载的文字为准，不得以票据以外的其他方式来变更或补充票据中的文字记载。

（3）票据是无因证券。无因证券是指证券的效力与作成证券的原因相分离，证券权利的存在和行使不以作成证券的原因为要件的证券。票据之所以被称为无因证券，是因为票据一经作成，权利就产生且与票据的原因关系相分离，无论票据的原因关系是否有效，对票据的效力都不产生任何影响。

（4）票据是流通证券。流通证券是指可以通过转让等方式自由流通的证券。票据具有流通性，其在到期之前可以通过背书等多种方式转让，且可自由地在市场上流通。

（二）票据的种类

1. 汇票。我国将汇票定义为：由出票人签发的，委托付款人在见票时或指定日期向收款人或持票人无条件支付确定金额的票据。

2. 本票。我国将本票定义为：由出票人签发的，承诺自己在见票时向收款人或持票人无条件支付确定金额的票据。

3. 支票。我国将支票定义为：由出票人签发的，委托办理支票存款业务的银行或其他金融机构在见票时向收款人或持票人无条件支付确定金额的票据。

（三）票据的作用

票据作为市场经济中的重要工具，主要具有支付、融资、信用、结算等作用。

1. 支付作用。票据具有支付功能，在市场交易过程中，票据具有更加方便和节省时间的优势。这种优势在买卖合同中尤为明显，在买卖合同中，买方可通过使用票据进行结算，省去了现金交易的繁琐。正因如此，票据成了现代市场交易中非常重要的支付工具。

2. 融资作用。票据具有融资功能，这一功能主要是通过票据贴现得以实现。所谓票据贴现，是指持票人为获取资金而将未到期的票据转让给银行或者贴现公司的行为。票据也可以通过转让、再贴现等方式进行融资，使持票人资金周转灵活，进而促进商品经济的发展。

3. 信用作用。自古以来商品交易都离不开信用，票据之所以能够在纷乱复杂的市场经济环境中产生并发展，很大一个原因就是基于其信用作用。票据的信用作用主要体现在担保债权方面，当债权人担心自己的债权难以实现时，债务人可以签发已经信用能力强的人承兑过的汇票来确保债权的实现，同时增强了债务人的信用。此外，远期汇票、背书制度也是票据信用作用的体现。

4. 结算作用。票据可以用来对债权债务进行结算，在市场交易过程中，结算就是当双方当事人互为债权人和债务人时所进行的债务抵销。我们经常用的结算方式有金钱结算和票据结算两种，较之于金钱结算，票据结算具有更加方便快捷的特点。

二、票据法

（一）票据法的概念

票据法有广义与狭义之分。广义的票据法是指关于票据规定的法律的总和，除票据法本身之外，还包含民法、刑法、民事诉讼法等法律中关于票据的规定以及相关的司法解释。狭义的票据法仅指规定票据和票据关系的专门立法。本书所指的票据法是指狭义的票据法。

（二）票据法的特征

1. 强行性。票据法中绝大多数规定都具有强行性的特点，无论是票据的种类还是票据格式，都由法律直接规定，不容许当事人随意篡改，且票据行为是严格的要式行为。这些都体现了票据法的强行性。

2. 技术性。票据法中对各种票据行为都规定了格式，行为人如果违反了这些格式将会承担不利的后果，这些规定格式的法律体现了票据立法的技术性。规定这些格式的目的是便于当事人了解票据上所规定的事项。

3. 国际统一性。随着国际贸易市场的全球化发展，大多数国家的票据立法都朝着统一的趋势发展，其中《日内瓦统一票据法》就是这一发展的重要成果，德国和日本的票据法都是在该法的基础之上制定的。当今世界各国经济交往越来越密切，任何一个国家的经济都不可能脱离国际市场独立发展，这就使得各国的票据法整体上朝着协调与趋同的方向发展。

（三）我国的票据立法

新中国成立以来，我国实行严格的计划经济，对票据进行了严格的限制，使得我国票据发展停滞不前。改革开放后，1984 年中国人民银行率先颁布了《商业汇票承兑、贴现暂行办法》，随后，国务院、中国银行等部门以及深圳、上海等地相继发布了关于票据方面的法律法规。其中 1988 年上海市人民政府发布的《上海市票据暂行规定》，是新中国成立以来第一个全面的地方法规性质的"票据法"，是新中国票据立法史上的一个里程碑。随着社会主义市场经济体制的建立和经济改革的不断深入，1995 年 5 月 10 日，全国人大常委会在经过反复起草讨论的基础上通过了我国《票据法》，于 1996 年 1 月 1 日起实施。这意味着在新中国成立的 46 年后，我国第一部票据法诞生了。

★扩展阅读

有价证券制度的特点

所谓有价证券，是指具有一定价格和代表某种所有权或债券的凭证，而有价证券制度，是指涉及有价证券发行、使用等各方面的一套制度。当商品经济高度发展的时候，有价证券就会得到广泛的运用，从而推动着有价证券制度的完善。较之于民法的相关制度，有价证券制度的最大特点就是权利证券化，有价证券权利的证券化可以从以下几个方面得到体现：①权利与证券相结合，权利人的证券权利通常不能离开证券而独自行使，只有在特殊情况下才可将二者分离。于是就出现了证券提示、证券交付、证券交回等规定。而特殊情况下又通过挂失止付、公示催告等方式将权利与证券相分离。②行使权利和履行义务的便捷性与确定性，为此我国特意赋予了证券以无因性、要式性等特点。我国法律对证券的可记载事项和不可记载事项作出了具体规定以保持证券的要式性，如我国《票据法》第22条、第75条等。除此之外，我国法律还对证券的抗辩种类进行了限制，如限制当事人在接受证券时进行审查的权利义务以保持证券的无因性等。③有价证券转移权利时需保障其安全性，并规定了证券的背书制度、单纯交付制度等。④当商品经济高度发达时，有价证券可以作为信用手段，如法律所规定的证券贴现制度等。

第二节　票据法律关系

一、票据关系

（一）票据关系的概念

票据关系，又称票据法律关系，是指票据的当事人基于票据行为所引起的债权债务关系。换言之，票据关系本质上是一种债权债务关系，是为票据法律规范所确认调整的票据上的权利义务关系。票据的当事人实施了出票、背书、承兑等票据行为时，在行为人之间就相应形成了各种各样的票据关系。

（二）票据上的当事人

票据上的当事人是指在票据关系中享有票据权利并承担票据义务的法律关系主体。按照不同的分类标准，可以将票据上的当事人作以下分类：

1. 基本当事人和非基本当事人。以票据当事人在票据出票时是否已经存在为标准，可将其分为基本当事人和非基本当事人两种。基本当事人是指在票据出票时就已经存在的当事人，如汇票和支票中的出票人、付款人和收款人，本票中的出票人和收款人等。基本当事人是构成票据法律关系的必要主体，若一个票据连基本当事人都不确定或不存在，将会导致该票据无效。非基本当事人是指票据出票后通过各种票据行为而加入票据关系中并成为当事人的人。如通过背书行为而加入票据关系的背书人、通过承兑行为而加入票据关系中的承兑人等。

2. 票据上的债权人和债务人。以票据当事人在票据关系中的地位为标准，可将其分为债权人和债务人。票据关系是一种债权债务关系，其中持有票据的人为债权人，对票据负有付款义务的人为债务人。其中票据上的债务人又可进一步细分为第一债务人和第二债务人，第一债务人是指负付款义务的债务人，票据债权人请求实现债权时应先向其请求付款；第二债务人是指负担保付款义务的人，债权人在向第一债务人请求付款遭拒绝后才能对第二债务人行使权利。

3. 前手和后手。以票据当事人间的相互位置为标准，可将其分为前手和后手。前手是指在持票人或签章人之前已经签章的票据债务人，后手是在签章人之后签章的票据债务人。其中前手是后手的债务人，后手是前手的债权人，他们之间的关系为债权债务关系。

（三）票据关系的无因性

无因性指一个法律事实的有效性不受导致这个法律事实发生的基础关系的影响，不会因为导致这个事实发生的原因无效或不成立而受到影响。在票据法中，票据关系一旦成立，即与导致这个票据关系发生的基础关系相分离，不受基础关系的影响。票据的无因性是商品经济高度发展的成果，在全球经济一体化背景下，票据基于其流通性强的特点得到广泛使用，而票据之所以流通性强就是基于其无因性。试想，若票据关系不具有无因性，票据债务人可以肆意以自己与出票人或与持票人的前手间的抗辩事由对抗持票人，此时必将阻碍票据的流通，影响票据的交易安全。因此，为了维护经济秩序与票据的流通作用，各国票据法都相继采取了票据关系的无因性理论。[1]

二、非票据关系

（一）非票据关系的概念

非票据关系是指票据法中规定的非基于票据行为直接发生的法律关系。票据法中之所以在票据关系以外又规定了非票据关系，目的是维护票据法律制度，保障票据当事人之间的基本法律关系。我国票据法所规定的非票据关系主要包括票据付款人付款后请求持票人交还票据的关系、汇票持票人请求出票人发出汇票复本的关系和本票誊本持有人请求原本接受人交还原本的关系等。

（二）票据基础关系

票据基础关系是指票据关系据以产生的法律关系。其属于民法上的法律关系而非票据关系，因此又被称为民法上的非票据关系。主要包含以下三类：

1. 票据原因关系。票据原因关系又被称为票据原因，是指出票人与收款人之间授受票据的原因。票据的出票人之所以发出票据给收款人，背书人之所以将票据背书给被背书人，无论是从法律的角度还是从现实的角度上看都是有其原因的，这些原因可能是买卖、担保或者赠与等。原因关系既可以是有对价的，也可以是无对价的，其存在于授受票据的直接当事人之间。为保护善意第三人的利益，各国票据法都采取了票据关系与原因关系相分离的原则，即票据一经转让，其原因关系就必须断裂。

2. 票据资金关系。票据资金关系是指存在于汇票的出票人与付款人之间、支票的出票人与银行之间的基础关系，又被称为票据资金。由于本票为自付证券，即出票人与付款人同为一人，所以本票一般无资金关系。汇票或支票的出票人之所以委

---

〔1〕 谢怀栻：《票据法概论》，法律出版社 2017 年版。

托付款人付款，付款人之所以愿意付款，主要是基于出票人在付款人处存有资金、付款人作为出票人的债务人借此偿还债务和付款人基于无因管理愿意为出票人付款等原因。根据票据的无因性理论，票据资金关系与票据行为是相分离的。

3. 票据预约关系。票据预约是指授受票据的当事人之间在出票之前对票据的种类、金额等票据事项所达成的合意，或在背书之前对背书的事项所达成的约定。票据当事人为了达成此约定而发生的关系，就是票据预约关系。票据预约是在票据原因与票据行为之间的中间行为，它并不属于票据行为。票据预约的目的就是实施票据行为，但基于票据无因性理论，票据预约与票据行为是相分离的。

第三节　票据权利

一、票据权利的概述

（一）票据权利的概念

票据权利是指持票人向票据债务人请求支付票据金额的权利，包括付款请求权和追索权。其中付款请求权是第一次请求权，追索权是第二次请求权。第一次请求权是票据中的主要权利，法律规定债权人在行使第一次请求权得不到满足的情况下，可以行使第二次请求权。

（二）票据权利的种类

我国《票据法》第4条明确规定了票据权利包括以下两大类：

1. 付款请求权。付款请求权也被称为第一次请求权，是指票据的债权人请求票据的主债务人或其他负有付款义务的人按照票据上所记载的金额支付票款的权利。其中，票据的债权人主要指票据的收款人和最后持票人，票据的主债务人一般包括汇票的承兑人和本票的出票人等，其他负有付款义务的人一般包括参加承兑人、参加付款人和保证人等。票据债权人在向票据主债务人以及其他负有付款义务的人行使付款请求权而不获满足时，可以进一步行使追索权。

2. 追索权。追索权也被称为第二次请求权，是指持票人在行使付款请求权得不到满足或发生其他法定原因时，在保全票据权利的基础上请求其前手偿还票款及其损失的权利。被追索人已经偿还了票款，对其前手相对人进行再追索的权利，称为再追索权。虽然追索权可以在发生破产宣告、拒绝承兑等法定原因时提前行使，但在通常情况下，债权人行使追索权的前提是行使付款请求权后不能满足，所以又被称为第二次请求权。追索权的行使，不仅仅是要追回票据上所记载的票款，对于在行使追索权的过程中所产生的法定必要费用，如发出通知书和取得相关证明的费用，也是有权要求偿还的，因此追索权也被称为偿还请求权。

二、票据权利的取得

票据权利的取得，是指依照一定的法律事实和行为的发生而享有的票据权利。票据是完全有价证券，持票人取得票据权利的前提必须是合法持有票据。票据权利的取得主要有以下两种方式：

（一）原始取得

票据权利的原始取得是指持票人依据出票人的出票行为初始取得票据权利，而不是从其他权利人处受让票据权利。其中，原始取得又包括出票取得和善意取得两种方式。出票取得是指持票人直接通过出票人的出票行为而取得的票据权利。票据的出票行为是创设票据权利的初始行为，当出票人向持票人签发票据，持票人占有票据后，即原始取得该票据权利。而票据权利的善意取得是指持票人按照法律规定的转让方式，善意地从票据的无权处分人处取得票据，因而享有票据上的权利。我国票据法虽然没有对票据的善意取得制度予以明确确认，但也没有持否定的态度，且许多条款都间接体现了票据权利的善意取得制度。票据权利的善意取得主要包括以下四个构成要件：①持票人是依据票据法上的转让方式受让票据；②持票人取得票据时主观上必须是善意且无重大过失，即持票人取得票据时不知道或不可能知道让与人是票据的无权处分人；③票据的让与人是无权处分人；④持票人取得票据时必须支付了合理的对价。当今世界多数国家对票据权利的善意取得都给予了承认，目的是维护市场交易秩序，促进票据的流通。

（二）继受取得

票据权利的继受取得是指持票人从有权处分票据的前手处受让票据，从而取得票据权利。票据权利的继受取得可以进一步分为票据法中的继受取得和非票据法中的继受取得。票据法中的继受取得是指持票人从有权处分票据权利的人处依背书转让或其他简单交付的方式取得票据权利，包括票据参加付款人因付款而取得票据权利、追索人因偿还票款而取得票据权利和保证人因履行保证义务而取得票据权利等。非票据法中的继受取得又称民法中的票据权利继受取得，是指持票人通过普通债权转让的方式取得票据权利，主要包括继承、赠与等方式，因为这种转让方式不属于票据法所调整，因此持票人并不能得到票据法的特别保护。

三、票据权利的行使和保全

（一）票据权利的行使

票据权利的行使，是指票据权利人依票据上记载的文义请求票据债务人履行其债务的行为。票据权利的行使有广义和狭义之分，狭义的权利行使只包括付款请求权和追索权两种，而广义的权利行使除了付款请求权和追索权外，还包括提示票据、请求承兑和请求定期付款等权利行使的准备工作。

（二）票据权利的保全

票据权利的保全，是指票据权利人为防止其票据权利丧失而实施的一系列行为，主要包括按期提示票据请求付款、为防止追索权的丧失而采取的请求作成拒绝证书和中断时效等行为。我国《票据法》第16条对行使或保全票据权利的场所和时间作出了规定："持票人对票据债务人行使票据权利，或者保全票据权利，应当在票据当事人的营业场所和营业时间内进行，票据当事人无营业场所的，应当在其住所进行。"

四、利益返还请求权

利益返还请求权，又称利益偿还请求权，是指票据权利因时效届满或保全手续欠缺时，持票人请求出票人或承兑人在其所得的利益限度内予以偿还的权利。我国《票据法》第 18 条规定："持票人因超过票据权利时效或者因票据记载事项欠缺而丧失票据权利的，仍享有民事权利，可以请求出票人或者承兑人返还其与未支付的票据金额相当的利益。"之所以这样规定，是因为票据具有严格的要式性且票据权利的时效较短，持票人很容易因时效届满等原因丧失票据权利，而此时的票据债务人就会因此获得额外的利益。最常见的情况是：在买卖合同中，买方将货款以票据的形式签发给卖方，卖方因疏忽没有在法定期限内行使票据权利，此时对卖方来说是损失了货款，而对买方来说则白白得到一批货物，这显然是不公平的；如果不赋予卖方持票人救济的权利，长此以往，票据的安全性和流通性必将受到影响。因此，为避免这种不公平的现象发生，各国票据法都规定了利益返还请求权。行使利益返还请求权则必须满足以下要件：①票据上权利曾有效存在过；②票据上权利是因时效届满或手续欠缺而灭失；③票据出票人和承兑人因此获得额外利益；④权利行使的对象是出票人或承兑人。[1]

第四节　票据行为

一、票据行为的概述

（一）票据行为的概念

票据行为是指以票据权利义务的设立、变更为目的的法律行为。其含义有广义和狭义之分，广义的票据行为是指以产生、变更、消灭票据权利义务为目的法律行为，主要包括出票、背书、承兑、参加承兑、保付、保证、付款和参加付款等；狭义的票据行为是指以负担票据债务为目的的法律行为，仅包括出票、背书、承兑、参加承兑和保证五种。狭义的票据行为又可进一步分为基本的票据行为和附属的票据行为。所谓基本的票据行为，就是指设立票据权利的行为，具体是指出票行为；而附属的票据行为是指在已经成立的票据上所实施的行为，除票据的出票行为外，其余的都属于附属票据行为。

（二）票据行为的特征

票据行为是一种特殊的法律行为，其特殊之处一般表现在以下几个方面：

1. 要式性。票据为要式证券，所谓要式证券，是指证券中的记载事项必须符合法律规定，若缺少法律规定的要件，则证券无效。在票据中，票据行为是书面行为而非口头行为，法律对每一种票据行为都作了规定，如果持票人不按照票据法律规

---

〔1〕 刘心稳主编：《票据法》，中国政法大学出版社 2015 年版。

定的形式行使票据行为，将导致票据无效。

2. 无因性。所谓无因性，就是指一个法律事实的有效性不受导致这个法律事实发生的基础关系的影响，不会因为导致这个事实发生的原因无效或不成立而受到影响。票据的无因性是票据的灵魂，其保障了票据的顺利流通，对国家商事活动的进步和市场经济的完善起到了很好的推动作用。

3. 文义性。票据的文义性是指票据行为的权利义务内容应当严格遵守票据上记载的文义并根据票据法的规定予以确认并解释。即使票据中的文字记载与实际不符，也应该以文字记载为准，不允许当事人用票据文字记载以外的证据对票据文字记载作变更。

4. 独立性。票据的独立性是指在同一张票据中的各个票据行为都独立发生效力，不受票据中其他票据行为的影响。我国《票据法》第 6 条规定的"无民事行为能力人或者限制民事行为能力人在票据上签章的，其签章无效，但是不影响其他签章的效力"和第 14 条第 2 款规定的"票据上有伪造、变造的签章的，不影响票据上其他真实签章的效力"等相关规定，都是票据行为独立性的体现。

二、票据行为的要件

票据行为作为法律行为的一种，其成立和有效的前提必须是具备了法定要件。票据行为的要件可分为形式要件和实质要件两种。

（一）形式要件

票据的形式要件主要有票据记载事项、票据签章和票据交付三个方面。

1. 票据记载事项。票据记载是指依法在票据上记载票据相关内容的行为，主要包括应记载事项、得记载事项和不得记载事项。应记载事项是指依票据法规定应当记载的事项，其中又分为绝对必要记载事项和相对必要记载事项。绝对必要记载事项是指依照票据法规定所必须要记载的事项，主要包括无条件付款文句、确定的票据金额等；相对必要记载事项是指票据法规定的应当记载的事项，若未记载，则应以票据法的规定为准，主要包括汇票的付款日期、本票的付款地、支票的收款人名称等。得记载事项又称任意记载事项，是指一事项是否记载由当事人自由决定，但若记载则立即发生票据法上的效力，主要包括汇票出票人记载禁止背书、背书人记载禁止再背书等。不得记载事项是指禁止在票据上记载的事项，可进一步分为记载无效的事项和记载使票据无效的事项。记载无效的事项是指一事项虽然记载在票据上，但该记载不发生任何效力，因此也称无益记载事项；记载使票据无效的事项是指该事项一经记载，不仅记载本身无效，而且导致整个票据都归于无效的事项。

2. 票据签章。票据签章是指票据上的签名、盖章或者签名加盖章；法人和其他使用票据的单位在票据上的签章，为该法人或者该单位的盖章加其法定代表人或者其授权代理人的签章；票据上的签名，应当为该当事人的本名。票据签章是票据行为生效的必要条件，任何一种票据行为都要求行为人在票据上签章，签章的作用就是确定票据义务人，以此保护票据权利人的票据权利。

3. 票据交付。票据交付是指票据行为人将票据交给持票人持有的行为。我国《票据法》第 20 条规定："出票是指出票人签发票据并将其交付给收款人的票据行为。"作为票据行为之一的出票行为，是由作成票据和交付票据两个行为构成的，只有当出票人把票据正式交付给收款人时，出票行为才算完成。可见，票据行为最终完成的标志是交付。

（二）实质要件

票据行为本质上还是属于民事法律行为，必须具备民事法律行为的生效要件才能生效，即行为能力和意思表示两个实质要件。

1. 行为能力。票据行为人的行为能力因票据行为的主体不同而不同，票据行为的主体可分为自然人和法人。而自然人又可进一步分为完全民事行为能力人、限制民事行为能力人和无民事行为能力人三种。完全民事行为能力人所为的票据行为是有效的，无民事行为能力人所为的票据行为是无效的，限制民事行为能力人的票据行为是否有效则应根据实际情况判断。法人的票据行为能力与权利能力相一致，都是始于成立，终于解散。从票据法的角度看，我国并未像民法限制法人行为能力一样对法人的票据行为能力进行过多的限制。

2. 意思表示。法律行为生效的一个重要条件就是要意思表示真实，票据行为作为法律行为的一种，若要生效，自然要具有意思表示真实这一要件。若一个票据行为欠缺意思表示或者意思表示不真实，则该票据行为无效。我国《票据法》第 12 条第 1 款规定："以欺诈、偷盗或者胁迫等手段取得票据的，或者明知有前列情形，出于恶意取得票据的，不得享有票据权利。"

三、票据行为的代理

（一）票据行为代理

票据行为是民事法律行为的一种，所以民法中关于代理的规定自然而然适用于票据行为的代理。民法中的代理是指代理人在代理权限内以被代理人的名义与第三人实施民事行为，其法律后果由被代理人承担的法律行为。票据行为的代理简称票据代理，是指代理人根据被代理人的委托而在票据上表明代理关系，载明被代理人名称并签章的行为。票据代理的成立要件主要有：①代理人经被代理人本人授权；②在票据上记载被代理人的姓名或名称；③票据上记载有表明代理的意思；④代理人在票据上签章。

（二）无权代理

票据行为的无权代理是指没有代理权的票据代理人以被代理人的名义在票据上签章的行为。我国《票据法》第 5 条第 2 款前半段规定，没有代理权而以代理人名义在票据上签章的，由签章人承担票据责任。这一规定的目的是保护善意持票人，维护票据流通市场的安全。

（三）越权代理

票据行为的越权代理是指有票据代理权限的代理人超越其代理权限而为的票据

行为。我国《票据法》第5条第2款后半段规定，代理人超越代理权限的，应当就其超越权限的部分承担票据责任。

四、票据的伪造和变造

（一）票据的伪造

票据的伪造是指无权限人假冒或虚构他人名义在票据上实施的行为。票据伪造可进一步分为票据本身的伪造和票据上签名的伪造。前者是指假冒、虚构他人的名义出票，后者是指假冒、虚构他人的名义实施出票行为以外的其他票据行为。构成票据的伪造，须符合以下要件：①伪造的票据形式上符合票据生效的要件；②假冒他人的名义实施了票据行为；③伪造票据的目的是行使票据权利。

票据伪造行为是一种损害他人权益、破坏市场经济秩序的行为，根据我国《票据法》第14条第1款的规定，伪造票据上的签章和其他记载事项的，应当承担法律责任。对被伪造人而言，被伪造人并没有将自己真实的签名签在票据上，因此不用承担票据法上的责任。而对伪造人而言，其也没有在票据上进行签章，没有实施票据行为，因此也不承担票据法上的责任，但并不意味着伪造人不承担任何责任；正所谓法网恢恢疏而不漏，伪造人虽然不承担票据法上的责任，但如果其伪造行为给他人的利益带来重大损害的话，依旧要承担相应的民事责任、行政责任甚至刑事责任。

（二）票据的变造

票据的变造是指无权更改票据内容的人对票据上签章以外的记载事项进行变更的行为。票据变造的构成要件主要包括：①行为人是无票据变更权的人；②变更的是票据上除签章以外的其他记载事项；③变造票据的目的是行使票据权利。

我国《票据法》第14条第3款规定："票据上其他记载事项被变造的，在变造之前签章的人，对原记载事项负责；在变造之后签章的人，对变造之后的记载事项负责；不能辨别是在票据被变造之前或者之后签章的，视同在变造之前签章。"由此可知，对于无法证明是在票据被变造之前签章的还是在被变造之后签章的，推定为在票据被变造之前签章。若变造人并未在票据上签章，则其不负票据法上的责任，但给他人造成损害的话则应承担相应的民事责任、行政责任甚至刑事责任。

★ 扩展阅读

票据的涂销与更改

票据的涂销，是指将票据上的签名或者其他记载事项加以涂抹或消除的行为。我国票据法并未对票据涂销作出规定，但《日内瓦统一票据法》和民国时期的《票据法》均对票据的涂销作出了相应规定。构成票据的涂销必须具备以下要件：①票据涂销是有涂销权的人所故意进行的行为，所谓有涂销权的人，主要是指持票人或者票据权利人；②票据涂销仅限于对票据记载内容的消除行为，对票据记载内容的增加或改变不属于票据涂销；③票据涂销的目的是对被涂销部分票据权利的消除。此外，票据涂销一般具有以下法律后果：①涂销人故意涂销票据记载事项的，则丧失其在涂销部分的票据权利；②涂销人并非故意涂销的，则该行为对票据的权利不产生影响；③若实施涂销行为的是无涂销权的人，无论其主观上是否故意，对票据的权利都不产生影响。

票据的更改，是指有更改权的人更改票据上的记载事项的行为。我国《票据法》第9条对票据的更改作出了规定："票据上的记载事项必须符合本法的规定。票据金额、日期、收款人名称不得更改，更改的票据无效。对票据上的其他记载事项，原记载人可以更改，更改时应当由原记载人签章证明。"要构成票据的更改，必须具备以下要件：①票据更改的主体是原记载人；②原记载人应当在票据记载完毕后、交付之前进行更改；③不能更改票据法中特别规定的不得更改记载事项。合法的票据更改一般会导致更改后的记载事项取代原记载事项而产生法律效力；而不合法的票据更改则一般会导致以下后果：①对票据法规定的不得更改事项进行更改的，则导致票据无效；②没有票据更改权的人更改票据签名的，构成票据伪造，更改票据签名以外的记载事项的，构成票据的变造。[1]

第五节　票据抗辩

★ 案例导入

漓江公司是否享有票据权利?

2018年1月22日，博文公司签发了一张票面金额10万元、收款人为漓江公司、承兑人为工行临桂支行、到期日为2018年8月11日的银行承兑汇票，但在交付给漓江公司前不慎遗失。2018年1月31日，博文公司将该汇票的复印件以及相关材料交给漓江公司并于2月1日登报声明汇票作废，3月1日向临桂区人民法院法院申请公示催告，3月2日，临桂区人民法院通知工行临桂支行停止支付；公示催告期限届满时博文公司并未向法院申请除权判决。2018年4月1日，工行临桂支行向漓江公司出具了说明函，并在该汇票的复印件和说明函上加盖了银行的汇票专用章，但未加盖博文公司的签章。说明函内容为："由于汇票被出票人遗失，出票人已登报声明作废，因此同意在遗失汇票的复印件上加盖本行专用章作为收款人向本行收款的有效依据，汇票到期后收款人必须凭此复印件结算票面款项。"漓江公司按照复印件记载的日期，在到期后持汇票的复印件以及工行临桂支行出具的说明函向工行临桂支行提示付款时遭拒付，随后漓江公司起诉至法院。

---

〔1〕 董安生主编:《票据法》，中国人民大学出版社2009年版。

根据我国《票据法》第 20 条之规定:"出票是指出票人签发票据并将其交付给收款人的票据行为。"本案中,博文公司虽然签发了经工行临桂支行承兑的银行汇票,但在交付给漓江公司前就已经遗失,实际上博文公司并未完成出票行为,漓江公司也未实际持有该汇票。现漓江公司据以主张权利的只是汇票的复印件,该复印件并没有出票人博文公司的签章,也未经工行临桂支行同意承兑,不符合我国《票据法》第 22 条对汇票的规定,虽然有工行临桂支行加盖的汇票专用章,但也不能作为有效的汇票使用。因此工行临桂支行可以拒付,漓江公司并不能持此汇票复印件而主张权利。

一、票据抗辩的概述

(一)票据抗辩的概念

票据抗辩是指票据债务人依法对票据债权人拒绝履行义务的行为,即票据债务人对票据债权人所提出的请求予以拒绝的行为。票据抗辩行为的主体是票据债务人,债权人所提出的请求又称抗辩原因,是抗辩成立的基础。票据抗辩的目的是对抗票据债权人行使票据权利,主要是对抗票据债权人行使的付款请求权和追索权。

(二)票据抗辩和民法上抗辩的区别

民法中的抗辩权是指对抗他人行使权利的权利,而票据抗辩是指票据债务人根据票据法的规定对票据债权人拒绝履行义务的行为。民法中的抗辩权与票据抗辩存在着许多相似的地方,本质上都是对抗权,但深入分析会发现二者之间是存在着一定差异的。这种差异主要体现在债权债务转让方面:民法中规定债权让与时,债权人必须将债权让与的事实通知债务人才能对其生效,且债务人所有能对原债权人行使的抗辩权,都能对新债权人行使;换言之,在民法中,债权转让的次数越多,债务人能行使的抗辩权也随之增加,对新债权人也越来越不利,因此民法是着重于对债务人的保护的。票据法却不然,我国《票据法》第 13 条第 1 款明确规定:"票据债务人不得以自己与出票人或者与持票人的前手之间的抗辩事由,对抗持票人。但是,持票人明知存在抗辩事由而取得票据的除外。"该条对票据转让中债务人的抗辩进行了严格的限制。之所以这样规定,主要是为了保障票据的流通性。因为在票据关系中,由于票据的流通较为频繁,若强行适用上述民法中对债权债务转让的规定,长此以往,必将使票据的流通性受到阻碍,因为流通的次数越多,对新债权人越不利,久而久之,票据制度必然会受到损害。为了避免这一现象的发生,维护票据制度,我国票据法对票据债务人的抗辩权进行了限制。

二、票据抗辩的种类

票据抗辩可以大致分为对物抗辩和对人抗辩两种。

(一)对物抗辩

对物抗辩,是指因票据本身所存在的事由而发生的抗辩。由于其抗辩事由为该票据本身,抗辩对象是一切票据债权人,因此又被称为绝对的抗辩。依据实施抗辩的主体不同，可进一步将其分为以下两类：

1. 一切票据债务人对一切票据债权人行使的抗辩。这类抗辩主要包括：①票据无效的抗辩。如票据上欠缺法律规定的绝对必要记载事项、票据上有导致票据无效的不得记载事项等。②不依票据文义而提出的抗辩。如票据上所记载的到期日还未到。③票据权利已经消灭或票据已经失效的抗辩。如票据已被依法付款、已被作出除权判决等。

2. 特定的票据债务人对一切票据债权人行使的抗辩。这类抗辩主要包括：①依票据上的记载事项所提出的抗辩。如出票人出票时在票据上记明禁止转让，对取得该禁止转让票据的后手当事人提出的抗辩。②保全手续欠缺的抗辩。如被追索人对未按期提示票据的追索人所提出的抗辩。③票据债务人对已过时效的票据债权所提出的抗辩。④否定某一票据行为有效成立的抗辩。

（二）对人抗辩

对人抗辩，是指因票据债务人与特定的票据权利人之间所存在的法律关系而发生的抗辩。由于其抗辩对象是特定的票据债务人，因此又被称为相对的抗辩。依据实施抗辩的主体不同，也可进一步将其分为以下两大类：

1. 一切票据债务人对特定的票据债权人行使的抗辩。这类抗辩主要包括：①票据债权人因欠缺实质受领票据金额资格的抗辩。如持票人被法院宣告破产、持票人因恶意或重大过失取得票据等。②票据债权人因欠缺形式受领票据金额资格的抗辩。如票据上背书不连续的。

2. 特定的票据债务人对特定的票据债权人行使的抗辩。这类抗辩主要包括：①因票据的基础关系而提出的抗辩。如我国《票据法》第13条第2款明确规定："票据债务人可以对不履行约定义务的与自己有直接债权债务关系的持票人，进行抗辩。"②因当事人间的特别约定而提起的抗辩。

三、票据抗辩的限制

票据抗辩的限制又称票据的切断制度，是指在票据制度中，债务人不得以自己与出票人或者与持票人的前手之间的抗辩事由对抗持票人，主要是指对人抗辩的限制。因为对物抗辩的是随着票据存在而存在的绝对的抗辩，无论票据流转至何人之手，只要票据没有灭失，那么该抗辩就存在，因此不应对对物抗辩进行限制。

票据抗辩的限制主要包括对出票人抗辩的限制和对持票人的前手抗辩的限制。①对出票人的限制。我国《票据法》规定，票据债务人不得以自己与出票人之间的抗辩事由对抗持票人。②对持票人的前手抗辩的限制。我国《票据法》规定，票据债务人不得以自己与持票人前手之间的抗辩事由对抗持票人。法律之所以规定了票据的切断制度，目的是为了保护票据的流通性。若不对债务人的抗辩权进行限制，就意味着债权的每一次转让都会加重新债权人的权利负担，久而久之必将影响票据的流通性，进而破坏市场交易秩序。为了避免这一现象的发生，必须对票据抗辩进行限制。

★ 案例分析

票据过期能否主张权利?

2016 年 8 月 22 日,农用公司出具一张票面金额为 10 万元、收款人为金泓公司、承兑人为广发银行常州分行、到期日为 2017 年 2 月 22 日的承兑汇票,金泓公司随后将该票据背书转让给天源公司;而后,中农公司、齐发公司、康迈公司、超同步公司先后通过背书转让的形式取得该票据。汇票到期后,超同步银行并未提示承兑。2019 年 2 月 28 日,超同步公司持该汇票请求广发银行常州分行付款时,广发银行常州分行以"超过汇票到期日 2 年,请出具民事判决书"为由拒绝付款,而后超同步公司将广发银行常州分行诉至法院,请求判定广发银行常州分行返还票款。

本案中,超同步公司通过连续背书的形式取得该汇票,是该汇票的合法持票人,享有该票据的相关权利,我国《票据法》第 17 条第 1 款规定:"票据权利在下列期限内不行使而消灭:①持票人对票据的出票人和承兑人的权利,自票据到期日起 2 年。见票即付的汇票、本票,自出票日起 2 年。……"超同步公司因其自身的原因,未在汇票到期日起 2 年内行使票据权利,因此丧失了该汇票上的票据权利。《票据法》第 18 条规定:"持票人因超过票据权利时效或者因票据记载事项欠缺而丧失票据权利的,仍享有民事权利,可以请求出票人或者承兑人返还其与未支付的票据金额相当的利益。"因此,超同步公司虽然丧失了对该汇票的票据权利,但仍享有民事权利。综上,农用公司应当向超同步公司返还票据利益 10 万元。

第六节 票据的丧失与补救

★ 案例导入

刘某与中南公司票据权利确认纠纷

2017 年 12 月 23 日,南建公司向中昱公司出具一张票面金额 20 万元、承兑人为招商银行无锡分行、到期日为 2018 年 6 月 23 日的承兑汇票。2018 年 1 月 1 日,中昱公司将该汇票背书转让给中南公司。2018 年 2 月 8 日,沈某潜入中南公司并盗取了该汇票,中南公司于当日发现汇票被盗并立即向公安机关报案,随后又向崇安区人民法院申请公示催告。2018 年 2 月 12 日,崇安区人民法院在无锡商报刊登公告,公告期为 150 日,同时向招商银行无锡分行进行挂失止付。2018 年 4 月 20 日,沈某联系刘某,将票据以 19 万元的价格转让给刘某。2018 年 7 月 3 日,刘某向崇安区人民法院申报了该汇票的票据权利,崇安区人民法院当即终结了公示催告程序。7 月 4 日,刘某将中南公司诉至法院,请求确定其票据权利。

本案中,当事人主张以背书转让方式获得票据的,可以以背书的连续证明合法持有汇票；非经背书转让，而以其他合法方式取得汇票的，应依法举证证明其合法持有汇票。本案中，中南公司是通过背书转让的形式取得该汇票的，该背书具有连续性，因此中南公司是该汇票的最后合法持有人。刘某取得汇票的时间是 2018 年 4 月，而中南公司向崇安区人民法院申请公示催告的时间为 2015 年 2 月，可见，沈某与刘某之间的转让票据行为在公示催告公告时间内，故刘某取得涉案票据的行为，属于我国《民事诉讼法》第 220 条第 2 款规定的"公示催告期间，转让票据权利的行为无效"的情形。综上，即使刘某支付了相应的对价，也无权根据公示催告期间转让票据的行为主张票据权利，中南公司是该汇票的最后合法持有人。

一、票据丧失的概念

票据丧失，简称失票，是指持票人并非基于自己的本意而丧失了对票据的占有。票据丧失可进一步分为票据的绝对丧失和票据的相对丧失两种，票据的绝对丧失又称票据的灭失，是指票据本身灭失，如票据被焚烧、撕毁等；票据的相对丧失又称票据的遗失，是指持票人因票据遗失、被盗等原因而失去票据。

要构成票据丧失，必须符合以下要件：①失票人是真正的票据权利人；②有票据丧失的事实存在；③票据的遗失是基于票据权利人意志以外的原因造成的；④丧失的票据是未经付款的有效票据。

票据丧失的后果是使丧失票据的原权利人无法行使票据权利。因为票据是完全的有价证券，其权利的产生、行使和转移都要以票据的存在为必要；且丧失的票据有可能被人冒领、被盗窃者继续使用等，这对丧失票据的原权利人是极为不利的。因此，为了使失票人的票据权利得到救济，同时保护票据市场交易的安全，我国《票据法》对票据的丧失规定了相应的补救办法。

二、票据丧失的救济途径

我国《票据法》对票据丧失后的救济途径主要规定了挂失止付、公示催告和提起诉讼三种。

（一）挂失止付

挂失止付是指失票人在票据丧失时将票据丧失的情况通知付款人，并通知其暂停付款的临时性救济措施。我国《票据法》第 15 条第 1 款规定："票据丧失，失票人可以及时通知票据的付款人挂失止付，但是，未记载付款人或者无法确定付款人及其代理付款人的票据除外。"可见，票据丧失后失票人即可通知付款人挂失止付。我国《支付结算办法》第 48 条第 1 款对可以挂失止付的票据种类作出了规定："已承兑的商业汇票、支票、填明'现金'字样和代理付款人的银行汇票以及填明'现金'字样的银行本票丧失，可以由失票人通知付款人或者代理付款人挂失止付。"因此，可以挂失止付的票据主体主要包括承兑的商业汇票、支票、填明"现金"字样和代理付款人的银行汇票以及填明"现金"字样的银行本票。我国《支付结算办法》第 49 条对挂失止付的条件作出了规定："允许挂失止付的票据丧失，失票人需要挂失止付的，应填写挂失止付通知书并签章。挂失止付通知书应当记载下列事项：①票据丧失的时间、地点、原因；②票据的种类、号码、金额、出票日期、付款日期、付款人名称、收款人名称；③挂失止付人的姓名、营业场所或者住所以及联系方式。欠缺上述记载事项之一的，银行不予受理。"付款人在收到挂失止付通知书后且查明该票据并未付款时应立即停止付款，否则应承担相应的赔偿责任；若付款人在收到挂失止付通知之前已经向持票人付款，则不再承担责任，除非付款人是因恶意或者重大过失而付款的。

（二）公示催告

公示催告是指在票据丧失后，人民法院根据当事人的申请，以公示的方式通知不确定的利害关系人在一定期限内申报权利，若逾期无人申报，则根据当事人的申请依法作出除权判决，从而使丧失的票据无效的一种非诉程序。我国《票据法》第15条第3款规定，失票人可以在票据丧失后依法向人民法院申请公示催告；我国《民事诉讼法》第18章专门规定了公示催告程序。公示催告程序主要有申请、法院审查、公示催告和除权判决四个阶段。

1. 申请。我国民事诉讼法规定了可以申请公示催告的票据只包括"按照规定可以背书转让的票据"。在票据丧失后，应由失票人向有管辖权的人民法院提出申请，有管辖权的人民法院一般指的是票据支付地的基层人民法院；票据支付地指的是票据上记载的付款地。失票人向人民法院提交申请时，应当在申请书上写明票据金额、票据出票人、持票人、背书人等票据的主要内容以及申请的事实理由等。

2. 法院审查。人民法院在收到公示催告申请后，应对其进行审查，主要是对形式要件和实质要件的审查。形式要件的审查主要是对申请人是否具有诉讼能力、申请的手续是否合格以及受理法院是否具有管辖权等方面的审查；而实质要件的审查则是包括对票据丧失的事实、申请人是否有申请权等方面的审查。审查合格的，可以进行公示催告；若不合格，则应自申请之日起7日内裁定驳回申请。

3. 公示催告。法院受理申请后，应对付款人发出止付通知并进行公告。公示催告的期间由人民法院视情况而定，不得少于60日。票据公示催告申请一经法院受理，即产生以下效力：①公示催告期间转让票据权利的行为无效；②利害关系人应向法院申报权利；③支付人在收到人民法院的止付通知后至公示催告结束前应停止支付。如有利害关系人在公示催告期间内或公示催告后作出除权判决前向法院申报权利的，法院应当终结公示催告程序，并通知申报人出示票据以及通知申请人查看该票据。当申报人的票据与申请人票据不一致时，驳回利害关系人的申报。若票据一致，申请人与申报人之间的票据纠纷则应通过民事诉讼程序另行解决。

4. 除权判决。公示期满后无人申报权利或申报被驳回的，法院应根据申请人的申请，依法作出除权判决。票据一经除权判决后，票据无效，任何持票人都不能再行使该票据上的权利，而票据权利人可凭法院作出的除权判决继续行使票据权利。

（三）票据诉讼

我国《票据法》第15条第3款规定，失票人可以通过提起诉讼的方式进行权利救济。票据诉讼是指失票人在丧失票据后，可以通过民事诉讼的方式请求法院判令出票人补发票据、非法持票人返还票据或判令债务人付款的一种救济方式。我国《最高人民法院关于审理票据纠纷案件若干问题的规定》中规定了票据诉讼的两种类型：①票据丧失后，失票人在票据权利时效届满前请求出票人补发票据或请求债务人付款，在提供相应担保的情况下仍被拒绝而提起的诉讼；②失票人为行使票据所有权而向非法持票人请求返还票据而提起的诉讼。提起票据诉讼，除应证明曾经持有票据以及票据丧失的情形外，还应提供相应的担保，票据诉讼的管辖法院为被告住所地或者票据支付地人民法院。[1]

★ 案例分析

和鑫公司与盛大公司票据返还请求权纠纷

2017年3月31日，和鑫公司与中加公司签订工业品买卖合同，中加公司于2017年10月9日向和鑫公司出具了一张票面金额为20万元、承兑人为郑州银行郑花路支行的银行承兑汇票，和鑫公司收到汇票后并未在背书栏上签章便将票据交给了公司财务。数日后，财务称该票据丢失，和鑫公司便向法院申请公示催告。2017年10月14日，郑州高新技术产业开发区人民法院受理了和鑫公司的公示催告申请，并于10月16日向郑州银行郑花路支行送达了停止付款通知书以及公示催告公告。2017年10月30日，《人民法院报》刊登了郑州高新技术产业开发区人民法院对涉案票据的公示催告公告。公示催告期间，盛大公司向法院申报票据权利，称其为合法的票据持有人，其票据是东木公司于2017年10月21日从孙某处以196 000元的价格取得的，尽了合理的审查义务，票据自中加公司至盛大公司的背书人签章依次为东木公司、宏日公司、盛大公司。而盛大公司在取得票据时还特意在网上查询该票据是否正常流通，审查该票据的背书，得知该票据正处于正常流通状态且背书连续后才取得。而后和鑫公司将盛大公司诉至法院，请求返还票据。

本案中，该票据虽然没有记载和鑫公司的名称，但根据票据法的基本原理，票据具有无因性、设权性、流通性、文义性、要式性等特征，票据的流通、结算是其基本职能，票据的签发、取得和转让应当遵循诚实信用原则，以具有真实的交易关系和债权债务关系为基础。和鑫公司与出票人中加公司具有真实的交易关系，出票人亦证明案涉承兑汇票系为和鑫公司出具，且和鑫公司在汇票丢失后及时向人民法院申请公示催告，足以证明和鑫公司曾为案涉票据的合法持有人，故和鑫公司具备诉讼主体资格，具有对案涉诉争票据的返还请求权。《最高人民法院关于适用〈中华

〔1〕 朱大旗：《金融法》，中国人民大学出版社2016年版。

人民共和国民事诉讼法〉的解释》第 138 条规定:"公告送达可以在法院的公告栏和受送达人住所地张贴公告,也可以在报纸、信息网络等媒体上刊登公告,发出公告日期以最后张贴或者刊登的日期为准。……"由此可知,郑州高新技术产业开发区人民法院发出公示催告公告的时间为 2015 年 10 月 30 日,而东木公司取得票据时间为 2015 年 10 月 21 日,盛大公司取得票据时间为 2015 年 10 月 25 日,均非在公示催告期间取得票据。我国《票据法》第 31 条规定:"以背书转让的汇票,背书应当连续。持票人以背书的连续,证明其汇票权利;非经背书转让,而以其他合法方式取得汇票的,依法举证,证明其汇票权利。前款所称背书连续,是指在票据转让中,转让汇票的背书人与受让汇票的被背书人在汇票上的签章依次前后衔接。"盛大公司在取得票据时支付了对价,且在取得票据时与其前手之间背书连续,根据票据的无因性及文义性特征,盛大公司系基于票据的正常流转行为取得票据,是善意取得,具有合法的票据权利。综上所述,盛大公司为该票据的合法持有人,和鑫公司无权要求盛大公司返还票据。

第七节　汇票

★ 案例导入

光大真新支行是否能向民生银行西坝河支行主张权利?

2016 年 12 月 22 日,中节能公司出具一张票面金额为 200 万元、收款人为江苏光电公司、承兑人为民生银行西坝河支行、到期日为 2017 年 6 月 22 日的汇票。而后光电公司将该汇票背书给中节能公司,中节能公司再将其背书给杭州晶恒公司,而后,安徽银欣公司、无锡帝科公司、浙江德西瑞光公司、上海弘映公司、匡宇公司相继通过背书取得该票据。2017 年 5 月 3 日,匡宇公司与光大真新支行签订质押合同,合同约定匡宇公司向光大真新支行承兑电子商业汇票,并以已取得的中节能的票据质押给光大真新支行。但该票据并未记载光大真新支行为被背书人,而光大真新支行取得票据时发现,匡宇公司用以质押担保的票据已破损,票面信息如票号、收款人、小写金额、粘单等无法获知,不能明确该票据的权利转让关系和最终收款人,但有其他能证明该票据是完整合法有效的材料。2017 年 7 月 14 日,光大真新支行持该汇票以及相关证明材料请求民生银行西坝河支行付款,遭拒付,遂向人民法院起诉。

我国《票据法》第 8 条规定:"票据金额以中文大写和数码同时记载,二者必须一致,二者不一致的,票据无效。"本案中,光大真新支行所持的银行承兑汇票破损,小写金额不完整,无法判断是否与中文大写一致;票据收款人是法律规定的必要记载事项,该汇票收款人信息不完整,光大真新支行也不是该票据及粘单上记载的被背书人。由于票据上所创设的权利和义务均依票据上记载的文字内容来确定,现创设票据权利义务的原始载体已经灭失，无从确定涉诉票据残损部分的内容，且光大真新支行提供的其他能证明该票据是完整合法有效的材料亦不足以充分证明涉诉票据上的记载事项内容。综上，尚无足够证据证明光大真新支行是该汇票合法有效的权利人，民生西坝河支行拒绝承兑付款有合法的抗辩事由。

一、汇票的概述

（一）汇票的概念

汇票是出票人签发的，委托付款人在见票时或者在指定日期无条件支付确定的金额给收款人或者持票人的票据。

（二）汇票的种类

根据不同的分类标准，可将票据作以下分类：

1. 记名汇票、指示汇票和无记名汇票。记名汇票又称抬头汇票，是指出票人在汇票上明确记载收款人姓名或名称的汇票。指示汇票是指出票人不仅在票据上记载收款人的姓名和名称，还将"或其他指定人"字样附加于票据之上的汇票。无记名汇票是指出票人并未在票据上记载收款人姓名或名称，或者仅记载"来人""持票人"等字样的汇票。

2. 一般汇票和变式汇票。一般汇票是指汇票的出票人、付款人和收款人三个票据基本当事人分别由三个不同的人担任的票据。变式汇票是指出票人、付款人和收款人三个票据基本当事人有两个是由同一个人担任的票据。变式汇票又可进一步分为指己汇票、对己汇票和付受汇票三种：①指己汇票是指出票人与收款人同为一人的汇票；②对己汇票是指出票人与付款人同为一人的汇票；③付受汇票是指付款人与收款人同为一人的汇票。

3. 即期汇票和远期汇票。即期汇票是指以收款人或持票人向付款人提示汇票请求付款之日为汇票到期日的见票即付的汇票。远期汇票是指在票据上指定的付款日期到来之时才能请求付款的汇票。远期汇票可以进一步分为定期汇票、计期汇票、注期汇票和分期付款汇票四种：①定期汇票又称定期付款的汇票，是指以票据上记载的一定日期为到期日的汇票；②计期汇票又称出票后定期付款的汇票，是指以出票日后一定期间为到期日的汇票；③注期汇票又称见票后定期付款的汇票，是指以承兑后的一定期间为到期日的汇票；④分期付款汇票是指将汇票金额分成几份并分别指定到期日的汇票。

4. 银行汇票和商业汇票。银行汇票是指出票银行签发的，由其在见票时按照实际结算金额无条件支付给收款人或者持票人的票据。商业汇票是指出票人签发的，委托付款人在指定日期无条件支付确定的金额给收款人或者持票人的票据。[1]

---

[1] 范健主编：《商法》，高等教育出版社 2011 年版。

二、出票

(一) 出票的概念

汇票出票，又称汇票的主票据行为，是指出票人签发票据并将其交付给收款人的票据行为。出票是创设票据的基本票据行为。票据出票主要由作成票据和交付票据两个行为构成，作成票据是指出票人在汇票上记载法定内容并签名；交付票据是指出票人将已经作成的汇票交给他人，票据的出票行为通过票据的交付而最终完成。

(二) 出票的格式

我国《票据法》第 22 条规定，汇票必须记载以下事项：①表明"汇票"字样；②无条件支付的委托；③确定的金额；④付款人名称；⑤收款人名称；⑥出票日期；⑦出票人签章。汇票上未记载上述规定事项之一的，汇票无效。

我国《票据法》第 23 条对汇票出票的相对必要记载事项也作出了规定："汇票上记载付款日期、付款地、出票地等事项的，应当清楚、明确。汇票上未记载付款日期的，为见票即付。汇票上未记载付款地的，付款人的营业场所、住所或者经常居住地为付款地。汇票上未记载出票地的，出票人的营业场所、住所或者经常居住地为出票地。"此外，汇票上可以记载票据法规定事项以外的其他出票事项，但是该记载事项不具有汇票上的效力。

(三) 出票的效力

汇票出票的效力就在于创设票据上的权利义务关系。

1. 对出票人的效力。我国《票据法》第 26 条规定："出票人签发汇票后，即承担保证该汇票承兑和付款的责任。出票人在汇票得不到承兑或者付款时，应当向持票人清偿本法第 70 条、第 71 条规定的金额和费用。"由此可知，汇票出票后对出票人而言，所承担的责任主要有保证付款和保证承兑两种，这种责任是法定的、不能免除的。汇票只要一经被拒绝承兑或被拒绝付款，持票人即可向出票人主张清偿票款。

2. 对付款人的效力。在我国，出票行为是一种单方行为，付款人并不会因为出票人的出票行为而负担付款义务，其仅仅获得了付款的资格。我国《票据法》第 44 条规定："付款人承兑汇票后，应当承担到期付款的责任。"由此可知，付款人的付款义务是在付款人承兑付款之后才承担的。

3. 对收款人的效力。出票人将汇票交付给收款人后，收款人即取得票据上的权利，主要包括付款请求权和追索权。在票据承兑之前，收款人的付款请求权仅仅是一种期待权而非现实的权利；追索权也是一种附条件行使的权利，需汇票被拒绝承兑或拒绝付款后才能行使。

三、背书

(一) 背书的概念

背书是指在票据的背面或者粘单上记载有关事项并且签章的票据行为。背书的本质是一种单方行为，目的是转让票据上的权利。其中，转让票据权利的为背书人，受让票据的为被背书人。被背书人接受票据后可再次进行背书转让行为，此行为称为再背书。

（二）背书的种类

汇票背书的种类主要有以下几种：

1. 转让背书和非转让背书。转让背书是背书的基本类型，是指持票人以转让票据权利为目的而进行的背书。非转让背书是指以转让票据权利以外的其他目的而进行的背书，非转让背书可进一步分为委任背书和设质背书：①委任背书又称委任收款背书，是指持票人以委托他人代为收取票款为目的而进行的背书。我国《票据法》第 35 条第 1 款规定："背书记载'委托收款'字样的，被背书人有权代背书人行使被委托的汇票权利。但是，被背书人不得再以背书转让汇票权利。"②设质背书又称质押背书，是指持票人以将票据权利设定质押为目的而进行的背书。我国《票据法》第 35 条第 2 款规定："汇票可以设定质押；质押时应当以背书记载'质押'字样。被背书人依法实现其质权时，可以行使汇票权利。"

2. 一般转让背书和特殊转让背书。一般转让背书是指具有完全的、无限制效力的转让背书，通常又分为完全背书和空白背书两种：①完全背书又称记名背书，是指需要将背书人和被背书人的姓名都记载的背书；②空白背书又称不记名背书，是指背书人仅在票据上签名但不记载被背书人名称的背书，我国不承认空白背书。特殊转让背书是指在背书时有特殊情形出现的背书，可进一步分为无担保背书、禁止背书的背书、回头背书和期后背书：①无担保背书是指背书中记载不负任何担保责任的背书；②禁止背书的背书是指在背书票据上记载有"不得转让"字样的背书；③回头背书是指以票据上已有的债务人为被背书人而为的背书；④期后背书是指在票据被拒绝承兑、拒绝付款或超过付款提示期限后所为的背书。

（三）背书的效力

背书的效力因背书类型的不同而不同：

1. 转让背书的效力。转让背书的效力主要体现在以下三个方面：①权利转移的效力，即背书人将汇票背书转让给被背书人时，票据上的权利也随之转移；②权利担保的效力，背书人将汇票背书转让给被背书人后，即要承担保证其后手所持汇票的承兑和付款责任；③权利证明的效力，我国《票据法》第 31 条第 1 款规定："以背书转让的汇票，背书应当连续。持票人以背书的连续，证明其汇票权利；非经背书转让，而以其他合法方式取得汇票的，依法举证，证明其汇票权利。"

2. 非转让背书的效力。非转让票据的效力则因其背书种类不同而不同：①对委任背书而言，背书的效力主要体现在代理权授予和权利证明两个方面；②对设质背书而言，背书的效力主要体现在质权设定、权利担保和权利证明三个方面。

四、承兑

（一）承兑的概念

承兑是指汇票付款人承诺在汇票到期日支付汇票金额的票据行为。承兑是由付款人从事的单方法律行为，是一种附属票据行为。汇票一经承兑，付款人即成为票据上的主债务人和承兑人，负有到期向收款人付款的义务。

（二）承兑的程序

承兑的程序主要分为提示承兑和承兑两个阶段。

1. 提示承兑。提示承兑是行使和保全票据权利的重要手段，是承兑的必要手续之一。我国《票据法》第39条第2款规定："提示承兑是指持票人向付款人出示汇票，并要求付款人承诺付款的行为。"《票据法》第40条规定："见票后定期付款的汇票，持票人应当自出票日起1个月内向付款人提示承兑。汇票未按照规定期限提示承兑的，持票人丧失对其前手的追索权。见票即付的汇票无需提示承兑。"

2. 承兑。我国《票据法》第41条规定："付款人对向其提示承兑的汇票，应当自收到提示承兑的汇票之日起3日内承兑或者拒绝承兑。付款人收到持票人提示承兑的汇票时，应当向持票人签发收到汇票的回单。回单上应当记明汇票提示承兑日期并签章。"承兑在承兑人完成票据交付行为后生效，且不得负有条件，承兑负有条件的则视为拒绝承兑。

（三）承兑的效力

汇票一经承兑，即在票据当事人之间产生效力。

1. 对出票人和背书人的效力。票据一经承兑，出票人和背书人就被确定为票据的第二债务人，持票人必须先向承兑人请求付款，被拒绝后方可再向出票人和背书人行使票据权利。

2. 对持票人的效力。在汇票承兑之前，持票人的付款请求权仅仅是一种期待权，具有不确定性；票据一经承兑，其付款请求权随即变为现实确定的权利，汇票到期后持票人可直接向承兑人行使付款请求权。

3. 对付款人的效力。付款人承兑付款后，应当承担到期付款的责任。

五、保证

（一）保证的概念

汇票的保证，是指票据债务人以外的第三人为了担保票据债务的履行而充当保证人的一种附属票据行为。我国《票据法》第45条规定："汇票的债务可以由保证人承担保证责任。保证人由汇票债务人以外的他人担当。"汇票保证具有以下特征：①汇票保证是一种附属票据行为；②汇票保证是一种单方行为；③汇票保证的主体是票据债务人以外的人；④汇票保证的目的是担保特定票据债务的履行。

（二）保证的种类

汇票保证的种类主要有以下几种：

1. 全部保证和部分保证。全部保证是指保证人对汇票上的全部票款所作的保证；部分保证是指保证人对汇票上的部分票款所作的保证。

2. 单独保证和共同保证。单独保证是指保证人为单独一人所作的保证；共同保证是指由数个保证人共同作出的保证。我国《票据法》第51条对共同保证作出了以下规定："保证人为 2 人以上的，保证人之间承担连带责任。"

3. 正式保证和略式保证。正式保证是指保证人在票据上完整记载全部应记载事项并进行签章、交付方可有效成立的票据保证。略式保证是指保证人保证时可仅进行签章交付而不需完整记载全部必要记载事项的票据保证。

（三）保证的效力

汇票一经保证，保证人即承担保证责任。

1. 保证人的责任。保证人对合法取得汇票的持票人所享有的汇票权利，承担保证责任；但是被保证人的债务因汇票记载事项欠缺而无效的除外。被保证的汇票，保证人应当与被保证人对持票人承担连带责任；汇票到期后得不到付款的，持票人有权向保证人请求付款，保证人应当足额付款。

2. 共同保证人的责任。我国《票据法》第 51 条规定："保证人为 2 人以上的，保证人之间承担连带责任。"

★ 案例分析

海尔公司与建行紫阳路支行票据追索权纠纷

2018 年 6 月 24 日，中鑫公司向正盛坤公司出具一张票面金额为 5000 万元、承兑人为中鑫公司、到期日为 2019 年 1 月 24 日的商业汇票。2018 年 6 月 25 日，正盛坤公司持该汇票向海尔贷款公司办理汇票贴现业务，约定贴现金额 4300 万元，贴现利息 700 万元，并约定海尔公司行使票据追索权时有权要求正盛坤公司支付被拒绝付款汇票的票面金额、逾期利息、因行使追索权而支付的诉讼费、保全费、律师费等费用。办完贴现业务后，正盛坤公司将汇票背书转让给海尔公司。2018 年 6 月 25 日，中国建设银行紫阳路支行向正盛坤公司出具商业汇票保兑保函，该函记载："致正盛坤公司，兹有中鑫公司签发承兑的金额为伍仟万元整、收款人为正盛坤公司、到期日为 2019 年 1 月 24 日的商业承兑汇票，我行自愿为该汇票提供保证担保，保证承兑人在汇票到期日无条件支付足额票款，若持票人持有的上述商业承兑汇票到期后，承兑人不能足额兑付票款时，我行将无条件代为支付上述商业承兑汇票记载的全额款项。本保函不可转让，我行指定持函人为唯一受益人。"海尔公司向出票人中鑫公司提示付款时遭拒付，遂向正盛坤公司行使追索权，未果后即向人民法院起诉，请求法院判决正盛坤公司支付票款并由建行紫阳路支行承担保证责任。

本案中，海尔公司向正盛坤公司支付对价并取得票据后，即成为该票据的权利人，根据我国《票据法》第 61 条第 1 款之规定："汇票到期被拒绝付款的，持票人可以对背书人、出票人以及汇票的其他债务人行使追索权。"因此，当其向出票人中鑫公司请求付款未果时，依法享有票据追索权，有权向其前手背书人正盛坤公司行使票据追索权，正盛坤公司应当向海尔公司支付票款。《最高人民法院关于审理票据纠纷案件若干问题的规定》第 62 条规定："保证人未在票据或者粘单上记载'保证'

字样而另行签订保证合同或者保证条款的，不属于票据保证，人民法院应当适用《中华人民共和国担保法》的有关规定。"我国《担保法》第22条规定："保证期间，债权人依法将主债权转让给第三人的，保证人在原保证担保的范围内继续承担保证责任。保证合同另有约定的，按照约定。"综上，虽然建行紫阳路支行出具的"保兑保函"真实，但由于作为保证人的建行紫阳路支行未在票据或者粘单上记载"保证"字样，因此该"保兑保函"并非票据保证；且保函明确规定不能转让，因此海尔公司无法取得被保证人的地位，海尔公司与建行紫阳路支行间并无保证合同关系，海尔公司不能要求建行紫阳路支行承担保证责任。

六、付款

（一）付款的概念

汇票付款是指付款人或代理付款人依照汇票文义向票据权利人支付票据金额以消灭票据关系的法律行为。汇票付款具有以下特征：①汇票付款的主体是付款人或者代理付款人；②汇票付款是票据债务人依照汇票文义支付票据金额的行为；③汇票付款是产生消灭票据上权利义务关系后果的行为。

（二）付款的程序

付款的程序主要包括提示付款、支付票款和回收汇票三个阶段。

1. 提示付款。提示付款是付款的前提，是指持票人向付款人或者代理付款人出示汇票并请求其支付票款的行为。我国《票据法》第53条对提示付款作出了详细规定："持票人应当按照下列期限提示付款：①见票即付的汇票，自出票日起1个月内向付款人提示付款；②定日付款、出票后定期付款或者见票后定期付款的汇票，自到期日起10日内向承兑人提示付款。持票人未按照前款规定期限提示付款的，在作出说明后，承兑人或者付款人仍应当继续对持票人承担付款责任。通过委托收款银行或者通过票据交换系统向付款人提示付款的，视同持票人提示付款。"若持票人未按期提示付款，丧失对其前手的追索权。

2. 支付票款。我国《票据法》第54条规定："持票人依照前条规定提示付款的，付款人必须在当日足额付款。"付款人及其代理付款人付款时，应当审查汇票背书的连续，并审查提示付款人的合法身份证明或者有效证件，审查无误后应当予以付款。

3. 收回汇票。付款人付款后有向持票人回收汇票的权利。我国《票据法》第55条规定："持票人获得付款的，应当在汇票上签收，并将汇票交给付款人。持票人委托银行收款的，受委托的银行将代收的汇票金额转账收入持票人账户，视同签收。"至此，汇票付款完成，票据权利义务关系消灭。

（三）特别付款

汇票的特别付款主要包括期前付款和期后付款。

1. 期前付款。期前付款是指付款人在汇票上所记载的到期日到来之前所进行的付款。在到期日前，付款人没有付款的义务，持票人也没有受领付款的义务。我国

《票据法》第 58 条规定："对定日付款、出票后定期付款或者见票后定期付款的汇票，付款人在到期日前付款的，由付款人自行承担所产生的责任。"

2. 期后付款。期后付款是指付款人在法律规定的付款提示期间届满后或拒绝证书作成后所进行的付款。持票人在法律规定的付款提示期间届满后提示付款的，在作出说明后，承兑人或者付款人仍应当继续对持票人承担付款责任。

七、追索

（一）追索权的概念

所谓追索权，又称偿还请求权，是指在汇票到期被拒绝付款或汇票到期日前出现法定的情况，持票人享有的请求其前手偿还票据金额以及相关费用的权利。追索权本质上是一种第二次请求权，具有以下特征：①追索权是一种辅助性的票据权利；②追索权的行使具有严格的法定性；③追索的对象具有可选择性。

（二）行使追索权的情形

汇票到期被拒绝付款的，持票人可以对背书人、出票人以及汇票的其他债务人行使追索权。持票人在汇票到期日前行使追索权的情形有：①汇票被拒绝承兑；②承兑人或者付款人死亡或逃匿；③承兑人或者付款人被依法宣告破产或者因违法被责令终止业务活动。

（三）行使追索权的程序

追索权行使的程序主要包括通知拒绝事由、确定追索对象、请求偿还和再追索四个阶段。

1. 通知拒绝事由。持票人行使追索权时首先要将自己被拒绝付款的事由向所有追索对象通知，目的是让票据的全体债务人做好准备。我国《票据法》第 66 条对通知拒绝事由作出了以下规定："持票人应当自收到被拒绝承兑或者被拒绝付款的有关证明之日起 3 日内，将被拒绝事由书面通知其前手；前手应当自收到通知之日起 3 日内书面通知其再前手。持票人也可以同时向各汇票债务人发出书面通知。未按照前款规定期限通知的，持票人仍可以行使追索权。因延期通知给其前手或者出票人造成损失的，由没有按照规定期限通知的汇票当事人承担对该损失的赔偿责任，但是所赔偿的金额以汇票金额为限。在规定期限内将通知按照法定地址或者约定的地址邮寄的，视为已经发出通知。"

2. 确定追索对象。通知拒绝事由发出后若无人主动偿还，持票人就可对具体的追索对象进行确定并进行追索。我国《票据法》第 68 条规定："汇票的出票人、背书人、承兑人和保证人对持票人承担连带责任。持票人可以不按照汇票债务人的先后顺序，对其中任何一人、数人或者全体行使追索权。持票人对汇票债务人中的一人或者数人已经进行追索的，对其他汇票债务人仍可以行使追索权。被追索人清偿债务后，与持票人享有同一权利。"

3. 请求偿还。持票人在确定追索对象后，即可向追索对象出示汇票和拒绝证明或退票理由书等证明文书，请求偿还。请求偿还既可以以诉讼的方式进行，也可以以诉讼以外的方式进行。持票人行使追索权，可以请求被追诉人支付下列金额和费用：①被拒绝付款的汇票金额；②汇票金额自到期日或者提示付款日起至清偿日止，按照中国人民银行规定的利率计算的利息；③取得有关拒绝证明和发出通知书的费用。被追索人清偿债务时，持票人应当交出汇票和有关拒绝证明，并出具所收到利息和费用的收据。被追索人清偿债务后，其责任解除。

4. 再追索。再追索又称代位追索权，是指被追索人履行追索义务后，依法对其前手当事人所进行的追索。被追索人依照上述规定清偿后，可以向其他汇票债务人行使再追索权，请求其他汇票债务人支付下列金额和费用：①已清偿的全部金额；②前项金额自清偿日起至再追索清偿日止，按照中国人民银行规定的利率计算的利息；③发出通知书的费用。行使再追索权的被追索人获得清偿时，应当交出汇票和有关拒绝证明，并出具所收到利息和费用的收据。由此可知，持票人每进行一次再追索，票据债务人的范围都会缩小，但再追索的金额费用会随之增加。

★ 案例分析

勤业达公司与中基公司等票据权利纠纷

2017 年 8 月 3 日，中基公司和中城建公司共同出资成立五洲公司，注册资本为58 000 万元，其中，中基公司认缴的注册资本为 52 000 万元，占注册资本的 90%，中城建公司的认缴出资额为 5800 万元，占注册资本的 10%，注册资本于 2035 年 12 月 31 日前缴足。2018 年 8 月 1 日，中基公司与国润公司达成股权转让协议，约定将其在五洲公司占有的 86% 的股权转让给国润公司，并办理了股权变更登记。变更后，中基公司的认缴出资额为 2320 万元，占注册资本的 4%；中城建公司的认缴出资额为 5800 万元，占注册资本的 10%；国润公司的认缴出资额为 49 880 万元，占注册资本的 86%；注册资本于 2035 年 12 月 31 日前缴足。2017 年 12 月 31 日，中基公司曾缴纳出资 5000 万元，但随后该款项抽回。现中基公司、中城建公司未实际缴纳出资。2018 年 11 月 20 日，五洲公司因合同关系向三达公司出具一张票面金额为 100 万元、承兑人为天津银行东联支行、到期日为 2019 年 3 月 20 日的商业承兑汇票，而后三达公司为支付货款将该票据转让给勤业达公司。勤业达公司于汇票到期日后向天津银行东联支行提示付款，天津银行东联支行以账户余额不足为由拒绝付款，后勤业达公司便将三达公司、五洲公司诉至法院。

本案中，勤业达公司与三达公司存在真实的业务关系以及债权债务关系，其是通过合法方式取得票据的，因此勤业达公司是该票据的合法持有人。我国《票据法》第 61 条第 1 款规定："汇票到期被拒绝付款的，持票人可以对背书人、出票人以及汇票的其他债务人行使追索权。"因此，勤业达公司作为合法持票人，有权对出票人五洲公司、背书人三达公司行使追索权。《最高人民法院关于适用〈中华人民共和国公司法〉若干问题的规定（三）》第 13 条第 2 款规定："公司债权人请求未履行或者未全面履行出资义务的股东在未出资本息范围内对公司债务不能清偿的部分承担补充赔偿责任的，人民法院应予支持；……"因此，在五洲公司不能向勤业达公司支付票据款的情况下，勤业达公司有权请求未全面履行出资义务的股东（即中基公司与中城建公司），在未出资范围内对该债务不能清偿的部分承担补充赔偿责任。综上所述，三达公司与五洲公司应对该票款承担连带责任，中基公司和中城建公司对五洲公司不能清偿的票款在各自未出资的范围内履行出资义务，承担补充赔偿责任。

⭐ 扩展阅读

背书的连续性

背书的连续性是指在票据背书时，转让票据权利的背书人和受让权利的被背书人之间的名称、签章等是按顺序衔接的。票据的连续性表现在：首次在票据上背书的是票据记载的收款人，上一次背书的被背书人是下一次背书的背书人，我国《票据法》第31条也明确规定了票据背书的连续性。一般来说，我们主要从以下方面对背书的连续性进行认定：①背书连续主要是指形式上的连续，即票面上记载的上一次背书的被背书人和下一次背书的背书人名称、签章的一致；②连续背书中当事人的记载顺序应保持连续性与同一性；③记名票据的首次背书人须为收款人，否则不能连续背书；④连续背书是指全部转让背书间的连续，若转让背书中夹带非转让背书，即当转让背书与非转让背书间连续，但转让背书间不连续时，该背书不连续。只有全部转让背书间相互连续，票据背书才具有连续性。背书不连续又会产生以下法律效力：①最后持票人是基于继承、公司合并等合法原因取得票据而导致票据背书不连续的，持票人依法举证后，可确认其享有票据权利；②最后持票人通过背书转让取得票据，但此前票据背书不连续的，持票人应对该不连续背书的票据转让的实质合法性以及自身取得票据的实质合法性作出证明，否则将不能取得票据权利；③持票人必须与票据上所记载的收款人、被背书人等权利人保持一致，否则该持票人将不能取得票据权利。

第八节 本票

一、本票的概述

（一）本票的概念

本票是出票人签发的，承诺自己在见票时无条件支付确定的金额给收款人或者持票人的票据。在国外本票可根据出票人的不同而分为银行本票和商业本票，但我国只承认银行本票。

（二）本票和汇票

本票和汇票都属于票据，二者间存在许多共性，如二者本质上都属于有价证券，都具有支付、融资、流通等功能，且汇票中的许多规则本票是可以直接准用的。但作进一步研究后可以发现二者的区别，二者最主要的区别就在于本票是自付证券，而汇票是委付证券。[1]

二、本票的出票

（一）出票的概念

本票的出票，是指本票出票人签发票据并将其交给付款人的票据行为。本票出票与汇票出票一样，都由作成票据和交付票据两个行为构成，此不赘述。

（二）出票的格式

我国《票据法》规定，本票必须记载以下事项：①表明"本票"的字样；②无条件支付的承诺；③确定的金额；④收款人名称；⑤出票日期；⑥出票人签章。本票上未记载前述规定事项之一的，本票无效。

本票上记载付款地、出票地等事项的，应当清楚、明确。本票上未记载付款地的，出票人的营业场所为付款地。本票上未记载出票地的，出票人的营业场所为出票地。

（三）出票的效力

本票出票的效力如下：

1. 对出票人的效力。出票人出票后即负有付款义务。我国《支付结算办法》第210条第3款规定："银行签发银行汇票、银行本票后，即承担该票据付款的责任。"由此可知，出票人的付款义务是法定的，是不能免除的、最终的义务。

2. 对收款人的效力。本票的收款人或持票人因本票的出票而依法取得本票中的付款请求权和追索权。此种付款请求权与汇票中的不同，汇票的收款人在汇票出票后承兑人承兑之前所取得的付款请求权仅仅是一种期待权，是非现实的权利；而本票的收款人在本票出票后所取得的付款请求权是一种到期即可行使的现实的权利。

三、汇票有关规定对本票的适用

我国《票据法》第80条对本票的适用作出了规定："本票的背书、保证、付款行为和追索权的行使，除本章规定外，适用本法第二章有关汇票的规定。本票的出票行为，除本章规定外，适用本法第24条关于汇票的规定。"

第九节　支票

一、支票的概述

（一）支票的概念

支票是指出票人签发的，委托办理支票存款业务的银行或者其他金融机构在见票时无条件支付确定的金额给收款人或者持票人的票据。

---

〔1〕 刘少军：《金融法学》，中国政法大学出版社2016年版。

（二）支票的特征

在我国，支票与汇票、本票一样都属于票据，因此三者间有许多共性，如都是有价证券，都具有支付、流通等功能。但相比之下支票还具有以下特征：①支票以银行以及其他法定金融机构为付款人；②见票即付；③支票可以是空白支票。

二、支票的出票

（一）出票的概念

支票的出票与汇票、本票的出票一样，是指支票出票人签发票据并将其交给付款人的票据行为，都由作成票据和交付票据两个行为构成，此不赘述。

（二）出票的格式

我国《票据法》规定，支票必须记载以下事项：①表明"支票"的字样；②无条件支付的委托；③确定的金额；④付款人名称；⑤出票日期；⑥出票人签章。支票上未记载前述规定事项之一的，支票无效。

支票上未记载收款人名称的，经出票人授权，可以补记。支票上未记载付款地的，付款人的营业场所为付款地。支票上未记载出票地的，出票人的营业场所、住所或者经常居住地为出票地。出票人可以在支票上记载自己为收款人。支票上的金额可以由出票人授权补记，未补记前的支票，不得使用。

（三）出票的效力

支票出票的效力如下：

1. 对出票人的效力。支票出票后，出票人即负有担保支票付款的责任；出票人必须按照签发的支票金额承担保证向该持票人付款的责任。

2. 对付款人的效力。支票出票后，付款人即负有见票付款的义务。出票人在付款人处的存款足以支付支票金额时，付款人应当在当日足额付款。

3. 对收款人的效力。支票的收款人因出票人的出票行为而取得支票的付款请求权。

三、汇票有关规定对支票的适用

我国《票据法》第93条对支票的适用作出了规定："支票的背书、付款行为和追索权的行使，除本章规定外，适用本法第二章有关汇票的规定。支票的出票行为，除本章规定外，适用本法第24条、第26条关于汇票的规定。"

★ 扩展阅读

空白票据

空白票据又称空白授权票据，是指出票人在签发票据时，特意不记完全票据上的应记载事项，留给持票人日后补充的票据。空白票据具有以下特点：①空白票据是依法签发的有效票据；②空白票据是欠缺必要记载事项的票据；③票据法所指的空白票据实际上是一种空白授权票据。空白票据主要是由于出票人所为的合法空白出票行为而形成的，其构成要件主要有：①空白票据上须有票据行为人的签章；②空白票据上欠缺了法律所容许欠缺的必要记载事项，且须具备法律规定的其他绝对必要记载事项；③空白票据作成行为中须授予后手持票人补记记载事项的权利；④票据行为人须有将空白票据交付持票人的行为。虽然我国《票据法》中规定票据未记载绝对必要记载事项则票据无效，但在实践中，当必要记载事项在交付票据时并不能确定，出票人便将该不确定事项暂不记载，留给持票人日后补记。出票人将签发的空白票据交付给持票人时，持票人即取得补充票据的权利。我国实践中最常见的空白票据就是空白支票，尤其是不填写票据金额的空白支票。我国《票据法》第 85 条规定："支票上的金额可以由出票人授权补记，未补记前的支票，不得使用。"《票据法》第 86 条第 1 款规定："支票上未记载收款人名称的，经出票人授权，可以补记。"

★ 本章小结

　　尽管当下电子支付工具得到了越来越广泛的运用，但票据仍然是支付结算中一种非常重要的方式。本章主要对票据法的相关知识进行了系统的阐述。包括票据与票据法的概念特征，票据的性质和法律地位，票据的分类与作用，票据法律关系与票据上的基础关系，票据的当事人，票据行为和票据权利基础知识等；还对票据中汇票的出票、背书、付款、追索等主要票据行为进行了详细介绍，此外对本票和支票的相关理论知识也进行了梳理。希望同学们通过本章的学习能够培养自己的法律思维，建立知识框架体系，将自身所学的理论知识和我国实践相结合，善于发现并尝试解决我国实践生活中存在的票据纠纷相关问题。

★ 本章练习

1. 简述票据法的概念与特征。
2. 怎样理解票据无因性理论？
3. 票据行为的代理会产生怎样的法律后果？
4. 如何区分票据伪造和票据变造？
5. 票据抗辩的限制有哪些？
6. 什么是票据中的无权代理？其法律后果是什么？
7. 汇票出票行为的效力有哪些？
8. 票据的涂销和票据的变造有哪些区别？
9. 票据签章的独立性主要体现在哪些方面？
10. 签发空头支票的法律后果是什么？

★ 参考文献

1. 朱大旗：《金融法》，中国人民大学出版社 2016 年版。

2. 李良雄、王琳雯:《金融法》,人民邮电出版社 2013 年版。

3. 谢怀栻:《票据法概论》,法律出版社 2017 年版。

4. 董安生主编:《票据法》,中国人民大学出版社 2009 年版。

5. 葛洪义主编:《法理学》,中国人民大学出版社 2011 年版。

6. 范健主编:《商法》,高等教育出版社 2011 年版。

7. 漆多俊:《经济法基础理论》,法律出版社 2017 年版。

8. 谈萧主编:《企业法律实务》,华中科技大学出版社 2015 年版。

-------- **第十章** --------

证券法

学习目标

知识目标：

　　了解证券的概念、特征

　　了解我国证券法的概念、特征

　　了解我国证券法的调整范围和调整内容

　　了解我国证券发行与证券发行的条件和程序

　　了解证券交易的规则与禁止的证券交易行为

　　了解证券公司的概念、特征

能力目标：

　　能够正确区分民法上的"证券"和证券法上的"证券"

　　能够掌握两个层次的问题：一是调整的证券种类；二是调整证券的哪些活动

　　能够掌握我国证券的承销方式

　　能够掌握上市公司信息公开的目的

　　能够掌握证券交易所的职责范围和义务

第一节　证券法概述

★ **案例导入**

高州市农业发展总公司非法集资案

　　1998 年 11 月 29 日，广东省高州市农业发展总公司在西安《三秦都市报》第四版用较大篇幅刊登出一份引人注目的招商引资广告。广告称：定于 1998 年 12 月 1 日至 6 日在西安市某宾馆召开"广大国营名优水果示范基地到古城洽谈招商会"。广告内容极具诱惑力，称该项目投资风险小、收益有保障。投资人拥有土地使用权、果树所有权和果实收益权，承诺一次性投资 18 万元，"5 亩龙眼，不用你种植，不用你管理，不用你销售"，连片开发种植，分散合作经营，50 年预测回报可达 400 万元。届时，高州市政府领导、农业局长、林业局长及名优水果培育人才将参加现场洽谈，陕西省公证处现场对合同公证，中保财产公司对果树提供保险，招商会现场交全款者 9.5 折优惠，每日交全款的前 18 名 9 折优惠等。

根据《非法金融机构和非法金融业务活动取缔办法》（国务院令 [1998] 247 号）和中国人民银行《中国人民银行关于严禁利用庄园开发进行非法集资的紧急通知》（银发 [1998] 509 号）的规定，上述招商洽谈会被中国人民银行陕西省分行查封。

问：在我国，"投资合同"是否已经纳入证券法的规范范畴？能否加以纳入？

一、证券的概念与特征

证券是社会经济和社会信用发展到一定阶段后衍生出来的产物，用来证明证券持有者依据证券记载内容取得相应权利的凭证。证券主要有以下四个特征：

（一）证券具有投资性

证券作为一种投资工具，当投资人想要取得高额收益时，须先以给付一定的财产为前提，证券则是表明投资数额的凭证。同时，证券业具有收益性和风险性。即投资的风险越高，伴随的投资收益可能会越大。

（二）证券具有要式性

所谓要式，是指证券的做成必须严格依照证券法规定的格式进行，证券的形式和记载内容、证券的发行与交易程序都必须依照国家法律或行政法规的规定制作和签发。

（三）证券具有产权性

证券的首要特点就在于权利与证券相结合，权利体现为证券，即权利的证券化。但证券作为权利凭证，只体现私权而不体现公权，证券只体现私权中的财产权而不体现人身权。

（四）证券具有流通性

证券的流通性是指证券可以依公共性规则在社会上公开流通，即证券可以根据当事人的意愿在证券市场中进行证券交易，从而变现为货币。证券的流通性是证券生命力的重要体现。

二、证券的种类

证券主要可以分为股票和债券两类：

（一）股票

我国发行的股票按照投资主体的不同可分为国家股、法人股、内部职工股和社会公众个人股；按照股东权益和风险大小，可以分为普通股、优先股及普通和优先混合股；按照认购股票投资者身份和上市地点的不同，可以分为境内上市内资股（A股）、境内上市外资股（B股）和境外上市外资股（包括H股、N股、S股）三类。2014新版证券法取消禁止银行资金入市规定，依法拓宽资金入市渠道，禁止资金违规流入股市，又根据主体平等原则，为国企买卖股票留出法律空间，取消了"国有企业和国有资产控股的企业，不得炒作上市交易的股票"的规定，国有资金可合法入市投资股票。

（二）债券

债券是企业、金融机构或政府为募集资金向社会公众发行的、保证在规定的时间内向债券持有人还本付息的有价证券。根据发行人的不同，债券可分为以下三大类：①企业、公司债券，是指一般企业和公司发行的债券；②金融债券，是指银行和非银行金融机构为筹集资金补偿流动资金的不足而发行的债券；③政府债券，是指政府或政府授权的代理机构基于财政或其他目的而发行的债券，包括国库券、财政债券、建设公债、特种国债、保值公债等。由于债券是一种到期还本付息的有价证券，因而它具有风险性小和流通性强的特点。

三、证券法的概念

证券法是调整因证券的发行、上市、交易、管理、监督及其他相关活动而发生的各种社会关系的法律规范的总称。

1. 形式意义上的证券法。形式意义上的证券法，是指以证券法或证券交易法命名的调整有关证券活动中所发生的社会关系的法律。我国现行《证券法》于1998年12月29日通过审议，于1999年7月1日实施。该法于2004年8月28日第十届全国人民代表大会常务委员会第十一次会议进行第一次修正，于2005年10月27日第十届全国人民代表大会常务委员会第十八次会议进行第一次修订，于2013年6月29日第十二届全国人民代表大会常务委员会第三次会议进行第二次修正，于2014年8月31日第十二届全国人民代表大会常务委员会第十次会议进行第三次修正，于2019年12月28日第十三届全国人民代表大会常务委员会第十五次会议进行第二次修订，于2020年3月1日起施行。《证券法》属于形式上的证券法。

2. 实质意义上的证券法。实质意义上的证券法，则是指一切调整有关证券活动中所发生的社会关系的法律规范的总称。只要它是调整证券发行、交易、服务和监管行为与关系的法律规范，无论法律名称取得如何，在实质意义上就是证券法。

四、证券法的调整对象与调整内容

（一）证券法的调整对象

任何一个法律部门都有其特定社会关系作为调整对象，证券法也不例外。就证券法理论而言，证券法的调整对象是证券关系，即证券融资关系。它既包括证券发行人、证券投资人和证券商等平等主体之间因证券发行和交易而发生的社会经济关系，也包括证券监管机关因监督管理证券市场参与者所产生的证券监管关系。需注意的是，实践中，各国证券法的调整对象与范围是有所差异的。

就我国证券法的调整对象而言，《证券法》第 2 条第 1 款规定："在中华人民共和国境内，股票、公司债券、存托凭证和国务院依法认定的其他证券的发行和交易，适用本法；本法未规定的，适用《中华人民共和国公司法》和其他法律、行政法规的规定。"这一规定表明，我国证券法以调整证券交易关系为主，同时也调整与证券交易有关的发行关系。这一规定还明确了我国证券法与公司法以及其他法律、行政法规的关系，确立了证券法作为特别法优先适用的法律地位。

（二）证券法的调整内容

证券法调整在证券发行、交易、监管及其他相关活动中所发生的社会关系。具体而言，其调整的内容可以分为以下三种关系：

1. 证券发行关系。证券发行关系是指由发行人制作并出售证券而产生的法律关系，分为证券募集关系和证券交付关系。证券募集关系是发行人与证券投资者为了招募资金而产生的关系；证券交付关系是发行人与其他相对人之间所产生的关系。

2. 证券交易关系。证券交易关系是指证券持有人以转让的方式处置证券与买受人之间所发生的关系，如证券买卖关系、证券质押关系、证券赠与关系以及证券承继关系等。

3. 证券监督管理关系。证券监督管理关系是指国家运用行政权力对证券市场进行规划、调控、监察和督导过程中所发生的关系。证券法在法律制度上确立了国务院证券监督机构在证券监管中的主导地位。《证券法》第 7 条第 1 款规定："国务院证券监督管理机构依法对全国证券市场实行集中统一监督管理。"

五、证券法与相关法律部门的关系

《证券法》第 2 条第 1 款规定："在中华人民共和国境内，股票、公司债券、存托凭证和国务院依法认定的其他证券的发行和交易，适用本法；本法未规定的，适用《中华人民共和国公司法》和其他法律、行政法规的规定。"这就涉及证券法与公司法和其他法律、行政法规的关系问题。

（一）证券法与公司法的关系

证券法与公司法都是现代市场经济法律制度的重要组成部分，二者的关系最为密切。学术界有通说认为，公司法与证券法是一般法和特别法的关系。虽然证券法与公司法在内容上有相互重叠、相互交叉的情况，但毕竟两部法律的调整对象和法律性质不同。主要表现在两个方面：一是调整范围和调整内容不同。证券法是以规范公司证券发行和证券交易为主要目的，其中涉及对证券市场的监管；公司法是以规范公司设立、组织、活动、清算及其他对内对外的法律关系为主要目的，是从公司主体的视角规范股票和公司债券的发行问题。二是立法宗旨不同。证券法是以保护投资者的利益为核心；公司法是以规范公司的组织和行为，保护公司、股东及债权人的利益为核心。

（二）证券法和民商法的关系

证券法是民商法的一个分支。在实行民商合一和民商分立体制的国家，证券法的具体地位虽然有所不同，但证券的基本制度，如代理制度、时效制度等，都是从属于民商法的。

（三）证券法和经济法的关系

证券法和经济法联系较为密切，如证券法调整证券发行、承销与交易的内容，经济法则调整证券法承销与交易过程中出现的一些不正当竞争行为。证券法本质上属于私法的范畴，而经济法属于公法的范畴，二者具有本质区别。在调整对象、调整方式上都具有明显的不同。

★ 案例分析

警惕非经常性收益带来的报表光环

Y 公司从事的主要是传统运输和拖拉机生产业务，1999 年以前，其披露的报表反映出其效益很一般，每股收益在 0.10 元左右，其股价也在 6-7 元间徘徊。1999 年年底前后，其股价却一路上扬，随后披露的 1999 年年报显示其每股收益达 0.26 元，利润增长了 160%，此时股价也已上涨至 10 元左右。戴某认为利润如此高的成长，其股价也应当上涨到 15 元左右，于是奋不顾身地买进去，结果股价下跌而被牢牢的套住。

对 Y 公司的年报进行仔细分析后发现，Y 公司本年度的主营业务利润并没有增长，其利润增长的原因主要是通过一栋大楼的转让获取了 7352 万元的收益，另外非经常性的投资收益有 1815 万元，这两项占全年利润的 76.5%。这种非经常性收益带来的业绩增长很难持续下去，所以股价也难以同步上涨。

投资者在阅读年报时，不仅要关心上市公司的业绩增长情况，还要关注业绩增长的原因以及这种业绩增长能否保持下去，而不能被偶尔的非经常性收益带来的业绩增长迷惑。另外，对上市公司的评价不能只看一两个指标，而要对公司的治理结构、主营业务的发展前景及其盈利能力、投资项目的效益情况、公司的资产质量状况等进行综合分析，只有这样，才能对一个公司作出全面的评价，从而发现真正有投资价值的公司。

第二节　证券发行

★ 案例导入

证券营业部内兜售"原始股"案

2006 年 2 月，某证券公司营业部"客户服务中心"正式对外营业，在此办公的是来自上海某大型投资公司的经纪人团队。舒某是该营业部的老股民，一天，"客户服务中心"业务员告诉她，"四川银发公司"即将在美国上市，现有部分原始股正在转让，届时将有10倍收益。在几位业务员的极力鼓动下，舒某把自己多年的积蓄统统拿了出来交给这几位经纪人，并现场签订了股份转让协议，办理了过户手续。几天后，舒某前去询问公司海外上市事宜时，这个"客户服务中心"已经人去楼空，而证券营业部的工作人员却称该服务中心与其无任何关系。舒某这才发现自己上当受骗。

一、证券发行的概念

证券发行，是指证券发行人以筹集资金为目的，依法向投资者以同一条件招募和出售证券的行为。证券发行在证券市场活动中具有基础性的作用，通过证券发行建立起来的市场称为证券的发行市场或一级市场，同时也是其他证券活动开展的前提和基础。证券发行人是指为筹措资金而发行债券、股票等证券的政府及其机构、公司和企业。证券发行人既是社会资金的筹集者，又是证券的提供者。我国《证券法》第9条第1款规定："公开发行证券，必须符合法律、行政法规规定的条件，并依法报经国务院证券监督管理机构或者国务院授权的部门注册。未经依法注册，任何单位和个人不得公开发行证券。证券发行注册制的具体范围、实施步骤，由国务院规定。"

二、证券发行的分类

（一）公募发行与私募发行

按照发行对象的不同，可将证券发行分为公募发行与私募发行。

公募发行，又称公开发行，是指发行人向不特定的社会公众投资者发售证券的发行。在公募发行方式下，任何合法的投资者都可以参加证券的认购。采用公募发行的优势在于发行对象是众多投资者，证券的发行数量多，筹集的资金量多。为保障众多投资者的利益，避免发行的证券数量过于集中或被少数人操控，公募发行的条件和程序都比较严格，登记核准的时间较长，发行费用也较高。

私募发行，又称不公开发行或内部发行、定向发行，是指以特定投资者为对象的发行。私募发行的对象分为两类：一类是个人投资者，如公司的董事、监事、高级管理人员或者发行人的内部员工；另一类是机构投资者，如大型金融机构、投资基金、社会保险基金等金融机构以及与证券发行人有密切关系的企业等。采用私募发行的优势在于有确定的投资者，手续简单，可以节省时间成本和发行费用。

（二）直接发行与间接发行

按照是否借助证券机构的不同，可将证券发行分为直接发行与间接发行。

直接发行，即发行人直接向投资者推销、出售证券的发行。直接发行不通过证券承销机构发行，而是直接与证券投资者签订认购合同。优点在于节省了发行中介机构缴纳的手续费，降低了发行成本；缺点是发行风险要由自己承担。

间接发行，是指由发行公司委托证券公司等证券中介机构代理出售证券的发行。

间接发行不直接与证券投资者签订认购合同。优点在于发行风险小,凑集资金的时间周期短;缺点是需要支付证券中介机构一定的手续费,提高了发行成本。

(三) 平价发行、溢价发行与折价发行

按照发行价格与证券票面价值的关系,可将证券发行分为平价发行、溢价发行与折价发行。

平价发行,又称等价发行,是指证券发行的价格与票面价值相等。我国实践中,国家股、法人股的发行一般都是平价发行。如某公司股票面额为 1 元,如果采用平价发行方式,那么该公司发行股票时的售价也是 1 元。

溢价发行,是指证券发行的价格高于票面价值。如某公司股票面额为 1 元,如果采用溢价发行方式,那么该公司发行股票时的售价是 2 元。溢价发行获得的收益归于公司全体股东所有,也可以用于填补公司公开发行股份的费用,还可以用于扩大生产经营或者转增资本。

折价发行,是指证券发行的价格低于票面价值。折价发行会出现公司实收资本低于其发行的资本额,与资本确定原则和资本维持原则不符。我国 2005 年《证券法》未对证券发行的折价方式作禁止性规定,但《公司法》第 127 条规定:"股票发行价格可以按票面金额,也可以超过票面金额,但不得低于票面金额。"

(四) 公司发行、金融机构发行与政府发行

按照发行人的不同,证券发行分为公司发行、金融机构发行与政府发行。

公司发行、金融机构发行,是指公司、金融机构发行股票和债券的发行方式。除公司外,还包括发行企业债券的企业发行。

政府发行,是指中央政府或地方政府债券的发行方式。我国的政府发行只有中央政府发行,地方政府不得发行。

三、证券发行的程序

(一) 股票发行的程序

我国《证券法》第 9 条第 1 款规定:"公开发行证券,必须符合法律、行政法规规定的条件,并依法报经国务院证券监督管理机构或者国务院授权的部门注册。未经依法注册,任何单位和个人不得公开发行证券。证券发行注册制的具体范围、实施步骤,由国务院规定。"这一规定明确了我国股票发行由原来的核准制向实行注册制改变。而英国股票发行是实行核准制的典型国家。依据英国《公司法》和《金融服务法》的规定,证券发行依照法律规定的条件申报,经有关机构审查合格并许可后才能发行证券。

我国在 2000 年以前,对股票发行实行审批制。在上海和深圳证券交易所设立之初,股票发行制度由地方政府和交易所制定。上海市政府颁布的《上海市证券交易管理办法》和深圳市人民政府颁布的《深圳市股票发行与交易管理暂行办法》不仅对公开发行股票的条件、程序和信息披露作出了规定,同时还规定发行股票"必须取得(证券)主管机关"批准。1992 年,国务院设立证券委员会及其执行机构——

中国证券监督管理委员会，中央政府对部门和地方政府下达公开发行股票控制规模指标，地方企业公开发行股票由所在地的省级政府或计划单列市政府在国家下达该地的规模内审批；中央企业由其主管部门在国家下达给部门的规模内审批；被批准的发行申请交证监会进行资格复审后，由证券交易场所发行上市委员会审核批准，报证监会备案（同时抄报证券委），15 日内无异议即可发行。1997 年，国务院将深沪交易所划归证监会直接领导，股票发行审批权限收归于证监会，对发行规模的控制由发行额度控制改为发行家数控制。2003 年 3 月，我国实行核准制，取消了由行政分配发行指标的做法，改为由主承销商推荐、发行审核委员会表决、证监会核准的办法。2019 年我国开始实行注册制，依法报经国务院证券监督管理机构或者国务院授权的部门注册。未经依法注册，任何单位和个人不得公开发行证券。

股票的发行程序包括：①上市公司申请公开发行证券或者非公开发行新股，应由保荐人保荐，并向中国证监会申报；②股东大会就发行股票的种类、数量、发行方式、发行对象及向原股东配售的安排等具体事宜进行明确；③保荐人按照有关规定编制和报送发行申请文件，包括募股说明书、董事会的申请与授权文件、保荐机构的保荐书及尽职调查报告等；④证监会接受申请文件后对申请文件进行审核；⑤路演、询价与定价；⑥投资者进行申购；⑦发行公司或代理机构将认购者的认购信息进行登记。

（二）公司债权发行的程序

我国公司债券的发行与股票发行都实行核准制。《企业债券管理条例》第 11 条第 2 款规定："中央企业发行企业债券，由中国人民银行会同国家计划委员会审批；地方企业发行企业债券，由中国人民银行省、自治区、直辖市、计划单列市分行会同同级计划主管部门审批。"按照《证券法》第 16 条的规定，申请公开发行公司债券，应当向国务院授权的部门或者国务院证券监督管理机构报送下列文件：①公司营业执照；②公司章程；③公司债券募集办法；④国务院授权的部门或者国务院证券监督管理机构规定的其他文件。依照《证券法》规定聘请保荐人的，还应当报送保荐人出具的发行保荐书。

四、证券承销

（一）证券承销的概念

证券承销，是指证券承销机构根据其与证券发行人之间签订的承销协议，为证券发行人发售证券，证券发行人向证券承销机构支付报酬或手续费的一种证券发行方式。此时，证券经营机构是承销商，证券发行人是被承销人。

（二）证券承销方式

我国《证券法》第 26 条第 1 款规定："发行人向不特定对象发行的证券，法律、行政法规规定应当由证券公司承销的，发行人应当同证券公司签订承销协议。证券承销业务采取代销或者包销方式。"

1. 证券代销。证券代销是指承销商代发行人发售证券，在承销期结束时，将未售出的证券全部退还给发行人的承销方式。发行人与承销商之间建立的是一种委托代理关系。承销商是发行人的推销商，不需要承担出资风险，主要负责销售证券，对于未售出的剩余证券，不需要承担任何责任。所以代销费用比较低，承销商按照发售证券总额的一定比例收取手续费。

在我国，证券代销主要用于公司债券的发行，股票公开发行中很少采用证券承销方式。但《证券发行与承销管理办法》第 23 条后半段明确规定："上市公司非公开发行股票未采用自行销售方式或者上市公司配股的，应当采用代销方式。"该办法第 24 条还规定："股票发行采用代销方式的，应当在发行公告（或认购邀请书）中披露发行失败后的处理措施。股票发行失败后，主承销商应当协助发行人按照发行价并加算银行同期存款利息返还股票认购人。"

2. 证券包销。证券包销是指承销商将发行人的证券，按照协议全部购入或者在承销期结束时将售后剩余证券全部自行购入的承销方式。由于承销商承担的风险较大，因而收取的发行费用也较高。在我国，证券包销分为全额包销和余额包销。

全额包销，是指承销商以自有资金一次性全额购买发行人所发行的全部证券，再以自己的名义向投资者出售其所购证券的承销方式。发行人和承销商之间属于买卖关系。在证券包销中，承销商需要全额购买发行人发行的全部证券，对于未售出的剩余证券需要自己承担风险。承销商愿意采取全额包销的方式，通常是因为对发行的证券有良好的预期判断。

余额包销，也称为助销，是指承销商按照承销协议，在约定的承销期届满后，对剩余证券以自有资金一次性购买的承销方式。在承销期内，承销商是发行人的代理人，应尽力履行为发行人销售证券的义务；在承销期届满后对未售出的剩余证券进行一次性购买时，发行人与承销商之间的关系转变为买卖关系。

★ 案例分析

西安金园汽车虚假海外上市案

从 2006 年初开始，西安金园汽车产业发展股份有限公司（以下简称"金园汽车"）与陕西明道启圣投资管理有限公司合作，由后者在全国范围内联系了 50 余家中介公司，对金园汽车进行"海外上市"包装，并向社会公众进行股权转让。大量购买金园汽车股权的"股民"直接将钱款汇到指定银行账户上，而得到的却是金园汽车上市的虚假证明。据警方统计，全国 29 个省区市、2700 余人被骗，资金达 6200余万元，其中个人购买股票最多的达到 147 万元。2008 年 8 月，西安市中级人民法院作出判决，被告人王某因集资诈骗罪被判处无期徒刑，剥夺政治权利终身，没收个人全部财产；其余被告人也承担相应刑事责任。

利用"海外上市原始股"概念，非法机构往往精心编造谎言，把海外上市前景讲得天花乱坠，如"百度""阿里巴巴"在美国上市一夜造就多少千万富翁。然后虚假宣传公司将要在海外上市，非法向社会公众转让股权。

1. 投资者应选择经中国证监会或者国务院授权部门核准公开发行的证券品种作为投资对象。

2. 当投资者遇到中介机构介绍证券业务时，首先要查看中介机构是否获得了证监会批准，如果其未经证监会批准，即是从事非法证券活动。

3. 投资者在决策前务必谨慎，可先向中国证监会及其派出机构、合法的证券经营机构或行业协会进行咨询。

第三节　证券交易

★ 案例导入

原始股骗局吸金

段某某是河南漯河人，由他控制的上海优索环保科技发展有限公司在河南多地设立分公司，自称"环保产业的先锋企业"。通过互联网宣传造势，不少投资者以为这是一家潜在的"绩优股"企业。

"利用该企业在上海某地方股权交易市场挂牌的身份，对外宣称'上市公司'，是不法分子得手的关键。"段某某等人在河南召开"增资扩股"发布会，宣布该"上市公司"将定向发行"原始股"。同时，这家所谓的"上市公司"还一度发售股权理财进行集资，承诺年收益达48%，超过同期银行存款收益20多倍。

上海优索环保科技发展有限公司利用"原始股"共向群众非法融资2亿多元，涉及上千名投资者。"很多市民当时听信了他们所说的企业马上要在上海证券交易所上市，原始股能获得几倍甚至几十倍的收益。结果几十万元都打了水漂。"

上海优索环保科技发展有限公司一度号称将在全国100个县级以上城市建设生活垃圾处理厂。中国证监会及全国股权系统发布的拟上市预披露名单均显示，该企业从未提交过任何上市申请，截至案发，其骗取的数亿元资金也没有用来兴建一座污水处理厂。

一、证券交易的概念与特征

证券交易，是指证券持有人依照证券交易规则，在规定的场所将其证券转让给其他投资者的行为。我国《证券法》第35条规定："证券交易当事人依法买卖的证券，必须是依法发行并交付的证券。非依法发行的证券，不得买卖。"

证券交易具有以下特征：

1. 证券交易是特殊的证券转让。证券转让是指证券持有人依转让意思及法定程序，将证券所有权转移给其他投资者的行为，其基本形式是证券买卖。广义上来说，证券转让还包括依照特定法律事实将全部或部分证券权利移转给其他人的行为或者设定证券质押行为等。所谓依照特定法律事实发生的转移，包括因赠与、继承和持有人合并等发生的证券权利转移；所谓设定质押，是指依照担保法规定，以证券作为债务担保的行为。

2. 证券交易是反映证券流通性的基本形式。流通性是确保证券作为基本融资工具的基础。证券发行完毕后，证券即成为投资者的投资对象和投资工具，赋予证券以流通性和变现能力，可使得证券投资者便利地进入或者退出证券市场。不同证券的流通性存有差异，股份公司依法发行和上市的股票，除社会公众股股票可依照证券交易所规定的交易规则自由转让外，公司发起人及其他高级管理人员所持股份在法定期限内不得转让。

3. 证券转让须借助证券交易场所完成。证券交易场所是依法设立、进行证券交易的场所，包括进行集中交易的证券交易所以及依照协议完成交易的无形交易场所。前者如国际上著名的纽约证券交易所、伦敦证券交易所和法兰克福证券交易所，我国上海证券交易所以及深圳证券交易所也属于集中交易场所。后者如美国全美证券商自动报价系统（NASTAQ）以及各国的店头交易场所，我国场外交易场所主要包括原有的 STAQ 和 NET 两个交易系统。

4. 证券交易须遵守相应交易规则。为确保证券交易的安全与快捷，维护资本市场的稳定与发展，我国颁布和制定了一系列法律法规。《证券法》是调整证券交易的特别法，《公司法》对股份及公司债券转让也规定有原则性规则，《合同法》作为调整交易关系的一般法律规范，同样适用于对证券交易关系的调整。其他法律、法规如《民法通则》《银行法》《保险法》《刑法》，也直接或间接地调整着证券交易关系。证券交易所颁布的自律性规范，也具有法律约束力。

二、证券交易的程序

因证券的种类不同、交易场所不同，交易的过程和规则也不尽相同。我国上市的证券交易主要是通过证券交易所电脑竞价方式进行的，其交易程序如下：

（一）开户

一般投资者不能直接到交易所买卖证券，应当在从事证券经纪业务的证券公司办理开户手续。投资者的账户一般分为证券账户和资金账户。证券账户是存储投资者已经购买的证券，用于证券的清算、交割和过户。资金账户是存储投资者的存款和卖出股票时的价款，用于资金的清算，由证券公司根据营业规则来确定开设资金账户的最低资金限额。为保证客户资金安全，我国实行客户结算资金交由第三方存储保管的制度。

（二）委托

开户之后，投资者可以向证券公司发出书面、电话、电报及书信等方式来委托证券公司以某种价格购进或者卖出一定数量的某种证券的指令。投资者委托证券公司买卖证券时，应向证券公司作出明确的委托指令：①账户和密码；②是否进行买进；③买、卖证券的数量；④买、卖证券的名称或代码；⑤买、卖交割的种类；⑥交易的方式是现金交易还是信用交易；⑦委托交易的有效时间；⑧委托交易的价格。

（三）成交

成交是证券公司在接受投资者委托后，即按投资者指令进行申报竞价，就买卖证券的价格和数量达成一致的行为。成交均是通过交易所的交易主机自动完成的。交易所电脑主机收到买卖证券的指令后，按照证券的品种、买卖价格和买卖数量进行排列，再发出已接受的通知，并向证券公司打印出"买卖申报回单"，确认要约或承诺。交易主机将各方买卖申报按照规定的顺序原则自动撮合成交。成交后，向双方证券公司发出通知。

（四）清算与交割

证券的清算，分为证券公司清算和证券登记结算公司清算两个步骤。证券公司清算，是买卖双方通过证券公司在证券交易所进行的证券买卖成交后，根据交易情况计算证券和资金的应收应付数额。证券登记结算公司的清算，是指证券登记结算公司计算证券、资金的应收应付数额。

证券交割，是指证券登记结算公司根据清算结果，转移证券和划拨资金。根据交易清算规则，证券公司在代理投资者进行证券交易的当日，应当在收市后首先与证券交易所办理清算业务，由各证券公司依差价交割规则对买卖证券的金额差价进行清偿；然后，每个证券公司对其代理的投资者买卖证券的价款金额进行清抵。根据当日信用结算管理，投资者在得到成交报告时，账户内资金即已清结。其中，卖出证券者已得到资金，并可将该资金另作他用；买入证券者，其账户内资金已被减去，不得再透支购买，形成了清算规则上的 T+0 规则。

三、证券交易的暂停和终止

证券交易的暂停，是指已获准上市的证券，因公司一定事由的发生，由证券主管机关或证券交易所决定或自动停止其在交易所的集中竞价交易的情形。证券交易的终止则是指已获准上市的证券，因发生法定事由，由证券主管机关或证券交易所决定终止其上市资格的情形。

（一）股票交易的暂停和终止

上市公司丧失法律规定的上市条件，其股票依法暂停上市或者终止上市。我国《证券法》（2014 年修正）第 55 条规定了证券交易所决定暂停其股票上市交易的法定事由：①公司股本总额、股权分布等发生变化不再具备上市条件；②公司不按照规定公开其财务状况，或者对财务会计报告作虚假记载，可能误导投资者；③公司有重大违法行为；④公司最近 3 年连续亏损；⑤证券交易所上市规则规定的其他情形。我国《证券法》（2014 年修正）第 56 条规定了证券交易所决定终止股票上市交易的法定事由：①公司股本总额、股权分布等发生变化不再具备上市条件，在证券交易所规定的期限内仍不能达到上市条件；②公司不按照规定公开其财务状况，或者对财务会计报告作虚假记载，且拒绝纠正；③公司最近 3 年连续亏损，在其后一个年度内未能恢复盈利；④公司解散或者被宣告破产；⑤证券交易所上市规则规定的其他情形。

我国现行《证券法》第 48 条规定："上市交易的证券，有证券交易所规定的终止上市情形的，由证券交易所按照业务规则终止其上市交易。证券交易所决定终止证券上市交易的，应当及时公告，并报国务院证券监督管理机构备案。"第 49 条规定："对证券交易所作出的不予上市交易、终止上市交易决定不服的，可以向证券交易所设立的复核机构申请复核。"

（二）债券交易的暂停和终止

我国《证券法》（2014 年修正）第 60 条规定了证券交易所决定暂停其公司债券上市交易的法定事由：①公司有重大违法行为；②公司情况发生重大变化不符合公司债券上市条件；③发行公司债券所募集的资金不按照核准的用途使用；④未按照公司债券募集办法履行义务；⑤公司最近 2 年连续亏损。公司有前述第①项、第④项所列情形之一经查实后果严重的，或者有前述第②项、第③项、第⑤项所列情形之一，在限期内未能消除的，由证券交易所决定终止其公司债券上市交易。《证券法》（2014 年修正）第 62 条规定："对证券交易所作出的不予上市、暂停上市、终止上市决定不服的，可以向证券交易所设立的复核机构申请复核。"

我国现行《证券法》第 49 条规定："对证券交易所作出的不予上市交易、终止上市交易决定不服的，可以向证券交易所设立的复核机构申请复核。"

（三）限制和禁止的证券交易行为

1. 限制和禁止证券交易行为的一般规定。一般规定包括：①证券交易当事人依法买卖的证券，必须是依法发行并交付的证券。非依法发行的证券，不得买卖。依法发行的证券，法律对其转让期限有限制性规定的，在限定的期限内不得买卖。②公开发行的证券，应当在依法设立的证券交易所上市交易或者在国务院批准的其他全国性证券交易场所交易。③证券在证券交易所上市交易，应当采用公开的集中交易方式或者国务院证券监督管理机构批准的其他方式。④证券交易场所、证券公司和证券登记结算机构的从业人员，证券监督管理机构的工作人员以及法律、行政法规规定禁止参与股票交易的其他人员，在任期或者法定限期内，不得直接或者以化名、借他人名义持有、买卖股票或者其他具有股权性质的证券，也不得收受他人赠送的股票或者其他具有股权性质的证券。任何人在成为前述所列人员时，其原已持有的股票或者其他具有股权性质的证券，必须依法转让。实施股权激励计划或者员工持股计划的证券公司的从业人员，可以按照国务院证券监督管理机构的规定持有、卖出本公司股票或者其他具有股权性质的证券。⑤为证券发行出具审计报告或者法律意见书等文件的证券服务机构和人员，在该证券承销期内和期满后 6 个月内，不得买卖该证券。除前述规定外，为发行人及其控股股东、实际控制人，或者收购人、重大资产交易方出具审计报告或者法律意见书等文件的证券服务机构和人员，自接受委托之日起至上述文件公开后 5 日内，不得买卖该证券。实际开展上述有关工作之日早于接受委托之日的，自实际开展上述有关工作之日起至上述文件公开后 5 日内，不得买卖该证券。⑥上市公司、股票在国务院批准的其他全国性证券交易场所交易的公司持有 5% 以上股份的股东、董事、监事、高级管理人员，将其持有的该公司的股票或者其他 具有股权性质的证券在买入后 6 个月内卖出，或者在卖出后 6 个月内又买入，由此所得收益归该公司所有，公司董事会应当收回其所得收益。但是，证券公司因购入包销售后剩余股票而持有 5% 以上股份，以及有国务院证券监督管理机构规定的其他情形的除外。前述所称董事、监事、高级管理人员、自然人股东持有的股票或者其他具有股权性质的证券，包括其配偶、父母、子女持有的及利用他人账户持有的股票或者其他具有股权性质的证券。公司董事会不按照前述规定执行的，股东有权要求董事会在 30 日内执行。公司董事会未在前述期限内执行的，股东有权为了公司的利益以自己的名义直接向人民法院提起诉讼。公司董事会不按照前述规定执行的，负有责任的董事依法承担连带责任。

（四）禁止内幕交易行为

内幕消息的知情人员：①发行人及其董事、监事、高级管理人员；②持有公司 5% 以上股份的股东及其董事、监事、高级管理人员，公司的实际控制人及其董事、监事、高级管理人员；③发行人控股或者实际控制的公司及其董事、监事、高级管理人员；④由于所任公司职务或者因与公司业务往来可以获取公司有关内幕信息的人员；⑤上市公司收购人或者重大资产交易方及其控股股东、实际控制人、董事、监事和高级管理人员；⑥因职务、工作可以获取内幕信息的证券交易场所、证券公司、证券登记结算机构、证券服务机构的有关人员；⑦因职责、工作可以获取内幕信息的证券监督管理机构工作人员；⑧因法定职责对证券的发行、交易或者对上市公司及其收购、重大资产交易进行管理可以获取内幕信息的有关主管部门、监管机构的工作人员；⑨国务院证券监督管理机构规定的可以获取内幕信息的其他人员。

2007 年中国证监会《证券市场内幕交易行为认定指引（试行）》第 6 条根据基本法的授权，将知情人的范围进一步扩大，符合下列情形之一的，为证券交易的内幕人：

（1）现行《证券法》第 51 条第 1-8 项规定的证券交易内幕信息的知情人。

（2）中国证监会根据《证券法》（2014 年修正）第 74 条授权而规定的其他证券交易内幕信息知情人，包括：①发行人、上市公司；②发行人、上市公司的控股股东、实际控制人控制的其他公司及其董事、监事、高级管理人员；③上市公司并购重组参与方及其有关人员；④因履行工作职责获取内幕信息的人；⑤前述第①项及本项所规定的自然人的配偶。

（3）根据《证券法》（2014 年修正）第 74 条第 1 项、第 2 项所规定的自然人的父母、子女以及其他因亲属关系获取内幕信息的人。

（4）利用骗取、套取、偷听、监听或者私下交易等非法手段获取内幕信息的人。

（5）通过其他途径获取内幕信息的人。

监管机构提供的证据能够证明以下情形之一，且被处罚人不能作出合理说明或者提供证据排除其利用内幕信息从事相关证券交易活动的，人民法院可以确认被诉处罚决定认定的内幕交易行为成立：①《证券法》第51条规定的证券交易内幕信息知情人，进行了与该内幕信息有关的证券交易活动；②《证券法》第51条规定的内幕信息知情人的配偶、父母子女以及其他有密切关系的人，其证券交易活动与该内幕信息基本吻合；③因履行工作职责知悉上述内幕信息并进行了与该信息有关的证券交易活动；④非法获取内幕信息，并进行了与该内幕信息有关的证券交易活动；⑤内幕信息公开前与内幕信息知情人或知晓该内幕信息的人联络、接触，其证券交易活动与内幕信息高度吻合。

内幕信息是指证券交易活动中，涉及发行人的经营、财务或者对该发行人证券的市场价格有重大影响的尚未公开的信息，为内幕信息。现行《证券法》第80条第1款、第81条第2款所列重大事件属于内幕信息。

《证券法》第80条规定："发生可能对上市公司、股票在国务院批准的其他全国性证券交易场所交易的公司的股票交易价格产生较大影响的重大事件，投资者尚未得知时，公司应当立即将有关该重大事件的情况向国务院证券监督管理机构和证券交易场所报送临时报告，并予公告，说明事件的起因、目前的状态和可能产生的法律后果。

前款所称重大事件包括：①公司的经营方针和经营范围的重大变化；②公司的重大投资行为，公司在一年内购买、出售重大资产超过公司资产总额30%，或者公司营业用主要资产的抵押、质押、出售或者报废一次超过该资产的30%；③公司订立重要合同、提供重大担保或者从事关联交易，可能对公司的资产、负债、权益和经营成果产生重要影响；④公司发生重大债务和未能清偿到期重大债务的违约情况；⑤公司发生重大亏损或者重大损失；⑥公司生产经营的外部条件发生的重大变化；⑦公司的董事、1/3以上监事或者经理发生变动，董事长或者经理无法履行职责；⑧持有公司5%以上股份的股东或者实际控制人持有股份或者控制公司的情况发生较大变化，公司的实际控制人及其控制的其他企业从事与公司相同或者相似业务的情况发生较大变化；⑨公司分配股利、增资的计划，公司股权结构的重要变化，公司减资、合并、分立、解散及申请破产的决定，或者依法进入破产程序、被责令关闭；⑩涉及公司的重大诉讼、仲裁，股东大会、董事会决议被依法撤销或者宣告无效；⑪公司涉嫌犯罪被依法立案调查，公司的控股股东、实际控制人、董事、监事、高级管理人员涉嫌犯罪被依法采取强制措施；⑫国务院证券监督管理机构规定的其他事项。公司的控股股东或者实际控制人对重大事件的发生、进展产生较大影响的，应当及时将其知悉的有关情况书面告知公司，并配合公司履行信息披露义务。"

《证券法》第81条规定："发生可能对上市交易公司债券的交易价格产生较大影响的重大事件，投资者尚未得知时，公司应当立即将有关该重大事件的情况向国务院证券监督管理机构和证券交易场所报送临时报告，并予公告，说明事件的起因、目前的状态和可能产生的法律后果。前款所称重大事件包括：①公司股权结构或者生产经营状况发生重大变化；②公司债券信用评级发生变化；③公司重大资产抵押、质押、出售、转让、报废；④公司发生未能清偿到期债务的情况；⑤公司新增借款或者对外提供担保超过上年末净资产的20%；⑥公司放弃债权或者财产超过上年末净资产的10%；⑦公司发生超过上年末净资产10%的重大损失；⑧公司分配股利，作出减资、合并、分立、解散及申请破产的决定，或者依法进入破产程序、被责令关闭；⑨涉及公司的重大诉讼、仲裁；⑩公司涉嫌犯罪被依法立案调查，公司的控股股东、实际控制人、董事、监事、高级管理人员涉嫌犯罪被依法采取强制措施；⑪国务院证券监督管理机构规定的其他事项。"

★ 案例分析

新疆屯河投资股份有限公司持股变动报告书

2004年6月24日，新疆屯河投资股份有限公司（以下简称"新疆屯河"）与中国非金属材料总公司（以下简称"中材公司"）签署了股份转让协议书，将其所持新疆天山水泥股份有限公司（以下简称"天山股份"，证券代码：000877）部分股权转让给中材公司。6月29日，天山股份、新疆屯河、中材公司发布公告披露上述股权转让事项。在该股权转让协议签订之前的2004年6月10日至15日期间，相关中介机构人员进驻天山股份，对其进行全面调查，为签署股权转让协议做准备。最迟至2004年6月15日，天山股份向下属公司，包括陈某良及其所任职的江苏事业部，通报上述股权转让谈判将进入实质性阶段的情况，陈某良本人在此期间也曾向天山股份询问股权转让的进展情况。该股权转让及其重要进展在依法披露前属于证券法规定的内幕信息。该信息于2004年6月29日公开。陈某良知悉上述内幕信息。

陈某良利用其控制的代码为34435（户名：陈某良）、36076（户名：黎某）资金账户及其下挂0101760684、0102281334、0102453453证券账户，自2004年6月21日起交易天山股份股票，至2004年6月29日上述信息公告前，合计买入1 646 757万股，卖出195 193万股。

问：内幕交易行为如何界定？

内幕交易，也称为"内部人交易""内线交易""内情者交易"，是指内幕人员利用所掌握的、尚未公开的内部信息进行证券交易，或者其他人员利用违法获得的内幕信息进行证券交易的行为。本案中，关于天山股份股权转让的谈判事项在依法披露前属于内幕信息。陈某良作为天山股份的控股公司的董事长，属于《证券法》所界定的"发行人控股的公司及其董事、监事、高级管理人员"，其通过各种手段利用知道的内幕信息在信息披露前进行证券交易，并获得了利益，该行为违反了《证券法》（2014年修正）关于内幕交易的规定，如果给投资者造成损失的，应该承担赔偿责任。证监会可以根据《证券法》（2014 年修正）第 202 条的规定，对其进行没收非法所得、罚款等处罚。

第四节　证券上市

★ 案例导入

金荔科技财务舞弊案

衡阳市金荔科技农业股份有限公司（600762，以下简称"金荔科技"），主要从事农业高科技产品开发、培育、销售业务。2000 年 11 月金荔科技与广州金荔庄发展有限公司进行了重大资产置换，媒体一片溢美之词，称公司发生彻底改变，已转变为一家以果树种植为主，养殖、三高农业开发，休闲度假经营业务并举发展的现代高科技农业企业。二级市场股价从 1999 年最低的 8 元多涨到 2001 年 29 元，截至 2002 年末收盘价仍高于 15 元。然而从其缴纳的税费情况、现金流情况、支付职工现金情况、在建工程情况及其分业的报告来看，公司的主业实际营业能力却令人怀疑。

2004 年底，湖南证监会在接到内部举报后对该公司进行专项调查。2005 年 1 月，证监会初步查明其 2003 年和 2004 年 1-10 月共虚做收入约 24 217 万元，虚增利润约 14 534 万元，并涉嫌提供虚假银行单证、提供违规担保、拖欠员工工资及欠缴"三金"。现已有证据证明自从金荔入主飞龙实业那天起就开始疯狂舞弊（2000-2002年）。2005 年 3 月，由于追溯调整后连续 3 年亏损，自 2005 年 3 月 30 日起，上交所对公司股票实施特别处理，简称变更为"ST 金荔"。同时，公司的一些内幕也彻底暴露出来，董事、常务副总经理欧阳某某因涉嫌挪用公款被拘留；财务总监周某清和财务部经理李某薇因涉嫌提供虚假财务报告罪被逮捕；董事长刘某超和他的前妻何某梅闹矛盾，"伪造签名转让股权"的争执炒得沸沸扬扬。2005 年 4 月，公司生产经营基本停顿，"ST 金荔"再次发布预亏公告，股价终于彻底雪崩似地下跌，股价跌至 1.05 元，最大跌幅达到 80%。中小股东利益遭到了抢劫般的侵害。

一、证券上市的条件

证券上市，是指发行人的证券经过证券交易所审核后，对已经公开发行的证券获得准许，可以在证券交易所挂牌交易。证券上市以股票上市为核心，经获准上市的证券，即上市证券包括股票、债券、基金及其他证券衍生品种。上市股票的发行人也成为上市公司。

证券获准上市是在证券交易所与证券发行人达成证券上市协议前，证券发行人要通过证券交易所的审查，只有审查达到了上市条件，证券发行人和证券公司才能签署证券上市协议。我国《证券法》第 46 条第 1 款规定："申请证券上市交易，应当向证券交易所提出申请，由证券交易所依法审核同意，并由双方签订上市协议。"

《证券法》（2014年修正）第50条第2款规定："证券交易所可以规定高于前款规定的上市条件，并报国务院证券监督管理机构批准。"对此，证券法只对证券上市条件作出了最低标准的规定，学术界希望证券交易所可以提高标准制定具体条件。现行《证券法》对此进行了完善，该法第47条第2款规定："证券交易所上市规则规定的上市条件，应当对发行人的经营年限、财务状况、最低公开发行比例和公司治理、诚信记录等提出要求。"

二、信息公开制度

（一）公开文件

1. 发行人及法律、行政法规和国务院证券监督管理机构规定的其他信息披露义务人，应当及时依法履行信息披露义务。信息披露义务人披露的信息，应当真实、准确、完整，简明清晰，通俗易懂，不得有虚假记载、误导性陈述或者重大遗漏。证券同时在境内境外公开发行、交易的，其信息披露义务人在境外披露的信息，应当在境内同时披露。

2. 招股说明书。股份有限公司发行股票应按规定编制招股说明书，向社会公开披露有关信息，其股票获准在证券交易所上市时，上市公司应当编制上市公告书，向社会公开披露有关信息。

（1）发行人编制招股说明书应当符合中国证监会的相关规定。凡是对投资者作出投资决策有重大影响的信息，均应当在招股说明书中披露。公开发行证券的申请经中国证监会核准后，发行人应当在证券发行前公告招股说明书。

（2）发行人的董事、监事、高级管理人员，应当对招股说明书签署书面确认意见，保证所披露的信息真实、准确、完整。招股说明书应当加盖发行人公章。

（3）发行人申请首次公开发行股票的，中国证监会受理申请文件后，发行审核委员会审核前，发行人应当将招股说明书申报稿在中国证监会网站预先披露。

预先披露的招股说明书申报稿不是发行人发行股票的正式文件，不能含有任何信息，发行人不得据此发行股票。

（4）证券发行申请经中国证监会核准后至发行结束前，发生重要事项的，发行人应当向中国证监会书面说明，并经中国证监会同意后，修改招股说明书或者作相应的补充公告。

（二）公开报告

上市公司、公司债券上市交易的公司、股票在国务院批准的其他全国性证券交易场所交易的公司，应当按照国务院证券监督管理机构和证券交易场所规定的内容和格式编制定期报告，并按照以下规定报送和公告：

1. 定期报告。

（1）年度报告。在每一会计年度结束之日起4个月内，报送并公告年度报告，其中的年度财务会计报告应当经符合法律规定的会计师事务所审计。

（2）中期报告。在每一会计年度的上半年结束之日起2个月内，报送并公告中期报告。

2. 临时报告。我国《证券法》第80条规定，发生可能对上市公司、股票在国务院批准的其他全国性证券交易场所交易的公司的股票交易价格产生较大影响的重大事件，投资者尚未得知时，公司应当立即将有关该重大事件的情况向国务院证券监督管理机构和证券交易场所报送临时报告，并予公告，说明事件的起因、目前的状态和可能产生的法律后果。前款所称重大事件包括：①公司的经营方针和经营范围的重大变化；②公司的重大投资行为，公司在1年内购买、出售重大资产超过公司资产总额30%，或者公司营业用主要资产的抵押、质押、出售或者报废一次超过该资产的30%；③公司订立重要合同、提供重大担保或者从事关联交易，可能对公司的资产、负债、权益和经营成果产生重要影响；④公司发生重大债务和未能清偿到期重大债务的违约情况；⑤公司发生重大亏损或者重大损失；⑥公司生产经营的外部条件发生的重大变化；⑦公司的董事、1/3以上监事或者经理发生变动，董事长或者经理无法履行职责；⑧持有公司5%以上股份的股东或者实际控制人持有股份或者控制公司的情况发生较大变化，公司的实际控制人及其控制的其他企业从事与公司相同或者相似业务的情况发生较大变化；⑨公司分配股利、增资的计划，公司股权结构的重要变化，公司减资、合并、分立、解散及申请破产的决定，或者依法进入破产程序、被责令关闭；⑩涉及公司的重大诉讼、仲裁，股东大会、董事会决议被依法撤销或者宣告无效；⑪公司涉嫌犯罪被依法立案调查，公司的控股股东、实际控制人、董事、监事、高级管理人员涉嫌犯罪被依法采取强制措施；⑫国务院证券监督管理机构规定的其他事项。公司的控股股东或者实际控制人对重大事件的发生、进展产生较大影响的，应当及时将其知悉的有关情况书面告知公司，并配合公司履行信息披露义务。

我国《证券法》第81条规定，发生可能对上市交易公司债券的交易价格产生较大影响的重大事件，投资者尚未得知时，公司应当立即将有关该重大事件的情况向国务院证券监督管理机构和证券交易场所报送临时报告，并予公告，说明事件的起因、目前的状态和可能产生的法律后果。前款所称重大事件包括：①公司股权结构或者生产经营状况发生重大变化；②公司债券信用评级发生变化；③公司重大资产抵押、质押、出售、转让、报废；④公司发生未能清偿到期债务的情况；⑤公司新增借款或者对外提供担保超过上年末净资产的20%；⑥公司放弃债权或者财产超过上年末净资产的10%；⑦公司发生超过上年末净资产10%的重大损失；⑧公司分配股利，作出减资、合并、分立、解散及申请破产的决定，或者依法进入破产程序、被责令关闭；⑨涉及公司的重大诉讼、仲裁；⑩公司涉嫌犯罪被依法立案调查，公司的控股股东、实际控制人、董事、监事、高级管理人员涉嫌犯罪被依法采取强制措施；⑪国务院证券监督管理机构规定的其他事项。

（三）信息公开不实的法律后果

根据我国《证券法》第85条的规定，"信息披露义务人未按照规定披露信息，或者公告的证券发行文件、定期报告、临时报告及其他信息披露资料存在虚假记载、误导性陈述或者重大遗漏，致使投资者在证券交易中遭受损失的，信息披露义务人应当承担赔偿责任；发行人的控股股东、实际控制人、董事、监事、高级管理人员和其他直接责任人员以及保荐人、承销的证券公司及其直接责任人员，应当与发行人承担连带赔偿责任，但是能够证明自己没有过错的除外"。

★ 案例分析

持股比例超5%不披露属违法

尤某丰等 5 个账户在 2011 年 11 月至 2012 年 2 月持续交易"福成五丰（600965）"，在 2011 年 12 月 22 日合计持有"福成五丰"15 735 035 股，占其总股本的比例为 5.63%，首次超过 5%，直至 2012 年 2 月 8 日合计持有福成五丰股份比例均超过 5%，其中 2012 年 1 月 31 日合计持股比例达 8%。根据公开信息，未发现尤某丰等人就上述账户合计持股达到规定比例事项提请上市公司履行公告程序。

尤某丰等 5 个账户所有人的关联关系上，尤某芹是尤某丰的姐姐，闫某是尤某丰的外甥、尤某芹之子，马某是尤某丰的嫂子，尤某丽是尤某丰的侄女。上述 5 个账户交易福成五丰股票的资金，除尤某丰账户中自有的 2000 万元以外，其余均直接或间接来源于尤某丰等人向尤某娜（尤某丰侄女，时任福成房地产公司办公室文秘）的借款。

在交易福成五丰股票过程中，虽有其他 4 人之同意，但该 4 人既无独立投资能力和经验，亦无投资资金和具体操作行为。本案应由尤某丰等 5 个账户的实际控制人尤某丰承担超比例持股未予披露违法行为的行政责任。尤某丰的行为违反《证券法》（2014 年修正）第 86 条关于持有上市公司已发行股份达到规定比例时应依法定程序公告的规定。证监会依法对尤某丰给予警告，并处以 30 万元罚款。

在杨某社一案中，杨某社利用其自有和实际控制的杨某社账户、施某账户、杨某燕账户、杨某义账户、周某账户、陆某账户、曹某账户、杨某荣账户、杨某平账户等 9 个账户（以下称杨某社等账户），合计持有星美联合（000892）股份有限公司（＊ST 星美）股票于 2011 年 9 月 7 日首次超过＊ST 星美已发行总股本的 5%，合计持股 20 995 610 股，占总股本的 5.07%。截至 2012 年 8 月 21 日，杨某社等账户合计持股超过总股本的 5%（未超过 10%）的交易日为 231 日，2012 年 2 月 2 日达最大值，为 24 613 774 股，占总股本的 5.95%。证据显示，杨某社是杨某社等账户的实际控制人，账户资金都来源于杨某社，买卖股票的决策都由杨某社做出，账户收益归杨某社所有。杨某社在其自有及实际控制账户合计持有＊ST 星美股票超过 5% 期间未按规定向证监会、深交所作出书面报告，亦未书面通知＊ST 星美。

杨某社的行为违反《证券法》（2014 年修正）第 86 条关于持有上市公司已发行股份达到规定比例时应依法定程序公告的规定，构成违法行为。证监会依法对杨某社给予警告，并处以 30 万元罚款。

第五节　证券机构

★ 案例导入

证券从业人员违规代客理财案

冯某 2010 年 8 月 1 日入职某证券股份有限公司深圳民田路营业部，2010 年 11 月 15 日，客户蔡某某将证券账户转托管到该证券营业部，委托冯某操作其证券账户，未签订书面协议。由于亏损，2011 年 6 月 22 日，冯某与蔡某某补充签订了《理财协议》，约定理财期限为 2010 年 11 月 15 日至 2012 年 1 月底，冯某保证补偿账户上的亏损。为弥补蔡某某账户亏损，冯某分别于 2012 年 4 月、10 月向蔡某某三方存管账户转入 30 万元、20 万元。2012 年 10 月，蔡某某修改了证券账户密码，不再给冯某操作。2010 年 11 月 15 日至 2011 年 5 月 18 日期间，冯某操作蔡某某证券账户未获得收益。冯某于 2011 年 5 月 18 日从该证券营业部离职。

中国证监会深圳监管局认为，冯某自 2010 年 11 月 15 日起私下接受客户蔡某某委托买卖证券，至 2011 年 5 月 18 日期间与某证券公司存在劳动关系，是证券公司从业人员。冯某 2010 年 8 月 1 日与营业部签订《劳动合同》时，营业部通过让其签署《证券营销人员自律承诺书》《员工自律承诺书》等文件，明确要求其不得接受客户全权委托买卖证券，但其在具体从业过程中，仍私下接受客户蔡某某委托买卖证券。冯某的行为违反了《证券法》（2014 年修正）第 145 条的规定，构成了《证券法》（2014 年修正）第 215 条所述的违法行为。冯某应当对该违法行为承担责任，是该违法行为的责任人。

综合考虑本案证据，根据冯某违法行为的事实、性质、情节与社会危害程度，依据《证券法》（2014 年修正）第 215 条的规定，中国证监会深圳监管局决定：对冯某给予警告，并处以 10 万元的罚款。

一、证券交易所

（一）证券交易所的概念

证券交易所有公司制和会员制之分，我国的证券交易所是不以营利为目的自律性管理的会员制的事业法人，目前，我国有两家证券交易所，即 1990 年 12 月设立的上海证券交易所和 1991 年 7 月设立的深圳证券交易所。证券交易所的设立和解散，由国务院决定。

（二）证券交易所的职能

根据证券法的相关规定，证券交易所具有以下职能：

1. 为组织公平的集中竞价交易提供保障，公布证券交易即时行情，并按交易日制作证券市场行情表，予以公布。

2. 依照法律、行政法规的规定，办理股票、公司债券的暂停上市、恢复上市或者终止上市的事务。

3. 因突发性事件而影响证券交易正常进行时，证券交易所可以采取技术性停牌的措施；因不可抗力的突发性事件或者为维护证券交易的正常秩序，证券交易所可以决定临时停市；证券交易所采取技术性停牌或者决定临时停市，必须及时向中国证监会报告。

4. 对在交易所进行的证券交易实行实时监控，并按照国务院证券监督管理机构的要求，对异常的交易情况提出报告；对上市公司披露信息进行监督，督促上市公司依法及时、准确地披露信息。

5. 依照证券法律、行政法规制定证券集中竞价交易的具体规则，制定证券交易所的会员管理规章和证券交易所从业人员业务规则，并报国务院证券监督管理机构批准。

6. 对违反证券交易所交易规则的证券交易人给予纪律处分；对情节严重的，可撤销其交易资格，禁止其入场进行证券交易。

二、证券公司

（一）证券公司的设立

1. 证券公司的概念。证券公司是指依照公司法的规定并经国务院证券监督管理机构审查批准而成立的专门经营证券业务，具有独立的法人地位的金融机构。

2. 证券公司的设立。证券公司的设立必须经中国证监会依照法定的程序审查批准，未经中国证监会批准，不得经营证券业务。而且，如果证券公司需要设立、收购或者撤销分支机构，变更业务范围，增加注册资本且股权结构发生重大调整，减少注册资本，变更持有 5% 以上股权的股东、实际控制人，变更公司章程中的重要条款，合并、分立、停业、解散、破产等，也必须经中国证监会批准。设立证券公司，应当具备下列条件：①有符合法律、行政法规规定的公司章程；②主要股东及公司的实际控制人具有良好的财务状况和诚信记录，最近 3 年无重大违法违规记录；③有符合本法规定的公司注册资本；④董事、监事、高级管理人员、从业人员符合本法规定的条件；⑤有完善的风险管理与内部控制制度；⑥有合格的经营场所、业务设施和信息技术系统；⑦法律、行政法规和经国务院批准的国务院证券监督管理机构规定的其他条件。未经国务院证券监督管理机构批准，任何单位和个人不得以证券公司名义开展证券业务活动。

（二）证券公司的组织形式及业务范围

1. 证券公司的组织形式。证券公司的组织形式为有限责任公司或者股份有限公司，证券公司必须在其名称中标明"证券有限责任公司"或者"证券股份有限公司"字样。

2. 证券公司的业务范围。经国务院证券监督管理机构核准，取得经营证券业务许可证，证券公司可以经营下列部分或者全部证券业务：①证券经纪；②证券投资咨询；③与证券交易、证券投资活动有关的财务顾问；④证券承销与保荐；⑤证券融资融券；⑥证券做市交易；⑦证券自营；⑧其他证券业务。

国务院证券监督管理机构应当自受理前款规定事项申请之日起3个月内，依照法定条件和程序进行审查，作出核准或者不予核准的决定，并通知申请人；不予核准的，应当说明理由。证券公司经营证券资产管理业务的，应当符合《中华人民共和国证券投资基金法》等法律、行政法规的规定。除证券公司外，任何单位和个人不得从事证券承销、证券保荐、证券经纪和证券融资融券业务。证券公司从事证券融资融券业务，应当采取措施，严格防范和控制风险，不得违反规定向客户出借资金或者证券。

经营上述第①项至第③项业务的，注册资本最低限额为人民币5000万元；经营第④项至第⑧项业务之一的，注册资本最低限额为人民币1亿元，经营第④项至第⑧项业务中两项以上的，注册资本最低限额为人民币5亿元。证券公司的注册资本应当是实缴资本。

国务院证券监督管理机构根据审慎监管原则和各项业务的风险程度，可以调整注册资本最低限额，但不得少于前款规定的限额。

（三）对证券公司的监管

1. 国务院证券监督管理机构应当对证券公司净资本和其他风险控制指标作出规定。证券公司除依照规定为其客户提供融资融券外，不得为其股东或者股东的关联人提供融资或者担保。

2. 证券公司的董事、监事、高级管理人员，应当正直诚实、品行良好，熟悉证券法律、行政法规，具有履行职责所需的经营管理能力。证券公司任免董事、监事、高级管理人员，应当报国务院证券监督管理机构备案。有《中华人民共和国公司法》第146条规定的情形或者下列情形之一的，不得担任证券公司的董事、监事、高级管理人员：①因违法行为或者违纪行为被解除职务的证券交易场所、证券登记结算机构的负责人或者证券公司的董事、监事、高级管理人员，自被解除职务之日起未逾5年；②因违法行为或者违纪行为被吊销执业证书或者被取消资格的律师、注册会计师或者其他证券服务机构的专业人员，自被吊销执业证书或者被取消资格之日起未逾5年。

3. 因违法行为或者违纪行为被开除的证券交易场所、证券公司、证券登记结算机构、证券服务机构的从业人员和被开除的国家机关工作人员，不得招聘为证券公司的从业人员。

4. 国家机关工作人员和法律、行政法规规定的禁止在公司中兼职的其他人员，不得在证券公司中兼任职务。

5. 国家设立证券投资者保护基金。证券投资者保护基金由证券公司缴纳的资金及其他依法筹集的资金组成，其规模以及筹集、管理和使用的具体办法由国务院规定。

6. 证券公司从每年的业务收入中提取交易风险准备金，用于弥补证券经营的损失，其提取的具体比例由国务院证券监督管理机构会同国务院财政部门规定。证券公司必须将其证券经纪业务、证券承销业务、证券自营业务、证券做市业务和证券资产管理业务分开办理，不得混合操作。

7. 证券公司客户的交易结算资金应当存放在商业银行，以每个客户的名义单独立户管理。自营业务必须使用自有资金和依法筹集的资金。证券公司不得将其自营账户借给他人使用。证券公司不得将客户的交易结算资金和证券归入其自有财产。禁止任何单位或者个人以任何形式挪用客户的交易结算资金和证券。证券公司破产或者清算时，客户的交易结算资金和证券不属于其破产财产或者清算财产。非因客户本身的债务或者法律规定的其他情形，不得查封、冻结、扣划或者强制执行客户的交易结算资金和证券。

8. 证券公司办理经纪业务，不得接受客户的全权委托而决定证券买卖、选择证券种类、决定买卖数量或者买卖价格。证券公司不得允许他人以证券公司的名义直接参与证券的集中交易。

9. 证券公司接受证券买卖的委托，应当根据委托书载明的证券名称、买卖数量、出价方式、价格幅度等，按照交易规则代理买卖证券，如实进行交易记录；买卖成交后，应当按照规定制作买卖成交报告单交付客户。证券交易中确认交易行为及其交易结果的对账单必须真实，保证账面证券余额与实际持有的证券相一致。

10. 证券公司不得对客户证券买卖的收益或者赔偿证券买卖的损失作出承诺。

11. 证券公司的从业人员在证券交易活动中，执行所属的证券公司的指令或者利用职务违反交易规则的，由所属的证券公司承担全部责任。证券公司的从业人员不得私下接受客户委托买卖证券。

12. 证券公司应当建立客户信息查询制度，确保客户能够查询其账户信息、委托记录、交易记录以及其他与接受服务或者购买产品有关的重要信息。

证券公司应当妥善保存客户开户资料、委托记录、交易记录和与内部管理、业务经营有关的各项信息，任何人不得隐匿、伪造、篡改或者毁损。上述信息的保存期限不得少于20年。

13. 证券公司应当按照规定向国务院证券监督管理机构报送业务、财务等经营管理信息和资料。国务院证券监督管理机构有权要求证券公司及其主要股东、实际控制人在指定的期限内提供有关信息、资料。

证券公司及其主要股东、实际控制人向国务院证券监督管理机构报送或者提供的信息、资料，必须真实、准确、完整。

三、证券登记结算机构

证券登记结算机构为证券交易提供集中登记、存管与结算服务，不以营利为目的，依法登记，取得法人资格。

证券登记结算机构履行下列职能：①证券账户、结算账户的设立；②证券的存管和过户；③证券持有人名册登记；④证券交易的清算和交收；⑤受发行人的委托派发证券权益；⑥办理与上述业务有关的查询；⑦国务院证券监督管理机构批准的其他业务。

四、证券业协会

1991年8月28日，我国成立了中国证券业协会。它是中国证券发展史上第一个全国性的证券行业自律性管理组织，是证券经营机构依法自行组织的自律性会员组织，具有独立的社团法人资格。按照证券法的规定，证券业协会是证券业的自律性组织，是社会团体法人。证券公司应当加入证券业协会。证券业协会的权力机构是全体会员组成的会员大会。

★ 案例分析

上海民生投资有限公司与吉林省东力综合投资有限公司委托理财纠纷案

上海民生投资有限公司（以下简称"民生公司"）与吉林省东力综合投资有限公司（以下简称"东力公司"）签订《资产委托管理合同》，约定民生公司将4000万元存入其在证券公司设立的账户（27355），并交由东力公司进行投资管理和使用；东力公司向其在证券公司设立的账户（27356）存入现金1000万元，上市证券折合现值2000万元，资产总额3000万元。如两个账户资金总额低于5000万元，则民生公司具有平仓权，并有权指令证券公司进行平仓。同时东力公司与证券公司签订协议，约定当两个户头金额低于5000万元，则证券公司可以根据民生公司指令，按事先填好的卖出委托单进行平仓。

2002年2月，两个账户下股票市值低于5000万元，民生公司依据《资产委托管理合同》约定对两个户头下的股票进行强行平仓，平仓金额款总计10 675 003.51元。2002年4月，东力公司将证券公司诉至长春市中级人民法院，要求其承担上述划扣平仓款的侵权责任。长春市中院及高院最终认定证券公司侵权。2002年12月，民生公司将东力公司诉至法院要求其偿付投资损失及利息2320万元，赔偿利润损失710万元。

最高院最终认定，双方签订的《资产委托管理合同》无效，并且导致合同无效的过错主要在东力公司，并判令东力公司偿付民生公司投资款损失12 495 960.24元及利息（按定存利息）。

1. 签订合同必须注意主体。本案导致合同无效的根本原因在于东力公司无证券经营资格，却从事证券理财服务，违反了《证券法》（2014年修正）第122条的规定。即如判决所言："在我国证券市场，企业从事委托理财业务应当取得证券监管部门的特别许可，受托人必须取得相应的委托理财资质，并接受必要的监督管理。本案中，受托人东力公司并不具有从事该项资产管理经营活动的资格，故原审判决认定其与民生公司签订的《资产委托管理合同》为无效合同并无不当。"因此，对于特定行业需要特定资质的合同，必须格外重视签约主体的合法性，否则将极可能导致合同的无效。

2. 在证券市场中，从事相关股票的理财、交易应当具有合法的资质。《证券法》（2014 年修正）第 122 条规定："设立证券公司，必须经国务院证券监督管理机构审查批准。未经国务院证券监督管理机构批准，任何单位和个人不得经营证券业务。"

★ **本章小结**

本章是学习证券法课程的基础章节，主要介绍证券法一些基础知识。包括证券概念在法律上如何理解，有何法律特征，如何从法律上对证券进行分类；证券法的调整对象，证券法与其他部门法律有何关系；股票发行的分类和证券上市的程序；证券交易的程序；证券上市的条件；证券交易所的职能等。这些知识都是学生进一步学习具体的企业法律实务知识的前提性知识。通过本章的学习，学生应能够正确掌握证券法的基本理论，能够根据所学初步提出相应防范与控制措施，能够根据证券法内容初步运用。

【技能训练】 正确认识证券法

目的：使学生在实务过程中获得法律知识的积累。通过对比分析，将抽象的法律概念融入直观的法律现象、法律事务进行探讨，深化对法律概念的理解。

要求一：通过期刊、电视节目、网络等方式搜集资料，了解我国大型证券公司的最新动态。

要求二：参加与实践 。

【实践活动】 模拟证券开户流程

目的：使学生掌握我国《证券法》的主要规定，培养学生熟练应用证券法公司开户的知识，进而增强其解决各项问题的实践能力。

内容：个人投资者 A 股证券开户流程：

（1）证券开户本人的中华人民共和国居民身份证原件，16 周岁以上自然人不得办理证券开户，16-18 周岁自然人申请办理证券开户应提供收入证明；

（2）办理证券开户，需由本人填写开户申请表一式两份。若委托他人办理证券开户的，还需提供证券交易委托代理协议书、代办人的有效身份证明原件；

（3）如果客户是投资代办股份市场的，需填写股份转让风险揭示书；

（4）对符合开户规定的客户，柜台经办人员将客户开户资料输入电脑，并要求客户设定初始交易密码、资金存取密码；

（5）打印客户开户回单一式两份，同时，柜台经办人员按开户流水号为客户开立资金账户号，并为客户配发"证券交易卡"；

（6）请客户在《客户开户回单》签字。

要求：掌握证券公司开户的条件；了解证券公司开户的程序。能够运用所学法律知识正确地指导实践。

★本章练习

1. 简述证券和债券的区别。

2. 简述证券法和公司法的区别。

3. 简述证券法中首次公开发行债券和首次公开发行股票的条件。

4. 简述证券发行价格的确定原则。

5. 简述内幕交易的手段。

6. 简述内幕交易的民事责任和监管。

7. 简述内幕交易法律责任的构成要件。

8. 简述操纵市场的监管。

9. 简述证券信息公开的必要性。

10. 简述证券交易所的监管职能。

★参考文献

1. 董安生主编：《证券法原理》，北京大学出版社 2018 年版。

2. 李燕：《证券法学》，武汉大学出版社 2009 年版。

3. 朱大旗：《金融法》，中国人民大学出版社 2015 年版。

4. 朱崇实主编：《金融法教程》，法律出版社 2017 年版。

5. 刘少军：《金融法学》，中国政法大学出版社 2016 年版。

6. 吴志攀：《金融法概论》，北京大学出版社 2011 年版。

7. 陶广峰主编：《金融法》，中国人民大学出版社 2012 年版。

8. 汪鑫主编：《金融法学》，中国政法大学出版社 2011 年版。

9. 陈洁："内幕交易事实认定中自由裁量权的适用及其规制——以内幕交易'知悉'要件的推定为视角"，载《清华大学》2018 年第 6 期。

-------- 第十一章 --------

期货法律制度

 **学习目标**

知识目标：

　　本章主要讲述我国的期货制度，通过本章的学习，使学生了解并掌握期货市场的基本概念、基本原理和基础知识，熟悉期货市场的运作过程和交易特征，了解期货市场的基本业务、期货交易的基本制度及其分类、功能，了解期货交易所、期货公司及其运营规则，并了解期货监管以及掌握期货市场法律责任等知识点。

能力目标：

　　能运用所学期货市场法律知识理解期货交易模式和运营规则

　　能根据期货交易特征辨识期货交易风险，规避期货法律责任

第一节　期货概述

一、期货及期货交易

（一）期货的概念

　　期货的英文为 Futures，直译为"未来"，因为期货由远期交易演变而来，也即交易双方不必在买卖发生的初期就交收实货，而是约定在未来的某一时候交收实货，因此汉语意译为"期货"。期货一般指期货合约，就是指由期货交易所统一制定的、规定在将来某一特定的时间和地点交割一定数量标的物的标准化合约。这个标的物，又叫基础资产。期货合约所对应的现货，可以是某种商品，如铜或原油，也可以是某个金融工具，如外汇、债券，还可以是某个金融指标，如 3 个月同业拆借利率或股票指数。所以，期货（Futures）与现货完全不同，现货是实实在在可以交易的货（商品），期货主要不是货，而是以某种产品为标的的标准化可交易合约。

（二）期货交易的概念及特点

期货交易是在商品现货交易的基础上发展起来的，是通过在期货交易所买卖标准化的期货合约而进行的一种有组织的交易形式，这种交易是由回避价格波动风险的生产者、经营者和愿意承担价格风险以获取风险利润的投机者参加并在交易所内根据公开、公平、公正的竞争原则进行的，具有组织化、标准化、集中化的特点。

期货交易具有如下法律特征：

1. 期货不是货。期货交易是通过买卖合约进行的，而其对象是期货合约——标准化合约。

2. 标准化交易。在合约中，商品的规格、品质、数量、交货时间都是既定的，唯一的变量是价格，而期货价格是在交易所内依公开竞价方式达成的。

3. 交易所内交易。期货交易是在依法建立的期货交易所内进行的，并且实行严格的管理制度，期货交易最终在期货交易所内集中完成，一般不允许进行场外交易。

4. 须由经纪代理交易。期货交易所实行会员制，只有会员方能进场交易。那些在场外的广大客户若想参与期货交易，只能委托期货经纪公司代理交易。所以，买方和卖方并不直接交易，也不见面，而是由场内经纪人代理所有买方和卖方在期货交易场内进行，交易者通过下达指令的方式进行授权。

5. 双向交易。期货交易过程中，期货交易者既可以买入期货合约作为期货交易的开端（买入建仓），也可以卖出期货合约作为交易的开端（卖出建仓），从而交易十分灵活，即所谓的"多做多空"。

6. 对冲机制。期货交易者可在买入建仓后通过卖出相同合约的方式解除履约责任，或者卖出建仓后通过买入相同合约的方式解除履约责任，即通过与建仓时的交易方向相反的交易来解除履约责任，从而增加交易灵活性。

7. 保证金杠杆交易。期货交易需要交纳一定数目的保证金，但是一般只需要交纳5%-10%的履约保证金就能完成数倍的合约交易。期货交易保证金制度所具备的杠杆机制使期货交易具有高收益、高风险的特点，交易者可以用少量的资金进行大宗的买卖。

8. 当日无负债结算制度。期货交易实行当日无负债结算制度，在每个交易日结束后，对交易者当天的盈亏状况进行结算，在不同交易者之间根据盈亏情况进行资金划转，如果交易者亏损严重，保证金账户资金不足时，则要求交易者必须在下一日开市前追加保证金，做到当日"无负债"，以有效防范风险，保证期货市场的正常运转。

9. 统一结算。期货交易由结算所或结算机构进行结算。在交易所内达成的所有交易，交易双方之间都是互无关系的，只以结算所作为自己的交易对手，并最终由结算所或结算机构统一进行结算。

（三）期货交易与现货交易的区别

现货交易根据交货期的不同可以分为即期交易和远期交易。虽然期货交易是从现货交易中的远期合同交易发展而来的，但是期货交易已然完全脱胎换骨形成一种高级的市场交易形式。它们之间的区别如下：

表5　期货交易与现货交易的区别

比较点　区别　交易方式	现货交易		期货交易
	即期交易	远期交易	
交易目的	获取或让渡商品实物	获取实物、转移风险或追求风险收益	转移价格风险或追求风险收益
交易对象	商品实物	商品实物或非标准合同	标准化合约
交易方式	一对一磋商，讨价还价（无特定限制）	拍卖或双方协商（无特定限制）	公开竞价，公平竞争
交易场所	无限制	无限制	期货商品交易所
结算方式	全额付款	全额付款	保证金交易（每日无负债结算）
结算关系	双方直接结算	双方直接结算	通过结算所结算
履约方式	实物交割	实物交割	合约对冲，少部分实物交割
交割方式	双方约定	双方约定	固定交割方式
信用风险	买卖双方诚信为基础，风险较大	买卖双方诚信为基础，风险较大	双方资信由交易所负责，风险小
商品范围	一切商品，无限制	一切商品，无限制	交易所上市品种，有限制

（四）期货交易的目的

★ 案例分析

十年一梦——期货利来利去快如风

2008年3月11日，对于武汉女子万群而言，是她人生中永远难忘的一天，作为"武昌女期民半年从4万做到1450万"这一期市神话的主角，万群所持有的最后300

手豆油合约因保证金不足于当日上午被强行平仓，其账户里最终剩下的资金不到 5 万元，一场千万富翁的美梦在持续近半个月后，宣告结束。

【半年炒成千万富翁】据相关期货公司知情人介绍，万群大约 50 岁，退休之前的职业可能是教师。2005 年 7 月，万群拿着 6 万元开始涉足期货市场，此前，她已有 10 年炒股经历。步入期市头两年，万群战绩并不出众，其保证金从最初的 6 万缩水至 4 万；直到 2007 年下半年，她的交易账户才逐渐引起了期货公司的注意。从 2007 年 8 月下旬起，万群开始重仓介入豆油期货合约，此后两三个月，豆油主力合约 0805 从 7800 元/吨起步，一路上扬至 9700 元/吨，截至当年 2007 年 11 月中旬，万群已有 10 倍获利。进入 2008 年，豆油上涨速度越来越快，2 月底，豆油 0805 已然逼近 1.4 万元/吨，也就是在那时，万群的账面保证金突破了 1000 万元，成了名副其实的"千万富翁"。

【以小搏大，过于放胆】"她采取的是全仓操作的股票手法"。知情人士透露说，万群是所有资金满仓交易，没有科学的资金分配比例，而且，她利用期货交易浮动盈利可以开新仓的特点，又将盈利全线扑入豆油期货，越涨越买。这种操作方式最大程度地利用了杠杆，可以将利润放大至最大；但与此同时，风险也被放大到了最大，一旦顶点行情有所调整，满仓交易、最高点也有买入的万群将面临灭顶之灾。据悉，期货公司曾不止一次劝她降低仓位，但万群根本听不进去。事实上，万群之所以能够在半年内成为千万富翁，所仰仗的正是这种满仓交易和浮利加仓，对她而言，这样做没有什么不对的地方。

【风云突变却拒绝减仓】万群缔造的期市神话很快引起了媒体关注，"武昌女子半年内从 4 万做到 1450 万"的新闻频频见诸报端，并在网上广为转载。"她的资金真正突破千万是在 2008 年 2 月 28 日、29 日"。知情人士告诉记者，当时正值豆油连续涨停，万群账户的浮动权益在 3 月 4 日达到顶峰，最高时竟达 2000 多万元。不过，当天的行情出现剧烈震荡，油价在 1 个小时内从涨停快速滑落至跌停。在豆油从涨停到跌停过程中，万群的账户因为保证金不足，已经被强行平去了一部分合约，但这并没有引起她的重视。"期货公司的人找她谈过，但她拒绝主动减仓"。不愿意透露姓名的相关人士表示，因为此前一些媒体已经报道了万群期货交易半年发迹的事，很多人已经知道她，在这样的情况下，万群碍于面子，不愿意主动平仓，因为她知道，只要一卖，自己就不再是千万富翁了。"实际上，3 月 6 日，她的账上至少还有几百万元，当日价格震荡下跌，要平仓还是有机会的"。

【被强行平仓回到起点】出于种种考虑，万群错过了最佳减仓时机。3 月 7 日和 10 日两天，豆油无量跌停，万群就是想平仓也平不了。由于仓位过重，其巨大的账面盈利瞬间化为乌有。"在下跌的时候，我们都不敢给她看相关报纸，以免刺激她"。万群的丈夫在打电话到期货公司咨询情况时告诉工作人员。3 月 11 日上午，连续两个交易日无量跌停的豆油期货终于再打开停板。大连商品交易所豆油主力合约 0805.0809 盘中双双翻红，收盘分别下跌 0.83% 和 0.36%。但由于没有能力追加保证金，万群所持有的最后300手合约被强行平仓，最终，她的账户保证金只剩下了不到5万元。终点回到了起点。这个故事震人心魄，其成功让人羡慕，其失败让人扼腕。

期货交易与现货交易的区别说明期货交易已经脱离传统的、以转移商品所有权为宗旨的商事交易目的。期货交易最初始的目的是规避远期价格风险，也正是因为此核心目的的存在，才使得期货市场的存在吸引众多投资者、投机者的参与。因此，期货交易的目的是套期保值、投机和套利。

1. 套期保值。套期保值是指为了避免现货市场上的价格风险而采取在期货市场上与现货市场上方向相反的买卖行为。即买入（或卖出）与现货市场数量相当但是交易方向相反的期货合约，以期在未来某一时间通过卖出（或买入）期货合约来补偿现货市场价格变动所带来的实际风险。套期保值是把期货市场当作转移风险的场所，利用期货合约作为将来在现货市场上买卖商品的临时替代物，对其现在买进准备以后售出商品或对将来需要买进商品的价格进行保险的交易活动。

套期保值一般有两种形式，即空头套期保值和多头套期保值，前者是指在现货市场上买进而在期货市场上卖出的交易行为，后者则指在现货市场上卖出而在期货市场上买进的交易行为。

2. 投机。投机是指根据对期货市场的价格变动趋势的预测，甘愿利用自己的资金承担风险，进行买进或者卖出的期货交易，以期从价格波动中获取收益的行为。期货投机纯粹以获取收益为目的，主要利用价格波动时机在期货交易中获利。

投机与套期保值恰好相反，不是为了规避风险，而是接受或利用风险，投机不是要尽量减少损失，而是要最大限度地追求利润，期货价格的不断变动恰好为投机者追求利润提供了机会，换言之，期货投机行为是在期货市场上以获取价差收益为目的的期货交易行为。

3. 套利。套利是指在买入或卖出某种期货合约的同时，卖出或买入相关的另一种合约，并在未来某个时间同时将两种合约平仓，以期在价差发生有利变化时而获利的交易行为。

套利一般有跨期套利、跨市套利和跨商品套利三种。跨期套利是指买卖同一市场同种商品但不同到期月份的期货合约，利用不同到期月份合约的价差变动来获利的套利模式。跨市套利是指在某一期货市场买入（卖出）某一月份商品期货合约的同时，在另一市场卖出（买入）同种合约以期在有利时机对冲获利了结的方式。跨商品套利，是指买入某种商品某一月份期货合约的同时卖出另一相互关联商品相近交割月份期货合约，利用两种不同的但相互关联的商品之间的价格变动进行套利。

二、期货合约

（一）期货合约的概念与特点

我国《期货交易管理条例》表明，期货合约是指由期货交易所统一制定的、规定在将来某一特定的时间和地点交割一定数量和质量商品的标准化合约。根据合约标的物的不同，期货合约分为商品期货合约和金融期货合约两大类，前者的标的物包括农产品、工业品、能源等，后者的标的物包括外汇、利率、有价证券、股票指数等。

期货合约是期货交易的对象，具有如下特点：

1. 期货合约是标准化合约。期货合约的唯一变量是价格，合约中有关商品品种、数量、质量、等级、交货时间、交货地点等条款都是标准化的，且具有法律效力。期货合约的标准化便利了期货合约的连续买卖，使之具有很强的流动性，极大地简化了交易过程，降低了交易成本，提高了交易效率。

2. 期货合约的上市、修改和终止，均需经过监管部门的审批，这是强制性规定。

3. 期货合约是在期货交易所组织下成交的，具有法律效力，且价格也是在交易所通过公开竞价方式产生的，不允许私下交易。

4. 期货合约的履行由交易所担保，交易所是买方的卖方，卖方的买方。

5. 期货合约当事人的要约与承诺地位是变幻不定的，此时是要约人，彼时则可能是承诺人。

（二）期货合约的基本条款

期货合约既是标准化的，那么期货交易所为期货合约规定的标准化条款具有以下几项内容，以上海期货交易所天然橡胶期货期权合约为例（如表6所示）。

1. 合约名称。合约名称注明了该合约的品种名称及其上市交易所名称。

2. 交易单位与合约价值。交易单位是指在期货交易所交易的每手期货合约代表的标的物的数量。合约价值是指每手期货合约代表的标的物的价值。一般来说，商品期货合约的文本只列明其交易单位，而金融期货合约文本只列明其合约价值。

3. 报价单位。报价单位是指在公开竞价过程中对期货合约报价所使用的单位，即每计量单位的货币价格。

4. 最小变动单位。是指在期货交易所的公开竞价过程中，对合约每计量单位报价的最小变动值。在期货交易中，每次报价的最小变动数值必须是最小变动价位的整数倍。最小变动价位乘以交易单位就是该合约价值的最小变动值。

5. 每日价格最大波动限制。是指由期货交易所规定的、某种商品或者金融工具期货价格在每个交易日的交易价格最大允许涨跌幅度，也称每日"涨跌停板"限制，超过该涨跌幅度的报价将被视为无效，不能成交。涨跌停板幅度设计是为了限制当天价格波动，控制期货交易风险。

6. 合约交割月份。是指某种期货合约到期要交割的月份，由期货交易所规定，期货交易者可自由选择交易不同交割月份的期货合约。

7. 交易时间。期货合约的交易时间是固定的，每个交易所对交易时间都有严格规定，各交易品种的交易时间安排由交易所公告。我国交易时间一般为周一至周五，周六、周日及国家法定节假日休息。每个交易日分为上、下午两盘。

8. 最后交易日。是指某种期货合约在交割月份中进行交易的最后一个交易日，过了这个期限的未平仓期货合约，必须进行实物交割。

9. 交割日期。是指合约商品所有权进行转移，以实物交割方式了结未平仓合约的时间。

10. 交割等级。是指由期货交易所统一规定的，准许在交易所上市交易的合约商品的质量等级。期货交易所在制定合约商品的等级时，常常采用国内或国际贸易中最通用和交易量较大的标准品的质量等级为标准交割等级。

11. 交割地点。是指由期货交易所统一规定的，进行实物交割的指定交割仓库。由于在商品期货交易中大多涉及大宗实物商品的交割，因此统一指定交割仓库可以保证卖方交付的商品符合期货合约规定的数量与质量等级，保证买方收到符合期货合约规定的商品，防止商品在储存与运输过程中出现损坏现象。

12. 交易手续费。是指期货交易所按照成交合约金额的一定比例或按照成交合约张数收取的费用，不同的期货交易所具有不同的收费标准。

13. 交割方式。期货交易的交割方式分为实物交割和现金交割两种。商品期货通常采取实物交割或实物交割与现金交割相结合的方式，金融期货大多数采用现金交割方式。

14. 交易代码。为便于交易，每一期货品种都有交易代码，交易代码由英文字母和数字组成，它们分别代表交易的品种和该合约交割的年月。

表6　上海期货交易所天然橡胶期货期权合约

合约标的物	天然橡胶期货合约（10吨）
合约类型	看涨期权，看跌期权
交易单位	1手天然橡胶期货合约
报价单位	元（人民币）/吨
最小变动价位	1元/吨
涨跌停板幅度	与天然橡胶期货合约涨跌停板幅度相同
合约月份	与上市标的期货合约相同
交易时间	上午9：00-11：30、下午13：30-15：00及交易所规定的其他时间
最后交易日	标的期货合约交割月前一个月的倒数第五个交易日，交易所可以根据国家法定节假日等调整最后交易日
到期日	同最后交易日

续表

行权价格	行权价格覆盖天然橡胶期货合约上一交易日结算价上下浮动 1.5 倍当日涨跌停板幅度对应的价格范围。行权价格≤10 000 元/吨，行权价格间距为 100 元/吨；10 000 元/吨<行权价格≤25 000 元/吨，行权价格间距为 250 元/吨；行权价格>25 000 元/吨，行权价格间距为 500 元/吨
行权方式	美式。买方可在到期日前任一交易日的交易时间提交行权申请；买方可在到期日 15：30 之前提交行权申请、放弃申请
交易代码	看涨期权：RU-合约月份-C-行权价格 看跌期权：RU-合约月份-P-行权价格
上市交易所	上海期货交易所

三、期货交易制度

（一）期货交易法律制度

1. 保证金制度。是指期货交易者按照规定标准交纳的资金，用于结算和保证履约的一种制度安排。中国的保证金制度分为结算保证金和交易保证金，前者指会员为了交易结算，在交易所专用结算账户中预先准备的资金，是未被合约占用的资金；后者指会员在交易所专用账户中确保合约履行的资金，是已被合约占用的资金。

2. 涨跌停板制度。又称每日价格最大波动限制，是指期货合约在一个交易日中的交易价格不得高于或者低于规定的涨跌幅度，超出该涨跌幅度人的报价视为无效，不能成交的一种制度安排。在此制度下，前一交易日结算价加上允许的最大涨幅构成当日价格上涨的上限，是为涨停板；前一交易日结算价减去允许的最大跌幅构成当日价格下跌的下限，是为跌停板。涨跌停板的幅度有百分比和固定数量两种形式。

3. 持仓限额制度。持仓限额，是指期货交易所对期货交易者的持仓量规定的最高数额。此制度也叫限仓制度，是指交易所规定会员或客户可以持有的、按单边计算的某一合约投机头寸的最大数额的一种制度安排，目的在于防范操纵市场价格的行为和防止期货持仓风险过度集中于少数投资者。

4. 大户报告制度。是指当交易所会员或客户某品种某合约持仓达到交易所规定的持仓报告标准时，会员或客户应向交易所报告的一种制度安排，旨在控制交易风险，防止大户操纵市场。

5. 强行平仓制度。是指当交易所会员或客户的交易保证金不足并未在规定时间内补足，或当会员或客户的持仓量超出规定的限额，或当会员或客户违规时，交易所为了防止风险进一步扩大，将对其持有的未平仓合约进行强制性平仓处理的一种制度安排。

6. 强制减仓制度。是指交易所将当日以涨跌停板价申报的未成交平仓保单，以当日涨跌停板价与该合约净持仓盈利投资者按持仓比例自动撮合成交。

7. 套期保值制度。套期保值，是指投资者在交易中建立一个与现货交易方向相反、数量相等的交易头寸。套期保值制度也称套期保值头寸制度，是指交易所对于有大规模保值需求的交易者进行套期保值制度审核，经核准的保值者不再受原有持仓限额限制的一种制度安排。

8. 期货交割制度。是指当期货合约到期时，按照期货交易所的规则和程序，交易双方通过该合约所载标的物所有权的转移，或者按照规定结算价格进行现金差价结算，了结到期未平仓合约的一种制度安排，从交割方式上，期货交割可分为实物交割和现金交割两种。

9. 期货结算制度。期货结算是指交易所结算机构根据交易所公布的计算价格对会员和客户的交易盈亏状况进行的资金清算和划转。

10. 信息披露制度。是指期货交易所按有关规定定期公布期货交易有关信息的制度安排。

（二）期货交割法律制度

1. 交割的定义。我国《期货交易管理条例》规定，交割是指合约到期时，按照期货交易所的规则和程序，交易双方通过该合约所载标的物所有权的转移，或者按照规定结算价格进行现金差价结算，了结到期未平仓合约的过程。

2. 交割的分类。我国期货交割分实物交割和现金交割两种，其中商品期货可采实物交割，以股指期货为代表的金融期货采现金交割。实物交割又分为集中交割和滚动交割，前者是指所有到期合约在交割月份最后交易日后一次性集中交割，也称一次性交割；后者是指合约在进入交割月以后，在交割月第一交易日至最后交易日之间的规定时间也可以进行交割的交割方式。实物交割所发挥的作用，一是能促使商品期货价格和现货价格去向一致，二是通过交割，期货、现货两个市场得以实施相互联动，期货价格最终与现货价格趋于一致，使期货市场真正发挥价格晴雨表的作用。

3. 交割结算价。是指在进行交割时用于商品交收时所依据的基准价格，是实物交割商品计价的基础。不同的交易所，以及不同的实物交割方式，交割结算价的选取也不尽相同。

4. 交割风险。是指期货投资者可以在期货合约到期前对冲平仓，如果不能及时完成对冲平仓操作，就可能要承担交割义务，甚至产生交割违约责任。交割义务是指，买方交付货款、卖方交付标准仓单的义务。

产生交割风险的原因：其一，期货市场是以现货市场为基础的，基于现货市场资源的有限，过度的资金追逐有限的资源会导致价格扭曲从而产生价格大波动。其二，实物交割是以标准仓单的交付而实现的，标准仓单在形成过程中，交割仓库的管理、交割现货的质量、买卖双方的信用乃至运输、入库、验收等环节都易受多因素影响。其三，中国市场对标准仓单的认可度有限，故而其利用率和可流通性有限，市场效率因此可受影响。

5. 交割违约。主要指实物交割违约。对于买方而言，交割违约是指在规定交割期限内未解付货款或解付不足，对于卖方而言，交割违约是指在规定交割期限内未交付有效标准仓单，同时，卖方交付的商品不符合规定标准的也属于交割违约。

（三）期货仓单法律制度

1. 标准仓单。是指由期货交易所指定交割仓库按照交易所规定的程序签发的符合合约规定质量的实物提货凭证，需经过交易所注册后才生效，采用记名方式。

标准仓单具有如下法律性质：①是保管人向存货人出具的货物收据。②是仓储合同存在的证明。③是货物所有权的凭证，或曰物权凭证。④是提取和转让仓储物的凭证。标准仓单的特征是：①是有价证券。②是要式债券。③是物权证券。④是文义证券，权利义务以仓单的文字记载为准。标准仓单的主要用途为：用于在交易所履行到期合约的实物交割；充抵期货交易的保证金；为企业融资提供担保；标准仓单交易及标准仓单交易在交易所外转让等。

2. 标准仓单的分类。上海交易所与大连商品交易所中，标准仓单被分为仓库标准仓单和厂库标准仓单，前者是指由指定交割仓库完成入库商品验收、确认合格后，在交易所标准仓单管理系统中签发给货主的，用于提取商品的凭证，后者是指经过交易所批准的指定厂库按照交易所规定的程序签发的在交易所标准仓单管理系统生成的实物提货凭证。而在郑州商品交易所，标准仓单分为通用标准仓单和非通用标准仓单，前者是指标准仓单持有人按照交易所的规定和程序可以到仓单载明品种所在的交易所任一仓库或厂库选择提货的财产凭证，而后者是指仓单持有人按照交易所的规定和程序，只能到仓单载明的仓库或厂库提取所对应货物的财产凭证。

3. 标准仓单充抵保证金的规定。《期货交易管理条例》规定，经交易所批准，标准仓单、国债和其他价值稳定、流动性强的有价证券可以作为保证金。同时，《期货交易所管理办法》也规定，期货交易所可以接受经期货交易所认定的标准仓单充抵保证金，但是充抵的期限不得超过该有价证券的有效期限。标准仓单充抵保证金的，期货交易所以充抵日前一交易日该标准仓单对应品种最近交割月份期货合约的结算价为基准计算价值。

4. 标准仓单的融资。标准仓单具备的较高信用等级以及很好的流动性特点为其参与各类融资业务提供了方便。一般来说，仓单质押融资的运作模式有质押担保、信用担保、保税仓三种。

第二节　期货市场主体

★ 案例导入

投资者与期货公司交易系统故障[1]

【案情介绍】投资者 Z 于 2017 年在 D 期货公司开立期货账户。2018 年 3 月，Z 在进行期货合约交易时，因交易系统故障发现不能平仓，最终导致资金损失，遂与 D 公司发生纠纷，要求公司赔偿其损失。

在厦门证监局指导协调下，中证中小投资者服务中心调解员对该纠纷进行了调解。其一，在对双方争议焦点事实进行逐一核实后，调解员认为，在系统是否存在故障的问题上，按照谁主张谁举证的原则，投资者因未及时妥善保留相应证据，承担比较大的责任；而 D 公司客服人员在解答投资者问题时的表述同样存在瑕疵。其二，针对 D 公司提出的交易系统为期货交易所提供，客户网络对接的也是交易所的接口，客户损失责任不应由公司承担的辩解，调解员参考类似案件的法院判决，对相关责任分配问题进行了耐心细致的分析，指出交易系统是公司提供给投资者用于传达交易指令的工具，因此公司对投资者负有通知、协助、保护等合同附随义务，应当尽到善意勤勉的责任。

通过调解员系统的法律规定讲解和实践案例分析，D 公司表示意识到了自身问题所在，但对投资者主张的损失金额仍存在疑义。经调解员耐心协调，双方对损失金额基本达成共识，D 公司通过退还投资者账户部分留存手续费的形式，对投资者进行了补偿，纠纷得到圆满解决。

【典型意义】现今通过电脑、手机进行证券期货交易，已成为中小投资者的主要交易方式，交易系统故障引起的纠纷也已成为纠纷调解工作中一类重要案件类型。此类案件交易金额一般不大，但调解难度不小，主要因为系统故障发生时，投资者无法准确判断故障发生的原因，往往笼统认为是机构方的问题，情绪比较激动，且投资者证据保存意识不强，很少能提供证明故障发生的有力证据，导致调解的基础材料缺乏。

本案的成功调解，为后续类似案件处理提供了借鉴。在责任分配上，借鉴司法判例的做法，由于投资者相对处于弱势地位，在证据保存上确实存在困难，可考虑向投资者做适当倾斜。在赔偿形式上，因多数系统故障类案件涉及金额不大，考虑到机构财务制度等限制，机构在承担相应责任的基础上，可灵活运用多种方式对投资者进行补偿，更有利于调解协议的达成。同时，本案例也提示投资者，在遇到类

---

〔1〕　中国证监会官网：http://www.csrc.gov.cn/heilongjiang/xxfw/tzzsyd/201812/t20181204_ 347652. htm，最后访问时间：2020 年 7 月 10 日。

似情况时，应当提高证据保存意识，从而更好地维护自身权益。

一、期货交易所

（一）期货交易所的概念及其法律特征

期货交易所是标准化期货合约买卖的专门场所，依法设立，按照其章程和交易规则实行自律管理，以其全部财产承担民事责任的法人，其为期货交易提供场所和设施，组织和监督期货交易，本身不参与期货交易活动。

期货交易所具有以下法律特征：

1. 期货交易所是期货交易的法定场所。期货交易所具有规范的管理规定、交易规则，有完善的交易设施，良好的交易服务网络，以及规模较大的管理人员和从业人员，提供了期货交易服务的法定有形市场。我国《期货交易管理条例》（2017年修订）规定：期货交易应当在依法设立的期货交易所、国务院批准的或者国务院期货监督管理机构批准的其他期货交易场所进行。禁止在国务院期货监督管理机构批准的期货交易场所之外进行期货交易，禁止变相期货交易。

2. 期货交易所是依法设立的自律管理的法人。期货交易所依法设立，具有民事主体地位，具有法人资格，独立享有民事权利以及承担民事义务。我国《期货交易管理条例》第6条规定："设立期货交易所，由国务院期货监督管理机构审批。未经国务院期货监督管理机构批准，任何单位或者个人不得设立期货交易场所或者以任何形式组织期货交易及其相关活动。"我国《期货交易管理条例》第7条规定："……期货交易所以其全部财产承担民事责任。……"

3. 期货交易所既是期货交易的服务者，也是期货交易的监管者。期货交易所是期货市场秩序一线的监管者、违法违规行为的发现者，期货交易所的自律监管是期货市场监管体制中的重要组成部分。

（二）期货交易所的性质、组织形式及其职能

期货交易所的性质主要分为营利性和非营利性，通常由立法确定。我国《期货交易管理条例》第7条规定："期货交易所不以营利为目的，按照其章程的规定实行自律管理。……"

期货交易所一般有会员制期货交易所和公司制期货交易所两种组织形式，前者一般是由会员共同出资兴建的非营利性期货交易所，会员之间相互享有同等的权利和义务，世界上大多数著名期货交易所早期的组建都采取此种形式，我国上海期货交易所、大连商品交易所、郑州商品交易所都是会员制交易所；后者是由不同的股东出资成立，以股份有限公司或者有限责任公司为主要形式的法人，美国商品交易所有限公司（纽约）以及我国香港期货交易所有限公司是公司制交易所。

期货交易所作为专门进行标准化期货合约买卖的场所，其具备这些职能：①提供交易场所、设施及相关服务；②制定并实施业务规则；③设计合约、安排上市；④组织和监督期货交易；⑤监控市场风险；⑥保证合约履行；⑦发布市场信息；

⑧监管会员的交易行为；⑨监管指定交易仓库。

二、期货结算机构

（一）期货结算机构的概念及其职能

期货结算是指交易所结算机构或结算公司对会员和客户的交易盈亏进行计算，计算的结果作为收取交易保证金或追加保证金的依据。因此，期货结算机构是指根据期货交易所公布的结算价格对交易双方的交易结果进行资金清算和划转等业务的专门机构。

期货结算机构的主要职责为：登录编制（结算）会员的结账表；办理资金往来汇划业务；统计、登记和报告交易结算情况；处理会员交易中的账款纠纷；办理结算、交割业务；管理保证金、结算担保金；控制结算风险；监督期货保证金存管银行与交易所的期货结算业务等。因此，期货结算机构具备以下职能：

1. 结算期货交易盈亏。期货交易的盈亏结算包括平仓盈亏结算和持仓盈亏结算。平仓盈亏结算是当日平仓的总值与原持仓合约总值的差额的结算。

2. 担保交易履行。期货交易一旦成交，结算机构就承担起保证每笔交易按期履行的全部责任。交易双方并不发生直接关系，只和结算机构发生关系，结算机构起到替代作用。

3. 控制市场风险。结算机构作为结算保证金收取、管理的机构，承担起了控制市场风险的职责。通过对会员保证金的管理和控制，结算中心就把市场风险较为有效地控制在了可接受的范围内。

（二）期货结算机构的法律地位

当期货结算机构接受提交结算的期货交易时，其应当成为买方的卖方和卖方的买方，即成为中央对手方，替代继承原始交易对手在期货合同中的所有权利义务，以本人的名义直接对结算会员主张权利和承担义务，原始交易对手之间的义务关系因期货结算机构的介入替代而被解除。因此，从表面上看，期货合同买方是在向期货合同卖方购买标的资产，但实际上期货合同买方是在向期货结算机构购买标的资产，同样的期货合同卖方实际上也是在向期货结算机构出售标的资产，期货结算机构就成了事实上的买方的卖方及卖方的买方。

（三）期货结算机构的结算体系

结算机构通常采用会员制，只有结算机构的会员才能直接得到结算机构提供的服务，因此，期货交易结算的体系大体上可以分为两个层次：第一个层次是由结算机构对会员进行结算，第二个层次是由会员根据结算结果对其所代理的客户（即非结算会员）进行结算。

根据我国《期货交易管理条例》的规定，结算会员的结算业务资格由国务院期货监督管理机关批准。目前，我国四家期货交易所中，中国金融期货交易所采取的是分级结算制度，即期货交易所会员由结算会员和非结算会员组成，交易所对结算会员进行结算，结算会员对投资者或非结算会员进行结算。而郑州商品交易所、大连商品交易所和上海期货交易所采取的是非分级结算制度，即交易所会员不做结算会员和非结算会员的区分，交易所的会员既是交易会员，也是结算会员。

三、期货经纪公司

（一）期货经纪公司概述

期货经纪公司又称期货公司，是指依法设立、接受客户委托、按照客户的指令、以自己的名义为客户进行期货交易并收取交易手续费的中介组织，其交易结果由客户承担。期货经纪公司是交易者和交易所之间的桥梁和纽带，期货交易者的指令一般都是通过期货经纪公司在期货交易所内予以执行的。

（二）期货经纪公司的作用

期货经纪公司为期货投资者服务，它连接了期货投资者和期货交易所及其结算机构，其具备以下功能作用：

1. 期货经纪公司克服了期货交易中实行的会员交易制度的局限性，吸引更多交易者参与期货交易。

2. 经过期货经纪公司的中介作用，期货交易所可集中精力管理交易所会员，而把管理广大投资者的职能赋予期货经纪公司，使得期货交易所和期货经纪公司各司其职。

3. 期货经纪公司代理客户入市交易，代理客户办理买卖期货的各项手续，向客户介绍和揭示期货合约的内容、交易规则和风险，及时向客户报告指令执行情况或交易盈亏情况。

4. 对客户进行期货交易知识的培训，向客户提供市场信息、市场分析，提供咨询服务。

四、期货投资者

（一）期货投资者的分类

1. 按法人和自然人分类。在期货市场中，自然人投资者即个人投资者，而法人投资者即为机构投资者。狭义上的机构投资者是指用自有资金或者从分散的公众手中筹集资金专门进行投资活动的法人机构，广义上的机构投资者范围十分广泛，既可以是生产商、贸易商，也可以是金融机构、养老基金、对冲基金、期货投资基金及金融财团等。

我国期货市场尚未推行期货投资基金，期货投资者中机构投资者明显不足，这成为制约国内期货市场健康成长的因素之一。

2. 按交易目的分类。如此可分为套期保值者、期货投机者和期货套利者，他们既可能是公司、企业，也可能是个人。

（二）期货投资者相关法律法规简述

我国出台了不少与期货交易相关的法律法规，诸如中国证券监督管理委员会出台的《关于建立金融期货投资者适当性制度的规定》（2013）、《期货市场客户开户管理规定》（2012）、《期货投资者保障基金管理办法》（2016）等，就期货投资者进行了相关规定。

1. 投资者适当性制度。是指根据金融期货的产品特征和风险特性，区别投资者的产品认知水平和风险承受能力，选择适当的投资者审慎参与金融期货交易，并建立与之相适应的监管制度安排。《关于建立金融期货投资者适当性制度的规定》第8条规定："自然人投资者应当全面评估自身的经济实力、产品认知能力、风险控制能力、生理及心理承受能力等，审慎决定是否参与金融期货交易。法人投资者及其他经济组织从事金融期货交易业务，应当根据自身的经营管理特点和业务运作状况，建立健全内部控制和风险管理制度，对自身的内部控制和风险管理能力进行客观评估，审慎决定是否参与金融期货交易。"第9条第1款规定："投资者应当如实申报开户材料，不得采取虚假申报等手段规避投资者适当性标准要求。投资者提供虚假证明材料的，应当承担相应的责任。"

2. 客户开户管理规定。《期货市场客户开户管理规定》第8条规定，客户开户应当符合《期货交易管理条例》及中国证监会有关规定，并遵守实名制要求。具体要求：①个人客户应当本人亲自办理开户手续，签署开户资料，不得委托代理人代为办理开户手续。除中国证监会另有规定外，个人客户的有效身份证明文件为中华人民共和国居民身份证。②单位客户应当出具单位客户的授权委托书、代理人的身份证和其他开户证件。除中国证监会另有规定外，一般单位客户的有效身份证明文件为组织机构代码证和营业执照；证券公司、基金管理公司、信托公司和其他金融机构，以及社会保障类公司、合格境外机构投资者等法律、行政法规和规章规定的需要资产分户管理的特殊单位客户，其有效身份证明文件由监控中心另行规定。③期货经纪合同、期货结算账户中客户姓名或者名称与其有效身份证明文件中的姓名或者名称一致。④在期货经纪合同及其他开户资料中真实、完整、准确地填写客户资料信息。

3. 期货投资者保障基金。它是在期货公司严重违法违规或者风险控制不力等导致保证金出现缺口，可能严重危及社会稳定和期货市场安全时，补偿投资者保证金损失的专项基金。保障基金按照取之于市场、用之于市场的原则筹集，其规模应当与期货市场的发展状况、市场风险水平相适应，由中国证监会集中管理、统筹使用，其使用遵循保障投资者合法权益和公平救助原则，实行比例补偿。

五、我国期货市场其他主体

（一）期货监管机构

中国证券监督管理委员会期货监管部是对期货市场进行监管的职能部门，机构主要职能包括：拟订监管期货市场的规则、实施细则；依法审核期货交易所、期货结算机构的设立，并审核其章程和业务规则；审核上市期货、期权产品及合约规则；监管市场相关参与者的交易、结算、交割等业务活动；监管期货市场的交易行为；负责商品及金融场外衍生品市场的规则制订、登记报告和监测监管；负责期货市场功能发挥评估及对外开放等工作；牵头负责期货市场出现重大问题及风险处置的相关工作等。

中国证券监督管理委员会期货监管部下设综合处、交易所监管处、经纪公司监管处、境外期货监管处和市场分析处五个部门。

（二）期货行业自律机构

中国期货业协会成立于2000年12月29日，是根据《社会团体登记管理条例》成立的全国期货行业自律性组织，为非营利性的社会团体法人。协会的注册地和常设机构设在北京。协会接受中国证券监督管理委员会和社团登记管理机关中华人民共和国民政部的业务指导和监督管理。中国期货业协会是保障期货投资者利益、协调行业机构利益的重要工具，是"政府—协会—交易所"三级管理体系的重要组成部分，其会员由期货行业的从业机构和个人组成。

中国期货业协会的宗旨是：在国家对期货业实行集中统一监督管理的前提下，进行期货自律管理；发挥政府与期货业间的桥梁和纽带作用，为会员服务，维护会员的合法权益；坚持期货市场的公开、公平、公正，维护期货业的正当竞争秩序，保护投资者的合法权益，推动期货市场的规范发展。其职责主要包括：强化职业道德意识，规范会员的交易行为，保护客户的合法权益，审查专业机构和人员的从业资格，对从业机构的财务状况实施监督，监督从业机构执行规则的情况，为涉及期货交易的纠纷提供仲裁方便，培训并考核专业期货人员，向公众普及期货知识等。

第三节　期货交易所及其业务规则

★ 案例导入

中国四大期货交易所[1]

我国目前有四大期货交易所，交易所负责的期货类型也不尽相同，小金即将为大家揭开这四大交易所的神秘面纱，知道这些后，在期货交易中你就能更加地游刃有余啦。

1. 上海期货交易所。上海期货交易所是依照有关法规设立的，履行有关法规规定的职能，按照其章程实行自律性管理的法人，并受中国证监会集中统一监督管理。

上海期货交易所目前挂牌交易黄金、白银、铜、铝、锌、铅、螺纹钢、线材、燃料油、天然橡胶、石油沥青、热轧卷板、镍、锡等14种期货合约。上海上期商务服务有限公司、上海期货信息技术有限公司、上海期货与衍生品研究院有限公司和上海国际能源交易中心股份有限公司是上海期货交易所的下属子公司。

---

[1] 鑫励企服官网：http://www.shjge.com.cn/article-12-2804-1.html 最后访问时间：2020年7月10日。

上海期货交易所现有会员190多家（其中期货公司会员占比近75%），在全国各地开通远程交易终端1400多个。

2. 大连商品交易所。大连商品交易所（以下简称"大商所"）成立于1993年2月28日，是经国务院批准并由中国证监会监督管理的四家期货交易所之一，也是中国东北地区唯一一家期货交易所。

经中国证监会批准，目前上市交易的有玉米、玉米淀粉、黄大豆1号、黄大豆2号、豆粕、豆油、棕榈油、鸡蛋、纤维板、胶合板、线型低密度聚乙烯、聚氯乙烯、聚丙烯、焦炭、焦煤和铁矿石共计16个期货品种。

截至2016年末，大商所共有会员165家，指定交割库210个（按品种统计），2016年期货成交量和成交额分别达15.37亿手和61.41万亿元（成交量、成交额均为单边统计）。根据美国期货业协会（FIA）公布的全球主要衍生品交易所成交量排名，2015年大商所在全球排名第8位。

3. 郑州商品交易所。郑州商品交易所（以下简称"郑商所"）成立于1990年10月12日，是经国务院批准成立的国内首家期货市场试点单位，在现货交易成功运行两年以后，于1993年5月28日正式推出期货交易。1998年8月，郑商所被国务院确定为全国三家期货交易所之一，隶属于中国证券监督管理委员会垂直管理。

截至2016年底，郑商所共有会员196家，分布在全国26个省（市）、自治区。其中期货公司会员155家，占会员总数的79%；非期货公司会员41家，占会员总数的21%。

4. 中国金融期货交易所。中国金融期货交易所是经国务院同意，中国证监会批准，由上海期货交易所、郑州商品交易所、大连商品交易所、上海证券交易所和深圳证券交易所共同发起设立的交易所，于2006年9月8日在上海成立。目前，中国金融期货交易所正积极筹划推出股票指数期货、期权，并深入研究开发国债、外汇期货及期权等金融衍生产品。

一、期货交易所

（一）期货交易所的设立、变更与终止

1. 期货交易所设立的条件和程序。《期货交易管理条例》第6条和《期货交易所管理办法》第6条规定，设立期货交易所，由国务院期货监督管理机构即中国证监会审批。未经国务院批准或者国务院期货监督管理机构批准，任何单位或者个人不得设立期货交易场所或者以任何形式组织期货交易及其相关活动。《期货交易所管理办法》第7条规定经中国证监会批准设立的期货交易所，应当标明"商品交易所"或者"期货交易所"字样。其他任何单位或者个人不得使用期货交易所或者近似的名称。具体而言，在我国设立期货交易所应当符合以下条件：

第一，向中国证监会提交文件和材料：①申请书；②章程和交易规则草案；③期货交易所的经营计划；④拟加入会员或者股东名单；⑤理事会成员候选人或者董事会和监事会成员名单及简历；⑥拟任用高级管理人员的名单及简历；⑦场地、设备、资金证明文件及情况说明；⑧中国证监会规定的其他文件、材料。

第二，制定和提交期货交易所章程。期货交易所章程应当载明下列事项：①设立目的和职责；②名称、住所和营业场所；③注册资本及其构成；④营业期限；⑤组织机构的组成、职责、任期和议事规则；⑥管理人员的产生、任免及其职责；⑦基本业务制度；⑧风险准备金管理制度；⑨财务会计、内部控制制度；⑩变更、终止的条件、程序及清算办法；⑪章程修改程序；⑫需要在章程中规定的其他事项。

此外，会员制期货交易所章程还应当载明下列事项：①会员资格及其管理办法；②会员的权利和义务；③对会员的纪律处分。

第三，制定和提交期货交易所交易规则。期货交易所交易规则应当载明下列事项：①期货交易、结算和交割制度；②风险管理制度和交易异常情况的处理程序；③保证金的管理和使用制度；④期货交易信息的发布办法；⑤违规、违约行为及其处理办法；⑥交易纠纷的处理方式；⑦需要在交易规则中载明的其他事项。

公司制期货交易所还应当在交易规则中载明：①会员资格及其管理办法；②会员的权利和义务；③对会员的纪律处分。

第四，期货交易所应当具备明确的经营计划，且具备相应数量的会员（股东）、组织机构人员（理事会成员或者董事会和监事会成员）和高级管理人员，以及具备相应的场地、设备和资金等条件。

2. 期货交易所的变更和终止。就变更而言，《期货交易所管理办法》明确规定，期货交易所变更名称、注册资本的，应当事前向中国证监会报告。期货交易所的合并、分立或者变更组织形式，应当事前向中国证监会报告。期货交易所合并可以采取吸收合并和新设合并两种方式，合并前各方的债权、债务由合并后存续或者新设的期货交易所承继。期货交易所分立的，其债权、债务由分立后的期货交易所承继。未经中国证监会批准，期货交易所不得设立分所或者其他任何期货交易场所。关于终止问题，《期货交易所管理办法》第 17 条规定：期货交易所因下列情形之一解散：①章程规定的营业期限届满；②会员大会或者股东大会决定解散；③中国证监会决定关闭。期货交易所因前款第①项、第②项情形解散的，应当事前向中国证监会报告。同时，《期货交易所管理办法》第 18 条规定：期货交易所因合并、分立或者解散而终止的，由中国证监会予以公告。期货交易所终止的，应当成立清算组进行清算。清算组制定的清算方案，应当事前向中国证监会报告。

（二）期货交易所的组织机构

1. 权力机构。

（1）会员制期货交易所会员大会。会员制期货交易所设会员大会。会员大会是期货交易所的权力机构，由全体会员组成，其行使以下职权：审定期货交易所章程、交易规则及其修改草案；选举和更换会员理事；审议批准理事会和总经理的工作报告；审议批准期货交易所的财务预算方案、决算报告；审议期货交易所风险准备金使用情况；决定增加或者减少期货交易所注册资本；决定期货交易所的合并、分立、解散和清算事项；决定期货交易所理事会提交的其他重大事项；期货交易所章程规定的其他职权。

会员大会由理事会召集，每年召开一次，由理事长主持。召开会员大会，应当将会议审议的事项于会议召开 10 日前通知会员。临时会员大会不得对通知中未列明的事项作出决议。有下列情形之一的，应当召开临时会员大会：①会员理事不足期货交易所章程规定人数的 2/3；②1/3 以上会员联名提议；③理事会认为必要。

会员大会有 2/3 以上会员参加方为有效。会员大会应当对表决事项制作会议纪要，由出席会议的理事签名。会员大会结束之日起 10 日内，期货交易所应当将大会全部文件报告中国证监会。

（2）公司制期货交易所会员大会。公司制期货交易所设股东大会。股东大会是期货交易所的权力机构，由全体股东组成，其行使以下职权：审定期货交易所章程、交易规则及其修改草案；审议批准期货交易所的财务预算方案、决算报告；审议期货交易所风险准备金使用情况；决定增加或者减少期货交易所注册资本；决定期货交易所的合并、分立、解散和清算事项；选举和更换非由职工代表担任的董事、监事；审议批准董事会、监事会和总经理的工作报告；决定期货交易所董事会提交的其他重大事项；期货交易所章程规定的其他职权。

股东大会会议的召开及议事规则应当符合期货交易所章程的规定。会议结束之日起 10 日内，期货交易所应当将会议全部文件报告中国证监会。

2. 权力机构的常设机构。

（1）会员制交易所理事会。期货交易所设理事会，每届任期 3 年。理事会是会员大会的常设机构，对会员大会负责，其行使下列职权：召集会员大会，并向会员大会报告工作；拟订期货交易所章程、交易规则及其修改草案，提交会员大会审定；审议总经理提出的财务预算方案、决算报告，提交会员大会通过；审议期货交易所合并、分立、解散和清算的方案，提交会员大会通过；决定专门委员会的设置；决定会员的接纳和退出；决定对违规行为的纪律处分；决定期货交易所变更名称、住所或者营业场所；审议批准根据章程和交易规则制定的细则和办法；审议结算担保金的使用情况；审议批准风险准备金的使用方案；审议批准总经理提出的期货交易所发展规划和年度工作计划；审议批准期货交易所对外投资计划；监督总经理组织实施会员大会和理事会决议的情况；监督期货交易所高级管理人员和其他工作人员遵守国家有关法律、行政法规、规章、政策和期货交易所章程、交易规则及其实施细则的情况；组织期货交易所年度财务会计报告的审计工作，决定会计师事务所的聘用和变更事项；期货交易所章程规定和会员大会授予的其他职权。

理事会的召开。理事会会议至少每半年召开一次。每次会议应当于会议召开 10 日前通知全体理事。有下列情形之一的，应当召开理事会临时会议：1/3 以上理事联名提议；期货交易所章程规定的情形；中国证监会提议。理事会召开临时会议，可以另定召集理事会临时会议的通知方式和通知时限。理事会会议应当由理事本人出席。理事因故不能出席的，应当以书面形式委托其他理事代为出席；委托书中应当载明授权范围。每位理事只能接受一位理事的委托。理事会会议须有 2/3 以上理事出席方为有效，其决议须经全体理事 1/2 以上表决通过。理事会应当对会议表决事项作成会议记录，由出席会议的理事和记录员在会议记录上签名。理事会会议结束之日起 10 日内，理事会应当将会议决议及其他会议文件报告中国证监会。

理事会的组成。理事会由会员理事和非会员理事组成；其中会员理事由会员大会选举产生，非会员理事由中国证监会委派。理事会设理事长 1 人、副理事长 1 至 2 人。理事长、副理事长的任免，由中国证监会提名，理事会通过。理事长不得兼任总经理。理事会可以根据需要设立监察、交易、结算、交割、会员资格审查、纪律处分、调解、财务和技术等专门委员会。各专门委员会对理事会负责，其职责、任期和人员组成等事项由理事会规定。

（2）公司制期货交易所董事会和监事会。期货交易所设董事会，每届任期 3 年。董事会对股东大会负责，其行使下列职权：召集股东大会会议，并向股东大会报告工作；拟订期货交易所章程、交易规则及其修改草案，提交股东大会审定；审议总经理提出的财务预算方案、决算报告，提交股东大会通过；审议期货交易所合并、分立、解散和清算的方案，提交股东大会通过；监督总经理组织实施股东大会和董事会决议的情况；决定专门委员会的设置；决定会员的接纳和退出；决定对违规行为的纪律处分；决定期货交易所变更名称、住所或者营业场所；审议批准根据章程和交易规则制定的细则和办法；审议结算担保金的使用情况；审议批准风险准备金的使用方案；审议批准总经理提出的期货交易所发展规划和年度工作计划；审议批准期货交易所对外投资计划；监督期货交易所高级管理人员和其他工作人员遵守国家有关法律、行政法规、规章、政策和期货交易所章程、交易规则及其实施细则的情况；组织期货交易所年度财务会计报告的审计工作，决定会计师事务所的聘用和变更事项；期货交易所章程规定和股东大会授予的其他职权。

董事会的召开。董事会会议的召开和议事规则应当符合期货交易所章程的规定。董事会会议结束之日起 10 日内，董事会应当将会议决议及其他会议文件报告中国证监会。

董事会的组成。期货交易所设董事长 1 人，副董事长 1 至 2 人。董事长、副董事长的任免，由中国证监会提名，董事会通过。董事长不得兼任总经理。董事会可以根据需要设立监察、交易、结算、交割、会员资格审查、纪律处分、调解、财务和技术等专门委员会。各专门委员会对董事会负责，其职责、任期和人员组成等事项由董事会规定。期货交易所应当设独立董事。独立董事由中国证监会提名，股东大会通过。期货交易所可以设董事会秘书。董事会秘书由中国证监会提名，董事会通过。

期货交易所设监事会，每届任期 3 年。监事会成员不得少于 3 人。监事会设主席

1 人，副主席 1 至 2 人。监事会主席、副主席的任免，由中国证监会提名，监事会通过。监事会行使下列职权：①检查期货交易所财务；②监督期货交易所董事、高级管理人员执行职务行为；③向股东大会会议提出提案；④期货交易所章程规定的其他职权。监事会会议的召开和议事规则应当符合期货交易所章程的规定。监事会会议结束之日起 10 日内，监事会应当将会议决议及其他会议文件报告中国证监会。

3. 高级管理人员。

（1）会员制期货交易所高级管理人员。期货交易所设总经理 1 人，副总经理若干人，均由中国证监会任免，总经理是期货交易所的法定代表人，也是当然理事，每届任期 3 年，连任不得超过两届。总经理因故临时不能履行职权的，由总经理指定的副总经理代其履行职权。期货交易所任免中层管理人员，应当在决定之日起 10 日内向中国证监会报告。

总经理行使下列职权：组织实施会员大会、理事会通过的制度和决议；主持期货交易所的日常工作；根据章程和交易规则拟订有关细则和办法；决定结算担保金的使用；拟订风险准备金的使用方案；拟订并实施经批准的期货交易所发展规划、年度工作计划；拟订并实施经批准的期货交易所对外投资计划；拟订期货交易所财务预算方案、决算报告；拟订期货交易所合并、分立、解散和清算的方案；拟订期货交易所变更名称、住所或者营业场所的方案；决定期货交易所机构设置方案，聘任和解聘工作人员；决定期货交易所员工的工资和奖惩；期货交易所章程规定的或者理事会授予的其他职权。

（2）公司制期货交易所高级管理人员。期货交易所设总经理 1 人，副总经理若干人，均由中国证监会任免。总经理每届任期 3 年，连任不得超过两届，其是期货交易所的法定代表人，应当由董事担任。期货交易所任免中层管理人员，应当在决定之日起 10 日内向中国证监会报告。总经理因故临时不能履行职权的，由总经理指定的副总经理代其履行职权。总经理行使的职权除了"组织实施股东大会、董事会通过的制度和决议"与会员制期货交易所总经理不一样外，其余职能均相同，最后还行使期货交易所章程规定或者董事会授予的其他职权。

二、期货交易所会员管理制度

（一）交易所会员管理概述

《期货交易管理条例》和《期货交易所管理办法》规定，期货交易所会员应当是在中华人民共和国境内登记注册的企业法人或者其他经济组织。取得期货交易所会员资格，应当经期货交易所批准。期货交易所批准、取消会员的会员资格，应当向中国证监会报告。期货交易所应当制定会员管理办法，规定会员资格的取得与终止的条件和程序、对会员的监督管理等内容。

根据不同的分类标准，可以对会员进行分类。根据交易所组织结构的不同，期货交易所会员可以分为会员制期货交易所会员和公司制期货交易所会员。按照业务范围的不同，全员结算制度的期货交易所会员由期货公司会员和非期货公司会员组成。按照结算体系的不同，实行会员分级结算制度的期货交易所会员由结算会员和非结算会员组成，结算会员由交易所结算会员、全面结算会员和特别结算会员组成。

（二）期货交易所会员管理

1. 会员的权利和义务。以上海期货交易所、郑州商品交易所和大连商品交易所三家为代表的会员制期货交易所，其会员享有下列权利：参加会员大会，行使选举权、被选举权和表决权；在期货交易所从事规定的交易、结算；按规定转让会员资格；联名提议召开临时会员大会；按照期货交易所章程和交易规则行使申诉权；期货交易所章程规定的其他权利。会员制期货交易所会员应当履行下列义务：遵守国家有关法律、行政法规、规章和政策；遵守期货交易所的章程、交易规则及其实施细则及有关决定；按规定缴纳各种费用；执行会员大会、理事会的决议；接受期货交易所监督管理。公司制期货交易所会员享有下列权利：在期货交易所从事规定的交易、结算和交割等业务；使用期货交易所提供的交易设施，获得有关期货交易的信息和服务；按照交易规则行使申诉权；期货交易所交易规则规定的其他权利。

此外，会员应当履行相应的义务：遵守国家有关法律、行政法规、规章和政策；遵守期货交易所的章程、交易规则及其实施细则及有关决定；按规定缴纳各种费用；会员制期货交易所会员应执行会员大会、理事会的决议；接受期货交易所监督管理。

2. 会员资格取得的条件。根据《上海期货交易所会员管理办法》（2008）规定，申请成为上海期货交易所会员应当具备下列条件：①中华人民共和国境内的企业法人或者其他经济组织；②承认并遵守交易所的章程、交易规则及其实施细则；③申请期货公司会员的，注册资本不低于3000万元；申请非期货公司会员的，注册资本不低于1000万元；④具有良好的信誉和经营历史，近3年内无严重违法行为记录或被期货交易所除名的记录；⑤具有健全的组织机构和财务管理制度及完善的期货业务管理制度；⑥具有取得期货从业资格的人员、固定的经营场所和必要设施；⑦申请期货公司会员的，应当持有中国证监会核发的《期货经纪业务许可证》；⑧中国证监会和交易所规定的其他条件。

正式取得交易所会员资格后，会员拥有一个场内交易席位。

3. 会员资格转让、变更与终止。根据《期货交易所管理办法》的规定，会员制期货交易所会员享有"按规定转让会员资格"的权利，因此，会员资格是可以流转的，但是具体的转让批准流程，由期货交易所做出规定。以上海期货交易所为例，《上海期货交易所会员管理办法》（2008）规定，"经批准，会员资格可以转让。禁止以发包、出租、抵押等方式私下转让会员资格或交易席位"。

（1）转让方和受让方主体。以郑州商品交易所为例，《郑州商品交易所会员管理办法》（2020）中规定："转让方应当是实际缴纳了会员资格费并享有相应财产权利的交易所会员。"上海期货交易所和大连商品期货交易所的会员管理办法虽未涉及此内容，但是有理由认为，实践中仍以类似的原则界定和确认转让方和受让方。

（2）会员资格转让的程序。以郑州商品交易所为例，《郑州商品交易所会员管理办法》（2020）中规定：申请会员资格转让的，转让方应当向交易所提交会员资格转让申请书，受让方应当按照规定向交易所提交入会申请书和相关资料。经自律管理委员会预审并报理事会批准后，交易所对转让、受让双方发出批准转让的书面通知、转让、受让双方在接到交易所批准转让的书面通知后，应当向交易所提交双方签订的《会员资格转让协议书》并办理会员资格变更手续。自接到交易所批准转让的书面通知之日起 30 个工作日内，转让方应当办理完毕如下事项：①了结期货、期权合约持仓；②结清在交易所内的全部债权与债务；③退还各种票据和交易所颁发的各种证件；④办理专用资金账户的销户手续；⑤退还交易所的各种交易设施；⑥按规定应当办理的其他事项。受让方接到交易所批准转让的书面通知后，按照规定办理相关入会手续，逾期未办的，视为放弃受让会员资格。受让方必须在转让方办理完退场手续后方能进场交易。交易所根据批准通知及入退会手续，将转让方的会员资格权益（会员资格费）调整至受让方名下，并颁发会员证书。此外，兼并会员的法人或者与会员合并后新设立的法人承继会员资格的，应当向交易所提出申请，经交易所理事会审查批准，方可承继会员资格。会员资格发生变化，交易所应当报告中国证监会。

（3）会员资格不得转让的情形。以郑州商品交易所为例，《郑州商品交易所会员管理办法》（2020）中规定，会员存在以下情况之一的，会员资格不得转让：①因经济纠纷、违法或者犯罪接受国家有关部门立案调查处理期间，但国家有关部门依法拍卖或者强制转让的除外；②涉嫌违规，被交易所立案调查期间；③因违法、违规被交易所处以通报批评、暂停期货或期权业务等处罚不满 3 个月的；④与交易所发生债务纠纷尚未了结的；⑤会员资格权益被国家执法机构依法冻结的。需要说明的是，不同交易所对此的规定略有不同，例如上海期货交易所和大连商品期货交易所还规定了"取得交易所会员资格未满 1 年的"也禁止转让会员资格。

（4）会员资格的取消。以大连商品交易所为例，《大连商品交易所会员管理办法》（2018）规定，会员存在下列情况之一的，经理事会批准，可以取消其会员资格：①被中国证监会吊销期货经纪业务许可证或被宣布为"市场禁止进入者"的；②将席位全部或者部分以出租或者承包等形式交由其他机构和个人使用的；③资金、人员和设备严重不足，管理混乱，经整顿无效的；④拒绝执行会员大会或理事会决议的；⑤无正当理由连续 3 个月不做交易的；⑥其他违反国家法律、法规、规章和严重违反交易所章程及有关规定的。会员被取消会员资格或放弃会员资格后，必须在 30 个工作日内办理完毕下列事项：①通过平仓、移仓等方式了结各合约持仓；②结清与交易所的全部债权与债务；③退还各种票据和交易所颁发的各种证件；④办理专用资金账户的销户手续；⑤退还交易所提供的各种交易设备；⑥按规定应当办理的其他事项。逾期未了结持仓，交易所将于到期日下一个交易日对该会员实施强制平仓；未结清与交易所的债务的，交易所将在清退会员资格费前从会员资格费中扣除，会员资格费不足以结清与交易所债务的，交易所保留继续追索的权利；

其他未办事项由交易所按有关规定办理。

第四节　期货经纪公司及其法律规则

一、期货公司的准入条件

（一）期货公司的经营范围

根据《期货交易管理条例》规定，期货公司业务实行许可制度，由国务院期货监督管理机构按照其商品期货、金融期货业务种类颁发许可证。期货公司除申请经营境内期货经纪业务外，还可以申请经营境外期货经纪、期货投资咨询以及国务院期货监督管理机构规定的其他期货业务。期货公司不得从事与期货业务无关的活动，法律、行政法规或者国务院期货监督管理机构另有规定的除外，也不得从事或者变相从事期货自营业务，同时不得为其股东、实际控制人或者其他关联人提供融资，不得对外担保。

（二）期货公司设立基本条件

期货公司从事经纪业务，接受客户委托，以自己的名义为客户进行期货交易，交易结果由客户承担。因此，期货公司属于期货中介机构，未经国务院期货监督管理机构批准，任何单位和个人不得委托或者接受他人委托持有或者管理期货公司的股权。根据《期货交易管理条例》规定，申请设立期货公司，应当符合《中华人民共和国公司法》的规定，并具备下列条件：①注册资本最低限额为人民币 3000 万元；②董事、监事、高级管理人员具备任职条件，从业人员具有期货从业资格；③有符合法律、行政法规规定的公司章程；④主要股东以及实际控制人具有持续盈利能力，信誉良好，最近 3 年无重大违法违规记录；⑤有合格的经营场所和业务设施；⑥有健全的风险管理和内部控制制度；⑦国务院期货监督管理机构规定的其他条件。

国务院期货监督管理机构根据审慎监管原则和各项业务的风险程度，可以提高注册资本最低限额，而且注册资本应当是实缴资本。股东应当以货币或者期货公司经营必需的非货币财产出资，货币出资比例不得低于 85%。此外，国务院期货监督管理机构应当在受理期货公司设立申请之日起 6 个月内，根据审慎监管原则进行审查，作出批准或者不批准的决定。

再有，申请设立期货公司，还应当具备下列条件：①具有期货从业人员资格的人员不少于 15 人；②具备任职资格的高级管理人员不少于 3 人。

（三）期货公司的股东条件

根据《期货公司监督管理办法》规定，期货公司主要股东为法人或者非法人组织的，应当具备下列条件：①实收资本和净资产均不低于人民币 1 亿元；②净资产不低于实收资本的 50%，或有负债低于净资产的 50%，不存在对财务状况产生重大不确定影响的其他风险；③具备持续盈利能力，持续经营 3 个以上完整的会计年度，最近 3 个会计年度连续盈利；④出资额不得超过其净资产，且资金来源真实合法，不得以委托资金、负债资金等入股期货公司；⑤信誉良好、公司治理规范、组织架构清晰、股权结构透明，主营业务性质与期货公司具有相关性；⑥没有较大数额的到期未清偿债务；⑦近 3 年未因重大违法违规行为受到行政处罚或者刑事处罚；⑧未因涉嫌重大违法违规正在被有权机关立案调查或者采取强制措施；⑨近 3 年作为公司（含金融机构）的股东或者实际控制人，未有滥用股东权利、逃避股东义务等不诚信行为；⑩不存在中国证监会根据审慎监管原则认定的其他不适合持有期货公司股权的情形。

期货公司主要股东为自然人的，除应当符合上述第④项、第⑥项至第⑩项规定的条件外，还应当具备下列条件：①个人金融资产不低于人民币 3000 万元；②信誉良好，不存在对所投资企业经营失败或重大违法违规行为负有直接责任未逾 3 年的情形。间接持有期货公司 5%以上股权的自然人应当符合前述规定。

另外，期货公司控股股东、第一大股东除应当符合前述所有规定的条件外，还应当具备下列条件：①净资本不低于人民币 5 亿元；股东不适用净资本或者类似指标的，净资产不低于人民币 10 亿元；②在技术能力、管理服务、人员培训或营销渠道等方面具有较强优势；③具备对期货公司持续的资本补充能力，对期货公司可能发生风险导致无法正常经营的情况具有妥善处置的能力；④中国证监会根据审慎监管原则规定的其他条件。

最后，期货公司主要股东、控股股东、第一大股东为境外股东的，除具备期货公司主要股东为法人或者非法人组织以及自然人所应具备的条件以外，还应当具备下列条件：①依其所在国家或者地区法律设立、合法存续的金融机构；②近 3 年各项财务指标及监管指标符合所在国家或者地区法律的规定和监管机构的要求；③所在国家或者地区具有完善的期货法律和监督管理制度，其期货监管机构已与中国证监会签订监管合作备忘录，并保持有效的监管合作关系；④期货公司外资持股比例或者拥有的权益比例，累计（包括直接持有和间接持有）不得超过我国期货业对外或者对我国香港特别行政区、澳门特别行政区和台湾地区开放所作的承诺，境外股东应当以可自由兑换货币或者合法取得的人民币出资；⑤中国证监会根据审慎监管原则规定的其他条件。

二、期货公司治理

（一）期货公司治理及其重要性

期货市场是进行期货交易的场所，既是商品现货市场的延伸，又是金融衍生工具的高级形态之一，它虽是高度组织化和高度规范化的市场形式，但是仍以高风险著称，所以，对于期货市场中的参与主体期货公司而言，健全公司治理与健全风险管理，同样十分重要。

根据《期货公司监督管理办法》的规定，期货公司应当按照明晰职责、强化制衡、加强风险管理的原则，建立并完善公司治理。期货公司与其股东、实际控制人及其他关联人在业务、人员、资产、财务等方面应当严格分开，独立经营，独立核算。未依法经期货公司股东会或者董事会决议，期货公司股东、实际控制人不得任免期货公司的董事、监事、高级管理人员，或者非法干预期货公司经营管理活动。期货公司向股东、实际控制人及其关联人提供服务的，不得降低风险管理要求。《期货公司分类监管规定》就把公司治理作为体现对各种风险的控制能力和管理能力的主要评价指标，此外，《期货公司风险监管指标管理办法》也同样明确，期货公司应当建立与风险监管指标相适应的内部控制制度及风险管理制度，建立动态的风险监控和资本补充机制，确保净资本等风险监管指标持续符合标准。

由此可见，建立健全期货公司治理架构是不可或缺的，主要包括：明细期货公司"三会"制度，完善董事会、监事会的监督职能，明确公司的组织架构，坚持营业部"四统一"的管理原则等。

（二）期货公司股东的权利义务

1. 期货公司股东的知情权。期货公司有下列情形之一的，应当立即书面通知全体股东或进行公告，并向住所地中国证监会派出机构报告：①公司或者其董事、监事、高级管理人员因涉嫌违法违规被有权机关立案调查或者采取强制措施；②公司或者其董事、监事、高级管理人员因违法违规行为受到行政处罚或者刑事处罚；③风险监管指标不符合规定标准；④客户发生重大透支、穿仓，可能影响期货公司持续经营；⑤发生突发事件，对期货公司或者客户利益产生或者可能产生重大不利影响；⑥其他可能影响期货公司持续经营的情形。此外，中国证监会及其派出机构对期货公司及其分支机构采取《期货交易管理条例》第55条第2款、第4款或者第56条规定的监管措施或者作出行政处罚，期货公司应当书面通知全体股东或进行公告。

2. 期货公司股东的告知义务。期货公司主要股东或者实际控制人出现下列情形之一的，应当主动、准确、完整地在3个工作日内通知期货公司：①所持有的期货公司股权被冻结或者被强制执行；②质押或解除质押所持有的期货公司股权；③决定转让所持有的期货公司股权；④不能正常行使股东权利或者承担股东义务，可能造成期货公司治理的重大缺陷；⑤股权变更或者业务范围、经营管理发生重大变化；⑥董事长、总经理或者代为履行相应职务的董事、高级管理人员等发生变动；⑦因国家法律法规、重大政策调整或者不可抗力等因素，可能对公司经营管理产生重大不利影响；⑧涉嫌重大违法违规被有权机关调查或者采取强制措施；⑨因重大违法违规行为受到行政处罚或者刑事处罚；⑩变更名称；⑪合并、分立或者进行重大资产、债务重组；⑫被采取停业整顿、撤销、接管、托管等监管措施，或者进入解散、破产、关闭程序；⑬其他可能影响期货公司股权变更或者持续经营的情形。期货公司主要股东发生前款规定情形的，期货公司应当自收到通知之日起3个工作日内向期货公司住所地中国证监会派出机构报告。期货公司实际控制人发生前述第⑧项至第⑫项所列情形的，期货公司应当自收到通知之日起3个工作日内向中国证监会及住所地派出机构报告。

三、期货公司的股东会、董事会、监事会

（一）股东会

期货公司股东会应当按照《公司法》和公司章程，对职权范围内的事项进行审议和表决。股东会每年应当至少召开一次会议。期货公司股东应当按照出资比例或者所持股份比例行使表决权。

（二）董事会

期货公司应当设立董事会，并可以设立独立董事，但是该独立董事不得在期货公司担任董事会以外的职务，不得与本期货公司存在可能妨碍其作出独立、客观判断的关系。

（三）监事会

期货公司应当按照《公司法》的规定设立监事会或监事，切实保障监事会和监事对公司经营情况的知情权。

四、期货公司业务规则

★ 案例分析

2013 年期货行业违法违规典型案例：伪造他人身份开户及借助对敲交易方式盗取受害人银行账户资金

【基本案情】2013 年 3 月 21 日，上海某期货营业部业务员通过网络结识一名自称"姚某"的男子要求开立期货账户。随后，该业务员依约在某咖啡馆与其碰头，核对其身份证信息，留存其影像资料及结算银行账户信息及开通银期转账业务的书面委托书，与其签订《期货经纪合同》。当日，该营业部为"姚某"开立期货账户，并代为申请开通银期转账业务。2013 年 3 月 29 日下午，上海期货交易所通知该营业部其客户"姚某"账户交易异常，该营业部再与"姚某"联系时，其预留手机已处于关机状态。与此同时，另一"姚某"致电该营业部，诉称其银行账户数万资金被莫名转入该营业部银行账户。经调查核实，"姚某"开立期货账户使用的身份证和银行卡均系伪造。3 月 29 日 14 时许，假"姚某"通过银期转账系统，将真"姚某"银行账户 9 万余元全部转入其冒名开立的期货账户，并在极短时间内通过对敲交易转移并迅速提现。

【案情剖析】这是一起通过伪造他人身份开户及借助对敲交易方式盗取受害人银行账户资金的新型高智商案件。嫌疑人非法获取他人身份与银行账户信息，熟知期货市场实名制审核和银期直通车业务之漏洞，通过对敲交易远期不活跃合约成功盗取他人银行账户资金。实名制审核系期货经营机构的法定义务，实名制审核瑕疵与受害人的损失是否具有因果关系，需由司法机关认定。但毋庸质疑，期货经营机构面临一定的诉讼风险。

【监管要求】辖区各家期货经营机构应高度重视开户环节合规，严格履行实名制

审核和风险揭示等法定义务，有效规避相关法律风险，切实维护投资者合法权益；同时，审慎评估银期直通车业务之风险，建立与之相适应的内部控制制度和风险管理机制，在实名制实质性审核之前，建议审慎开展该项业务，防范类似风险，共同促进期货市场健康发展。

（一）期货公司业务规则的一般规定

期货公司应当建立并有效执行风险管理、内部控制、期货保证金存管等业务制度和流程，有效隔离不同业务之间的风险，确保客户资产安全和交易安全，并且应当按照规定实行投资者适当性管理制度，建立执业规范和内部问责机制，了解客户的经济实力、专业知识、投资经历和风险偏好等情况，审慎评估客户的风险承受能力，提供与评估结果相适应的产品或者服务，还应当向客户全面客观介绍相关法律法规、业务规则、产品或者服务的特征，充分揭示风险，并按照合同的约定，如实向客户提供与交易相关的资料、信息，不得欺诈或者误导客户。期货公司应充分了解和评估客户风险承受能力，加强对客户的管理。

此外，期货公司应当在营业场所公示业务流程。期货公司应当提供从业人员资格证明等资料供客户查阅，并在本公司网站和营业场所提示客户可以通过中国期货业协会网站查询；应当具有符合行业标准和自身业务发展需要的信息系统，制定信息技术管理制度，按照规定设置信息技术部门或岗位，保障信息系统安全运行；应当承担投资者投诉处理的首要责任，建立、健全客户投诉处理制度，公开投诉处理流程，妥善处理客户投诉及与客户的纠纷；应当建立数据备份制度，对交易、结算、财务等数据进行备份管理。期货公司应当妥善保存客户资料，除依法接受调查和检查外，应当为客户保密。客户资料保存期限不得少于20年。

（二）期货经纪业务规则

需要明确的是，期货公司并非可以接受任意人的委托，《期货公司监督管理办法》明确规定，期货公司不得接受下列单位和个人的委托，为其进行期货交易：①国家机关和事业单位；②中国证监会及其派出机构、期货交易所、期货保证金安全存管监控机构、中国期货业协会工作人员及其配偶；③期货公司工作人员及其配偶；④证券、期货市场禁止进入者；⑤未能提供开户证明材料的单位和个人；⑥中国证监会规定的不得从事期货交易的其他单位和个人。

此外，期货公司应当遵守包括但是不限于如下的期货交易与经纪业务规则：

1. 期货公司应当履行的职责与法定义务。①期货公司在为客户开立期货经纪账户前，应当向客户出示《期货交易风险说明书》，由客户签字确认，并签订期货经纪合同。②期货公司应当建立交易指令委托管理制度，并与客户就委托方式和程序进行约定。③期货公司应当在传递交易指令前对客户账户资金和持仓进行验证，并应当按照时间优先的原则传递客户交易指令。④期货公司应当制定并执行错单处理业务规则。

2. 期货公司禁止实施行为。①期货公司不得未经客户委托或者未按客户委托内容，擅自进行期货交易，且期货公司从业人员不得未经过其依法设立的营业场所私下接受客户委托进行期货交易。②期货公司不得为未签订《期货经纪合同》的客户开立账户。③期货公司及其从业人员不得向客户做获利保证。④期货公司不得隐瞒重要事项或者使用其他不正当手段诱骗客户发出交易指令。⑤期货公司不得混淆每个客户单独的专门账户和交易码，不得将客户未注销的资金账号和交易编码借给他人使用。

（三）期货投资咨询业务规则

期货公司可以依法从事期货投资咨询业务，接受客户委托，向客户提供风险管理顾问、研究分析、交易咨询等服务，但是应当与客户签订服务合同，明确约定服务内容、收费标准及纠纷处理方式等事项。

同时，《期货公司监督管理办法》明确，期货公司及其从业人员从事期货投资咨询业务，不得有下列行为：①向客户做出保证其资产本金不受损失或者取得最低收益的承诺；②以虚假信息、市场传言或者内幕信息为依据向客户提供期货投资咨询服务；③对价格涨跌或者市场走势做出确定性的判断；④利用向客户提供投资建议谋取不正当利益；⑤利用期货投资咨询活动传播虚假、误导性信息；⑥以个人名义收取服务报酬；⑦法律、行政法规和中国证监会规定禁止的其他行为。

（四）期货资产管理业务规则

期货公司可以依法从事资产管理业务，接受客户委托，运用客户资产进行投资。投资收益由客户享有，损失由客户承担，但是应当与客户签订资产管理合同，通过专门账户提供服务。

（五）客户资产保护规则

客户的保证金和委托资产属于客户资产，归客户所有，因此，客户资产应当与期货公司的自有资产相互独立、分别管理，若非因客户本身的债务或者法律、行政法规规定的其他情形，不得查封、冻结、扣划或者强制执行客户资产。期货公司应当在期货保证金存管银行开立期货保证金账户。期货公司开立、变更或者撤销期货保证金账户的，应于当日向期货保证金安全存管监控机构备案，并通过规定方式向客户披露账户开立、变更或者撤销情况。此外，期货公司破产或者清算时，客户资产不属于破产财产或者清算财产。

第五节　期货市场监管及法律责任制度

★ 案例导入

姜为操纵期货市场案

【基本案情】

2014 年 10 月至 12 月，为操纵期货市场甲醇 1501 合约价格，被告人姜为通过成都某化工材料有限公司大量囤积甲醇现货，以反作用于期货市场；利用资金及持仓优势，通过实际控制的 42 个期货账户，以连续交易、回转交易、分仓买入等方式，大量违规交易甲醇 1501 合约。截至 12 月 16 日，被告人姜为实际控制的 42 个账户，累计动用资金 4.1 亿余元，持有甲醇 1501 合约买仓 27 517 手，占市场全部买仓的 76.04%，致使甲醇 1501 合约价格明显出现异常波动。12 月 17 日至 19 日，被告人姜为实际控制的账户因持仓量大，出现资金链断裂，被期货公司强制平仓，引发市场一度出现恐慌性抛盘，导致甲醇 1501 合约价格出现连续 3 个跌停板单边市，跌幅达 19%。部分中小投资者难以及时平仓，造成大面积亏损，部分期货公司出现大范围穿仓。

【裁判结果】

成都市中级人民法院认为，被告人姜为集中资金优势、持仓优势，连续买卖甲醇 1501 合约，操纵期货交易价格，使该期货合约价格产生异常波动，市场供求关系不能得到真实反映，严重影响了期货市场价格发现、规避风险等功能的有效发挥，不仅损害了期货投资者的合法利益，也对期货市场正常交易秩序产生了严重影响，其行为已构成操纵期货市场罪，且情节严重。被告人姜为明知他人已报案而在公司等待抓捕，构成自首，可以从轻或减轻处罚。成都市中级人民法院遂依法判处姜为有期徒刑 2 年 6 个月，并处罚金人民币 100 万元。一审宣判后，姜为不服提起上诉。四川省高级人民法院二审裁定：驳回上诉，维持原判。

【典型意义】

本案是全国法院判决的首起操纵商品期货市场案，在期货市场产生较大影响，媒体关注度高。证监会高度重视并积极评价本案的审理情况，宣判后，专程到成都就本案进行调研。2017 年 4 月，在证监会关于操纵期货市场行为认定标准的研讨会上，本案是重点分析的案例之一，也是唯一的刑事案例，最高人民法院、最高人民检察院、公安部等部门的参会人员也高度评价本案的审理情况。该判决，从法律效果来讲，为今后审理此类案件提供了参考，对最高人民法院制定有关操纵期货市场罪司法解释具有参考价值。从社会效果来讲，可以警示试图操纵期货市场的投资者，敬畏市场、尊重规律、遵守法律，否则将付出沉痛的代价，从而促进期货市场平稳有序发展。从政治效果来讲，本案彰显了国家打击金融犯罪的信心与决心，体现了法院为社会经济健康发展保驾护航的重要作用，对维护国家资本市场的安全、稳定与繁荣具有积极意义。

一、期货市场监督管理制度概述

（一）期货市场监管的必要性

期货市场存在大量最终导致资源配置低效率的市场失灵问题，这使得期货市场原本价格发现及规避风险的功能不能有效发挥，而这些期货市场的局限性其本身无法予以克服，从而为政府介入期货市场提供了正当性和合理性。期货市场监管的必要性主要体现在以下几个方面：

1. 避免期货市场信息失灵。期货市场功能发挥所面临的绝大多数障碍都与信息失灵有着一定的关联，鉴于信息非对称状态，一般中小投资者在期货交易中经常处于被动地位，而大机构投资者则可以利用其信息优势逃避监管，追求自身利益的最大化。因此，政府应当承担起克服期货市场信息不完全性和非对称性的重任，制定并执行强制性的信息披露制度，为所有投资者创造均等获取各类信息的市场环境。

2. 防止期货市场垄断和操纵。期货市场上的垄断者通过控制一定数量的期货合约，间接控制了该期货合约的市场价格，在人为造势中牟取暴利。因此，需要监管者界定此类行为并给予惩处和限制以维护市场的秩序，确保期货市场的透明度。

3. 防止过度投机和非理性投机。期货交易属于杠杆性信用交易，只需要缴纳少量保证金就可以进行大额交易，决定了期货交易便利投机的特性，从而使得很多投资者容易产生过度投机行为。因此，期货市场监管者有责任界定和限制有损于公平和效率的过度投机和非理性投机行为，并通过适当的政府干预来稳定市场并抑制过度波动。

4. 防范系统性风险。期货交易的保证金制度的严格执行是期货市场财务完整性的保证，但是保证金制度常常受到侵蚀，从而诱发违约风险。为了避免单个市场主体的违约引发系统性风险，有效的保证金管理与监控非常必要。

（二）期货市场监管的基本原则

我国《期货交易管理条例》明确，从事期货交易活动，应当遵循公开、公平、公正和诚实信用的原则，禁止欺诈、内幕交易和操纵期货交易价格等违法行为。因此，期货市场监管最基本、最核心的原则是"三公"原则，即公开、公平、公正。

（三）期货市场不当行为

期货市场不当行为是指有损期货市场质量和投资者信心的行为。世界各国期货法或者期货交易法将期货市场不当行为概括为操纵市场、内幕交易、欺诈客户、虚假陈述等行为。

操纵市场是指背离自由竞争和供求关系确定期货价格，迫使他人交易期货的行为，以此制造虚假交易信息，牟取非法利益。

内幕交易是指期货交易内幕信息的知情者或者非法获取期货交易内幕信息的人员，在涉及期货交易或者对其他期货的价格有重大影响的信息尚未公开前，进行期货交易或者将该信息泄露给他人，或者根据该信息建议他人进行期货交易的行为。内幕信息，是指可能对期货交易价格产生重大影响的尚未公开的信息，包括：国务院期货监督管理机构以及其他相关部门制定的对期货交易价格可能发生重大影响的政策，期货交易所作出的可能对期货交易价格发生重大影响的决定，期货交易所会员、客户的资金和交易动向以及国务院期货监督管理机构认定的对期货交易价格有显著影响的其他重要信息。

欺诈客户是指期货公司及其从业人员在期货交易及其相关活动中，违背委托人的真实意思从事代理行为，以及诱导客户委托其代理进行期货交易的行为。

虚假陈述是指对期货交易相关活动的事实、性质、前景、法律等事项作出不实、严重误导或者含有重大遗漏的任何形式的表述，诱导或者致使投资者在不了解事实真相的情况下作出期货投资决定的行为。

二、我国期货市场监管体系架构

★ 案例分析

期货行政监管案例

【案例1】关于对上海中期期货股份有限公司采取责令改正监管措施的决定（行政监管措施〔2017〕105号）

上海中期期货股份有限公司：

经查，你公司存在以下违规行为：一是印章管理混乱，违反了《期货公司监督管理办法》第35条、第46条的规定。二是北京营业部向投资者宣传资产管理计划预期收益率，不符合《证券期货经营机构私募资产管理业务运作管理暂行规定》第3条第10项的规定，违反了《期货公司监督管理办法》第68条第8项的规定。三是苏州营业部存在从业人员代理客户从事期货交易的情况，不符合《期货从业人员执业行为准则（修订）》第12条、《期货从业人员管理办法》第14条第8项的规定，反映出你公司对从业人员执业行为的内部管控存在漏洞，违反了《期货公司监督管理办法》第46条的规定。

根据《期货公司监督管理办法》第87条、《证券期货经营机构私募资产管理业务运作管理暂行规定》第12条的规定，我会决定对你公司采取责令改正监督管理措施。你公司应当于2018年2月底前完成整改，并将整改报告呈请所在辖区证监局报送我会，我会将组织检查验收。

如果对本监督管理措施不服，可以在收到本决定书之日起60日内向我会提出行政复议申请，也可以在收到本决定书之日起6个月内向有管辖权的人民法院提起诉讼。复议和诉讼期间，上述监督管理措施不停止执行。

中国证监会

2017年12月28日

【案例2】关于对吴××采取出具警示函监管措施的决定（行政监管措施〔2017〕121号）

吴××：

经查，作为期货从业人员，你存在以个人名义接受客户委托并代理客户从事期货交易的情形，不符合《期货从业人员执业行为准则（修订）》第12条的规定，违反了《期货从业人员管理办法》第14条第8项的规定。

根据《期货从业人员管理办法》第29条的规定，我会决定对你采取出具警示函的监督管理措施。

如果对本监督管理措施不服，可以在收到本决定书之日起 60 日内向我会提出行政复议申请，也可以在收到本决定书之日起 6 个月内向有管辖权的人民法院提起诉讼。复议和诉讼期间，上述监督管理措施不停止执行。

中国证监会

2017 年 12 月 28 日

（一）中国证监会行政监管

对我国期货市场履行行政监管职责的是中国证监会及其各派出机构（即各地证监局），中国证监会对期货公司的日常监管主要内容和手段有：投资者保证金安全监管；净资本监管；法人治理和内部控制监管；董事、监事和高级管理人员监管；期货经纪业务监管；等等。

另外，中国期货保证金监控中心有限责任公司发现并报告期货保证金风险状况。中国期货市场监控中心有限责任公司（简称中国期货监控，原中国期货保证金监控中心，于 2015 年 4 月正式更名）是经国务院同意，中国证监会决定设立，于 2006 年 3 月成立的非营利性公司制法人。其股东单位有上海期货交易所、中国金融期货交易所、郑州商品交易所以及大连商品交易所。中国期货市场监控中心的业务接受中国证监会的指导、监督和管理。现有主要职能是：①期货市场统一开户；②期货保证金安全监控；③为期货投资者提供交易结算信息查询；④期货市场运行监测监控；⑤宏观和产业分析研究；⑥期货中介机构监测监控；⑦代管期货投资者保障基金；⑧商品及其他指数的编制、发布；⑨为监管机构和期货交易所等提供信息服务；⑩期货市场调查；⑪协助风险公司处置。

（二）中国期货业协会行业监管

我国于 2000 年成立了中国期货业协会，是全国性期货行业自律性组织，为非营利性的社会团体法人，由期货公司等从事期货业务的会员、期货交易所特别会员、地方期货协会联系会员组成，主要接受中国证监会的业务指导和管理。其主要负责：①制定和推出行业自律规则和标准；②资格管理与行业培训；③期货市场"维稳"和信息技术安全保障；④调查研究；⑤投资者教育。

（三）期货交易所自律监管

我国三家商品期货交易所和一家金融期货交易所承担了对会员的自律监管职责。期货交易所的设立宗旨是为期货交易培育良好的市场环境，促进期货市场的正常运行，因此其需要行使一线监管机构的自律监管权，主要体现在以下几个方面：①市场准入监管；②交易日常监管；③处罚违规行为；④解决争议等。

（四）其他机构的社会性监管

在期货市场中，有会计师事务所、律师事务所、资产评估机构等社会中介服务机构，通过出具审计报告、法律意见书、资产评估报告等，不仅处理期货公司的信息，而且对期货公司起着社会监督的作用。我国《期货交易管理条例》第61条明确"会计师事务所、律师事务所、资产评估机构等中介服务机构向期货交易所和期货公司等市场相关参与者提供相关服务时，应当遵守期货法律、行政法规以及国家有关规定，并按照国务院期货监督管理机构的要求提供相关资料"。第76条更是规定"会计师事务所、律师事务所、资产评估机构等中介服务机构未勤勉尽责，所出具的文件有虚假记载、误导性陈述或者重大遗漏的，责令改正，没收业务收入，暂停或者撤销相关业务许可，并处业务收入1倍以上5倍以下的罚款。对直接负责的主管人员和其他直接责任人员给予警告，并处3万元以上10万元以下的罚款"。如此，在客观上这些社会中介服务机构起到了监督的作用。

三、期货法律责任

（一）期货法律责任的概念及现状

完备的期货法律责任制度包括期货民事、刑事和行政法律责任制度，通过设置这些责任制度，不仅可以使违法行为受到行政或刑事责任制裁，而且通过追究侵权行为者的民事赔偿责任，可以有效地规范市场参与主体的行为，充分保护投资人合法权益，因此，这些制度是保证期货市场健康稳健运行的基石。

我国期货交易市场发展起步较晚，但是发展迅速，期货立法滞后的问题比较突出。目前我国期货市场已经形成了以行政法规、部门规章为纵向联系的法律框架，证监会、期货业协会、期货交易所三层次的市场监管体系也初步形成，《刑法》对期货违法犯罪行为也进行了规制。但是到目前为止我国尚无一部能够起到横向联系和纽带作用的、完整的期货法律，对期货市场禁止行为尚无法律进行系统性地规制，对诸如操纵市场、期货内幕交易等期货侵权行为民事责任的承担并没有统一立法。因此，目前民事责任承担的主要依据是最高人民法院发布的司法解释，但其效力位阶较低，采用列举式规定也难以穷尽期货市场中的各种侵权行为，对于期货侵权行为的赔偿责任的规定也不够明确，由此可见，我国期货法律责任制度的完善任重而道远。

（二）期货法律责任的种类

根据违法行为的性质和危害程度不同。期货法律责任可以分为刑事法律责任、行政法律责任和民事法律责任。

1. 刑事法律责任。期货刑事法律责任是指刑事法律规定的，因实施期货犯罪行为而产生的，由司法机关强制犯罪者承受的形式惩罚或单纯否定性法律评价的负担。我国《刑法》分则第三章"破坏社会主义市场经济秩序罪"中第四节"破坏金融管理秩序罪"比较集中地规定了有关证券、期货犯罪和应承担的刑事责任。这些犯罪行为包括：①擅自设立金融机构罪；伪造、变造、转让金融机构经营许可证、批准文件罪；②内幕交易、泄露内幕信息罪；③利用未公开信息交易罪；④编造并传播证券、期货交易虚假信息罪；⑤诱骗投资者买卖证券、期货合约罪；⑥操纵证券、期货市场罪；⑦挪用资金罪；⑧挪用公款罪；⑨背信运用受托财产罪。

2. 行政法律责任。期货行政法律责任是指期货行政法律关系主体因为违反期货行政法律规范而应承担的行政法上的否定性、不利的法律后果。期货行政法律责任的承担方式有行政处分和行政处罚。行政处分是指国家机关、企事业单位、社会团体对其内部成员违反行政法纪的行为而给予的惩戒。包括警告、记过、记大过、降职、撤职、开除等六种形式。行政处罚是指行政机关及授权机关对违反行政法律、法规、规章，尚不构成犯罪的公民、法人或其他组织实施的制裁行为。按照《期货交易管理条例》和相关行政法规的规定，对期货行政违法行为的行政处罚机关是中国证监会。处罚的对象主要是违反相关法律法规的期货法律关系当事人以及非法从事期货活动的单位和个人。处罚的方式主要有：警告；罚款；责令改正、责令停业整顿；暂停或者撤销相关业务许可；取缔；没收非法所得以及对责任人给予行政处罚，如：撤销任职资格或者从业资格；禁止有关责任单位或人员一定期限直至终身进入期货业。

3. 民事法律责任。民事法律责任是指民事法律关系主体违约或不履行其他法定和约定义务所应承担的法律后果。期货民事法律责任制度具有对义务履行的担保、对违反义务人的制裁和对损害的补偿等功能，其是保障期货法律关系主体民事权利义务实现的法律手段。由于我国没有统一的《期货交易法》，人民法院审理期货纠纷案件，适用《民法通则》《合同法》《民事诉讼法》《侵权责任法》以及《最高人民法院关于审理期货纠纷案件若干问题的规定》《最高人民法院关于审理期货纠纷案件若干问题的规定（二）》《最高人民法院、最高人民检察院关于办理操纵证券、期货市场刑事案件适用法律若干问题的解释》，同时依照国务院颁布的《期货交易管理条例》，参照证监会颁布的《期货交易所管理办法》《期货公司监督管理办法》等部门规章。2020 年 5 月 28 日，十三届全国人大三次会议表决通过了《中华人民共和国民法典》，自 2021 年 1 月 1 日起施行。届时，《民法通则》《担保法》《合同法》《物权法》《侵权责任法》《民法总则》同时废止，人民法院审理期货纠纷案件所适用的法律渊源将有所变化。承担民事责任的主要方式有：停止侵害、排除妨碍、返还财产、恢复原状、支付违约金、赔偿损失等。其中，支付违约金和赔偿损失是期货活动中承担民事责任的主要方式。违约金是指期货合约当事人因故意或过失未能履行或未能完全履行合约义务时，根据法律规定或者合约约定而向对方支付的一定数额的货币。违约金分为法定违约金和约定违约金。赔偿损失是指合约当事人因主观过错而违约，并给对方造成财产损害，违约方依期货合约约定及受害方请求，给付相应的财产，作为对受害方所受损失的补救。赔偿损失必须以过错违约并造成损失为构成要件。赔偿额的确定以实际损失为限。包括直接损失和间接损失。

★ 本章小结

期货法是经济法的重要组成部分，是市场经济立法的重要内容。通过本章的学习，学生要了解期货交易的法律特征和基本内容，掌握期货交易的基本制度，了解期货市场的主体以及其性质和组织形式，掌握期货交易所和期货公司的基本法律实务，了解我国的期货市场监管制度以及掌握期货市场的法律责任制度。

【技能训练】　研讨期货委托理财合同纠纷案

目标：熟练掌握期货经纪业务的相关法律规定，培养学生法律意识和相关法律知识的实际操作能力。

内容：找一个××诉期货公司委托理财合同纠纷案例，研讨相关的法律知识点。

步骤和要求：

（1）学生分组，在裁判文书网找一份期货委托理财合同纠纷案例判决书；

（2）分析该判决书中的基本事实，找出所涉期货经纪业务争议焦点；

（3）认真研究争议焦点的本质问题，针对期货经纪业务规则进行理解；

（4）教师总结，学生写出心得体会。

【实践活动】　开展期货市场监察现状的市场调研

目的：使学生掌握期货法律法规的相关规定，培养学生熟练运用期货法律法规知识的能力，提高学生处理期货法律纠纷的实践水平。

内容：学生分组，开展期货市场监察现状的市场调研。

要求：结合期货法规知识，调研实践中期货交易所、期货公司以及期货业协会对期货交易以及各期货市场参与主体的监察现状，包括但不限于通过网站调研、问卷调查、人物访谈等形式，对调研中的监察情况加以总结和分析，指出其中的法律意义与法律漏洞，写出调研报告。

★ **本章练习**

1. 简述期货交易所应当履行的职责。
2. 目前中国期货公司的基本设立条件是什么？
3. 简述期货市场不当行为的形式和概念。
4. 简述期货民事、刑事和行政法律责任的概念和基本形式。
5. 期货公司股东需要满足的条件是什么？

★ **参考文献**

1. 巫文勇：《期货与期货市场法律制度研究》，法律出版社2011年版。
2. 刘健、曲峰主编：《期货法律基础》，高等教育出版社2016年版。
3. 曲峰：《中国期货法律实务》，法律出版社2010年版。
4. 罗孝玲主编：《期货与期权》，高等教育出版社2016年版。
5. 石榴红主编：《期货、期权理论与实务》，科学出版社2016年版。

-------- 第十二章 --------

金融信托法

 **学习目标**

知识目标:

　　本章主要系统地讲述信托业的发展背景、我国信托法规定、信托制度以及部分国外的信托制度及其发展,并介绍信托法中的基本法律概念、法律特征等,使学生在本章学习中能够掌握我国信托法及信托业的基础法律知识与基本社会认识。

能力目标:

　　通过掌握我国信托法以及信托法律制度的基本知识,运用所积累的法律基础,对信托案例以及热点信托问题进行讨论,培养发现和解决问题的能力,拥有能够处理常见的信托纠纷与信托事务的知识储备与技能。

第一节　信托法基本理论

★ 案例导入

美国的洛克菲勒家族财富传承

　　从洛克菲勒家族神话的创始人约翰·戴·洛克菲勒算起,这个美国首屈一指的财富家族已经繁盛了6代。约翰·戴维森·洛克菲勒（John Davison Rockefeller,简称“老洛克菲勒”）,标准石油（Standard Oil）的创始人,是美国第一个财富达到10亿美元的富豪,他所积累的财富至今仍然在为家族服务,现在这一家族已经走到了第六代。假如老洛克菲勒活到今天,他的财富将比全球前十大富豪的总资产还多10%。这些惊人的财富除了用于慈善,大部分都被他传给了儿子小洛克菲勒。小洛克菲勒又分别在1934年、1952年设立一系列信托,分别把财富传给妻子、子女和孙辈。在信托委员会和别名“5600房间”的家族办公室的打理下,老洛克菲勒当年积累的财富已经传递到家族第六代成员。

一、信托的概念

（一）英国的信托概念

信托是英美法系的独特产物，是英国人对世界法律体系做出的重大贡献。英国的法学家梅特兰曾说，"如果有人要问英国人在法学领域取得的最大成就是什么，那就是历经数百年发展起来的信托理念，我相信再也没有比这更好的答案了"。英国中世纪僵硬的封建地产制度孕育出了最初的"尤斯制"（Use），由于尤斯制得不到普通法的保护，当事人转向衡平法院（大法官法院）寻求保护。在普通法法院和衡平法院二元对立的司法体制下，"尤斯制"得到衡平法院的保护，并逐渐成长为衡平法中的重要制度。信托制度是英美法系中一项重要的法律制度。它是随着英国衡平法的发展而成长起来的。虽然人们普遍认为现代意义上的信托的产生源自于英国，但是在英国的现行法律体系中，并没有对"信托"这一词汇进行立法层次上的概括。在英国的司法实务中，这一概念由英国法学家 D. J. Hayton 所写的一本权威信托法著作定义，在这本书中，将信托规定为一项衡平法义务，它约束一个人（称为受托人）为某些人（称为受益人，受托人可能是其中之一）的利益处分他所控制的财产（称为信托财产），任何一位受益人都可以强制实施这项义务。受托人的任何行为或疏忽如未得到信托文件条款或者法律的授权或豁免，均构成违反信托。[1] 这是一本不断再版的信托法权威著作，该书提出了这个定义后，1945 年得到英国高等法院的承认，1959 年得到上诉法院的承认，随后为英国司法界所采用。

（二）美国的信托概念

美国的信托制度是从英国传入，最早诞生在纽约，最初美国的信托业是以经营动产和不动产为主。在第二次工业革命期间，经济社会发展与资本运作的逐步成熟导致社会融资需求急剧增长，但当时的商业银行的借贷却无法满足越来越强烈的社会融资需求，因此，经营金融业务的信托公司随之出现。此外，美国比英国更早诞生了以营利为目的的法人受托，这一时间足足早了 50 多年。由于经济的发展，同时由于美国的国民性比较活泼，美国在信托制度上有了很多创新，如首次使用（比英国早将近 80 年）法人受托人。法人受托人的出现导致了信托公司和银行信托部的迅速发展，繁荣了信托业，这是对信托的最大贡献。在这样的历史背景下，美国的信托制度发展至今颇为健全。美国的《信托法第二次重述》（Restatement of the law, second, trusts 1959）在其第 2 条款中明确规定信托为：信托法重述所指的信托，在没有"慈善""回归""推定"等限制词的情况下，是指一种有关财产的信赖关系（fiduciary relationship），其产生于一种设立信托的明示意图，一人享有财产的法定所有

---

[1] David J. Hayton, *Law of trusts and Trutees*, London：Butterworths, 1995, p. 4.

权并负有衡平法上的义务，为另一人的利益处分该财产。[1]

（三）日本的信托概念

日本在 20 世纪初出现了办理信托业务的机构。日本的信托制度引进自美国，效仿美国的信托制度，设立信托公司。第一次世界大战爆发后，日本战时工业发展很快，信托公司数量也急剧增加，到 1919 年竟达到 488 家。如此众多的信托公司，多数资本较少，而且不少是放高利贷或干其他骗人的勾当，从而给社会带来了很大的危险性。政府为保护民众利益，于 1922 年同时颁布了《信托法》和《信托业法》，并据此对信托业进行整顿，淘汰了一大批的中小信托机构。在二战后，日本又效仿美国，推出"兼营法"，允许信托机构改组为信托银行，但是其核心业务依然是信托业务，并一直存续至今。[2] 日本的信托概念在其 1922 年 4 月 21 日颁布的《信托法》第 1 条中就明确：本法所称的信托，是指基于财产权转让或其他处分行为，要求他人遵照一定的目的而管理或处分财产。[3]

（四）我国的信托概念

我国《信托法》第 2 条规定："本法所称信托，是指委托人基于对受托人的信任，将其财产权委托给受托人，由受托人按委托人的意愿以自己的名义，为受益人的利益或者特定目的，进行管理或者处分的行为。"

我国现行的《信托法》于 2001 年 4 月 28 日通过并颁布，并于同年 10 月 1 日起生效实施。《信托法》共 7 章 74 条。7 章分别为总则、信托的设立、信托财产、信托当事人、信托的变更与终止、公益信托和附则。除《信托法》外，我国重要的信托立法还有：《信托公司管理办法》《信托公司集合资金信托计划管理办法》《信托业保障基金管理办法》《信托公司净资本管理办法》。因此，我国的信托立法体系包括了信托基本法与信托业法。信托基本法是规定信托基本关系的法律规范，其规范内容包括何为信托财产、确定信托当事人（委托人、受托人、受益人）的资格及相互之间的权利义务、区分信托的类别、规定信托的设立和终止等。信托业法是针对金融信托机构，规定金融信托机构的组织及其日常运作、工作监督等的法律规范。其内容包括信托机构的性质、业务范围、组织形式、设立条件及程序、变更、终止、经营规则、监督管理等。

在这里值得一提的是，有关我国的信托概念的解释问题，目前仍然存在着学术分歧。其分歧在于法律条文表述模糊，回避敏感问题。在制定《信托法》时，考虑

---

〔1〕 A trust, as the term is used in the Restatement of this Subject, when not qualified by the word "charitable" "resulting" or "constructive", is a fiduciary relationship with respect to property, subjecting the person by whom the title to the property is held to equitable duties to deal with the property for the benefit of another person, which arises as a result of a manifestation of an intention to create it.

〔2〕 李伟民：《金融大辞典》，黑龙江人民出版社 2002 年版，第 1903 页。

〔3〕 日本《信托法》第 1 条规定（1922 年 4 月 21 日法律第 62 号；1923 年 7 月 1 日实施；1922 年敕令 512；1947 年法 223 号修订）。

我国法律传统和人们理财观念的接受程度，在"信托"定义中使用"委托给"的概念，模糊了传统信托中关于委托人应将设立信托的财产"转移给"受让人的法律属性。这一改变似乎并无大碍，但是实际上，"委托"一词忽略了信托真正的含义，即委托人将其信托财产权转移给受让人，受让人必须拥有对信托财产的管理或者处分的权利才能成立信托行为。但是在《信托法》的其他规定中，均反映出了财产权的实际转移这一实际含义，唯独在解释"信托"这一概念时使用了"委托"一词。这是各位读者学习本章时应当注意的地方。

二、信托的特征

（一）目的性

信托设立目的是信托成立的要素之一。信托的目的是处分、经营、管理信托财产的唯一目的。遵循信托目的使用信托财产是受托人的最基本的职业道德操守、法律义务与法律责任。受托人禁止以任何方式利用其身份进行不正当处分行为，其行为必须谨慎、尽职，不得损害信托财产与信托利益。

（二）连续性

信托设立生效后，当事人任何一方都不得随意解除已经合法成立的信托关系，信托目的也不得随意、擅自修改变动，在其目的实现之前不得任意终止信托关系。在受托人因死亡、解散、破产、丧失行为能力、辞职等事由而停止其信托事务的情况下，信托关系也不得随之消灭，应当依据原先约定的信托文件的规定或者相关法律规定任命新的受托人，继续信托事务。

（三）多边性

信托一旦成立，必然涉及委托人、受益人、受托人三方主体。委托人是该多边性法律关系的起点，受托人是基于委托人所表达的信托目的而以自己的名义管理处分信托财产。受益人是信托关系的终点，受益人按照信托文件或者法律法规的规定取得信托利益，使信托目的得以实现。

（四）以信任为基础

信托涉及多方主体、多方利益，财产的权属关系比起普通的民事关系更为复杂。因此，如果信托各方彼此缺乏信任关系，将会导致信托财产的管理处分不当，引发信托财产的损毁灭失，或者出现其他纠纷致使信托目的无法实现。因此，信任是信托存续的必要基础，所有的信托关系都必须建立在信任的基础之上。

（五）以财产性权利为基础

信托关系几乎可以说是围绕着信托财产展开的，其财产权利自始至终发挥着基础性的作用。在这个过程中，财产的所有权、使用权、支配权等权利的转让与归属都成为信托关系与其他普通财产关系截然不同的地方。

三、信托法律关系

信托业务，是指信托投资公司以营业和收取报酬为目的，以受托人身份承诺信托和处理信托事务的经营行为。这种经营行为因被《信托法》及相关法律调整形成了信托法律关系，简言之，所谓信托法律关系，是指经信托法调整，在信托当事人之间形成的信托权利与信托义务关系。[1] 信托法律关系和一般的法律关系一样，包括主体、客体和内容。

（一）信托法律关系的主体

信托法律关系主体或称信托关系人，是指能够参与信托法律关系，依法享有权利和承担义务的当事人，包括委托人、受托人和受益人。根据《信托法》第24条的规定，受托人应当是具有完全民事行为能力的自然人、法人。法律、行政法规对受托人的条件另有规定的，从其规定。

受益人和委托人可以是同一人，也可以不是同一人；受托人可以是受益人，但不是同一信托的唯一受益人。事实上，在以商事信托为主要信托形式的今天，委托人往往就是受益人，二者具有高度的重合性。

（二）信托法律关系的客体

信托法律关系的客体，是指信托法律关系主体的权利和义务所一致指向的对象，也即得以产生信托法律关系的信托财产。法律、行政法规禁止流通的财产，不得作为信托财产；法律、行政法规限制流通的财产，依法经有关主管部门批准后，可以作为信托财产。

（三）信托法律关系的内容

信托法律关系的内容，是指信托关系人（即委托人、受托人和受益人）所享有的权利和承担的义务。

四、信托当事人

信托当事人是组成信托关系中的各方当事人，又称信托关系人，他是指根据法律规定或者按照各方约定享有信托权益，承担信托义务的信托关系的各个主体。他主要包括委托人、受托人与受益人。

（一）委托人

委托人是指通过将自己的合法财产委托给他人进行管理与处分，从而设立信托的人，委托人是信托成立的首要前提。

委托人应当是具有完全民事行为能力的自然人，法人或者其他组织。无民事行为能力人、限制民事行为能力人不得成为委托人。委托人可以是一个人，也可以是数人，因此，在信托制度中有存在共同委托人的情况，即两人以上的委托人可以出于共同的信托目的而设立一个信托或者进行同一个信托行为。此外，应当注意的是，在同一个信托关系中，委托人可以兼为受益人。

委托人是信托关系中的一个极其重要的主体，主要拥有以下权利：

（1）知情权。委托人作为成立信托关系的发起者，由委托人将其合法财产对外进行委托，出于对信托财产的保护，委托人对信托财产的管理、运用、处分等事项

---

〔1〕　罗艾筠、刘洁:《金融法理论与实务》，人民邮电出版社2011年版，第244页。

具有知情权，以实现对信托财产的监督。委托人有权了解具体运作信息、收支情况，并且有权要求受托人作出必要的解释。此外，委托人有权查阅、抄录或复制与其信托财产有关的信托账目以及信托事务的文件。

（2）变更信托财产管理方式。在信托成立之后，信托财产的管理权已经归属受托人，委托人一般不得干涉其正常的运营活动。但是在特殊情形下，比如因不能预见的特别事由，导致原先确立的信托财产管理方法不利于实现信托目的或者继续维持有可能损害信托当事人的利益时，委托人可以提出要求重新变更信托财产的管理方式。

（3）撤销权。撤销权是当受托人的处分行为将会或者已经影响实现信托目的或者损害受益人利益时，委托人可以要求撤销该行为。在该行为被撤销后，该行为视为自始无效。

（4）恢复原状请求权。当受托人违反信托目的、不正当处分、违背管理职责而使信托财产受到损失时，委托人有权申请人民法院撤销该处分行为。

（5）赔偿损失请求权。在上述情形下，委托人还可以继续要求受托人恢复信托财产，予以赔偿。另外，在受托人将信托财产违法转移给知情的受让人之后，委托人可以请求其予以返还或赔偿。

（6）解任权。委托人在以下情况下可以行使该权利：一是受托人违反信托目的管理处分信托财产；二是受托人在履行信托职责时有重大过失。委托人可以依据有关的信托文件的规定解任受托人，也可以申请人民法院来行使该权利。

委托人的义务主要包括以下内容：

（1）在信托合同依法成立并生效后，依照约定转移信托财产。

（2）依照信托合同的约定向受托人支付报酬。

（3）不得随意干预受托人活动。

（4）向受托人在其管理或者处分中的正常支出提供补偿。

（二）受托人

受托人是指接受委托人的信托财产并且按照信托合同行使信托权利，承担信托义务的人。受托人是在信托关系中起到关键作用的角色，直接承担管理、处分、保护信托财产的责任，其行为将会直接影响到信托财产的收益结果与信托目的的实现。

受托人必须是具有完全民事行为能力的自然人、法人。它可以由一个主体组成，也可以由数个主体共同组成。受托人同时应当具备办理信托业务的能力与专业技能，在这里主要指的是受托人必须掌握足够的经济学知识，尤其是金融、信托等领域的专业知识，具备充足的经验、资本、信誉等专业技能与良好的职业道德。

受托人的义务包括以下：

（1）忠实履行信托义务。受托人在接受信托财产之后，应当保持诚实守信、谨慎严谨、恪尽职守的态度，忠实履行法律法规与信托合同所约定的信托义务，有效管理信托财产，实现信托目的。受托人除了依法取得相应的报酬之外，不得将信托财产用于其他目的以谋取私利。

（2）分别管理与亲自处理。分别管理是指，受托人将信托财产与其他财产分别管理与处分，分别记录。亲自处理是指，受托人自己应当亲自处理相关信托事务，在信托文件中有其他规定或者特殊情形时，可以交由他人代为处理。但应当指出的是，在这种情形下，受托人对委托他人处理信托事务的行为以及结果承担相应责任。

（3）记录与报告义务。受托人应当将有关信托财产的管理处分、运用等事项进行完整地记录，对这些记录应当给予完善地保存、存档。受托人还应当定期整理相关的信托事务文件，报告给委托人与受益人。此外，受托人应当对这些关键信息与文件进行保密处理，不得泄露。

（4）支付信托利益。受托人应当根据相关约定或法律法规的规定，向受益人支付相应的信托利益。不得将该信托利益用于其他目的。

受托人的权利主要有以下：

（1）获得报酬权。受托人有权依据信托文件的约定获得报酬。受托人在违反信托目的、违背信托义务或者将信托财产用于其他目的，造成信托财产损失的，在将信托财产恢复原状或者赔偿损失前，不得请求支付报酬。

（2）根据法律和信托文件的规定处理信托事务权。受托人在接受信托财产之后，获得对该信托财产的管理与处分的权利，受托人因此而获得投资权等其他权利。但这些权利应当仅限于法律法规的规定与信托文件约定的范围之内。

（三）受益人

受益人是在信托中享有信托受益权并得到信托利益的人。受益人在信托关系中是重要的组成部分，一个信托的成立是不能没有受益人的。受益人在信托关系中处在特殊的地位，受益人是纯享利益之人，受益人的受益权是因委托人的指定或者法律法规的规定而产生的，并不需要受益人本身额外履行义务。它对于信托财产不负有任何管理处分的责任与义务。受托人因为处理事务所支出的费用，对第三人所负的债务等，也不由受益人承担，而是以信托财产来承担相应的责任。另外，受益人可以是自然人、法人或者其他组织，也可以是胎儿。由于受益人的特殊性质，受益人不是签订信托文件的当事人，他可以不受法律上对民事行为能力的种种限制。受益人由委托人指定，受益人可以是一人，也可以是数人。当受益人有 2 人及以上时，为共同受益人。

受益人的权利内容较为复杂，它当中包括了专有性的权利，也包括了与委托人共享的权利。其专有性的权利主要有以下：

（1）信托受益权。受益人享有依法获取受托人管理运用、处分信托财产所产生的利益的权利，受益人可以依据信托文件获取全部信托利益或者部分信托利益。受益人为一人时，可享有完整的信托受益权；受益人为数人时，即为共同受益人时，彼此之间享有一定的信托受益权，按照其比例来获得信托利益。在后一情形下，共同受益人按照信托文件的事先规定来取得信托利益。在信托文件没有具体规定时，各个共同受益人按照均等比例享有信托利益。

（2）放弃信托受益权。受益人可以放弃信托利益。在存在共同受益人的情形下，全体受益人放弃信托利益的，信托就此终止。部分受益人放弃信托受益权的，该部分信托受益权将按照信托文件或者法律规定的顺序确定归属。

（3）清偿债务。受益人不能清偿到期债务的，其享有的信托利益可以用于清偿债务。但法律、行政法规、信托文件有限制性规定的，不得利用信托利益给予清偿。

此外，受益人与委托人共享的权利还包括：对信托财产的知情权、信托财产管理方法的调整权、信托财产的恢复原状请求权与信托财产的损失求偿权、对受托人不当行为的撤销权、对受托人的解任权、对非法强制执行信托财产的异议申诉权等。

五、信托财产

信托财产是指在委托人将自己的合法财产委托给受托人之后，受托人因此而取得的可以对其进行管理、运用、处分或者用于其他情形的财产，或者指受托人在对该类财产进行管理处分之后取得的额外收益。前者被称为信托财产，后者称为信托收益。它们二者共同属于广义上的信托财产。信托财产是信托关系的核心组成部分，对信托财产的管理与处分基于信托当事人各方的共同利益，有信托财产才有信托行为。此外，信托关系与信托权利与义务都是围绕着信托财产展开的，可以说，信托法律关系实质上是信托当事人各方之间的一种财产关系，信托财产在其中处于核心地位。[1]

（一）信托财产的特征

（1）信托财产应是可以用金钱计算的财产或财产权。信托财产在形式上不受过多限制，它可以是金钱、动产、不动产、著作权、专利权、债券等。当然，这些形式的财产必须是能够用金钱来进行评估换算，因此，无法用金钱来进行衡量的人身性权利不包括在内。

（2）必须是可以进行合法转让的财产。如果在实践中，该财产不能以正常的方式进行流通与交易，就无法体现其具体的现金价值，将会影响信托的成立效力。比如，法律法规明文禁止的毒品、武器、弹药、特定危险化学品等，除非得到有关主管部门批准，否则不得作为信托财产。

（3）应是委托人合法所有且有权处分的财产。它包括以下两个意思：一是该财产必须是委托人合法所有的，受法律保护的合法财产；二是委托人对该财产能够自由处分。

（4）该财产必须现实存在。作为信托财产，该财产必须是现实的，是存在的，而非不可确定的。只有具备这一条件，信托才能成立。我国信托法规定，信托财产不能确定是信托无效的情形之一。

---

〔1〕 李良雄、王琳雯主编：《金融法》，人民邮电出版社 2013 年版，第 203 页。

（二）信托财产的性质

（1）独立性。信托一旦成立，原先属于委托人的合法财产就彻底从其自有财产中分离出来，成为一项独立的信托财产，它仅仅服从于信托设立的目的。此外，该财产不仅仅与委托人的财产分离独立，也和受托人与受益人的财产分离独立。即便是同一委托人同时委托不同受托人的财产，彼此之间也是相互独立的。在信托关系中的各方当事人，都不得将信托财产视为自有财产，而且任何一方的债权人都不能主张以信托财产偿债，尤其是受托人一方，因其所取得的是名义上的信托财产的所有权，而非实质上的所有权，自然其债权人也不能对此主张权利。另外，若委托人死亡、依法解散、被依法注销、破产等情形出现时，如果委托人是唯一的受益人，那么此时该信托财产作为遗产或者清算财产；如果委托人并非是唯一受益人，信托继续存续，信托财产不作为遗产或清算财产；在这里，应当指出的是，当作为共同受益人的委托人出现上述各类情形时，其信托受益权便可作为遗产或清算财产。[1]最后，信托当事人的一般债权人原则上不得申请法院强制执行信托财产。

（2）信托财产所有权分离性。该特征是从信托财产的独立性衍生出来的，这一特征是信托与其他财产制度的最大区别。委托人将自己的合法财产的所有权转移给受托人时，这一行为使得委托人原有的财产所有权转为信托财产所有权，信托财产所有权中的收益权归属于指定的信托受益人，信托财产所有权的处分权与经营管理权则分归于受托人，这一特殊的权利义务的划分使得信托制度与其他财产管理制度截然不同。

（3）物上代位性。信托财产的物上代位性，指只要信托处在存续期间，无论信托财产形态和价值发生了怎样的变化，都不会影响信托财产的法律性质。在实际情况中，信托财产发生某些意外，如灭失、焚毁、损坏或者管理运用不当等原因导致原始的信托财产失去了原先的存在状态，但无论如何改变，由此而产生的代位物，都视为信托财产，且这种物的代位不影响信托财产的性质，原则上不改变信托当事人的权利义务内容。

（三）信托财产的范围

我国《信托法》并没有直接明确地给出信托财产的具体范围。在现实情况下，能够成为信托财产的范围是十分广泛的，大部分的动产与不动产都可以成为信托财产，此外，财产性权利也能够纳入信托财产的范围之内。一般认为，只要不被法律所禁止的，或者被限制流通的财产或者财产性权利，都可以成为信托财产。对该类财物限制或者禁止的情况有以下几种：

（1）我国《信托法》第14条规定：法律、行政法规禁止流通的财产，不得作为信托财产。这一规定包括了我国法律、行政法规所禁止流通的所有物品，例如子弹、军用武器、淫秽书籍、光盘；国有森林、水流、山脉、矿产等自然资源；非法货币，

---

[1]　魏国君、林懿欣、朱莉：《商法学》，大连海事大学出版社2014年版，第403页。

非法文物等，上述物品均不得成为信托财产。

（2）《信托法》第 14 条还规定：法律、行政法规限制流通的财产，依法经有关主管部门批准后，可以作为信托财产。该规定与上述不同，限制流通的财物又称为限制流通物，这类财物的流通虽然不会受到法律的强制性禁止，但是其流通主体、流通方式、流通范围都可能部分或者全部受到限制。在实践中，由于信托管理很大程度仍然采用商业性管理模式，讲究管理与交易的效率，因此，该类财物成为信托财产对于受托人而言会添加诸多不便，难以高效运营。因此，一般而言，法律、行政法规限制的财产不能作为信托财产，但有例外，在我国，诸如黄金等贵金属、外币、文物、麻醉药品、运动枪械等财物在经过批准之后，可以作为信托财产。

根据我国《信托法》等相关规定，对于信托财产，有关法律、行政法规规定应当办理登记手续的，应当依法办理登记；对于未按照规定办理信托登记的，应当给予补办；不补办的，该信托不产生效力。2016 年 12 月 26 日，经过国务院同意，银监会（现为银保监会）批准，中国信托登记有限公司正式成立，意味着全国统一的信托登记平台正式设立。2017 年 2 月，中国信托登记有限公司起草《信托登记管理办法（征求意见稿）》并发布征求意见。2017 年 8 月 25 日，银监会发布名为《中国银监会关于印发信托登记管理办法的通知》的公文，对登记制度进行更详细具体的规定。

六、信托的分类

信托的分类大致有以下几种：

（一）民事信托与商事信托

其区分标准为受托人是否是商事主体。民事信托，是指受托人不具有营业性，其设立目的也不具有商业性的信托。其受托人没有严格限制，任何具有民事行为能力的主体都能担任。商事信托是指委托具有经营信托业务资格的专业信托机构作为受托人，代表委托人根据商业活动的一般规则对该资产进行收受、管理和分配，并将由此所得的信托利益交付给委托人或者指定的第三方的信托。[1]

（二）私益信托与公共信托

私益信托与公益信托是按照其设立的目的而进行的区分，前者属于以个人目的而设立的信托，后者属于以公共目的而设立的信托。

（三）资金信托与财产信托。

二者根据信托财产的性质进行区分。资金信托是指以金钱为信托财产的信托，因此又被称为金钱信托。财产信托是指以动产、不动产、版权、知识产权等非货币方式作为信托财产的信托。

（四）自益信托与他益信托

二者根据信托利益归属的不同进行区分。自益信托是指委托人以自己为唯一受

---

[1] 王众：《中国信托法原理与实例精要》，中国政法大学出版社 2017 年版，第 19 页。

益人而设立的信托，该信托的委托人和受益人是同一人。而他益信托是指该信托设立目的是使第三方得到信托利益，并非委托人本人。

（五）个别信托与集团信托。

二者根据组成信托委托人的数量来进行区分。个别信托又称为单一信托，是指个别的委托人与受托人根据合意签订合同而设立的信托，即单个委托人委托受托人，将其财产分别独立地进行管理与处分的信托。集团信托又称为集合信托，是指受托人接受来自不同委托人的信托财产，将其集中成为一个整体，并将信托收益按比例分给受益人的信托。

（六）意定信托与法定信托

二者根据信托设立是否依照当事人的意愿为标准进行区分。意定信托是实践中最为普遍存在的，它是指依照当事人的意愿进行设立的信托。这一概括最为广泛，因为它既可以是公益信托，也可以是私益信托与他益信托，也可以是个别信托与集团信托。

法定信托是指根据法律法规的规定而成立的信托。它本身并不是基于某个委托人的个人意愿，仅仅根据法律法规的规定成立。该类信托在特定情况下使用，适用范围较窄。

七、信托的功能

无论从信托本身或者从信托的制度角度来看，其功能都是不断扩展与延伸的。甚至在部分经济学家的观点中，信托在功能上和设立法人有相近之处，信托的本质是制度。[1] 因此，具体来说，信托的功能，或者说信托的制度功能包括以下几个方面：

（一）转移财产与财产管理功能。

信托的财产转移功能主要体现于他益信托。即财产所有人希望将个人财产转移给第三者，但是出于某种原因，无法或者不愿立即将该财产转移给第三者，此时财产所有人可以通过设立信托方式，从而使得第三者以一定方式得到相关利益。信托的管理功能则是指，财产所有人希望个人的财产能够增值，但是受各种因素影响，无法更好地达到该目的，因此通过信托方式将财产交由受托人来管理，真正体现"受人之托，代人理财"的功能。

（二）融通资金功能

信托是金融行业的四大支柱之一，作为金融的重要组成部分之一，本身自然也能起到融资、调集金融资源的功能，以满足商品经济的资金供需。对信托财产的管理运用，必然伴随着货币资金的融通，而且信托融资与信贷融资相比较而言，其更有优势，因它本身既融资又融物，实现直接与间接融资、银行信用与商业信用的结合。

---

〔1〕　王众：《中国信托法原理与实例精要》，中国政法大学出版社 2017 年版，第 13 页。

（三）家族财富管理与传承功能

这一点主要体现在家族信托上。把家族财产通过信托方式进行管理来保障家族成员的利益，让家族成员成为受益人。这一功能符合许多家族企业的管理需求，同时能够通过设计复杂的结构来达到传承家族财富的目的。比如可以在设立家族信托时设立条款，对不参与经营业务的家族成员给予一定的份额保障其生活，且通过禁止该受益人转让或处分信托财产等方式来实现上述目的。

（四）投资开发功能

它是指受托人按照信托文件或法律法规的规定对信托财产加以投资，通过参与社会投资等方式来实现信托目的。这一功能最初是英国在19世纪工业化过程中发展起来的，当时随着经济发展，投资基金应运而生。二战后，投资信托业务逐渐向基础性产业与房地产业扩展，因此其投资开发功能日益突出。

（五）社会福利与社会公益功能

该功能主要体现在社会养老领域与社会公益领域。在社会养老领域中，养老金信托运用得较为广泛，它是指企业为了方便给退休员工发放养老金而设立的信托。此举能够将私人养老计划纳入信托关系中，并用信托法律规范进行管理。而社会公益功能是更多体现在出于公益目的而设立的信托之中。该类信托具有利他色彩，其信托收益并非单纯为了委托人或者受益人自身，而是为了社会不特定群体或者某项公益事业。

第二节　信托的设立、变更与终止

一、信托的设立

依据我国《信托法》的规定，信托的设立必须符合以下几个条件：

（1）信托目的。设立信托关系行为虽是民事行为，遵循意思自治原则，但是《信托法》第6条明确规定：设立信托，必须有合法的信托目的。因此，信托设立目的的合法性成为法定条件。一般来说，只要不违反我国各类法律法规、不违背国家利益与社会公共利益、不损害第三方利益、不违背社会公序良俗等，该信托目的便符合上述第6条规定。此外，信托的设立还需注意不得违反法律规定的其他禁止性规定。

（2）信托主体。《信托法》第19条规定委托人应当是具有完全民事行为能力的自然人、法人或者依法成立的其他组织。具有信托主体是信托设立的前提，《信托法》规定，该主体必须为合法的信托主体。它要求信托法律关系的受托人和委托人均具有法律认可的行为能力，但受益人可以由委托人指定或者由法律规定确定。比如我国的营业信托关系中的受托人必须为我国法律特别许可的信托公司，其他主体不能成为该信托关系的受托人。

（3）设立形式。我国信托制度发展至今，信托业仍然存在着缺乏实践经验、缺乏完善的立法规范、公众与企业等社会组织对信托业并不了解熟悉等问题。《信托法》第 8 条规定："设立信托，应当采取书面形式。书面形式包括信托合同、遗嘱或者法律、行政法规规定的其他书面文件等。采取信托合同形式设立信托的，信托合同签订时，信托成立。采取其他书面形式设立信托的，受托人承诺信托时，信托成立。"因此，我国在立法中明确了信托不得采用口头形式成立，而必须采用书面的形式。它包括了以下几种类型：遗嘱、信件、数据电文、电子数据、传真、电报、信托合同等。

（4）信托财产。信托的设立必须要有具体用以委托给受托人的财产为成立要素。《信托法》第 7 条规定："设立信托，必须有确定的信托财产，并且该信托财产必须是委托人合法所有的财产。本法所称财产包括合法的财产权利。"信托是一种特殊的财产管理制度，信托关系的当事人的利益都与该信托财产所产生的收益紧密相关，信托关系的当事人都因该信托财产而产生对应的权利与义务。信托财产必须具有确定性、合法性、法定性。比如期待实现的财产不能成为信托财产，信托财产必须是委托人合法所有的财产，人身权等在我国法律规定中不视为具有独立经济价值的权利，不能成为信托财产。

（5）登记生效原则。《信托法》第 10 条规定，设立信托，对于信托财产，有关法律、行政法规规定应当办理登记手续的，应当依法办理信托登记。未依照前款规定办理信托登记的，应当补办登记手续；不补办的，该信托不产生效力。

此外，我国还存在无效信托与可撤销信托制度：

（1）无效信托。无效信托是指该信托已经成立，但是缺少信托生效的有效要件，因此不发生法律效力的信托。无效信托自始不发生任何法律效力，它不在信托当事人之间发生预定的法律后果，因此也就不产生信托法律关系，不产生信托权利与信托义务。根据我国《信托法》的规定，有以下情形之一的，信托无效：信托目的违反法律、行政法规或者损害公共利益的；信托财产不能确定的；委托人以非法财产或者本法规定不得设立信托的财产设立信托；专以诉讼或者讨债为目的设立信托；受益人或者受益人范围不能确定的；法律、行政法规规定的其他情形。

（2）可撤销信托。可撤销信托是指因为行为人行使撤销权，使信托行为归于无效的信托。该撤销权的设立主要是为了保护债权人的利益。因为在实践中，可能出现委托人通过设立信托，将自己的财产变相转移的情况，其目的就是损害债权人的利益来保护个人财产。为了防止这种情况的出现，大陆法系的各个国家一般都赋予债权人以撤销权。

信托的撤销主要包括委托人撤销信托与委托人的债权人撤销信托。通常情况下，信托的撤销主要是后一种情形。委托人通过设立信托故意损害债权人利益的，债权人可以向人民法院提出申请，要求撤销该信托。

信托被撤销的后果是所有的信托行为归于无效，所有已经发生的事实与行为都可以依法撤销，但是该撤销权无法影响到善意受益人所取得的信托利益。若受益人为非善意地取得该信托利益，则应当将已取得的信托利益返还。债权人自知道或者应当知道撤销原因之日起 1 年之内不行使该撤销权的，撤销权归于消灭。

二、信托的变更

信托的变更，是指在信托成立以后终止以前，因某种法定事由的出现，导致信托的相关事项发生变化的情形。一般情况下，信托成立后当事人就应按照信托文件的规定切实履行自己的义务，不得随意变更信托的内容。[1]

信托的变更主要有以下三种情况：

1. 受托人的变更。受托人变更的事由规定在《信托法》第 39 条：受托人有下列情形之一的，其职责终止：①死亡或者被依法宣告死亡；②被依法宣告为无民事行为能力人或者限制民事行为能力人；③被依法撤销或者被宣告破产；④依法解散或者法定资格丧失；⑤辞任或者被解任；⑥法律、行政法规规定的其他情形。受托人职责终止时，其继承人或者遗产管理人、监护人、清算人应当妥善保管信托财产，协助新受托人接管信托事务。

除了上述规定外，受托人变更也包括以下几种情况：①因受托人本人意愿的表示而变更；②受托人不履行职责，出现严重影响职务履行或者不能履行职务等的重大事由，对信托利益的当事各方造成损害；③根据当事人约定或法律规定，受托人职责到期终止。但应当注意的是，在这种情况下，受托人职务的终止，并不意味着信托关系的终止，在确定新受托人后信托关系继续保持。

2. 受益人变更。《信托法》第 51 条规定：设立信托后，有下列情形之一的，委托人可以变更受益人或者处分受益人的信托受益权：①受益人对委托人有重大侵权行为；②受益人对其他共同受益人有重大侵权行为；③经受益人同意；④信托文件规定的其他情形。在一般情况下，受益人在信托关系设立生效后是不可变更的，其他人也不可随意处分受益人因受益权而取得的利益。但在受益人对委托人作出重大侵权行为、受益人对其他共同受益人有重大侵权行为、受益人本人同意或者出现其他约定的情形时，可以变更受益人，或者对受益人的信托受益权进行处分。

3. 信托关系内容的变更。在一般情况下是指对信托财产管理方式的变更。《信托法》第 21 条规定：因设立信托时未能预见的特别事由，致使信托财产的管理方法不利于实现信托目的或者不符合受益人的利益时，委托人有权要求受托人调整该信托财产的管理方法。另外，受益人也可以要求对信托财产管理方法进行变更。此外，还包括其他信托条款的变更，如信托受益人取得信托利益的方式；信托关系持续的期限；受托人的薪水报酬；信托关系终止事由的情形；信托财产种类、数额等条款。除了法律禁止或限制性规定外，这些条款，在当事人遵循意思自治原则并达成合意的前提下，都可以设立、修改和变更。

〔1〕 韩龙主编：《金融法》，清华大学出版社、北京交通大学出版社 2008 年版，第 480 页。

三、信托的终止

信托的终止，顾名思义便是信托法律关系的终止，也可以理解为信托法律关系因法定情形或信托文件约定的事由出现而归于消灭。法律关系是现代法治社会的重要组成部分，信托法律关系作为民事法律关系领域的其中一种，其终止事由规定在《信托法》第53条，它包括以下情形：

（1）信托文件规定的终止事由发生。委托人设立信托，有权在信托文件中对信托终止事由进行协商规定。这同样是民法总则当中的意思自治原则的体现，这是委托人的重要权利，受法律保护，委托人可自由行使。

（2）信托的存续违反信托目的。信托的设立与终止虽然遵循意思自治原则，但是其设立的目的仍然受到法律规定的限制。如果该信托存在目的或设立目的背离了社会公序良俗的规定，违背了其他法律法规的强制性或禁止性规定，或违背了委托人的个人真实意愿等，那么该信托的设立目的就属于此处规定的情形，即符合信托终止的法律规定。

（3）信托的目的已经实现或者不能实现。信托的目的是信托法律关系存续的基础，它包括用于社会公益支出，投资理财，资助子女生活、学习等费用或者履行特定权利义务等目的。在当信托目的已经实现或者不能实现的情况下，信托法律关系失去存续的基础，该信托的存在也毫无意义。比如，当委托人的父母去世后，委托人以赡养父母而设立的信托便失去了信托目的，那么此时须终止该信托。

（4）信托当事人协商同意。信托的设立既然由当事人各方共同成立，那么自然该信托的终止也可以由当事人协商变更与终止。这也是信托当事各方的重要权利之一，只要该行为不会对社会公众利益与第三方利益造成损害，各方达成一致，即可终止。

（5）信托被撤销。此处指的是，当委托人所设立的信托因各种原因致使人民法院在判决中撤销该信托，该信托随即被撤销，这一撤销行为具有追溯力，该信托视为自始无效，信托当事各方所建立起的信托法律关系也自始终结。

（6）信托被解除。此处不仅仅包括上述情形的信托终止情形，也包括《信托法》第50条规定的情形：委托人是唯一受益人的，委托人或者其继承人可以解除信托。信托文件另有规定的，从其规定。第51条规定：设立信托后，有下列情形之一的，委托人可以变更受益人或者处分受益人的信托受益权：①受益人对委托人有重大侵权行为；②受益人对其他共同受益人有重大侵权行为；③经受益人同意；④信托文件规定的其他情形。有前款第①项、第③项、第④项所列情形之一的，委托人可以解除信托。

四、信托终止的后果

（1）当事人信托权利与义务的终止。信托终止后，首先便是信托法律关系的终止，即信托当事人权利义务的解除。各方不再对其他各方承担信托义务，也不得对信托各方主张行使信托权利，各方关系恢复到信托设立前状态。

（2）确定信托财产的归属。在信托终止之后，信托财产若还有剩余，那么就应当确认财产的归属。《信托法》第 54 条规定：信托终止的，信托财产归属于信托文件规定的人；信托文件未规定的，按下列顺序确定归属：①受益人或者其继承人；②委托人或者其继承人。

（3）推定信托的存续。信托的终止，虽然意味着信托关系的终结，各方权利义务的消失终结，但是之后仍然有信托财产的清算、剩余财产管理、归属确认等事务需要进一步解决。在这样的情况下，如果出现无人管理、无人清算的状态时，就会出现更复杂的法律纠纷。为此，第 55 条规定："依照前条规定，信托财产的归属确定后，在该信托财产转移给权利归属人的过程中，信托被视为存续，权利归属人视为受益人。"

（4）信托财产的强制执行。这种情况是在法院强制执行信托财产时作出的规定，并明确了被执行人的对象。《信托法》第 56 条规定，信托终止后，人民法院依据本法第 17 条的规定对原信托财产进行强制执行的，以权利归属人为被执行人。

（5）支付受托人报酬。在有偿信托中，受托人应当取得其应得的报酬。在信托终止后，仍未支付受托人报酬的，依照《信托法》第 57 条的规定：信托终止后，受托人依照本法规定行使请求给付报酬、从信托财产中获得补偿的权利时，可以留置信托财产或者对信托财产的权利归属人提出请求。

（6）制作信托事务的清算报告。受托人在信托终止后，应当承担相应义务制作信托事务的清算报告。该项义务规定在《信托法》第 58 条：信托终止的，受托人应当作出处理信托事务的清算报告。受益人或者信托财产的权利归属人对清算报告无异议的，受托人就清算报告所列事项解除责任。但受托人有不正当行为的除外。

第三节　我国信托业及信托公司概述

★案例导入

广信破产事件

1999 年 1 月 11 日，中国第二大信托投资公司——广东国际信托投资公司（简称广信）向广东省高级人民法院递交了破产申请书。与此同时，广信属下的三家全资子公司广信企业发展公司、广东国际租赁公司、广信深圳公司因出现严重的资不抵债的情况，也向广州市中级人民法院、深圳市中级人民法院提出破产申请。曾经的广东国际信托投资公司是一道风光十足的风景线，旗下拥有或投资了将近 3000 多个项目，涉及金融、证券、贸易、酒店旅游、投资顾问，以及交通、能源、通讯、原材料、化工、纺织、电子、医疗、高科技等数十个领域，其资产达数百亿规模。这在当时的广东地区，乃至华南地区，都是极少有的巨头公司。它也因此成为当时中国第二大信托企业，仅次于中信。然而就是因为盲目投资与不善管理，其公司不停地在多个项目上投资失败，不良资产在不停地积累。但是公司并没有采取有效措施去弥补其过错。到了 1990 年代中期，由于长期地过度举债与投资，广信的情况开始急剧下滑，其深圳公司经理于 1996 年因涉嫌经济犯罪被捕；1998 年，广信到期债务超过了 12 亿美元，已经引起了国家的注意，中国人民银行调查小组进驻广信。1998 年 10 月 6 日，中国人民银行宣布广信不能清偿到期债务，对公司组织清算。1999 年，广信正式进入破产程序，最终宣告破产。该事件成为中国信托业史上一段难忘的记忆，是中国信托制度发展过程中的骇人之事，在当年的"两会"总理记者招待会上，广信破产成为中外记者提问最多的话题。朱镕基总理说："我想，今后不会有太多的金融机构破产，也许就没有了。"

一、我国信托业起源及发展

我国的现代信托业实际上是在迈入近代之后才渐渐建立起来。在 1917 年，上海商业储蓄银行设立保管部，开始了中国人独立经营金融性信托的历史。1918 年，浙江兴业银行开办具有信托性质的出租保管箱业务。1919 年，聚兴城银行上海分行成立了信托部。这是我国最早经营信托业务的三家金融机构，标志着中国现代信托业的开始。1921 年，中国历史上第一家标明为"信托公司"的企业——"中国商业信托公司"在上海成立。

到了中华人民共和国成立前，信托业被视为属于官僚资本系统的机构，解放时被当地政府接管，此外伴随着时代的浪潮，几乎整个信托业都进行了社会主义改造。自 1951 年 9 月起，中国人民银行在上海、天津等大城市分行设立的信托部开始缩减业务项目，直至全部停办，可以说，新中国的信托投资事业就从那时起中断了。

1979 年 10 月，国务院要求人民银行考察现代信托制度，随后批准成立了中国国际信托投资公司，标志着中国信托业的正式恢复。随后，各种信托投资公司在全国各地迅速成立，从表面上看，我国信托业进入了一个崭新的时期，但是在这背后，实际上存在许许多多的问题。由于缺少法规和监管约束，再加上没有明确的业务范围与行业定位，信托公司虽然凭着原始生命力迅速在社会经济与金融的各个领域发展，促进了我国债券、证券、基金业等行业的发展，但终究因为上述原因而成为治理整顿的重点对象。

到了 1982 年 4 月，中国人民银行下发《国务院关于整顿国内信托投资业务和加强更新改造资金管理的通知》，开始第一次信托业整顿，要点是清理非银行金融信托机构，要求地方所办信托业务一律停止，以加强和协调信托业和银行业的宏观调控关系。在 1995 年到 1996 年底，国务院下令要求四大国有商业银行与所办的信托投资公司脱钩，撤并了 168 家由商业银行独资或控股的信托投资公司，因此具有独立法人地位的信托公司变为 244 家。到 1997 年末，全国共有信托投资公司 242 家，资产规模约 4600 亿元。

尽管在十几年期间陆陆续续有各种规范性文件出台，但是随着信托业的迅速发展，该行业因法律规范上的滞后不断出现了诸多问题。到了 2001 年 4 月，《信托法》历经磨难终于正式颁布，正式明确信托的法律关系、法律地位和业务范围，为信托业的发展提供了法律保障。由此，其成为奠定了我国信托法律的基石。紧接其后的是《信托投资公司管理办法》与《信托投资公司资金信托管理暂行办法》（已失效）的正式颁布，构成了我国信托业的"一法两规"的基本法律框架，结束了我国自从引入信托制度以来一个世纪无法可依的局面。

2003 年，随着社会经济的高速发展，金融机构改革越来越深入，原中国人民银行的货币政策和监管职能进行了分离，单独成立了银监会（现为银保监会），这在中国经济史上是一件大事。银监会（现为银保监会）继续承担金融监管职能，包括对信托投资公司的监管。在银监会（现为银保监会）的监管之下，信托公司的发展得到了一定程度的拓展，信托业务处于稳步上升状态，同时，在这段时期当中，信托业内部共有 59 家信托投资公司完成了清理整顿和重新注册登记工作，这是我国第五次清理整顿信托行业，表明一个较为完整与规范的信托行业基本形成。

至 2004 年年底，信托公司的从业人员约为 4600 人，全年营利 15.5 亿元，得到了我国银监会（现为银保监会）的多位主要领导的肯定，赞扬信托业在改革开放以及国民经济建设和发展中的重大作用，指出信托业是我国金融体系中不可或缺的重要支柱之一。11 月，经过国务院和有关部门的批准，历经 3 年漫长准备的中国信托协会第一次会员大会终于召开了，从此我国信托业拥有了属于自己的行业性自律组织，拥有了全新的形象和统一的声音，带来信托业继续发展。

不过，随着时间发展，行业内部又出现了严重问题，包括一些信托投资公司频繁突破"一法两规"框架，企业或者负责人涉嫌犯罪，或者企业运营出现严重问题，造成严重不良后果。以上问题主要表现为：公司的人才结构不合理导致企业专业性极差；缺少市场公允的关联交易，从而损害了投资人利益；企业内部风险管控结构不合理等。如庆泰信托投资公司资不抵债被宣告破产并关闭；伊斯兰信托投资公司和金新信托投资公司因挪用委托人财产而被接管；北方信托法人代表兼董事长霍津义因炒作"云大科技"股票而导致巨额亏损等，这些情况都让我国信托业再一次笼罩在乌云之下，面临着重重考验。

2007 年 1 月 23 号，中国银行业监督管理委员会颁布了《信托公司管理办法》和《信托公司集合资金信托计划管理办法》（2009 年修订），对信托公司的经营范围与业务定位作出了补充规定。各大信托公司按照新规进行整改清理活动，以申请进行重新登记或执行过渡期政策。[1] 在上述的规章引导下，我国信托业平稳度过，继续蓬勃发展，尤其是到了 2011 年，我国的信托市场出现了一次明显的繁荣态势。据统计，当年所有信托产品数量达到了 2220 个，资产规模达到了 4036.59 亿元，平均收益是 8.06%，在行业中翘首的中融信托，该公司平均收益更是达到了 8.91% 的水平。

---

〔1〕 ［日］樋口范雄：《信托与信托法》，朱大明译，法律出版社 2017 年版，总序第 2 页。

至 2016 年，我国信托业管理的资产规模达到了 20.22 万亿元，自 2012 年起，连续数年超过保险业的资产总额，在金融业四大分支中跻身第二位。截至 2017 年年末，全国 68 家信托公司管理的信托资产规模突破 26 万亿元，达 26.25 万亿元（平均每家信托公司 3859.60 亿元）。[1]

如此可见，信托业在我国的发展进步有目共睹，其规模的壮大也充实了我国金融业的发展深度与广度。

然而，在我国信托业繁荣发展的背后依然存在着些许不足，与国际上信托业比较，我国信托业存在着发展深度不足、核心业务发展较为迟缓的问题，而这些问题又与我国在信托领域的法律制度、监管制度的不完善有关，该领域的法治建设也不适应行业发展的需求。2001 年所制定的《信托法》虽在我国法制史上是一个里程碑，但其存在却是落后于当前信托业的实践需求。如何进一步完善我国金融信托业的法律制度，需要更多地探索与努力。

二、信托公司及其法律制度

信托公司、信托机构是从事信托业务，在信托关系中作为受托人的法人机构。信托机构主要业务为设立信托、融通资金、代理财产保管、金融租赁、咨询业务、证券发行与投资等。因此，世界各国一般把信托机构定位于金融机构，归属中央银行监管。我国则是由国务院银行业监督管理机构负责对信托业务的监管工作。我国的信托公司是采取有限责任公司或股份有限公司的形式存在的。其设立经营，必须经过国务院银行业监督管理机构批准，并且领取金融许可证，未经批准的，任何单位和个人都不得经营信托业务。另外，任何经营单位都不得在其名称中使用"信托公司"字样。

（一）信托公司的设立

根据《公司法》《信托公司管理办法》《信托公司行政许可事项实施办法》等相关规定，设立信托公司应当具备下列条件：

（1）有符合《公司法》和中国银行业监督管理委员会规定的公司章程。

（2）有具备中国银行业监督管理委员会规定的入股资格的股东。

（3）具有符合规定的最低限额的注册资本。信托公司的注册资本不得低于 3 亿元人民币或等值的可自由兑换货币。中国银行业监督管理委员会（中国人民银行）根据信托公司行业发展的需要，可以调整设立信托公司的注册资本最低限额。

（4）有具备中国银行业监督管理委员会规定任职资格的高级管理人员和与其业务相适应的信托从业人员。

（5）具有健全的组织机构、信托业务操作规则和风险控制制度。信托公司的组织机构包括股东会、董事会、监事会、经理等。

（6）有符合要求的营业场所、安全防范措施和与业务有关的其他设施。

---

[1]　西南财经大学信托与理财研究所：《2017 年度中国信托业发展评析》。

（7）法律法规规定的其他条件。

在达到了上述条件之后，信托公司还需经过筹建与开业两个阶段。应当先由出资比例最大的出资人作为申请人向拟设地银监局提出申请，由银监局受理并初步审查、银监会（现为银保监会）审查并决定。银监会（现为银保监会）自收到申请材料之日起4个月内作出批准或者不批准的书面决定。信托公司的筹建期为批准决定之日起6个月内。申请人应当在筹建期间内提交开业申请，由银监局审核。银监局自受理之日起2个月内作出核准或者不予核准的书面决定。申请人应当在收到批准文件并领取金融许可证之后，办理工商登记并领取营业执照。此外，应当在领取完营业执照之日起6个月内开业。

（二）信托公司的变更

我国对信托公司的变更实行行政许可制度。信托公司有下列情形之一的，应当经过国务院银行业监督管理机构批准：变更名称；变更注册资本金；变更公司住所；改变组织形式；调整业务范围；更换高级管理人员；变更股东或者调整股权结构，但持有上市股份公司流通股份未达到公司总股份5%的除外；修改公司章程；法律法规规定的其他变更事项。

其中，变更名称、变更注册资本金、变更公司住所、改变组织形式、修改公司章程等事项由银监分局或所在城市银监局进行审查决定。

更换高级管理人员、变更股东或者调整股权结构、调整业务范围、合并或者分立等事项由银监分局或者所在城市银监局初审，银监局审查决定。

公开募集和上市交易股份则是由银监会（现为银保监会）审查决定后报证监会审核。

（三）信托公司的终止

信托公司可因解散和破产等原因而终止。《信托公司行政许可事项实施办法》对信托公司的终止事由作出规定。

（1）信托公司的解散。有下列情形之一的，信托公司可以申请解散：公司章程规定的营业期限届满或者其他应当解散的情形；股东会议决定解散；因公司合并或者分立需要解散；其他法定事由。信托公司的解散，应当向所在地银监局提交申请，银监局初步审查，由银监会（现为银保监会）审查并决定。银监会（现为银保监会）自收到完整申请材料之日起3个月内作出书面决定。

（2）信托公司的破产。有下列情形的，信托公司被依法宣告破产：信托公司不能清偿到期债务，且资产不足以清偿债务或明显缺乏清偿能力的，相关当事人申请破产。信托公司向法院提出申请破产之前，应当向所在地的银监局提交申请，由银监局受理并且初步审查，银监会（现为银保监会）审查并且决定。

信托公司在终止之后，其管理信托事务的职责也同时终止，如果信托文件没有其他约定，清算组应当妥善保管相关财产，作出处理信托事务的报告后向新的受托人转移信托财产。信托文件另有约定的，依照其约定执行。

三、信托公司的经营范围与主要业务

信托公司的经营范围不是信托公司自己确定的，而是必须在法律法规所规定范围内经营。我国信托公司可以申请经营或者部分经营下列部分或全部信托业务：资金信托；动产信托；不动产信托；有价证券信托；其他财产或财产权信托；作为投资基金或者基金管理公司的发起人从事投资基金业务；经营企业资产的重组、并购及项目融资、公司理财、财务顾问等业务；受托经营国务院有关部门批准的证券承销业务；办理居间、咨询、资信调查等业务；代保管及保管箱业务；法律法规规定或中国银行业监督管理委员会批准的其他业务。另外，根据我国《信托公司管理办法》第17条的规定，信托公司可以根据《信托法》等法律法规的有关规定开展公益信托活动。

不仅如此，信托公司还可以运用自己的固有资产进行经营投资作为固有业务。按照《信托公司管理办法》的规定，信托公司在固有业务项下可以进行存放同业、拆放同业、贷款、租赁、投资等其他业务。其中，投资业务限定为金融类公司的股权投资、金融产品的投资和自用固定资产投资。原则上不得以固有资产进行实业投资，但是国务院银行业监督管理机构另有规定的除外。

除了上述规定之外，信托公司还能进行对外担保的业务活动。但是对外担保余额不得超过其净资产的50%。信托公司不得开展除了同业拆入业务以外的其他负债业务，且同业拆入余额不得超过其净资产的20%，法律法规另有规定的除外。

在上述所列举的经营范围之内，重点介绍作为信托公司主要业务的集合资金信托业务、财产信托业务。

（一）集合资金信托业务概述

《信托公司集合资金信托计划管理办法》第2条规定："在中华人民共和国境内设立集合资金信托计划（以下简称信托计划），由信托公司担任受托人，按照委托人意愿，为受益人的利益，将两个以上（含两个）委托人交付的资金进行集中管理、运用或处分的资金信托业务活动，适用本办法。"资金信托是一种以资金作为信托财产的信托业务模式，信托公司办理资金信托业务可以依据信托文件的约定，按照委托人的意愿，单独或者集合管理、运用、处分信托资金。集合资金信托成为信托业主流业务有以下几个条件：①符合信托关系要求的合格投资者已经形成一个群体。《信托公司集合资金信托计划管理办法》第6条所称合格投资者，是指符合下列条件之一，能够识别、判断和承担信托计划相应风险的人：投资一个信托计划的最低金额不少于100万元人民币的自然人、法人或者依法成立的其他组织；个人或家庭金融资产总计在其认购时超过100万元人民币，且能提供相关财产证明的自然人；个人收入在最近3年内每年收入超过20万元人民币或者夫妻双方合计收入在最近3年内每年收入超过30万元人民币，且能提供相关收入证明的自然人。随着我国社会经济的不断发展，越来越多人成为中产阶层中的一员，因此，符合上述条件的特定群体已经日渐形成。②庞大的个人存蓄资金的投资需求。在现代金融机构中，银行业、保

险业、证券业、信托业共同组成了金融业的四大支柱。然而，在我国，根据以往的数据表明，我国居民拥有的金融资产中，储蓄存款占据了 67.4%，股票投资占 7%，基金投资占 5.4%，人寿保险占 1.9%。很明显，我国个人财产过多集中于银行是个不争的事实。长期以来，我国尝试施行降低银行利息，开征储蓄存款利息所得税等方式，但是效果并不理想。对于投资者而言，个人的时间与精力的不足也无法更好地进行资产管理。因此，对于拥有这类需求的信托委托人而言，他们迫切需要集合资金信托业务来满足个人财产管理需要。③不断完善创新的信托品种符合投资需求。比起其他类型的投资渠道，如储蓄、国债、股票、投资基金等方式，信托品种的类型多元化与不停地创新，能够更好地满足不同投资群体的需求。④现行法律法规提供的完善法律支持。"一法两规"的颁布与实施，对集合资金信托业务的开展提供了较好的市场环境。

集合资金信托业务的种类有以下几种：

（1）融资租赁类集合信托业务。这类信托是指信托公司作为出租人，利用集合资金信托募集的资金，应承租人的要求购入所需的特定设备并租给其使用，承租人按期支付租金。在一个较长的周期当中，出租人通过收取租金的方式来回收大部分的购入成本，在租赁期满时，该租赁物的所有权归承租人所有。

（2）贷款类集合信托业务。该类信托业务是指信托公司作为受托人，按照全体委托人的意愿，用集合资金信托募集的资金，以信托公司的名义发放贷款。其中贷款的对象、期限、用途、利率等可由委托人指定，也可以由受托人进行选择。

（3）投资类集合信托业务。此类业务是指信托公司作为受托人，通过集合资金信托募集的资金，用于投资项目、企业或者其他具有可期回报的领域，为委托人获取较高的收益。

（二）财产信托业务概述

财产信托，它是指委托人将非货币形式的财产或财产权转移给信托公司，按照信托文件的约定，为受益人的利益或者特定目的进行管理、运用、处分信托业务。它还能继续分为动产信托、不动产信托、债券信托、有价证券信托和其他财产权信托。

（1）不动产信托。它也被称为房地产信托，是指委托人以合法拥有的房屋、土地等不动产作为信托财产，将该不动产转移给信托公司，以收取地租、房租，出售等目的交由信托公司进行管理和处分。部分情况下，信托公司还可以承担向不动产的购买方或租赁方提供融资的服务，以便更好地进行不动产的销售租赁等活动。

（2）动产信托。它是由动产（设备）的所有者（大多数为设备的生产商）作为委托人，将动产（设备）的所有权转移给信托公司，由信托公司以租赁或销售方式交付使用单位的一种信托方式。这种方式可以对动产（设备）以信托方式进行有效地管理与销售，一方面能够帮助委托人解决销售、库存等问题，另一方面为各方当事人解决资金融通问题。

（3）有价证券信托。它是指委托人与信托公司签订信托文件，将有价证券转移并登记在信托公司名下，由信托公司对有价证券进行管理、运用、处分。在相关期限届满后，将信托财产转移并交付给受益人。

（4）附担保公司债信托。它是指公司债的发行人与信托公司签订信托文件，成为信托委托人，将债券发行抵押物的实物资产或者质押物的权利资产上的担保权作为信托财产，转移给信托公司，以购买该公司债券的投资者为受益人。其结果会有 2 种情形：一是如果委托人按期清偿公司债的本息，那么按照信托文件的约定达成信托目的后，该信托关系消灭；二是如果委托人不履行其清偿兑付债券本息义务，那么由信托公司处分担保财产来清偿公司债。这种信托模式带来了许多便利与保障，对投资者利益与公司债的发行具有重要作用。

（5）债券信托。它是指作为债权所有者的委托人，与信托公司签订信托文件，将债券转移给信托公司，由信托公司按照信托文件的约定，对债券进行管理、处分、运用，以达到保障、增加债权人或者其指定的其他受益人的利益的目的。

另外，还应当注意资产证券化与财产信托之间的联系。资产证券化是指把预期未来可产生利益的资产，通过结构性重组，转变为可以在金融市场上自由流通和销售的证券，以此来实现融资目的。这种方式与传统的融资方式的最大区别在于用资产信用代替了企业信用，可以说，资产证券化是一种以资产来融资的"特殊目的"的财产信托。

目前我国资产证券化有 2 种模式，一是银保监会监管的信贷资产证券化，二是证监会监管的证券公司专项资产管理计划。信贷资产证券化是把某些缺乏流通性但是具有一定的未来现金流回报的信贷资产转化为可流通资本市场证券的过程；证券公司专项资产管理计划主要由证券公司以其特定基础资产所产生的未来现金流为偿付支持，通过结构化方式进行信用增级，在此基础上发行资产支持证券。这其中并没有明确禁止信托公司参与。在上述模式中，资产证券化的破产隔离与风险隔离制度与信托财产的独立性的信托原理有异曲同工之妙，存在证券化资产的所有权和处分权与信托财产一样不再归属于原先的所有者等相似之处。信托公司目前可以以财产信托的名义开展准资产证券化的融资业务。[1]

四、信托公司的监管

在我国信托业史上，2008 年银监会（现为银保监会）就曾经出台过《信托公司监管评级与分类监管指引》这一文件，此后在 2010 年与 2014 年就进行了 2 次修改，但是对信托公司的监管评级在 2014 年还是暂停了，其缘由之一便是评级方法停滞于修改调整阶段，无法继续进行。2016 年 12 月底，银监会（现为银保监会）办公厅印发了《信托公司监管评级办法》，标志着我国正式恢复了对信托公司的监管评级。由中国信托业协会、信保基金、中信等单位共同实施评价，分别从定量和定性两方面

---

〔1〕　朱崇实、刘志云主编：《金融法》，法律出版社 2017 年版，第 187 页。

进行评价。银监会（现为银保监会）可以根据需要，对评价要素进行一定调整，最终根据评价结果将信托公司分为创新类 A+、A-，发展类 B+、B-，成长类 C+、C-3 个大类 6 个等级，以此来决定对不同等级的信托公司在市场准入监管措施与监管资源配置方面实施有区别性对待的监管政策。

对于信托公司违反审慎经营原则的，银监会（现为银保监会）责令限期改正，对逾期仍未改正的，或者其行为严重危及信托公司的经营、损害受益人合法权益的，银监会（现为银保监会）可以依据《银行业监督管理法》等法律法规的规定，采取暂停业务、限制股东权利等监管措施。信托公司已经发生或可能发生信用危机，造成受益人合法权益受到严重影响的，银监会（现为银保监会）可以依法对该信托公司实施接管措施或者督促该机构单位重组。

此外，银监会（现为银保监会）在批准信托公司设立、变更、终止后，若发现原申请材料有虚假隐瞒情形的，可以责令补正或者撤销批准。

★ 延伸阐述

中国养老信托业务

2013 年 12 月《国务院关于加快发展养老服务业的若干意见》（国发〔2013〕35 号），指出我国养老服务业的发展目标是"到 2020 年，全面建成以居家为基础、社区为依托、机构为支撑的功能完善、规模适度、覆盖城乡的养老体系"。但是，现实是，中国的社会养老保障面临着种类少、养老服务业起步晚、养老方式的效果具有局限性等问题。因此，近些年来信托机制在我国养老市场中发挥的作用日益得到重视。这类信托产品和服务包括生命周期型理财养老信托、"以房养老"信托产品和财产保护型养老信托等。这些信托产品与服务的诞生与完善，将会更有效地解决我国社会老龄化问题，保障老年人的晚年生活，减轻子女负担，缓解社会矛盾。

第四节　公益信托

★ 案例导入

紫金信托-厚德公益信托计划

于 2011 年起，紫金信托开始了一系列的标准化公益信托的探索与尝试，其先后推出了"紫金信托·厚德系列"公益信托计划，主要针对的是困难家庭中患上大病、失学或者有其他类似困难的儿童群体。2011 年 12 月成立的厚德 1 号公益信托的援助对象为"失学儿童与其他需要帮助的人群"。2012 年 11 月成立的厚德 2 号的援助对象为"困难家庭的大病儿童"。此后，紫金信托继续于 2013 年 11 月成立厚德 3 号，2014 年 11 月成立厚德 4 号等，坚持继续捐助、救治苦难家庭中的患病儿童，包括对低保家庭、低保边缘家庭等的捐助，此外，还包括但不限于白血病（含再生障碍性贫血、血友病）、先天性心脏病、尿毒症、恶性肿瘤等病种的患病儿童的救治工作。以紫金信托–厚德 2 号公益信托为例，该信托成立规模为 60 万元，信托期限为 1 年，批准部门为南京市民政局，在其存续期间共开放了 3 期，共收到了 54 名委托人的捐助，合计募集了 97.4575 万人民币，至 2013 年 11 月 26 日为止，该公益信托通过管理运作获得利息收入 5713.29 元，实际捐赠了 979 915.29 元。作为开放式的公益救助模式，紫金信托下的厚德系列公益信托是以援助、救助困难人群为信托目的，引入现代信托模式进行管理与规划，到目前为止，被国内外一致认为是中国范围内运营得较为成功的公益信托案例。

一、公益信托的概念

公益信托，顾名思义，是出于公益目的，使某地区、某范围内符合某种规定标准的社会公众或者使科学事业、宗教事业等其他公共事业受益而设立的信托。我国《信托法》对公益信托的定义规定在第 60 条：为了下列公共利益目的之一而设立的信托，属于公益信托：①救济贫困；②救助灾民；③扶助残疾人；④发展教育、科技、文化、艺术、体育事业；⑤发展医疗卫生事业；⑥发展环境保护事业，维护生态环境；⑦发展其他社会公益事业。

公益信托起源于英国，在中世纪开始出现，与信托的产生历史相同，公益信托在中世纪时也是诞生于 Use 制度，即用益制度。当时虔诚的教徒们在死后大规模地捐献自己的土地财富用于慈善目的，其捐赠的目的与当时的宗教发展情况与社会背景紧密相关，这也是该制度在诞生之时具有的一大特点，即信托制度的起始是为了达成宗教慈善目的，兼具一定的公益性与私益性，且公益信托是更早于私益性质的信托开始存在的。

二、我国公益信托发展简述

在 2001 年出台的《信托法》当中，专门就公益信托进行了专章规范，可以说，在此之后，我国公益信托才开始了缓慢的发展。发展缓慢的理由大致有公益信托的设立实行了事前审批制、其审核机关不明确、国家对公益信托所需配套的税收优惠政策规定不明等原因。

就我国公益事业而言，根据 2010 年中国慈善排行榜统计，上榜慈善家 133 位，合计捐赠 34.38 亿元，上榜慈善企业 448 家，合计捐赠 52.95 亿元。相对于中国 30 余万名千万富翁来说，34.38 亿元这一数字仅约占千万富翁总资产的千分之一。此数据完全可以说明，就规模上而言，我国公益事业的发展处于较为迟缓的状态。另外，我国国内不少信托公司开发了公益类的信托产品，试图拓展该领域，然而实际情况是，该类计划或产品在国内仍然屈指可数，而得到公益信托审批及设置监察人的信托计划则是少之又少。在早些年，除了西安信托发行的"5·12 抗震救灾公益信托计划"，将其全部信托资产及收益，以捐赠的形式实现了真正意义上的公益信托之外，其他多数信托计划则是以集合私人信托为主，将其中的部分或全部收益，以捐赠的形式，达到其公益之目的。而相对于监管部门在《信托法》中严格规范的公益信托之第 63 条规定的"公益信托的信托财产及其收益，不得用于非公益目的"来说，这种信托还不能真正被称为公益信托。[1]

为了发展公益信托事业，在 2008 年，中国银监会（现为银保监会）办公厅下发了《关于鼓励信托公司开展公益信托业务支持灾后重建工作的通知》，鼓励信托公司开展设立公益信托业务。但即便如此，在 2016 年初，信托公司新设的公益信托仅仅只有 2 单，分别为厦门信托设立的"乐善有恒公益信托"和"陕国投"设立的"陕国投·公安民警英烈基金公益信托计划"，前者规模为 100 万元，主要用于厦门市慈善总会"雨露育青苗"等公益项目，后者首期规模为 2000 万元，用于救助因公牺牲、残疾、大病、特困的公安民警及家属。[2] 上述数据足以说明，我国公益信托的发展情况确实较为缓慢。直到 2016 年 3 月，我国为了改变公益信托发展滞后的局面，十二届全国人大第四次会议审议通过了《慈善法》，在《慈善法》中特别对公益信托进行了规定。虽然在《慈善法》中规范的具体对象是"慈善信托"而非"公益信托"，但是慈善信托在公益信托的范围之内，这同样意味着我国公益信托的法律制度得到完善，为公益信托的发展注入新的活力。

2018 年我国慈善信托新设立的信托财产达 11.01 亿元，同比增长 84.42%；新设立慈善信托 79 单，同比增长 75.56%。中国慈善联合会发布的《2018 年中国慈善信托发展报告》显示，2018 年共有 17 个省份的民政部门进行过慈善信托备案。从慈善信托备案的财产规模看，首先是浙江省备案的慈善信托财产 8.69 亿元，名列第一；其次是广东省、北京市，慈善信托的财产规模分别为 1.11 亿元、3266.26 万元。2016 年至 2018 年间，全国共有 42 家信托公司设立了慈善信托，占全国 68 家信托公司总数的 61.8%。目前已有 16 家基金会成为慈善信托的受托人或共同受托人。据介绍，2018 年多家信托公司创新慈善信托产品设计，带动更多慈善资金和项目资源参与扶贫。有 2018 年设立的 48 单慈善信托涉及产业扶贫、教育扶贫、就业扶贫，且多数属于精准扶贫范畴。[3]

此外，《慈善法》规定将原来分散的管理体制变为民政部门统一管理，不仅如此，《慈善法》中还对慈善信托的税收优惠进行明确规定，以各种方式激励慈善信托的设立与运作，为我国的慈善事业的发展增添动力。

三、公益信托的范围

根据《信托法》与《信托公司管理办法》等法律法规的规定，出于以下公益目的而设立的信托，属于公益信托。

---

〔1〕 李廷芳、张洲、吕楠："中国公益信托：实践与困境"，载《金融时报》2011 年 8 月 29 日。
〔2〕 中国信托业协会：《中国信托业发展报告 2016-2017》。
〔3〕 中国慈善联合会：《2018 年中国慈善信托发展报告》。

（1）救济贫困。救济贫困是公益信托设立的重要目的之一，它同时也是大部分公益活动设立的目的，通过公益信托对贫困人群进行帮助，使这一群体得到必要的社会关怀，能够维持最低标准及以上的生活条件，对于稳定社会治安、维持社会稳定、减少社会矛盾具有重大意义。这一类公益信托往往采取向贫困、孤寡、残疾、生活困难的人群直接提供生活费、医疗费、生活必需品的方式，也采取建设护理站、收容所、爱心院、养老院等方式收容该人群居住，或者建立免费施舍食物、水源的站点，定时定点分发等方式。

（2）救助灾民。当自然灾害或者战争、核污染等极端情况出现时，向灾民直接或间接提供物质、资金帮助，或者组织志愿者服务，帮助灾区重建，解决灾民生存问题、生活问题。

（3）扶助残疾人。残疾人是社会成员中一个特殊的群体，他们往往有心理或者生理上的缺失与残疾，他们需要这个社会更多的关注与帮助，来帮助他们解决生活问题、工作问题，以此实现他们自己的人生价值，减轻社会负担。

（4）发展教育、科技、文化、艺术、体育事业。发展上述事业，都事关社会民生、国家国力、经济发展等问题，涉及领域极其广泛，也有着对应的许多措施，如出资建设学校，或者维持某些学校的运作，设立奖学金，用以奖励贫困学生，设立新实验项目，建设新实验科室，支持特定研究项目与团队，设立博物馆与音乐馆、美术馆等，资助体育团队或某项运动项目等。

（5）发展医疗卫生事业。我国医疗事业虽然取得了较高的成就，各地各级市县已经基本形成较为完善的医疗体系与医院分布，但是我国医疗事业仍然需要持续不断投入大量人力、物力、财力，来保障我国国民的医疗安全。因此，除了政府动用财政资源进行资助外，来自民间的力量也同样是主要支柱，这其中就包括设立公益信托来建立公益性医院，帮助特定病患得到救助，或者提供无偿的药物，资金支持等方式。

（6）发展环境保护事业，维护生态平衡。我国的环境资源保护事业任重道远，需要大量的资金和科学技术的支持，改变社会风气与国民观念也同样需要大量的时间。因此，公益信托的支持与投入是我国环境事业发展的关键之一，用于防止和清除环境污染，采取措施对我国部分环境进行特殊保护，科学处理工业废弃物与工业污染、生活污染，支持环境保护领域的科学研究等。

（7）发展其他社会公益事业。除了上述几种公益目的之外，随着国家与社会经济发展，国民观念、生活方式的改变，以及所面临的新出现的挑战与难题等情况，对于公益事业的范围也难以一言概括。因此，出于为了适应社会发展，解决法律的滞后性等因素的考量，我国《信托法》增加此条规定，以便更好地定义、管理公益信托。

四、公益信托当事人

（一）委托人

信托法对公益信托的委托人并无特殊规定，其规定与一般信托的委托人的规定相同。任何有意愿资助、奉献或者直接从事公益事业的个人、法人、其他组织都能成为公益信托的委托人。

（二）受托人

受托人的设立有一定的特殊要求。考虑到公益信托的社会性、公益性，其信托财产的运用是否能够实现信托目的等因素，为了保护公共利益，公益信托的受益人的确立是需经过公益事业管理机构批准的，未经有关公益事业管理机构的批准，不得以公益信托的名义活动。类似地，为了保证公益信托的长期稳定运营，受托人未经公益事业管理机构的批准，也同样不得辞任。

（三）受益人

公益信托的受益人为不特定的人。这是由公益信托的公益性与社会性所决定的，公益信托是一种追求社会共同价值而设立的信托，它表现在它并非是让某一具体的人或者某些人享受信托利益，而是使符合一定条件的不特定人享受信托利益。如果公益信托的受益人为具体的有名有姓的某个人，那么其公益性质、社会性质将不复存在。

（四）信托监察人

公益信托具有其社会性，倘若由社会公众对信托财产的处分与使用进行监督，那么其监督力度与效果必然低下。因此，我国《信托法》规定在公益信托当中应当设置信托监察人，以此来加强对公益信托与信托财产的监督，保证信托目的的实现，保护社会利益。

对于信托监察人的选任，根据相关法律法规的规定，如果委托人在设立公益信托时选任信托监察人，就应当在信托文件中作出规定。若委托人在信托文件中并未选任信托监察人，则由公益事业管理机构指定。信托监察人有权以自己的名义，提起与信托有关的诉讼或者实施其他法律行为。

五、公益信托的设立

我国的公益信托设立依据是《信托法》当中关于信托设立的相关规定。虽然公益信托的设立与私益信托的设立大体相同，但是也有一些区别。我国《信托法》第62条规定："公益信托的设立和确定其受托人，应当经有关公益事业的管理机构批准。未经公益事业管理机构的批准，不得以公益信托的名义进行活动。公益事业管理机构对于公益信托活动应当给予支持。"可见，我国公益信托实行的是许可批准制度。

六、公益信托的终止

公益信托因下列情形而终止：信托文件规定的终止事由出现；信托的存续违反信托目的；信托目的已经实现或者不能实现；信托被撤销。

可见，我国公益信托的终止与私益信托大致相同，但在程序上有更严格的要求。

其有如下规定：

（1）当公益信托出现终止事由时，受托人应当于终止事由发生之日起 15 日内，将终止事由与终止日期报告给公益事业管理机构。

（2）在公益信托终止之后，受托人应当作处理信托事务的清算报告，自取得信托监察人的许可后，上报管理机构批准，并且由受托人予以公告，以此体现国家对公益信托的管理。

（3）公益信托终止后的财产归属问题在《信托法》中也有规定，对于没有信托财产权利归属人或者信托财产权利归属人是不特定的社会公众的，经过管理机构的审核批准，将剩余财产用于与原先公益目的相近似目的，或者转移给其他具有类似目的的公益组织与公益信托。

七、公益信托的监督管理

公益信托由于其特殊性，且事关社会公共利益，为了维护社会公共利益，保证公益信托目的的实现，国家对公益信托的信托运营进行管理与监督。

我国的公益信托的监督机关为公益事业管理机构，其履行以下职责：

（1）批准公益信托的设立和确定受托人。

（2）批准公益信托受托人的辞任。

（3）受托人违反信托义务或者无能力履行其职责的，变更受托人。

（4）检查受托人处理公益信托事务的情况以及财产状况，受托人制作的相关报告。

（5）对公益信托文件中未指定监察人的予以指定。

（6）发生设立信托时不能预见的情形，根据信托目的变更信托文件中的有关条款。

★延伸阐述

我国慈善信托发展面临的问题

我国慈善信托的相关配套制度不健全，它主要表现在：其一，对慈善信托在资产保值增值过程中所产生的税费没有十分明确的优惠规定，与市场上的工商企业标准并没有什么实质的差别，这在一定程度上限制了慈善资金的使用；其二，对慈善信托财产的来源有不利的限制，比如在《财政部、国家税务总局关于公益股权捐赠企业所得税政策问题的通知》（财税〔2016〕45 号）文件中规定给予捐赠现金企业税收优惠，可它对于非现金资产类型的慈善信托财产并没有规定更加有利的优惠，但是现实是慈善信托有较大部分是非现金资产，例如房产等，仍面临过户税费较高等问题，它产生了限制慈善信托的资产来源等问题。

★ 本章小结

　　信托是现代金融中不可或缺的一个部分，是当今任何高度发展的经济社会必备的金融产品与制度。本章主要内容包括信托的基本概念、信托的法律特征、信托法律关系、我国信托业与信托公司、公益信托等，学生应当了解并掌握基本的法律概念，了解我国信托行业的历史，对信托公司的业务范围有基本了解。此外，通过学习公益信托的基本制度，关注社会公益行业，更好地关注社会，关注人民，提升社会责任感。

★ 本章练习

1. 什么是信托？它有哪些特征？
2. 简述信托财产的独立性是如何体现的。
3. 信托关系各方当事人的主要权利与义务是什么？
4. 信托公司的设立条件是什么？
5. 简述公益信托的适用范围。

★ 参考文献

1. David J. Hayton：*Law of trusts and Trutees*，London：Butterworths，1995，p. 4.

2. 美国《信托法第二次重述》（Restatement of the law, second, trusts1959）。

3. 李伟民：《金融大辞典》，黑龙江人民出版社 2002 年版。

4.《日本信托法》第 1 条规定（1922 年 4 月 21 日法律第 62 号；1923 年 7 月 1 日实施；1922 年敕令 512；1947 年法 223 号修订）。

5. 罗艾筠、刘洁：《金融法理论与实务》，人民邮电出版社 2011 年版。

6. 李良雄、王琳雯：《金融法》，中国工信出版集团、人民邮电出版社 2018 年版。

7. 魏国君、林懿欣、朱莉：《商法学》，大连海事大学出版社 2014 年版。

8. 王众：《中国信托法原理与实例精要》，中国政法大学出版社 2017 年版。

9. 韩龙：《金融法》，清华大学出版社、北京交通大学出版社 2008 年版。

10. 樋口范雄：《信托与信托法》，朱大明译，法律出版社 2017 年版。

11. 西南财经大学信托与理财研究所：《2017 年度中国信托业发展评析》。

12 朱崇实、刘志云：《金融法》，法律出版社 2019 年版。

13. 李廷芳、张洲、吕楠：《中国公益信托：实践与困境》。

14. 中国信托业协会：《中国信托业发展报告 2016-2017》。

15. 中国慈善联合会：《2018 年中国慈善信托发展报告》。

-------- 第十三章 --------

融资租赁法

 学习目标

知识目标：

本章主要讲述我国的融资租赁制度，通过本章的学习，使学生了解融资租赁的概念、分类及程序，掌握融资租赁合同的主要条款及相关法律关系，熟悉融资租赁机构及其运营规则与监督管理等知识点。

能力目标：

运用所学的融资租赁法相关知识，对融资租赁案例和融资租赁热点问题进行讨论，培养学生发现问题和解决问题的能力，能够处理常见的融资租赁合同纠纷。

第一节　融资租赁概述

★ 案例导入

某公司从事广告设备和耗材的销售及生产业务，1998年3月，因扩大规模而急需添加设备，决定通过风险租赁的方式来融入资金盘活公司的运作。于是该公司与某租赁公司签订一份《风险租赁合同》。租赁公司购买了价值240万元的流水线生产设备租赁给某公司，租赁期5年，半年支付一次租金，在租赁前3年，某公司利润的80%用于付租，在租赁后2年，利润的40%用于付租。另外，某公司须向租赁公司缴纳一次性手续费（相当于租赁设备实际成本的3%）和管理费（相当于租赁设备实际成本的0.53%），期满后，某公司支付租赁公司1000元转移手续费，设备的所有权归某公司，并且某公司提供5%的普通股认购权额度给租赁公司。此外，某公司先付给租赁公司设备总价值的20%作为租赁保证金。经过5年的发展，某公司发展成为上市股份公司。2003年底，租赁公司正式将租赁设备的所有权转让给某公司，并且根据5%的认购权额度购买了某公司的普通股股票。

一、融资租赁的概念与特征

融资租赁（Financial Leasing）是指出租人根据承租人对租赁物件的特定要求和对供货人的选择，出资向供货人购买租赁物件，并租给承租人使用，承租人则分期向出租人支付租金，在租赁期内租赁物件的所有权属于出租人，承租人拥有租赁物件的使用权。租期届满，租金支付完毕并且承租人根据融资租赁合同的规定履行完全部义务后，对租赁物的归属没有约定的或者约定不明的，可以协议补充；不能达成补充协议的，按照合同有关条款或者交易习惯确定，仍然不能确定的，租赁物件所有权归出租人所有。

融资租赁是集融资与融物、贸易与技术更新于一体的新型金融产业。由于其融资与融物相结合的特点，出现问题时租赁公司可以回收、处理租赁物，因而在办理融资时对企业资信和担保的要求不高，非常适合中小企业融资。其具有以下特征：

1. 租赁物由承租人决定，出租人出资购买并租赁给承租人使用，并且在租赁期间内只能租给一个企业使用。

2. 承租人负责检查验收制造商所提供的租赁物，出租人对该租赁物的质量与技术条件不向承租人做出担保。

3. 出租人保留租赁物的所有权，承租人在租赁期间支付租金而享有使用权，并负责租赁期间租赁物的管理、维修和保养。

4. 租赁合同一经签订，在租赁期间任何一方均无权单方面撤销合同。只有租赁物毁坏或被证明为已丧失使用价值的情况下方能中止执行合同，无故毁约则要支付相当重的罚金。

5. 租期结束后，承租人一般对租赁物有留购和退租两种选择，若要留购，购买价格可由租赁双方协商确定。

二、融资租赁的起源与相关立法

（一）融资租赁起源

1952 年美国人 J. H. 杰恩费尔曼在旧金山创办的美国租赁公司（现名美国国际租赁公司）是现代租赁诞生的标志。杰恩费尔曼原本是加利福尼亚一家食品工厂的老板，1952 年他接到大量订单，但一方面他自己的生产设备不足，无法满足生产的需求，另一方面自己手头又无充足的资金，也无法筹措到所需的资金购买生产设备。在此形势下，他冲破先一次性投资购买设备后再进行生产的传统观念，从消费租购中得到启示，决定先租赁设备盈利，然后再以所得盈利支付租金并最终获得设备的所有权，这一策略取得了成功。这一成功激发他创建世界上第一家现代租赁公司。美国很多公司认识到了融资租赁的优点，纷纷步杰恩费尔曼后尘，开展融资租赁业务，美国的融资租赁很快得到了飞速的发展，并形成了一定的规模。[1]

融资租赁产生之后，迅速成为社会经济生活中的一种主要的经济交往形式。在

---

〔1〕 程卫东：《国际融资租赁法律问题研究》，法律出版社 2002 年版，第 23 页。

发达国家，融资租赁已成为一种被普遍认可的债权融资方式。在美国，诞生了许多以融资租赁为其主营业务的公司，融资租赁得到了飞速的发展，并形成了一定的规模。各个以经营融资租赁为主的公司不仅在国内开展此项业务，也把融资租赁的业务拓展到了国外。自20世纪50年代末期开始，美国开始将其租赁业务向海外推广，1959年美国租赁公司在加拿大设立了附属分支机构；1960年与英国商业信贷公司合资，在英国设立了商业租赁公司；1961年融资性租赁引入法国；1962年西德成立了第一家租赁公司；1963年日本国际租赁公司成立，日本还于20世纪70年代将融资租赁引入东南亚。融资租赁在我国的发展源于20世纪80年代初，并迅速成为促进我国市场经济发展的有力手段，在促进资产融通、带动中小企业发展等方面发挥了重要作用。特别是2007年后，国内融资租赁业进入了几何级数增长的时期。融资租赁业务总量由2006年的约80亿元增至2016年约9300亿元。2016年底，全国注册运营的融资租赁公司约560家，其中包括金融租赁公司20家，内资租赁公司80家，外资租赁公司约460家，注册资金总额达1820亿人民币，租赁合同余额约15 500亿人民币。

（二）我国融资租赁立法及其特点

融资租赁法有广义和狭义之分。广义的融资租赁法是指所有调整融资租赁关系的法律规范的总和。除了融资租赁法外，还包括含有融资租赁法规范的其他法律法规：①民商法，包括《民法典》《公司法》等；②金融法律、法规和规章，包括《中国人民银行法》《外汇管理条例》《金融租赁公司管理办法》等；③税法，狭义的融资租赁法就是指专门的融资租赁法。

在中国，融资租赁业务自20世纪80年代初开展以来，迄今为止已有30余年的历史。然而目前我国尚没有专门的融资租赁法，相关的法律规定仅在包含有融资租赁法规范的民商法和金融法等法律法规中出现。我国的融资租赁立法现状主要有以下三个特点：

1. 我国尚没有专门的融资租赁法。[1] 现行的有关融资租赁的主要法律法规包括《民法典》和《金融租赁公司管理办法》等，对融资租赁的规范不够系统，难以有效地规范融资租赁交易秩序，对于租赁机构的监管力度较弱，致使融资租赁业的发展缓慢。

现行的规范融资租赁交易秩序的主要法律为《民法典》，2020年制定的《民法典》是调整民事法律关系的基本法。该法确立的基本原则适用于民事活动。《民法典》第三编第十五章（共26条）对融资租赁合同作了具体的规定，主要内容有：融

---

〔1〕 2004年，第十届全国人大常委会曾将《融资租赁法》列入立法规划，并由第十届全国人大财经委支持开展《融资租赁法》的起草工作，于2006年11月形成《融资租赁法（草案）》（第三次征求意见稿），但该草案并未被第十届全国人大常委会安排审议，之后也未被第十一届、第十二届全国人大常委会列入立法规划。

资租赁合同的内容、租赁物的选定、交付、验收和质量、索赔权、所有权以及承租人和出租人的权利义务等，按《民法典》规定，融资租赁合同是出租人根据承租人对出卖人、租赁物的选择。向出卖人购买租赁物，提供给承租人使用，承租人支付租金的合同。在融资租赁合同中，承租人自行选定租赁物和出卖人，并且根据出租人与出卖人订立的购货合同，租赁物由出卖人直接交付给承租人。承租人负责租赁物的验收，租赁物的交付时间和质量问题，均由设备出卖人直接向承租人负责。出租人、出卖人、承租人可以约定，出卖人不履行合同义务的，由承租人行使索赔的权利。出租人和承租人可以约定租赁期间届满租赁物的归属。但《民法典》对于融资租赁合同的规定仅限于融资租赁交易的部分内容，且相关规定较为原则，具体的实施细则仍有待制定。此外《民法典》并未保留《民法典（草案）》中关于转租赁、出售回租等内容的规定。

我国现行的对租赁机构监管的规范性文件主要是行政法规和中国人民银行发布的规章，包括原中国银行业监督管理委员会 2014 年修订的《金融租赁公司管理办法》、原中国银行业监督管理委员会 2014 年制定的《金融租赁公司专业子公司管理暂行规定》以及商务部 2013 年制定的《融资租赁企业监督管理办法》等。纵观上述有关租赁机构监管的规范性文件，不难发现对于租赁机构，目前我国仍缺乏较为系统全面的规定，法律中对其性质的定位不明导致实践中租赁机构管理混乱的现象屡见不鲜。2018 年 5 月，商务部办公厅发布《关于融资租赁公司、商业保理公司和典当行管理职责调整有关事宜的通知》，将商务部制定融资租赁公司业务经营和监管规则的职责划给银保监会，自此我国融资租赁机构业务经营和监管规则的制定职责由银保监会统一行使，但具体的融资租赁监督管理细则仍有待银保监会制定。

2. 关于租赁机构监管的金融法规、规章等规范性文件修改较为频繁，相关文件未能及时修订完善，导致规范性文件之间重复和矛盾的现象时有发生，其协调性有待提高。此外规范性文件缺乏法律权威，执行效果差的现象也较为普遍。

以我国有关经营外汇融资租赁业务的非银行金融机构的外汇货币资本金的规定为例，2001 年中国人民银行发布的《信托投资公司管理办法》（已失效）和 1993 年 1 月国家外汇管理局公布的《非银行金融机构外汇业务管理规定》（已失效）等规范性文件中的规定各不相同，为实践操作带来诸多困扰。

3. 现行与融资租赁相关的其他法律和国家产业政策尚不完善，相关法律与政策之间的衔接有待提高。例如国际上通行的融资租赁税收优惠在我国法律中没有得到充分的体现，客观上阻碍了融资租赁的发展；政府关于融资租赁的产业政策尚未出台，致使我国融资租赁业发展方向不明。

（三）融资租赁主要类型

融资租赁具有多种类型，大体而言可以归纳为以下几类：

1. 直接融资租赁。由承租人指定设备及生产厂家，委托出租人融通资金购买并提供设备，由承租人使用并支付租金，租赁期满由出租人向承租人转移设备所有权。

它以出租人保留租赁物所有权和收取租金为条件，使承租人在租赁期内取得对租赁物占有、使用和收益的权利。这是一种最典型的融资租赁方式。

2. 经营性租赁。由出租人承担与租赁物相关的风险与收益。使用这种方式的企业不以最终拥有租赁物为目的，在其财务报表中不反映为固定资产。企业为了规避设备风险或者需要表外融资，或需要利用一些税收优惠政策，可以选择经营租赁方式。

3. 出售回租。出售回租，有时又称售后回租、回租赁等，是指物件的所有权人首先与租赁公司签订买卖合同，将物件卖给租赁公司，取得现金。然后物件的原所有权人作为承租人，与该租赁公司签订回租合同，将该物件租回。承租人按回租合同还完全部租金，并付清物件的残值以后，重新取得物件的所有权。

4. 转租赁。以同一物件为标的物的多次融资租赁业务。在转租赁业务中，上一租赁合同的承租人同时又是下一租赁合同的出租人，称为转租人。转租人向其他出租人租入租赁物件再转租给第三人，转租人以收取租金差为目的。租赁物品的所有权归第一出租人。

5. 委托租赁。出租人接受委托人的资金或租赁标的物，根据委托人的书面委托，向委托人指定的承租人办理融资租赁业务。在租赁期内租赁标的物的所有权归委托人，出租人只收取手续费，不承担风险。

6. 分成租赁。一种结合投资的某些特点的创新性租赁形式。租赁公司与承租人之间在确定租金水平时，是以租赁设备的生产量与租赁设备相关收益来确定租金，而不是以固定或者浮动的利率来确定租金，设备生产量大或与租赁设备相关的收益高，租金就高，反之则少。

（四）融资租赁的程序

目前我国融资租赁的程序可分为如下几个阶段：

1. 选择租赁公司，提出委托申请。当企业决定采用融资租赁方式以获取某项设备时，需要了解各个租赁公司的资信情况、融资条件和租赁费率等，分析比较选定一家作为出租单位。然后，向租赁公司申请办理融资租赁。

2. 签订购货协议。由承租企业和租赁公司中的一方或双方，与选定的设备供应厂商进行购买设备的技术谈判和商务谈判，在此基础上与设备供应厂商签订购货协议。

3. 签订租赁合同。承租企业与租赁公司签订租赁设备的合同，如需要进口设备，还应办理设备进口手续。租赁合同是租赁业务的重要文件，具有法律效力。融资租赁合同的内容可分为一般条款和特殊条款两部分。

4. 交货验收。设备供应厂商将设备发运到指定地点，承租企业要办理验收手续。验收合格后签发交货及将验收证书交给租赁公司，作为其支付货款的依据。

5. 定期交付租金。承租企业按租赁合同规定，分期交纳租金，这也就是承租企业对所筹资金的分期还款。

6. 合同期满处理设备。承租企业根据合同约定，对设备续租、退租或留购。

第二节　融资租赁合同

★ 案例导入

融资租赁合同中承租人对出卖人、租赁物有进行自主选择的权利[1]

【案情介绍】1998 年，甲公司和乙公司签订了一份融资租赁合同。双方约定，出租人甲公司应按照承租人乙公司的要求从国外 A 公司购进浮法玻璃生产线及附属配件，租赁给乙公司，租金总额 18 万美元，租期 24 个月，每 6 个月为 1 期，最后一期的到期日为 2000 年 5 月 30 日，如乙公司不支付租金，甲公司可要求即时付清租金的一部分或全部，或终止合同，收回租赁物件，并由乙公司赔偿损失；双方还约定，租金利率的调整和延付租金的罚款利息。丙公司为乙公司提供了支付租金的担保。丙公司向甲公司出具的租金偿还保证书中约定，丙公司保证和负责乙公司切实履行融资租赁合同的各项条款，如乙公司不能按照合同的约定向甲公司缴纳其应付的租金及其他款项，担保人应按照融资租赁合同的约定，无异议地代替乙公司将上述租金及其他款项交付给甲公司。

翌年，甲公司与 A 公司签订购销合同，从 A 公司购进浮法玻璃生产线及附属配件，并将购机的全套设备全部运抵目的地。按照乙公司的要求，将设备安装在丁工厂使用。经乙公司和丁工厂共同开箱检验和调试后，认定设备质量合格。设备投产后，因生产原料需从国外进口，成本较高，销路较差，致使开工后就停产。承租人和丁工厂仅支付甲公司设备租金 6 万美元。甲公司多次催要，乙公司和丁工厂未能支付租金，于是，甲公司向法院提起诉讼，要求乙公司和丁工厂立即偿付所欠租金及利息，并由丙公司承担保证责任。乙公司辩称，甲公司在丁工厂经营不善的情况下，未能收回租赁物，致使损失扩大，乙公司不应承担责任。丙公司辩称，甲公司应在承租方无力偿付租金的情况下及时收回租赁物，防止损失扩大，但甲公司却采取放任态度，致使损失扩大，甲公司无权就扩大的损失要求赔偿。人民法院受理后，将丁工厂列为本案的第三人参加诉讼，丁工厂辩称，自己不是融资租赁合同的当事人，不应承担租金偿付义务。

【典型意义】在本案中，出租人甲公司对于出卖人 A 公司及出租标的物的选择，都是由乙公司决定的，符合融资租赁的一般规定，是典型的融资租赁合同。根据我国《合同法》的相关规定，融资租赁合同涉及两个合同、三方当事人，"两个合同"指供货人和出租人（买受人）之间的买卖合同，以及出租人和承租人之间的融资性

---

[1] 邹川宁主编、谭秋桂副主编：《租赁合同、融资租赁合同案例评析》，知识产权出版社 2004 年版，第 237 页。

租赁合同，"三方当事人"指为融资租赁交易提供租赁物的供应商（出卖人）、选择租赁物和供应商并支付租金的承租人、为承租人提供资金融通的出租人。一般融资租赁合同都必须经过如下程序[1]：其一，承租人应先选择租赁物。在其中，承租人首先要选择自己需要的租赁物，其次要选择供货商，以确保租赁物符合其要求。其二，承租人还要选择出租人。在选定租赁物之后，承租人应选择信誉较高，拥有充足资金实力的出租人，然后提出委托。其三，承租人和出租人之间签订租赁委托书。出租人对相关事项进行评定之后，应该和承租人签订租赁物委托书。其四，出租人与供货商签订买卖合同。出租人按照承租人的要求，与供货商签订相关买卖合同。根据《合同法》第12条的规定，合同的内容一般由当事人约定，包括以下条款：①当事人的名称或者姓名和住所；②标的；③数量；④质量；⑤价款或者报酬；⑥履行期限、地点和方式；⑦违约责任；⑧解决争议的办法。其五，出租人和承租人签订租赁合同。在购买相关租赁标的物之后，出租人应该对租金交付方式、租赁期限、担保等问题进行协商，最后签订租赁合同。当然，第五步骤相关的规定也可和租赁的委托书统一，在买卖合同订立之前就相关内容进行约定，然后再将标的物由出卖人直接交付给承租人。

在融资租赁的订立过程中，可以发现，在融资租赁中有一个很独特的现象，也就是供货商和出租人之间买卖合同中的标的物是由第三方的承租人选择确定的。那是因为，出租人在融资租赁中主要是充当融资的角色，所以，在一般情况下，出租人在签订合同时并不享有出租标的物的所有权，其是在签订融资租赁合同之后，根据承租人的需要和选择再去购买租赁物。并且，出租人不能干涉承租人对租赁物及供货商的选择，其只能按照承租人的选择去购买设备，然后出租给承租人使用。当然，与此相对应，出租人对于租赁物的性能、瑕疵、设备维修等不承担责任，承租人不能因为上述理由而不付租金。所以在一般情况下，对于承租人选择谁生产的租赁物，租赁物质量如何，出租人完全不需要关心，因为其对此一概不负责任。从责任分配上可以看出，在融资租赁合同中租赁物的所有权出现了权能分离，尽管租赁物是以出租人的名义购买的，并且也是租赁物的所有权人，但是，依照租赁合同，承租人享有占有、使用及部分收益的权能，而出租人只享有部分收益和处分的权能。而且与所有权有关的风险均由承租人承担。例如，租赁物瑕疵、毁损、灭失，并且在所有权受到侵害的权利行使上，也主要由承租人行使。例如，交付有瑕疵的货物等产生索赔请求权及其他物上请求权。如果租赁期限届满后，承租人留购租赁物，则承租人即享有圆满的所有权；若其不留购，则租赁物由出租人恢复所有权。因此，在融资租赁合同结束后，租赁物的所有权都会回到圆满状态。

由于在融资租赁合同中，对于租赁物以及供货商的选择是由承租人进行的，所以，按照"行为人为其决定负责"的道理，关于租赁物的瑕疵以及质量等问题，都

---

[1]　参见张懋主偏、奚晓明副主编：《合同法条文案例释解》，人民出版社1999年版，第420页。

要由承租人来承担。所以，承租人虽然享有占有使用标的物的权利，但是，其同时也要负担对标的物的维修义务，并承担标的物毁损灭失的风险。

在本案中，融资租赁合同的三方当事人分别是供货商 A 公司、出租人甲公司和承租人乙公司以及作为担保人的丙公司。这三方当事人主要是由两个合同关系联系起来的，一个是甲公司和 A 公司之间的购销合同，另一个是甲公司和乙公司之间的融资性租赁合同。甲公司先和乙公司签订融资租赁合同，然后再按照乙公司要求向 A 公司购买相关租赁物，并签订买卖合同，最后，由 A 公司向乙公司交货（本案中是交给了乙公司指定的丁工厂）。该案件鲜明地体现了融资租赁合同的标的物是由承租人选择确定的，出租人甲公司对租赁物的质量和瑕疵一概不负责任。出租人用其融资所换取的权利就是取得租金的权利，所以，承租人并不能因为出租人未能收回租赁物而使其损失扩大免除租金交付义务；因为承租人乙公司享有实际占有使用的权利，其应当承担与租赁物所有权有关的一切风险和责任，并承担支付租金的义务。另外，被告丁工厂并不是融资租赁合同的当事人，其只是融资租赁物的实际使用人。因此，对于甲公司主张的要求丁工厂和乙公司对其租金负有连带责任的请求不成立，丁工厂只是本案的无独立请求权第三人，并不负有合同上的权利和义务。

一、融资租赁合同概述

融资租赁合同是指融资租赁承租人要求出租人为其融资购买承租人所需的设备，然后由出卖人直接将设备交给承租人的合同。融资租赁合同存在三方两合同关系，如图所示：

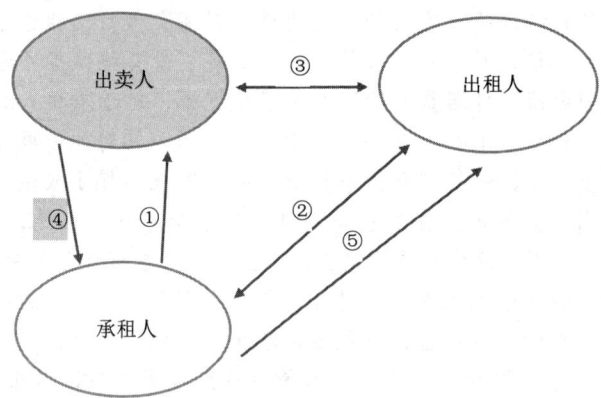

1. 承租人选定租赁物和供货人，并确定交易条件。
2. 承租人与出租人签订融资租赁合同。
3. 出租人与出卖人签订买卖合同，并向出卖人支付租赁物全款。
4. 出卖人向承租人递交租赁物。
5. 承租人向出租人支付租金；租期结束后，出租人和承租人按照约定确定租赁物的所有权。

二、融资租赁合同的主要条款

在实践中，由于租赁方式的不同，融资租赁合同的内容往往也不同，但融资租赁合同主要包括以下条款：

1. 有关租赁物的条款。融资租赁合同的标的物是承租人要求出租人购买的设备，是合同当事人双方权利和义务指向的对象，因此，融资租赁合同首先应就租赁物作出明确约定。此条款应写明租赁物的名称、质量、数量、规格、型号、技术性能、检验方法等。由于关于租赁物的说明多涉及工程技术内容，专业性很强，而且具体繁杂，因此一般只在合同正文中作简明规定，另附表详细说明，该附表为合同不可缺少的附件。

2. 有关租金的条款。租金是合同的主要内容之一。合同对租金的规定包括租金总额、租金构成、租金支付方式、支付地点和次数、租金支付期限、每期租金额、租金计算方法、租金币种等。

3. 有关租赁期限的条款。租赁期限一般根据租赁物的经济寿命、使用及利用设备所产生的效益，由双方当事人商定，此条款应当明确租赁起止日期。租赁期限对于明确租赁双方权利义务的存续期间具有非常重要的法律意义，由于融资租赁合同的一个重要的特性就是合同的不可中途解约性，因此，此条款应当明确规定，在合同有效期内，当事人双方无正当、充分的理由，不得单方要求解约或退租。

4. 有关租赁期间届满租赁物归属的条款。租赁期间内，租赁物的所有权归出租人享有。租赁期间届满，承租人一般有三种选择权，即留购、续租或退租。在留购情况下，承租人取得租赁物的所有权。在续租和退租情况下，租赁物仍归出租人所有。

除上述条款外，融资租赁合同一般还应包括租赁物的交付、使用、保养、维修和融资租赁、担保、违约责任、合同发生争议时的解决方法、合同签订日期和地点等条款。

三、融资租赁合同的法律关系

融资租赁合同的法律关系包括融资租赁合同的主体、融资租赁合同的客体以及融资租赁合同的内容。融资租赁合同的主体是指参与融资租赁合同关系的各方当事人，具体包括出卖人、出租人以及承租人。

融资租赁合同的客体是指融资租赁合同的当事人权利义务所指向的对象。在融资租赁合同中，相对于出卖人而言，出租人即为买受人，出卖人具有请求出租人支付价款的债权，并且负有交付租赁物的义务，因此在出卖人与出租人的法律关系中，其客体即为交付价款或租赁物的行为。相对于承租人而言，出租人即为债权人，享有对租赁物的所有权以及基于租赁物的占有、使用以及收益权利转移而获得请求支付租金的债权，因此在承租人与出租人的法律关系中，其客体即为支付租金或交付租赁物的行为。在融资租赁合同的标的物方面，不同于一般的租赁合同，目前我国法律对作为融资租赁合同标的物的租赁物范围做出了一定的限制性规定。如 2014 年原中国银行业监督管理委员会制定的《金融租赁公司管理办法》规定租赁物为固定资产。[1] 相应的司法解释也将融资租赁合同的租赁物作为解决特殊租赁物的融资租赁合同效力的参考因素。如 2014 年最高人民法院制定的《最高人民法院关于审理融资租赁合同纠纷案件适用法律问题的解释》中关于结合标的物的性质以及价值认定构成融资租赁法律关系与否的规定。[2]

融资租赁合同的内容，是指融资租赁合同当事人享有的权利以及承担的义务。

（一）出卖人的权利与义务

出卖人的权利是指出卖人在融资租赁法律关系中所享有的权利。主要包括请求出租人支付价款的债权。

出卖人的义务是指出卖人在融资租赁法律关系中所应承担的义务。主要包括：①向承租人交付租赁物；②承担租赁物之瑕疵担保义务和损害赔偿义务。

（二）出租人的权利与义务

相对于出卖人，出租人即为买受人，相对于承租人，出租人即为债权人，其在融资租赁法律关系中所享有的权利有：

1. 出租人享有请求出卖人交付租赁物的债权。

2. 出租人在租赁期间享有对租赁物的所有权，并最终保有对租赁物的处分权。在融资租赁交易中，出租人向出卖人支付价款而取得租赁物所有权，在租赁期间，出租人将租赁物的占有、使用以及部分收益的权利转移给承租人以获得收取租金的权利，但出租人最终保有对租赁物的处分权。因此，当承租人破产时，出租人依法行使其对租赁物的取回权，也可以申请受理案件的法院拍卖租赁物，将拍卖所得款项用以清偿承租人对出租人的债务。

3. 出租人享有收取租金的债权。在融资租赁期间，出租人作为对租赁物的所有权人，将租赁物的占有、使用以及部分收益的权利转移给承租人，从而获得收取租金的权利。

4. 出租人享有对租赁物的取回权。当承租人无力支付租金时，出租人可以取回；当租赁期间届满时，可以取回；当承租人重大违约出租人解除合同时，当然也可以取回。

5. 出租人享有合同解除权。承租人未经出租人同意，将租赁物转让、抵押、质押、投资入股或者以其他方式处分的，出租人可以解除融资租赁合同。此外，出租人与出卖人订立的买卖合同解除、被确认无效或者被撤销，且未能重新订立买卖合

---

〔1〕《金融租赁公司管理办法》第 4 条规定："适用于融资租赁交易的租赁物为固定资产，银监会另有规定的除外。"

〔2〕《最高人民法院关于审理融资租赁合同纠纷案件适用法律问题的解释》第 1 条规定："人民法院应当根据《合同法》第 237 条的规定，结合标的物的性质、价值、租金的构成以及当事人的合同权利和义务，对是否构成融资租赁法律关系作出认定。"

同；租赁物因不可归责于当事人的原因毁损、灭失，且不能修复或者确定替代物；因出卖人的原因致使融资租赁合同的目的不能实现的，出租人可以解除融资租赁合同。

出租人在融资租赁法律关系中所应承担的主要义务有：

1. 向出卖人支付标的物的价款。

2. 在承租人向出卖人行使索赔权时，负有协助义务（《民法典》第 741 条）。

3. 不变更买卖合同中与承租人有关条款的不作为义务。

4. 租赁物不符合租赁合同目的时的责任。"租赁物不符合约定或者不符合使用目的的，出租人不承担责任，但承租人依赖出租人的技能确定租赁物或者出租人干预选择租赁物的除外"（《民法典》第 747 条）。

5. 权利瑕疵担保责任。"出租人应当保证承租人对租赁物的占有和使用"（《民法典》第 748 条）。这是关于权利瑕疵担保责任的规定，即出租人担保标的物不被第三人（出卖人等）所追夺，不被第三人所主张任何权利（包括不被第三人主张知识产权）。

6. 对第三人造成侵害的免责。"承租人占有租赁物期间，租赁物造成第三人人身伤害或者财产损害的，出租人不承担责任"（《民法典》第 749 条）。

（三）承租人的权利与义务

承租人的权利是指承租人在融资租赁法律关系中所享有的权利。主要包括：

1. 选择出卖人，确定租赁物的条件，并且受领租赁物。融资租赁合同中的租赁物通常是由承租人决定的，承租人享有租赁物的购买选择权，并享有与受领租赁物有关的买受人的权利。[1]

2. 租赁期间，对租赁物享有占有、使用以及收益的权利。在租赁期间内租赁物只能租给一个企业使用。因此在租赁期间，承租人对租赁物享有占有、使用以及收益的权利。

3. 承租人享有合同解除权。出租人与出卖人订立的买卖合同解除、被确认无效或者被撤销，且未能重新订立买卖合同；租赁物因不可归责于当事人的原因毁损、灭失，且不能修复或者确定替代物；因出卖人的原因致使融资租赁合同的目的不能实现的，承租人可以解除融资租赁合同。

承租人的义务是指承租人在融资租赁法律关系中所应承担的义务。主要包括：

1. 及时验收租赁物。承租人须在合同约定的时间内对租赁物的质量、规格以及数量等作出技术上的验收，这也是承租人享有与受领租赁物有关的买受人权利所对应的一项义务。

2. 根据约定，向出租人支付租金。承租人向出租人支付租金是融资租赁合同得以履行的最基本条件，承租人未及时按合同约定支付部分或全部租金都属于违约行

---

[1] 徐孟洲：《金融法》，高等教育出版社 2012 年版，第 190 页。

为，将会产生支付逾期利息、赔偿出租人损失等违约责任。

3. 妥善保管和使用租赁物，承担租赁物的维修义务，并承担租赁物灭失、损毁的风险。

4. 租赁期间，未经出租人同意，承租人不得擅自转租。

5. 租赁期间届满时，如果承租人留购租赁物，则承租人取得租赁物的所有权。但在续租和退租情况下，租赁物仍归出租人所有，承租人应返还租赁物。

第三节　中国融资租赁机构的管理规定

融资租赁机构是指用筹措的资金从制造商手中获得设备，以出租人身份租给承租人使用，定期收取租金的金融机构或者企业。[1] 2018 年以前，我国融资租赁机构主要包括金融租赁公司及其子公司、从事融资租赁业务的外资融资租赁公司以及内资融资租赁公司三种。金融租赁公司及其子公司经原中国银行业监督管理委员会批准设立，并受原中国银行业监督管理委员会及其派出机构的监督管理，其设立变更等事项主要由原中国银行业监督管理委员会制定的《金融租赁公司管理办法》以及《金融租赁公司专业子公司管理暂行规定》进行调整；从事融资租赁业务的外资租赁公司是指由外商投资的融资租赁公司，向商务部备案，并受商务部及省级商务主管部门的监督管理，其设立变更等事项主要由商务部制定的《外商投资租赁业管理办法》进行调整；内资融资租赁公司也称内资试点融资租赁公司，由商务部和国家税务总局及其授权机构审批设立，并受商务部及省级商务主管部门的监督管理，其设立变更等事项主要由商务部制定的《融资租赁企业监督管理办法》进行调整。

2018 年 2 月，商务部发布《关于废止和修改部分规章的决定（2018）》，宣布废止《外商投资租赁业管理办法》；2018 年 3 月，全国人民代表大会颁布《国务院机构改革方案》，组建银保监会，作为国务院直属事业单位，将中国银行业监督管理委员会和中国保险监督管理委员会的职责整合。将中国银行业监督管理委员会和中国保险监督管理委员会拟订银行业、保险业重要法律法规草案和审慎监管基本制度的职责划入中国人民银行。不再保留中国银行业监督管理委员会、中国保险监督管理委员会。自此我国金融租赁公司及其子公司的批准设立以及监督管理等职责划归银保监会。2018 年 5 月，商务部办公厅发布《关于融资租赁公司、商业保理公司和典当行管理职责调整有关事宜的通知》，将商务部制定融资租赁公司业务经营和监管规则的职责划给银保监会，自此我国融资租赁机构业务经营和监管规则的制定职责均由银保监会履行。目前，我国融资租赁机构的设立变更等事项仍由《金融租赁公司管理办法》、《金融租赁公司专业子公司管理暂行规定》以及《融资租赁企业监督管理办法》进行调整，具体的融资租赁监督管理细则仍有待银保监会制定。本节仍按

---

〔1〕 朱大旗：《金融法》，中国人民大学出版社 2016 年版，第 452 页。

照原中国银行业监督管理委员会制定的《金融租赁公司管理办法》以及商务部制定的《融资租赁企业监督管理办法》对融资租赁机构的设立变更等内容进行介绍。

一、融资租赁机构的设立条件

（一）金融租赁公司的设立条件

1. 申请条件。

（1）有符合《中华人民共和国公司法》和银保监会规定的公司章程；

（2）有符合规定条件的发起人；

（3）注册资本为一次性实缴货币资本，最低限额为 1 亿元人民币或等值的可自由兑换货币；

（4）有符合任职资格条件的董事、高级管理人员，并且从业人员中具有金融或融资租赁工作经历 3 年以上的人员应当不低于总人数的 50%；

（5）建立了有效的公司治理、内部控制和风险管理体系；

（6）建立了与业务经营和监管要求相适应的信息科技架构，具有支撑业务经营的必要、安全且合规的信息系统，具备保障业务持续运营的技术与措施；

（7）有与业务经营相适应的营业场所、安全防范措施和其他设施；

（8）银保监会规定的其他审慎性条件。

2. 发起人条件。金融租赁公司的发起人包括在中国境内外注册的具有独立法人资格的商业银行，在中国境内注册的、主营业务为制造适合融资租赁交易产品的大型企业，在中国境外注册的融资租赁公司以及银保监会认可的其他发起人。

银保监会认可的其他发起人是指除符合《金融租赁公司管理办法》第 9 条至第 11 条规定的发起人以外的其他境内法人机构和境外金融机构。

在中国境内外注册的具有独立法人资格的商业银行作为金融租赁公司发起人，应当具备以下条件：

（1）满足所在国家或地区监管当局的审慎监管要求；

（2）具有良好的公司治理结构、内部控制机制和健全的风险管理体系；

（3）最近 1 年年末总资产不低于 800 亿元人民币或等值的可自由兑换货币；

（4）财务状况良好，最近 2 个会计年度连续盈利；

（5）为拟设金融租赁公司确定了明确的发展战略和清晰的盈利模式；

（6）遵守注册地法律法规，最近 2 年内未发生重大案件或重大违法违规行为；

（7）境外商业银行作为发起人的，其所在国家或地区金融监管当局已经与银保监会建立良好的监督管理合作机制；

（8）入股资金为自有资金，不得以委托资金、债务资金等非自有资金入股；

（9）承诺 5 年内不转让所持有的金融租赁公司股权、不将所持有的金融租赁公司股权进行质押或设立信托，并在拟设公司章程中载明；

（10）银保监会规定的其他审慎性条件。

在中国境内注册的、主营业务为制造适合融资租赁交易产品的大型企业作为金融租赁公司发起人，应当具备以下条件：

（1）有良好的公司治理结构或有效的组织管理方式；

（2）最近1年的营业收入不低于50亿元人民币或等值的可自由兑换货币；

（3）财务状况良好，最近2个会计年度连续盈利；

（4）最近1年年末净资产不低于总资产的30%；

（5）最近1年主营业务销售收入占全部营业收入的80%以上；

（6）为拟设金融租赁公司确定了明确的发展战略和清晰的盈利模式；

（7）有良好的社会声誉、诚信记录和纳税记录；

（8）遵守国家法律法规，最近2年内未发生重大案件或重大违法违规行为；

（9）入股资金为自有资金，不得以委托资金、债务资金等非自有资金入股；

（10）承诺5年内不转让所持有的金融租赁公司股权、不将所持有的金融租赁公司股权进行质押或设立信托，并在拟设公司章程中载明；

（11）银保监会规定的其他审慎性条件。

在中国境外注册的具有独立法人资格的融资租赁公司作为金融租赁公司发起人，应当具备以下条件：

（1）具有良好的公司治理结构、内部控制机制和健全的风险管理体系；

（2）最近1年年末总资产不低于100亿元人民币或等值的可自由兑换货币；

（3）财务状况良好，最近2个会计年度连续盈利；

（4）遵守注册地法律法规，最近2年内未发生重大案件或重大违法违规行为；

（5）所在国家或地区经济状况良好；

（6）入股资金为自有资金，不得以委托资金、债务资金等非自有资金入股；

（7）承诺5年内不转让所持有的金融租赁公司股权、不将所持有的金融租赁公司股权进行质押或设立信托，并在拟设公司章程中载明；

（8）银保监会规定的其他审慎性条件。

金融租赁公司至少应当有一名符合《金融租赁公司管理办法》第9条至第11条规定的发起人，且其出资比例不低于拟设金融租赁公司全部股本的30%。

其他境内法人机构作为金融租赁公司发起人，应当具备以下条件：

（1）有良好的公司治理结构或有效的组织管理方式；

（2）有良好的社会声誉、诚信记录和纳税记录；

（3）经营管理良好，最近2年内无重大违法违规经营记录；

（4）财务状况良好，且最近2个会计年度连续盈利；

（5）入股资金为自有资金，不得以委托资金、债务资金等非自有资金入股；

（6）承诺5年内不转让所持有的金融租赁公司股权，不将所持有的金融租赁公司股权进行质押或设立信托，并在公司章程中载明；

（7）银保监会规定的其他审慎性条件。

其他境内法人机构为非金融机构的，最近1年年末净资产不得低于总资产的

30%；其他境内法人机构为金融机构的，应当符合与该类金融机构有关的法律、法规、相关监管规定要求。

其他境外金融机构作为金融租赁公司发起人，应当具备以下条件：

（1）满足所在国家或地区监管当局的审慎监管要求；

（2）具有良好的公司治理结构、内部控制机制和健全的风险管理体系；

（3）最近1年年末总资产原则上不低于10亿美元或等值的可自由兑换货币；

（4）财务状况良好，最近2个会计年度连续盈利；

（5）入股资金为自有资金，不得以委托资金、债务资金等非自有资金入股；

（6）承诺5年内不转让所持有的金融租赁公司股权、不将所持有的金融租赁公司股权进行质押或设立信托，并在公司章程中载明；

（7）所在国家或地区金融监管当局已经与银保监会建立良好的监督管理合作机制；

（8）具有有效的反洗钱措施；

（9）所在国家或地区经济状况良好；

（10）银保监会规定的其他审慎性条件。

（二）融资租赁公司的设立条件

融资租赁企业应具备与其业务规模相适应的资产规模、资金实力和风险管控能力。申请设立融资租赁企业的境外投资者，还须符合外商投资的相关规定。

融资租赁企业应配备具有金融、贸易、法律、会计等方面专业知识、技能和从业经验并具有良好从业记录的人员，拥有不少于3年融资租赁、租赁业务或金融机构运营管理经验的总经理、副总经理、风险控制主管等高管人员。

融资租赁企业开展经营活动，应当遵守中华人民共和国法律、法规、规章等的规定，不得损害国家利益和社会公共利益。

二、融资租赁机构的变更与终止

（一）金融租赁公司的变更

金融租赁公司有下列变更事项之一的，须报经银保监会或其派出机构批准：

（1）变更公司名称；

（2）变更组织形式；

（3）调整业务范围；

（4）变更注册资本；

（5）变更股权或调整股权结构；

（6）修改公司章程；

（7）变更公司住所或营业场所；

（8）变更董事和高级管理人员；

（9）合并或分立；

（10）银保监会规定的其他变更事项。

（二）金融租赁公司的终止

1. 金融租赁公司有以下情况之一的，经银保监会批准可以解散：

（1）公司章程规定的营业期限届满或者公司章程规定的其他解散事由出现；

（2）股东决定或股东（大）会决议解散；

（3）因公司合并或者分立需要解散；

（4）依法被吊销营业执照、责令关闭或者被撤销；

（5）其他法定事由。

2. 金融租赁公司有以下情形之一的，经银保监会批准，可以向法院申请破产：

（1）不能支付到期债务，自愿或债权人要求申请破产的；

（2）因解散或被撤销而清算，清算组发现财产不足以清偿债务，应当申请破产的。

金融租赁公司不能清偿到期债务，并且资产不足以清偿全部债务或者明显缺乏清偿能力的，银保监会可以向人民法院提出对该金融租赁公司进行重整或者破产清算的申请。金融租赁公司设立、变更、终止和董事及高管人员任职资格核准的行政许可程序，按照银保监会相关规定执行。

《融资租赁企业监督管理办法》并未对融资租赁企业的变更与终止专门作出规定，其变更与终止规则可参考金融租赁公司的变更与终止等内容。

三、融资租赁机构的业务范围与经营规则

（一）金融租赁公司的业务范围与经营规则

1. 经银保监会批准，金融租赁公司可以经营下列部分或全部本外币业务：

（1）融资租赁业务；

（2）转让和受让融资租赁资产；

（3）固定收益类证券投资业务；

（4）接受承租人的租赁保证金；

（5）吸收非银行股东3个月（含）以上定期存款；

（6）同业拆借；

（7）向金融机构借款；

（8）境外借款；

（9）租赁物变卖及处理业务；

（10）经济咨询。

经银保监会批准，经营状况良好、符合条件的金融租赁公司可以开办下列部分或全部本外币业务：

（1）发行债券；

（2）在境内保税地区设立项目公司开展融资租赁业务；

（3）资产证券化；

（4）为控股子公司、项目公司对外融资提供担保；

（5）银保监会批准的其他业务。

金融租赁公司开办前款所列业务的具体条件和程序，按照有关规定执行。其业务经营中涉及外汇管理事项的，需遵守国家外汇管理有关规定。

2. 金融租赁公司治理规则。金融租赁公司应当建立以股东或股东（大）会、董事会、监事（会）、高级管理层等为主体的组织架构，明确职责划分，保证相互之间独立运行、有效制衡，形成科学高效的决策、激励和约束机制。

3. 金融租赁公司内部控制与风险管理规则。金融租赁公司应当根据其组织架构、业务规模和复杂程度建立全面的风险管理体系，对信用风险、流动性风险、市场风险、操作风险等各类风险进行有效的识别、计量、监测和控制，同时还应当及时识别和管理与融资租赁业务相关的特定风险。

4. 租赁物、租赁资产管理规则。

（1）金融租赁公司应当合法取得租赁物的所有权。

（2）租赁物属于国家法律法规规定所有权转移必须到登记部门进行登记的财产类别，金融租赁公司应当进行相关登记。租赁物不属于需要登记的财产类别，金融租赁公司应当采取有效措施保障对租赁物的合法权益。

（3）售后回租业务的租赁物必须由承租人真实拥有并有权处分。金融租赁公司不得接受已设置任何抵押、权属存在争议或已被司法机关查封、扣押的财产或所有权存在瑕疵的财产作为售后回租业务的租赁物。

（4）金融租赁公司应当在签订融资租赁合同或明确融资租赁业务意向的前提下，按照承租人要求购置租赁物。特殊情况下需提前购置租赁物的，应当与自身现有业务领域或业务规划保持一致，且与自身风险管理能力和专业化经营水平相符。

（5）金融租赁公司应当建立健全租赁物价值评估和定价体系，根据租赁物的价值、其他成本和合理利润等确定租金水平。

售后回租业务中，金融租赁公司对租赁物的买入价格应当有合理的、不违反会计准则的定价依据作为参考，不得低值高买。

（6）金融租赁公司应当重视租赁物的风险缓释作用，密切监测租赁物价值对融资租赁债权的风险覆盖水平，制定有效的风险应对措施。

（7）金融租赁公司应当加强租赁物未担保余值的估值管理，定期评估未担保余值，并开展减值测试。当租赁物未担保余值出现减值迹象时，应当按照会计准则要求计提减值准备。

（8）金融租赁公司应当加强未担保余值风险的限额管理，根据业务规模、业务性质、复杂程度和市场状况，对未担保余值比例较高的融资租赁资产设定风险限额。

（9）金融租赁公司应当加强对租赁期限届满返还或因承租人违约而取回的租赁物的风险管理，建立完善的租赁物处置制度和程序，降低租赁物持有期风险。

5. 关联交易规则。金融租赁公司应当建立严格的关联交易管理制度，其关联交易应当按照商业原则，以不优于非关联方同类交易的条件进行。其中重大关联交易应当经董事会批准。重大关联交易是指金融租赁公司与一个关联方之间单笔交易金额占金融租赁公司资本净额5%以上，或金融租赁公司与一个关联方发生交易后金融租赁公司与该关联方的交易余额占金融租赁公司资本净额10%以上的交易。

6. 其他交易规则。金融租赁公司所开展的固定收益类证券投资业务，不得超过资本净额的20%。金融租赁公司开办资产证券化业务，可以参照信贷资产证券化相关规定。

（二）融资租赁公司的业务范围与经营规则

1. 融资租赁企业可以在符合有关法律、法规及规章规定的条件下采取直接租赁、转租赁、售后回租、杠杆租赁、委托租赁、联合租赁等形式开展融资租赁业务。

融资租赁企业应当以融资租赁等租赁业务为主营业务，开展与融资租赁和租赁业务相关的租赁财产购买、租赁财产残值处理与维修、租赁交易咨询和担保、向第三方机构转让应收账款、接受租赁保证金及经审批部门批准的其他业务。

融资租赁企业开展融资租赁业务应当以权属清晰、真实存在且能够产生收益权的租赁物为载体。

融资租赁企业不得从事吸收存款、发放贷款、受托发放贷款等金融业务。未经相关部门批准，融资租赁企业不得从事同业拆借等业务。严禁融资租赁企业借融资租赁的名义开展非法集资活动。

融资租赁企业进口租赁物涉及配额、许可等管理的，应由购买租赁物方或产权所有方按有关规定办理相关手续。融资租赁企业经营业务过程中涉及外汇管理事项的，应当遵守国家外汇管理有关规定。

2. 融资租赁企业会计规则。融资租赁企业应当按照相关规定，建立健全财务会计制度，真实记录和反映企业的财务状况、经营成果和现金流量。

3. 融资租赁企业风险控制规则。融资租赁企业应当建立完善的内部风险控制体系，形成良好的风险资产分类管理制度、承租人信用评估制度、事后追偿和处置制度以及风险预警机制等。

为控制和降低风险，融资租赁企业应当对融资租赁项目进行认真调查，充分考虑和评估承租人持续支付租金的能力，采取多种方式降低违约风险，并加强对融资租赁项目的检查及后期管理。

4. 关联交易规则。融资租赁企业应当建立关联交易管理制度。融资租赁企业在对承租人为关联企业的交易进行表决或决策时，与该关联交易有关联关系的人员应当回避。

5. 租赁物、租赁资产管理规则。融资租赁企业在向关联生产企业采购设备时，有关设备的结算价格不得明显低于该生产企业向任何第三方销售的价格或同等批量设备的价格。

融资租赁企业对委托租赁、转租赁的资产应当分别管理，单独建账。融资租赁企业和承租人应对与融资租赁业务有关的担保、保险等事项进行充分约定，维护交易安全。

融资租赁企业应加强对重点承租人的管理，控制单一承租人及承租人为关联方的业务比例，注意防范和分散经营风险。

按照国家法律规定租赁物的权属应当登记的，融资租赁企业须依法办理相关登记手续。若租赁物不属于需要登记的财产类别，鼓励融资租赁企业在商务主管部门指定的系统进行登记，明示租赁物所有权。

售后回租的标的物应为能发挥经济功能，并能产生持续经济效益的财产。融资租赁企业开展售后回租业务时，应注意加强风险防控。

融资租赁企业不应接受承租人无处分权的、已经设立抵押的、已经被司法机关查封扣押的或所有权存在其他瑕疵的财产作为售后回租业务的标的物。

融资租赁企业在签订售后回租协议前，应当审查租赁物发票、采购合同、登记权证、付款凭证、产权转移凭证等证明材料，以确认标的物权属关系。

融资租赁企业应充分考虑并客观评估售后回租资产的价值，对标的物的买入价格应有合理的、不违反会计准则的定价依据作为参考，不得低值高买。

6. 其他交易规则。融资租赁企业的风险资产不得超过净资产总额的10倍。

融资租赁企业应严格按照国家有关规定按时缴纳各种税款，严禁偷逃税款或将非融资租赁业务作为融资租赁业务进行纳税。

四、融资租赁机构的监督管理

（一）金融租赁公司的监督管理

金融租赁公司应当遵守以下监管指标的规定：

（1）资本充足率。金融租赁公司资本净额与风险加权资产的比例不得低于银保监会的最低监管要求。

（2）单一客户融资集中度。金融租赁公司对单一承租人的全部融资租赁业务余额不得超过资本净额的30%。

（3）单一集团客户融资集中度。金融租赁公司对单一集团的全部融资租赁业务余额不得超过资本净额的50%。

（4）单一客户关联度。金融租赁公司对一个关联方的全部融资租赁业务余额不得超过资本净额的30%。

（5）全部关联度。金融租赁公司对全部关联方的全部融资租赁业务余额不得超过资本净额的50%。

（6）单一股东关联度。对单一股东及其全部关联方的融资余额不得超过该股东在金融租赁公司的出资额，且应同时满足本办法对单一客户关联度的规定。

（7）同业拆借比例。金融租赁公司同业拆入资金余额不得超过资本净额的100%。

经银保监会认可，特定行业的单一客户融资集中度和单一集团客户融资集中度要求可以适当调整。

银保监会根据监管需要可以对上述指标做出适当调整。

（二）融资租赁公司的监督管理

（1）商务部及省级商务主管部门依照法律、法规、规章和商务部有关规定，依法履行监管职责。

各级商务主管部门在履行监管职责的过程中，应依法加强管理，对所知悉的企业商业秘密应严格保密。

（2）省级商务主管部门应通过多种方式加强对融资租赁企业的监督管理，对企业经营状况及经营风险进行持续监测；加强监管队伍建设，按照监管要求和职责配备相关人员，加强业务培训，提高监管人员监管水平。

（3）省级商务主管部门应当建立重大情况通报机制、风险预警机制和突发事件应急处置机制，及时、有效地处置融资租赁行业突发事件。

（4）在日常监管中，省级商务主管部门应当重点对融资租赁企业是否存在吸收存款、发放贷款、超范围经营等违法行为进行严格监督管理。一旦发现应及时提报相关部门处理并将情况报告商务部。

（5）省级商务主管部门要定期对企业关联交易比例、风险资产比例、单一承租人业务比例、租金逾期率等关键指标进行分析。对于相关指标偏高、潜在经营风险加大的企业应给予重点关注。

商务主管部门可以根据工作需要委托行业协会等中介组织协助了解有关情况。

（6）省级商务主管部门应于每年6月30日前向商务部书面上报上一年度本行政区域内融资租赁企业发展情况以及监管情况。如发现重大问题应立即上报。

（7）商务部建立、完善"全国融资租赁企业管理信息系统"，运用信息化手段对融资租赁企业的业务活动、内部控制和风险状况等情况进行了解和监督管理，提高融资租赁企业经营管理水平和风险控制能力。

（8）融资租赁企业应当按照商务部的要求使用全国融资租赁企业管理信息系统，及时如实填报有关数据。每季度结束后15个工作日内填报上一季度经营情况统计表及简要说明；每年4月30日前填报上一年经营情况统计表、说明，报送经审计机构审计的上一年度财务会计报告（含附注）。

（9）融资租赁企业变更名称、异地迁址、增减注册资本金、改变组织形式、调整股权结构等，应事先通报省级商务主管部门。外商投资企业涉及前述变更事项，应按有关规定履行审批、备案等相关手续。

融资租赁企业应在办理变更工商登记手续后5个工作日内登录全国融资租赁企业管理信息系统修改上述信息。

（10）商务主管部门要重视发挥行业协会作用，鼓励行业协会积极开展行业培训、从业人员资质认定、理论研究、纠纷调解等活动，支持行业协会加强行业自律和依法维护行业权益，配合主管部门进行行业监督管理，维护公平有序的市场竞争环境。

（11）融资租赁企业如违反我国有关法律、法规、规章以及本办法相关规定的，按照有关规定处理。

★ **本章小结**

本章是学习金融法课程的重要组成部分，主要介绍我国融资租赁法的相关内容。包括融资租赁的概念、分类及程序，融资租赁合同的主要条款及相关法律关系以及融资租赁机构及其运营规则与监督管理等知识点。希望通过本章的学习，学生能够运用所学的融资租赁法相关知识，对融资租赁案例和融资租赁热点问题进行讨论，培养学生发现问题和解决问题的能力，能够处理常见的融资租赁合同纠纷。

★ **本章练习**

1. 融资租赁的概念是什么？
2. 融资租赁的特征是什么？
3. 简述融资租赁法律关系各主体的权利与义务。
4. 简述融资租赁对出租人和承租人的优势。
5. 融资租赁对银行的优势有哪些？

★ **参考文献**

1. 徐孟洲：《金融法》，高等教育出版社 2012 年版。

2. 朱大旗：《金融法》，中国人民大学出版社 2016 年版。

3. 邹川宁主编、谭秋桂副主编：《租赁合同、融资租赁合同案例评析》，知识产权出版社 2004 年版。

4. 程卫东：《国际融资租赁法律问题研究》，法律出版社 2002 年版。

5. 张懋主编：《合同法条文案例释解》，人民出版社 1999 年版。

第十四章

保险法

 **学习目标**

知识目标：

本章主要讲述我国的保险制度，通过本章的学习，使学生了解并掌握保险的概念和分类，保险合同的主体、客体和内容，保险公司及运营规则，保险监管等知识点。

能力目标：

运用所学的保险法相关知识，对保险案例和热点保险问题进行讨论，培养学生发现问题和解决问题的能力，能够处理常见的财产保险合同和人身保险合同纠纷。

第一节　保险概述

一、保险的概念和特征

在现代社会经济生活中，保险作为一项独立的社会经济制度，具有特定的含义。《中华人民共和国保险法》（以下简称《保险法》）第 2 条将保险定义为：投保人根据合同约定，向保险人支付保险费，保险人对于合同约定的可能发生的事故因其发生所造成的财产损失承担赔偿保险金责任，或者当被保险人死亡、伤残、疾病或者达到合同约定的年龄、期限等条件时承担给付保险金责任的商业保险行为。

保险具有如下法律特征：

1. 经济性。保险是一种经济保障活动，是一种商业保险行为，是整个国民经济活动的一个有机组成部分。其适用范围包括财产保险和人身保险两大类型。其实现保障的手段，最终都必须采取支付货币的形式进行补偿或给付。

2. 互助性。保险具有"一人为众，众为一人"的互助特性。保险是以危险的集中和转移作为运行机制的，保险在一定条件下，分担了个别单位和个人所不能承担的风险，从而形成了一种经济互助关系。这种经济互助关系通过保险人用多数投保人缴纳的保险费建立的保险基金对少数遭受损失的被保险人提供补偿或给付而得以体现。

3. 法律性。保险关系是保险人与投保人、被保险人或受益人之间的权利义务关系。从法律角度看，保险是一种合同行为，是依法按照合同的形式体现其存在的。保险双方当事人要建立保险关系，其形式是保险合同；保险双方当事人要履行其权利和义务，其依据也是保险合同。没有保险合同，保险关系就无法成立。

4. 科学性。保险是一种科学处理风险的有效措施。现代保险经营以概率论和大数法则等科学的数理理论为基础，以实现保险活动科学、有序地运行和发展。保险费率的厘定、保险准备金的提存等都是以精密的数理计算为依据的。

二、保险法的概念和地位

（一）保险法的概念

保险法是调整保险关系的法律规范的总和。保险法有广义和狭义之分，狭义的保险法仅指保险法或民商法中关于保险合同和保险业的法律规范。广义的保险法，包括保险公法和保险私法，社会保险法即属于广义的保险法范畴。本书所称保险法是狭义的保险法。

（二）保险法的地位

保险法的地位，即保险法在整个法律体系中所处的地位。总体上，世界各国对于保险法的立法体例有三种：第一种是制定单行法，并纳入商法典；第二种是将保险法纳入商法典之中；第三种是将保险法纳入民法之中。我国目前的保险立法采取的是单行保险法典的立法体例，将保险合同法与保险业法统一规定于《保险法》之中。保险法在我国是以商业保险为调整对象的法律部门，其在商法领域中占有一席之地。

三、保险法的基本原则

（一）最大诚信原则

诚实信用原则是民法中的"帝王条款"，最大诚信原则则是保险法中的"帝王条款"。在保险合同订立过程中，一方面，保险人与投保人信息严重不对称，保险人相较于保险标的投保人具有信息优势；另一方面，对于保险条款，保险人的专业程度要显著高于投保人。因此，保险合同中对诚实信用原则的要求更高。不仅在保险合同订立时要遵守此项原则，在整个合同有效期内和履行合同过程中也都要求当事人间具有"最大诚信"。最大诚信原则在保险法中具体体现为：投保人的如实告知义务和保险人的提示、说明义务。《保险法》第16条第1款规定："订立保险合同，保险人就保险标的或者被保险人的有关情况提出询问的，投保人应当如实告知。"《保险法》第17条规定："订立保险合同，采用保险人提供的格式条款的，保险人向投保人提供的投保单应当附格式条款，保险人应当向投保人说明合同的内容。对保险合同中免除保险人责任的条款，保险人在订立合同时应当在投保单、保险单或者其他保险凭证上作出足以引起投保人注意的提示，并对该条款的内容以书面或者口头形式向投保人作出明确说明；未作提示或者明确说明的，该条款不产生效力。"

（二）保险利益原则

★ 案例分析

保险利益原则案例分析

案例：德国金泰戈尔有限责任公司承租中国瑞其销售有限责任公司一座楼房经营，为预防经营风险，德国金泰戈尔有限责任公司将此楼房在中国平安保险公司投保500万元。中国平安保险公司同意承保，于是，德国金泰戈尔有限责任公司交付了1年的保险金。9个月后德国金泰戈尔有限责任公司结束租赁，将楼房退还给中国瑞其销售有限责任公司。在保险期的第10个月该楼房发生了火灾，损失300万元。德国金泰戈尔有限责任公司根据保险合同的约定向中国平安保险公司主张赔偿，并提出保险合同、该楼房受损失的证明等资料。中国平安保险公司经过调查后拒绝承担赔偿责任。

在本案中，德国金泰戈尔有限责任公司拥有对该楼房的承租权，所以具有保险利益，承租的楼房可以投保。但德国金泰戈尔有限责任公司提出赔偿的请求没有法律依据，因为其作为投保人提出赔偿的请求时，其租赁法律关系已经结束，对原来使用的楼房不再具有保险利益。所以中国平安保险公司有权拒绝赔偿。

保险利益是指在订立和履行保险合同的过程中，投保人或被保险人对保险标的具有法律上承认的利益。而且这种利益必须是合法的、确定的经济利益。保险利益原则的作用是防范赌博行为和道德风险。我国保险法要求：人身保险投保人在保险合同订立时对被保险人具有保险利益；财产保险被保险人在保险事故发生时对保险标的具有保险利益。

（三）损失补偿原则

损失补偿原则是指当保险事故发生时，被保险人从保险人处所得到的赔偿应正好填补被保险人因保险事故所造成的保险金额范围内的损失。因为保险的作用在于补偿损失，不能让一些人因投保而获利，否则就会带来严重的道德风险和骗保行为。损失补偿原则要求在保险事故发生时保险人应按约定对被保险人的损失进行补偿，而且保险人的补偿仅以填补损失为限，被保险人不得因保险事故而获取额外利益。

（四）近因原则

近因是引起保险标的损失的直接、有效、起决定作用的因素。所谓近因原则是指保险标的损失的发生必须与保险合同约定的保险事故之间存在因果关系，或者说保险标的损失是承保风险所导致。由于导致保险损失的原因可能会有多个，因此近因原则对认定保险公司是否应承担保险责任具有十分重要的意义。如果造成保险标的损失的近因属于保险责任范围内的事故，则保险公司承担赔偿责任，反之则保险公司不负赔偿责任。

第二节　保险合同

★ 案例导入

煤气中毒意外死亡 太平洋人寿保险公司拒绝理赔

老张是睢宁县双沟镇朱营村养鸡专业户，老张同村的胥某兼职做太平洋人寿保险，曾多次劝说老张一家办理吉祥卡。2004年7月1日，老张作为投保人办理了吉祥卡，被保险人是老张妻子。2004年12月17日晚，老张妻子在养鸡场休息时，因怕冷关闭所有门窗，并用煤球炉取暖。老张回家后发现妻子昏迷不醒，将其送到最近的朝阳镇卫生院村分院，卫生院诊断为煤气中毒，经抢救无效死亡。2005年8月24日，老张收到保险公司下发的理赔决定通知书，保险公司称申请不属于其保险责任范围，按条款规定予以拒赔。老张虽有户籍所在地开具的妻子是"煤气中毒抢救无效死亡"的证明，但中国太平洋人寿保险股份有限公司以老张妻子死亡地派出所出具的"像煤气死亡"中的"像"字为由，认为此事不符合赔付范围，拒绝理赔。老张遂起诉到泉山区人民法院，要求对方支付6万元保险金。2005年4月24日，泉山人民法院一审判决中国太平洋人寿保险股份有限公司徐州中心支公司给付原告老张保险金6万元，另外案件受理费、其他诉讼费合计3010元也由被告公司负担。中国太平洋人寿保险股份有限公司不服一审判决，向市中级人民法院提起上诉。

市中级人民法院审理后认为，根据太平洋人寿保险股份有限公司徐州中心支公司与被上诉人签订的《家庭人身伤害保险条款》中并没有约定如果投保人、被保险人违反如实告知义务、故意隐瞒身体疾患则该保险合同无效，虽然老张未履行如实告知义务，但签订的保险合同合法有效；太平洋人寿保险股份有限公司徐州中心支公司没有提供相应的证据证明被保险人的死因不是煤气中毒或者死于尿毒症，应当承担举证不能的责任；老张为妻子投保的险种为意外伤害险，其妻在患有疾病的前提下也可能因意外事故而死亡，二者并不矛盾；老张提供了朝阳镇卫生院村分院证明其妻死于煤气中毒的证明，上诉方并未提供被保险人非死于煤气中毒的证据。根据老张向法院提供的证据，可以确定老张妻子的死亡属于保险合同中约定的保险事故，保险公司应当向老张支付保险金。因此，市中级人民法院的终审判决对于上诉方的请求不予支持，驳回上诉，维持原判。

一、保险合同的概念和特征

根据我国《保险法》第10条的规定，保险合同是指投保人与保险人约定保险权利义务关系的协议。保险合同与一般合同相比有其不同的法律特征：

1. 保险合同是保障性合同。保障性特征是保险合同的最基本特征，也是其最本质的特征。在保险合同中，保险人交付保险费后所获得的经济保障是绝对存在的，被保险人所持有的由保险人签发的保险单，在约定的事件发生后，就立即成为被保险人向保险人索赔的债权凭证，而这既是被保险人在保险合同中的最根本权利，也是保险人提供给被保险人的经济保障。

2. 保险合同是双务合同。在保险合同成立生效后，投保人与保险人均须履行约定义务。投保人的义务是支付保险费、防灾防损、危险增加的通知等。保险人的义务是提供经济保障、发生约定事故时履行赔偿责任、协助被保险人防灾防损等。

3. 保险合同是有偿合同。投保人要取得保险的经济保障，必须支付相应的代价，即保险费。与一般的有偿合同中的等价有偿相比，保险合同的有偿性，只要求合同双方的权利义务间存在对应关系即可，并不要求双方所负的给付义务平衡一致。

4. 保险合同是不要式合同。虽然保险人在保险实务中的通常做法是签发保险单或者其他保险凭证等书面形式，不过，其作用只是对于双方达成的保险合同内容的记载，并非保险合同本身。《保险法》第 13 条第 1 款和第 2 款虽规定："投保人提出保险要求，经保险人同意承保，保险合同成立。保险人应当及时向投保人签发保险单或者其他保险凭证。保险单或者其他保险凭证应当载明当事人双方约定的合同内容。当事人也可以约定采用其他书面形式载明合同内容。"但这并不意味着排除口头等其他形式的适用，所以保险合同应该是不要式合同。

5. 保险合同是附合合同。附合合同是指合同内容一般不是由当事人双方共同协商拟定，而是由一方当事人事先拟定，另一方当事人只能作出取与舍、接受与否的决定，无权拟定合同的条文。保险合同是典型的附合合同，因为保险合同的基本条款由保险人事先拟定并经监管部门审批。而投保人往往缺乏保险知识，不熟悉保险业务，很难对保险条款提出异议。所以，投保人购买保险就表示同意保险合同条款，即使需要变更合同的某项内容，也必须经保险人同意，办理变更手续，有时还需要增缴保费，合同方才有效。

6. 保险合同是射幸合同。射幸合同是指合同的效果在订约时不能确定，合同当事人一方并不必然履行给付义务，而只有当合同中约定的条件具备或合同约定的事件发生时才履行的合同。保险合同是一种典型的射幸合同。投保人根据保险合同支付保险费的义务是确定的，而保险人仅在保险事故发生时承担赔偿或给付义务，即保险人的义务是否履行在保险合同订立时尚不确定，而是取决于偶然的、不确定的保险事故是否发生。

二、保险合同的构成

（一）保险合同的主体

保险合同主体是指参与保险合同关系的各方当事人。具体包括保险人、投保人、被保险人和受益人。

1. 保险人。保险人也称承保人，保险人是指与投保人订立保险合同，并按照合同约定承担赔偿或者给付保险金责任的保险公司。

2. 投保人。投保人也称"要保人"，投保人是指与保险人订立保险合同，并按照合同约定负有支付保险费义务的人。投保人必须依法具有民事行为能力。投保人依法应当对保险标的具有保险利益。在人身保险合同中，投保人对被保险人必须具有保险利益；在财产保险合同中，投保人对保险标的要具有保险利益。

3. 被保险人。被保险人是指其财产或者人身受保险合同保障，享有保险金请求权的人。投保人可以为被保险人。《保险法》第33条规定，投保人不得为无民事行为能力人投保以死亡为给付保险金条件的人身保险，保险人也不得承保。父母为其未成年子女投保的人身保险，不受前款规定限制。但是，因被保险人死亡给付的保险金总和不得超过国务院保险监督管理机构规定的限额。

4. 受益人。受益人是指人身保险合同中由被保险人或者投保人指定的享有保险金请求权的人。投保人、被保险人可以为受益人。只有在人身保险合同中才有受益人存在。这是因为，在人身保险风险中有死亡风险，为防止在保险事故发生时，被保险人已死亡，无法行使保险金请求权，所以事先将其权利让渡给受益人，这样做就可以使被保险人家属或其他关系人不因被保险人死亡而遭受经济上的损失。

（二）保险合同的客体和保险标的

保险合同的客体是指保险法律关系的客体，即保险合同当事人权利义务所指向的对象。由于保险合同保障的对象不是保险标的本身，而是被保险人对其财产或者生命、健康所享有的利益，即保险利益，所以保险利益是保险合同当事人的权利义务所指向的对象，是保险合同的客体。

保险合同的保险标的，是指作为保险对象的财产及其有关利益或者人的寿命和身体。依据《保险法》第12条的规定，人身保险合同的保险标的是人的寿命和身体，财产保险合同的保险标的是财产及其有关利益。

（三）保险合同的内容

保险合同的内容，是指保险合同当事人的权利和义务。由于保险合同一般都是依照保险人预先拟定保险条款订立的，因而，保险合同成立后，双方的权利义务主要体现在这些条款之中。保险合同的条款可分为法定条款和约定条款两种类型。法定条款是指法律规定保险必须具备的条款，《保险法》第18条规定保险合同的必备条款有：①保险人的名称和住所；②投保人、被保险人的姓名或者名称、住所，以及人身保险的受益人的姓名或者名称、住所；③保险标的；④保险责任和责任免除；⑤保险期间和保险责任开始时间；⑥保险金额；⑦保险费以及支付办法；⑧保险金赔偿或者给付办法；⑨违约责任和争议处理；⑩订立合同的年、月、日。

约定条款是指投保人和保险人在保险合同的法定条款之外，就保险有关的其他事项作出约定的条款，约定条款是由保险合同的性质和特点决定并由投保人和保险人商定的条款。

三、保险合同的订立

（一）保险合同的订立程序

保险合同订立是指投保人与保险人之间基于意思一致而进行的法律行为。《保险法》第13条第1款和第2款规定："投保人提出保险要求，经保险人同意承保，保险合同成立。保险人应当及时向投保人签发保险单或者其他保险凭证。保险单或者其他保险凭证应当载明当事人双方约定的合同内容。当事人也可以约定采用其他书面形式载明合同内容。"因此，保险合同的订立，须经过投保人投保和保险人同意承保两个阶段，也就是合同实践中的要约和承诺两个阶段。保险合同与其他合同一样，其订立过程往往是一个反复要约的过程，最终达成协议，保险人作出承诺，保险合同成立。保险合同成立后，保险人应及时签发保险单或其他保险凭证。

1. 要约。要约就是以缔结合同为目的，希望相对人予以承诺的意思表示。在订立保险合同的过程中，一般先由投保人向保险人提出要约，即投保申请。投保人首先对自己面临的风险以及所需要的风险保障进行全面的评估，然后通过咨询或保险业务人员的宣传，结合自身的财务计划安排明确所要投保的保险险种，并以填写投保单的方式向保险人或保险代理人提出投保的申请。

2. 承诺。承诺是指受要约人在收到要约后，对要约的全部内容表示同意并作出愿意订立合同的意思表示。在投保人提出投保申请后，保险人通过对投保单的审核、对保险标的的查勘以及对投保人的询问，确定承保的具体条件，对投保人作出承保的承诺，保险合同正式成立。保险人作出承诺的表示方式有以下几种：①保险人在投保单上签章；②保险人向投保人出具保险费收据；③保险人向投保人出具保险单或暂保单等保险凭证；④保险人以其他书面形式表示同意承保。判断保险人的承诺是否具有法律效力，关键是看保险人的承诺内容是否包括了保险合同的实质内容，如保险标的、保险金额、保险险种等，并且双方就这些内容完全协商一致。

（二）保险合同订立的形式

保险合同的形式，是指保险合同当事人之间意思表示一致的外在表现。在保险实务中，保险单或者其他保险凭证是保险合同的表现形式。

1. 投保单。投保单是投保人向保险人申请订立保险合同的书面要约，由投保人在申请保险时填写，保险人根据投保单签发保险单。投保单是保险合同的重要组成部分。在投保单中，一般会列明订立保险合同所必需的项目，如投保人和被保险人的姓名、被保险人的年龄、性别、家庭住址、通信地址、联系电话、投保险种、保险金额等。如果投保单填写的内容不实或投保人故意隐瞒、欺诈，都将影响保险合同的效力。

2. 保险单。保险单是保险人与投保人订立正式保险合同的书面凭证。它由保险人制作、印刷、签发，并交付给投保人。保险单要将保险合同的全部内容详尽列明。保险单是保险合同成立的书面证明，我国《保险法》第13条第1款规定："投保人提出保险要求，经保险人同意承保，保险合同成立。保险人应当及时向投保人签发保险单或者其他保险凭证。"

3. 保险凭证。保险凭证也称"小保单"，是保险人向投保人签发的证明保险合同已经成立的书面凭证，是一种简化的保险单。

4. 暂保单。暂保单也称临时保险单，是指保险人在签发正式保险单之前，出立的临时保险凭证。暂保单具有和正式保险单同等的法律效力，但一般暂保单的有效期不长，通常不超过 30 天。当正式保险单出立后，暂保单就自动失效。

5. 批单。批单是保险双方当事人协商修改和变更保险单内容的一种单证，也是保险合同变更时最常用的书面单证。批单的法律效力优于原保险单的同类款目。

6. 其他书面形式。除了以上印刷的书面形式外，保险合同也可以采取其他书面协议形式，如保险协议书、电报、电传等。

（三）订立保险合同过程中的缔约义务

1. 保险人承担的保险条款说明义务和提请投保人注意义务。《保险法》第 17 条规定："订立保险合同，采用保险人提供的格式条款的，保险人向投保人提供的投保单应当附格式条款，保险人应当向投保人说明合同的内容。对保险合同中免除保险人责任的条款，保险人在订立合同时应当在投保单、保险单或者其他保险凭证上作出足以引起投保人注意的提示，并对该条款的内容以书面或者口头形式向投保人作出明确说明；未作提示或者明确说明的，该条款不产生效力。"

2. 投保人的如实告知义务。为了防范投保人通过保险获取意外收益的道德风险，我国《保险法》第 16 条规定，订立保险合同，保险人就保险标的或者被保险人的有关情况提出询问的，投保人应当如实告知。投保人故意或者因重大过失未履行前款规定的如实告知义务，足以影响保险人决定是否同意承保或者提高保险费率的，保险人有权解除合同。前款规定的合同解除权，自保险人知道有解除事由之日起，超过 30 日不行使而消灭。自合同成立之日起超过 2 年的，保险人不得解除合同；发生保险事故的，保险人应当承担赔偿或者给付保险金的责任。

投保人故意不履行如实告知义务的，保险人对于合同解除前发生的保险事故，不承担赔偿或者给付保险金的责任，并不退还保险费。

投保人因重大过失未履行如实告知义务，对保险事故的发生有严重影响的，保险人对于合同解除前发生的保险事故，不承担赔偿或者给付保险金的责任，但应当退还保险费。

但保险人在合同订立时已经知道投保人未如实告知的情况的，保险人不得解除合同；发生保险事故的，保险人应当承担赔偿或者给付保险金的责任。

四、保险合同的效力

（一）保险合同的成立与生效

保险合同与合同法规定的一样，"生效"与"成立"是两个不同的概念。保险合同的成立，是指合同当事人就保险合同的主要条款达成一致协议。保险合同的生效，指合同条款对当事人双方已发生法律上的效力，要求当事人双方恪守合同，全面履行合同规定的义务。

《保险法》第 13 条第 1 款和第 3 款规定："投保人提出保险要求，经保险人同意承保，保险合同成立。保险人应当及时向投保人签发保险单或者其他保险凭证。""依法成立的保险合同，自成立时生效。投保人和保险人可以对合同的效力约定附条件或者附期限。"保险合同成立后，投保人承担按照约定交纳保险费的义务。同时，保险人按照约定的时间开始承担保险赔偿或给付责任的义务。因而，交纳保费不是保险合同有效订立的要件。

（二）保险合同的变更

保险合同的变更，是指保险合同没有履行或没有完全履行之前，当事人根据情况变化，按照法律规定的条件和程序，对原保险合同的某些条款进行修改或补充。《保险法》第 20 条第 1 款规定，投保人和保险人可以协商变更合同内容。

保险合同内容的变更包括保费的变更及其他内容的变更，主要是保费的变更。法定须予变更的情况有：①保费的增加：投保人、被保险人未按照约定履行其对保险标的的安全应尽的责任的，保险人有权要求增加保险费或者解除合同；保险标的的危险程度增加的，被保险人按照合同约定应当及时通知保险人，保险人有权要求增加保险费或者解除合同；投保人申报的被保险人年龄不真实，致使投保人支付的保险费少于应付保险费的，保险人有权更正并要求投保人补交保险费，或者在给付保险金时按照实付保险费与应付保险费的比例支付。②保费的减少：如因有保险价值减少的情况或者虽无减少情况，投保人亦可提出减少保险金额的请求，只是一些保单规定保险人并不受理保险金额减少的请求，此种保单多为人寿保险保单。

变更保险合同的，应当由保险人在保险单或者其他保险凭证上批注或者附贴批单，或者由投保人和保险人订立变更的书面协议。

（三）保险合同的解除

保险合同解除，一般分为法定解除和意志解除两种形式。《保险法》第 15 条规定："除本法另有规定或者保险合同另有约定外，保险合同成立后，投保人可以解除合同，保险人不得解除合同。"我国《保险法》对保险人一方行使合同解除权，进行了一系列的限制性规定，具体有以下几个方面：

1. 第 16 条第 2 款规定，投保人故意或者因重大过失未履行前款规定的如实告知义务，足以影响保险人决定是否同意承保或者提高保险费率的，保险人有权解除合同。

2. 第 27 条规定，未发生保险事故，被保险人或者受益人谎称发生了保险事故，向保险人提出赔偿或者给付保险金请求的，保险人有权解除合同，并不退还保险费。投保人、被保险人故意制造保险事故的，保险人有权解除合同，不承担赔偿或者给付保险金的责任；除投保人已交足 2 年以上保险费，保险人应当按照合同约定向其他权利人退还保险单的现金价值的外，不退还保险费。

3. 第 49 条规定，保险标的的转让的，保险标的的受让人承继被保险人的权利和义务。因保险标的转让导致危险程度显著增加的，保险人自收到前款规定的通知之日起 30 日内，可以按照合同约定增加保险费或者解除合同。保险人解除合同的，应当将已收取的保险费，按照合同约定扣除自保险责任开始之日起至合同解除之日止应收的部分后，退还投保人。

4. 第 51 条规定，被保险人应当遵守国家有关消防、安全、生产操作、劳动保护等方面的规定，维护保险标的的安全。投保人、被保险人未按照约定履行其对保险标的的安全应尽责任的，保险人有权要求增加保险费或者解除合同。

5. 第 52 条规定，在合同有效期内，保险标的的危险程度显著增加的，被保险人应当按照合同约定及时通知保险人，保险人可以按照合同约定增加保险费或者解除合同。

6. 第 32 条规定，投保人申报的被保险人年龄不真实，并且其真实年龄不符合合同约定的年龄限制的，保险人可以解除合同，并按照合同约定退还保险单的现金价值。

7. 第 37 条规定，合同效力依照《保险法》第 36 条规定中止的，经保险人与投保人协商并达成协议，在投保人补交保险费后，合同效力恢复。但是，自合同效力中止之日起满 2 年双方未达成协议的，保险人有权解除合同。

8. 第 58 条规定，保险标的发生部分损失的，自保险人赔偿之日起 30 日内，投保人可以解除合同。

（四）保险合同效力的中止和恢复

根据我国《保险法》第 36 条和第 37 条的规定，保险合同效力的中止和恢复，仅适用于人寿保险。《保险法》第 36 条第 1 款规定："合同约定分期支付保险费，投保人支付首期保险费后，除合同另有约定外，投保人自保险人催告之日起超过 30 日未支付当期保险费，或者超过约定的期限 60 日未支付当期保险费的，合同效力中止，或者由保险人按照合同约定的条件减少保险金额。"

《保险法》第 37 条第 1 款规定，合同效力依法中止的，经保险人与投保人协商并达成协议，在投保人补交保险费后，合同效力恢复。但是，自合同效力中止之日起满 2 年双方未达成协议的，保险人有权解除合同。

五、保险合同的履行

（一）索赔

索赔是指被保险人或者受益人在保险标的出险后，按照保险合同的有关规定，向保险人要求支付赔偿金的行为。《保险法》第 22 条规定："保险事故发生后，按照保险合同请求保险人赔偿或者给付保险金时，投保人、被保险人或者受益人应当向保险人提供其所能提供的与确认保险事故的性质、原因、损失程度等有关的证明和资料。保险人按照合同的约定，认为有关的证明和资料不完整的，应当及时一次性通知投保人、被保险人或者受益人补充提供。"索赔的证明和资料主要有：保险单、保险标的的原始单据、出险报告、损失鉴定证明、财产损失清单和施救整理费用等索赔单证。

被保险人或者受益人必须在法定的时间内行使索赔权，否则，将丧失对保险人的索赔请求权。《保险法》第26条规定："人寿保险以外的其他保险的被保险人或者受益人，向保险人请求赔偿或者给付保险金的诉讼时效期间为2年，自其知道或者应当知道保险事故发生之日起计算。人寿保险的被保险人或者受益人向保险人请求给付保险金的诉讼时效期间为5年，自其知道或者应当知道保险事故发生之日起计算。"

（二）理赔

理赔是指保险人依据规定的工作程序处理被保险人所提出的索赔要求的行为。根据《保险法》的规定，保险人收到被保险人或者受益人的赔偿或者给付保险金的请求后，应当及时作出核定；情形复杂的，应当在30日内作出核定，但合同另有约定的除外。保险人应当将核定结果通知被保险人或者受益人；对属于保险责任的，在与被保险人或者受益人达成赔偿或者给付保险金的协议后10日内，履行赔偿或者给付保险金义务。保险合同对赔偿或者给付保险金的期限有约定的，保险人应当按照约定履行赔偿或者给付保险金义务。保险人未及时履行理赔义务的，除支付保险金外，应当赔偿被保险人或者受益人因此受到的损失。

保险人依法作出核定后，对不属于保险责任的，应当自作出核定之日起3日内向被保险人或者受益人发出拒绝赔偿或者拒绝给付保险金通知书，并说明理由。

保险人自收到赔偿或者给付保险金的请求和有关证明、资料之日起60日内，对其赔偿或者给付保险金的数额不能确定的，应当根据已有证明和资料可以确定的数额先予支付；保险人最终确定赔偿或者给付保险金的数额后，应当支付相应的差额。

六、人身保险合同

（一）人身保险合同概述

人身保险是以人的寿命和身体为保险标的的保险。人身保险合同是当事人双方约定，投保人交付保险费于保险人，保险人对于被保险人在合同规定的期限内约定事故发生或生存至期满，负责给付保险金的协议。人身保险合同以被保险人的生命或身体作为合同的标的，以被保险人的生存、死亡、残废、疾病、生育等为保险事故。相较于财产保险合同，人身保险合同具有如下特征：

1. 人身保险合同具有定额给付性。人身保险中，人的生命和身体是保险标的，其价值难以衡量，因此，保险金额不以保险标的的价值来确定，而是依据被保险人对保险的需求程度、投保人的交费能力和保险人的可承受能力来确定的。作为定额保险的人身保险，当发生保险事故时，保险人按照合同约定的保险金额承担保险给付责任，而不能有所增减。

2. 人身保险合同的长期性。人身保险合同，特别是人寿保险合同往往是长期的，保险期限可以是数年、数十年到一个人的一生不等。

3. 人身保险合同保险费确定方式的特殊性。财产保险中保险费率是根据损失概率再加上业务附加费进行计算得到的。人身保险费率的确定，要考虑到被保险人的生命周期及分散风险的需要，通常采用"平准保费法"来制定费率，通过初保时多收保险费来弥补以后年份少收的保险费，以均衡的费率代替每年更新的自然保险费率。

4. 人身合同的储蓄性与投资性。财产保险合同期限一般不超过 1 年，而人身保险（除意外伤害保险外）合同期限具有长期性，投保人所缴纳的保险费，保险人最终将以各种形式返还给被保险人或其受益人。人身保险合同是一种给付性质的保险合同，只要发生合同订明的事故或达到合同约定的期限，保险人都要给付保险金。因此，对于投保人来说，它是一种储蓄与投资手段。

（二）人身保险合同的常见条款

由于人身保险合同具有许多不同于财产保险合同的自身特点，所以人身保险合同存在许多不同于财产保险合同的自身特定条款。

1. 不可抗辩条款。不可抗辩条款又称不可争议条款。所谓不可抗辩，就是说当保险人放弃了可以主张的权利，以后不可以再主张。该条款规定，保单生效一定时期（通常为 2 年）后，就成为不可争议的文件，保险人不能以投保人在投保时违反诚实信用原则，没有履行告知义务等为由，否定保单的有效性。保险人的可抗辩期一般为 2 年，保险人只能在 2 年内以投保人误告、漏告、隐瞒等为由解除合同或拒付保险金。该条款旨在保护被保险人和受益人的正当权益，同时约束保险人滥用诚实信用原则。

2. 年龄误告条款。投保人申报的被保险人年龄不真实，并且其真实年龄不符合合同约定的年龄限制的，保险公司可以解除合同，但是自合同成立之日起逾 2 年的除外。

投保人申报的被保险人年龄不真实，致使投保人支付的保险费少于应付保险费的，保险公司有权更正并要求投保人补交保险费，或者在给付保险金时，按照实付保险费与应付保险费的比例支付。

投保人申报的被保险人年龄不真实，致使投保人实付保险费多于应付保险费的，保险公司将多收的保险费归还投保人。

3. 宽限期条款。宽限期条款是分期缴费的寿险合同中关于在宽限期内保险合同不因投保人延迟缴费而失效的规定。考虑到人身保单的长期性，在一个比较长的时间内，可能会出现一些因素影响投保人如期缴费，例如，经济条件的变化、投保人的疏忽等。宽限期的规定可在一定程度上使被保险人得到方便，避免因保单失效而失去保障，也避免了保单失效给保险人造成业务损失。宽限期条款的基本内容通常是对到期没缴费的投保人给予一定的宽限期，投保人只要在宽限期内缴纳保费，保单继续有效。在宽限期内，保险合同有效，如发生保险事故，保险人仍给付保险金，但要从保险金中扣回所欠的保费及利息。《保险法》规定的宽限期为 60 天，自应缴纳保费之日起计算。

4. 复效条款。复效条款规定，保险合同单纯因投保人不按期缴纳保费而失效后，投保人保有一定时间申请复效权。复效是对原合同效力的恢复，并不改变原合同的各项权利和义务。可申请复效的期间一般为 2 年，投保人在此期间内有权申请合同复效。但是，自合同效力中止之日起满 2 年双方未达成协议的，保险人有权解除合同。

5. 不丧失价值条款。投保人在交足 2 年以上保险费后，保单会积存一定的责任准备金。这种准备金不因保单效力的变化而丧失其现金价值。如果合同满期前解约或终止，保单所具有的现金价值并不丧失，投保人或被保险人有权选择有利于自己的方式来处理保单所具有的现金价值。为了方便投保人或被保险人了解保单现金价值的数额与计算方法，保险公司往往在保单上附上现金价值表。

6. 受益人条款。受益人条款是在人身保险合同中关于受益人的指定、资格、顺序、变更及受益人的权利等内容的具体规定。受益人是人身保险合同中十分重要的关系人，很多国家的人身保险合同中都有受益人条款。我国《保险法》规定，人身保险的受益人由被保险人或者投保人指定。投保人指定受益人时须经被保险人同意。投保人为与其有劳动关系的劳动者投保人身保险，不得指定被保险人及其近亲属以外的人为受益人。被保险人为无民事行为能力人或者限制民事行为能力人的，可以由其监护人指定受益人。

被保险人或者投保人可以指定一人或者数人为受益人。受益人为数人的，被保险人或者投保人可以确定受益顺序和受益份额；未确定受益份额的，受益人按照相等份额享有受益权。

被保险人或者投保人可以变更受益人并书面通知保险人。保险人收到变更受益人的书面通知后，应当在保险单或者其他保险凭证上批注或者附贴批单。投保人变更受益人时须经被保险人同意。

7. 自杀条款。《保险法》第 44 条规定，以被保险人死亡为给付保险金条件的合同，自合同成立或者合同效力恢复之日起 2 年内，被保险人自杀的，保险人不承担给付保险金的责任，但被保险人自杀时为无民事行为能力人的除外。保险人依照前款规定不承担给付保险金责任的，应当按照合同约定退还保险单的现金价值。

8. 保险单转让条款。只要不侵犯受益人的权利，人寿保单可以转让。《保险法》第 34 条第 2 款规定："按照以死亡为给付保险金条件的合同所签发的保险单，未经被保险人书面同意，不得转让或者质押。"至于其他给付条件的人身保险单的转让和质押，则可由当事人进行约定。

（三）人寿保险的分类

按照保障范围的不同，人身保险合同可分为：人寿保险合同、意外伤害保险合同和健康保险合同。

1. 人寿保险合同。人寿保险合同是指投保人和保险人约定，被保险人在合同规定的年限内死亡，或者在合同规定的期限内仍然生存，由保险人按照约定向被保人或者受益人给付保险金的合同。人寿保险合同的适用范围极为广泛。人寿保险合同适用于所有的自然人，社会组织也可以为其组织成员、雇员投保有关的人寿保险合同。以保险事故为标准，人寿保险合同分为死亡保险合同、生存保险合同和生死两全保险合同三类：

（1）死亡保险合同是以被保险人的死亡为保险事故，保险事故发生以后，由保险人按照约定给付保险金的保险合同。死亡保险合同又可分为终身死亡保险合同和定期死亡保险合同。终身死亡保险合同就是合同不定期限，从合同生效之日起，被保险人不论何时死亡，保险人均有给付保险金的义务。定期死亡保险合同，是以一定期间为保险期限的保险合同。被保险人在这一期限内死亡，保险人便要承担给付保险金的责任。如果被保险人在约定的期限仍然生存，保险合同效力中止，保险人不承担给付保险金的责任，也不退还保险费。

（2）生存保险合同是以被保险人在一定期限内或达到一定年龄时的生存为保险事故，被保险人在约定的时间届满时仍然生存，由保险人给付保险金的合同。

（3）生死两全保险合同是以被保险人的死亡和生存为保险事故，以保险期间被保险人死亡，或保险期限届满被保险人仍然生存为保险事故发生，由保险人给付保险金的合同。由于被保险人的生存和死亡都使保险事故发生，因此，生死两全保险合同的特点是必然会有保险事故发生。这种保险，以死亡为保险事故，旨在保障受益人的生活；以生存为保险事故旨在储蓄，以供被保险人晚年生活所需。

2. 意外伤害保险合同。意外伤害保险合同是以被保险人的身体为保险对象，以其遭受意外伤害或因伤害而残疾、死亡为给付条件，当保险期限内发生保险事故由保险人按照合同约定给付保险金的人身保险。意外伤害保险合同作为人寿保险合同的一种，其保险对象为人的身体，且为定额给付，同时意外伤害保险合同的主要功能在于补偿被保险人因意外伤害而遭受的损失，且保险金依伤害程度而定，因此也具有财产保险合同的属性。意外伤害保险合同，按照其承保方式和承保范围的不同，可以分为六个种类：

（1）普通伤害保险合同。又称个人伤害保险合同或单纯伤害保险合同，是指以被保险人个人为保险对象，于保险事故发生致其死亡或伤残时，保险人给付保险金的人身保险合同。此类保险合同的被保险人具有广泛性，对被保险人身份无任何专性要求，只要身心健康者均可参加。保险危险也具有广泛性，只要是来自外部的对于身体的任何伤害均可能构成保险人支付保险金的事由。普通伤害保险合同为伤害保险合同最典型的、最原始的形态，其他几种意外伤害保险合同均是从该险种中派生出来的。

（2）人寿保险合同附加伤害保险。这类保险合同的实质是意外伤害保险合同附加残废、死亡条款的综合保险合同，这类保险合同在保险费的收取和保险金的给付上多有一些特殊规定。如果被保险人因伤害致残，可给予残废津贴，并对分期交付保险费者免收全残以后的保险费或减收半残后的一半保险费。对因伤致死者给付原定保险金额的 1 倍或 2 倍，称双倍或三倍保险。

（3）意外伤害保险合同与疾病保险合一的综合保险合同，即广义的健康保险合同。它是以同一人体健康利益为保险标的。一般以定期 1 年的方式签订合同。

（4）团体意外伤害保险合同，这种保险合同以各种社会组织为投保人，以该团体的全体在职人员为被保险人。

（5）旅客意外伤害保险。这种保险合同是对旅客在旅行中由于意外事故遭受伤害或因伤残疾、死亡的人身保险。旅客意外伤害保险又可细分为许多险种，如公路旅客意外伤害保险、铁路旅客意外伤害保险、飞机旅客意外伤害保险、轮渡旅客意外伤害保险、旅游意外伤害保险等。

（6）电梯乘客意外伤害保险。这种保险合同投保人为装置电梯的社会组织，被保险人为乘坐电梯的乘客，保险责任仅限于在专门载乘顾客的专用电梯内的意外事故。

3. 健康保险合同。健康保险合同是指保险人于被保险人疾病、分娩以及由此所致的支出、残废或死亡时，负给付保险金义务的人身保险合同。在疾病未致残致死时，填补医疗费用的支出；在致残时，保险给付的目的在于填补医疗费用支出及生活收入减少所致之损失；在死亡时，在于填补丧葬费用与遗属生活费用的支出。被保险人由疾病而引起的费用支出可通过健康保险合同获得填补。健康保险合同与意外伤害保险合同不同，前者的承保范围适用于被保险人因病理状况所致疾病而产生的能力欠缺，后者适用于因意外事故所致的被保险人的身体损伤。

七、财产保险合同

（一）财产保险合同概述

财产保险是以财产及其有关利益为保险标的的保险。财产保险合同是投保人和保险人以财产或利益为保险标的，投保人向保险人交纳保险费，在保险事故发生造成所保财产或利益损失时，保险人在保险责任范围内承担赔偿责任，或在约定期限届满时，由保险人承担给付保险金的责任的保险合同。财产保险合同除了具备一般保险合同属性的同时，还具有如下自身的特点：

1. 财产保险合同以财产及其与财产有关的财产性利益为保险标的。财产保险合同的保险标的既包括动产、不动产等各种有形财产，又包括相关经济利益或损害赔偿责任等无形财产。

2. 财产保险合同是补偿性合同。财产保险合同以赔偿被保险标的的损失为直接目的，严格贯彻损失填补原则，无损失即无保险。

3. 财产保险合同根据承保财产的实际价值确定保险金额。财产保险合同中约定的保险金额不得超过保险标的的实际价值，超过保险标的的实际价值的，超过的部分无效，以防止滋生道德风险。

4. 财产保险合同是一种机会性合同。财产保险合同中，被保险人获得保险金的前提是保险事故的发生，而保险事故是否发生、何时发生都是不能事先确定的，在合同有效期内，倘如发生保险标的损失，则被保险人从保险人那里得到的赔偿金额可能远远超出其所支出的保险费；反之，如无损失发生，则投保人只付出保费而无任何收入。保险人的情况则与此相反，当发生事故时，保险人所赔付的金额可能大于其所收保费；如无事故发生时，则只享有收取保费的权利，而无赔付的责任。

（二）财产保险合同的常见条款

由于财产保险合同具有许多不同于人身保险合同的自身特点，所以财产保险合同存在许多不同于人身保险合同的自身特定条款。

1. 责任承担方式条款。由于财产保险标的的价值可以按账面价值、重置价值和市价等确定，所以有必要约定保险公司承担责任的方式。主要有：比例责任承担方式、第一危险责任赔偿方式、限额责任赔偿方式、免责限度赔偿方式。

（1）比例责任承担方式是指以保险金额与出险时保险标的的实际价值的比例来计算赔偿额，即赔偿不仅取决于损失金额，还和保险金额与保险价值的比例有关。

（2）第一危险责任赔偿方式是指在保险金额的限度内按实际损失赔偿。赔偿金额等于损失金额。采用此种赔偿方式，必须明确区分第一危险部分的财产，否则，容易引发道德风险。

（3）限额责任赔偿方式主要用于农作物保险中，一般预先规定一个固定的额度作为被保险人取得收益的标准。被保险人的实际收益达不到额度时，视为发生保险事故，保险人赔偿实际收益额与标准额度的差额；如被保险人的收益达到或超过规定额度，视为未发生保险事故，保险人不负赔偿责任。

2. 责任免除条款。在财产保险合同中，除了列明保险责任外，还须对保险人不承保的危险事故作为除外责任列于合同中。一般来说，财产保险的除外责任有：①投保人或被保险人的故意行为；②战争、军事行动或暴力行为；③恐怖袭击；④核辐射和污染；⑤堆放在露天或罩棚下的保险财产由于暴风、暴雨遭受的损失；⑥因保险财产本身存在缺陷、保管不善导致的损坏，保险财产的变质、霉烂、受潮、虫咬、自然磨损以及损耗；⑦因遭受保险责任范围内的灾害或事故造成停工、停业等一切间接损失。

在财产保险合同中，由于保险人承担的保险责任通常为列明的风险责任，因此，在保险条款的除外责任的最后，往往约定"其他不属于保险责任范围内的损失和费用"，以进一步明确凡不属于保险责任范围内的损失和费用，保险人一概不负赔偿责任。

3. 免赔条款。对于一些保险标的的损失，参考它的自然损耗，规定一个最小限度，损失额不超过这个限度，保险人不负赔偿责任。这一限度称为免赔率或免赔额，又分为相对免责限度赔偿和绝对免责限度赔偿。相对免责限度赔偿是指保险标的的损失达到约定的免赔额或免赔率时，保险人按全部损失不做任何扣除地如数赔偿，主要用于减少因零碎的小额赔款而必须办理的理赔手续和节省费用。绝对免责限度赔偿是指损失超过约定免赔额或免赔率时，仅就超过免赔额或免赔率的那部分进行赔偿，主要用于减少自然损耗或运输途耗损失的赔款。

其他诸如保证条款、抵押条款等亦为财产保险合同的常见条款。

（三）财产保险合同的代位求偿制度

代位求偿是指保险人在向被保险人赔偿损失后，取得了该被保险人享有的依法向负有民事赔偿责任的第三人追偿的权利，并据此权利予以追偿的制度。我国《保险法》第 60 条规定，因第三者对保险标的的损害而造成保险事故的，保险人自向被保险人赔偿保险金之日起，在赔偿金额范围内代位行使被保险人对第三者请求赔偿的权利。保险事故发生后，被保险人已经从第三者取得损害赔偿的，保险人赔偿保险金时，可以相应扣减被保险人从第三者已取得的赔偿金额。保险人依法行使代位请求赔偿的权利，不影响被保险人就未取得赔偿的部分向第三者请求赔偿的权利。

保险人向第三者行使代位请求赔偿的权利时，被保险人应当向保险人提供必要的文件和所知道的有关情况。

保险事故发生后，保险人未赔偿保险金之前，被保险人放弃对第三者请求赔偿的权利的，保险人不承担赔偿保险金的责任。保险人向被保险人赔偿保险金后，被保险人未经保险人同意放弃对第三者请求赔偿的权利的，该行为无效。被保险人故意或者因重大过失致使保险人不能行使代位请求赔偿的权利的，保险人可以扣减或者要求返还相应的保险金。

除被保险人的家庭成员或者其组成人员故意造成《保险法》规定的保险事故外，保险人不得对被保险人的家庭成员或者其组成人员行使代位请求赔偿的权利。

（四）财产保险合同的分类

1. 财产损失保险合同。财产损失保险合同是以补偿财产的损失为目的的保险合同，其标的是除农作物、牲畜以外的一切动产和不动产。根据投保标的的不同，财产损失保险合同又可分为：企业财产保险合同、家庭财产保险合同、机械损坏保险合同和利润损失保险合同等。

2. 货物运输保险合同。运输保险合同是指货物的托运人向承运人交运货物时，向保险人支付保险费，在被保险货物发生保险合同约定损失时，由保险人负责赔偿损失的保险合同。具体包括水上运输货物保险合同、陆上运输货物保险合同、航空运输货物保险合同和邮包保险合同等。

3. 运输工具保险合同是指运输工具的所有人或者经营管理人以运输工具作为保险标的，向保险人交纳一定数额的保险费，保险人根据约定在保险事故发生时承担保险责任的合同，包括机动车辆保险合同、船舶保险合同、飞机保险合同等。

4. 建筑工程保险合同。建设工程保险合同，是指用于承保在建工程项目在建设期间因自然灾害或意外事故导致的物资损失，以及被保险人对第三者的人身伤害与财产损失依法应当承担的民事赔偿责任的保险合同。具体险种有：建筑工程一切险、安装工程一切险、机器损失保险、船舶建造险等。

5. 农业保险合同。农业保险合同是指农业生产者以其种植的农作物或者养殖的畜禽等为保险标的，向保险人支付保险费，并同保险人约定，在被保险农作物因保险责任范围内的原因歉收或者毁损时，或者被保险畜禽等因保险责任范围内的原因发生死亡时，由保险人给付保险赔偿金的保险合同。具体险种因保险标的而异，有水稻保险、小麦保险、棉花保险、生猪、奶牛、家禽、养鱼等畜禽保险等。

6. 责任保险合同。责任保险合同是指以被保险人依法对第三者应负的赔偿责任为保险标的的保险合同，所以又称为第三者责任保险合同。责任保险合同的主要险种有：产品责任保险合同、公众责任保险合同、雇主责任保险合同、职业责任保险合同、交通运输工具第三者责任保险合同等。

7. 信用保险合同。信用保险合同是指被保险人在信用贷款或售货交易过程中，债务人不为清偿或不能清偿时，保险人将给予赔偿的一种财产保险合同。信用保险合同主要包括出口信用保险合同、投资信用保险合同、国内商业信用保险合同和雇员忠诚保险合同。

8. 保证保险合同。保证保险合同指作为被保证的债务人或雇员未履行债务或是以欺骗舞弊行为，给债权人或雇主造成经济损失时，保险人代为赔偿后从而取得代位追偿权的一种保险合同。保证保险合同主要分为忠诚保证保险合同和确实保证保险合同两种。

第三节　保险公司及经营规则

★案例导入

保监会连续 3 年开展"亮剑行动"，保护消费者的合法权益

自 2015 年以来，保监会连续 3 年开展了打击损害保险消费者合法权益行为的"亮剑行动"。据保监会公布的数据，开展"亮剑行动"以来，全国共派出 925 个检查组、2871 人次，检查 923 家保险分支机构和银行类兼业代理机构，涉及法人主体42 家。截至目前，共计处罚保险机构 157 家、罚款 2540.7 万元，处罚个人 254 名、罚款 827.65 万元。其中，对人保财险、大地保险、太平财险、国寿财险、太保寿险、平安人寿、泰康人寿、阳光人寿等 8 家总公司，共罚款 454 万元，处罚个人 25 名（高级管理人员 8 名）、罚款 176 万元。

一、保险公司

（一）保险公司的概念和组织形式

保险公司是指由若干投资人共同出资成立公司，专门经营保险业务的保险组织。根据我国《保险法》第 10 条第 3 款的规定，我国只承认保险公司为保险人的组织形式。在我国，保险公司有股份有限公司和国有独资公司两种组织形式。

（二）保险公司的设立

1. 设立保险公司设立的条件。在我国，设立保险公司应当经国务院保险监督管理机构批准。《保险法》第 68 条规定设立保险公司应当具备的条件有：①主要股东具有持续盈利能力，信誉良好，最近 3 年内无重大违法违规记录，净资产不低于人民币 2 亿元；②有符合《保险法》和《公司法》规定的章程；③有符合本法规定的注册资本；④有具备任职专业知识和业务工作经验的董事、监事和高级管理人员；⑤有健全的组织机构和管理制度；⑥有符合要求的营业场所和与经营业务有关的其他设施；⑦法律、行政法规和国务院保险监督管理机构规定的其他条件。

设立保险公司，其注册资本的最低限额为人民币 2 亿元。国务院保险监督管理机构根据保险公司的业务范围、经营规模，可以调整其注册资本的最低限额，但不得低于 2 亿元的限额。而且保险公司的注册资本必须为实缴货币资本。

2. 保险公司设立的程序。保险公司的设立主要包括以下几个阶段：

（1）初步申请。我国《保险法》第 70 条规定，申请设立保险公司，应当向国务院保险监督管理机构提出书面申请，并提交设立申请书；可行性研究报告；筹建方案；投资人的营业执照或者其他背景资料，经会计师事务所审计的上一年度财务会计报告；投资人认可的筹备组负责人和拟任董事长、经理名单及本人认可证明以及国务院保险监督管理机构规定的其他材料。

（2）筹建。《保险法》第 71 条规定："国务院保险监督管理机构应当对设立保险公司的申请进行审查，自受理之日起 6 个月内作出批准或者不批准筹建的决定，并书面通知申请人。决定不批准的，应当书面说明理由。"第 72 条又规定："申请人应当自收到批准筹建通知之日起 1 年内完成筹建工作；筹建期间不得从事保险经营活动。"

（3）正式设立申请。我国《保险法》第 73 条规定："筹建工作完成后，申请人具备本法第 68 条规定的设立条件的，可以向国务院保险监督管理机构提出开业申请。国务院保险监督管理机构应当自受理开业申请之日起 60 日内，作出批准或者不批准开业的决定。决定批准的，颁发经营保险业务许可证；决定不批准的，应当书面通知申请人并说明理由。"

（4）设立登记。保险公司的设立申请人在获得保险业务经营许可证后，可在法定期间内向公司登记机关申请设立登记，经公司登记机关核准后颁发营业执照。营业执照颁发之时即是保险公司成立之日。保险公司自取得经营保险业务许可证之日起 6 个月内，无正当理由未向工商行政管理机关办理登记的，其经营保险业务许可证失效。

（三）保险分支机构

保险公司可以根据业务发展需要设立保险分支机构。保险公司在我国境内设立分支机构，应当经保险监督管理机构批准。保险公司分支机构不具有法人资格，其民事责任由保险公司承担。保险公司分支机构设立的程序与保险公司设立的程序相似，也要经过初步申请、筹建、正式申请、工商登记等程序。

（四）保险公司变更和终止

1. 保险公司的变更。根据《保险法》第84条的规定，保险公司变更名称、变更注册资本、变更公司或者分支机构的营业场所、撤销分支机构、公司分立或者合并、修改公司章程、变更出资额占有限责任公司资本总额5%以上的股东或者变更持有股份有限公司股份5%以上的股东等情形应当经保险监督管理机构批准。

2. 保险公司终止。保险公司的终止是指保险公司在存续过程中，由于法定事由的出现而终止业务经营，并按照法定程序消灭公司法人资格。保险公司终止的原因依照法律规定有解散和破产两种情况：

（1）保险公司解散。保险公司解散是指已经成立的保险公司，因章程或法律规定的特定事项发生，而使公司法人资格消灭的法律行为。《保险法》第89条规定："保险公司因分立、合并需要解散，或者股东会、股东大会决议解散，或者公司章程规定的解散事由出现，经国务院保险监督管理机构批准后解散。经营有人寿保险业务的保险公司，除因分立、合并或者被依法撤销外，不得解散。保险公司解散，应当依法成立清算组进行清算。"

（2）保险公司破产。在保险公司解散的清算过程中如果公司不能支付到期债务的，经中国人民银行同意后，由法院依法宣告破产。《保险法》第91条规定，破产财产在优先清偿破产费用和共益债务后，按照下列顺序清偿：①所欠职工工资和医疗、伤残补助、抚恤费用，所欠应当划入职工个人账户的基本养老保险、基本医疗保险费用，以及法律、行政法规规定应当支付给职工的补偿金；②赔偿或者给付保险金；③保险公司欠缴的除第①项规定以外的社会保险费用和所欠税款；④普通破产债权。破产财产不足以满足同一顺序的清偿要求的，按照比例分配。

二、保险经营规则

（一）保险经营原则

保险经营规则，是指保险人从事保险业务时所必须遵守的强制性的行为规范．保险经营应遵守以下原则：

1. 分业经营原则。保险的分业经营原则是指同一保险人不得同时兼营财产保险业务和人身保险业务。但是，经营财产保险业务的保险公司经保险监督管理机构核定，可以经营短期健康保险业务和意外伤害保险业务。

2. 禁止兼营原则。禁止兼营原则是指保险公司不得同时兼营非保险业务。保险公司的业务范围由保险监督管理机构核定，保险公司只能在被核定的业务范围内从事保险业务，而不得兼营保险法及其他法律、行政法规规定以外的业务。

3. 保险专营原则。保险专营原则是指保险业务只能由依照保险法设立的商业保险公司经营，非保险业者不能经营保险业务。我国保险法规定，经营商业保险业务，必须是依照保险法设立的保险公司，其他任何单位和个人不得经营商业保险业务。

（二）保险公司偿付能力的监管

1. 保险公司偿付能力的概念。保险公司的偿付能力是指保险公司对承担的保险责任所具有的赔偿或者给付能力。保险公司是否具备履行保险合同的能力，就要看它是否具有偿付能力，所以偿付能力是国家对保险公司监督管理的核心内容。为了维持保险公司的正常的偿付能力，法律要求保险公司要提取相应的基金。根据保险法的规定，保险公司应当按规定提取保证金、保险公司公积金、保险准备金、保险保障基金等。

2. 最低偿付能力的维持。保险公司应当具有与其业务规模相适应的最低偿付能力。保险公司的实际资产减去实际负债的差额不得低于保险监督管理机构规定的数额；低于规定数额的，应当增加资本金，补足差额。根据《保险法》的规定，保险监督管理机构应当建立健全保险公司偿付能力监管指标体系，对保险公司的最低偿付能力实施监控。

3. 保证金。保证金是法律规定由保险公司成立时向国家交纳的保证金额。保险公司成立后，应当按照其注册资本总额的 20% 提取保证金，存入保险监督管理机构指定的银行，除保险公司清算时用于清偿债务外，不得动用。

4. 保险公积金。保险公司公积金是保险公司的储备基金，它是保险公司为了增强其自身的资产实力、扩大经营规模以及预防亏损而依法从公司每年的税后利润中提取的积累资金。《保险法》规定，保险公司除应依法提取准备金外，还应当依照有关法律、行政法规及国家财务会计制度的规定提取公积金。

5. 保险责任准备金。保险责任准备金，是指保险公司为了承担未到期责任和处理未决赔款而从保险费收入中提存的一种资金准备。保险责任准备金不是保险公司的营业收入，而是保险公司的负债，因此保险公司应有与保险责任准备金等值的资产作为后盾。

6. 保险保障基金。保险公司应当按照保险监督管理机构的规定提存保险保障基金。保险保障基金是保险公司的总准备金或者自由准备金。保险保障基金应当集中管理，并在保险公司被撤销或者被宣告破产时统筹使用。

（三）保险公司的风险管理

1. 再保险的强制。再保险是指保险人将其承担的保险业务，以承保形式，部分转移给其他保险人的保险行为。根据《保险法》第 105 条的规定，保险公司应当按照国务院保险监督管理机构的规定办理再保险，并审慎选择再保险接受人。

2. 自留保险费的限制。经营财产保险业务的保险公司当年自留保险费，不得超过其实有资本金加公积金总和的 4 倍。

3. 承保责任的限制。保险公司对每一危险单位，即对一次保险事故可能造成的最大损失范围所承担的责任，不得超过其实有资本金加公积金总和的 10%；超过的部分应当办理再保险。保险公司对危险单位的划分应当符合国务院保险监督管理机构的规定。保险公司对危险单位的划分方法和巨灾风险安排方案，应当报国务院保险监督管理机构备案。

4. 资金营运的限制。保险公司的资金运用必须稳健，遵循安全性原则。保险公司的资金运用限于银行存款；买卖债券、股票、证券投资基金份额等有价证券；投资不动产和国务院规定的其他资金运用形式。保险公司资金运用的具体管理办法，由国务院保险监督管理机构制定。

5. 经营禁止行为。根据《保险法》第116条的规定，保险公司及其工作人员在保险业务活动中不得有下列行为：①欺骗投保人、被保险人或者受益人；②对投保人隐瞒与保险合同有关的重要情况；③阻碍投保人履行本法规定的如实告知义务，或者诱导其不履行本法规定的如实告知义务；④给予或者承诺给予投保人、被保险人、受益人保险合同约定以外的保险费回扣或者其他利益；⑤拒不依法履行保险合同约定的赔偿或者给付保险金义务；⑥故意编造未曾发生的保险事故、虚构保险合同或者故意夸大已经发生的保险事故的损失程度进行虚假理赔，骗取保险金或者牟取其他不正当利益；⑦挪用、截留、侵占保险费；⑧委托未取得合法资格的机构从事保险销售活动；⑨利用开展保险业务为其他机构或者个人牟取不正当利益；⑩利用保险代理人、保险经纪人或者保险评估机构，从事以虚构保险中介业务或者编造退保等方式套取费用等违法活动；⑪以捏造、散布虚假事实等方式损害竞争对手的商业信誉，或者以其他不正当竞争行为扰乱保险市场秩序；⑫泄露在业务活动中知悉的投保人、被保险人的商业秘密；⑬违反法律、行政法规和国务院保险监督管理机构规定的其他行为。

第四节　保险中介制度

一、保险中介制度概述

保险中介指介于保险经营机构之间或保险经营机构与投保人之间，专门从事保险业务咨询与招揽、风险管理与安排、价值衡量与评估、损失鉴定与理算等中介服务活动，并从中依法获取佣金或手续费的单位或个人。保险中介人的主体形式多样，主要包括保险代理人、保险经纪人和保险公估人等。保险中介是保险市场精细分工的结果。保险中介的出现推动了保险业的发展，使保险供需双方更加合理、迅速地结合，减少了供需双方的辗转劳动，既满足了被保险人的需求，方便了投保人投保，又降低了保险企业的经营成本。保险中介的出现，解决了投保人或被保险人保险专业知识缺乏的问题，最大限度地帮助客户获得最适合自身需要的保险商品。根据统计，截止到2016年第一季度末，我国取得职业资格的个人保险代理人即保险营销员的数量突破了710万人。

二、保险代理人

(一) 保险代理人的概念和法律特征

保险代理人是根据保险人的委托，向保险人收取佣金，并在保险人授权的范围内代为办理保险业务的机构或者个人。在现代保险市场上，保险代理人已成为世界各国保险企业开发保险业务的主要形式和途径之一。

保险代理人实施的保险代理活动是民事代理制度在保险领域中适用的具体情况。其具有以下法律特征：

1. 保险代理人的代理行为是由保险法和民法调整的民事法律行为。保险代理人的保险行为受保险法的约束。我国《保险法》对保险代理行为做了一系列的具体规定。另外，保险代理属于民事法律行为，所以保险代理行为又受民法的调整。

2. 保险代理人的代理行为是基于保险人授权的委托代理。保险代理人的代理权产生于保险人的委托授权，属于委托代理。委托代理应当采用书面形式。保险代理合同是保险人与保险代理人关于委托代理保险业务所达成的协议，是证明保险代理人有关代理权的法律文件。

3. 保险代理人的代理行为是代表保险人利益的中介行为。从法律角度看，保险代理人在代理合同授权范围内，代表保险人的利益开展业务。从市场角度看，保险代理行为是保险市场的中介行为。

4. 保险代理行为的法律责任由保险人承担。保险代理人在保险人的授权范围内代为办理保险业务的行为一旦生效，即在相对人与保险人之间形成一定的法律关系，由此而产生的法律后果即责任，由保险人承担，这一行为的相对人就可以向保险人主张该行为的效力，并要求保险人受该行为的约束，承担该行为产生的义务和责任。因为保险代理人的行为产生的利益归属于保险人，伴随利益而来的责任应当由保险人承担。

（二）保险代理人的分类

在我国，保险代理人分为专业保险代理机构、兼业保险代理机构和个人保险代理人三种。

1. 专业保险代理机构，又称专业保险代理人，是指符合中国银保监会规定的资格条件，经中国银保监会批准取得经营保险代理业务许可证，根据保险人的委托，向保险人收取保险代理手续费，在保险人授权的范围内专门代为办理保险业务的单位。专业代理机构必须具备法律规定的条件，依法经保险监督机构审核批准，取得《经营保险代理业务许可证》后才能从事保险代理业务。

2. 兼业保险代理机构，又称兼业保险代理人，是指在从事自身业务的同时，根据保险人的委托，向保险人收取保险代理手续费，在保险人授权的范围内代办保险业务的单位。从事保险兼业代理业务必须向中国银保监会申请保险兼业代理资格，经中国银保监会核准后取得保险兼业代理业务许可证。兼业保险代理机构可以分为银行代理、行业代理和单位代理三种。应当注意，在我国，党政机关及其职能部门、事业单位和团体不得从事保险代理业务。

3. 个人保险代理人，是指根据保险人的委托，在保险人授权的范围内代办保险业务并向保险人收取代理手续费的个人。个人代理人开展保险业务方式灵活，为众多寿险公司广泛采用。凡持有《保险代理人资格证书》者，均可申请从事保险代理业务，并由被代理的保险公司审核登记报当地保险监督管理部门备案。个人代理人的业务范围仅限于代理销售保险单和代理收取保险费，不得办理企业财产保险和团体人身保险。另外，个人代理人不得同时为2家（含2家）以上保险公司代理保险业务，转为其他保险公司代理人时，应重新办理登记手续。

三、保险经纪人

（一）保险经纪人的概念和法律特征

保险经纪人是基于投保人的利益，为投保人与保险人订立保险合同提供中介服务，并依法收取佣金的机构。保险经纪人具有以下几点法律待征：

1. 保险经纪人是投保人的代理人，其必须接受投保人的委托，基于投保人的利益，按照投保人的要求进行业务活动。

2. 保险经纪人不是合同当事人，其仅为促使投保人与保险人订立合同创造条件，组织成交，提供中介服务，而不能代保险人订立保险合同。

3. 保险经纪人只能以自己的名义从事中介服务活动，承担由此产生的法律后果。投保人或保险人虽然是保险经纪人的委托人，但对保险经纪人的经纪活动并不承担责任，这也是保险经纪人与保险代理人的重要不同。

4. 保险经纪人从事的是有偿活动，有权向委托人收取佣金。其佣金主要有两种形式。一种是由保险人支付的，主要来自其所收保险费的提成。另一种是当投保人有必要委托经纪人向保险人请求赔付时，由投保人向经纪人支付相关报酬。

5. 保险经纪人必须是依法成立的单位而非个人，保险经纪公司可以以有限责任公司或股份有限公司的形式设立。

（二）保险经纪人的分类

根据从事业务范围的不同，保险经纪人可以分为寿险经纪人、非寿险经纪人和再保险经纪人。

1. 寿险经纪人是指在人身保险市场上代表投保人选择保险人、代办保险手续并为此从保险人处收取佣金的中间人。寿险经纪人必须熟悉保险市场行情和保险标的详细情况，熟练掌握专项业务知识，还要懂法律，运用法律，并且会计算人身险的各种费率，以便为投保人获得最佳的保险提供保障。

2. 非寿险经纪人是安排各种财产、利益、责任保险业务，在保险合同订约双方间斡旋，促使保险合同成立并为此从保险人处收取佣金的中间人。由于保险产品的复杂性，非寿险经纪人必须要掌握相关的专业知识，以便能与投保人进行沟通，为投保人进行风险评估、设计风险管理方案，为投保人选择最佳保险保障等服务。

3. 再保险经纪人是促成再保险分出公司与接受公司建立再保险关系的中介人。他们把分出公司视为自己的客户，在为分出公司争取较优惠的条件的前提下选择接受公司并收取由后者支付的佣金。再保险经纪人不仅介绍再保险业务、提供保险信息；而且在再保险合同有效期间对再保险合同进行管理，继续为分保公司服务，如合同的续转、修改、终止等问题；并向再保险接受人及时提供账单并进行估算。

（三）保险经纪人经营业务

保险经纪人有严格的执业规则，世界各国对其都实行严格的执业管理。我国《保险法》规定，因保险经纪公司过错，给投保人、被保险人造成损失的，由保险经纪公司承担赔偿责任。保险经纪人的经营业务主要有：

1. 以订立保险合同为目的，为投保人提供防火、防损或风险评估以及风险管理咨询服务。通过保险经纪人提供的以上专门服务，可以使被保险人的防灾工作、风险管理工作做得更好，就可以以较低的费率获得保障利益。

2. 以订立保险合同为目的，为投保人拟订投保方案，办理投保手续。投保方案的选择是一项专业技术性很强的工作，被保险人自己通常不能胜任，保险经纪人就可以以其专业素质，根据保险标的情况和保险公司的承保情况，为投保人拟订最佳投保方案，代为办理投保手续。

3. 在保险标的或被保险人遭遇事故和损失的情况下，为被保险人或受益人代办检验、索赔。

4. 为被保险人或受益人向保险公司索赔。

5. 再保险经纪人凭借其特殊的中介人身份，为原保险公司和再保险公司寻找合适的买（卖）方，安排国内分入、分出业务或者安排国际分入、分出业务。

6. 保险监管机关批准的其他业务。

四、保险公估人

（一）保险公估人的概念和法律特征

保险公估人是指依照法律规定设立，受保险公司、投保人或被保险人委托办理保险标的的查勘、鉴定、估损以及赔款的理算，并向委托人收取酬金的公司。公估人的主要职能是按照委托人的委托要求，对保险标的进行检验、鉴定和理算，并出具保险公估报告。保险公估人具有以下特征：

1. 经济性。保险公估人通过储备专业技术人员，接受诸多保险人委托，处理不同类型的保险公估业务，积累保险公估经验，提高保险公估水平，从而可以帮助保险人降低成本，提高经济效益。

2. 专业性。由于面向众多保险当事人处理不同类型的保险理赔、评估业务，因此，保险公估机构必须拥有具有各种专业背景并熟悉保险业务的专业工程技术人员，他们处理保险理赔案件的技术更加熟练，经验更加丰富。

3. 超然性。相对保险当事人而言，保险公估人的地位超然，不代表任何一方的利益，使保险赔付趋于公平、合理，有利于调停保险当事人之间关于保险理赔方面的矛盾。

（二）保险公估人的分类

根据保险公估人从事活动范围的不同，保险公估人可以分为三类：

1. 海上保险公估人。海上保险公估人主要处理海上、航空运输保险等方面的业务。海上保险和航空运输保险均为国际型的保险，在国际上，船舶保险中的船身价值或其修理规模和费用的确定均与船舶的种类、吨位、用途直接相关，船上设备、机器、引擎、发电机等也有专业要求，保险公司必须请船舶公估公司处理。航空货物运输保险中的货运检验涉及发货人、收货人、承运人和保险公司多方利益和责任，各方当事人难以达成一致意见，保险公司通常委托居于独立地位的保险公估人处理，海上保险公估人由此应运而生。

2. 汽车保险公估人。汽车保险公估人主要处理与汽车保险有关的业务。汽车保险在各国保险市场上具有举足轻重的作用，保险公估人也由此分外重视汽车保险公估。汽车保险公估人参与汽车保险理赔公估，不仅可以减少保险公司和被保险人之间在修理费用、重置价值方面的直接冲突，避免保险公司理赔人员与被保险人、汽车修理行会合谋骗取保险赔款，而且可以有效制止汽车保险理赔中的不正当行为，使各保险公司在公平的市场环境中平等竞争。

3. 火灾及特种保险公估人。火灾及特种保险公估人主要处理火灾及物质特种保险等方面的业务。随着经济的发展和科学技术的进步，财产保险的承保范围日益扩大，保险理赔的技术含量不断提高，保险公司自行处理理赔的难度加大，因此大量拥有专业技术的保险公估人的出现，满足了火灾和特种保险的需要。

第五节　保险业监督管理制度

★ 案例导入

上海泛鑫案

陈怡，大专文化，原系上海泛鑫保险代理有限公司股东、实际控制人，浙江永力保险代理有限公司湖州分公司、杭州中海盛邦保险代理有限公司实际控制人。2010 年初，陈怡、谭某与时任泛鑫公司法定代表人的刘某签订协议，挂靠泛鑫公司开展寿险代理销售业务并支付管理费用。此后，陈怡、谭某以泛鑫公司江苏路营业部名义对外开展业务。

陈怡与谭某经合谋，将保险公司 20 年期的寿险产品拆分成 1 至 3 年的短期理财产品对外销售，骗取投资人资金，并对相关保险公司谎称该资金为泛鑫公司代理销售的 20 年期寿险产品的保费，通过保险公司返还手续费的方式套现。通过此类"长险短做"业务，泛鑫公司迅速发展。

2011 年，泛鑫公司法定代表人变更为陈怡。2012 年 6 月，刘某与陈怡通过签订《股权转让协议》，使泛鑫公司江苏路营业部以及收购之后的泛鑫公司实际由陈怡及谭某控制。同年，陈怡伙同江杰以收购的方式先后实际控制了浙江永力保险代理有限公司湖州分公司和杭州中海盛邦保险代理有限公司。

而早在 2010 年 2 月至 2013 年 7 月期间，陈怡、江杰先后以泛鑫公司、永力公司、中海盛邦公司名义，与昆仑健康保险股份有限公司沪、浙分公司及幸福人寿保险股份有限公司沪、浙分公司等签订了《保险代理协议》，并在沪、浙两地招聘了400余名保险代理人组成销售团队，由代理人或通过银行员工在江、浙、沪等地向4400多人推销上述虚假的保险理财产品计人民币13亿余元，并利用上述手续费返还的方式套取资金10亿余元。至案发，共造成3000余名被害人实际损失8亿余元。

2013年7月28日，陈怡、江杰发现资金链将断裂，遂将近5000万港币转至香港后，携带83万多欧元等巨额现金和首饰、奢侈品等财物潜逃境外。同年8月19日，陈怡、江杰在斐济群岛共和国被抓获。

2015年2月11日，上海市第一中级人民法院曾对该案作出一审宣判，以集资诈骗罪分别判处被告人陈怡死刑，缓期2年执行，剥夺政治权利终身，并处没收个人全部财产；判处被告人江杰无期徒刑，剥夺政治权利终身，并处没收个人全部财产。判决后，被告人陈怡以集资诈骗罪定性错误、量刑过重为由提出上诉。被告人江杰认为，一审认定其与陈怡构成共同犯罪错误，对其量刑过重，同时提出上诉。

上海市高级人民法院审理后认为，原判根据陈怡利用泛鑫公司这一平台，向不特定的人采取欺骗方式非法集资、对保险公司亦采用欺骗的方法套取佣金，套取佣金后用作发放代理人高额佣金、收购公司、购置高档轿车、境外旅游及其本人购买高档消费品挥霍等事实和证据，结合泛鑫公司在资金链断裂的情况下，陈怡于2013年6-7月与江杰策划并携款潜逃国外的行为，认定陈怡具有非法占有的主观故意，构成集资诈骗罪并无不当。

原判认定被告人陈怡、江杰犯集资诈骗罪的事实清楚，证据确实、充分，定性准确，上诉人陈怡、江杰及辩护人的相关上诉理由、辩护意见不能成立，法院不予采纳。原判对陈怡、江杰集资诈骗犯罪判决所依据的刑法，系于《中华人民共和国刑法修正案（九）》颁布之前，鉴于相关法律发生变化，对陈怡的量刑予以改判。根据上诉人江杰在共同犯罪中的地位、作用，对其量刑亦作相应改判：判处陈怡无期徒刑，剥夺政治权利终身，并处没收个人全部财产；判处江杰有期徒刑15年，剥夺政治权利5年，并处没收个人全部财产。

一、保险业监督管理制度概述

（一）保险业监督管理制度的概念

保险业监督管理制度是指国家保险监督管理机关为了维护保险市场秩序，保护被保险人及社会公众的利益，对保险业实施的监督和管理的制度。可从以下几个方面来理解保险监督管理的概念：

1. 保险业监督管理的主体，即享有监督和管理权利并实施监督和管理行为的国家监督管理机关。不同国家的保险监督管理机关有不同的形式和名称。目前，我国保险监督管理机关是中国银行保险监督管理委员会。中国银行保险监督管理委员会成立于2018年4月，是国务院的直属事业单位，是全国商业保险的主管机关。根据国务院授权履行行政管理职能，依照法律、法规统一监督管理中国保险市场。

2. 保险业监督管理行为的性质。对于保险监督管理行为的性质，可从两方面来理解：一方面，保险监督管理是以法律和政府行政权利为根据的强制行为。另一方面，在市场经济体制下，保险监督管理的性质实质上属于国家干预保险经济的行为。在市场经济条件下，为防止市场或市场配置资源失灵，国家具有干预经济的基本职能。对于保险市场而言，保险监督管理部门一方面要体现监督职能，规范保险市场行为，防止市场失灵，维护保险市场秩序，保护被保险人及社会公众的利益。

3. 保险业监督管理的领域、内容和对象。保险监督管理仅限于商业保险领域，不涉及社会保险领域。保险监督管理的内容是保险经营活动。保险业监督管理的对象是保险产品的供给者和保险中介人。

4. 保险业监督管理的依据。保险监督管理的依据是有关的法律、行政法规、规章和规范性文件。在我国，法律主要是指全国人民代表大会及其常务委员会通过的法律，如《保险法》《公司法》《海商法》等；行政法规是指国务院制定和发布的条例，如《外资保险公司管理条例》；规章是指原中国保监会和国务院有关部委制定和发布的部门规章，如原中国保监会发布的《保险公司管理规定》等；规范性文件是指国务院、中国银保监会、国务院有关部委发出的通知、指示、命令或制定的办法。这些通知、指示、命令或制定的办法虽不属于行政法规和部门规章，但具有执行效力，对保险业务的经营具有普遍的约束力，也是保险监督管理的依据。

（二）保险业监督管理制度的法律意义

由于保险经营具有特殊性，在市场经济条件下保险市场运行可能出现市场失灵，因此，保险业监督管理是必要的。

1. 保险经营具有的特殊性使保险业隐含的风险增加，需要加强保险监管防范和控制风险。

（1）保险业经营的公共性。保险公司的投保人或被保险人是社会上的千家万户，保险公司能否持续经营，会广泛、长期地影响到广大客户的利益，如果保险公司经营不善，破产或倒闭退出而不能正常履行其补偿或给付职能，将使广大客户即社会公众利益受到损害，影响社会稳定。

（2）保险业经营的负债性。保险公司经营的负债是指保险公司通过收取保险费建立保险基金来履行其赔偿或给付职能，保险基金很大一部分是以保险准备金的形式存在的，保险公司提取准备金所形成的负债是确定的，而保险公司应承担义务所形成的负债因风险事故的不确定而不确定。因此，对于保险公司而言，如何对保险公司的负债项目进行评估，如何合理计提准备金，以及如何运用负债准备金进行投资都是非常重要的。

（3）保险合同的特殊性。保险合同具有附合性和射幸性。保险合同的附合性表现为保险人确定承保的基本条件，规定双方的权利与义务，投保人一般只能依据保险人设定的标准合同进行选择，难以对合同的内容提出变更意见。加之保险合同专业性强，所以，保险合同往往是在一种信息不对称、交易力量不对等的基础上建立起来的。所以国家从保护被保险人权益的角度出发，对保险合同的条款、保险费率等内容进行严格审核，以达到公平合理的目的。保险合同具有射幸性，是因为保险合同约定的是在未来保险事故发生时，由保险人承担赔偿损失或给付保险金责任的合同。保险人所承保的保险标的的风险事故是不确定的，而投保人购买保险时支付的保费与保险标的一旦发生保险事故时被保险人所能获得的赔偿或给付金是不对等的。从个体保障的角度看，保险人的保险责任远远高于其所收取的保费，这种关系需要通过政府监督管理的手段来确保保险合同交易的公平合理。

（4）保险交易过程的特殊性。现代商业保险交易总是先向众多的被保险人收取保费，保险事故发生后才向个别被保险人支付赔款或给付保险金。另外，保险交易过程时间远远长于一般企业的交易过程，虽然对于大部分财产保险而言，保险期限只有 1 年的时间，但是对于大部分人身保险则可能是 5 年、10 年，甚至几十年的时间，保险交易过程期限的延长，使保险公司的经营风险具有隐蔽性、累积性和社会性。

2. 为了减少或消除市场失灵的情况及其影响，保险业监督管理具有必要性和合理性。

（1）保险市场功能有缺陷，如果不对其进行有效监管，一些当事人即可能不付代价便可得到来自外部经济的好处。

（2）保险市场竞争失灵，就可能导致垄断，而垄断会产生进入市场的障碍，从而破坏市场机制，排斥竞争，导致保险市场效率的损失。

（3）保险市场调节本身具有一定的盲目性，从价格形成、信号反馈到产品开发的时间差，可能造成保险产品的供给与需求的某种失衡。

（4）保险市场信息的不对称性，导致市场失灵。与保险人相比，被保险人的信息相对不足，被保险人的经济福利不能最大化，有时还由于提供虚假的信息和不公正交易使被保险人的利益受到损失。此外，投保人或被保险人利用信息不对称进行逆选择。

二、保险合同条款和保险费率的监管

保险合同属于格式合同且具有一定的技术性，作为合同内容的保险条款是由保险公司事先拟订的，保险公司在设计保险条款时会更多地考虑其自身的利益，这就使得投保方信息不对称且处于劣势，而任由保险公司拟定合同则易于损害投保方的利益。保险费率是保险商品价格的体现，按照保险原理，这种特殊商品价格的确定需经精密的概率计算，以达到损失合理分摊之保险本义，不可过高或过低，否则便会使投保方分担不合理的损失或因保险公司的恶性价格竞争而伤及其偿付能力，埋下信用隐患。因此为了稳定保险法律关系，规范保险企业的经营行为，保护被保险人的合法权益，国家要对保险合同条款和保险费率实施监管。我国《保险法》第135条第1款规定："关系社会公众利益的保险险种、依法实行强制保险的险种和新开发的人寿保险险种等的保险条款和保险费率，应当报国务院保险监督管理机构批准。……"而且要求"国务院保险监督管理机构审批时，应当遵循保护社会公众利益和防止不正当竞争的原则"。对于"其他保险险种的保险条款和保险费率，应当报保险监督管理机构备案"。

如果保险公司使用的保险条款和保险费率违反法律、行政法规或者国务院保险监督管理机构的有关规定，根据《保险法》第136条的规定，由保险监督管理机构责令停止使用，限期修改；情节严重的，可以在一定期限内禁止申报新的保险条款和保险费率。

三、保险公司的整顿和接管

（一）保险公司的整顿

1. 保险公司整顿的概念。保险公司的整顿是指金融监督管理部门对经营管理不善或存在其他问题的保险公司通过整顿措施促其改善经营状况防止保险公司经营进一步恶化所进行的一系列行为。

2. 保险公司整顿的适用。我国《保险法》规定，保险公司未依照本法规定提取或者结转各项责任准备金，或者未依照本法规定办理再保险，或者严重违反本法关于资金运用的规定的，由保险监督管理机构责令限期改正，并可以责令调整负责人及有关管理人员。在保险监督管理机构依法作出限期改正的决定后，保险公司逾期仍未改正的，国务院保险监督管理机构可以决定选派保险专业人员和指定该保险公司的有关人员组成整顿组，对公司进行整顿。整顿决定应当载明被整顿公司的名称、整顿理由、整顿组成员和整顿期限，并予以公告。

整顿组有权监督被整顿保险公司的日常业务。被整顿公司的负责人及有关管理人员应当在整顿组的监督下行使职权。在整顿过程中，被整顿保险公司的原有业务继续进行。但是，国务院保险监督管理机构可以责令被整顿公司停止部分原有业务、停止接受新业务，调整资金运用。

被整顿保险公司经整顿已纠正其违反本法规定的行为，恢复正常经营状况的，由整顿组提出报告，经国务院保险监督管理机构批准，结束整顿，并由国务院保险监督管理机构予以公告。

（二）保险公司的接管

1. 保险公司接管的概念。保险公司接管，是指在保险公司实施了违反保险法规定的行为，并且造成比较严重后果的情况下，保险监管机构委派接管组织直接介入保险公司的日常经营，并由接管组织负责保险公司的全部经营活动的行为。接管的目的是对被接管的保险公司采取必要措施，以保护被保险人的利益，恢复保险公司的正常经营。

2. 保险公司接管的适用。《保险法》第144条规定，保险公司有下列情形之一的，国务院保险监督管理机构可以对其实行接管：①公司的偿付能力严重不足的；②违反本法规定，损害社会公共利益，可能严重危及或者已经严重危及公司的偿付能力的。被接管的保险公司的债权债务关系不因接管而变化。

接管组的组成和接管的实施办法，由国务院保险监督管理机构决定，并予以公告。接管期限届满，国务院保险监督管理机构可以决定延长接管期限，但接管期限最长不得超过 2 年。接管期限届满，被接管的保险公司已恢复正常经营能力的，由国务院保险监督管理机构决定终止接管，并予以公告。

四、保险法律责任

（一）保险法律责任的概念和特征

保险法律责任是指违反保险法律规范的公民、法人或者其他组织应当对国家及受害者承担的相应法律后果。保险法律责任具有以下特征：

1. 承担法律责任的违法主体的广泛性。因违反保险法律规范而应承担法律责任的主体具体包括：投保人、被保险人或者受益人；保险公司及其工作人员；保险代理人、保险经纪人或者保险公估人；保险监督管理部门及其工作人员；未经许可擅自设立保险公司或者非法从事商业保险业务活动者；未取得相应资格及经营许可，非法从事保险中介活动者等。

2. 责任种类的多样性。保险法律责任既有民事责任，又有行政责任和刑事责任。民事责任主要是财产责任，以恢复被损害的民事权益为目的，可以分为违反合同的民事责任和侵权的民事责任。刑事责任和行政责任是对具有社会危害性，损害社会经济秩序、公共秩序的违法行为的处罚。

3. 各种保险法律责任既可单独承担，也可同时承担。例如，投保人故意虚构保险标的，骗取保险金，构成犯罪的，在依法承担刑事责任的同时，还应当承担民事责任，向保险人返还不当得利，赔偿保险人经济损失。

4. 追究保险法律责任的主体，既有司法机关，又有保险监督管理部门，还有其他相关行政机关。

（二）保险法律责任的种类

根据违法行为的性质和危害程度不同。保险法律责任可以分为刑事法律责任、行政法律责任和民事法律责任。

1. 刑事法律责任。刑事法律责任是指在刑事法律关系中，国家依法强制犯罪人（自然人或法人）对其犯罪所承担的法律后果。刑事责任是最严厉的法律责任形式。违反保险法相关规定，需要承担的刑事法律责任体现在我国《刑法》分则第三章"破坏社会主义市场经济秩序罪"中第四节"破坏金融管理秩序罪"中。这些保险犯罪行为包括：①擅自设立金融机构罪；伪造、变造、转让金融机构经营许可证、批准文件罪。②职务侵占罪；贪污罪。③挪用资金罪、挪用公款罪；背信运用受托财产罪；违法运用资金罪。④保险诈骗罪。

2. 行政法律责任。行政法律责任是指行政管理相对人不履行行政法律义务构成行政违法而应依法承担的法律后果。违反《保险法》的行政法律责任的承担方式有行政处分和行政处罚。行政处分是指国家机关、企事业单位、社会团体对其内部成员违反行政法纪的行为而给予的惩戒。包括警告、记过、记大过、降职、撤职、开除等六种形式。行政处罚是指行政机关及授权机关对违反行政法律、法规、规章，尚不构成犯罪的公民、法人或其他组织实施的制裁行为。按照《保险法》和相关行政法规的规定。对保险违法行为的行政处罚机关是中国银保监会。处罚的对象主要是违法的保险关系当事人以及非法从事保险活动的单位和个人。处罚的方式主要有：警告；罚款；责令改正、责令停业整顿；限制业务范围或者责令停止接受新业务；吊销经营保险业务许可证或者代理业务许可证或者经纪业务许可证；取缔；没收非法所得以及对责任人给予行政处罚，如撤销任职资格或者从业资格；禁止有关责任人员一定期限直至终身进入保险业。

3. 民事法律责任。民事法律责任是指民事法律关系主体违约或不履行其他法定和约定义务所应承担的法律后果。承担民事责任既是对被侵害的民事权益的补救。也是对不法行为的制裁。《保险法》第175条规定："违反本法规定，给他人造成损害的，依法承担民事责任。"承担民事责任的主要方式有：停止侵害、排除妨碍、返还财产、恢复原状、支付违约金、赔偿损失等。其中，支付违约金和赔偿损失是保险活动中承担民事责任的主要方式。违约金是指合同当事人因故意或过失未能履行或未能完全履行合同义务时，根据法律规定或者合同约定而向对方支付的一定数额的货币。违约金分为法定违约金和约定违约金。赔偿损失是指合同当事人因主观过错而违约，并给对方造成人身、财产损害，违约方依合同约定及受害方请求，给付相应的财产，作为对受害方所受损失的补救。赔偿损失必须以过错违约并造成损失为构成要件。赔偿额的确定以实际损失为限。包括直接损失和间接损失。

★ 案例分析

某公司有一座仓库，董事会责成经理对仓库投保火灾险。公司经理在保险公司陈述时称仓库堆放金属零件和少量的汽车轮胎，没有什么易燃易爆物品。保险公司以该仓库处在居民区，周围的火源比较多，为安全起见，反复声明易燃易爆物品与仓库安全的意义。但某公司经理称没有问题。保险公司遂与某公司订立了仓库火灾保险合同。在合同生效的第3个月，保险公司发现该仓库里还堆放了20桶汽油，汽油属于高度危险物品，保险公司当即要求某公司将汽油立即转移出去，但某公司表示没有其他仓库存放，拒绝转移汽油。保险公司决定解除该保险合同。在合同解除的第3天，仓库发生火灾，损失100万元。某公司以保险合同是双方签订的，保险公司无权单方解除，所以合同继续有效，保险公司应当赔偿损失为由起诉。

结合以上案例，请回答如下问题：

1. 某公司投保时的陈述是否符合保险法的规定？
2. 保险公司在订立保险合同时的说明有何意义？
3. 某公司在仓库里堆放汽油属于保险法规定的何种行为？
4. 保险公司能否单方面解除保险合同？

5. 某公司能否要求保险公司赔偿损失？

★ 本章小结

保险法是商法学的重要组成部分，是市场经济立法的重要内容。本章主要内容包括保险概述、保险合同、保险中介及经营规则、保险监管制度。通过本章的学习，学生要了解保险制度的基本内容，掌握保险合同的主要内容，了解订立保险合同的程序以及关键条款的商业意义和法律意义。掌握财产保险合同和人身保险合同的主要内容和类别，掌握我国保险机构的组织体系以及保险公司设立、变更和终止法律制度的主要内容。了解我国的保险监管制度。

【技能训练】 研讨机动车辆保险合同

目标：熟练掌握保险合同的相关法律规定，培养学生法律意识和相关法律知识的实际操作能力。

内容：找一份家人购买的机动车综合商业保险合同，研讨相关的法律知识点。

步骤和要求：

（1）学生分组，找一份机动车综合商业保险合同；

（2）指出该保险合同的主体、客体和形式；

（3）认真研究《机动车综合失业保险条款》，针对其中的责任免除条款进行认真解读；

（4）教师总结，学生写出心得体会。

【实践活动】 开展人身保险产品的市场调研

目的：使学生掌握保险法的相关规定，培养学生熟练应用保险法知识的能力，提高学生处理保险法律纠纷的实践水平。

内容：学生分组，参加人身保险产品的市场调研。

要求：结合保险法知识，找出实际生活中保险公司所销售的人身保险产品并加以分析，指出其中的法律漏洞，写出调研报告。

★ 本章练习

1. 简述保险法的基本原则。

2. 财产保险合同的常见条款有哪些？

★ 参考文献

1. 贾林青：《保险法》，中国人民大学出版社 2014 年版。

2. 许崇苗：《保险法原理及疑难案例解析》，法律出版社 2011 年版。

3. 温世扬主编：《保险法》，法律出版社 2016 年版。

4. 樊启荣：《保险法诸问题与新展望》，北京大学出版社 2015 年版。

5. 傅廷中：《保险法学》，清华大学出版社 2015 年版。

----- 第十五章 -----

国际货币金融管理法律制度

■ 学习目标

知识目标：

　　本节主要讲述国际货币管理制度从国际金本位制、国际金汇兑本位制、布雷顿森林体制到牙买加体制的演变以及外汇、外债管理法律制度。学生需要掌握国际货币基金组织的外汇管制的相关规定，以及我国的外汇管理制度。

能力目标：

　　通过本章的学习，学生应了解国际货币制度的演变和当前国际货币体系的现状，能够根据所学知识判断国际金融监管的具体类型，并能对银行业面临的问题提出相应的金融监管法律措施。

第一节　国际货币管理制度

★ 案例导入

澳大利亚国民银行外汇交易风险失控案

　　从 2003 年 10 月以来，澳大利亚国民银行 4 个外汇交易员进行澳大利亚元和新西兰元对美元的外汇期权交易。他们判断这两种货币对美元的强势劲头将发生逆转，即美元对这两种货币的汇率将上升。然而，后来这两种货币对美元的汇率还是维持强势，澳大利亚元对美元的汇率上升了 13%，而新西兰元对美元的汇率则上升了 15%。问题的严重性还在于，当判断失误造成损失时，为了掩盖损失，他们制造了大量的虚假交易，结果窟窿越来越大，直到另一个交易员对他们的这笔交易产生怀疑并报告有关风险管理官时才被发现。在这个丑闻中，澳大利亚国民银行损失了 3.6 亿澳元，包括与错误交易直接相关的 1.85 亿澳元和随后对外汇资产组合估值损失的 1.75 亿澳元。2004 年 2 月 2 日，澳大利亚国民银行执行董事兼总裁 Cicutto 正式宣布辞职。这一事件对银行业的教训非常之大。

一、国际货币制度的演变

（一）国际金本位制

国际金本位制是以黄金作为本位货币进行流通的货币制度。金本位制度始于英国，随后以德国为首的一系列西方国家相继推行金本位制度，并于 19 世纪末普遍适用于各大资本主义国家，开始由英国国内货币制度转向国际货币制度。金本位制具有以下特点：

1. 黄金在国际经济交往中充当世界货币，具有无限清偿和无限支付的特征。

2. 黄金可以自由铸造，其价值以黄金含量确定。一国金币含有特定价值的黄金，不同货币之间的比率按照黄金价值的比率确定；且一国货币与他国货币的汇率围绕货币含金价值上下波动。

3. 各国的货币储备以黄金为主。黄金作为直接的、根本的支付手段不受限制地输入、输出一国国境，有利于汇率的稳定。

（二）国际金汇兑本位制

一战后，金本位制度解体，各国均在寻求新的国际货币制度以维持国际货币交往的正常有序发展。1922 年 4 月 10 日，英、法、日、苏等二十多个国家于意大利热那亚举行了"热那亚世界经济与金融会议"，该会议确立了金汇兑本位制度（虚金本位制），金汇兑本位制具有如下特点：

1. 一国国内不能直接流通金币而只能流通具有黄金价值的纸币；纸币不能直接兑换黄金，而只能通过兑换外汇间接购买黄金，与黄金挂钩。

2. 一国国内的货币需求与实行金本位制国家的货币保持固定的比价，并在后者国内存放外汇和黄金作为准备金，以随时出售外汇来稳定外汇行市；该国的货币金融实际在某种程度上受到其"钉住"的金本位制国家货币政策的控制。

3. 一国的货币储备除了持有大量黄金之外，通常还需要持有大量外汇以方便国际支付、结算，提高抗击风险的能力。

金汇兑本位制下，黄金不能直接用于流通，不能发挥自动调节货币流通与稳定汇率的作用；金汇兑本位制是不健全、不稳定的国际货币制度。实行金汇兑本位制的国家通常把本币与美元或者英镑挂钩，在平衡国际收支逆差时通常先动用自身的美元、英镑外汇储备而把黄金作为国际支付及结算的最后手段。1929 年至 1933 年金融危机时期，美国及英国遭受金融危机的影响经济下滑，加之各国对美元、英镑的汇兑，导致美元、英镑汇率不稳，金汇兑本位制最终于 1933 年金融危机末期崩溃。

（三）布雷顿森林货币制度

1. 布雷顿森林体系的确立。金本位制的崩溃和货币集团（如英镑区、法朗区、美元区等）的出现，使国际货币金融关系呈现混乱局面，对国际贸易和国际支付带来了消极影响。为建立以本国货币为支柱的战后新的国际货币体系，美国和英国分别提出了建立战后国际货币制度的方案即"怀特方案"和"凯恩斯方案"。怀特方案是由美国助理财政部长怀特拟订的"联合国平准基金计划",其核心内容是建立一个由各会员国共同出资的稳定汇兑基金,该基金以信贷等方式缓和成员国的国际收支不平衡问题,保持各国货币比价稳定。凯恩斯提出的"国际清算同盟计划"则建议成立一个世界中央银行性质的国际清算联盟,该联盟以投资形式向成员国提供信贷,以平衡国际收支、保持国际汇兑的稳定。

由于美国是战后最大的债权国,当之无愧地成为国际货币金融领域的霸主。1944 年 7 月 1 日,以美国的怀特方案为基础,在美国的新罕布什尔州的布雷顿森林召开了有 44 个国家参加的联合国国际货币金融会议。会议通过了《联合国货币金融会议最后决议书》及《国际货币基金协定》(以下简称《基金协定》)和《国际复兴开发银行协定》两个附件,决定成立国际货币基金组织和世界银行。以上三个文件合称为"布雷顿森林协定",以此为基础形成了战后以美元为中心的国际货币体系——布雷顿森林国际货币制度。

2. 布雷顿森林国际货币制度的主要内容。

(1)建立一个统一的国际金融机构。布雷顿森林制度决议在华盛顿成立国际货币基金组织(简称 IMF,以下称"基金组织"),其作用是借钱给任何一个处于外汇紧张、国际收支不平衡状态下的成员国。基金组织是二战后国际货币制度的中心,具有相当大的权力,它对帮助成员国融通资金、稳定国际外汇市场、扩大国际贸易、促进国际货币金融合作等方面发挥了巨大作用。基金组织的各项规定在一定程度上维护着国际货币金融、外汇市场的秩序,实质上已经构成了国际货币金融领域的法律。

(2)建立"双挂钩"制度。布雷顿森林体制的实质为金汇兑本位制,以黄金作为国际储备的基础,以美元作为主要国际储备货币,即"黄金—美元本位制"。该体制的原理为:美元与黄金直接挂钩,确定了 35 美元 = 1 盎司黄金的官价;各国政府有义务承认该美元黄金比价并随时有权以该官价持美元向美国政府购买黄金,美国也可以该官价从外国金融机构买入或卖出黄金作为国际金融业务结算;其他国家的货币并不直接与黄金挂钩,而是与美元直接挂钩,把美元的含金量作为各国确定货币价值的基准;各国货币与美元确立法定平价,也可以不规定含金量而只规定本币与美元的比价。这样,其他国家的货币就钉住美元,美元等同于黄金,成了全世界金融活动所必须围绕的中心。[1]

(3)确立了可调整的固定汇率制度。布雷顿森林制度规定各国货币对美元的比价应保持固定,只能在比价上下 1% 的范围内浮动;各成员国有义务采取各种措施来干预外汇市场,保持本国货币与美元比价的稳定;除非发生了国际收支的严重不平衡,否则成员国不得借货币政策对本国货币进行升值或贬值。

---

〔1〕 李仁真:《国际金融法学》,复旦大学出版社 2004 年版,第 112 页。

（4）力图取消经常项目下的外汇管制。外汇管制是国家采取立法、政策措施对外汇的买卖、收支、存兑等使用行为及出入境状况进行严格监管，主要目的是防止本币流出和外币流入，以维持本国货币对外币汇率的稳定。

（5）建立了现代国际货币管理所必需的各项制度。根据《基金协定》，确立了包括国际汇率制度、国际收支调节制度、国际信贷监管制度、国际金融统计制度、国际储备制度、国际清算制度等在内的各项货币制度。

3. 布雷顿森林体系的崩溃。战后欧洲和日本经济的迅速恢复和增长对美国的国际经济交往状况产生了巨大影响，20世纪50年代以后，美国贸易优势降低，美元大量外流导致其贬值。但因继续维持布雷顿森林体系的美元黄金挂钩制度，美元价值被高估，抑制了美国出口的增长，加剧了自身国际收支的不平衡。美元作为世界中心货币被高估导致美国战后通货膨胀的输出，损害了其他会员国的利益。美国自身国际收支的严重不平衡导致美国难以维持美元对黄金的官价，美国宣布不再承担以美元兑换黄金的义务，各国也纷纷取消对美元的固定汇率。至此，布雷顿森林制度已经崩溃。至1978年，在修改原《基金协定》基础上生成的《牙买加协定》生效，宣告布雷顿森林体系的彻底解体。至此，国际货币体系进入多元化浮动时代。

4. 对布雷顿森林体系的评价。

（1）这一体系确立了以美元作为主要国际储备货币的地位。通过把美元作为稀有货币和低估黄金价格、并把两者挂钩的办法，美国积聚了他国的大量黄金，便利了美国的资本输出；外汇管制的解除，便利了美国的商品输出。

（2）布雷顿森林体系的优点在于，以美元作为黄金的补充，弥补国际清偿能力的不足，符合美元的地位。促进了战后贸易和投资的迅速发展，对世界经济包括发展中国家的经济发展，具有重要的推动作用。

（3）布雷顿森林体系本身蕴含着内在不稳定性。由于美元的特殊地位，美国的货币政策对各国有重大影响。战后由于黄金生产萎缩，增加了美元在国际储备中的比重。若美国的国际收支长期逆差，必然会引起美元信用危机；若美国长期保持国际收支平衡，则会断绝国际储备的来源，从而引起国际清偿能力不足的危机。由于基金组织成员承担稳定汇率的义务，必须对外汇活动进行干预以平抑汇价：若美元汇率下跌就需要买入美元，但因此会导致本国货币通货膨胀；成员持有美元过剩时，如抛售则会引起美元危机，如持有则会承受美元贬值的损失。固定汇率本身具有导致国际收支不平衡的缺陷，因为各国不能利用汇率的浮动来达到调节国际收支的目的。

（四）特别提款权制度

1. 特别提款权的概念及性质。特别提款权（Special Draft Right，简称SDR）是基金组织为补充国际储备不足而于1969年8月创设，并于1970年1月开始向参加国发行的一种国际储备资产。它主要用作成员国及国际货币基金组织之间的国际支付工具（不能直接用于国际贸易支付）和货币定值单位，并可在成员国和基金组织间兑换成可自由使用的外汇。基金组织成员国可自愿参加特别提款权的分配，从而成为基金组织特别提款权部的参加国（在基金特别提款权账户下享有特别提款权），也可以不参加特别提款权的分配，还可以参加后退出特别提款权部；此外，基金组织对于某些违反《基金协定》的成员国，可根据参加国有效通过的决议撤销其参加国资格或取消其特别提款权。截至目前，基金组织共有189个成员，这些成员都是特别提款权部的参加国。[1]

2. 特别提款权的特点。

（1）在提款与使用上不同于一般提款权。特别提款权是参加国（指参加基金组织特别提款权部的成员国）在基金组织特别提款权账户下享有的对其自有储备资产的特别提款权，它不同于成员国对基金组织一般资金账户下享有的借贷性提款权。根据《基金协定》的规定，参加国使用特别提款权除应符合《基金协定》要求的国际支付目的外，不受其他条件的限制，其提款无须偿还，并且参加国对于其在基金组织特别提款权账户下分配拥有的特别提款权资产有权获得利息收益。

（2）兑换率由基金组织特别多数票批准确定。特别提款权是由基金组织根据国际清偿能力的需要而发行，并由基金成员国集体监督管理的一种国际储备资产。依据《基金协定》的规定，特别提款权应根据国际经济贸易的发展对国际储备资产的要求而每几年发行一次，该发行应以保持全球国际储备的稳定发展为目标；特别提款权的分配原则上以成员国在基金组织一般资金账户下的配额为基础（近年来适当考虑到发展中国家的利益），任何关于特别提款权分配或取消某成员国特别提款权的决议均需得到特别提款权参加国85%加权投票的赞成，每一参加国不仅有权在通过特别分配决议时投票反对，而且可以在分配表决前通知基金组织其不参加分配。发展中国家通常认为，基金组织目前对特别提款权的发行限制过于严格，难以满足国际储备手段增长的需求，且目前特别提款权在国际储备资产中所占的比例过低（占国际储备资产总值的4%）；同时认为，基金组织目前对特别提款权的分配办法不合理，其中对于发展中国家的利益考虑不够。

（3）特别提款权可兑换自由使用的货币。特别提款权本质上是由基金组织为了弥补国际储备手段不足而创制的补充性国际储备工具，其基本作用在于充当成员国与基金组织之间的国际支付工具和货币定值单位，同时也可在成员国之间兑换为可自由使用的外汇。根据《基金协定》和基金组织决议的规定，成员国在基金组织开设特别提款权账户，作为一种账面资产或记账货币，可用于办理政府间结算，偿付会员国国际收支逆差。同时，特别提款权也可以用以偿还基金组织的贷款，或用于援助、捐赠以及作为偿还贷款的担保等。但需注意，作为一种国际储备，它是纸黄金；但作为账面资产，它不能兑换黄金，也不能当作现实货币用于国际贸易和非贸

---

[1] International Monetary Fund, IMF Members' Quatas and Voting Power, and IMF Board of Governors, https://www. imf. org/external/np/sec/memdir/members. aspx, last visited on September 26, 2020.

易的支付。特别提款权只能在各成员国的金融当局和基金组织、国际清算银行等官方机构之间使用，私人企业不能持有和使用特别提款权。

（4）发行量由基金组织理事会决定。特别提款权作为一种较为稳定的国际储备资产，又是一种货币定值单位，基金组织依《基金协定》第15条第2款的授权，可在任何时候改变特别提款权的计价方法与原则。特别提款权在创立时曾与黄金直接挂钩，因此特别提款权也常被称为"纸黄金"。《基金协定》第二次修订后，曾与16国货币挂钩（即以当时商品和劳务出口额分别占世界出口总额1%以上的16个成员国货币的加权平均数来定值）；根据1980年基金组织执行理事会通过的第6331号决议和第6708号决议，特别提款权自1986年1月1日起以国际出口贸易和服务贸易额最高的五个基金成员国的货币组成特别提款权货币篮，以后每5年调整一次，该五国货币被定为可自由使用的货币。[1] 当时最大的五种货币是美元、联邦德国马克、日元、法国法郎和英镑。1999年欧元启动，德国马克和法国法郎并入欧元。基金组织执行董事会决定SDR的货币篮由美元、欧元、日元和英镑四种货币组成。随着人民币国际化的推进，2015年11月30日，基金组织执行董事会决定将人民币纳入特别提款权货币篮子，人民币成为继美元、欧元、英镑、日元之后的第五种特别提款权货币。目前这五种货币的权重分别为：美元41.73%、欧元30.93%、人民币10.92%、日元8.33%、英镑8.09%。

3. 对特别提款权制度的评价。特别提款权的创设与运行，并没有从根本上解决美元与黄金危机，一方面是因为它没有实际资产作后盾，仅属于账面资产，其本身价值缺乏保证；另一方面是由于其发行、分配、计算、定值等重大决定权仍操纵于西方货币大国之手。

（五）牙买加制度

1. 牙买加制度产生的背景。布雷顿森林体系的崩溃表明，以黄金为基础的单一储备货币体系是不稳定的，在黄金产量的增长落后于经济发展的情况下，会因金价本身无法稳定而使货币体系走向混乱与崩溃。1976年1月，基金组织理事会"国际货币制度临时委员会"在牙买加首都金斯敦举行会议，讨论《基金协定》的条款，并最终签订了《牙买加协议》。同年4月，基金组织理事会通过了《国际货币基金组织协定第二修正案》，从而形成了新的国际货币体制，即牙买加制度。

2. 牙买加制度的主要内容。

（1）实行浮动汇率制度的改革。牙买加协议正式确认了浮动汇率制的合法化，承认固定汇率制与浮动汇率制并存的局面，成员国可自由选择汇率制度。同时IMF继续对各国货币汇率政策实行严格监督，并协调成员国的经济政策，促进金融稳定，

---

〔1〕 1980年9月18日，为了简化SDR的定值方法，增强其吸引力，IMF宣布将SDR货币篮简化为五种最大的"可自由使用的货币"freely usable currency，对于"可自由使用的货币"，IMF的标准是：①在国际支付中被广泛使用；②在主要外汇市场上被广泛交易。

缩小汇率波动范围。

（2）推行黄金非货币化，推动储备货币多元化。协议作出了逐步使黄金退出国际货币的决定，并规定：废除黄金条款，取消黄金官价，成员国中央银行可按市价自由进行黄金交易；黄金不再作为各国货币定值的标准，改由特别提款权表示；取消成员国相互之间以及成员国与基金组织之间须用黄金清算债权债务的规定，基金组织逐步处理其持有的黄金。

（3）增强特别提款权的作用。主要是提高特别提款权的国际储备地位，扩大其在基金组织一般业务中的使用范围，并适时修订特别提款权的有关条款。协议规定参加特别提款权账户的国家可以来偿还国际货币基金组织的贷款，使用特别提款权作为偿还债务的担保，各参加国也可用特别提款权进行借贷。

（4）增加成员国基金份额。成员国的基金份额从原来的 292 亿特别提款权增加至 390 亿特别提款权，增幅达 33.6%。

（5）放宽对成员国贷款的比例和数额，以增加对发展中国家的融资。布雷顿森林体制下的基金组织虽对国际收支不平衡的成员国进行借款，但其功用、效果并不显著。牙买加制度下的基金组织扩大了一些项目下贷款的额度、比例，更以十分优惠的条件向发展中国家提供贷款及援助，以促进国际经济的和谐、稳定。

3. 对牙买加制度的评价。牙买加货币制度相比于布雷顿森林制度作了相应完善，但因多元化的国际储备缺乏统一稳定的货币标准，且自由汇率大起大落变动不定，加之国际收支调节机制各种渠道均有各自的局限，牙买加货币制度并未消除全球性货币体系存在的金融风险及发展障碍。目前，各成员国为推动现行国际货币法律制度的改革，已取得了一些进展。1999 年 10 月，基金组织将原来负责国际货币体系监管及成员国份额提高的内部咨询机构——临时委员会，改名为"国际货币金融委员会"，强化并扩大了该机构的职能。截至目前，《基金协定》共进行了七次修订，一方面大幅增加了基金组织的份额资源，提高了其更有效应对风险的能力；另一方面也改善了基金组织的治理，更好体现出富有活力的新兴市场和发展中国家在全球经济中的重要作用。基金组织的决策效率进一步提高，基金组织最贫困的成员国的份额比重和投票权也得到了保护。

二、外汇管理法律制度

（一）汇率制度

1. 外汇。外汇，即外国汇兑，静态的理解，是以外国货币表示的并可用于国际结算的支付手段；动态的理解，就是一国货币与另一国货币的兑换。

2008 年修订的《中华人民共和国外汇管理条例》（以下简称《外汇管理条例》）第 3 条规定，外汇是指下列以外币表示的可以用作国际清偿的支付手段和资产，包括：①外币现钞，包括纸币、铸币；②外币支付凭证或者支付工具，包括票据、银行存款凭证、银行卡等；③外币有价证券，包括债券、股票等；④特别提款权；⑤其他外汇资产。

2. 汇率制度。汇率，又叫汇价，即本国货币与外国货币的兑换比率。汇率的标价方式有两种：其一，直接标价法。即以一单位的外国货币为基准，将其折合成一定数额的本国货币，又叫本币汇率，如在我国，1 美元 = 6.8116 元人民币。其二，间接标价法。即以一单位的本国货币为基准，将其折合成一定数额的外国货币，又叫外币汇率，如在我国，1 元人民币 = 11.5632 俄罗斯卢布。世界上除了美国等国家采间接标价法外，大多数国家，包括我国目前主要采用直接标价法。

所谓汇率制度，就是规定本国货币与外国货币的汇率关系、汇率波动幅度及干预汇率变动的方式等的制度。世界各国实行的汇率制度大致有两种：固定汇率制和浮动汇率制。

固定汇率制即为外汇行市受到某种行政或法律限制，而仅在一定范围内小幅波动的制度。这样的国家往往以法律形式规定汇率，也以法律形式对本币进行升值或贬值。浮动汇率制是指外汇行市基本不受行政或法律限制，仅由市场供求关系自行决定涨落的汇率制度。在这种制度下政府也可建立外汇平准基金，用市场的手段来干预外汇行市的价格，但一般不会用行政或法律手段。

在浮动汇率制度下，市场对汇价起决定作用，影响汇率变动的因素变得较为复杂，一般具有重要作用的因素主要有：①市场的心理预期。由于预期因素会令投机者得益，因而外汇市场比商品市场具有更高的敏感性，很多经济、政治或社会因素的变动，甚至即将变动的消息都会引起人们对外汇市场预期的变化，从而导致汇率的变化。②利息差异。国际储备货币多元化，国际货币市场上游资充斥，大量投资者和投机者的资金非常活跃，因此各主要发达国家的利率差异比以往更大地影响着汇率水平。③通货膨胀因素。如 20 世纪 70 年代，联邦德国马克是最为坚挺的货币，主要就归功于当时联邦德国的通货膨胀率一直低于其他资本主义国家。④国际收支状况。对外收支经常性项目尤其是贸易差额，极大地影响着汇率水平，通常一国贸易顺差时汇率就上升，逆差时汇率就下降。

3. 汇率制度的选择。

（1）汇率制度选择的权利。国际法理论通常认为，主权国家能够自由地定义其货币、决定是否采用金本位、决定货币的升值与贬值、允许或废除黄金条款、是否实施外汇管制或采取其他影响货币关系的措施。习惯国际法对国家处理这些事务的行为没有予以规范，即一般情况下，国际法没有禁止国内立法者在这些方面的自由决定权，也没有将国家采取或实施这些措施作为国际违法行为对待，而是如同它给予国家自由的决定征税以及以何种税率征收一样。[1] 依照国家货币主权原则，国家独立自主地确定和调整本国货币与他国货币的关系，包括定值方法的确定、调高或调低汇率、建立同他国货币间的关系、管理本币和外币的买卖等，原则上他国不得

---

〔1〕 张庆麟："论国家调整汇率的权利与义务"，载陈安主编：《国际经济法学刊》，北京大学出版社 2006 年版，第 252 页。

干涉与反对，这是国际法确立的基本原则。相应的，一国拥有对汇率制度的选择权。

（2）汇率制度选择的限制。汇率既然是不同国家货币之间的比价，就绝不可能做到与他国"老死不相往来"。同时，基于对两次世界大战期间国际经济秩序的反省，尤其是各国实施"以邻为壑"的货币政策，竞相压低本国货币汇率所导致的灾难性后果，就有了《基金协定》第4条就成员国汇率选择权力的限制规定。即每一货币发行国家或地区应"公平与诚信"地协调货币的国际流动，维护国际货币金融秩序的稳定发展，这也是每个主权国家所应承担的国际责任，从而构成对一国汇率制度选择的限制。

根据《基金协定》第4条第1节，共有如下四项原则对成员国选择汇率制度进行限制：①各国有义务建立相互间有秩序的外汇关系，避免竞争性的外汇贬值；②各主权国家有义务通力合作，不得施行歧视性的货币政策或多种货币措施；③成员国不得将其所发行的货币之价值与黄金联系，任何国家均不得以含金量来表示其货币的价值；④成员国有义务就其外汇安排接受 IMF 的监督。[1]

应当说，《基金协定》第4条第1款和第2款的上述规定仅仅具有原则性和政策性意义，它们仅为基金成员国选择汇率制度与汇率政策提供了某种框架和目标。有鉴于此，《基金协定》第4条第3款又进一步规定，基金组织有权依据《基金协定》所确定的原则和宗旨制定旨在实现第4条第1款和第2款内容的具体原则，以之指导成员国在汇率制度方面的行为和政策。该等具体原则将由基金理事会以简单多数加权投票通过。

（二）外汇管制

1. 外汇管制概述。外汇管制（foreign exchange control），是一国政府通过法律和行政手段对外汇的结算、收支、买卖、储存和使用进行管理，以控制外汇的供给和出入境，维持本国货币对外汇率的稳定，平衡本国国际收支的制度。

外汇管制的对象主要包括：①对物的管制，包括对各种以外币表示的支付工具和信用支付工具的管制，以及对金银的管制。②对人的管制，是指定居在本国境内的本国人和外国人，以及不定居在本国境内的本国人和外国人都是外汇管制的对象，但实施不同的管制内容。③对账户的管制，如美联储规定，银行从事的离岸金融业务必须与美国境内的金融业务严格分开。

2. 基金组织的外汇管制。通过外汇管制可以减少外来因素的影响，促进一国国内经济的发展，维持国际收支平衡。但其也存在明显弊端，比如它不符合市场经济原则，汇价受制于政府，而不是由市场决定，与货币供求关系不吻合；在外汇管制

---

〔1〕　根据《基金协定》第4条第1节，各会员国应该：①努力以自己的经济和金融政策来达到促进有秩序的经济增长这个目标，既有合理的价格稳定，又适当照顾自身的境况；②努力通过创造有秩序的基本的经济和金融条件和不会产生反常混乱的货币制度去促进稳定；③避免操纵汇率或国际货币制度来妨碍国际收支有效的调整或取得对其他会员国不公平的竞争优势；④奉行同本节所规定的保证不相矛盾的外汇政策。

下，由于手续繁多且环节复杂，必然会增加交易成本，不仅造成当事人的不便，也容易滋生走私、外汇黑市等非法现象，使外汇市场陷入混乱。因此，鉴于外汇管制问题在国际经贸领域的重要性，基金组织在成立之初就对该议题表示高度关注。基金组织的宗旨之一即是"协助建立会员国间经常性交易的多边支付制度，并消除妨碍世界贸易发展的外汇管制"。为落实该宗旨，《基金协定》第8条对会员国实行外汇管制课以相应的义务，一定程度上限制了外汇管制的任意实施。然而，考虑到部分会员国的特殊国情，《基金协定》在第14条中提出了一个过渡办法，供各会员国在两者之间作出选择。

（1）第8条规定的成员国义务。根据《基金协定》第8条的规定，成员国未经基金组织批准，不得对贸易和非贸易等国际收支经常性交易项目的外汇兑换、支付和清算实行限制；不得采用歧视性的差别汇率措施和复汇率制度；任何成员国对其他成员国在经常性交易中积存的本国货币，在对方为支付经常性交易而要求兑换时，应用外汇或对方的货币换回；各成员国应当向基金组织提供规定的有关金融和经济信息。本条义务甚至被称为成员国的一般义务。凡国际货币基金组织成员国接受此条规定的义务，取消其外汇管制后，就成为所谓"第8条成员国"，该国的货币将被基金组织视为"可自由兑换货币"。

（2）第14条规定的过渡性安排。由于很多国家尚不能在基金协定生效时放松外汇管制，因此《基金协定》第14条规定了一个过渡方法，即成员国可对经常项目的支付和转移加以适当限制，只要这些限制与不断改变的环境相适应，但该成员国得每年与基金组织就保留各种限制措施进行磋商。接受第14条的规定而实施外汇管制的国家被称为14条成员国，其货币为不可自由兑换货币。依此规定，该类成员国在加入基金组织后，将继续保留或依情势的变迁改变其对经常性国际交易支付与货币移转的限制。按照基金组织的原意，《基金协定》第14条仅在第二次世界大战后的过渡期内允许成员国维持和施行某种临时性外汇限制措施，并且此类成员国应每年与基金组织磋商，即所谓"第14条磋商"，但这一条款后来被持续沿用至今。目前，接受第14条过渡性安排义务的成员国除少数发达国家外，主要为发展中国家。

从现有实践看，按照"第14条磋商"，基金组织通常是通过审核、建议、说服和敦促方法来协助成员国逐步消除不必要的外汇管制政策。这就是说，其一，基金组织与成员国须审查相关的外汇限制措施之必要性与合理性，考虑取消该限制是否会影响成员国的经济发展与国际收支平衡；其二，基金组织往往建议和协助成员国制定降低通货膨胀的政策、稳定币值的政策和简化外汇限制的政策，为消除不必要的外汇限制政策提供条件；其三，基金组织依磋商程序可以说服和敦促成员国逐步取消某些外汇限制措施，实施有利于国际多边结算和国际收支平衡的措施；在某些情况下，基金组织还可通过拒绝批准成员国的提款申请等手段促使成员国取消不必要的外汇限制，以引导成员国走向自由兑汇。

根据《基金协定》的规定，接受第14条过渡性安排的成员国可在任何时候改为接受第 8 条的义务而成为 "第 8 条成员国"，但接受第 8 条义务约束后则不能再改为接受过渡性安排。接受过渡性安排的成员国完全取消其外汇限制通常需要经过几个阶段：其一，需在基金组织协助下逐步取消有悖多边国际支付的双边贸易安排，以逐步实现对经常性国际交易的自由外汇兑换；其二，取消经常性国际交易项下的本币兑汇和流转限制，以使非居民有权以该本币兑换外汇并实现国际流转；其三，取消对非居民和居民的有差别外汇限制，使居民和非居民不经政府机构批准即可以居住国货币支付经常性国际交易；其四，该会员国将无限制地允许本国居民在国际交易中使用和兑换外汇。然而从目前的实践来看，相当一部分发展中国家更愿意通过"第 14 条磋商"，在事实上遵循《基金协定》第 8 条的规则，但并不在法律上正式接受第 8 条之义务。

（3）经常性国际交易支付。国际货币基金组织之基本宗旨在于实现经常性国际交易支付的自由化。为实现此宗旨，《基金协定》第 8 条和第 14 条分别规定了基金成员国负有取消或逐步减少（至少不增加）对经常交易项下外汇管制的义务。

在许多国家中，区分经常性国际交易与资本性国际交易具有一定的意义。经常性国际交易又称经常性交易项目，它既包括贸易性交易，也包括非贸易性交易。根据《基金协定》的规定，经常性国际交易支付是指不以移转资本为目的的一切支付，它包括但不限于：①与对外贸易及服务交易有关的一切经常性业务支付；②日常的以及与短期银行信贷相关的支付；③贷款利息和其他投资所得的支付；④非巨额债务之偿还；⑤用于家庭生活的汇款等。由此可见，《基金协定》对经常性国际交易的概括具有广义性和弹力性。在实践中，基金组织还可以通过会员国磋商程序来确定某一特定交易是属于经常性交易抑或是资本性交易。

《中华人民共和国结汇、售汇及付汇管理规定》（以下简称《结汇、售汇及付汇管理规定》）对于经常性交易项目的列举较为具体。依该规定第 13 条和第 15 条，我国目前对经常项目下的用汇或兑汇主要实行以下两类办法：对于经常性贸易和非贸易用汇，当事人可持有效的商业单据和立法所规定的合同及有效凭证从其外汇账户中支付或到外汇指定银行兑付；对于超过法定标准的贸易用汇和偿债利息用汇，虽不被认为是资本项下的交易，但依我国法规的规定，当事人须在持有效单据和凭证经外汇管理局审核其真实性后，方可从其外汇账户中汇付或向外汇指定银行兑付。

3. 我国的外汇管理制度。我国目前的生产力水平、国民收入水平和外汇储备状况尚无法实现彻底取消外汇管制、实行完全的浮动汇率制度的这一目标。为此，我国外汇管理体制改革提出了切实可行的目标：改革外汇管理体制，建立以市场供求为基础的、有管理的浮动汇率制度和统一规范的外汇市场，逐步使人民币成为可自由兑换的货币。中国现行的外汇管理法规主要有：1996 年 1 月通过的《外汇管理条例》（2008 年 8 月修订），1996 年 6 月发布的《结汇、售汇及付汇管理规定》等。

根据《外汇管理条例》，外汇管理机关为国务院国家外汇管理局及其分支机构。中国对外汇管理的方式也分为对经常项目的外汇管理和对资本项目的外汇管理。

（1）中国对经常项目的外汇管理。根据《外汇管理条例》第12条至第15条的规定，中国对经常项目的外汇管理包括：①经常项目外汇收支应当具有真实、合法的交易基础。经营结汇、售汇业务的金融机构应当按照国务院外汇管理部门的规定，对交易单证的真实性及其与外汇收支的一致性进行合理审查。外汇管理机关有权对前款规定事项进行监督检查。②经常项目外汇收入，可以按照国家有关规定保留或者卖给经营结汇、售汇业务的金融机构。③经常项目外汇支出，应当按照国务院外汇管理部门关于付汇与购汇的管理规定，凭有效单证以自有外汇支付或者向经营结汇、售汇业务的金融机构购汇支付。④携带、申报外币现钞出入境的限额，由国务院外汇管理部门规定。

（2）中国对资本项目的外汇管理。资本项目是国际收支中因资本输出入而产生的资本与负债的增减项目，包括跨国直接投资、中长期贷款、证券融资与投资等。根据《外汇管理条例》第16条至第23条的规定，中国对资本项目的外汇管理包括：①境外机构、境外个人在境内直接投资，经有关主管部门批准后，应当到外汇管理机关办理登记。境外机构、境外个人在境内从事有价证券或者衍生产品发行、交易，应当遵守国家关于市场准入的规定，并按照国务院外汇管理部门的规定办理登记。②境内机构、境内个人向境外直接投资或者从事境外有价证券、衍生产品发行、交易，应当按照国务院外汇管理部门的规定办理登记。国家规定需要事先经有关主管部门批准或者备案的，应当在外汇登记前办理批准或者备案手续。③国家对外债实行规模管理。借用外债应当按照国家有关规定办理，并到外汇管理机关办理外债登记。国务院外汇管理部门负责全国的外债统计与监测，并定期公布外债情况。④提供对外担保，应当向外汇管理机关提出申请，由外汇管理机关根据申请人的资产负债等情况作出批准或者不批准的决定；国家规定其经营范围需经有关主管部门批准的，应当在向外汇管理机关提出申请前办理批准手续。申请人签订对外担保合同后，应当到外汇管理机关办理对外担保登记。经国务院批准为使用外国政府或者国际金融组织贷款进行转贷提供对外担保的，不适用前款规定。⑤银行业金融机构在经批准的经营范围内可以直接向境外提供商业贷款。其他境内机构向境外提供商业贷款，应当向外汇管理机关提出申请，外汇管理机关根据申请人的资产负债等情况作出批准或者不批准的决定；国家规定其经营范围需经有关主管部门批准的，应当在向外汇管理机关提出申请前办理批准手续。向境外提供商业贷款，应当按照国务院外汇管理部门的规定办理登记。⑥资本项目外汇收入保留或者卖给经营结汇、售汇业务的金融机构，应当经外汇管理机关批准，但国家规定无需批准的除外。⑦资本项目外汇支出，应当按照国务院外汇管理部门关于付汇与购汇的管理规定，凭有效单证以自有外汇支付或者向经营结汇、售汇业务的金融机构购汇支付。国家规定应当经外汇管理机关批准的，应当在外汇支付前办理批准手续。依法终止的外商投资企业，按照国家有关规定进行清算、纳税后，属于外方投资者所有的人民币，可以向经营结汇、售汇业务的金融机构购汇汇出。⑧资本项目外汇及结汇资金，应当按照有关主管部门及外汇管理机关批准的用途使用。外汇管理机关有权对资本项目外汇及结汇资金使用和账户变动情况进行监督检查。

（3）中国对金融机构外汇业务的管理。根据《外汇管理条例》第 24 条至第 26 条的规定，中国对金融机构外汇业务的管理包括：①金融机构经营或者终止经营结汇、售汇业务，应当经外汇管理机关批准；经营或者终止经营其他外汇业务，应当按照职责分工经外汇管理机关或者金融业监督管理机构批准。②外汇管理机关对金融机构外汇业务实行综合头寸管理，具体办法由国务院外汇管理部门制定。③金融机构的资本金、利润以及因本外币资产不匹配需要进行人民币与外币间转换的，应当经外汇管理机关批准。

（4）中国对外汇违法行为的处罚。

第一，逃汇及其处罚。根据《外汇管理条例》第 39 条，对于逃汇行为，由外汇管理机关责令限期调回外汇，处逃汇金额 30% 以下的罚款；情节严重的，处逃汇金额 30% 以上等值以下的罚款；构成犯罪的，依法追究刑事责任。根据《中华人民共和国刑法》（以下简称《刑法》）第 190 条的规定，犯逃汇罪的，对单位判处罚金，并对其直接负责的主管人员和其他直接责任人员，处 5 年以下有期徒刑或拘役。

第二，套汇及其处罚。根据《外汇管理条例》第 40 条，对于非法套汇行为，由外汇管理机关责令对非法套汇资金予以回兑，处非法套汇金额 30% 以下的罚款；情节严重的，处非法套汇金额 30% 以上等值以下的罚款；构成犯罪的，依法追究刑事责任。根据《关于惩治骗购外汇、逃汇和非法买卖外汇犯罪的决定》的规定，对于构成骗购外汇罪的，对单位判处骗购外汇数额 5% 以上 30% 以下罚金，并对其直接负责的主管人员和其他直接责任人员，处 5 年以下有期徒刑或者拘役；数额巨大或者有其他严重情节的，处 5 年以上 10 年以下有期徒刑；数额特别巨大或者有其他特别严重情节的，处 10 年以上有期徒刑或者无期徒刑。

第三，非法买卖外汇及其处罚。根据《外汇管理条例》第 45 条的规定，对于非法买卖外汇的，由外汇管理机关给予警告，没收违法所得，处违法金额 30% 以下的罚款；情节严重的，处违法金额 30% 以上等值以下的罚款；构成犯罪的，依法追究刑事责任。根据《关于惩治骗购外汇、逃汇和非法买卖外汇犯罪的决定》及《刑法》第 225 条的规定，对于进行非法买卖外汇行为，扰乱市场秩序，情节严重的，处 5 年以下有期徒刑或者拘役，并处或者单处违法所得 1 倍以上 5 倍以下罚金；情节特别严重的，处 5 年以上有期徒刑，并处违法所得 1 倍以上 5 倍以下罚金或者没收财产。

三、外债管理法律制度

（一）外债管理法概述

理论上，外债是一国对外国债权人的全部债务，它包括外国政府贷款、国际金融组织贷款、国外银行及其他金融机构贷款、买方信贷等。外债具有向国际贸易等实体经济提供服务和便利、支持经济发展或消除经济波动等功能。

外债管理法是调控一国外债的规模、结构，统一管理外债的筹措和偿还，监督外债的使用的法律规范的总称。在对外债的监管问题上要防止外债违约问题的发生，它与经常项目逆差、本币汇率高估、公共部门赤字、外汇储备不足和市场投机等因素相互交织，共同触发货币、外债和金融危机。外债总量和经济的不可持续可能是触发外债违约的源头，银行等金融中介是重要传导渠道，包括三类：①浮动利率外债比重较高，利率上升导致债务国出现偿付困难；②经济发展过度依赖短期外债，造成严重的货币和期限错配；③过度依赖债券形式的外债，同样可能引发外债危机。推进外债预警体系建设是预防和监督外债违约的有效措施，世界银行也在尝试运用该预警体系对外债风险进行防范。[1]

（二）我国的外债管理制度

1. 我国的外债管理沿革。自改革开放以来，我国一直对外债实行严格的"统筹计划、集中管理"制度，以确保外债的规模适度、结构和投向合理。1993 年 10 月国务院发布的《关于进一步改革外汇管理体制的通知》[2] 还进一步规定"对境外资金的借用和偿还，国家继续实行计划管理、金融条件审批和外汇登记制度"，强调要"严格外债管理，建立偿债基金，确保国家对外信誉"。从而表明我国仍将继续实行较为严格的外债管理制度。我国在外债管理方面的立法还不规范，除了 1996 年 1 月国务院发布的《中华人民共和国外汇管理条例》有 4 条规定涉及外债管理，以及 1995 年 9 月 27 日国务院发布的《关于进一步加强借用国际商业贷款宏观管理的通知》就借用国际商业贷款总规模的控制、建设项目对外借款的审批、对外发债窗口单位的管理、债务偿还的监管、外债统计监测等方面作了原则性规定外，其余都是人民银行和国家外汇管理局发布的部门规章。[3]

2. 我国外债管理的特点。我国外债管理在实践中既强调与国际惯例接轨，尊重市场经济一般规律，又强调从我国实际出发，形成了具有中国特色的外债管理体制。

（1）服务实体经济是我国外债管理的目标。在我国外债管理中，注重发挥外债服务实体经济的作用，即促进国际贸易发展和弥补投资来源不足，实现经济起飞。

（2）循序渐进是我国外债管理改革的思路。我国外债管理采取的是渐进的改革模式，始终与涉外经济发展和金融体系建设相辅相成。

（3）联合监管是我国外债管理的模式。从 20 世纪 80 年代开始，我国就确立了在国务院领导下的、跨部门合作监管的外债管理模式。其中，发改委负责核定中长期外债指标，外汇局负责核定金融机构、中资企业的短期外债以及外债汇兑与统计，

---

〔1〕 李超、马昀："中国的外债管理问题"，载《金融研究》2012 年第 4 期。

〔2〕 根据《国务院关于宣布失效一批国务院文件的规定》（国发〔2016〕38 号），此文件已宣布失效。

〔3〕 这些规章主要包括：《中国人民银行关于对外借款由中国人民银行归口管理的通知》（已失效）、《外债统计监测暂行规定》、《外债统计监测实施细则》、《境内机构发行外币债券管理办法》（已失效）、《外汇（转）贷款登记管理办法》、《境内机构借用国际商业贷款管理办法》、《境内机构对外担保管理办法》（已失效）、《境内机构对外担保管理办法实施细则》（已失效）等。

财政部负责主权外债，商务部负责核定外资企业投资总额和注册资本，相当于确定外资企业的外债上限。

3. 我国外债存在的问题。

（1）外债管理体制存在一定的缺陷。外汇管理是国家宏观经济调控的一个重要部分，目前有权管理外汇的部门有财政部、人民银行、外汇管理局等多个部门。虽然国务院授权外汇管理局归口管理外汇，但在实际操作过程中，各部门、行业为了自身利益，各自为政的现象时有发生。另外，在利用外债项目的选择和借用外债的具体操作方面，行政干预较为普遍。

（2）外债使用效率低。使用国际金融组织、外国政府等外汇转贷款的国有企业经济效益欠佳，不能正常对外还本付息，形成外债转贷款资产质量低下，财政、计委及作为转贷款的金融机构不得不大量代垫到期的债务。

（3）外债汇兑损失风险加大。某些借款单位汇率意识淡薄，对外币升值和本币贬值未能采取有效的防范措施，汇率风险加大，有时甚至外债带来的投资收益抵不过汇率变动带来的风险损失。此外，契约成本也较高，除了利息费用外，还有担保费、承诺费和风险费等。

（4）外债的使用用途被改变。目前外债不按合同的规定用途投入、外债资金被挪用或改变用途的现象时有发生，其中最常见的是短期长用，将短期外债用于建设周期较长的项目投资，项目效率与还款周期不匹配，阻碍了外债现金流量的及时归流，从而导致逾期债务、借新还旧现象的产生与蔓延。

（5）外债内债化问题突出。企业借用外债大多是由境内金融机构提供担保，但由于企业效益不佳，不能按时偿还外债本息，外汇债务不可避免地落到了担保金融机构身上，形成了外债内债化的问题，加大了金融机构的支付风险。

（6）实物外债化套汇现象严重。实物外债由于有部分属于资本项目范畴，外管局对此项管理存在许多薄弱环节：①容易出现重复购付汇现象；②形成程序违规，因为此为贷款程序在先，贷款合同签订在后，直接导致形成事实外债后才到相关部门办理手续，影响当局的权威性和严肃性；③绕过借债审批管理程序，影响我国的风险管理；④实物形态的外债定价普遍存在价值高估，增加了企业的债务成本。

4. 我国应对外债管理存在问题的政策选择。对于外债，我国应以积极、稳妥、合理利用为原则，以国际融资债权化为重点，以吸引外商直接投资为主导，以争取国际金融组织和外国政府贷款为首选，与我国的经济规模、偿还能力及国民生产总值增长需要相适应。

（1）完善外债管理制度，构建外债监测预警体系。国家计委、财政部、外汇管理局2003年联合颁布的《外债管理暂行办法》对我国的外债管理作出了明确具体的规定。与此同时，我们要按照WTO的基本原则制定和健全行之有效的资本项目的政策管理和外汇法规，提高法规的规范性和透明度，对外债进行全方位、全天候的预测，发挥有效的预警作用；要建立全面有效的外债监控体系，对外债的运行过程进行统计、分析、检测，对国际金融市场的利率和汇率进行预测、分析，随时调整外债结构和币种结构，发挥外债监测系统的预警作用。

（2）狠抓产业结构调整，优化外债的地区和产业投向。积极引导外资外债投向国家鼓励发展的地区和产业，加大对高新基础产业、农业和基础设施建设的投入，促进传统产业的改造、产业结构调整和优化升级，鼓励采取公司化运作形式，完善"借、用、还"机制，提高项目成功率。充分利用国外政府优惠贷款搞好环保、垃圾处理、旅游景点环境改善、大气污染治理和生态绿化等。

（3）改善外债结构，提高外债使用质量。借用外债发展本国经济并非"多多益善"，我国应坚持"效益为先、质量第一、以我为主、为我所用"的方针，一方面引进外资将国际竞争力资源与外资先进技术和管理相结合，提升产品的国际竞争力；另一方面促进民族产业与外国资本在良性的有序竞争中发展壮大，促进产业结构调整，应从维护国际收支平衡和提高外债使用率方面调整外资投入，鼓励外债投入企业的制度和技术创新，以提高企业产品的开发能力和国际竞争力，实现由数量规模性增长向质量效益型增长的根本转变。

（4）构建外债支持潜力产品发展的有效机制。对企业有潜力的优质产品项目，有关部门要加强调研，早做协调，确保借用手续简便，及时到位，按期生产；要为潜力产品项目的审批创造更加宽松的政策环境，保证认准的项目不错过最佳时机。对有发展前景的项目，政府应加大配套资金的支持力度和资本金的拨入力度，并给予贷款贴息政策，推动企业进步。

（5）把握外债币种结构，规避汇、利率风险。要密切关注国际金融市场变动情况，抓住有利时机，主动调整债务结构，坚持外债来源结构多元化，避免筹资来源渠道和币种过于集中，保持合理的期限结构，控制断贷规模和用途，均衡安排偿还期限，合理安排利率结构，争取低息优惠贷款，合理控制固定与浮动利率的债务比例，同时加强对欧元的跟踪研究，调整和改变过多依赖亚洲金融市场筹资的地域格局，积极进入欧美融资市场，实现筹资市场、币种多元化的借债策略。

（6）强化借债责任。加强外债风险管理应加强对金融机构的管理。缺乏有效监管的金融机构往往出于趋利动机，违背安全性和流动性原则在国际市场上大量举债，一旦出现危机，容易向整个金融市场扩散，形成系统风险，所以应强化借债机构的责任与义务。

（7）加强对实物形态外债管理。其一，应重视对进口项目延期付款的管理，加强提款登记环节管理，妥善保管关单与正本商业发票，及时通报进口付汇核销部门付款情况，并将相关单据注销，以防重复付汇；其二，应加强统一协调和信息沟通工作，即外债管理部门、进出口核销部门、外汇指定银行和海关等做到相互验证和信息共享；其三，尽快建立实物形态的外债价格评估机构，完善对有形和无形资产的评估体系。[1]

⭐ 案例分析

非法跨境买卖外汇案

2001 年底，A 市公安局和外汇管理局联合行动，在 A 市体育路 40 号的京环商行，将正在从事外汇非法交易的 20 多名倒汇嫌疑人抓获，据他们交代，这些美元都是从一个王某手里购买的。

从王某银行的一个账户记录可发现，2001 年 7 月 11 日这一天先后存入 40 万元、40 万元、31 万元和 5 万元，然后在同一天又一笔把钱全部支取。

[问题]

王某等人是否触犯了我国刑法？

[解题思路]

根据中国法律规定，外汇买卖必须在国家规定的交易场所进行。而以王某为首的国际倒汇团伙通过地下渠道在短短一年多的时间就倒卖外汇折合 3 亿多人民币。据调查，这个团伙从 2000 年开始就在 A 市以做土特产生意为幌子，在中韩两国间频繁倒汇，他们的手段可简单描述为"人民币兑韩元——韩元兑美元——美元兑人民币"。在这个过程中，有两条跨过地下渠道发挥了关键作用，首先是人民币兑换为韩元流向境外，犯罪分子将人民币倒卖给国内的一些外资企业，由他们在境外的关联机构将相应的韩币打入犯罪分子在韩国开立的账户，之后这些韩币被兑换为美元，而这些美元则通过另外一条跨过地下渠道流回国内，犯罪分子采用"蚂蚁搬家"的方式，将大量美元现钞分批、分散携带入境。

中国法律规定，非法买卖外汇超过 20 万美元就要追究刑事责任。王某等人非法买卖外汇已累计超过 4000 万美元，根据 A 市中级人民法院的审理，它们已构成非法经营罪，分别被判刑。

第二节　国际金融监管法律制度

⭐ 案例导入

A 银行倒闭案

由于一名交易员在衍生金融交易中投资失策，有着多年历史的 A 银行于 2005 年宣布倒闭，在全球金融市场掀起了一场轩然大波。A 银行破产的直接起因是该行派

---

〔1〕 谭义："中国外债存在的问题及解决方案"，载《华南金融研究》2003 年第 5 期。

驻新加坡的交易商 B 未经授权大量购进了走势看好的日本日经股票指数的期货，受政局动荡和经济结构调整不力等影响，再加上一场阪神大地震使日经指数不升反跌，结果 A 银行亏损了约 10 亿美元，一下子陷入破产境地。

［问题］

为什么要对跨国银行的监管实行国际合作？

［解题思路］

首先，跨国银行具有公共性和社会性。跨国银行的经营跨越不同国家，涉及不同国家的经济、政策、公共利益和社会稳定。跨国银行之间以及跨国银行与其他金融机构之间具有极为紧密的联系，这种联系使得跨国银行的风险具有更大的波及性、扩散性和危害性。其次，跨国经营给跨国银行增加了经营难度和风险。银行的跨国经营面临如法律风险、政治风险等国内经营不会遇到的特殊风险。内部经营上，跨国经营增加了银行内部管理、协调、控制的难度，而外部环境上，则为银行带来了政治、经济、法律等方面难以预料和控制的风险。最后，各国的金融监管无法完全超越国家主权与国际政治的局限，导致对跨国银行监管的冲突与软弱甚至空白。

一、国际金融监管概述

（一）国际金融监管的概念和特点

金融监管有狭义和广义之分。狭义的金融监管是指一国中央银行或其他金融监管机构依法对金融机构和金融业务实施的监督管理；广义的金融监管除了狭义金融监管的内容之外，还包括行业自律性组织的监管、社会中介组织的监管及金融机构自身的内部监管。

国际金融监管指国际社会对跨国金融活动的监管，其特征如下：

1. 合规性监管与风险性监管相结合。合规性监管是指监管当局对金融机构执行有关政策、法律、法规情况所实施的监管。特点是注重事后的补偿与处罚，但对风险预测和防范难以发挥作用，监管效率低下。风险性监管是指监管当局对金融机构的资本充足程度、资产质量、流动性、盈利性和管理水平所实施的监管，以求最大限度地减少金融风险及其影响。其最大的优点在于，侧重于对风险的事前防范，能够及时地和有针对性地提出监管措施。

2. 由金融分业监管向统一监管发展。金融机构涉及银行业、证券业、保险业等业务领域，各国对于其管理通常采用分业管理体制，分别设立相关的监管机构进行监管，如我国证监会、银保监会分别负责证券业务、银行业务、保险业务的监管。但随着多元化金融集团的出现，大型的跨国金融机构往往涉足多项金融业务领域，单一的分业监管体制会导致监管范围的重合从而引发不必要的问题和资源浪费，因而已经不能满足国际金融监管的需要。近些年国际社会出现了综合金融监管体制，1998 年英国金融监管体制的改革和英国统一金融监管机构"金融服务局"的出现即是典型代表。

3. 国际金融监管法制趋同化和国际化。由于经济、社会文化与法制传统的原因，金融监管法制形成了一定的地域风格，如以自律监管著称的英国模式，和以立法管制闻名的美国模式。但随着全球金融竞争日益激烈化，各国均认识到优势互补、积极借鉴他国先进立法，以及采用金融惯例规则的重要性，所以金融监管法制表现出趋同化的趋势。金融监管法制的趋同化是指各国监管模式及具体制度上相互影响、相互协调而日趋接近。同时，双边协定、区域范围内监管法制统一化，尤其是巴塞尔委员会通过的一系列协议、原则、标准等在世界各国的推广和应用，也促进了各国金融交易规则和监管制度的趋同。

4. 金融监管国际协调与合作的主体不断增加，功能不断完善。从国际货币基金组织到巴塞尔委员会，从国际证券委员会组织和国际保险监管协会，到 1995 年开始运行的世界贸易组织（也称 WTO），金融监管国际协调与合作的主体在不断增加，他们之间的协调和合作也越来越频繁。例如，巴塞尔委员会 1999 年 2 月公布的《多元化金融集团监管的最终文件》就是巴塞尔委员会、国际证券委员会组织与国际保险监管协会自 1993 年开始合作的研究成果。

5. 世界贸易组织等在未来的金融监管国际协调与合作中将发挥更加重要的作用。1995 年 1 月 1 日，世界贸易组织取代关贸总协定，并把管辖范围进一步扩大到服务贸易等其他领域。其中，1997 年 12 月达成的《金融服务贸易协定》，标志着 WTO 已正式介入全球金融服务领域。该协定涉及全球 95% 的金融服务贸易范围，参加成员统一对外开放银行、证券、保险和金融信息市场。目前计有 100 多名成员承诺在此领域逐步实施自由化，占全球金融服务贸易的 65%，而只要承诺并遵守《金融服务贸易协定》，也就意味着这些国家和地区必须遵循世贸组织的一般性原则，如最惠国待遇原则、国民待遇原则、透明度原则、发展中国家逐步自由化原则等。可见，伴随着服务贸易自由化的新发展，WTO 在未来的金融监管国际协调与合作中将发挥更加重要的作用。

（二）国际金融监管的目标和内容

要了解国际金融监管协作，有必要先了解国际金融监管所要达到的目标及国际金融监管合作的主要内容。

1. 国际金融监管的目标。国际金融监管的目标主要是：①创造国际金融业务稳定发展所需要的宏观环境和微观环境，最大限度地减少银行业的风险；②维护国际证券市场良好的秩序，保证市场活动公开、公平、公正；③维护投资者尤其是中小投资者的合法利益。

2. 国际金融监管的内容。国际金融监管的内容集中于以下几个方面：①金融业务种类的控制。各国通常对于本国金融机构能否经营非金融业务及能否同时经营多种金融业务作出了规定，在证券立法限制混业经营的情况下，各国金融监管机构都加强对于金融机构业务种类的监管以防范金融风险。②市场结构控制。市场结构控制指的是对固定区域内存在的金融机构的类型、数量等的调控，保持区域内金融业务活动的活力与竞争性。③谨慎性控制。谨慎性控制也可称为审慎监管，是风险监管的需要，指的是对于金融机构资本充足性、资本流动性、金融创新、贷款风险分散性控制等要素进行监管，以防止金融领域的危机和混乱。④保护性控制。保护性控制指的是为维护金融机构、金融活动正常、持续进行所作的调控，如各商业银行在中央银行交纳准备金的准备金制度以及商业银行在存款保险机构投保的存款保险制度。[1]

二、国内层面的国际金融监管

（一）东道国监管

跨国银行对东道国经济的影响很大，东道国为了确保本国金融市场的稳定，都会对跨国银行实行不同程度的法律管制，东道国对跨国银行的法律监管主要体现在以下几个方面：

1. 监管原则。各国对外资银行进入本国究竟采取严格管制的态度还是放松管制的态度，取决于该国的经济发展和金融战略的现状，目前国际上有关东道国对外资金融机构实施监管的法律原则大致有三种，即保护主义原则、对等互惠原则和国民待遇原则。

（1）保护主义原则。保护主义原则是指东道国对外资银行的进入采取禁止或限制的措施以达到保护本国银行业发展目的的原则。保护主义意在保护本国经济金融的发展，使其免受外来的干扰和控制。最为极端的做法是完全禁止外资银行的进入，如秘鲁在1968年宣布对外资银行实行全部国有化。这种极端做法被称为绝对保护主义，因其造成东道国融资不畅导致经济停滞，已逐步被各国所摒弃。现在大多数国家均采取有限保护主义原则，以保护主义为主体，有限度地开放本国金融市场，并辅之以相应的管制措施，保护本国的金融稳定。特别是 WTO 成员国在《服务贸易总协定》下签署了《金融服务贸易协定》后，对他国外资银行进入本国给予了市场准入的承诺，放松外资银行管制已成趋势。

（2）对等互惠原则。对等互惠原则是指本国给予来自他国的外资银行的待遇依照该国对本国在该国的银行享有的待遇来确定，即以对等的措施和政策对待外资银行。欧共体在1989年《关于协调从事信贷机构业务的法律、规章和行政措施的第2号指令》中明确规定"互惠的国民待遇"原则，对等互惠原则此后成为很多国家对外资银行的开放态度。近些年，很多采取国民待遇原则或保护主义原则的国家也往往将对等互惠原则作为一种重要的补充。例如美国1991年《金融服务公平贸易法案》在重申国民待遇原则的同时，也强调了对等互惠原则。

（3）国民待遇原则。国民待遇原则是指外资银行在东道国享有与本国银行相同的待遇，有同等的经营权利，承担同样的义务和责任。采取国民待遇原则的国家一般都是金融业十分发达、金融监管较为完善的国家，如美国、英国、日本等。随着

---

〔1〕 赵威：《最新国际货币金融法》，人民法院出版社2002年版，第217页。

各国经济发展水平和金融监管水平的逐步提高，很多国家开始放弃采取单一的监管原则，更多地采用混合政策。欧美国家在此方面充当了先锋，发展中国家也一改过去"保护主义原则"的态度，较多地采取"保护主义原则为主、对等互惠原则为辅"或者"国民待遇为主、辅以对等互惠"的政策。

2. 市场准入监管。根据《服务贸易总协定》第16条第2款的规定，一成员方一旦承担市场准入义务，则在相关部门不得采取和维持限制性措施，除非其在承担义务的具体承诺表中列明将适用这些措施，并对其适用的条件和期限做出规定。根据这一规定，在1997年12月签署的《全球金融服务协定》中，WTO绝大部分成员方在金融服务领域做出了维持或扩大现有市场准入水平的承诺，各成员方对于银行、证券和保险业三大主要金融服务部门的先前承诺作了修改，特别是对于外国金融服务提供者的商业存在的承诺做了重大改进，包括取消或放松对当地金融机构的外国所有权的限制，对以分行、子公司和代表处等法律形式的商业存在的限制和扩展现有业务的限制。

根据各成员方的承诺，各成员方国内立法一般都规定，允许外资银行进入本国，但是在商业存在的法律形式、资产的拥有数额、合格的专业人员等方面进行一定的管制。具体而言包括：①最低注册资本金的要求；②经营年限要求；③银行管理层要求；④双重许可与母国监管要求；⑤经营状况要求。

3. 业务经营管制。东道国对跨国银行的业务经营管制主要表现在对网点管理限制以及业务活动范围限制两个方面。

①网点管理限制。限制跨国银行的营业区域和分支机构开办的数量，是绝大多数国家在网点管理限制方面采取的重要手段，特别是发展中国家在此方面规定得尤为严格。目前世贸组织的成员已逐步放开跨国银行分支机构的地域限制和数量限制。②业务活动范围限制。从各国银行法制来看，为了体现其对待外国银行国民待遇精神，许多国家和地区对外资银行的业务范围一般不加以限制和歧视。

4. 资本充足性管制。银行资本是否充足，是衡量银行能否稳健经营的重要标志，银行自身持有的资本水平必须同其资产负债的期限结构和资产组合相匹配，方能保证银行的正常运转和承担责任。1988年巴塞尔委员会出台《关于统一国际银行的资本计算和资本标准的协议》，明确要求每个银行的资本充足率达到8%。其后，绝大多数国家均将该规定写进了本国银行法。

除了以上管制外，各国对外资银行的监管还体现在资产流动性监管、单一贷款比例监管、最后贷款人的应急措施以及存款保险制度等方面。

（二）母国的并表监管

自1983年巴塞尔委员会《对银行国外机构的监管原则》中提出"以母国并表监管为主，东道国监管为辅"的监管原则后，欧美等国最先将其作为母国对跨国银行进行持续监管的一种基本方法，并逐步在世界各国推广开来，并表监管现已然在跨国银行监管模式中居于主导地位。

1. 并表监管的概念与特征。并表监管是指监管当局以整个银行集团为对象，对银行集团的总体经营和所有风险进行监督，亦称为合并监管或综合监管。一银行或银行集团，无论其机构注册于何地，其母行所在监管当局均应将银行或银行集团作为整体予以监管。其特征如下：①并表监管是一种目标性监管；②并表监管是一种汇总性监管；③并表监管是一种母国监管；④并表监管是一种持续性监管；⑤并表监管是一种整合性监管。

2. 母国并表监管与东道国监管的关系。母国并表监管与东道国监管的法理基础分别来自国际法上的属人管辖原则和属地管辖原则。传统国际法认为，属地管辖权具有排除其他管辖权的优越性，是"解决国际交往大多数问题的核心准则"，因而属地管辖权也被称为"属地最高权"，具有优于属人管辖权的法律效力。母国并表监管原则的确立是对传统国际法的突破，客观上造成跨国银行的监管从东道国转移至母国。但是母国并表监管不是独立存在的，它必须和东道国监管相互合作方能达到监管目的。母国并表监管起主导性作用，东道国监管起基础性作用，并表监管与东道国监管构成双保险监管体制。

三、国际层面的国际金融监管

（一）概述

国际层面的金融监管由不同层次不同渠道的监管机制组成，此处从国际金融监管组织和国际金融监管法律文件两个方面进行介绍。

1. 金融监管的国际组织。国际上存在许多官方或非官方的金融组织，他们在性质、地位、作用范围、作用方式、措施方法等方面存在一些差异，因而各自所起的作用也不尽相同。但不能否认的是，它们影响着国际金融法制一体化、国际金融监管合作。

世界贸易组织。世界贸易组织在金融监管领域的职能主要体现在促使各成员单位以《服务贸易总协定》与《金融服务协定》为根据开展国际金融服务贸易的统一准则，使各成员方的金融监管政策符合《服务贸易总协定》的全球金融自由化目标。

国际货币基金组织及世界银行。国际货币基金组织及世界银行主要负责各国金融政策的协调、对会员国金融困难的帮助及对国际金融危机的防范，在国际金融宏观领域内发挥着重要作用。

国际证监会。国际证监会是国际证券领域监管合作中一个重要的国际组织，其通过促进各国证券监管者之间监管经验的交流和监管措施的协调，促进国际证券法制的统一。

巴塞尔委员会。在国际金融监管协作尤其是跨国银行的国际监管协作方面，最为重要的国际组织应首推巴塞尔委员会。巴塞尔委员会是由美国、英国、法国、德国、意大利、日本、荷兰、加拿大、比利时、瑞典10大工业国的中央银行于1974年底共同成立的，其作为国际清算银行的一个正式机构，发布了关于跨国银行监管责任分配和监管标准的一系列较为成熟的协议、原则、报告、建议等文件，对国际金融监管乃至一国国内的金融监管都产生了重要影响。近年来，巴塞尔委员会还与国际证监会、国际保险监督官协会一起就多元化金融集团的监管作出了许多努力与尝试。[1]

2. 国际金融监管法律文件。国际金融监管的相关国际组织在国际金融监管方面颁布了一系列法律文件：巴塞尔委员会先后颁布了《关于统一国际银行资本衡量和资本标准的协议》（巴塞尔协议，1988）和《银行业有效监管核心原则》（1997）；国际证监会先后发表了《里约宣言》、《监管不力和司法不合作对证券和期货监管者所产生的问题报告》和《承诺国际证券委员会组织监管标准和相互合作与援助基本原则的决议》；国际保险监督官协会制定和颁布了《新兴市场经济保险规则及监督指南》。与此同时，为推进金融服务贸易的自由化，WTO 对金融监管法律也进行了多次国际协调，并于 1993 年 12 月缔结了《服务贸易总协定》（GATS）及其金融附件，于 1995 年达成了《金融服务承诺谅解》，于 1997 年达成了《全球金融服务协议》（FSA）（以下简称《金融服务协议》或《金融服务协定》）等文件。WTO 通过的这些文件旨在促使各成员国以《服务贸易总协定》与《金融服务协定》为根据制定宏观层面的金融政策、法律，以达到《服务贸易总协定》实现全球金融贸易自由化的目标。

此外，监管机构之间的双边或多边信息共享与合作也还是比较普遍的，主要表现为谅解备忘录和金融信息备忘录的形式，前者通常是规定监管机构之间的合作条件，通常包括获取彼此所拥有的官方文件和其他信息的规定，而金融信息备忘录是一种特定类型的备忘录，规定了获取更一般信息的条款，或进一步规定了关于国际经营企业风险评估认定的常规报告要求。[2]

（二）WTO 的监管

1. WTO 与金融监管。WTO 在国际金融方面所起到的作用主要围绕国际金融自由化这一议题展开。作为乌拉圭回合的谈判成果之一，《服务贸易总协定》及其金融服务附录提出了成员方在服务贸易领域须遵守最惠国待遇、透明度、国民待遇、市场准入等原则；1997 年《金融服务协定》则是各国以承诺表和豁免清单的方式作出的金融服务具体承诺。但 WTO《服务贸易总协定》及其附件、《金融服务协定》所努力实现的全球金融自由化并不意味着要求各国完全放弃对于金融业务的监管、给予外国金融服务者完全的国民待遇。相反，全球金融的自由化、一体化对各国金融监管方法、措施的协调提出了更高的要求，要求建立一套相对完善、统一的多边监管体制。鉴于此，《服务贸易总协定》及其附件、《金融服务协定》建立的多边金融贸易规则在倡导全球金融自由化的同时准许各国进行必要和适度的监管，强化对于金融领域控制的能力。

---

〔1〕　陈安：《国际经济法新论》，高等教育出版社 2007 年版，第 381 页。

〔2〕　李近华："国际金融监管立法的发展趋势"，载：《贵州广播电视大学学报》2009 年第 2 期。

2. WTO 对于各国金融监管的支持。WTO 多边金融贸易规则对于各国金融监管的支持主要表现在以下几个方面：①《服务贸易总协定》序言对于各成员国境内的各项服务贸易作出了总体规定，允许成员国为实现国内政策目标对其境内的各项服务贸易制定和实施新的限制政策。②《服务贸易总协定》第 12 条进一步规定，成员国如果处于国际收支严重不平衡或者财政严重困难的状况或者在存在这些威胁的情况下，可以对该成员国已经承担的服务贸易特定义务，如市场准入和国民待遇义务等，采取各种限制措施。③《服务贸易总协定》和《金融服务附录》中明确规定《服务贸易总协定》中的任何规定都不能阻止成员国基于审慎监管而采取的各项监管措施，如为保护金融产品投资者、金融服务消费者而采取的风险控制措施等。[1]

（三）国际货币基金组织的监管

对国际货币金融体系和成员国的经济及金融政策的监管是国际货币基金组织的一项基本责任与核心职能。基金组织对国际货币金融体系的监管主要体现在对汇率制度的监管与对外汇管制的监管两个方面，但其监管内容、监管范围并非一成不变，而是随着国际金融实践的发展而不断调整变化的。

1. 基金组织对汇率制度的监管。基金组织对汇率制度的监管主要体现在《基金协定》第 4 条，该条的目标主要在于促使会员国同基金组织及其他会员国合作，以促成国际有秩序的外汇安排和稳定的汇率制度。基金组织在本章第二节部分已经详细论述过，在此不再赘述。

除了与各成员国之间的双边磋商之外，基金组织也经常性地与各地区性货币联盟如欧元区、西非经济与货币联盟、东加勒比货币联盟等进行磋商，对区域性的货币安全、经济金融政策实施监督。同时，基金组织也通过编制出版每年两期的《世界经济展望》与《全球金融稳定报告》对全球经济发展前景及资本市场的动向、风险进行讨论。

2. 国际货币基金组织对外汇管制的监管。基金组织对外汇管制的监管。《基金协定》将"消除外汇管制"作为基金组织的一项宗旨加以确定。为促进各成员国更好地实施《基金协定》关于取消外汇管制的规定，协定第 8 条及第 14 条分别设立了两种外汇管制模式，由各成员国根据自身的状况及基金组织的建议选择采用。本章第二节部分对此已进行了分析，故此不再赘言。

3. 国际货币基金组织监管职能的新发展。布雷顿森林体系崩溃之前，基于固定汇率制的国际货币体系与国际金融体系联系并不十分密切，基金组织的监管集中在对汇兑制度的监管，伴随着固定汇率制的解体及国际资本市场的发展，国际资本流动规模和速度大大增加，汇率、贸易、资本流动的关系日益密切，对基金组织的监管工作提出了新的挑战。1998 年，在基金组织与世界银行的年会上，时任美国总统的克林顿提议建立"新的国际金融架构"，改革金融架构的许多工作都纳入了基金组

---

〔1〕 陈安：《国际经济法新论》，高等教育出版社 2007 年版，第 382 页。

织的监督职能之中，基金组织自身亦通过加强监督框架、扩大监督内容等方式面对新的环境和新的挑战，主要表现为对重要领域国际通用准则和标准的制定及其评估、多边磋商规则及外部稳定原则的引入以及加强对金融部门的监督。

（四）巴塞尔委员会的监管

1. 巴塞尔体制。1975 年，由"十国集团"成员国比利时、英国、加拿大、法国、荷兰、意大利、日本、瑞典、德国、美国，再加上瑞士和卢森堡等 12 个国家中央银行的首脑，在瑞士的巴塞尔讨论跨国银行的国际监督与管理问题，会议决定成立一个监督常设委员会——银行管理和监督实施委员会（Committee On Banking Regulations and Supervisory Practices），简称巴塞尔委员会。

巴塞尔委员会自成立以来，对跨国银行的监管提出了一系列原则、规则、标准和建议，统称为巴塞尔体系。主要包括：1979 年《对银行国际业务的并表监管》、1980 年《银行外汇头寸的监管》、1983 年《对银行国外机构的监管原则》（巴塞尔协定）、1986 年《银行表外风险管理》、1988 年 7 月颁布（1997 年 4 月修订）的《统一银行资本衡量与资本标准的国际协议》、1991 年《大额信用风险的衡量与管理》、1990 年《银行监管当局的信息交流》（巴塞尔补充协定）、1991 年《将一般储备金/一般呆账准备金纳入资本的建议》、1992 年《对国际银行集团及其境外机构的最低监管标准》、1994 年《衍生产品风险管理准则》、1996 年《跨国银行监管》、1997 年《有效银行监管的核心原则》、1997 年《利率风险管理原则》等。

巴塞尔委员会发表的各类监管文件大致可分为两类，一是最低标准，二是最佳做法。所有这些文件都不具备法律效力。在重大监管问题上，若各国能达成一致，委员会则努力形成最低标准，如《对银行国外机构的监管原则》（又称《巴塞尔协定》）和《资本协议》（即《巴塞尔协议》）。若各国监管方式各异，且无法求同，委员会在总结各国成功的监管经验的基础上，制定出仅具指导意义的最佳原则，供有关各方参考。

2. 巴塞尔体系的主要内容。巴塞尔体系包括诸多内容，我们择其重点进行介绍。

（1）"神圣公约"与"新神圣公约"。1975 年 12 月，巴塞尔委员会制定的《银行海外机构的监管原则》明确了各国金融监督机构对国际银行监管责任的划分，规定了跨国银行国外分行和子行的划分标准，并以被监督银行的流动性、清偿能力和外汇头寸为中心，确定跨国银行母国和东道国的监管责任，防止其国外分支机构逃避监管。因这一协议是巴塞尔委员会发布的第一个文件，也是国际银行业监管机关第一次联合对国际商业银行实施监管，首开国际银行监管合作之先河，故被誉为国际银行业监督管理领域的"神圣公约"。

1983 年巴塞尔委员会对 1975 年协议进行了修订，确定了国际银行并表监管的原则和方法，并进一步对跨国银行母国和东道国的监管权力与责任作了更为明确、具体的划分，强化了母国监管机构的监督责任，减少了各国因监管标准不同而引起的冲突问题。因 1983 年协议对国际银行业务的监管提出了更为全面和系统的标准，故被银行界称作"新神圣公约"。

虽然二者确定了母国、东道国共同监管的原则及职责分配，却未能提出具体可行的监管标准，因而各国对国际银行业的监管仍自成体系，未能实现充分监管。

（2）巴塞尔资本协议或巴塞尔Ⅰ。因 1983 年修改后的巴塞尔协议未能有效解决统一监管标准的问题，同时国际银行业所面临的经营风险，特别是信用风险却在不断加大，而不同监管标准的差异所造成的不公平竞争状况也日益严重。为此，巴塞尔委员会于 1988 年正式公布了《关于统一国际银行的资本衡量和资本标准报告》，确立了统一的资本充足率标准。因此，该报告也经常被称作"资本协议"或巴塞尔Ⅰ。

（3）新资本协议或巴塞尔Ⅱ。尽管 1988 年的"资本协议"以不同的形式已被全世界 100 多个国家所采用。但新的风险管理技术的快速发展已使该协议明显过时，同时众多金融创新常常被用来规避资本协议的规则，使其有效性大大降低。为此，巴塞尔委员会于 1999 年 6 月公布了《新资本充足率框架（征求意见稿）》，对 1988 年的"资本协议"进行修订，2006 年底开始实施《新巴塞尔资本协议》（《新资本协议》或巴塞尔Ⅱ）。新资本协议是对 1988 年资本协议的彻底更新和全面取代，它旨在通过制定有关综合性的资本充足率计量方法，以不断完善资本充足率监管框架。与 1988 年的资本协议相比，新资本协议的内容和创新之处在于它全面推出了互为补充的三大支柱：最低资本要求、监管当局的监督检查和市场纪律。

（4）《资本协议Ⅲ》或巴塞尔Ⅲ。2008 年金融危机以后，国际社会对于作为当前全球银行业监管统一标准的巴塞尔协议产生了质疑，这些协议存在诸多的问题，比如在资本周期、流动性、杠杆率以及宏观审慎等方面的不足，催生了巴塞尔协议再一次改版。根据二十国集团（G20）在加强国际金融监管合作方面达成的共识，巴塞尔委员会开始对巴塞尔Ⅰ和巴塞尔Ⅱ确立的原有银行业资本及监管规则进行修改，并历经 30 多次意见征集最终于 2010 年发布《巴塞尔协议（第三版）》，也称为《资本协议Ⅲ》或巴塞尔Ⅲ。该协议是针对新的金融危机所暴露出来的问题进行修改，确立了银行业资本和流动性监管的新标准，提高了跨国银行监管的标准，要求各成员国从 2013 年开始实施，2019 年前全面达标。相比于巴塞尔Ⅰ和巴塞尔Ⅱ，该协议修改了以下方面：①通过资本充足率要求。②严格资本扣除限制。③扩大风险资产覆盖范围。④引入杠杆率，包括 3% 的杠杆比率、100% 的流动杠杆比率和净稳定资金来源比率等，以弥补资本充足率要求无法反映表内外总资产的扩张情况的不足，减少对资产通过加权系数转换后计算资本要求所带来的漏洞。⑤加强流动性监管，引入流动性监管指标，包括流动性覆盖率和净稳定资产比率，并提出其他辅助检测工具，包括合同期限错配、融资集中度、可用的无变现障碍资产等。

随着一系列巴塞尔协议在世界范围内被参照、实施，巴塞尔协议在国际金融领域的权威性逐渐得到普遍公认，已经成为国际金融监管领域中的国际贸易惯例。虽然巴塞尔委员会一再表示其核心文件不具备法律强制力，但事实上"巴塞尔协议"

具备了超越一般法律规范的实施效力，在世界范围内获得普遍实施，并成为跨国银行监管的权威准则。

（5）有效核心监管原则。20世纪90年代以来，国际银行业监管失效事件频发，仅仅靠资本充足率的规定，仍然不足以充分防范金融风险。为此，巴塞尔委员会于1997年9月发布了《有效银行监管的核心原则》，一般简称"巴塞尔核心原则"，强调应对银行业进行全方位、多角度的风险监控，将建立银行业监管的有效系统作为实现有效监管的重要前提，并注重建立银行自身的风险防范约束机制。2006年10月初，巴塞尔监管委员会曾经对《有效银行监管的核心原则》进行过修订，但相较于1999年的版本并无明显变化．鉴于2008年金融危机后国际金融市场的变化以及对有效银行监管的标准的变化，在征求各成员国监管当局以及业界意见的基础上，巴塞尔委员会于2012年9月正式颁布了新的《有效银行监管核心原则》，将原先的25条核心原则扩展到29条。

★ 案例分析

雷曼兄弟破产引发"次贷危机"

美国"次贷危机"从2006年春季开始逐步显现，在七八月间扩展为全球共振的金融风暴。引起美国次级抵押贷款市场风暴的直接原因是美国的利率上升和住房市场持续升温，致使大批次级贷款的借款人不能按期偿还贷款。而由于次级贷款产品的证券化，致使大量购买这些债券或债券组合的投资银行、对冲基金损失严重，进而引发了金融危机。雷曼兄弟向美国破产法院申请破产保护。雷曼破产引发的高达6374亿美元债券违约给金融市场造成了巨大的冲击，国际金融危机恶化为侵蚀实体经济的经济危机。拥有158年历史的雷曼在美国金融安全网日益健全、宏观经济政策日臻完善的今天竟然轰然倒下，其中原因值得人们深思。

[问题]

本次金融危机为跨国银行监管带来何种启示。

[解题思路]

①处理好金融创新与金融监管的关系。一个国家金融监管体制必须与其经济金融的发展与开放的阶段相适应，应做到风险的全覆盖，不能在整个金融产品和服务的生产和创新上有空白和真空。此次金融危机爆发的原因之一就在于金融监管制度落后于金融创新的发展。②不能过度依赖金融监管体系以外的信用评级等制度，应建立相应的针对信用评级机构本身的监管与问责机制。③完备的金融机构监管体系，要求适时地进行公共信息披露。信息披露为新巴塞尔协议三大支柱中市场约束的核心。在次贷危机中，信息披露的严重不充分，使房贷机构得以在脱离消费者监督的条件下大量发放高价贷款，埋下了隐患。只有建立健全的银行业信息披露制度，各市场参与者才可能估计银行的风险管理状况和清偿能力，从而在某种程度上防范金

融风险。

★本章小结

本章是学习国际金融管理法律制度的基础章节，主要介绍国际货币制度的演变、外汇、外债管理法律制度，以及国际金融监管的国内层面和国际层面上的监管措施。这些知识对学生掌握国际金融法律制度来说是极为必要的。通过本章的学习，学生要掌握国际上对金融进行监管的相关制度，以及我国国内的金融监管措施。

【技能训练】

正确认识人民币国际化给我国带来的影响。

目的：使学生了解人民币国际化给我国企业带来的影响。

要求一：通过网络、数据库、杂志等方式多方位了解人民币国际化的进程及给我国经济发展带来的影响。

要求二：实地考察人民币国际化在跨境贸易结算方面对我国企业进出口贸易的影响。

【实践活动】

考察"一带一路"对人民币国际化的推动作用。

目的：使学生了解"一带一路"倡议的推进对我国与"一带一路"沿线国家间的货物贸易、服务贸易等方面的影响。

内容：学生要了解"一带一路"建设中影响人民币国际化的因素，并分析其对我国人民币国际化的影响。

要求：学生要关注报刊、新闻、网络等媒介，多角度地了解"一带一路"倡议的推进情况，以及了解我国人民币国际化存在的阻力。

★本章练习

1. 简述国际货币基金组织第 8 条会员国的含义。
2. 试述东道国对跨国银行经营的法律管制。

★参考文献

1. 余劲松主编：《国际经济法学》，高等教育出版社 2019 年版。
2. 赵威：《最新国际货币金融法》，人民法院出版社 2002 年版。
3. 李仁真主编：《国际金融法学》，复旦大学出版社 2004 年版。
4. 张庆麟："论国家调整汇率的权利与义务"，载陈安主编：《国际经济法学刊》，北京大学出版社 2006 年版。
5. Joseph Gold. *The Legal Aspects of Money*. Oxford：Clarredon Press，1992.
6. 陈业宏、曹胜亮：《国际金融法》，华中科技大学出版社 2008 年版。
7. L. Ivanov，the EMU and the Euro：Why the city of London is Saying No，Cited from

Hal S. Scott, International Finance：Transactions, Policy, and Regulation, California：Foundation Press, 2006.

8. 廖凡：《国际金融法学的新发展》，中国社会科学出版社 2013 年版。

9. 范晓波：《国际金融法》，中国政法大学出版社 2005 年版。

10. 贺小勇主编：《国际经济法：案例与图表》，法律出版社 2011 年版。

11. 董春丽："跨国银行并表监管与金融隐私权冲突"，载《合作经济与科技》2010 年第 3 期。

12. 陈安：《国际经济法新论》，高等教育出版社 2007 年版。

13. 李近华："国际金融监管立法的发展趋势"，载《贵州广播电视大学学报》2009 年第 2 期。

14. 梁艳芬、李琳："评国际货币基金组织汇率监督《新决定》"，载《国际贸易》2008 年第 7 期。

15. 周圣："国际货币基金组织治理体制缺陷、根源及其改革路径探寻"，载《国际经贸探索》2019 年第 10 期。

16. 王传丽主编：《国际经济法》，高等教育出版社 2005 年版。

17. 朱榄叶主编：《国际经济法学》，北京大学出版社、上海人民出版社 2012 年版。

18. 张占利、张洁主编：《国际经济法》，武汉大学出版社 2012 年版。

19. 孟国碧主编：《国际经济法学》，厦门大学出版社 2012 年版。

20. 余劲松主编：《国际经济法》，高等教育出版社 2009 年版。

21. 盛建明编著：《国际经济法（英文版）》，对外经济贸易大学出版社 2017 年版。

22. 刘丰名：《国际金融法》，中国政法大学出版社 2007 年版。

23. 李超、马昀："中国的外债管理问题"，载《金融研究》2012 年第 4 期。

-------- 第十六章 --------

金融犯罪

学习目标

知识目标:

了解金融刑法、金融犯罪的概念、渊源与特征,理解我国金融犯罪的成因、预防和治理金融犯罪的基本对策,理解破坏金融管理秩序罪、金融诈骗罪的具体罪名,以及罪名的构成要件及刑罚。

能力目标:

能够运用金融刑法的原理和知识,对于金融犯罪案件进行分析。

★案例导入

被告人潘儒民于2006年初,通过张协兴(另案处理)的介绍和阿元(另案处理)取得联系,商定由潘儒民通过银行转账的方式为阿元转移从网上银行诈骗的钱款,潘儒民按转移钱款数额10%的比例提成。嗣后,潘儒民纠集了被告人祝素贞、李大明、龚媛,利用杜福明(另案处理)收集到的陈涛、董梅华等多人的身份证,由杜福明在上海市有关银行办理了大量信用卡,然后再转交给潘儒民、祝素贞,而阿元则通过非法手段获取了网上银行客户黄明伟、芦禹等多人的中国工商银行牡丹灵通卡卡号和密码等资料,将资金划入潘儒民通过杜福明办理的中国工商银行上海分行的67张灵通卡内,并通知潘儒民取款。阿元划入上述67张灵通卡内共计人民币1 002 438.11元。此外,这些信用卡内还被通过汇款的方式注入人民币171 826元。潘儒民、祝素贞、李大明、龚媛于2006年7月至8月期间在上海市使用上述67张灵通卡和另外的27张灵通卡,通过自动柜员机提取现金共计人民币1 086 085元,通过银行柜台提取现金共计人民币73 615元,在扣除事先约定的份额后,将剩余资金再汇入阿元指定的账户内。案发后,公安机关追缴赃款共计人民币384 000元。2007年10月22日,上海市虹口区人民法院依照《中华人民共和国刑法》第191条第1款第1项、第3项,第25条第1款,第26条第1款、第4款,第27条及第64条之规定,作出如下判决：①被告人潘儒民犯洗钱罪，判处有期徒刑 2 年，并处罚金人民币 6 万元。②被告人祝素贞犯洗钱罪，判处有期徒刑 1 年 4 个月，并处罚金人民币 2 万元。③被告人李大明犯洗钱罪，判处有期徒刑 1 年 3 个月，并处罚金人民币 2 万元。④被告人龚媛犯洗钱罪，判处有期徒刑 1 年 3 个月，并处罚金人民币 2 万元。一审宣判后，被告人潘儒民、祝素贞、李大明、龚媛在法定期限内未上诉，检察机关也没有提出抗诉，一审判决发生法律效力。

第一节　金融刑法的基本原理

一、金融刑法概述

（一）金融刑法的概念

所谓金融，按字面意思，指货币的流转（具体包括：发行、流通和回笼，贷款的发放和收回，存款的存入和提取，汇兑的往来等过程）和对现有资源进行重新整合之后，实现价值和利润的融通的过程。作为货币关系发展的产物，金融已经对于社会生产力的发展有着重要的推动作用。由于金融对于社会生活有着重要的影响，因此，是否能够在社会中维持着一个健康有序的金融秩序对一个社会的可持续发展存在着重要影响。如果不能对那些破坏金融秩序的行为加以有效制裁，则必然会阻碍经济的发展并使金融风险加大。因此，金融刑法便应运而生了，所谓金融刑法，是指调整发生在金融领域，规制金融交易、金融管理过程中的金融犯罪及其刑事责任的法律规范的总称。金融刑法的目的在于预防和惩治各种新型的金融犯罪。

（二）金融刑法的渊源

金融刑法的渊源是指金融刑法的来源或形式。从我国目前的立法现状来看，金融刑法的渊源主要包括以下几种：

1. 刑法法典。刑法典是指立法机关颁布的系统规定犯罪、刑事责任、刑罚，各种具体犯罪及刑罚的法律。《中华人民共和国刑法》是我国的刑法典，该刑法典于 1979 年 7 月 1 日第五届全国人民代表大会第二次会议通过，并于 1980 年 1 月 1 日起实施。1997 年 3 月 14 日第八届全国人民代表大会第五次会议进行了全面修订，并于 1997 年 10 月 1 日起施行。其后，全国人民代表大会及其常设机构还经常通过《刑法修正案》的形式对于刑法进行条文的修改和补充。现行刑法在第二编分则第三章第四节破坏金融管理秩序罪、第五节金融诈骗罪及其他相关章节中，集中地规定金融犯罪条款。刑法典是中国金融刑法体系位阶最高的规范，也是目前金融刑法的主要表现形式。

2. 单行刑法。是指立法机关以决定、规定、补充规定、条例等名称颁布的，规定某一类或者某一种犯罪及其刑罚或者刑法特殊事项的法律。鉴于金融领域的特殊性，国家机关针对金融市场监管或者司法实践的现实情况，可以依据个别类型及时颁布单行金融刑事法律法规。例如，1998 年 12 月 29 日全国人大常委会通过的《关于惩治骗购外汇、逃汇和非法买卖外汇犯罪的决定》，立法者在这个单行刑法文件中，增设骗购外汇罪、非法存放、转移外汇罪等新罪名，这是我国目前有效的单行刑法。由于在 1999 年 10 月 30 日颁布《关于取缔邪教组织、防范和惩治邪教活动的决定后》，对于刑法的修订或者增补主要是通过刑法修正案的方式实现的，所以，可以确定我国未来在刑事立法上将主要采取刑法修正案的方式，而不再单独制定单行刑法。

3. 其他金融法律中所规定的金融犯罪条款及刑事处罚规定。例如《中国人民银行法》第 42 条规定，伪造、变造人民币，出售伪造、变造的人民币，或者明知是伪造、变造的人民币而运输，构成犯罪的，依法追究刑事责任；尚不构成犯罪的，由公安机关处 15 日以下拘留、1 万元以下罚款。另依据《商业银行法》第 81 条的规定，未经国务院银行业监督管理机构批准，擅自设立商业银行，或者非法吸收公众存款、变相吸收公众存款，构成犯罪的，依法追究刑事责任；并由国务院银行业监督管理机构予以取缔。伪造、变造、转让商业银行经营许可证，构成犯罪的，依法追究刑事责任。除此之外，在《票据法》《证券法》《保险法》等金融法律中，均有关于金融犯罪之相关规定。

二、金融犯罪的概念

（一）金融犯罪的概念与特征

所谓金融犯罪，是指发生在金融业务活动领域中的，违反金融管理法律法规，危害国家有关货币、银行、信贷、票据、外汇、保险、证券期货等金融管理制度，破坏金融管理秩序，情节严重，依照刑法应受刑罚处罚的行为。金融犯罪通常具有如下特征：

1. 犯罪对象特定。金融犯罪由于主要发生在金融业务活动领域中，因此其犯罪对象主要是各种类型的金融资产，包括货币、外汇、票据、股票，债券、基金及保险等。

2. 主要发生在金融行业。由于金融犯罪是在金融业务活动过程中通过不法手段破坏金融管理秩序的行为。因此，金融犯罪活动主要发生在银行业、证券业、保险业和信托业等金融领域，因此，金融犯罪与金融行业存在密切联系。

3. 犯罪手段专业化。金融行业有着自己独特的运行规则和行业特性，如果没有系统接受过金融业务知识或者受过相关训练的，难以实施该类型犯罪。因此，实施此类犯罪的主体，一般具有较高的文化程度和专业水平，对所处行业的情况较为了解。

4. 犯罪形式隐蔽性。从犯罪形式的外在表现来看，绝大多数的金融犯罪是在正常金融业务的包裹下实施的，在危害结果出现之前，其很难被发现。即便被发现以后，证据收集也比一般犯罪案件困难。

5. 犯罪牵涉面广。目前由于我国的金融行业进入了快速发展阶段，因此金融犯罪的影响也呈扩大化的趋势。从沿海发达地区的中心城市，或者贫困的内陆欠发达地区或偏远乡村，都曾发生过或大或小的金融违法犯罪案件。另外，跨省、跨国、涉港澳台的金融犯罪有进一步增多的趋势。

（二）金融犯罪的分类

我国的金融犯罪的主要规定主要集中在刑法典第二编分则第三章第四节破坏金融管理秩序罪、第五节金融诈骗罪及其他相关章节中，较为集中地规定金融犯罪的具体罪名。由于这些罪名在犯罪手段、犯罪主体、侵犯的具体法益等方面均有较大的区别，在开展研究的过程中，从不同角度往往能够得到不同的分类标准，因此，并没有统一的分类标准。综合而言，常见的分类标准有如下类别：

1. 按照犯罪手段不同，可以把金融犯罪分为欺诈型（例如合同诈骗罪、贷款诈骗罪等），伪造、变造型（例如伪造货币、变造货币罪，伪造、变造、转让金融机构经营许可证，批准文件罪等），渎职型（例如违法发放贷款罪、非法出具金融票证罪等）和其他方式四大类。

2. 按照犯罪主体是否为金融机构及金融机构工作人员，可把金融犯罪分为特殊主体金融犯罪和一般主体金融犯罪。特殊主体金融犯罪要求犯罪主体除了年满16周岁具有刑事责任能力外，还要求具有特殊身份，例如《刑法》第181条第2款规定，诱骗投资者买卖证券、期货合约罪，要求犯罪主体应是证券、期货从业人员，证券业协会、期货协会或者证券、期货管理监督部门的工作人员。而一般主体金融犯罪则主要是指年满16周岁具有刑事责任能力的人就可以实施，而无需以特定身份作为前提条件的金融犯罪。

3. 按照行为侵犯的金融管理秩序的内容对所有破坏金融管理秩序罪及所有具体犯罪所作的归类。具体包括：①危害货币管理制度犯罪，这类犯罪主要包括伪造货币罪，出售、购买运输货币罪，金融工作人员购买假币、以假币换取货币罪，持有、使用假币罪，以及变造货币罪五种罪。②危害金融机构设立管理制度犯罪。这类犯罪主要包括擅自设立金融机构罪，伪造、变造、转让金融机构经营许可证、批准文件罪两种罪。③危害金融机构存贷管理制度犯罪。这类犯罪主要包括高利转贷罪，骗取贷款、票据承兑、金融票证罪，非法吸收公众存款罪，违法发放贷款罪，以及起手客户资金不入账五种罪。④危害金融票证、有价证券管理制度犯罪。这类犯罪主要包括伪造、变造金融票证罪，伪造、变造国家有价证券罪，伪造、变造股票、公司、企业债券罪等。⑤危害证券、期货市场管理制度的破坏金融管理秩序犯罪，这类犯罪主要包括内幕交易、泄露内幕信息罪，编造并传播证券、期货交易虚假信息罪，诱骗投资者买卖证券、期货交易罪等。⑥危害客户、公众资金管理制度犯罪。这类犯罪主要包括背信运用受托财产罪、违法运用资金罪。⑦危害外汇管理制度犯罪。这类犯罪主要包括逃汇罪、骗购外汇罪。⑧危害金融业务经营管理制度犯罪，例如洗钱罪。

三、金融犯罪的构成要件

金融犯罪具有以下构成要件：

（一）犯罪客体

金融犯罪侵害的客体主要是国家的金融管理制度和金融管理秩序。金融犯罪对货币、贷款、金融票证、有价证券、金融业务专营、保险、外汇等领域所造成的危害，归根到底所指向的均是国家的金融管理制度和金融管理秩序。另外，在某些类型的金融犯罪中，例如集资诈骗罪，在侵害国家正常的金融管理秩序过程中，同时也侵犯了受骗者的财产所有权。

（二）犯罪客观方面

表现为违反国家金融管理法规，通过作为或者不作为方式，在金融业务活动领域严重破坏金融管理秩序的行为。具体来说，包括以下三个方面：其一，违反国家金融管理法规。要成立金融犯罪，总是以违反一定的金融管理法规为前提的。否则，如果行为不违反一定的金融管理法规，就不存在违法问题，更谈不上犯罪。其二，是在金融交易或金融管理等活动中进行的非法活动。金融犯罪是在金融交易或者金融管理中发生的非法经济活动，所以这类犯罪活动往往首先与金融交易或者金融管理相关。例如贷款诈骗罪，外在表现为一种申请贷款的行为。另外，这种活动是非法的，即违反国家金融管理法规的活动。其三，严重破坏金融管理秩序。这是划分破坏金融管理秩序的违法行为与犯罪行为的标准。某种非法行为只有达到了严重破坏金融管理秩序的程度，才能构成犯罪。

（三）犯罪主体

金融犯罪的主体可以分为自然人和单位两大类。金融犯罪的自然人既有一般主体，也有特殊主体。一般主体是年满16周岁具有刑事责任能力的自然人。也有部分金融犯罪要求犯罪主体必须具有特定的身份才能构成，例如，《刑法》第171条第2款规定的金融工作人员购买假币、以假币换货币罪，便要求主体除了满足一般主体的条件外，还必须具有银行或者其他金融机构的工作人员身份。

（四）犯罪主观方面

金融犯罪往往技术含量高，且很多时候具有隐蔽性，因此，绝大多数的犯罪是出于故意，即明知自己的行为违反国家的金融管理法规，破坏金融管理秩序而仍然实施，希望或者放任一定的危害社会的结果发生，一部分犯罪还具有牟利的目的、非法占有的目的或者其他目的。个别犯罪则只能由过失构成。例如签订、履行合同失职被骗罪。

四、金融犯罪的成因

（一）社会原因

我国是处在社会主义初级阶段的发展中国家，正处于一个开放发展和深化改革的关键转型时期，在这一时期，对于资金这一生产发展的重要因素有着具体的需求。由于现阶正常的融资的渠道无法满足对于资金的需求，这也就导致了一些不法分子为谋求不正当利益而钻了监控缺失的漏洞实施金融犯罪活动。

另外，改革发展带来的个别领域的分配不公也很大程度上促使了金融犯罪的发生。例如，在现有的法律制度不健全的清况下，某些权力会以某种形式变成"商品"进入市场。这种变成"商品"的权力往往在主体不平等的市场竞争中占有优势的地位，直接的表现结果之一便是一些政府垄断部门和行业收入水平普遍高于社会平均收入水平，由此带来社会矛盾，个别社会主体因认为自己受到了社会不公平对待，在这种心理支配下，一些有机会和能力实施金融犯罪者便采取不正当手段进行犯罪。

（二）社会个体原因

从金融犯罪的个体角度进行分析，金融犯罪属于较典型的物质型动机犯罪，犯罪者实施这种犯罪往往是出于对于货币等社会财富的物质心理动机，脱离现实收入水平去享受奢侈消费。拜金主义成为此类犯罪主体实施犯罪的心理动机，由于已经成为了"金钱的俘虏"，他们无法遵守法律给自己行为划出的界限。因此，如果存在追求货币等财富的机会的情况下，便会不顾一切铤而走险去实施金融犯罪行为。另外，随着我国教育水平的发展，社会主体的受教育程度明显提高，部分擅长金融领域知识的人员，往往存有侥幸心理，认为其相较于一般社会群体其具有专业知识上的优势，能够有效躲避社会监管体系，通过非法的手段"一夜致富"，这也促使了一部分人员实施金融犯罪。

（三）行业原因

金融犯罪能够这样猖獗除了上述原因，更重要的是金融领域如今还有很多的弊端。这些弊端的表现有以下几点：①内部管理的混乱；②社会金融混乱；③金融机构法人代表管理较为混乱；④机构批设混乱；⑤结算秩序混乱；⑥存贷利率混乱；⑦放贷混乱；⑧入股投资混乱；⑨资金拆借混乱；⑩筹措资金混乱。这些混乱的状况使得我国金融市场犯罪的案件大量发生。另外，由于近年来我国逐步放开了金融市场的管制措施，金融机构之间的竞争愈发激烈。在此背景下，部分金融机构为了取得市场先机，扩大自己的业务领域，大量扩充自己的人员规模，由此引发的单位招聘门槛降低，内控机制弱化等问题，致使一些思想品质差、有不良习惯的人员混入了金融机构，这些人员在面对金钱诱惑时自控力较差，从而导致金融违法犯罪的发生。

（四）国际原因

由于在现代社会中，金融活动和社会生活的各个领域和方方面面均有联系，甚至会对国家政治制度的稳定存在影响。在当前纷繁复杂的国家环境下，能够看到许多因为金融制度遭受损害而导致国家混乱的现实事例。尽管和平与发展是当今时代的主题，但不可否认的是，一些西方国家和国际金融投机者出于政治或投机等目的，从来不放弃对我国金融系统的恶意渗透和破坏，他们往往通过国内代理人或在国内直接实施或者通过互联网从事金融犯罪活动来展开违法金融活动破坏我国正常的金融秩序或者通过窃取并利用敏感金融信息来实现自己不可告人的目的，而国内某些金融部门和工作者又缺乏防范意识，给金融犯罪分子提供了可乘之机。

五、金融犯罪防范对策

如上所述，金融犯罪的出现并不是单一因素造成的，它是我国现阶段社会、个体、行业、国际因素综合作用的结果。针对以上导致金融犯罪的一系列原因，我们只有综合采用政治、经济、行政、法律等多种措施，才有可能把金融犯罪的发生率降低。

（一）深化经济改革，完善金融体制

李克强总理在党的十八届三中全会所作的《关于深化经济体制改革的若干问题》的工作报告中提出，"金融业是高风险行业，防范风险是金融业的永恒主题。要加强监测预警，做好及时控制风险的预案，但关键还是要通过深化改革开放，在可持续发展中防范系统性风险"。由此，我们可以看出深化经济改革，完善金融体制，加强监测预警机制的建设，是预防金融犯罪的治本措施。因为完善的金融体制能够极大降低和减少金融犯罪的诱发因素，最大限度地发挥现有制约因素在防控金融犯罪方面的作用。当前，我们许多诱发金融犯罪的因素系社会转型、发展期的产物，通过尽快完成经济改革，争取尽早进入体制的稳定期，消除衍生金融犯罪的社会环境，实现对于金融犯罪行为的有效惩处，能够达到有效遏制和预防金融犯罪的目的。

（二）促进民众树立正确的价值观，提高民众守法意识

如前所述，金融犯罪的产生与犯罪者深受错误的如享乐主义和拜金思想观念的引导是密切相关的，传统积极集体主义、勤劳致富等一些具有积极意义的思想观念教育被淡化。个别社会主体法律意识淡薄，缺乏起码的守法意识。因此，必须狠抓思想政治教育工作，不断加强法律法规和政策的宣传，同时也要以与时俱进的改革教育、宣传的形式，引导广大民众树立正确的人生观和价值观，不断提高民众综合素质。鉴于金融专业人员业务的特殊性，应建立更严格的招聘机制，完善安全防范责任制，对已有的从业人员，也应加大培训力度，提高其法律意识和风险防范意识。只有如此，才能最大限度降低部分人群实施金融犯罪的可能。

（三）加强制度建设，堵塞金融犯罪的制度漏洞

当前金融立法尚不完善，存在一些立法的模糊地带和真空地带，如果能堵塞这一漏洞无疑对减少金融犯罪有重要意义。为此，其一，要进一步强化立法、修法工作，要在尊重金融行业发展规律的基础上注重金融立法的超前性和预见性，对于目前仍然存在空白的立法领域应尽快推进立法，对于已有立法但是存在漏洞的或者因为经过一段时间立法已经不能满足实际需求的，应尽快补充或者修订立法，另外还要注重立法修法后法律的可操作性。同时也要进一步强化金融执法力度，完善涉金融案件的司法监督，对犯罪分子进行惩处实现对于金融犯罪案件的一般预防以及特殊预防。其二，金融监管部门也要进一步加强金融监管，建立内外结合的监管体制，同时，也要注意破除壁垒，密切不同监管部门的联系，加强各部门之间在监管信息、技术、人员、情报等方面的交流，减少监管漏洞，最大限度减少金融犯罪分子实施犯罪的机会。其三，金融监管部门也要进一步完善自身人事制度，改进现有金融监

管部门招录模式，要把对于良好的政治素质和思想品德的考核常态化，督促其时刻保持正确的职业价值观，同时也要加强对新进人员防范金融犯罪职业技能的经常化培训。

（四）加强打击金融犯罪活动的国际合作

金融资本具有高度的流动性，加上网络金融技术的运用，一方面使得金融犯罪的跨国性逐渐增强，虽然从现有案例看来，一些跨国性的金融犯罪，背后有外国势力支持的因素，但是一些国家其实本身也是国际金融犯罪的受害国。这就使得我们在处理跨国性金融犯罪的过程中，既要坚持斗争也要在特定情况下坚持国际合作。应尽力与各国金融监管部门密切合作，加强监管信息沟通，通过签订双边或多边监管协议的方式建立常态化的合作机制。唯如此，才能最大限度地堵塞防控漏洞，震慑犯罪分子，防止金融犯罪的发生。

第二节　破坏金融管理秩序罪

在1997年，全国人民代表大会对1979年《刑法》进行了全面修订，在第二编分则第三章破坏社会主义市场经济秩序罪的第四节破坏金融管理秩序罪和第五节金融诈骗罪中集中规定了金融犯罪的相关内容，其后又通过刑法修正案的方式，修正和补充刑法中涉及金融犯罪的内容，以适应经济社会发展的需要。

一、破坏金融管理秩序罪的概念及分类

破坏金融管理秩序罪，是指违反国家法律、法规的有关规定，侵犯金融管理关系，扰乱金融市场秩序，应受刑罚处罚的行为。破坏金融管理秩序罪是破坏社会主义市场经济秩序罪中其中一个类别的犯罪。包括32种具体犯罪，按照犯罪所侵犯的金融管理关系的性质来区分，又可再进一步细分为破坏货币管理罪、破坏金融机构组织管理罪、破坏银行管理罪和破坏证券、期货管理罪等四类罪。

二、破坏货币管理秩序罪

（一）伪造货币罪

伪造货币罪是指仿照货币的图案、形状、色彩、质地和防伪标志等特征，使用描绘、拓印、复印、计算机扫描打印等方法，非法制造假货币冒充真货币，情节严重的行为。本罪的犯罪构成要件如下：

1. 犯罪客体。本罪的客体是为了保护作为经济交易重要手段的货币的共同信用。在1995年6月30日全国人大常委会通过的《关于惩治破坏金融秩序犯罪的决定》的第23条明确规定："本法所称的货币是指人民币和外币。"现行《刑法》第452条第2款，对这种规定做了保留。因此，本罪的对象是我国的货币和国外的货币。另外，依据2001年4月18日最高人民检察院、公安部《关于经济犯罪案件追诉标准的规定》（已失效）第78条第4款的规定，"货币"包括人民币、外币和流通纪念币。因此，流通纪念币属于本罪所说的货币。

2. 犯罪客观要件。本罪行为人在客观上实施了仿照正在流通的货币式样、票面、图案、颜色、质地和防伪标志等特征，使用描绘、复印、影印、制版印刷和计算机扫描打印等方法，非法制造假货币、冒充真币的行为。

3. 犯罪主体。本罪主体是一般主体，即年满 16 周岁且具有刑事责任能力的自然人，包括中国人和外国人，单位不能成为本罪主体。

4. 犯罪主观方面。本罪犯罪主观方面限于故意。并且具有使伪造货币进入流通的意图。

依据《刑法》第 170 条及《刑法修正案九》的规定，伪造货币的，处 3 年以上 10 年以下有期徒刑，并处 5 万元以上 50 万元以下罚金；如果系伪造货币集团的首要分子、伪造货币数额特别巨大的或者有其他特别严重情节的，有下列情形之一的，处 10 年以上有期徒刑或者无期徒刑，并处 5 万元以上 50 万元以下罚金或者没收财产。另外，依据《最高人民法院关于审理伪造货币等案件具体应用法律若干问题的解释》的规定，伪造货币的总面额在 3 万元以上的，属于"伪造货币数额特别巨大"。

★ 拓展阅读

万国海、赵建国、李国喜伪造货币案

2000 年 7 月被告人万国海计划制造假美元，便与被告人赵建国取得联系。后二被告人购买了印刷设备，并于 2001 年 1 月伙同被告人李国喜在驻马店市万国海租住的房屋内开始制版印刷假美元。2001 年 3 月 19 日 3 名被告人在印刷假币过程中，被公安机关当场抓获，收缴面额为 100 元的假美元（半成品）3286 张，计 328 600 美元，折合人民币 2 651 868 元。被告人李国喜还于 2000 年 6 月在广东陆丰购买了面额为 100 元的假美元 450 张。面额为 50 元的假美元 3 张，共计 45 150 美元，折合人民币 364 370 元，运至驻马店市，存放于万国海租住的房屋内。3 人被捕后，河南省驻马店市人民检察院提起公诉，指控被告人万国海、赵建国、李国喜伪造货币，其行为触犯了《中华人民共和国刑法》第 170 条第 2 项之规定，构成伪造货币罪，且数额特别巨大。被告人李国喜的行为还触犯了《中华人民共和国刑法》第 171 条第 1 款之规定，构成购买、运输假币罪，且数额特别巨大。其后，法院作出如下判决：万国海犯伪造货币罪，判处死刑，缓期 2 年执行，剥夺政治权利终身；没收个人全部财产。赵建国犯伪造货币罪，判处死刑，缓期 2 年执行，剥夺政治权利终身；没收个人全部财产。李国喜犯伪造货币罪，判处有期徒刑 10 年，剥夺政治权利 3 年，罚金 5 万元；犯持有假币罪，判处有期徒刑 10 年，剥夺政治权利 3 年，罚金 5 万元；决定执行有期徒刑 18 年，剥夺政治权利 5 年，罚金 10 万元。三人均不服提起上诉，二审法院维持原审判决。

（二）出售、购买、运输假币罪

出售、购买、运输假币罪，是指行为人出售、购买伪造之货币或者明知是伪造之货币而予以运输，且数额较大之行为。本罪的犯罪构成要件如下：

1. 犯罪客体。本罪、侵犯的是国家对货币之发售、购买和运输管理秩序。

2. 犯罪客观方面。本罪行为人在客观上有出售、购买或者运输伪造之假币，且数额较大的行为。"出售伪造的货币"是指以盈利为目的，以各种方式或途径，以一定的价格卖出伪造的货币的行为。"购买伪造的货币"，是指行为人以一定的价格用货币买入伪造的货币的行为。"明知是伪造的货币而运输"，是指行为人主观上明知道是伪造的货币，而使用汽车、飞机、火车、轮船等交通工具或者以其他方式将伪造的货币从一地运往另外一地的行为。

3. 犯罪主体。本罪犯罪主体为一般主体，但限于自然人，单位不能成为本罪犯罪主体。

4. 犯罪主观方面。本罪主观方面只能是故意，并且行为人在主观上有将伪造的货币冒充真币投入流通的目的。如果行为人出于个人观赏目的绘制货币。不构成本罪。

依据《刑法》第 171 条的规定，购买伪造的货币或者明知是伪造的货币而运输，数额较大的，处 3 年以下有期徒刑或者拘役，并处 2 万元以上 20 万元以下罚金；数额巨大的，处 3 年以上 10 年以下有期徒刑，并处 5 万元以上 50 万元以下罚金；数额特别巨大的，处 10 年以上有期徒刑或者无期徒刑，并处 5 万元以上 50 万元以下罚金或者没收财产。

（三）金融机构工作人员购买假币罪、以假币换取货币罪

金融工作人员购买假币、以假币换取货币罪，是指银行或者其他金融机构的工作人员购买伪造的货币或者利用职务上的便利，以伪造的货币换取货币，数额较大的行为。本罪的犯罪构成要件如下：

1. 犯罪客体。本罪客体是国家的货币管理制度。

2. 犯罪客观方面。本罪的犯罪客观方面表现为银行或者其他金融机构工作人员购买伪造的货币，或者利用职务上的便利以伪造的货币换取货币的行为。本罪中所谓以伪造的货币换取货币的行为，是指以伪造的假币换取真币的行为。这种行为方式，必须在利用职务之便的情况下实施，才能构成本罪的客观之方面。否则，如果没有利用职务之便，即使有以伪造的货币换取真币的行为，亦不可能构成本罪。构成犯罪的，也只能以其他罪论处。

3. 犯罪主体。本罪为特殊主体，强调必须是金融机构工作人员。

4. 犯罪主观方面。本罪之犯罪主观方面要件限于故意。

依《刑法》第 171 条第 2 款的规定，犯本罪的，处 3 年以上 10 年以下有期徒刑，并处 2 万元以上 20 万元以下罚金；数额巨大或者有其他严重情节的，处 10 年以上有期徒刑或者无期徒刑，并处 2 万元以上 20 万元以下罚金或者没收财产；情节较轻的，

处 3 年以下有期徒刑或者拘役，并处或者单处 1 万元以上 10 万元以下罚金。

（四）持有、使用假币罪

持有、使用假币罪，是指违反国家货币管理规定，明知是伪造之货币而持有、使用，且数额较大之行为。本罪的犯罪构成要件如下：

1. 犯罪客体。本罪客体是国家的货币管理制度。持有或者使用伪造的货币的行为严重危害国家货币信用基础，妨害国家货币正常流通。

2. 犯罪客观方面。本罪行为人在客观上实际持有、使用伪造之货币，且数额较大的行为。所谓持有，是指控制、掌握伪造的货币的行为。具体来说，它既可以是行为人把伪造的货币带在身上、藏在家中或其他地方，也可以是把伪造的货币委托他人保管，处于自己支配的范围之内。不管行为人持有伪造的货币的原因和目的是什么，只要能证明行为人确实掌握、控制了一定数额的伪造的货币，即符合本罪的行为特征。所谓使用，是指将伪造的货币冒充真币而予以运用的行为。一般来说，接受货币的对方并不知该货币属于伪造的货币，因此这种使用带有欺骗的性质。至于使用的具体方法，可以多种多样。包括支付、存储、汇兑、以大换小等，具体使用方法不影响本罪的行为方式特征。

3. 犯罪主体。本罪的主体是一般主体，即年满 16 周岁、具有刑事责任能力的人，其持有、使用伪造货币的行为都可构成本罪。

4. 主观要件。本罪在主观方面只能出于故意，即明知是伪造的货币而仍非法持有与使用，如果行为人在主观上因为受他人的蒙蔽、欺骗误以为是货币而为之保存，或者将其使用等，因不具有本罪故意而不构成本罪。

根据《刑法》第 172 条的规定，犯本罪的，处 3 年以下有期徒刑或者拘役，并处或者单处 1 万元以上 10 万元以下罚金；数额巨大的，处 3 年以上 10 年以下有期徒刑，并处 2 万元以上 20 万元以下罚金；数额特别巨大的，处 10 年以上有期徒刑，并处 5 万元以上 50 万元以下罚金或者没收财产。

（五）变造货币罪

变造货币罪，是指违反国家货币管理规定，对真的货币采取涂改、剪贴、挖补、揭层等方法，对货币进行加工改造，使货币面值增大、数量增加，且数额较大的行为。本罪的犯罪构成要件如下：

1. 犯罪客体。本罪所侵犯的直接客体是国家对货币的印制、发行、保护管理秩序。

2. 犯罪客观要件。本罪在客观方面表现为变造货币，数额较大的行为。所谓变造货币，是指行为人在真币的基础上，以真币为基本的材料，通过对其剪贴、挖补、拼凑、揭层、涂改等方法加工处理，致使原有的货币改变形态、数量、面值造成原货币升值的行为。法律上并没有限制以何种方式变造货币，只要此种方式客观上能起到使货币面值增大、数量增加的效果，便可认定构成该罪。

3. 犯罪主体。本罪的主体是一般主体，即年满 16 周岁、具有刑事责任能力的人，单位不能构成该罪。

4. 主观要件。本罪在主观方面只能出于故意。

依据《刑法》第173条的规定，犯本罪的，数额较大的，处3年以下有期徒刑或者拘役，并处或者单处1万元以上10万元以下罚金；数额巨大的，处3年以上10年以下有期徒刑，并处2万元以上20万元以下罚金。

（六）逃汇罪

逃汇罪，是指公司、企业或者其他单位，违反国家规定，擅自将外汇存放境外，或者将境内的外汇非法转移到境外，数额较大的行为。本罪的犯罪构成要件如下：

1. 犯罪客体。本罪的客体为国家的外汇管理制度。

2. 犯罪客观方面。本罪在客观方面表现为违反国家规定，擅自将外汇存放境外，或者将境内的外汇非法转移至境外，情节严重的行为。

3. 犯罪主体。本罪只能由单位实施，即公司、企业或者其他单位。个人不能构成本罪之犯罪主体。

4. 犯罪主观要件。本罪犯罪主观要件仅限于故意。

依据《刑法》第190条的规定，有违反规定将境内外汇转移境外，或者以欺骗手段将境内资本转移境外等逃汇行为的，由外汇管理机关责令限期调回外汇，处逃汇金额30%以下的罚款；情节严重的，处逃汇金额30%以上等值以下的罚款；构成犯罪的，依法追究刑事责任。

（七）骗购外汇罪

骗购外汇罪，是指违反国家外汇管理法规，使用伪造、变造的海关签发的报关单、进口证明、外汇管理部门核准件等凭证和单据，或者重复使用海关签发的报关单、进口证明、外汇管理部门核准件等凭证和单据，或者以其他方式骗购外汇，数额较大的行为。本罪是全国人民代表大会常务委员会《关于惩治骗购外汇、逃汇和非法买卖外汇犯罪的决定》中规定的罪名，本罪的犯罪构成要件如下：

1. 犯罪客体。骗购外汇罪侵犯的客体是国家外汇管理制度。外汇管理制度，是指一个国家为了防止外汇资金自由输出输入，平衡国际收支，增强本币信誉，稳定汇率，而对外汇买卖、国际结算以及外汇汇率实行的政策措施。

2. 犯罪客观方面。本罪在客观方面的表现方式有如下几种：①使用伪造的报关单、进口证明、外汇管理部门的核准件等骗购外汇；②重复使用报关单、进口证明、外汇管理部门的核准件骗购外汇；③以其他方式使用伪造、变造的报关单、进口证明、外汇管理部门的核准件骗购外汇，数额较大的程度。

3. 犯罪主体。骗购外汇罪的主体为一般主体，自然人和单位均可构成。

4. 犯罪主观方面。本罪在主观方面表现为故意。即行为人明知以虚假、无效的凭证、合同、单据骗购外汇会发生破坏外汇管理制度的结果且追求其发生的心理态度。

依据《关于惩治骗购外汇、逃汇和非法买卖外汇犯罪的决定》的规定，骗购外汇，数额较大的，处 5 年以下有期徒刑或者拘役，并处骗购外汇数额 5% 以上 30% 以下罚金；数额巨大或者有其他严重情节的，处 5 年以上 10 年以下有期徒刑，并处骗购外汇数额 5% 以上 30% 以下罚金；数额特别巨大或者有其他特别严重情节的，处 10 年以上有期徒刑或者无期徒刑，并处骗购外汇数额 5% 以上 30% 以下罚金或者没收财产。

（八）非法买卖外汇罪

非法买卖外汇罪是指违反国家关于外汇买卖的有关法律规定，为谋取非法利益为目的，在指定交易场所以外非法买卖或变相买卖外汇，情节严重的行为。本罪的犯罪构成要件如下：

1. 犯罪客体。非法买卖外汇行为直接侵犯了国家的外汇管理制度。

2. 犯罪客观方面。本罪的客观方面主要是表现为非法买卖外汇的行为。非法买卖外汇的形式多种多样，归纳起来，大体有以下几种：①不通过外汇指定银行、外汇调剂中心而私自买卖外汇。②私自买卖外汇额度。我国境内的机关、团体、企事业单位，根据国家规定，拥有一定的外汇使用额度，但必须在有关规定的范围内使用。③其他一些以合法形式作掩护而实质上是以人民币或实物非法交换外汇的变相买卖外汇行为。

3. 犯罪主体。本罪的犯罪主体为一般主体，既包括自然人也包括单位。

4. 主观方面。本罪之犯罪主观方面仅限于故意。

构成犯罪的，依照《刑法》第 225 条的规定，情节严重的，处 5 年以下有期徒刑或者拘役，并处或者单处违法所得 1 倍以上 5 倍以下罚金；情节特别严重的，处 5 年以上有期徒刑，并处违法所得 1 倍以上 5 倍以下罚金或者没收财产。单位犯罪的，依照《刑法》第 231 条的规定，对单位判处罚金，并对其直接负责的主管人员和其他直接责任人员，依照上述规定追究刑事责任。

（九）洗钱罪

洗钱罪，是指明知是通过毒品、走私等不法行为所得的收益，采用掩饰、隐瞒其性质来源的方法，使其合法化的行为。本罪的犯罪构成要件如下：

1. 犯罪客体。本罪客体是复杂客体，一方面，大量的赃款进入流通领域，这些赃款难以控制，必然影响国家金融管理制度，另外，由于洗钱犯罪是为了使非法收益合法化，必然严重影响司法机关的正常工作秩序。

2. 犯罪客观方面。本罪在行为方面表现为：①提供资金账户：是指为犯罪人开设银行资金账户或者将现有的银行资金账户提供给犯罪人使用；②协助将财产转换为现金或者金融票据：既包括将实物转换为现金或金融票据，也包括将现金转换为金融票据或者将金融票据转换成现金，还包括将此种现金（如人民币）转换为彼种现金（如美元），将此种金融票据（如外国金融机构出具的票据）转换为彼种金融票据（如中国金融机构出具的票据）；③通过转账或者其他结算方式协助资金转移；④协助将资金汇往境外；⑤以其他方式掩饰、隐瞒犯罪的违法所得及其收益来源和性质：指其他掩饰、隐瞒犯罪的违法所得及其产生的收益的性质与来源的一切方法，如将犯罪所得投资于某种行业，用犯罪所得购买不动产等。

3. 犯罪主体。本罪的犯罪主体为一般主体，既包括自然人也包括单位。

4. 主观方面。本罪之犯罪主观方面仅限于故意。

依据《刑法》第191条的规定，明知是毒品犯罪、黑社会性质的组织犯罪、恐怖活动犯罪、走私犯罪、贪污贿赂犯罪、破坏金融管理秩序犯罪、金融诈骗犯罪的所得及其产生的收益，为掩饰、隐瞒其来源和性质，有下列行为之一的，没收实施以上犯罪的所得及其产生的收益，处5年以下有期徒刑或者拘役，并处或者单处洗钱数额5%以上20%以下罚金；情节严重的，处5年以上10年以下有期徒刑，并处洗钱数额5%以上20%以下罚金。

三、破坏金融机构组织管理秩序罪

（一）擅自设立金融机构罪

擅自设立金融机构罪，是指未经国家金融主管部门批准，擅自设立商业银行，证券交易所、期货交易所、证券公司、期货经济公司、保险公司或者其他金融机构的行为。本罪的犯罪构成要件如下：

1. 犯罪客体。本罪的客体是国家的金融管理制度。

2. 犯罪客观方面。本罪在客观方面表现为未经国家金融主管部门批准，实施了擅自设立商业银行、证券交易所、期货交易所、证券公司、期货经济公司、保险公司或者其他金融机构的行为。"擅自设立"是指未经中国人民银行批准，而设立金融机构。而"其他金融机构"是指除了已经在法条中列举的商业银行、证券交易所、期货交易所、证券公司、期货经济公司、保险公司外的，能够开展金融业务，具有法人资格的经济组织，具体包括融资租赁公司、信托投资公司、投资基金管理公司、典当行、农村信用合作社、农村合作基金会、企业集团财务公司等。

3. 犯罪主体。一般主体，没有取得金融业务经营资格的个人和单位均可构成本罪。

4. 犯罪主观方面。本罪的主观方面是故意，须出于直接故意，间接故意或过失都不能构成本罪。这就是说，行为人明知设立金融机构应当经过批准，擅自设立属于违法的行为，亦明知自己是在私自设立金融机构而仍决意设立之，并希望发生金融机构擅自设立成功的危害结果。

依据《刑法》第174条第1款的规定，犯本罪的，处3年以下有期徒刑或者拘役，并处或者单处2万元以上20万元以下罚金；情节严重的，处3年以上10年以下有期徒刑，并处5万元以上50万元以下罚金。"情节严重"，主要是指伪造批准设立文件，造成恶劣影响，或者造成严重损失等情形。另外，对于由单位实施该犯罪的，对单位判处罚金，并对其直接负责的主管人员和其他直接责任人员，依照第1款的规定处罚。

（二）伪造、变造、转让金融机构经营许可证、批准文件罪

伪造、变造、转让金融机构经营许可证、批准文件罪是指伪造、变造、转让商业银行、证券交易所、期货交易所、证券公司、期货经纪公司、保险公司或者其他金融机构的经营许可证或者批准文件的行为。本罪的犯罪构成要件如下：

1. 犯罪客体。国家对金融机构的管理制度。

2. 犯罪客观方面。本罪在客观方面表现为非法伪造、变造、转让金融机构经营许可证或者批准文件的行为。

3. 犯罪主体。本罪的主体为一般主体，可以是达到刑事责任年龄且具备刑事责任能力的自然人，也可以是单位。

4. 犯罪主观方面。本罪在主观方面只能是出于故意，一般具有营利或谋取其他非法利益的目的。有的是为了自用，有的是为了出卖，有的是为了帮助他人实现不法之意图，但无论其动机如何，都不会影响本罪的成立。

根据《刑法》第174条第2款的规定，犯本罪的，处3年以下有期徒刑或者拘役，并处或者单处2万元以上20万元以下罚金；情节严重的，处3年以上10年以下有期徒刑，并处5万元以上50万元以下罚金。第3款规定，单位犯本罪的，对单位判处罚金，并对其直接负责的主管人员和其他直接责任人员，依照个人犯罪的规定处罚。

四、破坏银行管理秩序罪

（一）非法吸收公众存款罪

是指违反国家金融管理法规，非法吸收公众存款或者变相吸收公众存款，扰乱金融秩序的行为。本罪的犯罪构成要件如下：

1. 犯罪客体。国家的金融管理秩序。

2. 犯罪客观方面。本罪的客观方面表现为未经中国人民银行批准，实施了非法吸收公众存款或者变相吸收公众存款，承诺在一定期限内还本付息，扰乱金融秩序的行为。"非法"一般表现为主体不合法，或者行为方式、内容不合法。"公众存款"是指存款人为不特定的群体，如果存款人只是特定的少数人，则不属于公众存款。

3. 犯罪主体。犯罪主体是一般主体，个人和单位均可构成本罪。

4. 主观方面。主观方面是故意。

根据《刑法》第176条的规定，犯本罪的，处3年以下有期徒刑或者拘役，并处或者单处2万元以上20万元以下罚金；数额巨大或者有其他严重情节的，处3年以上10年以下有期徒刑，并处5万元以上50万元以下罚金。单位犯前款罪的，对单位判处罚金，并对其直接负责的主管人员和其他直接责任人员，依照前款的规定处罚。

★拓展阅读

韩学梅等非法吸收公众存款案

公诉机关北京市朝阳区人民检察院指控：2012年9月以来，被告人韩学梅、刘孝明、李鸿雁以能远通（北京）投资基金管理有限公司的名义在北京市朝阳区北京财富中心A座312室，以丰台区郭公庄保障房等项目高额返利为由非法吸收公众存款2亿余元。后被告人韩学梅、刘孝明、李鸿雁被抓获归案。公诉机关认为被告人韩学梅、刘孝明、李鸿雁的行为构成非法吸收公众存款罪，且属数额巨大，提请法院依照《刑法》第176条之规定予以惩处。京市朝阳区人民法院于2015年12月30日作出（2015）朝刑初字第1780号刑事判决：①被告人韩学梅犯非法吸收公众存款罪，判处有期徒刑1年，缓刑1年，罚金人民币10万元；②被告人刘孝明犯非法吸收公众存款罪，判处有期徒刑1年，缓刑1年，罚金人民币10万元；③被告人李鸿雁犯非法吸收公众存款罪，判处罚金人民币20万元；④在案之人民币1.8亿余元及冻结账户内冻结款，发还各投资人。宣判后，3被告人均未提出上诉。

（二）高利转贷罪

高利转贷罪是指以转贷牟利为目的，套取金融机构信贷资金再高利转贷给他人，违法所得数额较大的行为。本罪的犯罪构成要件如下：

1. 犯罪客体。本罪客体是国家对信贷资金的管理秩序。

2. 犯罪客观方面。本罪的犯罪行为表现为套取金融机构信贷资金再高利转贷给他人，违法所得数额较大的行为。"套取"是指行为人在不符合贷款条件的前提下，编造虚假理由，获得银行或者其他金融机构信贷资金的行为。"高利转贷他人"，是指行为人取得信贷资金后，以高于银行或者其他金融机构的利率将贷款转借给其他单位或者个人的行为。

3. 犯罪主体。本罪是一般主体，个人和单位均可构成改罪。

4. 犯罪主观方面。犯罪主观方面是故意，并且具有转贷牟利的目的。

依据《刑法》第175条的规定，自然人犯本条所定之罪，处3年以下有期徒刑或者拘役，并处违法所得1倍以上5倍以下罚金；数额巨大的，处3年以上7年以下有期徒刑，并处违法所得1倍以上5倍以下罚金。单位犯本条所定之罪，对单位判处罚金，并对其直接负责的主管人员和其他直接责任人员，处3年以下有期徒刑或者拘役。

★ *拓展阅读*

上海度丰企业发展有限公司等高利转贷案

2008 年 4 月，被告单位上海度丰企业发展有限公司（以下简称度丰公司）临时员工曹海锋得知上海龙潭物业管理有限公司（以下简称龙潭公司）法定代表人陈荣良（另案处理）急需资金还债后，为非法牟取利益，伙同度丰公司法定代表人周灏，决定以度丰公司需要流动资金为由，向银行申请贷款人民币 1000 万元，再高利转贷给龙潭公司。之后，上述两家公司签订《借款合同》约定，度丰公司在获取贷款后，将先行扣除 97 万元作为应归还银行的到期利息（后减少为 90 万元，另外 7 万元作为龙潭公司支付给曹海锋的劳务费），90 万元作为龙潭公司支付给度丰公司的服务费，30 万元作为保证金暂扣于度丰公司账户，剩下的 783 万元由度丰公司代龙潭公司偿还给上海华裕典当有限公司。2008 年 5 月 27 日，度丰公司收到银行发放的贷款 1000 万元。其中，783 万元代龙潭公司偿还上海华裕典当有限公司的欠款，66.8 万元作为被告人曹海锋及其他人员的好处费，留在度丰公司账上的 150.2 万元中，30 万元系贷款保证金，13.7 万余元系度丰公司支付贷款顾问费、评估费等，45 万余元系归还贷款利息，60 余万元被用于度丰公司的日常经营。被告人周灏、曹海锋接到公安机关的电话通知后，先后于 2010 年 2 月 1 日和 2 月 2 日向公安机关投案，并如实供述了所犯事实。案发后，被告人曹海锋已退出赃款 20 万元。其后，上海市闸北区人民法院审理了该案，判决：上海度丰企业发展有限公司犯高利转贷罪，判处罚金人民币 150 万元。周灏犯高利转贷罪，判处有期徒刑 1 年，缓刑 2 年。曹海锋犯高利转贷罪，判处有期徒刑 1 年，缓刑 1 年。责令退赔违法所得，连同已在案的部分违法所得，一并予以没收。

（三）骗取贷款、票据承兑、金融票证罪

骗取贷款、票据承兑、金融票证罪，是指以欺骗手段取得银行或者其他金融机构贷款、票据承兑、信用证、保函等，给银行或者其他金融机构造成重大损失或者有其他严重情节的行为。本罪的犯罪构成要件如下：

1. 犯罪客体。本罪侵犯的客体是国家对贷款、票据承兑、金融票证的管理秩序。

2. 犯罪客观方面。表现行为人以欺骗手段取得银行或者其他金融机构贷款、票据承兑、信用证、保函等。本罪的"欺骗手段"，是指行为人在取得银行或者其他金融机构的贷款、票据承兑、信用证、保函等信贷资金、信用时，采用的是虚构事实、隐瞒真相等手段，掩盖了客观事实，骗取了银行或其他金融机构的信任。本罪为选择性罪名，包含了骗取贷款、票据承兑、金融票证三种行为。当行为人实施了其中一种行为时，即可构成犯罪；当行为人实施了其中两种以上的行为时，仍成立本罪一罪，不实行数罪并罚。

3. 犯罪主体。个人和单位均可构成本罪。

4. 犯罪主观方面。本罪的主观方面是故意，并存在骗取贷款、票据承兑、信用证、保函等的行为。

依据《刑法》第175条的规定，自然人犯本罪的，处3年以下有期徒刑或者拘役，并处或者单处罚金；给银行或者其他金融机构造成重大损失或者由其他严重情节的，处3年以上7年以下有期徒刑，并处罚金。单位犯骗取贷款、票据承兑、金融票证罪，对单位判处罚金，并对其直接负责的主管人员和其他直接责任人员，依照自然人犯本罪的规定处罚。

（四）违法发放贷款罪

违法发放贷款罪是指银行或者其他金融机构的工作人员违反国家规定发放贷款，数额巨大或者造成重大损失的行为。本罪的犯罪构成要件如下：

1. 犯罪客体。侵犯的是国家对金融机构贷款的管理制度。

2. 犯罪客观方面。本罪在客观上表现为行为人实施了违法发放贷款数额巨大或者违法发放贷款造成重大损失的行为。

3. 犯罪主体。本罪的主体，是特殊主体，只能由银行或者其他金融机构及其工作人员才能构成本罪。

4. 犯罪主观方面。主观方面是故意。

依据《刑法》第186条的规定，犯本罪的，处5年以下有期徒刑或者拘役，并处1万元以上10万元以下罚金；数额特别巨大或者造成特别重大损失的，处5年以上有期徒刑，并处2万元以上20万元以下罚金。银行或者其他金融机构的工作人员违反国家规定，向关系人发放贷款的，依照前款的规定从重处罚。

（五）吸收客户资金不入账罪

吸收客户资金不入账罪是指银行或者其他金融机构的工作人员，以牟利为目的，采取吸收客户资金不入账的方式，将资金用于非法拆借、发放贷款，数额巨大或者造成重大损失的行为。本罪的犯罪构成要件如下：

1. 犯罪客体。本罪属于复杂客体，侵犯的客体是国家对信贷资金的管理秩序和客户资金的安全。

2. 犯罪客观方面。客观方面表现为采取吸收客户资金不入账的方式，将资金用于非法拆借、发放贷款，造成重大损失的行为。"吸收客户资金不入账"，是指不记入金融机构的法定存款账目，以逃避国家金融监管，至于是否记入法定账目以外设立的账目不影响该罪成立。"非法拆借、发放贷款"，是指将没有入账的资金挪借给其他单位，或者将没有入账的资金作为贷款发放其他单位或个人。"造成重大损失"，是指致使大量资金无法收回或者存款利率损失较大以及其他严重影响等情形。

3. 犯罪主体是特殊主体，只有银行或者其他金融机构及其工作人员才能构成本罪。

4. 主观方面是故意。

依据《刑法》第187条的规定，数额巨大或者造成重大损失的，处5年以下有期徒刑或者拘役，并处2万元以上20万元以下罚金；数额特别巨大或者造成特别重大损失的，处5年以上有期徒刑，并处5万元以上50万元以下罚金。单位犯前款罪的，对单位判处罚金，并对其直接负责的主管人员和其他直接责任人员，依照前款的规定处罚。

（六）伪造、变造金融票证罪

伪造、变造金融票证罪，是指伪造、变造汇票、本票、支票，伪造、变造委托收款凭证、汇款凭证、银行存单等其他银行结算凭证，伪造、变造信用证或者附随的单据、文件或者伪造信用卡的行为。本罪的犯罪构成要件如下：

1. 犯罪客体。是国家的金融票证管理制度以及票据权利人的财产权利。

2. 犯罪客观方面。在客观方面表现为伪造、变造各种金融票证的行为。具体的行为表现有以下几种行为方式：①伪造、变造汇票、本票、支票的；②伪造、变造委托收款凭证、汇款凭证、银行存单等其他银行结算凭证的；③伪造、变造信用证或者附随的单据、文件的；④伪造信用卡的。

3. 犯罪主体。犯罪主体为一般主体，自然人和单位均可构成本罪。

4. 犯罪主观方面。本罪主观方面只能出于故意。

依《刑法》第177条的规定，自然人犯伪造、变造金融票证罪的，处5年以下有期徒刑或者拘役，并处或者单处2万元以上20万元以下罚金；情节严重的，处5年以上10年以下有期徒刑，并处5万元以上50万元以下罚金；情节特别严重的，处10年以上有期徒刑或者无期徒刑，并处5万元以上50万元以下罚金或者没收财产。单位犯本罪的，对单位判处罚金，并对直接负责的主管人员和其他直接责任人员依照上述规定处罚。

（七）妨害信用卡管理罪

妨害信用卡管理罪，是指违反国家信用卡管理法规，在信用卡的发行、使用等过程中，妨害国家对信用卡的管理活动，破坏信用卡管理秩序的行为。本罪的犯罪构成要件如下：

1. 犯罪客体。本罪侵犯的直接客体是国家的信用卡管理制度。

2. 犯罪客观方面。客观方面表现为妨害信用卡管理的行为。具体包括四种情形：①明知是伪造的信用卡而持有、运输的，或者明知是伪造的空白信用卡而持有、运输，数量较大的；②非法持有他人信用卡，数量较大的；③使用虚假的身份证明骗领信用卡的；④出售、购买、为他人提供伪造的信用卡或者以虚假的身份证明骗领信用卡的。

3. 犯罪主体。本罪犯罪主体为一般主体，但限于自然人，单位不能成为本罪主体。

4. 犯罪主观要件。本罪主观要件限于故意。

依《刑法》第177条之一第1款的规定，处3年以下有期徒刑或者拘役，并处或者单处 1 万元以上 10 万元以下罚金；数量巨大或者有其他严重情节的，处 3 年以上 10 年以下有期徒刑，并处 2 万元以上 20 万元以下罚金。银行或者其他金融机构的工作人员利用职务上的便利，犯第 2 款罪的，从重处罚。

（八）窃取、收买、非法提供信用卡信息罪

窃取、收买、非法提供信用卡信息罪，是指窃取、收买、非法提供信用卡信息资料的行为，客观方面表现为以秘密手段获取或者以金钱、物质等换取他人信用卡信息资料的行为，或者违反有关规定，私自提供他人信用卡信息资料的行为。本罪的犯罪构成要件如下：

1. 犯罪客体。侵犯的客体是信用卡管理秩序以及信用卡客户的民事权利。犯罪对象是信用卡资料信息。

2. 犯罪客观方面。本罪客观方面表现为以秘密手段获取或者以金钱、物质等换取他人信用卡信息资料的行为，或者违反有关规定，私自提供他人信用卡信息资料的行为。其中的"窃取"是指以秘密手段（包括偷窥、拍摄、复印以及高科技方法等）获取他人信用卡信息资料的行为；"收买"是指以金钱或者物质利益从有关人员（如银行等金融机构的工作人员）手中换取他人信用卡信息资料的行为；"非法提供"是指私自提供合法掌握的他人信用卡信息资料的行为。

3. 犯罪主体。本罪主体为一般主体，但限于自然人，单位不能成为本罪之主体。

4. 犯罪主观方面。本罪犯罪主观要件为故意。

依据《刑法》第 177 条之一第 2 款的规定，窃取、收买或者非法提供他人信用卡信息数据者，依照妨害信用卡管理罪相关规定处罚，即处 3 年以下有期徒刑或者拘役，并处或者单处 1 万元以上 10 万元以下的罚金；数量巨大或者有其他严重情节者，处 3 年以上 10 年以下有期徒刑，并处 2 万元以上 20 万元以下罚金。银行或者其他金融机构之工作人员利用职务上之便利犯本罪者，从重处罚。

（九）违规出具金融票证罪

指银行或其他金融机构工作人员违反规定为他人出具信用证或其他保函、票据、资信证明，造成较大损失的行为。本罪的犯罪构成要件如下：

1. 犯罪客体。本罪侵犯的客体是国家的金融管理秩序及金融机构的财产所有权。单位犯本罪的，对单位和个人实行双罚。

2. 犯罪客观方面。表现为违反规定，为他人（包括个人和单位）出具信用证或者其他保函、票据、存单、资信证明，情节严重的行为。"违反规定"是指违反有关金融法律、行政法规、规章及银行等金融机构内部制定的规章制度与业务规则。

3. 犯罪主体。本罪主体是特殊主体，只有银行或其他金融机构工作人员才能成为本罪主体。

4. 犯罪主观方面。本罪的犯罪主观方面仅为故意。

依据《刑法》第 188 条的规定，犯本罪的，处 5 年以下有期徒刑或者拘役；情节特别严重的，处 5 年以上有期徒刑。单位犯前款罪的，对单位判处罚金，并对其直接负责的主管人员和其他直接责任人员，依照前款的规定处罚。

（十）对违法票据承兑、付款、保证罪

对违法票据承兑、付款、保证罪，是指金融机构工作人员在票据业务中，对违反票据法规定的票据予以承兑、付款或保证，造成金融机构重大损失的行为。本罪的犯罪构成要件如下：

1. 犯罪客体。该罪是复杂客体，侵犯的是国家的票据管理制度和金融机构的信誉。

2. 犯罪客观方面。该罪客观上表现为银行或者其他金融机构的工作人员在票据业务中，对违反票据法规定的票据予以承兑、付款或者保证，造成重大损失的行为。"票据业务"包括票据支付、流通、信用、结算、融资等业务。"票据"包括汇票、本票和支票。"重大损失"是指致使银行或者其他金融机构被骗，造成重大经济损失等情形。

3. 犯罪主体。本罪主体是特殊主体，只有银行或其他金融机构工作人员才能成为本罪主体。

4. 犯罪主观方面。本罪的犯罪主观方面仅为故意，即行为人对违反票据法规定的票据予以承兑、付款或者保证持故意心态，但对造成重大损失的结果则可能出于过失。

依据《刑法》第189条的规定，犯本罪的，处5年以下有期徒刑或者拘役；造成特别重大损失的，处5年以上有期徒刑。单位犯前款罪的，对单位判处罚金，并对其直接负责的主管人员和其他直接责任人员，依照前款的规定处罚。

五、破坏证券、期货管理秩序罪

（一）伪造、变造国家有价证券罪

伪造、变造国家有价证券罪，是指伪造、变造国库券或者国家发行之其他有价证券，数额较大之行为。本罪的犯罪构成要件如下：

1. 犯罪客体。本罪侵犯的客体是国家对有价证券的正常管理秩序，犯罪的对象是国库券和其他有价证券。

2. 犯罪客观方面。伪造、变造国库券或者国家发行的其他有价证券，数额较大的行为。

3. 犯罪主体。本罪是一般主体，个人和单位均可以构成。

4. 主观方面是故意。

依据《刑法》第178条第1款的规定，犯本罪的，处3年以下有期徒刑或者拘役，并处或者单处2万元以上20万元以下罚金；数额巨大的，处3年以上10年以下有期徒刑，并处5万元以上50万元以下罚金；数额特别巨大的，处10年以上有期徒刑、无期徒刑，并处5万元以上50万元以下罚金或者没收财产；单位犯本罪，处罚金，并对直接负责的主管人员和其他直接责任人员按前述三个规定定罪处罚。

（二）伪造、变造股票、公司、企业债券罪

伪造、变造股票、公司、企业债券罪，是指以使用为目的，仿照真实有效的股票，公司、企业债券，制作假的股票，公司、企业债券或者对真实有效的股票，公司、企业债券采用涂改、挖补等方法，改变股票，公司、伪造债券的日期和增加其面值的行为。本罪的犯罪构成要件如下：

1. 犯罪客体。本罪侵犯的客体是国家对股票、债券的管理秩序。由于股票、债券均为有价证券，是证券市场上的两大主要金融工具，因此国家对于其发行、样式均有一定的要求，规定了严格的管理体制。

2. 犯罪客观方面。本罪行为人在客观上实施了伪造、变造股票或者公司、企业债券，数额较大的行为。

3. 犯罪主体。本罪是一般主体，个人和单位均可构成本罪。

4. 犯罪主观方面。犯罪主观方面是故意。

依据《刑法》第 178 条第 2 款的规定，犯本罪的，处 3 年以下有期徒刑或者拘役，并处或者单处 1 万元以上 10 万元以下罚金；数额巨大的，处 3 年以上 10 年以下有期徒刑，并处 2 万元以上 20 万元以下罚金；单位犯本罪，处罚金，并对直接负责的主管人员和其他直接责任人员，依照前述两个规定定罪处罚。

（三）擅自发行公司、股票、企业债券罪

擅自发行股票、公司、企业债券罪，是指未经国家有关主管部门批准，擅自发行股票或者公司、企业债券，数额巨大、后果严重或者有其他严重情节的行为。本罪的具体犯罪构成要件如下：

1. 犯罪客体。本罪的客体为复杂客体，即国家对证券市场的管理制度以及投资者和债权人的合法权益。本罪侵犯的对象则是股票和公司、企业债券。

2. 犯罪客观方面。本罪在客观方面，行为人必须实施了未经国家有关主管部门的批准，擅自发行股票、公司、企业债券，数额巨大、造成严重后果或者有其他严重情节的行为。"未经批准"的情况包括：①根本未向主管部门提出申请即擅自发行；②或者虽然提出了，达不到条件未获批准；③或者批准以后发现存在问题又予以撤销；④未按照批准的方式、范围、数量发行股票或者公司企业债券等行为。

3. 犯罪主体。本罪是一般主体，个人和单位均可能构成该罪主体。

4. 犯罪主观方面。犯罪主观方面是故意。

依据《刑法》第 179 条的规定，犯本罪，数额巨大、后果严重或者有其他严重情节的，处 5 年以下有期徒刑或者拘役，并处或者单处非法集资金额 1% 以上 5% 以下罚金。单位犯本罪的，实行双罚制，即对单位判处罚金，并对其直接负责的主管人员和其他直接责任人员，处 5 年以下有期徒刑或者拘役。

（四）内幕交易、泄露内幕信息罪

内幕交易、泄露内幕信息罪，是指证券、期货交易内幕信息的知情人员或者非法获取证券期货交易内幕信息的人员，在涉及证券的发行、证券、期货交易或者其他对证券、期货交易的价格有重大影响的信息尚未公开前，买入或者卖出该证券，或者从事与该内幕信息有关的期货交易，或者泄露该信息，或者明示、暗示他人从事上述交易活动，情节严重的行为。本罪的犯罪构成要件如下：

1. 犯罪客体。本罪侵害的客体是证券、期货市场的正常管理秩序和证券、期货投资人的合法利益。

2. 犯罪客观方面。本罪行为人在客观上实施了利用内幕信息，非法买入或者卖出该证券，或者从事与该内幕信息有关之期货交易或者泄露该信息，或者明示、暗示他人从事上述交易活动，情节严重的行为。依据《证券法》第 52 条的规定，证券交易活动中，涉及发行人的经营、财务或者对该发行人证券的市场价格有重大影响的尚未公开的信息，为内幕信息。

3. 犯罪主体。犯罪主体是特殊主体，只有知悉证券、期货交易内幕的单位和个人及非法获取证券、期货交易内幕信息的单位和个人才能构成本罪。依据《证券法》第 51 条的规定，证券交易内幕信息的知情人包括：①发行人及其董事、监事、高级管理人员；②持有公司 5% 以上股份的股东及其董事、监事、高级管理人员，公司的实际控制人及其董事、监事、高级管理人员；③发行人控股或者实际控制的公司及其董事、监事、高级管理人员；④由于所任公司职务或者因与公司业务往来可以获取公司有关内幕信息的人员；⑤上市公司收购人或者重大资产交易方及其控股股东、实际控制人、董事、监事和高级管理人员；⑥因职务、工作可以获取内幕信息的证券交易场所、证券公司、证券登记结算机构、证券服务机构的有关人员；⑦因职责、工作可以获取内幕信息的证券监督管理机构工作人员；⑧因法定职责对证券的发行、交易或者对上市公司及其收购、重大资产交易进行管理可以获取内幕信息的有关主管部门、监管机构的工作人员；⑨国务院证券监督管理机构规定的可以获取内幕信息的其他人员。

4. 犯罪主观方面。本罪的犯罪主观方面为故意。

依据《刑法》第 180 条的规定，证券交易内幕信息的知情人员或者非法获取证券交易内幕信息的人员，在涉及证券的发行、交易或者其他对证券的价格有重大影响的信息尚未公开前，买入或者卖出该证券，或者从事与该内幕信息有关的期货交易，或者泄露该信息，或者明示、暗示他人从事上述交易活动的，情节严重的，处 5 年以下有期徒刑或者拘役，并处或者单处违法所得 1 倍以上 5 倍以下罚金；情节特别严重的，处 5 年以上 10 年以下有期徒刑，并处违法所得 1 倍以上 5 倍以下罚金。单位犯前款罪的，对单位判处罚金，并对其直接负责的主管人员和其他直接责任人员，处 5 年以下有期徒刑或者拘役。

★ 拓展阅读

段斌内幕交易案

2012 年 7 月，中航电测仪器股份有限公司（以下简称中航电测）拟并购汉中一零一航空电子设备有限公司（以下简称汉中一零一）。2012 年 11 月 22 日，中航电测与汉中航空工业（集团）有限公司（以下简称汉航集团）、汉中一零一在中航电测 2 号会议室召开会议，与会各方对中航电测通过定向增发方式并购汉中一零一 100% 股权形成一致意见。2013 年 3 月 4 日，中航电测在创业板信息披露网站上发布重大资产重组停牌公告。当日，中航电测股票（证券代码 300114）停牌。2013 年 6 月 13 日，中航电测股票复牌。当日及 14 日、17 日，该股票连续 3 个交易日涨停。6 月 18 日，该股票收盘时跌幅 2.41%。上述中航电测重大资产重组事宜在公开披露前属于《证券法》规定的内幕信息，内幕信息敏感期为 2012 年 11 月 22 日至 2013 年 3 月 4 日。

被告人段斌自 2006 年 6 月起任职于中信建投证券股份有限公司（以下简称中信建投公司），自 2009 年 11 月起担任中航电测 IPO 项目保荐代表人，负责中航电测的督导事宜。2012 年 12 月中旬至 2013 年 2 月 2 日，中航电测董事长康学军就重大资产重组的相关问题咨询了作为保荐代表人的段斌，并通过段斌向中信建投公司就聘请重大资产重组事项的财务顾问正式询价。在此过程中，段斌获悉中航电测将进行重大资产重组，属于内幕信息知情人。2013 年 2 月 6 日、18 日和 28 日，段斌借用他人证券账户及手机，分别使用他人及自有资金，在北京市东城区朝内大街 2 号凯恒中心等地，以手机委托的方式合计买入中航电测股票 46 300 股，成交金额共计人民币 686 590 元。至 2013 年 6 月 18 日，上述股票账面盈利人民币 286 173 元。北京市第二中级人民法院于 2016 年 9 月 26 日作出（2016）京 02 刑初 82 号刑事判决：①被告人段斌犯内幕交易罪，判处有期徒刑 1 年，缓刑 1 年（缓刑考验期限，从判决确定之日起计算），并处罚金人民币 40 万元（罚金限本判决生效之日起 30 日内缴纳）。②追缴被告人段斌违法所得人民币 286 173 元，予以没收，上缴国库（如有相应孳息，一并予以追缴没收，上缴国库）。宣判后，被告人段斌未提出上诉，检察机关未提出抗诉。

（五）利用未公开信息罪

利用未公开信息交易罪，是指证券交易所、期货交易所、证券公司、期货经纪公司、基金管理公司、商业银行、保险公司等金融机构的从业人员以及有关监管部门或者行业协会的工作人员，利用因职务便利获取的内幕信息以外的其他未公开的信息，违反规定，从事与该信息相关的证券、期货交易活动，或者明示、暗示他人从事相关交易活动。本罪的犯罪构成要件如下：

1. 犯罪客体。侵犯的客体是复杂客体，行为人的行为不仅侵犯了证券、期货交易的正常秩序，而且还侵犯了投资者的合法利益。

2. 客观方面。证券交易所、期货交易所、证券公司、期货经纪公司、基金管理公司、商业银行、保险公司等金融机构的从业人员以及有关监管部门或者行业协会的工作人员，利用因职务便利获取的内幕信息以外的其他未公开的信息，违反规定，从事与该信息相关的证券、期货交易活动，或者明示、暗示他人从事相关交易活动，情节严重的行为。

3. 犯罪主体。犯罪主体是特殊主体，要求系证券交易所、期货交易所等金融机构的从业人员或者行业协会的工作人员才能构成本罪。

4. 犯罪主观方面。本罪的犯罪主观方面为故意。

依据《刑法》第 180 条的规定，情节严重的，处 5 年以下有期徒刑或者拘役，并处或者单处违法所得 1 倍以上 5 倍以下罚金；情节特别严重的，处 5 年以上 10 年以下有期徒刑，并处违法所得 1 倍以上 5 倍以下罚金。

（六）编造并传播证券、期货交易虚假信息罪

编造并传播证券、期货交易虚假信息罪，是指编造并且传播影响证券、期货的虚假信息，扰乱证券、期货交易市场，造成严重后果的行为。本罪的犯罪构成要件如下：

1. 犯罪客体。本罪不仅会侵害国家有关证券、期货交易的管理制度，扰乱证券、期货交易市场，而且还会由此造成投资者的利益主要是经济利益重大损害。

2. 犯罪客观方面。本罪在客观方面表现为编造并且进行了传播。编造、传播行为必须同时成立才能构成本罪。不然，虽然编造了虚假的信息但没有加以传播，或者虽然传播了虚假信息但这信息不是自己所编造，就不应以本罪论处。

3. 犯罪主体。本罪犯罪主体为一般主体，既可以是自然人，也可以是单位。

4. 犯罪主观方面。本罪犯罪主观要件限于故意。

依据《刑法》第 181 条的规定，犯本罪，造成严重后果的，处 5 年以下有期徒刑或者拘役，并处或者单处 1 万元以上 10 万元以下罚金。单位犯本罪的，对单位判处罚金，并对其直接负责的主管人员和其他直接责任人员，处 5 年以下有期徒刑或者拘役。

（七）诱骗投资者买卖证券、期货合约罪

诱骗投资者买卖证券、期货合约罪，是指证券交易所、期货交易所、证券公司、期货经纪公司的从业人员，证券业协会、期货业协会或者证券期货监管管理部门的工作人员，故意提供虚假信息或者伪造、变造、销毁交易记录，诱骗投资者买卖证券、期货合约，造成严重后果的行为。本罪的犯罪构成要件如下：

1. 犯罪客体。本罪所侵犯的是复杂客体，主要是侵犯了对证券、期货市场的管理秩序和投资者的合法权益。

2. 犯罪客观方面。本罪在客观方面表现为故意提供虚假信息或者伪造、变造、销毁交易记录，诱骗投资者买卖证券、期货合约，造成严重后果的行为。

3. 犯罪主体。犯罪主体是特殊主体，只有证券交易所、期货交易所、证券公司、期货经纪公司的从业人员，证券业协会、期货业协会或者证券期货监管管理部门的工作人员才能构成该犯罪。

4. 犯罪主观方面。本罪的犯罪主观方面是故意。

依据《刑法》第181条第2款的规定，造成严重后果的，处5年以下有期徒刑或者拘役，并处或者单处1万元以上10万元以下罚金；情节特别恶劣的，处5年以上10年以下有期徒刑，并处2万元以上20万元以下罚金。

（八）操纵证券、期货市场罪

操纵证券、期货市场罪，是指以获取不正当利益或者转嫁风险为目的，采取不正当手段，诱导或者致使投资者在不了解事实真相的情况下作出证券投资决定，扰乱证券、期货市场秩序，情节严重的行为。本罪的犯罪构成要件如下：

1. 犯罪客体。本罪所侵犯的是复杂客体，主要是侵犯了对证券、期货市场的管理秩序和投资者的合法权益。

2. 犯罪客观方面。本罪具体的行为方式包括：①单独或者合谋，集中资金优势、持股或者持仓优势或者利用信息优势联合或者连续买卖、操纵证券、期货交易价格或者证券、期货交易量的；②与他人串通，以事先约定的时间、价格和方式相互进行证券、期货交易，影响证券、期货交易价格或者证券、期货交易量的；③在自己实际控制的账户之间进行证券交易，或者以自己为交易对象，自买自卖期货合约，影响证券、期货交易价格或者证券、期货交易量的；④以其他方法操纵证券、期货市场的。

3. 犯罪主体。犯罪主体是一般主体，个人和单位均可构成本罪。

4. 主观方面。本罪主观方面是故意。

依据《刑法》第182条的规定，犯本罪的，处5年以下有期徒刑或者拘役，并处或者单处罚金；情节特别严重的，处5年以上10年以下有期徒刑，并处罚金。单位犯本罪的，对单位判处罚金，并对其直接负责的主管人员和其他直接责任人员，依照前款的规定处罚。

（九）背信运用受托资产罪

背信运用受托财产罪，是指银行或者其他金融机构违背受托义务，擅自运用客户资金或者其他委托、信托的财产，情节严重的行为。本罪的犯罪构成要件如下：

1. 犯罪客体。本罪所侵犯的是复杂客体，主要是侵犯了对证券、期货市场的管理秩序和投资者的合法权益。

2. 犯罪客观方面。表现为行为主体实施了"违背受托义务，擅自运用客户资金或者其他委托、信托的财产"的行为。所谓"委托、信托的财产"，主要是指在当前的委托理财业务中，存放在各类金融机构中的客户资金和资产。而"受托义务"不仅限于受托人与委托人之间具体的约定业务，还包括违背法律、行政法规、部门规章的法定义务。

3. 犯罪主体。本罪犯罪主体是特殊主体,只有商业银行、证券交易所、期货交易所、证券公司、期货公司、保险公司或者其他金融机构才能构成本罪。"其他金融机构",主要包括信托投资公司、投资咨询公司、投资管理公司等金融机构。

4. 犯罪主观方面。本罪主观方面是故意。

依据《刑法》第 185 条的规定,犯本罪的,对单位判处罚金,并对其直接负责的主管人员和其他直接责任人员,处 3 年以下有期徒刑或者拘役,并处 3 万元以上 30 万元以下罚金;情节特别严重的,处 3 年以上 10 年以下有期徒刑,并处 5 万元以上 50 万元以下罚金。

第三节　金融诈骗罪

一、金融诈骗罪概述

金融诈骗罪是指违反国家法律及有关规定,采用诈骗手段,侵犯国家、集体及个人货币资金所有关系,依照《刑法》规定,应受刑罚处罚的行为。

我国 1979 年《刑法》只在第 151 条和第 152 条中规定了诈骗罪,但未对金融诈骗罪作出专门规定,随着社会主义市场经济的发展,传统的诈骗罪的立法规定难以应对打击金融领域各种形式的诈骗犯罪。为此,1995 年 6 月 30 日,全国人大常委会通过了《关于惩治破坏金融秩序犯罪的决定》,将集资诈骗罪、贷款诈骗罪、票据诈骗罪、票据诈骗罪、信用证诈骗罪、信用卡诈骗罪和保险诈骗罪 6 种单独的行为规定为独立的犯罪。1997 年《刑法》采纳了上述决定的内容,并在上述 6 个金融诈骗罪的基础上,增设了金融凭证诈骗罪和有价证券诈骗罪。

二、集资诈骗罪

集资诈骗罪是指以非法占有为目的,违反有关金融法律、法规的规定,使用虚构事实或者隐瞒真相的方法进行非法集资,扰乱国家正常金融秩序,侵犯公私财产所有权,且数额较大的行为。本罪的犯罪构成要件如下:

1. 犯罪客体。该罪的客体属于复杂客体,侵犯的客体是国家的金融管理秩序和公司财产所有权。集资诈骗行为违反了我国《证券法》《商业银行法》等有关融资管理的法律、法规,所以直接侵犯了国家的金融管理制度;另外,广大的群众将资金投入其中,但犯罪分子并未依法管理或者运用投资者的资金而造成资金的损失。只有两个条件均具备,才符合集资诈骗罪的客体要求。

2. 犯罪客观方面。本罪在客观方面表现为行为人必须实施了使用诈骗方法非法集资,数额较大的行为。"以诈骗方法非法集资"是指行为人采取虚构集资用途,以虚假的证明文件和高回报率为诱饵,骗取集资款的行为。

3. 犯罪主体。本罪之犯罪主体为一般主体,既可以是自然人,也可以是单位。

4. 犯罪主观方面。主观方面是故意,并且具有非法占有集资款的目的。

依据《刑法》第 192 条的规定,犯本罪的,数额较大的,处 5 年以下有期徒刑或者拘役，并处 2 万元以上 20 万元以下罚金；数额巨大或者有其他严重情节的，处 5 年以上 10 年以下有期徒刑，并处 5 万元以上 50 万元以下罚金；数额特别巨大或者有其他特别严重情节的，处 10 年以上有期徒刑或者无期徒刑，并处 5 万元以上 50 万元以下罚金或者没收财产。

三、贷款诈骗罪

贷款诈骗罪，是指以非法占有为目的，采取虚构事实或者隐瞒真相的方法，诈骗银行或者其他金融机构的贷款、数额较大的行为。本罪的犯罪构成要件如下：

1. 犯罪客体。本罪侵犯的客体是双重客体，既侵犯了银行或者其他金融机构对贷款的所有权，还侵犯国家金融管理制度。该罪的受害人只能是经过国家批准成立的合法金融机构，诈骗的对象只能是贷款。

2. 犯罪客观方面。本罪在客观方面表现为采用虚构事实、隐瞒真相的方法诈骗银行或者其他金融机构的贷款，数额较大的行为。诈骗贷款行为的表现形式包括：①编造引进资金、项目等虚假理由骗取银行或者其他金融机构的贷款；②使用虚假的经济合同诈骗银行或者其他金融机构的贷款；③使用虚假的证明文件诈骗银行或其他金融机构的贷款；④使用虚假的产权证明作担保或超出抵押物价值重复担保，骗取银行或其他金融机构的贷款；⑤以其他方法诈骗银行或其他金融机构的贷款。

3. 犯罪主体。本罪之犯罪主体为一般主体，只能是自然人，不能是单位。在司法实践中，对于单位十分明显的以非法占有为目的，利用签订、履行借款合同诈骗银行或者其他金融机构的，符合合同诈骗罪的，应当以合同诈骗罪定罪处罚。

4. 犯罪主观方面。主观方面是故意，并且具有非法占有贷款的目的。

依据《刑法》第 193 条的规定，犯本罪的，数额较大的，处 5 年以下有期徒刑或者拘役，并处 2 万元以上 20 万元以下罚金；数额巨大或者有其他严重情节的，处 5 年以上 10 年以下有期徒刑，并处 5 万元以上 50 万元以下罚金；数额特别巨大或者有其他特别严重情节的，处 10 年以上有期徒刑或者无期徒刑，并处 5 万元以上 50 万元以下罚金或者没收财产。

四、票据诈骗罪

票据诈骗罪是指以非法占有为目的，利用金融票据进行诈骗活动，骗取财物数额较大的行为。本罪的犯罪构成要件如下：

1. 犯罪客体。该罪侵犯的客体是国家正常的金融票据管理秩序和公私财产所有权。金融票据诈骗行为破坏了商业信用，影响了金融票据的信誉，妨碍了金融票据的正常流通和使用，侵犯了国家的金融管理制度。另外，犯罪分子以伪造金融票据为手段实施犯罪行为，主要是为了骗取他人财物，因此又侵犯了公司财产所有权。本罪的犯罪对象是金融票据，包括汇票、本票、支票。

2. 犯罪客观方面。本罪在客观方面表现为利用金融票据进行诈骗活动，骗取财物数额较大的行为。其具体行为方式包括：①明知是伪造、变造的汇票、本票、支票而使用；②明知是作废的汇票、本票、支票而使用；③冒用他人的汇票、本票、支票；④签发空头支票或者与其预留印鉴不符的支票，骗取财物的；⑤汇票、本票的出票人签发无资金保证的汇票、本票或者在出票时作虚假记载，骗取财物的。

3. 犯罪主体。本罪之犯罪主体为一般主体，既可以是自然人，也可以是单位。

4. 犯罪主观方面。主观方面是故意，并且具有非法占有财物的目的。

依据《刑法》第194条的规定，犯本罪的，数额较大的，处5年以下有期徒刑或者拘役，并处2万元以上20万元以下罚金；数额巨大或者有其他严重情节的，处5年以上10年以下有期徒刑，并处5万元以上50万元以下罚金；数额特别巨大或者有其他特别严重情节的，处10年以上有期徒刑或者无期徒刑，并处5万元以上50万元以下罚金或者没收财产。

五、金融凭证诈骗罪

金融凭证诈骗罪，是指以非法占有为目的，采用虚构事实、隐瞒真相的方法，使用伪造、变造的金融凭证，骗取他人财物，数额较大的行为。本罪的犯罪构成要件如下：

1. 犯罪客体。本罪所侵害的客体是复杂客体。既侵犯了国家有关金融凭证的管理秩序，同时侵犯公私财产的所有权。

2. 犯罪客观方面。本罪在客观方面表现为使用伪造、变造的委托收款凭证、汇款凭证、银行存单等其他银行结算凭证，进行诈骗活动，数额较大的行为。

3. 犯罪主体。本罪之犯罪主体为一般主体，既可以是自然人，也可以是单位。

4. 犯罪主观方面。主观方面是故意，并且具有非法占有财物的目的。

对于金融凭证诈骗罪，依照票据诈骗罪的相关规定处罚。

六、信用证诈骗罪

信用证诈骗罪，是指以非法占有为目的，采用虚构事实或隐瞒真相的方法，利用虚假的信用证诈骗财物，数额较大的行为。本罪的犯罪构成要件如下：

1. 犯罪客体。本罪侵犯的是复杂客体，即国家的信用证管理制度和公私财产所有权。

2. 犯罪客观方面。客观方面表现为使用伪造、变造的信用证或者附随的单据、文件，使用作废的信用证，骗取信用证以及以其他方法进行信用证诈骗活动的行为。

3. 犯罪主体。本罪之犯罪主体为一般主体，既可以是自然人，也可以是单位。

4. 犯罪主观方面。主观方面是故意，并且具有非法占有财物的目的。

依据《刑法》第195条的规定，犯本罪的，处5年以下有期徒刑或者拘役，并处2万元以上20万元以下罚金；数额巨大或者有其他严重情节的，处5年以上10年以下有期徒刑，并处5万元以上50万元以下罚金；数额特别巨大或者有其他特别严重情节的，处10年以上有期徒刑或者无期徒刑，并处5万元以上50万元以下罚金或者没收财产。

七、信用卡诈骗罪

信用卡诈骗罪是指以非法占有为目的，违反信用卡管理法规，利用信用卡进行诈骗活动，骗取财物数额较大的行为。

1. 犯罪客体。本罪侵犯的客体是信用卡管理制度和公私财产所有权。

2. 犯罪客观方面。本罪客观方面表现为行为人采用虚构事实或者隐瞒真相的方法，利用信用卡骗取公私财物的行为。《刑法》第 196 条列举了四种信用卡诈骗行为：①使用伪造的信用卡的；②使用作废的信用卡的；③冒用他人信用卡的；④恶意透支的。

3. 犯罪主体。本罪犯罪主体为一般主体，仅限于自然人，单位不能构成该罪。

4. 犯罪主观方面。主观方面是故意，并且具有非法占有的目的。

依据《刑法》第 196 条的规定，犯本罪的，数额较大的，处 5 年以下有期徒刑或者拘役，并处 2 万元以上 20 万元以下罚金；数额巨大或者有其他严重情节的，处 5 年以上 10 年以下有期徒刑，并处 5 万元以上 50 万元以下罚金；数额特别巨大或者有其他特别严重情节的，处 10 年以上有期徒刑或者无期徒刑，并处 5 万元以上 50 万元以下罚金或者没收财产。

八、有价证券诈骗罪

有价证券诈骗罪，是指使用伪造、变造的国库券或者国家发行的其他有价证券，进行诈骗活动，数额较大的行为。

1. 犯罪客体。本罪侵犯的客体是双重客体，既侵犯了他人财产所有权，又侵犯了国家有价证券管理制度。

2. 犯罪客观方面。本罪在客观方面表现为使用伪造、变造的国库券或者国家发行的其他有价证券，进行诈骗活动，数额较大的行为。

3. 犯罪主体。本罪犯罪主体为一般主体，仅限于自然人，单位不能构成该罪。

4. 犯罪主观方面。主观方面是故意，并且具有非法占有公私财物的目的。

依据《刑法》第 197 条的规定，犯本罪的，处 5 年以下有期徒刑或者拘役，并处 2 万元以上 20 万元以下罚金；数额巨大或者有其他严重情节的，处 5 年以上 10 年以下有期徒刑，并处 5 万元以上 50 万元以下罚金；数额特别巨大或者有其他特别严重情节的，处 10 年以上有期徒刑或者无期徒刑，并处 5 万元以上 50 万元以下罚金或者没收财产。

九、保险诈骗罪

保险诈骗罪，是指以非法获取保险金为目的，违反保险法规，采用虚构保险标的、保险事故或者制造保险事故等方法，向保险公司骗取保险金，数额较大的行为。

1. 犯罪客体。本罪侵犯的客体是国家的金融保险制度和保险人的财产所有权。

2. 犯罪客观方面。客观方面表现为违反保险法规，采取虚构保险标的、保险事故或者制造保险事故等方法，骗取较大数额保险金的行为。根据我国《刑法》第 198 条的规定，保险诈骗罪的具体行为方式主要有：①财产投保人故意虚构保险标的，骗取保险金的；②投保人、被保险人或者受益人对发生的保险事故编造虚假的原因或者夸大损失的程度，骗取保险金的；③投保人、被保险人或者受益人编造未曾发生的保险事故，骗取保险金的；④投保人、被保险人故意造成财产损失的保险事故，骗取保险金的；⑤投保人、受益人故意造成被保险人死亡、伤残或者疾病，骗取保险金的。

3. 犯罪主体。本罪犯罪主体为一般主体，个人和单位均能构成该罪。另外，保险事故的鉴定人、证明人、财产评估人故意提供虚假的证明文件，为他人诈骗提供条件的，以保险诈骗的共犯论处。

4. 犯罪主观方面。主观方面是故意，并且具有非法占有保险金的目的。

依据《刑法》第198条的规定，犯本罪的，数额较大的，处5年以下有期徒刑或者拘役，并处1万元以上10万元以下罚金；数额巨大或者有其他严重情节的，处5年以上10年以下有期徒刑，并处2万元以上20万元以下罚金；数额特别巨大或者有其他特别严重情节的，处10年以上有期徒刑，并处2万元以上20万元以下罚金或者没收财产。

★ 本章小结

本章是金融法课程的最后章节，主要介绍金融犯罪的相关知识。包括金融刑法、金融犯罪的概念在法律上如何理解，金融犯罪产生的原因和相应的防治对策，刑法里金融犯罪的主要罪名。希望学生们通过本章的学习，能够做到理论联系实际，能够用金融刑法的相关知识分析社会上的各种现象，树立起防范金融犯罪的主观意识。

★ 本章练习

1. 试简述洗钱罪的概念和构成要件。
2. 试简述伪造货币罪的概念和构成要件。
3. 试简述集资诈骗罪与非法吸收公众存款罪的区别。
4. 试简述信用卡诈骗罪的行为表现形式。

★ 参考文献

1. 马克昌主编：《百罪通论》，北京大学出版社2014年版。
2. 徐松林主编：《刑法学》，华南理工大学出版社2016年版。
3. 刘宪权：《金融犯罪刑法学新论》，上海人民出版社2014年版。
4. 罗庆东：《刑事案件立案标准与量刑标准》，人民法院出版社2016年版。
6. 强力、王志诚：《中国金融法》，中国政法大学出版社2010年版。
7. 严励主编：《刑法分论》，中国政法大学出版社2017年版。
8. 耿龙玺："浅析中国当前金融犯罪的成因及预防"，载《社科纵横》2014年第8期。
9. 林士淇："金融犯罪成因及其防范"，载《合作经济与科技》2015年第11期。
10. 矫国华："试析金融犯罪的成因及预防"，载《新疆金融》2003年第8期。

后 记

经过编写团队各位作者的努力,《金融法》一书顺利成稿。两位主编商量决定写一篇后记予以纪念,由本人(方元)代笔。坦率来讲,本书在筹备的前期本人和本书的另外一位主编马亮博士其实存在较大的分歧,因为实际上如果从当前主流的网络购书平台搜索"金融法"一词,出现的书籍不下百本,在这样的背景下,是否还有必要组织人员编写这样一本书籍呢?我们抱着这样的疑问,购置或者通过图书馆借阅了市面上常见的金融法教材书籍,在这个过程中,我们发现,市面上的一些书籍要么内容千篇一律,内容已经陈旧。要么过于强调理论深度,没有考虑到本科生的实际法学素养水平和案例学习的需要,难以在本科教学中予以运用。在这样的背景下,我们作为长期在一线从事本科教学的老师,希望能够撰写一本打破传统架构,以本科教学作为编写导向的书籍。非常的幸运,本人和马亮博士的构思得到了中国政法大学出版社相关领导的支持,在接受了出版社约稿后,我与马亮博士迅速组建了编写团队,团队中既有多位具有多年本科法学教育经验的法学教师,也有来自包括武汉大学、厦门大学等国内知名院校的法学专业博士、硕士研究生,这虽然是一支年轻的团队,但是大家干劲十足,对于教材的写作精益求精,许多的章节均是完成一稿后,经过讨论后进行修改,再讨论再修改,才形成了现在的终稿。需要特别提及的是,本书原定于 2019 年的 12 月交稿,但是在 2019 年的 12 月 28 日,十三届全国人大常委会第十五次会议全体会议审议通过了《中华人民共和国证券法(修订草案)》,修订后的《证券法》于 2020 年 3 月 1 日起施行,在此种背景下,在本书涉及《证券法》的章节已经写作完毕的情况下,长春工业大学人文信息学院的商铧文老师对该章节进行了大篇幅的修改,以保障书籍的内容能够符合新修订的《中华人民共和国证券法》的内容,这充分体现了写作团队认真严谨的态度。本人衷心希望,本书能够成为众多法学学子学习金融法相关理论知识的引路书籍,也希望能够给予那些正在从事金融法教学研究工作的同行一定的启发。由于时间紧迫,外加写作团队水平所限,书中可能存在一些不妥之处,恳望同仁赐教。

　　最后，本人特别感谢我的授业恩师华南理工大学法学院博士生导师胡学相教授，感谢中国政法大学出版社领导和编辑李闯的关爱和支持。另外还要向支持本书编写的广州大学松田学院、武汉大学环境法研究所等作者所在单位的相关领导致以最诚挚的敬意，正是你们的支持，才使本书顺利得以出版，使本书所有编写者的努力最终结出硕果。

方　元

2020 年 3 月 2 日

谨识于广州番禺祈福湖畔